Ein umfassendes Nachschlagewerk zu mehr als 120 Philosophen, die das menschliche Weltverständnis im 20. Jahrhundert entscheidend beeinflußt haben. Der Schwerpunkt der Artikel liegt auf einer anschaulichen Darstellung von Lebensgeschichte und denkerischer Entwicklung, die als Formen der Welterfahrung und Weltinterpretation eng aufeinander bezogen werden. So wird das philosophische Denken als lebendiger Prozeß der Auseinandersetzung – als systematische Erfassung der Lebenssituation, als skeptischer Entwurf oder als entschiedener Widerspruch – sichtbar. Jeder Eintrag umfaßt aktuelle bibliographische Angaben zu weiterführender Literatur.

Bernd Lutz schrieb Kritiken und Hörfunkessays, übersetzte aus dem Englischen und Französischen, gab Buchreihen und das philosophische Werk Karl Löwiths heraus, veröffentlichte zuletzt das ›Metzler Autoren Lexikon‹ und das ›Goethe Lexikon‹, zusammen mit Benedikt Jeßing, Sabine Matthes und Inge Wild.

Die großen Philosophen des 20. Jahrhunderts

Biographisches Lexikon

Herausgegeben von Bernd Lutz

Deutscher Taschenbuch Verlag

Juli 1999
Deutscher Taschenbuch Verlag GmbH & Co. KG, München
© 1995 J.B. Metzlersche Verlagsbuchhandlung und Carl Ernst Poeschel Verlag
GmbH in Stuttgart
Umschlagkonzept: Balk & Brumshagen
Satz: Typomedia Satztechnik GmbH, Ostfildern
Gesetzt aus der Bembo, 8/9,75´, auf Apple Macintosh
mit dem Satzprogramm Quoin
Druck und Bindung: C.H. Beck'sche Buchdruckerei, Nördlingen
Gedruckt auf säurefreiem, chlorfrei gebleichtem Papier
Printed in Germany · ISBN 3-423-32517-8

Vorwort

Dieser Band stellt eine Auswahl aus dem *Metzler Philosophen Lexikon* (Zweite, aktualisierte und erweiterte Auflage, Stuttgart/Weimar 1995) dar, das sich längst als Standardwerk durchgesetzt hat. An dessen Prinzipien wird festgehalten. Der Stil der Artikel und das Gesamtkonzept sind nicht auf den Fachphilosophen ausgerichtet; der Band wendet sich – wie das große Lexikon auch – an alle diejenigen, die sich aus den unterschiedlichsten Interessen heraus über den philosophie- und problemgeschichtlichen Horizont, die Voraussetzungen und die Wirkungen einer philosophisch bemerkenswerten Existenz informieren wollen. Die Autorinnen und Autoren dieses Bandes haben sich bemüht, die Daten und Fakten von Leben und Werk der einzelnen Philosophen, der akademisch Etablierten und der Nichtetablierten, sinnvoll aufeinander zu beziehen und deren eigenwillige intellektuelle Kontur eindringlich herauszuarbeiten. Dieses Ziel eines biographischen Lexikons konnte nur durch die Auflösung der sonst üblichen schematischen Dreiteilung von Leben, Werk und Wirkung erreicht werden. Eine philosophische Laufbahn der Antike stellt sich anders dar als eine des Mittelalters oder gar der hier thematisierten jüngsten Moderne. Entsprechend außerlexikalische – eben erzählerische – Mittel der Darstellung sind notwendig, um sie als solche anschaulich werden zu lassen. Überlieferung, Bildungsinstitutionen, Wissenschaftssystem, Machtverhältnisse erzeugen im Verlauf der Philosophiegeschichte nicht nur konventionelle biographische Typologien, sondern auch Brechungen des Normierten, die interessanten Schnitte, die das philosophisch Neue und Mögliche freilegen – von Fall zu Fall vielleicht ungewöhnlich viel darstellerischen Raum beanspruchend. Dies als Vorbemerkung zur Methode.

Das zu Ende gehende 20. Jahrhundert ist nicht nur literarisch und künstlerisch, sondern auch philosophisch ein Jahrhundert der -ismen: des akademisch verdämmernden Neukantianismus, der Phänomenologie, die im deskriptiven Abseits landet, der Philosophie der Existenz, die ein dubioses Spiel mit der Theologie betreibt, des aus dem Geist des Widerstands gegen Hitler-Deutschland geborenen Existentialismus, der den Blick für das Mit- und Gegeneinander der politischen Willensbildung schärft, der Kritischen Theorie, die angesichts des Zusammenspiels von Kulturindustrie und Massengesellschaft das Ende von Rationalität, von Aufklärung verkündet, in der zweiten Generation allerdings zu einem Appell kommunikativer Vernunft zurückfindet, der analytischen Philosophie, die in einem nichtssagenden logischen Formalismus endet, der vielen Postmodernen, an denen das Bemerkenswerteste die Einschaltquoten sind, ihre multimediale Gegenwärtigkeit – nicht zu vergessen die Vertreter der theoretischen Physik, die einen humanitären Skandal ohnegleichen geschaffen haben, die Atom- und die Wasserstoffbombe, mit dem sie weder ethisch noch moralisch zurechtkamen, damit dem *Zauberlehrling* Goethes gleichend, der die Besen rief, ihrer aber nicht mehr Herr wurde; schließlich die Marxisten, die im Gefolge der kommunistischen Parteien Europas als den vermeintlichen Erben der Menschenrechtsdeklaration das Beste wollten, aber das Schlechteste bewirkten: Unfreiheit und Unmündigkeit. So etwa könnte ein sehr großflächiges Panorama der Philosophie im 20. Jahrhundert aussehen – als Geschichte eines Scheiterns, als Geschichte eines unsicher gewordenen Bunkers, den man so rasch wie möglich verlassen sollte.

Aus guten Gründen ist in diesem Band davon weniger die Rede. Kein Geringerer als Karl Löwith hat in seinem Aufsatz *Marxismus und Geschichte* von 1957/58 aus den Erfahrungen des Ersten und des Zweiten Weltkriegs, der ihn in ein unabsehbares Exil getrieben hatte, vor einer solchen pauschalen Betrachtungsweise gewarnt: »Die Auslieferung des Menschen an das geschichtliche Denken ist nicht nur dem historischen Materialismus und in anderer Weise dem metaphysischen Historismus von Hegel eigentümlich, sie kennzeichnet alles nachhegelsche und nachmarxistische Denken. Man glaubt im bürgerlich-kapitalistischen Westen, dessen Produkt der Marxismus ist, weder an eine natürliche Weltordnung, an die Vernunft des physischen Kosmos, noch an ein Reich Gottes. Man glaubt nur noch an den Geist der Zeit, an den Zeitgeist, ›the wave of future‹, das Geschick der Geschichte, vulgär verstanden oder sublim. Wenn uns die Zeitgeschichte aber etwas lehrt, dann offenbar dies, daß sie nichts ist, woran man sich halten und woran man sein Leben orientieren könnte. Sich inmitten der Geschichte an ihr orientieren wollen, das wäre so, wie wenn man sich bei einem Schiffbruch an den Wogen festhalten wollte.«

Der Blick auf die Philosophie im 20. Jahrhundert schärft mit anderen Worten auch den Blick auf den Einzelnen, auf dessen philosophierende Resistenz. Mit der Darstellung der Philosophie des 20. Jahrhunderts eröffnet sich die Geschichte einer tiefgehenden Verlorenheit des Menschen, die wir vielleicht nur deshalb so intensiv empfinden, weil wir unmittelbare Zeitgenossen sind. Daher aber die biographische Methode dieses Bandes. Die zahllosen Kriege der »weißen Männer«, die in diesem Jahrhundert im Namen der Humanität, der Verbesserung des Weltzustands, der Erreichung des ewigen Friedens (gar Reichs) geführt worden sind und gegenwärtig geführt werden, haben auch die Philosophie, die ethische Evolution, das Philosophische im Menschen verunsichert, beschädigt, nahezu zerstört. Um so notwendiger erscheint – am Beispiel der prominenten denkerischen Schicksale des 20. Jahrhunderts – der Blick auf die fragwürdig gewordene und dringend wiederherzustellende Weltgemäßheit des Menschen: »Wie weit es immer dem Menschen gelingen mag, sich die Natur durch Bearbeitung anzueignen und seine Herrschaft über sie auszudehnen, sie wird niemals zu unserer Umwelt, sie bleibt immer sie selbst. Von dieser Welt, die nicht eine Welt unter anderen und keine bloße ›Idee‹ (Kant) oder ein ›Horizont‹ (Husserl) oder ›Entwurf‹ (Heidegger) ist, sondern die eine und ganze wirkliche Welt, ließe sich sagen, was die Theologie in ihren Gottesbeweisen von Gott gesagt hat: daß über sie hinaus nichts Größeres denkbar ist. Sie braucht aber auch gar nicht als existierend bewiesen zu werden, denn sie weist sich alltäglich und fortwährend selber aus, obwohl wir von unserer Weltgemäßheit zumeist so wenig wissen, wie die Zugvögel, die sich auf ihrem Flug am Stand der Sonne orientieren. Wir können keinen Augenblick existieren ohne die Welt, aber diese kann auch ohne uns sein« (Karl Löwith, *Curriculum vitae*, 1959).   *Im April 1999, Bernd Lutz*

Adler, Alfred
Geb. 7. 2. 1870 in Rudolfsheim; gest. 28. 5. 1937 in Aberdeen

A. war neben Sigmund Freud und Carl Gustav Jung einer der drei Begründer der Tiefenpsychologie. A.s Bemühungen galten nicht nur der Heilung, sondern vor allem der Verhinderung von psychischen Krankheiten. In diesem Zusammenhang sind seine Beiträge zur Erziehung sowie sein soziales Engagement zu sehen. Die Titel seiner Bücher machen diese Absicht deutlich: *Gesundheitsbuch für das Schneidergewerbe* (1898), *Heilen und Bilden* (1913), *Individualpsychologie in der Schule* (1929), *Kindererziehung* (1930), *Psychotherapie und Erziehung*, 3 Bände (1964). Diese Ausrichtung der Tiefenpsychologie hat den Grund in A.s Entsetzen über die kollektive Machtneurose, die im Ersten Weltkrieg zum Ausbruch kam. Erst nach diesem Ereignis war die eindeutige Ausprägung der Individualpsychologie in der genannten Weise festzustellen. A. teilte mit Nietzsche die Einsicht, daß alles nach Macht strebt, aber allem auch Macht fehlt. Dieses Streben aus der Ohnmacht zur Macht sei ubiquitär und verursache die Bewegung alles Lebendigen. Doch die Auswirkungen des Machtstrebens, sichtbar außer in den Kriegsereignissen in den psychischen Leiden des Bürgertums und der Arbeiterschaft in Wien zu Beginn diesen Jahrhunderts, ließen A. zu der Einsicht gelangen, daß es vorrangig sei, Neurosen zu verhindern. Aufgrund dieser Einsicht zeigt die entwickelte Individualpsychologie gegenüber der Psychoanalyse in drei wesentlichen Punkten Unterschiede: Neurosen sah A. als ein soziales Phänomen an, da das Machtstreben seine Ursachen in der Sozialisation der Klassengesellschaft habe. In der Individualpsychologie sind darum die sozialen Aspekte auch stärker herausgearbeitet als in der Psychoanalyse. Zum zweiten hat die Psychoanalyse keine oder nur sehr wenige Überlegungen zur Prävention angestellt. Die Individualpsychologie dagegen hat Erziehungskonzepte ausgearbeitet, die darauf gerichtet sind, Neurosen zu verhindern. Zum dritten hat die Psychoanalyse neben der Therapie kein Instrumentarium, das sich »Beratung« nennt. Es handelt sich hierbei um eine tiefenpsychologische Unterstützung bei der Lösung von Alltagsproblemen.

Von seiner eigenen Sozialisation her läßt sich erklären, daß A. empfindlich aufmerksam war für soziale Probleme. Der in einem ländlichen Vorort Wiens großgewordene A. wuchs in kleinbürgerlichem Milieu auf. Er kokettierte damit, als »Gassenjunge« aufgewachsen zu sein. Nach dem Medizinstudium an der Wiener Universität wurde A. angesichts des Elends in Wien ein sozial engagierter Arzt. 1902 lernte A. Freud kennen und schloß sich dem Freudschen Mittwochskreis an. Wie der Kontakt zustande kam, ist ebenso unbekannt wie der Grund für die Hinwendung A.s zur Psychoanalyse. A. warb im bürgerlichen Freud-Kreis um Verständnis für die Arbeiterbewegung. Er stieß damit aber auf Befremden. 1911 trennte A. sich von Freud. Carl Gustav Jung sagte dazu 1930.

A.s Individualpsychologie »betont vor allem die soziale Seite des seelischen Problems und differenziert sich daher immer mehr zu einem sozialen Erziehungssystem«. Es unterscheidet sich »in allen der Freudschen Richtung wesentlichen Stücken von der ursprünglichen Psychoanalyse ... und zwar in solchem Maße, daß, mit Ausnahme gewisser theoretischer Prinzipien, die ursprünglichen Berührungspunkte mit der Freudschen Psychologie kaum mehr aufzufinden sind. A.s sogenannte Individualpsychologie ist ... das Bekenntnis eines anderen Temperaments und einer völlig anderen Weltanschauung. Keiner, der sich für ›Psychoanalyse‹ interessiert und der danach trachtet, einen einigermaßen genügenden Überblick über das Gesamtgebiet der ärztlichen Seelenkunde zu erhalten, sollte es versäumen, die Adlerschen Schriften zu studieren. Er wird die wertvollsten Anregungen schöpfen.«

Außer der Betonung der sozialen Seite des seelischen Problems ist es ein weiteres Merkmal der a.schen Theorie, daß er sich schon sehr früh vom kausalnaturwissenschaftlichen Denken abwandte. Das war für ihn selbst auch der wesentliche Unterscheidungspunkt zur Psychoanalyse, der ebenfalls nicht unmaßgeblich für die Trennung von Freud gewesen sein dürfte. A. dachte wie viele Wissenschaftler seiner Generation: Das kausal-naturwissenschaftliche Denken wurde abgelöst vom ganzheitlichen. Das bedeutet, daß an die Stelle der triebbestimmten Psyche die Auffassung des Individuums als ein aktiv und zielbestimmt handelndes trat. Deshalb nannte A. seine Richtung nach dem Bruch mit Freud 1911 »Individualpsychologie«. Damit sollte deutlich werden, daß der Mensch in seiner Ganzheit als einheitliches, unteilbares Individuum mit all seinen – vor allem sozialen – Bezügen angesehen werden müsse. Dieses Individuum handele willentlich und zielgerichtet. An die Stelle des kausalen Erklärens von Neurosen trat das teleologische Verstehen. Somit hat die Individualpsychologie eine enge Beziehung zur verstehenden Soziologie Max Webers. A. sagte: »Wir sind nicht in der Lage zu denken, zu fühlen, zu wollen, zu handeln, ohne daß uns ein Ziel vorschwebt ... Wenn jemandem jedoch ein Ziel vorschwebt, dann verläuft die seelische Regung so zwangsläufig, als ob hier ein Naturgesetz walten würde.« Jeder Mensch strebe von einer Ohnmachtssituation in eine Machtsituation. Die Ziele des Strebens könnten sozial nützlich und real erreichbar sein oder sozial unnütz und fiktiv. Setzt sich der Mensch nicht erreichbare und sozial unnütze Ziele (»Ich will allen überlegen sein«, »Ich will der Beste von allen sein«), führt das zu Neurosen. Die Aufgabe des individualpsychologischen Therapeuten und seines Klienten wird demnach die Umfinalisierung sein.

Seine Theorie hat A. nicht systematisch dargestellt. Die wichtigsten Gedanken der Individualpsychologie finden sich in den vier Werken *Studie über die Minderwertigkeit von Organen* (1907), *Über den nervösen Charakter* (1912), *Menschenkenntnis* (1927) und *Der Sinn des Lebens* (1933). Der ruhe- und rastlose Mann war immer mehr Praktiker als Theoretiker. Er wurde gelobt als glänzender Redner mit Überzeugungskraft. – Nach dem Ersten Weltkrieg baute er in Wien ein Netz von Erziehungsberatungsstellen auf. 1934 mußte er in die USA emigrieren und starb 1937 bei einer Europareise während eines Spaziergangs in Aberdeen. Freud kommentierte: »Für einen Judenbub aus einer Wiener Vorstadt ist ein Tod in Aberdeen schon an sich eine unerhörte Karriere und ein Beweis dafür, wie weit er es gebracht hat. Tatsächlich hat ihn die Welt reichlich dafür belohnt, daß er sich der Psychoanalyse entgegengestellt hat.« Die Bedeutung der Individualpsychologie ist heute, vor allem in den USA, der der Psychoanalyse vergleichbar. Erst Ende der 60er Jahre wurde die Individualpsychologie in Europa wieder bekannter.

Bruder-Bezzel, Almuth: Die Geschichte der Individualpsychologie. Frankfurt am Main 1991. – Horster, Detlef: Alfred Adler zur Einführung. Hannover 1984. – Jacoby, Henry: Alfred Adlers Individualpsychologie und dialektische Charakterkunde. Frankfurt am Main 1974.

Detlef Horster

Adler, Max
Geb. 15. 1. 1873 in Wien; gest. 28. 6. 1937 in Wien

A. zählt – neben Otto Bauer, Rudolf Hilferding und Karl Renner – zu den wichtigsten und originellsten Vertretern des Austromarxismus. Charakteristisch für diese um die Jahrhundertwende in Österreich entstandene Variante des wissenschaftlichen Sozialismus ist unter anderem der Versuch, die Marxsche Lehre philosophisch zu begründen bzw. zu erweitern und ihre materialistische Geschichtsauffassung kritisch zu hinterfragen. A. geht in seinen Arbeiten noch einen entscheidenden Schritt darüber hinaus: Er will den Marxismus durch Kants transzendentale Methode erkenntnistheoretisch untermauern, was ihm vor allem durch die von ihm eingeführte Kategorie des »Sozialapriori« möglich erscheint; er fordert, die materialistische Geschichtstheorie nicht nur zu revidieren, sondern sie durch eine kausalteleologische zu ersetzen; er warnt im Zusammenhang mit seinem Konzept des »Neuen Menschen« vor einer gesellschaftlichen Revolution, die die Notwendigkeit der Revolutionierung des Bewußtseins außer acht läßt, und schließlich führt er die Begriffe der »politischen und sozialen Demokratie« ein, die sowohl in der Staatslehre der Weimarer Republik als auch der Bundesrepublik Deutschland von großer Bedeutung sein sollten.

A. wurde 1873 als Sohn einer jüdischen Kaufmannsfamilie geboren. Nach dem Studium der Rechtswissenschaften promovierte er 1896 an der Universität seiner Heimatstadt, legte 1902 die Anwaltsprüfung ab und ließ sich anschließend als »Hof- und Gerichtsadvokat« in einem Wiener Arbeiterviertel nieder. Schon sehr früh hatte er sich – nicht zuletzt unter dem Einfluß von Carl Grünberg, dem »Vater des Austromarxismus« und späteren Direktor des legendären Frankfurter »Instituts für Sozialforschung« – dem Sozialismus zugewandt. An der von ihm mitbegründeten ersten österreichischen Arbeiterschule gab er seit 1904 Kurse und engagierte sich von dieser Zeit an zunehmend stärker in verschiedenen Erziehungsorganisationen der sozialdemokratischen Partei seines Landes, da für ihn die richtige Bewußtseinsbildung einen entscheidenden Schritt auf dem Weg zur klassenlosen Gesellschaft bedeutete. Die Habilitierung an der rechtswissenschaftlichen Fakultät der Universität Wien stand aufgrund seiner politischen Überzeugung anfänglich in Frage; erst die engagierte Unterstützung des liberalen Staatstheoretikers Hans Kelsen vermochte 1919 den Widerstand der konservativen Professorenschaft zu brechen. Zwei Jahre später konnte er eine außerordentliche Professur übernehmen und sich nun ganz der wissenschaftlichen, schriftstellerischen und politischen Arbeit widmen. Obwohl seine Thesen zum Teil erheblich von der offiziellen Haltung der Arbeiterpartei Österreichs abwichen, ja die Lehre von Marx und Engels in Richtung auf eine idealistische Theorie zu verändern trachteten, war A. in den 20er Jahren einer der wichtigsten, wenn auch umstrittensten Köpfe der Sozialdemokratie seines Landes. Sein Bekenntnis zum Prinzip des Klassenkampfes, zur Revolution und zur Diktatur des Proletariats ließen ihn sogar als Vertreter der Linksopposition innerhalb des Austromarxismus erscheinen. Zu dieser Meinung trug erheblich die Tatsache bei, daß A. sich selbst lediglich als Interpreten, nicht aber als Kritiker bzw. Erneuerer des klassischen Marxismus verstand und noch dort Unterschiede bestritt oder zumindest bagatellisierte, wo sie offen zutage lagen. Als 1934 die sozialdemokratische Partei in Österreich von Dollfuß verboten wurde, behielt zwar A. seine Lehrerlaubnis, aber sein Wirken wurde dennoch sowohl durch die politischen Zustände des Landes als auch durch das Nachlassen seiner physischen Kräfte stark gemindert. Im Juni 1937, ein halbes Jahr vor dem Einmarsch der deutschen Truppen in Österreich, starb er in Wien.

Bereits in seinem philosophischen Erstlingswerk *Kausalität und Teleologie im Streite um die Wissenschaft*, das 1904 im wichtigsten Organ der Austromarxisten, den »Marx-Studien«, erschien, entwickelte A. eine Theorie, der er zeitlebens treu bleiben sollte: Ausgehend von der Annahme, daß es möglich sein müsse, den Weg zum Sozialismus nicht nur als historisch, sondern auch als anthropologisch-gesellschaftlich notwendig nachzuweisen, machte er sich daran, die Marxsche Lehre um Kants idealistische Erkenntnistheorie zu erweitern. Das Soziale, so A., ist nicht etwas, das im Laufe des Zusammenlebens zwischen den Menschen entsteht und sich entwickelt, sondern es ist im Bewußtsein von Anfang an, d. h. vor jeder gesellschaftlichen Erfahrung, vorhanden. Die Kenntnis der Kategorie des »Sozialapriori«, deren Entdeckung A. selbst als seine größte wissenschaftliche Tat bezeichnete, ist somit eine wesentliche Voraussetzung für das Verständnis der historischen Vergesellschaftung: Die ökonomischen Verhältnisse, die vom Marxismus als die entscheidenden Triebkräfte der Gesellschaft angesehen werden, müssen auf ihre geistigen Ursprünge zurückgeführt werden. Damit aber hat A., der die Marxsche Lehre ausschließlich als Soziologie verstand, die materialistische Geschichtsauffassung bewußt über Bord geworfen. Dennoch hält er an der Überzeugung fest, daß Marx das »kausale Getriebe der Geschichte«, das unabhängig vom menschlichen Sollen auf den Sozialismus zulaufe, richtig analysiert habe, daß aber die erkenntniskritische Methode zum ersten Mal ermögliche, es direkt in eine Teleologie zu überführen, »ohne doch irgendwie an der Geschlossenheit seiner kausalen Bestimmtheit Abbruch zu erleiden«. A. hob auf diese Weise den Widerspruch zwischen der historischen Gesetzlichkeit und der Notwendigkeit zur revolutionären Tat auf, der im Zentrum der Überlegungen von Eduard Bernstein und anderen revisionistischen Theoretikern gestanden hatte. Im Laufe seines Schaffens erfährt die Idee, Marx durch Kant idealistisch zu erweitern, nur geringe Modifikationen; schon die Titel vieler seiner Arbeiten weisen auf diese Kontinuität hin: *Marx als Denker* (1908), *Der soziologische Sinn der Lehre von Karl Marx* (1914), *Das Soziologische in Kants Erkenntniskritik* (1924), *Kant und der Marxismus* (1925), *Lehrbuch der materialistischen Geschichtsauffassung* (1930) sowie *Das Rätsel der Gesellschaft. Zur erkenntniskritischen Grundlegung der Sozialwissenschaften* (1936).

A.s politische Vorstellungen waren demgegenüber einem starken Wandel unterworfen. Stellte sich ihm zum Beispiel anfänglich die »Reform des Bewußtseins« als treibende Kraft der Revolution dar, so war es in seinem Spätwerk vor allem der bewaffnete Kampf des Proletariats, dem er diese Funktion zutraute. In den 20er Jahren favorisierte er die Idee eines »Dritten Weges« zum Sozialismus, dessen Motor die Sozialdemokratie und dessen Mittel eine Verbindung von Rätesystem und Parlamentarismus sein sollte. In seinem wohl folgenreichsten politischen Werk *Die Staatsauffassung des Marxismus* (1922) führte er darüber hinaus die Unterscheidung von »politischer« und »sozialer Demokratie« ein, die nicht nur bei Staatstheoretikern seiner Zeit heftige Diskussionen auslöste. Während er unter der politischen Demokratie die bürgerliche Staatsform versteht, die zwar formal-politische, nicht aber wirtschaftliche Gleichheit beinhaltet und folglich in Krisenzeiten von der herrschenden Klasse nach Belieben aufgegeben werden kann, will er unter der sozialen Demokratie die Verwirklichung des Sozialismus verstanden wissen. Diese Unterscheidung erlaubte es ihm, die bestehenden demokratischen Verhältnisse zu verurteilen, ja, sie als Diktatur zu brandmarken, ohne gleichzeitig die Demokratie als solche ablehnen zu müssen.

Pfabigan, Alfred: Max Adler. Eine politische Biographie. Frankfurt am Main/New York 1982. – Leser, Norbert: Zwischen Reformismus und Bolschewismus. Der Austromarxismus als Theorie und Praxis. Wien 1968. – Heintel, Peter: System und Ideologie. Der Austromarxismus im Spiegel der Philosophie Max Adlers. Wien/München 1967.

Norbert J. Schürgers

Adorno, Theodor W. (=Wiesengrund)
Geb. 11. 9. 1903 in Frankfurt am Main; gest. 6. 8. 1969 in Visp (Wallis)

»Wenn ein geistiger Mensch in unserer Zeit des Übergangs den Namen des Genies tragen darf, dann gebührt er ihm.« Diese Äußerung Max Horkheimers von 1969 gilt A., dem gerade verstorbenen Freund, Mitarbeiter und Mitstreiter an dem Projekt einer Kritischen Theorie der Gesellschaft. Das von Horkheimer gewürdigte »Genie« A.s besteht nicht zuletzt in seiner imposanten und unvergleichlichen Vielseitigkeit als ebenso meisterlicher Philosoph, Soziologe und Psychologe wie Musikwissenschaftler und Literaturkritiker und – nicht zu vergessen – Komponist. A. hier als Philosophen darzustellen, ist also nur um den Preis möglich, bedeutende Aspekte seines Werks und seiner Persönlichkeit in den Hintergrund treten zu lassen.

Entwickelt und gefördert werden A.s Talente im Verlauf einer ausgesprochen behüteten Kindheit. Sein vom Judentum zum Protestantismus übergetretener Vater Oscar Alexander Wiesengrund besitzt eine Weingroßhandlung, seine Mutter Maria war bis zu ihrer Eheschließung unter ihrem Mädchennamen Calvelli-Adorno della Piana eine erfolgreiche Sängerin. Sie veranlaßt, daß das einzige Kind den Doppelnamen Wiesengrund-A. bekommt. Von der Mutter und ihrer mit im Hause lebenden Schwester Agathe, einer Pianistin, gehen die prägenden Einflüsse auf A. aus. Er erhält eine fundierte musikalische Ausbildung und ist ein außerordentlich erfolgreicher Schüler, überspringt zwei Klassen und legt 1921 als Klassenbester die Reifeprüfung ab. Für seine philosophische Entwicklung bedeutsam ist 1918 die Begegnung des Schülers A. mit dem 14 Jahre älteren Siegfried Kracauer; in einer Erinnerung schreibt A. 1964: »Über Jahre hindurch las er mit mir, regelmäßig Samstag nachmittags, die *Kritik der reinen Vernunft*. Nicht im geringsten übertreibe ich, wenn ich sage, daß ich dieser Lektüre mehr verdanke als meinen akademischen Lehrern.« Von diesen akademischen Lehrern an der Frankfurter Universität, wo er seit 1921 Philosophie, Musikwissenschaft, Psychologie und Soziologie studiert, ist der Philosoph Hans Cornelius der wichtigste. Bei ihm, dessen Assistent zu dieser Zeit Max Horkheimer ist, promoviert A. 1924 mit einer Arbeit über *Die Transzendenz des Dinglichen und Noematischen in Husserls Phänomenologie*. Abgesehen davon, daß aus dieser Zeit A.s anhaltendes Interesse an Husserl herrührt, deutet sich in der Dissertation noch gar nicht A.s weitere philosophische Entwicklung an. Im Gegenteil: Die Untersuchung ist vorbehaltlos der Position des Lehrers Cornelius verpflichtet, der mit seinem Hauptwerk *Transcendentale Systematik* (1916) einen heute praktisch vergessenen immanenzphilosophischen Ansatz strenger Erkenntnistheorie zwischen Neukantianismus und Phänomenologie begründete. Anscheinend unvermittelt zur akademischen Ausbildung lernt A. 1921 Georg Lukács' *Theorie des Romans* und den *Geist der Utopie* von Ernst Bloch kennen. Die Lektüre dieser

Autoren soll wie auch das von Kracauer Gelernte erst Jahre später in A.s philosophischen Schriften Ausdruck finden. Zunächst publiziert er beinahe ausschließlich Musikkritiken. 1925 geht A., nachdem er in Frankfurt Alban Berg kennengelernt hat, nach Wien, wo er bei Berg Kompositionsunterricht nimmt und u. a. den bewunderten Arnold Schönberg kennenlernt. Auch wenn sich A. nach seiner endgültigen Rückkehr nach Frankfurt 1926 wieder stärker der Philosophie zuwendet – er hatte ein Habilitationsvorhaben mit Cornelius verabredet –, deutet sich vorerst eine eigenständige Position allein in seinen musikkritischen und -ästhetischen Publikationen an, u. a. 1929/30 in seiner Tätigkeit als Redakteur des *Anbruch*, einer der musikalischen Avantgarde verpflichteten Wiener Musikzeitschrift. Die als Habilitationsschrift verfertigte Arbeit *Der Begriff des Unbewußten in der transzendentalen Seelenlehre* von 1927 wird von Hans Cornelius, dessen Standpunkt sie in großen Teilen wiederum uneingeschränkt teilt, wegen mangelnder Originalität und Eigenständigkeit nicht akzeptiert und von A. daraufhin zurückgezogen. Deutliche »eigene« Worte findet A. allerdings schon in den »Schlußbetrachtungen« der abgelehnten Arbeit – er kritisiert darin in durchaus marxistischer Perspektive die »ideologische Funktion« vitalistischer und irrationalistischer Lehren vom Unbewußten. Auch dokumentiert diese Arbeit eine frühe Beschäftigung A.s mit der Psychoanalyse Sigmund Freuds.

Wie kein zweiter beeinflußt Walter Benjamin, den A. seit 1923 kennt, seinen Denkweg in diesen Jahren, womit A.s schulphilosophische Orientierung an Cornelius ein abruptes Ende findet. 1928 erscheint Benjamins Barockstudie *Ursprung des deutschen Trauerspiels*, nachdem sie 1925 in Frankfurt als Habilitationsschrift abgelehnt worden war. Insbesondere die schwierige, ja vertrackte »erkenntnistheoretische Vorrede« enthält eine große Zahl methodischer und gedanklicher Elemente, die für A.s eigene Position grundlegende Bedeutung bekommen. Jetzt kann er endlich den Einfluß Kracauers, die Lektüre Lukács' und Blochs und seine hohe, an der Musik ausgebildete ästhetische Kompetenz und Sensibilität in Einklang mit seinen philosophischen Interessen und Intentionen bringen. Mit Benjamin erteilt A. der Idee des geschlossenen Systems eine Absage und stellt diesem das gleichsam kompositorische Verfahren konstellativer Darstellung entgegen: Deutung einzelner, essayistisch verknüpfter Elemente statt deduktiver Ableitung. Gegenstand dieser Deutung ist ebenfalls wie bei Benjamin und dem frühen Lukács insbesondere ästhetisches Material, an dem A. die Spannung von Natur und Geschichte thematisiert. Auf dem Boden dieses Benjaminschen Programms, das er 1931 in seiner Antrittsvorlesung darlegt, verfaßt A. 1929/30 die von Paul Tillich, einem Philosophen und Theologen, 1931 angenommene Habilitationsschrift *Kierkegaard. Konstruktion des Ästhetischen*. Horkheimer als zweiter Gutachter erkennt zwar A.s »Wahrheitswillen« und seine philosophischen Fähigkeiten an, nimmt aber inhaltlich Abstand von der ästhetisch und theologisch inspirierten Interpretation Kierkegaards und des deutschen Idealismus.

Am 11. September 1933 wird A. von den Nazis die Lehrbefugnis entzogen. Während Horkheimer und die anderen, überwiegend jüdischen Mitglieder des

»Instituts für Sozialforschung« schon in die Emigration gegangen sind, glaubt A., der in zunehmend engerem Kontakt mit diesem Kreis steht, an ein schnelles Ende des Faschismus in Deutschland. Einen ersten Schritt in die Emigration unternimmt A. dann aber 1934, als er sich in Oxford am Merton College einschreibt, um seine akademische Karriere in England fortsetzen zu können. Weiterhin häufig in Deutschland, beabsichtigt er, mit einer Arbeit über Husserl in England erneut in Philosophie zu promovieren. Aus dieser Zeit stammen auch einige wichtige Arbeiten A.s über Musik. Sein weiterhin enger Kontakt zum mittlerweile in New York ansässigen »Institut für Sozialforschung«, insbesondere zu Horkheimer, ermöglicht A. Anfang 1938 die endgültige Emigration in die Vereinigten Staaten, zusammen mit seiner Frau Gretel, geb. Karplus, die er seit den 20er Jahren kannte und 1937 geheiratet hatte. Ausschlaggebend für die Übersiedlung ist ein Angebot Horkheimers, in dem er A. ein sicheres Auskommen verspricht und ihm die Möglichkeit einer Mitarbeit an einem Radioprojekt an der Princeton University ankündigt. Bis Mitte 1940 arbeitet A., für die Erforschung der Wirkung von Musikprogrammen zuständig, an diesem sozialwissenschaftlichen Projekt, wobei sich zeigt, daß seine spekulativ deutende Verfahrensweise doch zu erheblichen Meinungsverschiedenheiten mit den nüchtern empirisch-soziologisch orientierten Mitarbeitern führt.

Als A. Ende 1941 zu Horkheimer nach Los Angeles übersiedelt, beginnt die Zeit der überaus fruchtbaren Zusammenarbeit mit Horkheimer an der *Dialektik der Aufklärung*. Angesichts von Faschismus, Antisemitismus, Stalinismus und Zweitem Weltkrieg, angesichts aber auch der Illusionsfabriken Hollywoods und der amerikanischen Unterhaltungsindustrie verfassen beide gemeinsam die wichtigste und geschichtsphilosophisch grundlegende Schrift der Kritischen Theorie. Zentrales Thema ist »die Selbstzerstörung der Aufklärung«. Aufklärung, die den Menschen aus der Unmündigkeit, aus der Befangenheit im Mythos befreien wollte, ist – nach der Diagnose A.s und Horkheimers – selbst als destruktiver blinder Fortschritt zum Mythos geworden. So wie die Mythen (z. B. der Antike) schon selbst aufklärerisch, wenn auch in der Form der Sage, die Welt und das Geschehen in ihr zu verstehen und erklären suchten, so ist die auf Gesetze fixierte Aufklärung noch elementar mythischem Denken verhaftet, etwa den Prinzipien der schicksalhaften Notwendigkeit und der Selbsterhaltung. Die vollends beherrschte und unterdrückte Natur rächt sich hinterrücks als »Gewalt des Systems über die Menschen« und als Herrschaft des technischen Denkens, der sich absolut setzenden Sachzwänge. Dennoch ist diesem Prozeß nicht einfach zu entgehen: Allein radikale Selbstaufklärung der Aufklärung bietet einen Ausweg. Konkret untersuchen die Autoren diese Dialektik der Aufklärung am Beispiel der *Odyssee*, dem »Grundtext der europäischen Zivilisation«, am Beispiel »aufgeklärter« Moral bei de Sade, aber auch als Analyse der modernen »Kulturindustrie« (»Aufklärung als Massenbetrug«) und schließlich des Antisemitismus, »der Rückkehr der aufgeklärten Zivilisation zur Barbarei in der Wirklichkeit«. Das 1944 fertiggestellte Buch erscheint 1947 erstmals und versammelt in Grundzügen alle Motive, die das weitere philosophische Werk A.s bestimmen. Zur gleichen Zeit entsteht A.s persönlichstes philosophisches Werk, die Aphorismensammlung *Minima Moralia* (1951 erschienen). Diese Aphorismen reflektieren ebenso die Erfahrungen des Intellektuellen in der Emigration, wie sie, Horkheimer gewidmet, den Anspruch verfolgen, »Momente der gemeinsamen Philosophie von subjektiver Erfahrung her darzustellen«; zu einer andauernden und breiten Wirkung des Buches haben vor allem auch treffende Gedankensplitter beigetragen – »Geliebt wirst du einzig, wo du schwach dich zeigen darfst, ohne Stärke zu provozieren.«

1949 kehrt A. nach Frankfurt zurück, um zunächst den auf einen sozialphilosophischen Lehrstuhl berufenen Horkheimer zu vertreten. Gemeinsam mit diesem bemüht er sich in den nächsten Jahren um eine Neugründung des »Instituts für Sozialforschung«, die 1951 erfolgt. Nach einer vorübergehenden Rückkehr in die USA entfaltet sich seit Mitte der 50er Jahre A.s unvergleichliche Wirkung. Als Mitdirektor des Instituts, Lehrstuhlinhaber für Philosophie und Soziologie und Autor soziologischer, kulturkritischer, literatur- und musikästhetischer, pädagogischer und psychologischer Schriften ist er im akademischen Betrieb wie in der intellektuellen Öffentlichkeit als kritischer Geist präsent und gefürchtet. Er publiziert in Tageszeitungen, Zeitschriften wie dem *Merkur* oder den *Akzenten*, hält Rundfunkvorträge und spricht auf Tagungen. Seine im engeren Sinne philosophische Arbeit tritt demgegenüber erst einmal in den Hintergrund. Zwar veröffentlicht A. 1956 *Zur Metakritik der Erkenntnistheorie. Studien über Husserl und die phänomenologischen Antinomien*; diese Arbeit beruht aber weitgehend auf Entwürfen aus den 30er Jahren in England; nur die von A. allerdings programmatisch gemeinte Einleitung ist neu. In ihr rechnet er mit der Tradition der »prima philosophia«, der Ursprungsphilosophie, und der ihr entspringenden Erkenntnistheorie von den Vorsokratikern bis Husserl ab. Immer wieder reflektiert er auf den Preis, den jede begrifflich-systematische Philosophie zu entrichten hat, nämlich das Individuelle und Nichtidentische zuzurichten und zu verstümmeln, anstatt es wirklich zu begreifen. Das sei die »Erbsünde der prima philosophia«: »Um nur ja Kontinuität und Vollständigkeit durchzusetzen, muß sie an dem, worüber sie urteilt, alles wegschneiden, was nicht hineinpaßt«. Das Nichtidentische mit dem Verfahren philosophischer Kritik zu retten, ohne hinter den entwickelten Stand der (idealistischen) Philosophien Kants und Hegels zurückzufallen, ist A.s kaum einlösbarer Anspruch.

Als Wiederaufnahme, Fortführung und Vertiefung dieser Überlegungen erscheint 1966 nach mehrjähriger Arbeit die *Negative Dialektik*. Von A. selbst als »Antisystem« bezeichnet, ist sie der breit angelegte Versuch, im Zusammenhang Rechenschaft abzulegen von einer Philosophie, die sich über Jahrzehnte in ihren Grundgedanken treu geblieben ist. Sie ist negativ, weil sie objektive Widersprüche aufdeckt und festhält, anstatt sie – wie Hegel – spekulativ zu versöhnen; sie ist dialektisch, weil sie die gesellschaftlich-historische Gewordenheit und begriffliche Vermitteltheit der Gegensätze durchdringt, anstatt sie – wie z. B. Heidegger – zu verdinglichen und zu mythischen Seinsverhältnissen zu stilisieren. Die erneut ausgeführte Kritik des Begriffs als »Abstraktionsmechanismus« führt A. zu der Formulierung einer paradox anmutenden Utopie: »Die Utopie der Erkenntnis wäre, das Begriffslose mit Begriffen aufzutun, ohne es ihnen gleichzumachen.« Die *Negative Dialektik* mündet nach Überlegungen zum Erfahrungsbegriff und der theoretischen Philosophie, nach einer Auseinandersetzung mit der Ontologie und der praktischen Philosophie (»Freiheit« und »Moral«) schließlich in die »Meditationen zur Metaphysik«, der Entfaltung des Gedankens hoffnungsloser Hoffnung »nach Auschwitz« in einer Art negativer Theologie: »solidarisch mit Metaphysik im Augenblick ihres Sturzes«.

In den 60er Jahren erlebt A. eine weiterhin wachsende Anerkennung in einer zunehmend breiteren Öffentlichkeit – Preise und Ehrungen (u. a. die Goethe-Plakette der Stadt Frankfurt am Main 1963), akademische Positionen (u. a. Vorsitzender der Deutschen Gesellschaft für Soziologie von 1966 bis 1968), aber auch seine Verteidigung der neomarxistischen Ideologiekritik in der soziologischen Grundlagendebatte mit Karl Raimund Popper (»Positivismusstreit«) sowie seine Bedeutung für die Literatur- und Musiksoziologie und nicht weniger die Pädagogik kennzeichnen diese Rolle A. s.

Geradezu tragische Züge hat jedoch A.s Verhältnis zur Studentenbewegung. Die von ihm als einem der wenigen und kompetentesten Gesellschaftskritiker inspirierten Studenten, teilweise seine Schüler, beginnen, seinen Ansatz als praxisfeindlich zu kritisieren. Es kommt zu Demonstrationen, Störungen und schließlich 1969 zu Vorlesungssprengungen. A., irritiert, aber in seinen Einsichten unbeirrt, schreibt kurz vor seinem Tod in einem Aufsatz über *Resignation*: »Der Sprung in die Praxis kuriert den Gedanken nicht von der Resignation, solange er bezahlt wird mit dem geheimen Wissen, daß es doch nicht gehe.« Wenige Wochen nach den turbulenten Vorfällen an der Frankfurter Universität stirbt A. auf einer Urlaubsreise in der Schweiz an einem Herzinfarkt.

Die Rezeption A.s in den 70er Jahren ist entscheidend gekennzeichnet durch das posthume Erscheinen der unvollendet gebliebenen *Ästhetischen Theorie* (1970), in der A. alle wesentlichen Motive seiner Philosophie im Medium der für ihn paradigmatischen Kunst der Moderne etwa Samuel Becketts und Arnold Schönbergs erneut entwickelt. Dabei wird die durch und durch ästhetische Prägung seines Denkens bis in die manchmal schwierig lesbare, eigenwillig konstellativ-musikalische Ausdrucksweise als durchgängiges Moment der Philosophie A.s deutlich erkennbar. In der schwer entzifferbaren und autonomen Kunst findet das seinen mimetischen Ausdruck, was in der begrifflich verfaßten Philosophie nur paradox zu bezeichnen ist, das Nichtidentische, das Besondere und Andere – der Schein einer besseren Welt. Schneller als es ihm hätte recht sein können, wird A. auch zum Gegenstand bloß akademischen und theoretischen Interesses. Die Herausgabe seiner *Gesammelten Schriften* seit 1970 bestätigt das ebenso wie eine Flut von Sekundärliteratur. Bis in den Sprachgestus treue Schüler, polemisch-unsachliche Kritiker, die in A. noch gar den geistigen Vater des linken Terrorismus sehen wollen, und eine produktive »Fortschreibung« des Projekts einer kritischen Theorie der Gesellschaft (vor allem durch Jürgen Habermas) stehen sich gegenüber. Die Stiftung eines »Adorno-Preises« durch die Stadt Frankfurt am Main (seit 1976) und Konferenzen zu A.s 80. Geburtstag im Jahre 1983 haben ihn endgültig in den Rang eines Klassikers erhoben.

Wiggershaus, Rolf: Theodor W. Adorno. München 1987. – Wiggershaus, Rolf: Die Frankfurter Schule. Geschichte – Theoretische Entwicklung – Politische Bedeutung. München/Wien 1986. – Friedeburg, Ludwig v./Habermas, Jürgen (Hg.): Adorno-Konferenz 1983. Frankfurt am Main 1983.

Peter Christian Lang

Althusser, Louis
Geb. 16. 10. 1918 in Birmandreis (Algerien); gest. 22. 10. 1990 in Paris

Der Marxist A. hat in den 60er und 70er Jahren in Frankreich, aber auch über die Grenzen hinweg, als Philosoph wie als Mitglied der Kommunistischen Partei Frankreichs erhebliches Ansehen erlangt. Er wird in Frankreich zu den einflußreichsten Theoretikern jener Zeit gezählt, nicht allein aufgrund seiner Publikationen, sondern ebenso durch seine Lehrtätigkeit als Professor für Philosophie an der Pariser École normale supérieure. Neben der Tatsache, daß sich um ihn herum eine »Althusser-Schule« herausgebildet hat, bemißt sich seine Bedeutung auch an dem Einfluß, den er auf einen Teil französischer Intellektueller, wie Régis Debray und Michel Foucault, ausgeübt hat. Auf der anderen Seite hat A. als Parteimitglied an den Debatten um organisatorische und ideologische Orientierungen der Kommunistischen Partei Frankreichs starken Anteil gehabt, in denen er 1978 den offiziellen Parteikurs heftigen Angriffen aussetzte, hart die organisationsinternen Stalinismen, Basis- und Demokratiefeindlichkeit der Führung unter Marchais kritisierte.

A., der von Algerien übergesiedelt seit 1930 in Frankreich lebte, hatte sich während seiner Vorbereitungen für die Aufnahme zum Studium zwischen 1936 und 1939 erstmalig öffentlich, als militanter Katholik, engagiert, indem er 1937 die Sektion der Organisation junger katholischer Studenten am Lycée du Parc in Lyon gründete. Die deutsche Kriegsgefangenschaft A.s zwischen 1940 und 1945 verschob den Beginn seines Studiums an der École normale supérieure auf die unmittelbare Nachkriegszeit. Gleichzeitig mit dessen erfolgreichem Abschluß 1948 und mit Beginn seiner philosophischen Lehrtätigkeit schloß er sich der kommunistischen Bewegung an, nachdem er in seiner Gefangenschaft beeindruckende Erfahrungen mit politisch aktiven kommunistischen Arbeitern neben derjenigen des deutschen Faschismus gemacht hatte. Die weiteren Etappen seiner politisch-intellektuellen Biographie versuchte A. selbst in dem Vorwort zu seinem ersten, Artikel aus den Jahren 1960 bis 1964 versammelnden Buch *Pour Marx* (1965; *Für Marx*) zu markieren und als Vorgeschichte zu seinen Schriften verständlich zu machen.

In diesen Essays, wie er seine Arbeiten immer wieder nennt, geht es ihm, nimmt man seine erste wichtigere Veröffentlichung über Montesquieu von 1959 aus, von Beginn an um die Beantwortung der Frage, was der Charakter des wissenschaftlichen Marxismus und der ihm entsprechenden Philosophie sei. Dabei sucht er nach einem dritten Weg jenseits des mittlerweile in den kommunistischen Parteien offiziell verurteilten stalinistischen Dogmatismus und seiner, wie A. meint, kleinbürgerlich-humanistischen Scheinalternative. Dementsprechend legt A. in den ersten beiden marxistisch relevanten Publikationen *Pour Marx* und dem gemeinsam mit Schülern verfaßten *Lire le Capital* (1965; *Das Kapital lesen*) zunächst die Grundrisse seiner ebenso eigenwilligen wie rigorosen Marx-Interpretation vor. Darin demonstriert er der Öffentlichkeit ein hohes Maß an detaillierter Kenntnis der Marxschen Schriften, verbunden mit dem Bemühen um analytische Schärfe und Differenziertheit, an denen es den bisherigen marxistischen Interpreten seiner Meinung nach zumeist fehlte. Insbesondere durch die Vermengung der verschiedenen Ebenen des Marxismus seien immer wieder gravierende, seinem Kern eher feindliche Abweichungen entstanden. A. entdeckt bei seiner Marx-»Lektüre« – wie er sich vorsichtig ausdrückt – in dessen Werk zunächst einmal einen nach seinem philosophischen Lehrer Gaston Bachelard so genannten »epistemologischen Einschnitt«, der das Denken des »jungen Marx« vor 1845 von demjenigen des »reifen Marx« der nachfolgenden Zeit radikal unterscheidet. Die Frage der Wissenschaftlichkeit des Marxismus beantworte sich allein aus der Analyse von Marx' reifen Schriften, allen voran das *Kapital*, da in ihnen ein Denken nach Wissenschaftlichkeitskriterien, die Geschichtswissenschaft des Historischen Materialismus, zum ersten Male praktiziert werde. Seine Frühschriften hingegen stehen noch ganz im Banne eines vorwissenschaftlichen, und d.h. für A. ideologischen Denkens, dessen theoretische Problematik (wie A. ebenfalls im Anschluß an Bachelard das Ensemble theoretischer Grundentscheidungen nennt) sich um idealistische Erklärungen von Gesellschaft und Geschichte auf der Basis anthropologischer bzw. entwicklungslogischer Annahmen herum organisiert. A. charakterisiert diese Denkweisen sehr allgemein und in einem weiten Sinne der Begriffe als Humanismus bzw. Historizismus. Er sieht in Marx' Frühwerk also nicht die philosophische Grundlegung von dessen wissenschaftlichem Spätwerk, wie dies eine Reihe vor allem westlicher Marxisten immer wieder nahegelegt haben, sondern seine zu verdrängende Vorgeschichte.

Da A. die Rolle der Philosophie, wiederum Bachelard folgend, in einer historischen Epistemologie sieht, die einerseits die Konstitution von Wissenschaft gegen ihre Vorgeschichte nachzeichnet und andererseits die Prinzipien wissenschaftlichen Denkens formuliert, geht es besonders auch um diese zweite Arbeit der marxistischen Philosophie, nämlich die Reflexion auf das theoretische Fundament des Historischen Materialismus. Da Marx' dialektisch-materialistisches Denken jedoch bloß implizit in der wissenschaftlichen Praxis existiere, versucht A., dies an dessen Schriften in einem bereits von Marx selber praktizierten Verfahren »symptomatischer Lektüre« abzulesen. Er kommt dabei zu folgenden zentralen Ergebnissen: Die marxistische Geschichtswissenschaft denkt Gesellschaft als zu einem jeweiligen Zeitpunkt in bestimmter Weise strukturiertes Ganzes – mittels des Begriffs der Gesellschaftsformation. – Die

Grundelemente oder -ebenen ihrer Struktur sind die Teilbereiche Ökonomie, Politik und Ideologie, in denen der Mensch als Subjekt keine prinzipielle (bedeutungs-)zentrale Stellung besitzt. – Diese Ebenen sind relativ autonom, stehen jedoch in komplexen Wechselwirkungsverhältnissen zueinander, die man grob als strukturale Kausalität bezeichnen kann. – Geschichte besteht in der Folge (revolutionärer) Umstrukturierungen von Gesellschaftsformationen, durch die sich sowohl die Struktur des Ganzen als auch die Bedeutung und die Infrastruktur der Teile verändern (können). – Das marxistische Konzept des dialektischen Widerspruchs zur Erklärung gesellschaftlicher »Destrukturierungen« ist in der von Freud entlehnten Kategorie des »überdeterminierten Widerspruchs« gedacht. – Erkenntnis wird nicht als quasi-identisch mit ihrem Gegenstand vorgestellt, sondern als ebenfalls subjektloses Ergebnis theoretischer Produktion mittels der Grundbegriffe des Historischen Materialismus; das Erkenntnisobjekt wird radikal vom Realobjekt getrennt gedacht. – Mit diesen Denkvoraussetzungen der marxistischen Geschichtswissenschaft, die von Lenin und Mao teilweise bereits formuliert worden seien und die A. durchweg affirmativ behandelt, sieht er nicht nur jede Form klassischer Geschichtsphilosophie als Ideologie verabschiedet. Gleichzeitig sei damit, und hierin besteht A.s aktuelles Interesse, eine klare Grenze zu den theoretischen »Abweichungen« innerhalb des Marxismus gezogen. Insofern betrachtet er den Charakter seiner Schriften stets als Eingriffe in dessen Orientierungskrise.

Mit noch größerer Deutlichkeit und Direktheit trägt A. seine philosophischen Thesen dann ab Ende der 60er Jahre vor (zum großen Teil gesammelt in den deutschen Ausgaben *Marxismus und Philosophie*, 1973; *Was ist revolutionärer Marxismus?*, 1973; *Lenin und die Philosophie*, 1974; *Elemente der Selbstkritik*, 1975). Er versucht nun einerseits die Prägnanz des zentralen Gedankens der Subjektlosigkeit, z.B. in Form der These vom *Prozeß ohne Subjekt und ohne Ende/Ziel* mit Bezug auf Lenin und Freud weiter zuzuspitzen. A. hatte bereits 1964 in seinem Artikel *Freud et Lacan* die parallel zu Marx verlaufende wissenschaftshistorische Bedeutung Freuds als Entdecker der »Wissenschaft des Unbewußten« gewürdigt und dabei vornehmlich seine – von Lacan zuerst festgestellten – Leistungen in Richtung auf eine Kritik des Subjektbegriffs zugunsten der Idee der Dezentriertheit des Menschen hervorgehoben. Andererseits nimmt A. – explizit in den *Elementen der Selbstkritik* – eine Reihe von Korrekturen an seiner Konzeption von Marxismus vor. Er wendet sich in erster Linie gegen seinen eigenen früheren Theoretizismus, der die Rolle der Theorie für die marxistische Bewegung überbewertet habe, zugunsten der Anerkennung des politischen Klassenkampfes als logisch primärem Faktum. Marx' theoretische Revolution ab 1845 gilt ihm nunmehr als Konsequenz der Annahme eines proletarischen Klassenstandpunktes, und allgemeiner definiert er Philosophie als »Klassenkampf in der Theorie« und »Theorie im Klassenkampf«. Gleichzeitig löst er sich von der damit verbundenen starren Trennung von Wissenschaft und Ideologie, besonders ihrer rein innertheoretischen Definition, indem er jetzt eher die materielle Existenzweise der Ideologien im gesellschaftlichen Reproduktionsprozeß ins Zentrum seines Interesses rückt, womit er seinen eigenständigsten

Beitrag zur marxistischen Theorie zu liefern versucht (am ausführlichsten in *Ideologie und ideologische Staatsapparate*, 1977). Humanismus und Historizismus werden nun nicht mehr als wissenschaftsgeschichtlich überwundene ideologische Denkweisen gesehen, sondern als Repräsentanten einer dem Marxismus entgegengesetzten philosophischen (Klassenkampf-)Position: des Idealismus. Ideologischer Charakter kommt ihnen nur noch insofern zu, als sie den ideologischen Praktiken der subjektivierenden Unterwerfung der Individuen durch die sogenannten »ideologischen Staatsapparate« theoretisch entsprechen.

A. löst also in der späteren Phase seiner Arbeiten den Marxismus aus einer Perspektive heraus, die sein Recht auf einen emphatischen Begriff von Wahrheit zu gründen versucht, so wie dies die von ihm als pseudo-marxistisch kritisierten Positionen (ebenso wie er selbst in seinen früheren Schriften) mit der Unterscheidung von Wissenschaft und Ideologie praktiziert hatten. Philosophie ist für den späten A. nun nicht mehr, aber auch nicht weniger als der theoretische Kampfplatz auf der Basis gesellschaftlich-praktischer (Klassen-)Kämpfe um Interessen. Mit dieser Wende zur Absage an jede Form philosophischer Absolutheit und Nichtparteilichkeit ihrer Einsichten vollzieht er eine Umorientierung, die sowohl logisch als auch zeitlich parallel zu der spezifisch französischen Entwicklung vom Strukturalismus zum Poststrukturalismus verläuft, wo ebenfalls eine Wissenschaftlichkeit und Wahrheit zunehmend diskreditierende Tendenz zu »politizistischen« Analysen von Gesellschaft zu beobachten war. Die Tatsache, daß in A.s Arbeiten der Marxismus und der Strukturalismus eine gewisse Verbindung eingegangen sind, änderte jedoch nichts an dem antimarxistischen Klima, das sich in der französischen Philosophie zunehmend ausbreitete.

A. machte seiner intellektuellen Biographie ein tragisches Ende durch den Mord an seiner Frau im November 1980. Unmittelbar nach der Tat wurde er in ein psychiatrisches Krankenhaus eingewiesen. Die daraufhin eintretende weitgehende Ruhe um A. wurde erstmals wieder durchbrochen, als im Jahr 1992 – zwei Jahre nach seinem Tod – in Paris ein Buch mit zwei autobiographischen Texten aus dem Nachlaß des Autors erschien (*L'avenir dure longtemps* suivi de *Les Faits*, 1992; *Die Zukunft hat Zeit/Die Tatsachen*). In dem späteren der beiden, dem 1985 verfaßten Text versucht A. auf beeindruckende Weise, über die Umstände wie die biographische Vorgeschichte seiner schrecklichen Tat Rechenschaft abzulegen.

Thieme, Klaus: Althusser zur Einführung. Hannover 1982. – Thompson, Edward P.: Das Elend der Theorie. Zur Produktion geschichtlicher Erfahrung. Frankfurt am Main 1980. – Karsz, Saül: Theorie und Politik: Louis Althusser. Frankfurt am Main/Berlin 1976.

Thomas Schäfer

Anders, Günther
Geb. 12. 7. 1902 in Breslau; gest. 17. 12. 1992 in Wien

Als Philosoph im traditionellen Sinn läßt sich der als Günther Stern geborene A. schwerlich klassifizieren, obwohl er seine Lehrjahre in den Seminaren Martin Heideggers und Edmund Husserls erlebte und von letzterem promoviert wurde. A.' Philosophie, die man als eine »Philosophie bei Gelegenheit« charakterisieren kann, tritt forciert unakademisch auf, denn sie will belehren, mahnen und aufrütteln; immer drängt sie zu praktischem Engagement, das auch die Existenz ihres Autors bestimmte: In den 50er und 60er Jahren betätigte A. sich in der Antiatombewegung, zuletzt gehörte er zu den radikalsten Befürwortern des Widerstands gegen die atomare Hochrüstung und die friedliche Nutzung der Kernenergie. – Zwischen 1920 und 1930 lebte A. abwechselnd in Berlin und Paris, arbeitete als Publizist für Zeitungen und Zeitschriften. Der Sieg des Nationalsozialismus verhinderte die Beendigung der musikphilosophischen Habilitation. A. emigrierte über Paris in die Vereinigten Staaten, wo er seinen Lebensunterhalt mehr schlecht als recht mit verschiedenen »jobs« (Fabrikarbeit) bestritt, deren Erfahrung das Herzstück seines Hauptwerks *Die Antiquiertheit des Menschen* (1956) bildet. 1950 kehrte der jüdische Emigrant nach Europa zurück. Seitdem trat er mit zahlreichen Büchern an die Öffentlichkeit, in deren Zentrum die endzeitlichen Katastrophen unseres Jahrhunderts – Auschwitz und Hiroshima – und die Analyse ihrer sozialen und sozialpsychologischen Voraussetzungen stehen.

Seinem opus magnum, dem A. 1980 einen zweiten Band folgen ließ, liegt der Gedanke vom »prometheischen Gefälle«, von der »A-Synchronisiertheit der menschlichen Vermögen« mit der Dingwelt zugrunde. A. diagnostiziert eine immer größer werdende Diskrepanz zwischen dem, was der Mensch der zweiten und dritten industriellen Revolution herzustellen imstande ist, und dem, was er sich als Wirkungen und Folgen seines Tuns vorstellen kann – Herstellen und Vorstellen, Tun und Fühlen klaffen immer dramatischer auseinander. Das Motiv der Diskrepanz erscheint in A.' Werk vielfältig variiert: als Gefälle zwischen Wissen und Gewissen, zwischen einer ausufernden Zeichen- und Bilderwelt und wachsender Sprach- und Ausdruckslosigkeit des Menschen, zwischen technischer Allmacht und individueller Ohnmacht. A.' Denken zielt auf die Tragödie eines Menschen, der die Geister, die er rief, nicht mehr los wird, der im Angesicht der Monstrosität der von ihm hergestellten Geräte seiner humanspezifischen Antiquiertheit, ja Nichtigkeit gewahr wird. Für A. steht fest, daß nicht die Menschen das Subjekt der Geschichte sind, daß an ihre Stelle vielmehr längst eine Technik getreten ist, die den Individuen so eigensinnig wie diktatorisch die Gesetze des »Fortschritts« aufzwingt. Die moderne Technik und die ihr eigene »Logik« – immer größer, immer schneller, immer perfekter und anonymer – sind gleichsam systemneutral, in ihrem Schatten verschwindet der das 20. Jahrhundert prägende Gegensatz von Kapitalismus und Sozialismus, kommt es zur Konvergenz der Systeme im Zeichen eines »Totalitarismus der Geräte«. Die nunmehr angebrochene dritte industrielle Revolution mit einer neuen Generation von Vernichtungsgeräten zeichnet sich A. zufolge dadurch aus, daß das virtuell »Gekonnte« mit dem »Gesollten«, ja dem »Unvermeidlichen« in eins fällt. Im Angesicht der atomaren Zerstörungsarsenale, die die Menschen aufgehäuft haben – *Hiroshima ist überall* (1982) heißt eine Sammlung A.scher Schriften zur atomaren Bedrohung –, prognostiziert der »Endzeit«-Denker daher konsequent nicht nur die mögliche, sondern die höchstwahrscheinliche Selbstauslöschung der Menschheit. Seit Hiroshima leben wir in einer Epoche des »Gerade-noch-Seins«, ist die geschichtliche Zeit zur »Frist« zusammengeschrumpft, und es ist nichts als unsere notorische »Apokalypseblindheit«, die uns dieses fatale Faktum nicht wahrnehmen läßt. Mit solch radikal pessimistischer Haltung steht A. in denkbar scharfem Gegensatz zur Philosophie eines Ernst Bloch, dessen nimmermüde Hoffnungsattitüde ihm als gänzlich suspekt erscheint. Während Bloch sein Hauptwerk *Das Prinzip Hoffnung* publizierte, entwarf A. seine schwarze Anthropologie, die auch den Titel *Die letzten Tage der Menschheit* (Karl Kraus) tragen könnte. In seinen letzten Jahren trat A., dem 1982 der Adorno-Preis der Stadt Frankfurt am Main zuerkannt wurde, mit umstrittenen Thesen zum Widerstandsrecht bzw. zum »Recht auf Notwehr« gegen die atomare Bedrohung hervor. Als zutiefst moralisch erweist sich A.' Denken darin, daß es nicht beschwichtigt und beschönigt, sondern alarmiert: daß die »Endzeit«, in der wir – atomar hochgerüstet und diskrepant programmiert – leben, nur dann keine Endzeit ist, wenn wir ihre Zeichen zu deuten wissen und ihrer selbstzerstörerischen Logik in die Parade fahren.

Schubert, Elke: Günther Anders. Reinbek 1992. – Liessmann, Konrad Paul: Günther Anders zur Einführung. Hamburg 1988. – Althaus, Gabriele: Leben zwischen Sein und Nichts. Drei Studien zu Günther Anders. Berlin 1987.

Hans-Martin Lohmann

Apel, Karl-Otto
Geb. 15. 3. 1922 in Düsseldorf

Das Werk A.s steht im Zeichen der entschiedenen Abwehr skeptischer und relativistischer Angriffe auf die universalen Ansprüche vernünftigen Argumentierens. Seine »transzendentale Sprachpragmatik« versteht A. als eine Erneuerung der Kantischen Transzendentalphilosophie. Im Zuge der sprachkritischen Wende der Gegenwartsphilosophie – Kant habe durch die Sprachvermittlung des Erkennens noch »wie durch Glas hindurchgesehen« – soll der »höchste Punkt« der transzendentalen Reflexion Kants ersetzt werden: An die Stelle des »›Ich denke‹, das alle meine Vorstellungen muß begleiten können«, tritt die Situation des vernünftig Argumentierenden, der als Angehöriger einer unbegrenzten Kommunikationsgemeinschaft für das von ihm Behauptete allgemeine Geltung beansprucht. Die »letztbegründeten« Regeln des Argumentierens sollen als unhintergehbare Voraussetzung aller unserer kognitiven Tätigkeit erwiesen werden.

Die weiteren entscheidenden Einflüsse auf A.s Philosophie sind von Heidegger, Wittgenstein und Peirce ausgegangen. Von Heidegger, über den er 1950 in Bonn promoviert, übernimmt A. das »apriorische Perfekt« des »immer schon«, das er in einer neuen Weise ausfüllen wird: Ebenso, wie unsere Welt immer schon eine sprachlich erschlossene ist, müssen auch die Voraussetzungen des Argumentierens nicht erst konstruiert oder durch Konvention eingeführt werden, sondern sie sind bei jeder Thematisierung schon in Anspruch genommen und bedürfen lediglich der Aufdeckung und Explizierung durch eine »transzendentale Hermeneutik«. Wittgenstein, den nicht zuletzt A. in Deutschland wieder bekannt gemacht hat, liefert das Konzept der Sinnkritik, in dem A. eine Radikalisierung der hermeneutischen Fragestellung sieht. Zum Problem können nicht bloß die Methoden des Verstehens werden, sondern, in Abwesenheit eines außersprachlichen mentalistischen Standards, der Sinn des Gesagten selbst. Man muß auch in der Philosophie durchaus damit rechnen, daß ein geäußerter Satz schlicht sinnlos ist, weil er nämlich das Sprachspiel, das ihm zugrundeliegt, zerstören würde. Dies gilt A. zufolge etwa für Descartes' Argument, daß alles, was uns wirklich zu sein scheint, bloß unser Traum sein könnte. Vor seiner Entdeckung der Sinnkritik Wittgensteins hat A. sich bereits ausführlich mit der nichtanalytischen Sprachphilosophie auseinandergesetzt; aus diesen Studien geht 1963 seine Habilitationsschrift hervor (*Die Idee der Sprache in der Tradition des Humanismus von Dante bis Vico*). 1962 tritt A. in Kiel seine erste Professur an, von der er 1969 nach Saarbrücken wechselt. 1973 erscheint die zweibändige Aufsatzsammlung *Transformation der Philosophie*, die als A.s Hauptwerk gelten darf.

Während die Auseinandersetzung mit Wittgenstein und Heidegger zu dieser Zeit abgeschlossen ist, bleibt der amerikanische Pragmatist und Semiotiker Peirce bis heute A.s Kronzeuge. Von Peirce, aus dessen Schriften er eine deutsche Auswahl herausgab und ausführlich kommentierte (*Der Denkweg von Charles Sanders Peirce*, 1967/1970), übernimmt A. die Auffassung einer »Dreistelligkeit« der Zeichenrelation zwischen Zeichen, denotiertem Objekt und Interpreten. Jede Verkürzung dieser dreistelligen Relation um eine Stelle führt zu einem »abstraktiven Fehlschluß«, wobei die Abstraktion vom Zeicheninterpreten für A. der Kardinalfehler der modernen Sprachphilosophie im Gefolge des Logischen Empirismus ist. Dabei ist der Interpret für A. nicht im Singular vorstellbar, sondern nur als Angehöriger einer prinzipiell unbegrenzten Interpretationsgemeinschaft, welche an die Stelle des transzendentalen Subjekts Kants tritt. Unter idealen Bedingungen würden die Urteile der Gemeinschaft der Interpreten »in the long run« konvergieren (Peirce) und geben zugleich das Kriterium der Wahrheit ab (Konsensustheorie der Wahrheit). – Peirce ist der einzige Philosoph, den A. ausschließlich zustimmend zitiert; inwieweit seine Peirce-Lektüre korrekt ist, bleibt umstritten.

Eine zentrale Rolle für die Widerlegung skeptischer und relativistischer Positionen spielt für A. das Argument vom »performativen Widerspruch«, von dem er ausgiebig Gebrauch macht. In der Terminologie der Sprechakttheorie ausgedrückt, ist eine Äußerung dann performativ (oder pragmatisch) widersprüchlich, wenn ihr propositionaler Gehalt mit ihrer illokutiven Kraft, also beispielsweise mit ihrem Behauptungscharakter, konfligiert. Performativ widersprüchlich ist für A. etwa die Äußerung: »Ich vertrete hiermit die Behauptung, daß Argumentation Gewalt ist«. Hier versucht der Sprecher, einen Geltungsanspruch zu dementieren, den er mit seiner Äußerung notwendig erhoben hat, denn insofern jemand überhaupt eine Behauptung vertritt, erhebt er Anspruch auf vernünftige Einsehbarkeit und zwanglose Anerkennung des Gesagten, übt also gerade keine Gewalt aus. (Die Theorie der universalen Geltungsansprüche übernimmt A. von Jürgen Habermas, mit dem er seit Bonner Studienzeiten befreundet ist.) Ein performativer Widerspruch ist somit kein logischer Widerspruch. Vielmehr soll der Opponent, dem ein performativer Widerspruch vorgeworfen wird, darauf reflektieren, was er gerade *tut*, indem er etwas behauptet, und er soll die Unverträglichkeit des Behaupteten mit dem performativen Akt des Behauptens und allen seinen Implikationen einsehen. Diese Einsicht ist nur in der Einstellung der »strikten Reflexion« möglich (so A.s Schüler Wolfgang Kuhlmann), nicht aber aus der distanzierten Perspektive des Theoretikers. – An dem zitierten Beispiel wird ersichtlich, daß über die Berechtigung der Diagnose eines performativen Widerspruchs neue Kontroversen entstehen können. Das Argument hat deshalb oft nicht den durchschlagenden Erfolg, den A. sich davon verspricht.

A.s »Letztbegründungsformel« besagt nun, daß als letztbegründet alle diejenigen Voraussetzungen des Argumentierens gelten müssen, die man »nicht ohne aktuellen Selbstwiderspruch bestreiten und zugleich nicht ohne formallogische petitio principii deduktiv begründen kann«. Die Unmöglichkeit einer zirkelfreien Begründung und die Nichtverwerfbarkeit ohne performativen Widerspruch sind also zwei Seiten derselben Medaille. Der neuralgische Punkt – das unvermeidliche Inanspruchnehmen von etwas – soll gerade zum archimedischen werden. Beharrt man dagegen auf einem Begründungsbegriff, der nur die logische Deduktion von Aussagen aus anderen Aussagen zuläßt, so verpaßt man diese Pointe und wird das Letztbegründungsargument gerade nicht als ein Argument *für* das Vorausgesetzte ansehen.

A.s Programm einer vernünftigen Letztbegründung betrifft die theoretische und die praktische Philosophie gleichermaßen. In der theoretischen Philosophie ist A.s Kontroverse mit dem Popper-Schüler Hans Albert über die Reichweite des Fallibilismus einschlägig. Der vernünftige Sinn der Behauptung, daß menschliche Erkenntnis grundsätzlich fehlbar und somit revidierbar sei, kann für A. nur gerettet werden, wenn der Fallibilismus eingeschränkt wird. Es sei zu unterscheiden zwischen möglichen Gegenständen von Kritik und den Bedingungen der Möglichkeit von Kritik, die nicht selbst wieder als bezweifelbar angesehen werden können. Allerdings gesteht A. mittlerweile zu, daß aus der notwendigen Inanspruchnahme von Voraussetzungen des Argumentierens noch nicht folgt, daß diese Voraussetzungen schon hinreichend und angemessen expliziert sind. – Bezüglich des Letztbegründungsanspruchs ist über die Jahre ein Dissens mit Habermas aufgebrochen, welcher die angegebenen Argumentationsvoraussetzungen grundsätzlich als fehlbare empirische Rekonstruktionen ansieht und der mit der Aufdeckung performativer Widersprüche keine transzendentalen Ansprüche verbunden wissen will. In die theoretische Philosophie gehört weiterhin A.s neben seiner Habilitationsschrift einzige Monographie, eine Studie über *Die ›Erklären-Verstehen‹-Kontroverse in transzendental-pragmatischer Sicht* (1979), die einen leider zu wenig rezipierten Beitrag zu einer traditionsreichen Kontroverse der Wissenschaftstheorie darstellt.

In der praktischen Philosophie beginnt A. mit der Diagnose einer paradoxen Problemsituation: Einerseits sei »das Bedürfnis nach einer universalen, das heißt für die menschliche Gesellschaft insgesamt verbindlichen Ethik« noch nie so groß gewesen wie in der wissenschaftlich-technischen Zivilisation, in der die Reichweite unserer Handlungen immer größer wird und heute die globale Dimension erreicht. Andererseits sei die rationale Begründung einer universalen Ethik noch nie so schwierig gewesen wie heute, denn auf der Basis der vorherrschenden wissenschaftlichen Rationalitätskonzepte ließen sich moralische Normen nicht begründen; Moral drohe, wie schon zuvor die Religion, zur Privatsache zu werden. Den Ausweg sieht A. im Übergang zu einem *kommunikativen* Vernunftkonzept, das dem »Apriori der Kommunikationsgemeinschaft« Rechnung trägt. Erneut sind es die unhintergehbaren Voraussetzungen der Argumentationssituation, die A. auch für die Ethik fruchtbar machen möchte, indem er sie als moralisch gehaltvoll zu erweisen sucht. Gemeinsam mit Habermas entwickelt A. seit 1973, dem Jahr seines Wechsels an die Universität Frankfurt, die sogenannte »Diskursethik«, eine universalistische Theorie der Moralbegründung, die dem Kantischen Prinzip der Verallgemeinerbarkeit einen neuen Sinn gibt, indem sie Kants monologisch durchgeführtes Gedankenexperiment in die Praxis zurückholt: Es sollen allein diejenigen Normen als gerechtfertigt angesehen werden, die in einem freien Diskurs, dessen Ergebnis der Moralphilosoph nicht vorwegnehmen kann, die Zustimmung aller Beteiligten und aller potentiell Betroffenen finden können. Die Diskursethik ist also eine *formalistische* Ethik, die keine konkreten inhaltlichen Normen formuliert, sondern nur die Metaregeln des diskursiven Begründungsverfahrens auszeichnet, durch dessen Durchführung die Beteiligten selbst die Gültigkeit vorgeschlagener materialer Normen prüfen können. Die Diskursethik, die A. durch das *Funkkolleg Praktische Philosophie/Ethik* 1980 einem größeren Publikum vorstellen konnte, hat in den deutschen Philosophie lebhafte Kontroversen ausgelöst. Unter anderem ist die Frage aufgeworfen worden, was den Egoisten motivieren soll, sich an einem Diskurs überhaupt zu beteiligen, in dem ihm gegebenenfalls nachgewiesen werden kann, daß er sich mit seinem Beharren auf partikularen Ansprüchen in einen performativen Widerspruch verwickelt. A. leugnet dieses Problem nicht, besteht aber darauf, daß es keines der Moralbegründung mehr sei. Zwar bedürfe das Eintreten in den Diskurs – wie auch die Bereitschaft, etwas als vernünftig Eingesehenes dann auch zu *tun* –

grundsätzlich einer »willentlichen Bekräftigung«. Für A. ist aber diese nicht erzwingbare »Entscheidung zur Vernunft«, anders als für Popper, kein irrationaler Glaubensakt, sondern sie ist die einzig mögliche Entscheidung, wenn wir uns nur selbst richtig verstehen. Der von Popper fingierte Standpunkt *außerhalb* der Vernunft, von dem aus dieser Akt sich wie eine irrationale Wahl ausnimmt, steht uns nicht zur Verfügung.

Die Ausarbeitung der Diskursethik ist bis heute nicht abgeschlossen. In den letzten Jahren widmet sich A. zunehmend dem Problem der *Anwendung* der Diskursethik unter historischen Bedingungen, die gewaltfreie und unverzerrte Kommunikation nicht zulassen. In seiner Aufsatzsammlung *Diskurs und Verantwortung* (1988) schlägt er vor, die Diskursethik durch einen verantwortungsethischen »Teil B« zu ergänzen, der dem Umstand Rechnung trägt, daß die Verwirklichung einer idealen Kommunikationsgemeinschaft auch auf die strategische Selbstbehauptung bestehender, nicht-idealer Kommunikationsgemeinschaften angewiesen ist.

A. ist selbst ein leidenschaftlicher Diskursteilnehmer. Er geht keinem philosophischen Streit aus dem Weg, in dem es gilt, die universalistischen Ansprüche, die er mit jedem vernünftigen Argument verbunden sieht, gegen skeptische, relativistische und kontextualistische Abwiegelungen zu verteidigen. Aufsehen haben seine Kontroversen mit Odo Marquard, Hermann Lübbe und Hans Albert erregt, aber auch mit Richard Rorty, Jacques Derrida und Jean-François Lyotard. – Seit 1990 ist A. emeritiert.

Dorschel, Andreas et al. (Hg.): Transzendentalpragmatik. Frankfurt am Main 1993. – Reese-Schäfer, Walter: Karl-Otto Apel. Hamburg 1990. – Kuhlmann, Wolfgang/Böhler, Dietrich (Hg.): Kommunikation und Reflexion. Frankfurt am Main 1982.

Geert Keil

Arendt, Hannah
Geb. 14. 10. 1906 in Linden bei Hannover; gest. 4. 12. 1975 in New York

Die Sprache ihrer philosophischen und poetischen Heimat blieb Deutsch, Französisch war die Sprache des ersten Exils wie später Englisch die ihrer zweiten Staatsbürgerschaft, während sie die Werke ihrer politischen Philosophen im griechischen und lateinischen Original las. Bereits ihre Sprachenvielfalt spiegelt die Privatperson A. – die in Menschen »nur darum zur Politik begabte Wesen« sah, »weil sie mit Sprache begabt sind« – in ihrem Leben und Werk als Exponentin und Medium geistig-gesellschaftlicher Situationen und Tendenzen des 20. Jahrhunderts. »Denken war ihre Leidenschaft« (Hans Jonas) auch in dem konkreten Sinne, in den Schriften zur Moralphilosophie, Geschichte, politischen Theorie, Literatur ihre Erfahrungen epochaler Krisen in einer zugleich identitätssichernden wie politisch folgenreichen Weise zu verarbeiten. Den engen Zusammenhang aber von persönlichen Erfahrungen und Denken im »Lebensweg dieses liebenden Vernunftwesens« (Karl Jaspers) stiftete das »Bedürfnis zu verstehen, das schon früh da war« (Interview mit Günther Gaus, 1964). Verstehen meint für A. die »nie endende Tätigkeit, die uns dazu dient, die Wirklichkeit zu begreifen, uns mit ihr zu versöhnen, d. h. mit deren Hilfe wir versuchen, zu Hause zu sein«. Angesichts der beispiellosen Schrecken, die das »Heraufkommen totalitärer Regierungen« zeitigte, nahm diese Aufgabe des Verstehens für A. nie gekannte Dimensionen an, weil sie »unsere Kategorien des politischen Denkens und unsere Maßstäbe für das moralische Urteil eindeutig gesprengt« haben. Als Philosophin und politische Theoretikerin suchte A. daher den Konsequenzen ihrer fundamentalen Einsicht gerecht zu werden: Ihr schien die Krise des Verstehens mit einer grundlegenden Krise des Urteilsvermögens identisch zu sein, das jedoch gerade seine eigentliche Aufgabe erst im Verschwinden überkommener Maßstäbe erhält. Ihre Analysen ließen sie nicht nur die tiefe Verwurzelung der geistig-moralischen Krise, die der Totalitarismus ans Licht gebracht hatte, in der westlichen Kultur erkennen, sondern erschlossen auch »fragwürdige Traditionsbestände im politischen Denken der Gegenwart« (1957). Durch ihre Kritik der politischen und kulturellen Wert- und Ordnungsmaßstäbe gelangte sie schließlich zu einer Neubegründung des Politischen. Diese führte A. im Hinblick auf ein Handeln und Denken, das die Welt als gemeinsame von und für Menschen zu seinem Standort gemacht hat, zu einer systematischen Reflexion über das Wesen und Funktionieren der menschlichen Urteilskraft, in der sie die »Gestalt der weltlichen Vernunft« (Ernst Vollrath) entdeckte, denn »das Urteilen ist eine bedeutende, wenn nicht die bedeutendste Tätigkeit, bei der dieses Die-Welt-mit-anderen-teilen stattfindet«.

Die eigenständige und scharfsinnige A. verbrachte als Tochter eines Ingenieurs ihre Jugend in einem sozialdemokratisch orientierten Elternhaus assimilierter Juden in Königsberg, wo ihre im 19. Jahrhundert aus dem Osten ausgewanderten Vorfahren lebten. »Ich habe von Haus aus nicht gewußt, daß ich Jüdin bin.« Die liberale Erziehung und schützende Vormundschaft der Mutter nach dem frühen Tod des schwerkranken Vaters (1913) stärkten das Selbstbewußtsein der intellektuell frühreifen A., die bereits mit 16 Jahren Kants *Kritik der reinen Vernunft* und Karl Jaspers' *Psychologie der Weltanschauungen* las. Nach einem Schulverweis sorgte die Mutter dafür, daß die Tochter an der Universität Berlin Vorlesungen in klassischer Philologie und christlicher Theologie bei Romano Guardini hören und später als externe Schülerin ihre Reifeprüfung ablegen konnte. Das Studium der Philosophie, Theologie und des Griechischen begann die romantische, von Kierkegaard beeinflußte Studentin zunächst bei Martin Heidegger und Rudolf Bultmann in Marburg – wo sie auch Hans Jonas kennenlernte –, um es in Freiburg bei Edmund Husserl und anschließend bei Jaspers in Heidelberg fortzusetzen. Heidegger vermittelte ihr »die Vorstellung von einem leidenschaftlichen Denken, in dem Denken und Lebendigsein eins werden«. Er wurde zugleich die große Liebe ihrer Jugend, und obgleich sie

Heideggers Verhalten im Nationalsozialismus scharf kritisierte, verhielt sie sich später dennoch persönlich loyal zu ihm. Lebensbestimmenden Einfluß gewann allerdings auch Karl Jaspers durch seinen »Begriff von Freiheit gekoppelt mit Vernunft« vor allem deshalb, weil er für A. »diese Vernunft sozusagen in praxi« verkörperte. Bei Jaspers schloß A. ihr Studium mit einer Dissertation über den *Liebesbegriff bei Augustin* ab (1928). Methodisch an Jaspers orientiert, weist die Sprache der Arbeit und ihre Deutung der Liebe als eines Phänomens zeitlicher Existenz auf Heidegger zurück. Beachtliche kritische Resonanz erlangte A.s Arbeit durch ihr Außerachtlassen des Theologen Augustin und der öffentlichen Fachdiskussion.

Trotz ihres Erfolgs wehrte A.s »Instinkt ... sich gegen die Universität; sie wollte frei sein« (Jaspers); sie entwickelte in der Folgezeit ein reges Interesse an der deutschen Romantik, nicht zuletzt angeregt durch den befreundeten Benno von Wiese. Ihre Forschungen konzentrierten sich in Berlin (wohin A. 1929 zusammen mit ihrem späteren Ehemann Günther Stern, d.i. Günther Anders, übergesiedelt war) auf Rahel Varnhagen (*Rahel Varnhagen. The Life of a Jewess*, 1957; *Rahel Varnhagen. Lebensgeschichte einer deutschen Jüdin aus der Romantik*). Die durch ein Stipendium der »Notgemeinschaft der Deutschen Wissenschaft« geförderte und »schon mit dem Bewußtsein des Untergangs des deutschen Judentums« bereits 1933 in wesentlichen Teilen fertiggestellte Untersuchung analysiert, wie »das Sich-Assimilieren an das geistige und gesellschaftliche Leben der Umwelt sich konkret in einer Lebensgeschichte auswirkte und so zu einem persönlichen Schicksal werden konnte«. Die somit auch für A. als Medium der Selbstverständigung bedeutsame Studie bewertet den Lebensweg Rahels in allen Einzelheiten als Beleg dafür, »daß Juden unter den Bedingungen der gesellschaftlichen Assimilation und staatlichen Emanzipation nicht ›leben‹ konnten«. Erstmals arbeitet A. in ihrem Versuch, »ansatzweise die ›jüdische Existenz‹ existenzphilosophisch zu fassen, aber schon den Weg zur historischen Erforschung der Judenfrage« einzuschlagen (Wolfgang Heuer), mit dem von Paul Lazare und Max Weber übernommenen Begriff des Paria. »Immer repräsentieren ... die Parias in einer Gesellschaft, welche auf Privilegien, Geburtsstolz, Standeshochmut basiert, das eigentlich Humane, spezifisch Menschliche, in Allgemeinheit Auszeichnende. Die Menschenwürde, die der Paria instinktartig entdeckt, ist die einzig natürliche Vorstufe für das gesamte moralische Weltgebäude der Vernunft«. Doch muß die *Vorstufe* bleiben, solange sie durch den Ausschluß aus der politischen Öffentlichkeit erlangt wurde. In dieser spezifischen Weltlosigkeit aber sieht A. auch den Untergang des Paria begründet, wie sie ihn vor dem Hintergrund ihrer Erfahrungen mit assimilierten und zionistischen Juden in Frankreich und den USA in *Die verborgene Tradition* (1944) diagnostizierte.

Der Reichstagsbrand und die anschließenden Verfolgungen waren »ein unmittelbarer Schock, und von dem Moment an habe ich mich verantwortlich gefühlt«. Doch kam für die bis dahin eher unpolitische A., die seit ihrer Heidelberger Zeit mit dem Zionisten Kurt Blumenfeld befreundet war, der auch ihr politischer Mentor wurde, nur die illegale Arbeit für die zionistische

Organisation in Frage, »denn jetzt war die Zugehörigkeit zum Judentum mein eigenes Problem geworden. Und mein Problem war politisch. Rein politisch«. Nach kurzer Haft floh sie 1933 über Karlsbad und Genf nach Paris, wo sie – stets im Konflikt mit der beschwichtigenden Haltung assimilierter Juden dort – zumeist für jüdische Organisationen arbeitete und für die Jugend-Aliyah Kinder auf ihr Leben in Palästina vorbereitete. Nach der Niederlage Frankreichs und mehrwöchiger Internierung im berüchtigten Lager Gurs gelangte A., zu deren Freunden in Paris auch Walter Benjamin gehörte, zusammen mit ihrer Mutter und ihrem zweiten Ehemann Heinrich Blücher, einem ehemaligen Kommunisten, der ihr die Idee der Rätedemokratie vermittelte, im Mai 1941 nach New York. Als Staatenlose, die erst 1951 die amerikanische Staatsbürgerschaft erhielt, trat sie besonders durch ihre politischen Kolumnen in der deutschjüdischen Wochenzeitschrift *Aufbau* hervor. Erfolglos warb sie für die Aufstellung einer eigenen jüdischen Armee und brach darüber mit dem offiziellen Zionismus, wie sie dessen Politik bei der Staatsgründung Israels, die sie grundsätzlich bejahte, später kritisierte. Bereits 1949 beschrieb sie die Verdrängung der Vergangenheit in Deutschland, der sie bei ihrer ersten Deutschlandreise mit einem offiziellen Auftrag zur Rettung jüdischen Kulturguts begegnete.

Von der politischen Publizistin, die bewußt am Rande der Gesellschaft lebte und als Cheflektorin bei Schocken Books (1946 bis 1949) u. a. für die Tagebücher Kafkas verantwortlich war, wandelte sich A. zur auch öffentlich anerkannten Theoretikerin der Politik, wie ihre zehn Ehrendoktorate und die Verleihung bedeutender Preise (Lessing-Preis der Stadt Hamburg, 1959; S. Freud-Preis der Akademie für Sprache und Dichtung, 1967) belegen. Ihren Wandel bezeugt vor allem der bedeutende, weil ihre Lebens-, Denk- und Arbeitsweise dokumentierende und die Nachkriegserfahrungen verarbeitende *Briefwechsel 1926–1969* (1985) mit Karl Jaspers, zu dem sie nach 1945 sofort Kontakt aufnahm und ein freundschaftliches Verhältnis entwickelte. Anerkennung in Fachkreisen erhielt A. jedoch erst durch ihren wegen der These von der strukturellen Gleichheit von Faschismus und Stalinismus umstrittenen Versuch, aus dem Niedergang und Zerfall des Nationalstaats und dem anarchischen Auftreten der Massengesellschaft die *Origins of Totalitarianism* (1951; *Elemente und Ursprünge totaler Herrschaft*) aufzudecken. Diese zeichnet sich für A. durch ihre Eigenart der Organisationsform des Terrors aus und unterscheidet sich durch die Konzentrationslager als Stätten des absoluten Terrors von anderen Herrschaftsformen. Wie A. in diesem Werk die Vernichtung politischer Herrschaft untersucht, analysiert sie auch deren revolutionäre Begründung in ihren Studien zu den bürgerlichen Revolutionen (*Über die Revolution*, 1963), dem ungarischen Aufstand (1956) oder den Bewegungen studentischen Protests und zivilen Ungehorsams immer mit dem Blick auf ihre leitende Hypothese, daß Macht von keiner politischen Führung durch Gewalt zu ersetzen ist, da ihre legitime Macht sich einzig aus einer nichtdeformierten Öffentlichkeit herleiten kann. »Macht besitzt eigentlich niemand, sie entsteht zwischen Menschen, wenn sie zusammen handeln, und sie verschwindet, sobald sie sich wieder zerstreuen.« Handeln aber als »die politische Tätigkeit par excellence« ist auf die ständige

Anwesenheit einer Mitwelt angewiesen und gehört neben Arbeiten und Herstellen zu den elementaren Dimensionen »menschlichen Lebens, sofern es sich auf Tätigsein eingelassen hat« und von A. als *Vita activa* (engl. 1958; dt. 1960) bestimmt wird. In der Klammer einer aristotelisch inspirierten Handlungstheorie rekonstruiert A. Handeln mit Blick auf jene neuzeitliche Umwertung menschlicher Tätigkeiten seit Descartes, die in den Massengesellschaften die Arbeit auf Kosten der politischen Handlungsfreiheit fetischisiert. In der Stilisierung ihres Bildes der griechischen Polis zum Wesen des Politischen überhaupt ist die Untersuchung nur bedingt auf das charakteristische Wechselverhältnis von bürgerlichem Staat und Gesellschaft zu beziehen. Doch insistiert A. im Gegenzug zur abendländischen Philosophie, »die notgedrungen von dem Menschen sprach und die Tatsache der Pluralität nebenbei behandelte«, folgeträchtig darauf, daß die politische Sicherung der öffentlichen Freiheit im »Erscheinungsraum« einer intersubjektiv geteilten und durch das »Faktum menschlicher Pluralität« und Natalität bestimmten Lebenswelt, die sich im Medium gemeinschaftlichen Handelns erst bildet, notwendig Sache jedes einzelnen ist.

Deshalb trat A. selbst in aktuellen Stellungnahmen *Zur Zeit* (Auswahl, 1986) als Kritikerin der McCarthy-Ära, des Vietnam-Krieges oder Watergate-Skandals hervor, wie sie auch die entpolitisierende Wirkung von Bürokratie und repräsentativer Massendemokratie anprangerte. Umstrittener Mittelpunkt einer jahrelangen Kontroverse, die für A. »ein klassischer Fall von Rufmord« war, wurde sie durch ihren zunächst im *New Yorker*, dann in Buchform erschienenen Prozeßbericht *Eichmann in Jerusalem* (1963; dt. 1965). Einen Sturm kontroverser Stellungnahmen entfachten neben ihrem Angriff der politisch zweckgebundenen Prozeßführung durch den Ankläger und ihrer Kritik am Verhalten der Judenräte, die diese als mitschuldig am Holocaust erscheinen ließ, auch ihre Darstellung Eichmanns selbst. »Weit davon entfernt, irgendwelche Sympathie für Eichmann zu hegen« (Hans Mommsen), zeigte A. die »Banalität des Bösen, vor der das Wort versagt und an der das Denken scheitert«, die es dem Täter jedoch unmöglich machte, sich seiner Untaten bewußt zu werden. Die gleichwohl unabdingbare Notwendigkeit des Urteils im Falle Eichmanns, der sich selbst eines verantwortlichen Urteils enthalten hatte, sowie die in der öffentlichen Debatte sich abzeichnende »Abneigung zu urteilen und das Ausweichen vor der Verantwortlichkeit, die man einzelnen zuschreiben und zumuten kann«, lösten bei A. weitausgreifende Reflexionen aus. Nach Gastvorlesungen u. a. in Princeton und Harvard wirkte A. von 1963 an zunächst als Professorin an der Chicago University, ab 1967 an der New School for Social Research in New York. Stets der Meinung, »daß nur Selbst-Denken fett macht«, konzentrierte sich A. auf die Frage des Urteilens, in der sie den philosophischen Kern der Eichmann-Kontroverse und »eine der zentralen moralischen Fragen aller Zeiten« sah. Aus Vorträgen in Schottland *(Gifford Lectures)* und New York entsteht das unvollendete Nachlaßwerk *The Life of the Mind* (1977/78; *Vom Leben des Geistes*), dessen 3. Band *Das Urteilen* (1982) Fragment blieb. In ihm ist A. bestrebt, das Denken, Wollen und Urteilen in ihrer Autonomie untereinander und im Verhältnis zur Verstandestätigkeit zu erfassen, um den Stellenwert der

Urteilskraft für das Politische zu erschließen, in dem wir »es mit einer Form des Zusammenlebens (mit anderen geteiltes Urteil, Gemeinschaft des Geschmacks) zu tun (haben), wo niemand regiert und niemand gehorcht. Wo die Menschen einander überzeugen.« Persönlich mit einem untrüglichen Gespür für Integrität begabt, suchte sie im kritischen Bezug auf Kant, in dessen Werk sie ihre Konzeption der Öffentlichkeit vorgebildet sah, den Akt des Urteilens als den höchsten zu erweisen, »weil er einerseits den Kontakt zur Welt der Erscheinungen, der das Wollen kennzeichnet, aufrechterhält und andererseits das Verlangen nach Sinn, das das Denken beflügelt, befriedigt« (Ronald Beiner). Das Wagnis der Öffentlichkeit im Urteilen und Handeln, das sie bis zu ihrem plötzlichen Tod durch einen zweiten Herzinfarkt beschäftigte, erschien A., die sich extremen Konservativismus (Maurice Cranston) wie umgekehrt Abkehr von der Tradition (Dolf Sternberger) vorhalten lassen mußte, auch angesichts ihrer Erfahrungen als »deutsche Jüdin im Zeitalter des Totalitarismus« (Friedrich G. Friedmann) nur möglich »in einem – schwer genau zu fassenden, aber grundsätzlichen – Vertrauen auf das Menschliche im Menschen. Anders geht es nicht.«

Kemper, Peter: Die Zukunft des Politischen. Ausblicke auf Hannah Arendt. Frankfurt am Main 1993. – Heuer, Wolfgang: Citizen. Persönliche Integrität und politisches Handeln. Eine Rekonstruktion des politischen Humanismus Hannah Arendts. Berlin 1992. – Heuer, Wolfgang: Hannah Arendt. Reinbek 1987 (Mit vollständigem Verzeichnis der Schriften und Bibliographie). – Young-Bruehl, Elisabeth: Hannah Arendt. Leben und Werk. Frankfurt am Main 1986. – Hill, Melvyn A. (ed.): Hannah Arendt. The Rediscovery of the Public World. New York 1979. – Reif, Adalbert: Hannah Arendt. Materialien zu ihrem Werk. Wien/ München/Zürich 1979.

Matthias Schmitz

Ariès, Philippe
Geb. 21. 7. 1914 in Blois; gest. 8. 2. 1984 in Paris

Das Nahe als fern, das Selbstverständliche als Produkt historischer Entwicklung erscheinen zu lassen – mit dieser Sichtweise hat A. auch in der Bundesrepublik eine nach Zehntausenden zählende Leserschaft gefunden, ein Interesse für Mentalitäten und Lebensweisen geweckt, das inzwischen zahlreiche Stadtteilstudien und Regionalgeschichten hervorgebracht und statt der großen politischen Ereignisgeschichte den Alltag in den Mittelpunkt des Interesses gerückt hat. Seine außerordentliche Popularität verdankt A. einer Darstellungsweise, die ihn von der akademischen Historiographie ebenso weit entfernt wie vom unbefangenen Erzählen, »wie es denn eigentlich gewesen ist«. Wirkt auch sein Stil überaus plastisch und anschaulich, so fehlt ihm doch das – längst fragwürdig gewordene – Selbstvertrauen der großen Historiker des 19. Jahrhunderts, das Geschichte noch eindeutig als Zunahme an Fortschritt erscheinen ließ. Vielmehr bildet der produktive Zweifel an der Gegenwart den Motor seines Denkens. Wie die einflußreiche Historikerschule um die Zeitschrift *Annales*, betreibt A. Sozialgeschichte, wie sie sammelt er mit größter Akribie über Jahre und Jahrzehnte hinweg Detailergebnisse, um sie in umfangreichen Gesamtdarstellungen zu publizieren. Die erstaunliche Tatsache, daß er sich in einem langen Forscherleben nur mit zwei großen Themen, der Familie und dem Tod, beschäftigt hat, liegt allerdings im Gegenstand einer als Psychohistorie verstandenen Sozialgeschichte begründet: er läßt sich nicht auf wenige greifbare Zeugnisse reduzieren, sondern nur mühsam aus Testamenten, Kirchenbüchern, Grabmälern, Anstandslehren, Hochzeitsbräuchen, Predigten usw. rekonstruieren. Und hier trennen sich allerdings die Wege A.' von denen der akademischen Geschichtswissenschaft, vor allem in Frankreich. Die Studie zur *Geschichte der Kindheit* (*L'enfant et la vie familiale sous l'Ancien Régime*, 1960) stellt er unter das Motto der »Erfindung der Kindheit«. Der scheinbar selbstverständliche Tatbestand der auf Affektivität gegründeten bürgerlichen Familie erfährt hier eine grundlegende Revision: Kindheit wird als solche erst in dem Moment wahrgenommen, in dem mit der Ausbildung der bürgerlichen Wirtschaftsform das »ganze Haus«, jene mittelalterliche und frühneuzeitliche Lebens-, Arbeits- und Lerngemeinschaft, zu existieren aufhört und sich in die getrennten Funktionsbereiche Haus, Arbeitsplatz und Schule aufsplittert. Hier sieht A. den »Sündenfall« der Moderne: das Kind wurde vorher, sobald es physisch dazu in der Lage war, in das Familiengeschehen einbezogen und als »kleiner Erwachsener« betrachtet. Zahlreiche, heute als »Ausbeutung« betrachtete Verhaltensweisen ihm gegenüber, etwa die frühzeitige Verpflichtung zur Arbeit, das In-die-Lehre-Geben bei Freunden und Verwandten im Alter von 10 oder 12 Jahren, erscheinen so als Indizien einer ökonomisch, nicht affektiv funktionierenden Lebensgemeinschaft.

Die wissenschaftliche Pädagogik, in dem Dilemma einer fortschreitenden Formalisierung ihrer Theorie und einer zunehmenden Hilflosigkeit gegenüber praktischen Problemen befangen, hat auf die These A.' mit Abwehr und Betroffenheit reagiert. So sehr die Vorwürfe der Romantisierung der Vergangenheit und des Absehens von den psychischen Kosten der großen Lebensgemeinschaft für den einzelnen zutreffen, so sehr provoziert A. doch durch seinen Blick auf ein vorbürgerliches Zeitalter Fragen nach der Organisation von Lernen, dem Verhältnis von Praxisbezug und Theorie, Pädagogisierung des Lebens und praktischer Lebensuntüchtigkeit der Schüler.

A. hat sich selbst als *Sonntagshistoriker* bezeichnet – so der ironische Titel seiner Autobiographie (*Un historien de dimanche*, 1980); seine Ergebnisse sind aber derart formuliert, daß sie in der Darstellung der Vergangenheit die Gegenwart nachhaltig verfremden und im Publikum weniger die beruhigende Sehnsucht nach dem guten Alten hervorrufen als gegenwärtige Haltungen und Einstellungen fragwürdig machen. 1978 haben die Arbeiten von A., der wegen fehlender Universitätsexamina nie ordentlicher Professor werden konnte, durch seine Ernennung zum Leiter einer Forschungsgruppe am renommierten sozialwissenschaftlichen Forschungsinstitut »École des Hautes Études en Sciences Sociales« eine späte Anerkennung gefunden. In den hier mit international anerkannten Historikern und Soziologen wie Michel Foucault, Georges Duby und Jean-Louis Flandrin gemeinsam veranstalteten Seminaren konnte A. vor allem seine Thesen zur Ehe als Wirtschafts- und Liebesgemeinschaft vertiefen (*Sexualités occidentales*, 1982; *Die Masken des Begehrens und die Metamorphosen der Sinnlichkeit*). Seit 1960 galt sein Interesse jedoch vor allem der Geschichte des Todes, der er wiederum fünfzehn Jahre intensiver Quellenarbeit widmete. Mehr noch als bei der Erforschung der Kindheit erweist sich hier eine weit in die Vergangenheit reichende Untersuchungsperspektive (»longue durée«) als notwendig, um von der heutigen Verdrängung des Todes zu der Tatsache vorzustoßen, daß er in der Vergangenheit wie selbstverständlich akzeptiert worden ist. Dem Leben im »großen Haus« entsprach das vorbereitete und öffentliche Sterben im Beisein aller Freunde und Verwandten, der Tod war allgegenwärtig und hatte nichts Beängstigendes an sich. Heute jedoch hat statt der Sexualität der Tod den Platz des wichtigsten Tabus eingenommen; A.' Forschungen stellen einen historisch fundierten, massiven Protest gegen die Entmündigung des Individuums in den Intensivstationen der Kliniken dar. Im Einklang mit einer zunehmend kontrovers geführten öffentlichen Diskussion um humanes Sterben markiert A. die historischen Stationen vom Akzeptieren des Todes über sein Hinauszögern in einzelnen Fällen bis zu seiner völligen Technisierung in der Gegenwart, etwa in den *Essais sur l'histoire de la mort en occident du moyen âge à nos jours* (1975; *Studien zur Geschichte des Todes im Abendland*) und in *L'homme devant la mort* (1977; *Geschichte des Todes*). Auch hier hat A. seine Forschungen mit umfangreichen ikonographischen Studien untermauert, die er unter dem Titel *Images de l'homme devant la mort* (1983; *Bilder zur Geschichte des Todes*) veröffentlichte. Die Begeisterung für das Detail, mit der A. auch noch den entlegensten Funden nachspürt, ehe er sie der »notwendigen Algebra einer Theorie« unterwirft, hat inzwischen auch in seiner mit Georges Duby gemeinsam herausgegebenen *Histoire de la vie privée* (1985–1987; *Geschichte des privaten Lebens*) ihre Anerkennung gefunden. An Norbert Elias anknüpfend, sucht A. die Genese des bürgerlichen Subjekts an jenen Orten auf, an denen es sich von der Gemeinschaft isoliert: Lektüre, Gebet, Innenraum. In dem bilanzierenden Band *Le temps de l'histoire* (1986; *Zeit und Geschichte*) hebt A. nochmals seine Sicht der Geschichte »von unten« gegen positivistische wie marxistische Orthodoxie ab. Wenn inzwischen Kategorien wie ›Identität‹, ›Mentalität‹ oder ›Erzählung‹ in die Geschichtswissenschaft Eingang gefunden haben, so ist dies auch A.' Beharren darauf zu verdanken, daß »die Differenz der Zeiten und Besonderheiten« nicht nur die »spärliche Gruppe der Fachleute« angeht.

Claudia Albert

Austin, John Langshaw
Geb. 26. 3. 1911 in Lancaster; gest. 8. 2. 1960 in Oxford

Der Name A.s ist eng verbunden mit den Bemühungen um die »Philosophie der normalen Sprache« (Ordinary Language Philosophy), die im wesentlichen von ihm – zu nennen wären außerdem noch Ludwig Wittgenstein und Gilbert Ryle – begründet wurde. Dem Oxforder philosophischen Klima gemäß entfaltete A. seine Überlegungen vornehmlich in Vorlesungen sowie in Diskussionen mit Kollegen und Studenten, etwa während der »Saturday Mornings«, wo über Wittgenstein, Gottlob Frege (dessen *Grundlagen der Arithmetik* A. ins Englische übertragen hatte) und Noam Chomsky diskutiert wurde. Zeit seines Lebens publizierte A. nur einige Aufsätze, die in dem Sammelband *Philosophical Papers* (1961; *Gesammelte philosophische Aufsätze*) enthalten sind. Die geringe Anzahl und die Form der von ihm veröffentlichten Schriften zeugen von einem gewissen Unbehagen an großen philosophischen Publikationen. Einer der Aufsätze A.s beginnt mit den Worten: »Er (der Aufsatz) ist in drei Teile gegliedert, und der erste dieser Teile ist der platteste, der zweite der verworrenste; alle drei sind zu lang.« Die anderen Schriften A.s wurden auf der Grundlage von Vorlesungsnotizen (*Sense and Sensibilia*, 1962; *Sinn und Sinneserfahrung*) bzw. Vorlesungsmanuskripten (*How To Do Things With Words*, 1962; *Zur Theorie der Sprechakte*. Zugrunde liegen hier die von A. 1955 gehaltenen William James Lectures) posthum herausgegeben.

Am Balliol College in Oxford begann A. 1929 klassische Philologie zu studieren; zwei Jahre später wandte er sich der Philosophie zu; als Fellow am All Souls College von 1933 bis 1935 beschäftigte er sich mit Platon, Aristoteles, Leibniz und Kant. 1935 wurde A. Fellow und Tutor für Philosophie am Magdalen College; bis zum Ausbruch des Zweiten Weltkriegs befaßte er sich hier vor allem mit Problemen der Erkenntnis des Fremdseelischen und Problemen der sinnlichen Wahrnehmung. Kritisch eignete er sich die empiristische Tradition an; er stand unter dem Einfluß George Edward Moores. Nach dem Krieg rückte A. – der 1952 White's Professor of Moral Philosophy in Oxford wurde und bis zu seinem Tod als Gastprofessor in Harvard und Berkeley las – die »normale« Sprache in den Mittelpunkt seiner Überlegungen. Die Klärung philosophischer Probleme und Fragen sollte erbracht werden durch ein systematisches Studium der normalen Sprache und unter Verzicht auf die traditionelle philosophische Terminologie. In der Schrift *How To Do Things With Words* erhält die von ihm konzipierte »Sprechakttheorie« eine explizite Form.

Den Ausgangspunkt der Überlegungen A.s bildet eine Kritik an den semantischen Analysen, die im Umfeld des logischen Empirismus (Rudolf Carnap) durchgeführt wurden. A. beklagt die reduktionistische Sprachauffassung der Empiristen, nach denen eine sprachliche Äußerung entweder eine Aussage ist, mit der über die Welt gesprochen, mit der ein Sachverhalt beschrieben wird – es müssen sich Bedingungen angeben lassen, unter denen diese Aussage wahr wird –, oder aber eine sprachliche Äußerung ist sinnlos. Demgegenüber entwickelt A. die Auffassung, daß es Äußerungen gibt, die zwar keine Aussagen, aber dennoch nicht sinnlos sind. Eine Konsequenz dieser Überlegung ist, daß die Bedeutung sprachlicher Ausdrücke nicht mehr nur allein im Rückgang auf Wahrheitsbedingungen rekonstruiert werden kann, sondern daß die Analyse der Bedeutung eines Ausdrucks eines systematischen Studiums der Situationen, in denen er gebraucht wird, bedarf. »Die Bedeutung eines Wortes ist sein Gebrauch« ist ein Slogan, mit dem A.s Position sich etwas verkürzt und programmatisch charakterisieren läßt. A. weist darauf hin, daß es neben den Aussagen – er benutzt hier den Terminus »konstative Äußerungen« – noch Äußerungen gibt, mit denen wir die verschiedensten Arten von Handlungen vollziehen können. Diese Äußerungen nennt A. »performative Äußerungen«. Sie beschreiben nichts und sind daher auch nicht wahr oder falsch, sondern mit ihnen wird eine Handlung ausgeführt. Indem wir diese Äußerungen machen, vollziehen wir »Sprechakte«. Die folgenden Beispiele mögen dies verdeutlichen: »Ich taufe dieses Schiff auf den Namen ›Joseph Stalin‹«; »Ich verspreche dir, morgen zu kommen.« So gibt es eine ganze Reihe von Handlungen, die nur in dem Vollzug eines Sprechaktes bestehen: schwören, danken, sich entschuldigen etc. A. differenziert drei Modi des Handlungscharakters von Äußerungen: er spricht von lokutionären, illokutionären und perlokutionären Akten.

Jede menschliche Äußerung ist zugleich auch eine Handlung, diese Handlung nennt A. den Vollzug des lokutionären Aktes; dieser besteht darin, *daß* man etwas sagt. Von dem Vollzug eines lokutionären Aktes wird der in der Regel immer mitvollzogene illokutionäre Akt differenziert: indem etwas gesagt wird, wird etwas *getan*. So wird z. B. mit einer Äußerung eine Frage gestellt, eine Warnung ausgesprochen oder ein Versprechen gegeben. Die Äußerung spielt eine bestimmte illokutionäre Rolle. Der Vollzug der genannten Akte verbindet sich gewöhnlich mit bestimmten Wirkungen in der Welt. Ist mit einer Äußerung eine Wirkung verbunden, etwa der Adressat einer Warnung eingeschüchtert worden, spricht A. von einem perlokutionären Akt. Ein Beispiel A.s soll diese Unterscheidungen verdeutlichen: »Er hat zu mir gesagt: ›Das kannst Du nicht tun‹«; hier berichtet man darüber, was jemand gesagt hat, man bezieht sich auf den von ihm vollzogenen lokutionären Akt. »Er hat dagegen protestiert, daß ich das täte«; hier berichtet man über den illokutionären Akt, also darüber, was jemand mit seiner Äußerung getan hat. »Er hat mich davon abgehalten, es zu tun«, hier berichtet jemand über die Wirkung, die eine Äußerung auf ihn hatte, er bezieht sich auf den perlokutionären Akt. Aussagen können wahr oder falsch sein, Sprechakte können entweder glücken oder mißlingen. Anhand von sechs typischen Fehlern, die dazu führen, daß ein Sprechakt mißlingt, formuliert A. sechs Regeln, die beachtet werden müssen, wenn ein Sprechakt gelingen soll. Er spricht von möglichen Fehlberufungen, Fehlausführungen und Mißbräuchen. Ein Mißbrauch liegt z. B. dann vor, wenn jemand ein Versprechen gibt, ohne daran zu denken, es zu halten. Im Verlauf seiner Ausführungen gibt A. die strikte Trennung zwischen »konstativen« und »performativen« Äußerungen auf, er zeigt, daß selbst Aussagen den von ihm apostrophierten Regeln unterliegen und als Sprechakte aufgefaßt werden können. (Mit der Aussage »Die Sonne geht auf« wird behauptet, daß die Sonne aufgeht.) In der Tradition wurden die von A. als »performativ« charakterisierten Äußerungen genauso analysiert wie Aussagen; das, was ihm zufolge der Vollzug einer Handlung ist, wurde so betrachtet, als sei es die Beschreibung eines Sachverhalts. »Ich verspreche Dir, morgen zu kommen« wurde aufgefaßt als die Beschreibung eines »inneren Zustands« des Sprechenden. In Analogie zu der in der Philosophie seit George Edward Moore geläufigen Rede von einem »naturalistischen Fehlschluß« (aus einem Sein wird ein Sollen gefolgert) spricht A. in diesem Zusammenhang von einem »deskriptivistischen Fehlschluß«, der durch die grammatische Ähnlichkeit von Aussagen und performativen Äußerungen nahegelegt werde. Die gesamte herkömmliche Semantik beruhe, so A., auf einem »deskriptivistischen Vorurteil«.

A.s Philosophie der normalen Sprache versteht sich nicht nur als eine Philosophie, die sich mit Problemen der Sprache beschäftigt, sondern sie bildet ihrem Selbstverständnis zufolge den Ausgangspunkt, von dem aus alle anderen Probleme der Philosophie, z.B. Probleme des Wissens, der Erkenntnis oder der Freiheit, betrachtet werden. A. selbst hat seine Methode einmal als »linguistische Phänomenologie« bezeichnet. Eine Grundüberlegung, die ein Philosoph anstellen muß, wenn er sich einem bestimmten Problem nähert, besteht darin, daß er sich fragen muß, wie die im Zusammenhang mit diesem Problem relevanten Wörter in bestimmten, konkreten Situationen verwendet werden. Die Umgangssprache wird zu einem ausgezeichneten Medium der philosophischen Reflexion. Hierbei werden dann nicht nur die Bedeutungen der Ausdrücke studiert, sondern es werden ebenso die Phänomene betrachtet, von denen diese Ausdrücke handeln. In dem Aufsatz *Ein Plädoyer für Entschuldigungen* formuliert A. die wichtigsten Argumente für diese Methode. A.s Konzeptionen erlangten einen weitreichenden Einfluß, sie schufen ein fruchtbares Feld der Auseinandersetzung zwischen Philosophie und Linguistik. In der Philosophie wurde sein Ansatz vor allem von Peter Frederick Strawson und John R. Searle weitergeführt, in der Linguistik kritisierte insbesondere Manfred Bierwisch die Vermengung der Semantik mit Fragen sozialer Interaktion. Anfang der 70er Jahre kam es in der Gruppe der »Berliner Sprechaktlinguistik« zu interessanten Bemühungen, die Sprechakttheorie sozialpsychologisch und marxistisch zu fundieren. Akzentuiert wird hier vor allem das komplexe Zusammenwirken von sprachlichem und nichtsprachlichem Handeln. In den Arbeiten von Dieter Wunderlich und Jochen Rehbein wird die linguistische Analyse von Sprechakten auf der Grundlage einer allgemeineren handlungstheoretischen Konzeption durchgeführt, wobei gerade den nichtsprachlichen Aspekten des menschlichen Handelns eine für die Sprechakte bedeutungskonstitutive Funktion zugewiesen wird. Die Sprechakte werden als standardisierte Formen einer gesellschaftlichen Praxis begriffen; eine sprachwissenschaftliche Analyse der Sprechakte hat nicht nur deren linguistische Struktur zu explizieren, sondern ebenso die ideologischen Verzerrungen der jeweils zugrundeliegenden Praxis freizulegen.

Wörner, Markus H.: Performative und sprachliches Handeln. Ein Beitrag zu J. L. Austins Theorie der Sprechakte. Hamburg 1978. – Rehbein, Jochen: Komplexes Handeln. Elemente zur Handlungstheorie der Sprache. Stuttgart 1977.

Christoph Demmerling

Bachelard, Gaston
Geb. 27. 6. 1884 in Bar-sur-Aube; gest. 16. 10. 1962 in Paris

»Unseren täglichen Hunger gib uns heute« – so lautete B.s »Morgengebet« angesichts der Unmengen an Lesestoff, die er zu bewältigen hatte. Immer hatte er wohl das Gefühl, etwas »aufholen« zu müssen, immer wieder noch etwas dazu lernen zu können. Und nie wurde er müde, seine Erkenntnisse weiterzugeben, sei es als Professor für Geschichte und Philosophie der Naturwissenschaften an der Sorbonne oder auch in seinen Veröffentlichungen – in rund fünfzig Artikeln, in vielen Rezensionen und in über zwanzig Monographien. B.s berufliche Anfänge ließen indes nichts von einer solchen akademischen Laufbahn ahnen. Er ist zunächst – immerhin ein Jahrzehnt lang – einfacher Postbeamter in seinem Geburtsort. In seiner Freizeit allerdings lernt der Autodidakt für das Lehrerexamen in Mathematik, das er erfolgreich abschließt (1912). Nach der Teilnahme am Ersten Weltkrieg wird er Chemie- und Physiklehrer in Bar-sur-Aube (1919 bis 1930). Damit ist sein »Hunger« jedoch noch längst nicht gestillt. Er vertieft sich in die Philosophie, besteht auch in dieser Disziplin die »Licence«, das Staatsexamen (1920), und promoviert 1927 zum »Docteur ès Lettres« mit einer Arbeit aus dem Bereich der Erkenntnistheorie *(Essai sur la connaissance approchée)*, die noch im selben Jahr durch eine wissenschaftsgeschichtliche »thèse complémentaire« *(Étude sur l'évolution d'un problème de physique: la propagation thermique dans les solides)* ergänzt wird. Seine Universitätskarriere beginnt B. nach seiner Promotion in Dijon (1930), von wo aus er 1940 an die Sorbonne berufen wird (Lehrstuhlinhaber bis 1954).

B.s Denken kreist in der ersten Phase seiner Reflexion im Wesentlichen um die beiden Pole, die bereits seine Doppeldissertation ankündigen: um die Erneuerung des naturwissenschaftlichen und des philosophisch-erkenntnistheoretischen Verstehens. Sein Hauptanliegen galt der Frage, wie die Philosophie (vor allem in der Wissenschaftstheorie) nach den erdrutschartigen Veränderungen in den Naturwissenschaften zu Beginn des 20. Jahrhunderts – erinnert sei nur an die Relativitätstheorie – zu einem neuen, adäquaten Verständnis ihrer selbst geführt werden konnte. B. stellt sich mit dieser Position gegen eine jahrhundertealte philosophische Tradition, die davon ausgeht, es sei das philosophische Denken, das die Welt und ihre Phänomene erklärt, und gerade nicht das »zufällige« empirische Ereignis. Diese radikale Anti-Haltung hat B. selbst in den Titel einer seiner wichtigsten Veröffentlichungen, der *Philosophie du Non*

(1940; *Die Philosophie des Nein*), aufgenommen. B. richtet seine Angriffe besonders gegen einen der großen französischen Philosophen, gegen Descartes. Im Gegensatz zu diesem vertritt er die These, daß die Prinzipien des Erkennens sich gerade nicht bruchlos und kontinuierlich aus einer sich immer stärker verfeinernden und kritischen Alltagserfahrung ableiten lassen. Vielmehr sind die Fortschritte des wissenschaftlichen Erkennens immer und überall Fortschritte gegen unsere alltägliche Erfahrung gewesen. Nichts baut hier aufeinander auf oder ergänzt sich; gerade umgekehrt bedeutet jedes weitere Voranschreiten auf dem Weg der Erkenntnis einen Bruch mit der bisher zurückgelegten Strecke. In B.s eigenen, fast furchteinflößenden Worten: »Der wissenschaftliche Geist kann sich nur konstituieren, wenn er den nichtwissenschaftlichen Geist ausrottet.« B. bezeichnet diese auf den ersten Blick negative Kategorie als »epistemologisches Hindernis« oder »epistemologischen Bruch« (»obstacle« oder »coupure épistémologique«), der sowohl die vorwissenschaftliche von der wissenschaftlichen, aber ebenso die einzelnen, historisch aufeinanderfolgenden Entwicklungsstufen der Wissenschaftsgeschichte voneinander trennt (hierzu bes.: *La Formation de l'esprit scientifique. Contribution à une psychanalyse de la connaissance objective*, 1938; *Die Bildung des wissenschaftlichen Geistes. Beitrag zu einer Psychoanalyse der objektiven Erkenntnis*). Mit seiner Epistemologie nimmt B. den gesamten modernen Bereich der Wissenschaftsforschung vorweg, der Wissenschaftstheorie, Wissenschaftsgeschichte und Wissenschaftssoziologie miteinander verbinden will (Wolf Lepenies in der Einleitung zur Übersetzung der *Bildung*). Den Fragen der Epistemologie widmet sich B. noch in *Le Rationalisme appliqué* (1949) und in *Le Matérialisme rationnel* (1953).

B. verneint nun allerdings keineswegs die Bedeutung des vorwissenschaftlichen Denkens und Erkennens. In einer zweiten Schaffensperiode fragt er vielmehr – z.B. in der auch in Deutschland berühmten *Psychanalyse du Feu* (1940; *Psychoanalyse des Feuers*) – weiter nach den besonderen Mythen und Metaphern, in denen sich dieses Denken Ausdruck verleiht; denn es sind eben diese bildlichen Vorstellungsweisen, die sich in der der alten, aber eben auch noch in der modernen Dichtung wiederfinden. So werden z.B. bestimmte Vorstellungen vom Feuer, die auf die Chemie vor Lavoisier zurückgehen, gleichsam unterirdisch weitertransportiert, auch wenn sie wissenschaftlich längst widerlegt sein mögen. Ein derartig vorwissenschaftliches Verständnis des Feuers begegnet etwa bei Novalis oder bei E. T. A. Hoffmann. Die Dichtung bleibt also, trotz des – wenn auch hindernisreichen – Fortschritts der Erkenntnis, einer Art kollektiver Urerfahrung der Menschheit verhaftet, und diese Urerfahrung teilt sich nicht nur über die Dichtung, sondern auch im Träumen jedem einzelnen Individuum mit, das das Träumen wieder zur Kunst sublimieren kann (*La Poétique de la rêverie*, 1960). B. selbst hat eine – für die damalige, am Autor-Werk-Schema orientierte positivistische Literaturwissenschaft – revolutionäre Analyse eines literarischen Textes in seinem *Lautréamont* (1939) systematisch durchgeführt. Dabei geht es ihm weniger um die psychoanalytische Entschlüsselung der Persönlichkeit des Autors (über den im übrigen so gut wie nichts bekannt war). Der Künstler hat vielmehr die Funktion eines Brennglases, in dem sich die an die Elemente (Feuer, Wasser, Erde, Luft; *L'Eau et les rêves. Essai sur l'imagination de la matière*, 1942; *L'Air et les Songes. Essai sur l'imagination du mouvement*, 1943; *La Terre et les Rêveries de la volonté. Essai sur l'imagination des forces* und *La Terre et la Rêveries du repos. Essai sur les images de l'intimité*, beide 1948) gebundenen Urerfahrungen des Menschen konzentriert auffinden und beschreiben lassen. In der *Poétique de l'espace* (1957; *Poetik des Raums*) geht B. noch einen Schritt weiter: Er löst die Produktion der poetischen Bilder gänzlich aus kausalen Zusammenhängen und erklärt sie als Kreation der unabhängigen »imagination«.

Gerade mit diesem neuen methodischen Ansatz – der Loslösung des literarischen Textes von der Biographie des Autors – ist B. (zusammen mit Georges Bataille und Maurice Merleau-Ponty) zu einem der bedeutendsten Vorreiter der Nouvelle Critique und des Strukturalismus der 60er Jahre geworden; sein Einfluß auf die Schriften eines Michel Foucault, eines Louis Althusser oder auch eines Roland Barthes ist unverkennbar. Über die Grenzen Frankreichs hinaus ist B. indes lange ein Unbekannter geblieben; das gilt auch und gerade für den deutschen Sprachraum, wie die extrem verspäteten Übersetzungen einiger seiner Werke (oft liegen Jahrzehnte zwischen dem Erscheinungsdatum und der deutschen Fassung) leider allzu deutlich belegen.

Choe, Hong: Gaston Bachelard. Epistemologie: Bibliographie. Frankfurt am Main 1994. – Gil, Didier: Bachelard et la culture scientifique. Paris 1993. – Ginestier, Paul: Bachelard. Paris ³1987. – Quillet, Pierre: Gaston Bachelard. Paris. 1964. – Canguilhem, Georges: Sur une épistémologie concordataire. In: Hommage à Bachelard. Paris 1957, S. 3–12.

Ulrich Prill

Barth, Karl
Geb. 10. 5. 1886 in Basel; gest. 10. 12. 1968 in Basel

Es war nicht vorauszusehen, daß der unruhige aargauische Pfarrer, der gelegentlich seufzen konnte: »Könnte man doch etwas anderes sein als Pfarrer!«, einer der großen Lehrer der Kirche in diesem Jahrhundert werden sollte. Nicht weniger überraschend ist, daß aus dem, was B. Anfang der 20er Jahre als »Randbemerkungen und Glosse«, als »Unerledigte Anfragen« an die herrschende Theologie veröffentlichte, schließlich das monumentale Fragment eines umfassenden theologischen Systems werden sollte, wie es in der unvollendet gebliebenen, dreizehnbändigen *Kirchlichen Dogmatik* (seit 1932) vorliegt.

In B.s Werk ist die Krise der bürgerlichen Welt und Religion, wie sie sich in den sozialen Konflikten zu Jahrhundertbeginn und im Ausbruch des Ersten Weltkriegs manifestierte, theologisch verarbeitet. Sein Denken hat wesentlichen Anteil daran, daß wenigstens ein Teil der Kirche der Anpassung an den Nationalsozialismus Widerstand entgegensetzte. Die Theologie von B. ist auch die Antwort auf die Krise einer Theologie, die im Banne von Historismus und Psychologismus ihrer Sache unsicher geworden war. Um der von der Theologie zu bedenkenden Sache willen nahm er immer wieder Stellung zur Lage in Kirche und Politik. So wie es für ihn keinen weltlosen Gott gibt, so gibt es letztlich auch keine gottlose Welt.

Entgegen den Wünschen des Vaters, eines ›positiv‹ ausgerichteten reformierten Pfarrers und späteren Professors für Kirchengeschichte und Neues Testament, zog es den Studenten B. nach Marburg, damals eine der Hochburgen der modernen, liberalen Theologie und des Neukantianismus. Auf Umwegen erst, die vom Vater erzwungen wurden, gelangte er 1908 in dieses sein »Zion«. Insbesondere der Systematiker Wilhelm Herrmann beeindruckte ihn tief. Dessen Begründung der Eigenständigkeit der christlich-religiösen Erfahrung, ihre Abgrenzung von Metaphysik und Moral bei starker Orientierung am sittlichen Problem des Menschseins sowie die Konzentration auf die Person Jesu übten einen nachhaltigen Einfluß auf B. aus. Kurz vor seinem Übergang ins Vikariat faßte er zusammen, was die akademische Theologie dem angehenden Pfarrer in seinem »Schulsack« mit auf den Weg gab: »religiöser Individualismus« und »historischer Relativismus«. Von beidem hat B. sich dann auf dem Weg zu seiner eigenen Theologie strikt abgewendet.

Von 1909 bis 1911 war B. Hilfsprediger in Genf, daran anschließend bis 1921 Pfarrer in dem Dorf Safenwil im Aargau. In die erste Zeit in Safenwil fällt die Heirat mit Nelly Hoffmann, einer Konfirmandin B.s aus seiner Genfer Zeit. In seiner Gemeinde wurde B. »wohl zum ersten Mal von der wirklichen Problematik des wirklichen Lebens berührt«: durch die bedrückende Abhängigkeit der Arbeiterschaft mit all ihren Folgeerscheinungen bis hin zu Kinderarbeit und Alkoholismus. Mit Vorträgen bei den Arbeitervereinen und durch Hilfe bei der gewerkschaftlichen Selbstorganisation machte er die Sache der Arbeiter zu seiner eigenen. Auseinandersetzungen in der Gemeinde blieben nicht aus. Gottes Offenbarung in Jesus legt sich B. nun in Begriffen eines ethischen Sozialismus aus: »Der Geist, der vor Gott gilt, ist der soziale Geist.« Was die sozialdemokratische Arbeiterschaft will, das ist in seiner Wahrheit Hoffnung auf das Reich Gottes und seine Gerechtigkeit. Nicht Jenseitigkeit, sondern Verleiblichung des Geistes auf der Erde ist der Kern des christlichen Glaubens und die Wahrheit der sozialistischen Hoffnung. Unter dem Einfluß von Christoph Blumhardt sowie von Hermann Kutter und Leonhard Ragaz, den beiden Vätern des religiösen Sozialismus in der Schweiz, gehören für B. Gott und die Hoffnung auf eine neue Welt zusammen. Diese Hoffnung wurde ihm auch dann nicht fraglich, als er am Beginn des Ersten Weltkriegs erkennen mußte, daß weder die sozialistische Bewegung noch die so hochgeschätzte deutsche akademische Theologie Gottes Sache vertreten, sie vielmehr an den nationalistischen Patriotismus verraten. Doch rücken die Hoffnung auf Gott und die bestehende Welt für B. nun stärker in ein vermittlungsloses Gegenüber. In den späten 20er Jahren entdeckt B. die Kirche neu als die Gemeinde, die sich zu Gottes Offenbarung in Jesus Christus bekennt, sie in ihrem Leben und mit ihrer Gestalt und Ordnung in dieser Welt bezeugt.

In den Jahren des Safenwiler Pfarramts lebte B. in regem geistigen Austausch mit seinem Freund Eduard Thurneysen, Pfarrer im nahegelegenen Leutwil. Sie suchen eine »›ganz andere‹ theologische Grundlegung«. Aus dieser Suche erwächst B.s Beschäftigung mit dem Römerbrief des Apostels Paulus. Die Frucht dieser Arbeit in den Jahren 1916 bis 1918 ist das Buch *An die Römer* (1919), eine Paulusauslegung ganz eigener Art. Sokrates und Platon, Goethe, Schiller und Nietzsche treten als Zeugen der von Paulus geschauten und verkündigten Wahrheit Gottes auf. Sie kann in Theologie und Philosophie letztlich nicht verschieden sein. Unmittelbar spricht diese Wahrheit in die Gegenwart über alle historische Gebundenheit hinweg. In eindringlicher Sprache wird die jenseitige Wirklichkeit Gottes als die das Diesseits bewegende und verändernde Kraft entfaltet. Sie ist Auferstehungskraft und als solche die Revolution Gottes gegen und für die entfremdete Welt. In dieser Erkenntnis gilt es mithoffend, mitleidend und mitschaffend in die von Gott in Gang gesetzte Bewegung einzutreten und an ihr teilzunehmen.

Das Buch brachte B. einen Ruf auf den neugeschaffenen Lehrstuhl für reformierte Theologie in Göttingen ein. Als B. dann zum Wintersemester 1921/22 dorthin übersiedelte, war schon die gänzlich veränderte zweite Auflage im Druck. Sie machte den Verfasser berühmt und zu einem Wortführer der neuen theologischen Bewegung, die als »Dialektische Theologie« und »Theologie des Wortes Gottes« in die Geschichte der Theologie eingegangen ist. Der Einfluß von Franz Overbeck und Sören Kierkegaard, aber auch von Dostojewski, Kant und Platon haben eine neue Sicht der Dinge bewirkt. Gott und Mensch, Ewigkeit und Zeit treten in einen scharfen Gegensatz zueinander. Gottes Ja zum Menschen wird paradox nur in seinem Nein, Gottes Gnade nur in seinem Gericht vernehmbar. Unter diesem Gericht steht gerade auch der religiöse Mensch. Alle Vermittlungen zwischen Gott und Mensch werden negiert. Es gibt keine Brücke von hier nach dort, nur eine von dort nach hier in Gottes Offenbarung. Doch ruht diese Brücke in der Zeit und in der Welt nirgends auf. B. vollzieht eine Absage an die ganze neuprotestantische theologische Tradition, insbesondere an die von Friedrich Schleiermacher ausgehende Richtung, die die Wahrheit des christlichen Glaubens auf der Wahrheit der Religion begründete. Religionskritik wird als notwendige Aufgabe der Theologie begriffen, Feuerbach in seiner Bedeutung für die Theologie erkannt. Menschlicher Subjektivität ist es auch in ihrer Frömmigkeit nicht möglich, Gott in seiner Wahrheit zu fassen, ohne ihn anzugleichen und für ihre Zwecke und Interessen in Gebrauch zu nehmen. Ein starkes ideologiekritisches Element ist in der Gotteserkenntnis des zweiten *Römerbriefs* (1922) wirksam.

Die neue Erkenntnis ist freilich auf Kosten der Einsicht in Gottes Menschlichkeit erkauft, wie sie sich in seiner Offenbarung im Menschen Jesus erweist. Es ist ein zentrales Motiv in der Veränderung von B.s Theologie seit den 30er Jahren, daß er zunehmend die Humanität Gottes bedenkt. Dies geschieht besonders in der Lehre von der Erwählung und Versöhnung in der *Kirchlichen Dogmatik*. Vor aller Zeit hat sich der souveräne Gott für den Menschen Jesus und in ihm für alle Menschen entschieden. Darin erweist sich die Göttlichkeit

Gottes, daß er sich in Freiheit erniedrigt, des Menschen Entfremdung, Elend und Schuld zu seiner eigenen Sache macht und ihn so mit sich versöhnt. Der freie Gott will den freien, ihm entsprechenden Menschen.

B. nahm 1925 einen Ruf nach Münster an, 1930 ging er nach Bonn. Mit Thurneysen und Friedrich Gogarten zusammen gab er seit 1923 die Zeitschrift *Zwischen den Zeiten* heraus. Sie wurde das Sprachrohr der neuen theologischen Bewegung und erschien bis 1933, als die theologischen Gegensätze zwischen B. und Gogarten unüberbrückbar wurden. Charlotte von Kirschbaum wurde B.s enge Mitarbeiterin. Politisch hielt B. sich in dieser ganzen Zeit als Schweizer sehr zurück. Immerhin trat er 1931 der SPD bei, Mitglied der Sozialdemokratischen Partei der Schweiz war er seit 1915. Er wollte in der sich zuspitzenden politischen Lage ein Zeichen dafür setzen, wo er die »Erfordernisse einer vernünftigen Politik« noch am ehesten gewahrt fand. Es waren dann die Ereignisse im Zusammenhang der Machtergreifung Hitlers, die B. zu stärkerer Beteiligung am kirchlichen und damit indirekt auch am politischen Geschehen herausforderten. In den Bestrebungen der »Deutschen Christen« sah er den Grundschaden der Theologie seit der Aufklärung sich unheilvoll auswirken: die Begründung der Botschaft von Gottes Offenbarung in Jesus Christus auf ein anthropologisches und religionspsychologisches Fundament. B. ist der Hauptverfasser der *Theologischen Erklärung*, die auf der ersten Bekenntnissynode der Deutschen Evangelischen Kirche in Barmen 1934 verabschiedet wurde. In sechs Thesen wird die »Botschaft von der freien Gnade Gottes« gegen ihre geschichtstheologische Bindung an die Ereignisse des deutschen ›Erwachens‹ sowie gegen die Mediatisierung von Gottes Wort durch sogenannte natürliche Ordnungen des Volkstums, der Rasse und des Blutes ans Licht gestellt. Aufgaben und Grenzen der Kirche und des Staates werden eingeschärft.

Die theologische Neuorientierung der 20er Jahre trug im kirchlichen Widerstand Früchte. B. hat freilich später die Grenzen dieses Widerstands selbst benannt, der sich auf die Freiheit der Kirche und die Reinheit ihrer Lehre konzentrierte. Erst seit 1937/38 rief B. zum politischen und auch militärischen Widerstand gegen den Nationalsozialismus auf und trat dessen Antisemitismus öffentlich entgegen. Doch schon 1935 mußte er Deutschland verlassen, weil er den Treueeid auf Hitler nur mit dem Zusatz leisten wollte: »soweit ich es als evangelischer Christ verantworten kann«. Die Universität Basel nahm den Ausgewiesenen auf, B. erhielt einen außerplanmäßigen Lehrstuhl.

Von der Schweiz aus begleitete B. den deutschen Kirchenkampf durch Zuspruch und Mahnung. Die Hauptarbeit aber galt der *Kirchlichen Dogmatik*. Gegenüber der deutschchristlichen Berufung auf die verpflichtende Macht angeblicher Schöpfungsordnungen wird von B. eine Schöpfungslehre aus dem in der Erwählung gründenden Bund Gottes mit den Menschen entwickelt. Angesichts der Verfolgung der Juden wird die bleibende Erwählung Israels wenigstens im Ansatz herausgearbeitet. Beide Weichenstellungen waren ebenso programmatisch, wie sie umstritten blieben.

Nach dem Krieg setzte B. sich für einen Neuaufbau in Kirche und Staat von unten ein. Auf heftigen Widerspruch auch aus Reihen der Kirche stieß seine

Warnung vor der Einreihung der Deutschen in die Fronten des Kalten Krieges und vor der Wiederbewaffnung. Bei aller Entstellung sah er im Kommunismus ein berechtigtes Anliegen wirksam, dem nicht durch Antikommunismus, sondern nur durch Schaffung gerechter Verhältnisse zu begegnen ist.

Jüngel, Eberhard: Barth-Studien. Zürich/Köln/Gütersloh 1982. – Busch, Eberhard: Karl Barths Lebenslauf. München ³1978. – Balthasar, Hans Urs von: Karl Barth. Einsiedeln ⁴1976.

Edgar Thaidigsmann

Barthes, Roland
Geb. 12. 11. 1915 in Cherbourg; gest. 26. 3. 1980 in Paris

Zu Beginn der 60er Jahre wird in Paris das seit den 40er Jahren vorherrschende Denksystem des Existentialismus vom Strukturalismus abgelöst. Die existentialistische Vorstellung einer Dialektik von Determination und Freiheit, eines innerhalb seiner Fremdbestimmtheit frei handelnden Subjekts der Geschichte weicht der Überzeugung von der Determination des Menschen durch wissenschaftlich erforschbare Strukturen, denen des Unbewußten, der soziokulturellen Zeichen- und Kommunikationssysteme. Diese strukturalistische Wende, die durch die Namen Claude Lévi-Strauss, Michel Foucault und Jacques Lacan markiert wird und zum dominierenden Interesse an Linguistik und Semiologie führt, hat B. wie ein teilnehmender Ethnologe gleichzeitig praktiziert und kommentiert, ohne je bei den von ihm selbst mitentwickelten Theorien stehen zu bleiben. In seinem ersten Buch, *Le degré zéro de l'écriture* (1953; *Am Nullpunkt der Literatur*), versucht er nachzuweisen, daß ein Text nicht in seiner Kommunikationsfunktion aufgeht, sondern noch von einer zweiten sprachlichen Schicht strukturiert ist, in der sich eine fälschlich als natürlich empfundene und daher als solche nicht mitteilbare Beziehung zum jeweiligen historischen Augenblick niederschlägt, in dem der Text entsteht. Diese Beziehung nennt B. »écriture«. Da der zeitgenössische Schriftsteller die bürgerliche Gesellschaft nicht mehr als natürlichen Zustand empfinden kann, er aber nur über eine »écriture« verfügt, die er von deren bürgerlicher Geschichte ererbt hat, befindet sich die Literatur zwangsläufig in einer Krise: »als Notwendigkeit bezeugt (die »écriture«) die Zerrissenheit der Sprachen, die untrennbar ist von der Zerrissenheit der Klassen: als Freiheit ist sie das Bewußtsein von dieser Zerrissenheit und die Anstrengung, die diese überschreiten will ... Literatur wird zur Utopie der Sprache.« Um den Schein der Natürlichkeit historisch bedingter gesellschaftlicher Interessen zu entlarven, wendet B. in seinen *Mythologies* (1957; *Mythen des Alltags*) strukturalistische Methoden auf die Untersuchung sprachlicher und nicht-sprachlicher Produkte der Massenkommunikation und des Massenkonsums an und kommt zu dem Ergebnis, daß deren manipulatorische Mystifikation mittels Überlagerung der Kommunikation durch mythenähnliche Metasprachen zustande kommt. Die subversive Funktion einer solchen Mythologie des Alltags wird von B. im Namen der Freiheit bejaht: »da (die Mythologie) für gewiß hält, daß der Mensch der bürgerlichen Gesellschaft in jedem Augenblick in falsche Natur getaucht ist, versucht sie, unter den Unschuldigkeiten noch des naivsten Zusammenlebens die tiefe Entfremdung aufzuspüren, die zusammen mit diesen Unschuldigkeiten hingenommen werden soll. Die Entschleierung, die sie vornimmt, ist also ein politischer Akt.« Von 1960 an setzt B., der sein Leben – abgesehen von einigen Auslandsaufenthalten – als Gymnasiallehrer, Lektor, Zeitschriftenredakteur und Hochschullehrer verbringt, seine Forschungen als Leiter eines von ihm gegründeten Zentrums für Massenkommunikation an der »École Pratique des Hautes Études« in Paris und der von diesem Institut herausgegebenen Zeitschrift *Communications* fort. Dort entwickelt er seine *Éléments de sémiologie* (1964; *Elemente der Semiologie*), seine Grundlegungen für eine allgemeine Zeichentheorie. Dennoch empfindet er ein tiefes Unbehagen bei dieser entlarvenden Tätigkeit des Mythologen: »wenn der Mythos die gesamte Gesellschaft befällt, muß man, wenn man den Mythos freilegen will, sich von der gesamten Gesellschaft entfernen ... Und doch zeigt sich darin, was wir suchen müssen: eine Aussöhnung des Wirklichen und der Menschen.« Dieser Wunsch nach »Aussöhnung des Wirklichen und der Menschen« wird für B. zunehmend zum Stimulans seiner weiteren Untersuchungen: Warum ist der Mensch durch manipulatorische Mythen verführbar? Wegen seines Leidens unter entfremdenden Zwängen, wegen seines Wunsches nach Vermeiden von Angst und Schmerz. Wegen seiner Begierde nach Lust. Also verbirgt sich hinter den manipulatorischen Mythen, deformiert durch das alltägliche Angebot von Ersatzbefriedigungen, ein Diskurs der Lust. »Jeder etwas allgemeine Mythos ist effektiv zweideutig, weil er die Humanität selbst jener repräsentiert, die ihn, da sie nichts besitzen, entliehen haben.« Um das Aufspüren dieser Humanität geht es B., um das, was sich der Logik und Kohärenz des kommunikativen Diskurses, der Repression der manipulatorischen Mythen entzieht und sich in Widersprüchen, Alogismen, unbeabsichtigten Assoziationen, unwillkürlichen Vermischungen inkommensurabler Zeichensysteme manifestiert. Und da sich der Diskurs der Lust am ehesten an literarischen Texten aufdecken läßt, widmet sich B. neben seinen Untersuchungen der Mythen der Massenkommunikation und des Massenkonsums, so *La tour Eiffel* von 1964 (*Der Eiffelturm*), *Systèm de la mode* von 1967 (*System der Mode*) und *L'empire des signes* von 1970 (*Das Reich der Zeichen*), einem Buch über Japan, weiterhin der Literaturkritik, wie in *Michelet par lui-même* von 1954 (*Michelet*), in *Sur Racine* von 1963 und den *Essais critiques* von 1964 – eine deutsche Auswahl aus diesen beiden Schriften erschien unter dem Titel *Literatur und Geschichte* –, in *Critique et vérité* von 1966 (*Kritik und Wahrheit*) in *S/Z* (1970; dt. 1987) und in *Sade, Fourier, Loyola* (1971; dt. 1986). Bei diesen Untersuchungen entwickelt B. zunehmend einen von Wortneubildungen und Sprachspielen durchsetzten assoziativen, aphoristischen Stil, mit dem er den Diskurs der Lust einer Lektüre der Lust nachzubilden sucht. Diese Methode führt er in *Le plaisir du texte* (1973; *Die Lust am Text*) vor: »Man denke sich einen Menschen ..., der alle Klassenbarrieren, alle Ausschließlichkeiten bei sich niederreißt ..., der alle Sprachen miteinander vermengt, mögen sie auch als unvereinbar gelten, der stumm erträgt, daß man ihn des Illogismus ... zeiht ..., der sich nicht beirren läßt vom Gesetzesterror ... Ein solcher Mensch wäre der Abschaum unserer Gesellschaft: Gericht, Schule, Irrenhaus und Konversation würden ihn zum Außenseiter machen ... dieser Antiheld existiert: es ist der Leser eines Textes in dem Moment, wo er Lust empfindet. Der alte biblische Mythos kehrt sich um, die Verwirrung der Sprachen ist keine Strafe mehr, das Subjekt gelangt zur Wollust durch die Kohabitation der Sprachen.« Dem nicht beschreibenden, sondern simulierenden Aufspüren des Diskurses der Verliebten, ist eines der ungewöhnlichsten Bücher B.' gewidmet: *Fragments d'un discours amoureux* (1977; *Fragmente einer Sprache der Liebe*). Aber auch eine solche assoziative Lektüre befriedigt ihn schließlich nicht mehr, denn »die vom Buchstaben des Textes erzeugten Assoziationen sind niemals anarchisch; sie sind immer in bestimmten Codes, in bestimmten Sprachen, in bestimmten Stereotypenlisten eingefangen. Die subjektivste Lektüre ... ist immer nur ein Spiel nach bestimmten Regeln.« Selbst spielerisch also bleibt man im System der Zeichen eingeschlossen, bei dem das »signifiant«, der Zeichenträger, immer nur auf das »signifié«, das Bezeichnete, verweist, nie auf das »référent«, die unbezeichnete Realität. In seinem letzten Buch, *La chambre claire* von 1980 (*Die helle Kammer*) präsentiert er daher eine Ausdrucksform, der es gelingen kann, aus jedem Zeichensystem auszubrechen und das »référent« ohne Codes darzubieten: das nicht arrangierte Amateur- oder Dokumentarfoto. Vom Gegenstand eines solchen Fotos kann man nur sagen, daß er unleugbar »da gewesen« ist. Diese Unmittelbarkeit bezieht ihre furchterregende Faszination aus der Erfahrung der Unwiederbringlichkeit der Realität. B. wagt die Behauptung, daß in unseren areligiösen Kulturen, in denen der Tod keinen kulturellen Platz mehr hat, die Erschütterung vor einem Foto vielleicht diesen Platz einnehmen kann.

Trotz seiner zunehmenden Entfernung vom Diskurs der Wissenschaft, gerade auch von der von ihm selbst entwickelten Semiologie, erhält B. 1977 einen Lehrstuhl für Semiologie am »Collège de France«. In seiner Antrittsvorlesung schildert er die Entwicklung seiner Forschungen: »Ich müßte mich gewiß zunächst nach den Gründen fragen, die das Collège de France bewogen haben können, ein unsicheres Subjekt aufzunehmen ... wenn es auch zutrifft, ... daß ich meine Forschung sehr früh mit der Entstehung und Entwicklung der Semiologie verknüpft habe, so trifft doch auch zu, daß ich wenig berechtigt bin, diese zu repräsentieren, so sehr war ich – kaum erschien sie mir konstituiert – geneigt, deren Definition zu verschieben und mich auf die exzentrischen Kräfte der Modernität zu stützen.«

Barthes après Barthes. Une actualité en questions. Actes du colloque international de Pau. Pau 1993. – Heath, Stephen: Vertige du déplacement, lecture de Barthes. Paris 1974. – Calvet, Louis-Jean: Roland Barthes, un regard politique sur les signes. Paris 1973.

Traugott König †

Bataille, Georges
Geb. 10. 12. 1897 in Billom; gest. 9. 7. 1962 in Paris

»Man weiß es heute: B. ist einer der wichtigsten Schriftsteller seines Jahrhunderts.« So leitet Michel Foucault lapidar die zehnbändige Ausgabe von B.s *Œuvres complètes* ein. B.s Denken ist ebensowenig dem Strukturalismus wie dem Existenzialismus zuzuordnen. Von 1922 an arbeitete er als Bibliothekskonservator, gab nacheinander die Zeitschriften *Documents, Acéphale* und *Critique* heraus. Sein Verhältnis zur surrealistischen Gruppe um André Breton war abwechselnd von Weggenossenschaft und Gegnerschaft geprägt. Er hatte bereits eine Reihe von Untersuchungen und Essays und, teils später oder posthum, teils unter Pseudonym erschienenen, blasphemisch-erotischen Erzählungen und Texten geschrieben, als er 1943 sein erstes philosophisches Werk, *L'expérience intérieure* (*Die innere Erfahrung*) veröffentlichte. In diesem Werk verbindet er in Form einer atheologischen Mystik, deren aphoristischer Stil sich der Logik der instrumentellen Kommunikation ebenso wie der Sprache der Universitätsphilosophie entzieht, seine intimste Erfahrung mit einer allgemeinen Lebensphilosophie. Hauptmotiv des B.schen Denkens ist der das ganze Leben ausmachende unüberwindliche Dualismus der Sphäre der zweckrationalen Produktion oder Homogenität und der zweckleugnenden Verschwendung oder Heterogenität.

In systematischerer Form legt er diese Gedanken zum erstenmal 1949 in *La part maudite* (*Der verfemte Teil*) dar. Dieses Werk präsentiert sich im Untertitel als *Essai d'économie générale* (*Versuch einer allgemeinen Ökonomie*), wobei der Begriff »Ökonomie« die umfassende Bedeutung der gesamten Erzeugung und Verschwendung von Energie hat. Jedes Einzelwesen – und jeder produktive Zusammenschluß von Einzelwesen – verfügt über mehr Energie, als zu seiner Selbsterhaltung nötig ist. Sind die Grenzen seines Wachstums und seiner Reproduktionsfähigkeit erreicht, muß es die überschüssige Energie nutzlos verschwenden. Die Natur kennt drei Arten der Verschwendung, des Luxus: das Verzehren lebender Organismen, den Tod und die geschlechtliche Fortpflanzung. Wird beim Aufessen lebender Organismen deren Energiereservoir zerstört, bevor die Wachstumsgrenzen erreicht sind, so bedeuten Tod und sexuelle Fortpflanzung den Abbruch der Selbsterhaltung zugunsten von Neugeborenem. Dieses allgemeine Naturgesetz beherrscht auch die Ökonomie, zu der B. die aztekischen Menschenopfer ebenso wie den Bau mittelalterlicher Kathedralen zählt: Sind auch hier die Grenzen des Wachstums erreicht, steht die Nutzung und Erzeugung von Energie im Dienst ihrer Verschwendung. Wird die Verschwendung bewußt veranstaltet – in Festen, Opfern, Wettkämpfen –, gewinnt der Mensch Souveränität, indem er den allgemeinen Verschwendungsprozeß des Lebens, dessen passives Objekt er zunächst ist, durch freiwillige ekstatische Selbstverschwendung übertrumpft. Bleibt er jedoch, in verhängnisvoller Verkennung des Lebensgesetzes, dessen passives Objekt, dann kommt die Verschwendung in katastrophischer Form über ihn – in Krisen, Pogromen, Kriegen. Das gilt insbesondere für die kapitalistische Gesellschaft, die ihren Wert und Fortschritt an der Energieerzeugung pro Kopf der Bevölkerung mißt, während für sie zwangsläufige oder freiwillige Verschwendung der bloß geduldete oder unterdrückte »verfemte Teil« ist. Entscheidend für die Beurteilung einer Gesellschaft ist für B. daher, auf welche Weise es ihr gelingt, den notwendigen Wechsel von serviler Erzeugung und souveräner Verschwendung von Energie zu organisieren. Er untersucht das am Beispiel der Menschenopfergesellschaft der Azteken, der Potlatschgesellschaft der Indianer, der Kriegsgesellschaft des Islam, der lamaistischen Mönchsgesellschaft des Tibet, der calvinistischen Trennung von Profanem (Produktion) und Sakralem (Verschwendung), der nicht profitorientierten stalinistischen Industrialisierung und der unentgeltlichen Wirtschaftshilfe.

Dem Dualismus von Produktion und Verschwendung entspricht in B.s zweitem systematischen Werk, L'érotisme (Der heilige Eros) von 1957, der Dualismus von Tabu und Übertretung oder Diskontinuität und Kontinuität: Die Verbote der Tabus richten sich gegen unsere Sehnsucht, der Mühsal der Aufrechterhaltung der Diskontinuität unseres individuellen Daseins durch Flucht in die Kontinuität des gesamten Lebenszusammenhangs zu entkommen. Sie richten sich also gegen alles, was unsere Diskontinuität zu sprengen droht: die Animalität, die sexuelle Fortpflanzung und den Tod. Da es sich bei einer Sprengung der Diskontinuität immer um den Ausbruch von Gewalt handelt, schlägt das Tabu solche Manifestationen von Gewalt. Der Tod läßt uns am radikalen Wüten der Gewalt gegen die Diskontinuität teilhaben, stellt aber auch die stärkste Versuchung eines Zurücksinkens in die Kontinuität dar. Daher sind der Tod und Tote heilig. Das zweite Tabu trifft das Tier, weil dieses, seiner Diskontinuität unbewußt, ungesühnt vernichtet und tötet. So sind ursprünglich die Tiere heilig, und erst später treten anthropomorphe Götter an ihre Stelle. Das dritte Tabu richtet sich gegen die Sexualität, die sowohl in den Konvulsionen der sexuellen Vereinigung als auch mit der Fortpflanzung die Diskontinuität sprengt. Aber gerade durch den Schrecken und die Anziehung der Kontinuität gewinnt das Individuum Bewußtsein von seiner Diskontinuität, die es jedoch, um leben zu können, ständig verletzen muß. Soll die Diskontinuität nicht einfach von der Kontinuität absorbiert werden, was jedes Leben unmöglich machen würde, müssen die notwendigen Tabuübertretungen räumlich und zeitlich und in ihrer Intensität eingeschränkt werden. Daher unterliegen sie strengen Regeln. Der geregelte Wechsel von Tabu und Übertretung macht die Welt des Sakralen aus, während die Welt des Profanen die der Arbeit ist. Das Tabu der Sexualität wird durch die Ehe verletzt, ist aber durch Inzestverbote, Ehebruchverbote und andere Regeln eingeschränkt. Die außereheliche Tabuübertretung der Sexualität, die nicht der Fortpflanzung dient, wird durch die Regeln der Tempelprostitution, der sakralen Orgie usw. in Schranken gehalten. Wird das Tabu der Tiergötter durch ihre Tötung verletzt, so wird diese durch Bußzeremonien und Tieropfer eingegrenzt, die dem Menschenopfer historisch vorausgehen. Die Tabuübertretung des Todes und Tötens von Menschen schließlich wird durch

Vorschriften des Zweikampfes, des Krieges, der Menschenopfer und des Totenkults geregelt. So wie in *La part maudite* der Wechsel von Produktion und Verschwendung zum Kriterium einer Gesellschaft wird, ist es hier der Wechsel von Tabu und Übertretung. Der homogenen Industriegesellschaft entspricht in *L'érotisme* der jüdisch-christlich-islamische Monotheismus: So wie jene die Verschwendung verfemt, so verfemt dieser die Übertretung, indem er sie als die Welt der Sünde, des Bösen, des Teufels aus dem Bereich des Sakralen löst und in den des Profanen verbannt. So schafft der jüdisch-christlich-islamische Monotheismus die profane Welt der unheiligen Gewalt, der Pornographie und der niederen Prostitution. Denn so wie er keine heilige Übertretung, sondern nur Sünde kennt, kennt die unheilige Gewalt, die Pornographie und die niedere Prostitution kein heiliges Tabu mehr. Nur die Kunst kann ihren religiösen Ursprung nicht verleugnen, weil auch sie die Diskontinuität nach bestimmten Regeln sprengt, indem sie Töne, Farben, Materialien, Bewegungen und Sprachen der zweckrationalen Produktion, Konsumption und Kommunikation entzieht. So wird sie zugleich zum Ausdruck des Bewußtseins vom Verlust der sakralen Welt von Tabu und Übertretung.

Jean-Paul Sartre warf in seiner Kritik von *L'expérience intérieure*, deren stilistische Modernität er lobte, B. ein Schwanken zwischen den von Kierkegaard, Nietzsche, Heidegger und Jaspers inspirierten Aussagen intimer Selbsterfahrung und einem äußerlichen Szientismus vor, der von keiner inneren Erfahrung nachvollzogen werden könne. Die strukturalistische Generation dagegen beruft sich auf B.s ekstatische Sprengung des Subjektgefängnisses und seine Aufspürung und Aufwertung aller Formen der Heterogenität, die sich der allgegenwärtigen Repression durch die Homogenität zu entziehen sucht. Und durch die Diskussion über die Grenzen des Wachstums gewinnen die B.schen Theorien von *La part maudite* neue Aktualität.

Richardson, Michael: Georges Bataille. New York 1994. – Bischof, Rita: Souveränität und Subversion. Georges Batailles Theorie der Moderne. München 1984. – Mattheus, Bernd: Georges Bataille. Eine Thanatographie. München 1984.

Traugott König †

Baudrillard, Jean
Geb. 1929 in Paris

Eine Theorie der Moderne, so B., ist nur auf dem Weg der Radikalisierung aller Hypothesen möglich. Wenn auf Strukturen kein Verlaß mehr ist und die Ereignisse allen Beschreibungen davonlaufen, dann muß die Theorie schneller werden als die Ereignisse – oder so langsam, daß sich in ihren Verzögerungen die Lichteffekte der Ereignisse brechen. Kritik und Ursachenforschung, die Schritt zu halten versuchen, halten nur auf oder fixieren gar, was sich nur in freiem Lauf zu erkennen gibt. Die einzig angemessene theoretische Strategie, vorauseilend und innehaltend zugleich, ist die Wette. B. hält die Wette, daß spätestens in diesem Jahrhundert die Dinge jene Stelle eingenommen haben, die in den beiden vorherigen Jahrhunderten das Subjekt zu besetzen trachtete. In sprachlichen, theoretischen, historischen, technischen Unfällen aller Art registriert das Subjekt, daß die Dinge ihr eigenes Spiel spielen. Sie rächen sich an den Zumutungen des Subjekts, ihnen einen Sinn, einen Wert, eine Geschichte zu diktieren und winken mit fatalen Strategien der Verführung, die den Zufall gegen den Sinn, den Tod gegen den Wert und die Überraschung gegen die Geschichte ausspielen. Diese Wette macht die Hypothese des Begehrens überflüssig, mit der das Subjekt den Zusammenhang der Dinge und ineins damit seine Stellung zu den Dingen zu sichern suchte, und setzt die ironische Willkür der Ereignisse an deren Stelle.

Mit einer ebenso spielerischen wie boshaften Leichtfüßigkeit bürstet B. alle gängigen Theorien der Moderne gegen den Strich und entwirft eine Theorie der Fatalität und der Verführung, eine Pataphysik des bösen Genies der Dinge, eine Science-Fiction des Verlusts allen Sinns in der Simulation des Sozialen, die ihresgleichen suchen. Während fast alle modernen Wissenschaften in Distinktionen und Differenzsetzungen die Welt konstituiert sehen, diagnostiziert B. die Indifferenz als das Gesetz einer gesetzlosen Übereinkunft aller Dinge. Dies allerdings, den Einsatz der Paradoxie anstelle aller obsoleten Letztbegründungen und Prinzipienvergewisserungen von Theorieunternehmen, verbindet das Denken B.s mit den wichtigsten Avantgardetheorien, für die die Paradoxie nicht nur ein Mittel zur Erzeugung glanzvoller Formulierungen und eine Technik der Überrumpelung des Lesers ist, sondern eben auch das Eingeständnis enthält, daß anders Theorie nicht zu fundieren ist.

Der Pariser Mai 1968 setzt auch für B. eine entscheidende Zäsur. Die Universität Nanterre, in der die Studentenbewegung für Frankreich gezündet wurde, gewinnt ihn, der sich bisher mit Übersetzungen von Bertolt Brecht und Peter Weiss einen Namen gemacht hatte, als Soziologen. In den folgenden Jahren erscheinen drei Bücher, die B.s Ansehen als Soziologen der modernen Konsumgesellschaft begründen: *Le système des objets* (1968; *Das Ding und das Ich*), *La société de consommation: ses mythes, ses structures* (1970) und *Pour une critique de l'économie politique du signe* (1972). Beeindruckt durch Henri Lefebvres Kritik des Alltagslebens, durch das einzigartige Amalgam von Kunst, Theorie und Kritik der »Internationale situationniste« und durch die Semiologie und Mythologie Roland Barthes' setzt B. sich das Ziel, eine Bestandsaufnahme der Objekte der urbanen Zivilisation zu erarbeiten. Mißtrauisch gegenüber der funktionalen Definition der Dinge, in der sich ihre Bedeutung wohl kaum erschöpfe, entdeckt er ihr Geheimnis, ihre eigentliche Botschaft in der Werbung, in der Zeichenwelt des Konsums. In der Sprache der Werbung, so die kopernikanische Wende des Soziologen, entscheiden sich die Dinge zwischen den verschiedenen Kunden, suchen sich die Waren ihre Käufer aus. Der Konsument wird durch die Dinge identifiziert, in Differenz zu anderen Konsumenten gesetzt und braucht so nicht mehr selbst herauszufinden, was er will und von wem er sich zu unterscheiden hat – um den Preis allerdings, die Werbung als Droge zu akzeptieren, die ihn sich als permanent defizitär empfinden läßt und ihn den Dingen in die Arme treibt. Jenseits des Tauschwerts der Ökonomen und des Gebrauchswerts der Marxisten ist es erst der Zeichentauschwert des Semiologen, dessen Analyse die differentielle Praxis der Dinge innerhalb ihrer Logik des Sozialen enthüllt. Doch nicht eine mögliche Kulturkritik, die selbst nichts anderes als eben diese differentielle Praxis exekutiert, interessiert B. an der soziologischen Entdeckung. Ihm geht es darum, die fundamentale Ambivalenz aufzudecken, die das Spiel der Differenzen konstituiert. Worin gründet die tautologische Selbstbestimmung der Objekte wie zum Beispiel jenes Regenschirms, der sich selbst mit der Aufschrift »Mistwetter« annonciert, oder jener Bank, die mit dem Slogan: »Wir arbeiten mit Ihrem Geld!« wirbt?

Auf dem Weg zur Bestimmung der Ambivalenz gilt es noch eine Hypothek abzutragen, die Hypothek des Marxismus. In *Le miroir de la production ou l'illusion critique du matérialisme historique* (1973) verallgemeinert B. seinen Verdacht gegen den Tauschwert zum Verdacht gegen den Wert schlechthin, dem dann auch der Marxsche Gebrauchswert mit allem, was aus ihm abgeleitet werden kann, auszusetzen ist. Sei es im Zeichen des Kapitals, sei es im Zeichen der Arbeit, geht es hier wie dort darum, die Realität der bürgerlichen Gesellschaft allererst zu produzieren, die Produktivität zum Leitmotiv des Kapitalismus zu erheben und noch und gerade das Bedürfnis, den Konsum und das Verlangen zu Produktivkräften des Systems zu schmieden. Weit davon entfernt, das System zu sprengen, verwirklicht die Dialektik es nach Art des Möbiusbandes: »Your inside is out and your outside is in« (Beatles 1968). Die Klassentheorie etwa im Verständnis von Georg Lukács ist mit ihren Ideen zur Organisation der Gesellschaft nichts als eine Geschichtsphilosophie nach dem Geschmack der Bürokratie.

B. ist jetzt in seinem Element. Er denkt die schwärzesten Gedanken des Marxismus. Er wird zu einem der raffiniertesten Polemiker der Pariser Szene, deckt schonungslos die gutwilligen, sozialverträglichen Illusionen der Linken auf (s. die Sammlung einiger Beiträge in *La gauche divine*, 1985; *Die göttliche Linke*). Es ist die hohe Zeit des Poststrukturalismus; Paris wird zu einem Hexenkessel wirbelnder Ideen, mit denen Väter erschlagen und Wahrheiten vernichtet werden und in denen sich leise ein fruchtbares neues Motiv andeutet: die Dezentrierung des Subjekts und die Wende der Differenz gegen die Identität. Mitten hinein in diesen Aufruhr plaziert B. die Summe seines bisherigen Werks, *L'échange symbolique et la mort* (1976; *Der symbolische Tausch und der Tod*), die die fundamentale Ambivalenz, nach der er suchte, aufdeckt und zur Herausforderung aller systemtragenden Diskurse stilisiert. Nach der »Opferkrise« (René Girard), in der sich die Ordnung der archaischen Gesellschaft auflöste, ist die Sozialgeschichte (sic!) der Menschheit die Geschichte der Verdrängung des Todes. Im Ausschluß der Toten aus allem Sozialen gründet und kulminiert jener der Wilden, Verrückten, Kinder, Alten, Armen, Unterentwickelten, Ungebildeten, Perversen, Transsexuellen, Intellektuellen und Frauen, und über diesen Ausschluß definiert sich der Mensch in seiner auftrumpfenden und banalen Singularität und in seinem Willen zum Überleben, jener Kümmerform des Lebens, das diesen Namen nur verdiente, wenn es den Tod »erträgt und in ihm sich erhält« (Hegel). Nur der symbolische Tausch, die den Mangel nicht kennende »Ökonomie« der Verausgabung (Georges Bataille), der Herausforderung und der Verführung, wird jener Ambivalenz von Leben und Tod gerecht, die wir zur Differenz verharmlosen, um unsere Identität behaupten zu können. Nur unsere Psyche, von den Abgründen des Unbewußten bis zur Melancholie des Alltags, und unser gebannter Blick auf Katastrophen zeugen davon, daß mit der Abwesenheit des Todes auf der Ebene einer artikulierten Konstitution des Sozialen noch nicht alles gewonnen ist. Die Macht, die das Leben schenkt, und die Ökonomie, die den Sklaven in den Arbeiter verwandelt, installieren sich über den Aufschub des Todes. Ihrer Errichtung des Wertes eilen drei Diskurse zwecks Bannung der Ambivalenz zu Hilfe: der ökonomische Diskurs behauptet die Produktion gegen den »Gabentausch« (Marcel Mauss), der psychoanalytische Diskurs das Verlangen gegen den »Todestrieb« (Sigmund Freud) und der linguistische Diskurs den Sinn gegen das »Anagramm« (Ferdinand de Saussure). B. unterscheidet drei Stadien der Sozialgeschichte der Todesverdrängung: die Fälschung des Sozialen mit ihrer Metaphysik von Sein und Schein, die Produktion des Sozialen mit ihrer Dialektik von Energie und Naturgesetzen und die Simulation des Sozialen mit ihrer Kybernetik der Unbestimmtheit und des Kodes. Eine Möglichkeit der Subversion in jenem dritten Stadium, in dem wir uns befinden, sieht B. nur noch in einer Aleatorik tödlicher Gewalt, die jene des Systems zu überbieten vermöchte.

Diesen dramatischen Entwurf einer Existentialanthropologie, die in der Pariser Szene als »Requiem unserer Zeit« begrüßt wurde, wertet B. im Rückblick als einen Versuch, die Logik des Systems bis auf jene Spitze zu treiben, wo sie bricht und ihr Prinzip offenbart. Vielleicht gilt auch für B., was er in *Oublier Foucault* (1977; dt. 1983) über diesen schreibt: sein Diskurs sei der Spiegel der Mächte, die er beschreibe, und beschreiben könne er sie nur, weil sie längst überwunden sind. Bei seiner Spurensuche nach jenen Objekten, die sich jedem Zugriff des Subjekts entziehen, stößt B. auf die schweigende Mehrheit, die Masse, die er in *À l'ombre des majorités silencieuses ou La fin du social* (1978; dt. im *Freibeuter* 1 und 2/1979) als Ort der Implosion allen Sinns und der Subversion aller Offerten von Politik, Ökonomie und Intelligenz in die Dimension des schlicht Spektakulären beschreibt. Der Blick der Masse für das Faszinierende ist zu schnell, ihr Schweigen ist zu langsam für alles, was sich in den geordneten Bahnen der Kommunikation vollziehen könnte. Die Massen haben etwas begriffen, was keine Theorie bisher einzugestehen wagte: wir leben im Zeitalter der Ereignisse ohne Konsequenzen. Darum, weil sie Kausalität und Finalität längst verabschiedet haben, sind die Ereignisse schneller als jede Theorie. In *Les stratégies fatales* (1983; *Die fatalen Strategien*) und *Amérique* (1986; *America*) entwirft B. ein reichhaltiges Panorama der verschwindenden Ereignisse der Moderne, immer auf der Suche nach einer Theorie, die – vielleicht als Wette: vorgreifend und innehaltend zugleich – der verführerischen Ironie dieser Moderne am Ende ihrer Geschichte gewachsen ist.

B. hält seine Wette – auch angesichts der Ereignisse des Falls der Berliner Mauer im November 1989 und des Golfkriegs im Winter 1990/91. Das Tauwetter im Osten ändert am Ende der Geschichte nichts, sondern läßt im Gegenteil den Sozialismus an diesem Ende teilhaben; die neunziger Jahre dieses Jahrhunderts sollte man besser streichen, um uns die Langeweile zu ersparen, die ihr Rückblick auf das 20. Jahrhundert mit sich bringt, und statt dessen direkt mit dem 21. Jahrhundert weitermachen und mit dem, was jetzt auf der Tagesordnung steht (*Das Jahr 2000 findet nicht statt*, 1990). Und *La guerre du Golf n'a pas eu lieu*, so übertitelt er eine kleine Schrift, die 1991 erscheint: der Golfkrieg war nur ein Medienereignis, er hat gar nicht stattgefunden. Er hat genausowenig stattgefunden wie, so müssen wir immer mehr fürchten, Auschwitz und Hiroshima stattgefunden haben. In dem Moment, in dem der Bericht über oder die Erinnerung an diese Ereignisse im Medium des Fernsehens stattfindet, verfallen unsere Kriterien der Intelligibilität, der Kritik und ihrer Wahrheit, des Belegs und ihres Beweises. Diese Kriterien setzten Unterscheidungen, Asymmetrien zwischen Subjekt und Objekt, Satz und Ding, Wahr und Falsch voraus, die wir in unseren Reaktionen auf diese und andere Ereignisse aufgelöst und in symmetrische Reversibilitäten von Henkern und Opfern, Schuld und Verantwortung überführt haben. Wir haben unsere Begriffe nachgerüstet, verarbeiten Komplexitäten, die wir immer noch nicht erfassen, und können jetzt an die Möglichkeit von Ereignissen nicht mehr glauben, an die wir von Anfang an nicht glauben konnten.

Wie so oft bei B. griffe man zu kurz, würde man solche und andere Thesen und Anregungen als kunstfertige Selbstinszenierungen eines Medienphilosophen im doppelten Sinne (Philosoph *über* die Medien und *in* den Medien) abtun. Er weiß nicht nur, wie er alle gerade herrschenden Diskurse gegen den Strich bürsten kann. Er weiß auch, um welcher Motive willen es ihm damit ernster ist, als der nach wie vor apodiktische und aphoristische Stil seiner Einwürfe vermuten läßt. Diese Apodiktik und Aphoristik bringt er in seinen tagebuchartigen Skizzen *Cool Memories* (1987, dt. 1989) zu einem neuen Höhepunkt. Aber wenig später veröffentlicht er das Buch *La transparence du mal: Essai sur les phénomènes extrêmes* (1990; *Die Transparenz des Bösen*), in dem er nicht nur seine Beobachtungen zum Zusammenbruch des Sozialismus zusammenfaßt – den der

Westen als Spektakel eines Freiheitsgewinns genießt, dessen utopische Momente im Westen aber schon längst über ihrer Realisierung verschwunden sind, – sondern auch seine generelle Diagnose des Problems der modernen Gesellschaft stellt. Die Diagnose lautet, daß diese Gesellschaft über ihrem verallgemeinerten Interesse an Differenz und Differenzen nichts anderes mehr als die ewig gleiche Euphorie operationeller Selbstreferenz realisiert und jeden Zugang zu einer wirklichen Alterität verloren hat. Unter dem Titel der Differenz wird nur noch gedacht, was längst ähnlich ist, ohne bereits dasselbe zu sein. Das Inkompatible, Verführerische, Zerstörerische, Antagonistische, Unreduzierbare wird nicht mehr gedacht und kann nicht mehr gedacht werden.

Gegen die universelle Euphorie der Verknüpfung, die »Epidemie des Wertes«, behauptet sich nur noch das Prinzip des Bösen als ein Prinzip, das Bindungen löst, Beziehungen unmöglich macht, Kopplungen kappt. Khomeinis Todesurteil gegen Salman Rushdie wäre ein Fall eines solchen Bösen: ein Urteil, ein Satz, der nicht zugleich ist, was alle Sätze und Urteile des Westens längst sind: Kommunikationen. Bei B. bekommt dieses Prinzip des Bösen mit einem Begriff aus der Mathematik chaotischer (nichtlinearer) Systeme den Status eines »seltsamen Attraktors«: Es vereinigt auf sich alle Faszination, es ist Moment der Naturkatastrophe, die die moderne Gesellschaft ereilt hat, und es ist zugleich eine der wenigen Instanzen, die dieser Katastrophe Paroli bieten kann. Worum handelt es sich bei der Naturkatastrophe? B. sieht die moderne Gesellschaft in eine fatal katastrophale Entwicklung verwickelt, die sich anschickt, den 2. Hauptsatz der Thermodynamik zu widerlegen und eine ständig nachwachsende Energie des Energieverbrauchs aus diesem Energieverbrauch selbst zu gewinnen. Das Modell dafür ist New York, das seine ganze Energie aus der Verausgabung von Energie gewinnt und sich nur noch von seinem eigenen Lärm ernährt. Die moderne Gesellschaft, so B., das ist eine Gesellschaft, deren wichtigste Energiequelle der Energieverbrauch ist.

Nur diejenige Theorie, die sich selbst zu einem seltsamen Attraktor, zu einer Art perfektem Verbrechen (Leiche, Tatwerkzeug und Täter verschwinden) machen kann, hat eine Chance, diesen Phänomenen, die alle Unterscheidung zwischen Gut und Böse hinter sich gelassen haben, gerecht zu werden. Das wichtigste Motiv dieser Theorie liegt in einer Subtilität, der es nicht mehr um das alte Ziel der Philosophie, sich selbst zu kennen, gehen kann, denn dieses Ziel sei heute von jedermann realisierbar, sondern nur noch darum, den seltsamen Attraktionen, der Ironie, Wendigkeit und den Täuschungen des Objekts nachgehen zu können. Nicht zu träumen, sondern das zu träumen, was andere träumen, nicht an sich zu glauben, sondern an das zu glauben, woran andere glauben, das sei heute die Verführung, der nachzugeben noch ermögliche, sich selbst und der Wiederholung Desselben zu entgehen. Der Andere, so schließt B.s Buch über die Transparenz des Bösen, ist, »wer es mir erlaubt, mich nicht bis in alle Ewigkeit zu wiederholen«.

Nach wie vor liegt der Reiz der Philosophie B.s darin, einer abweichenden Perspektive auf das, was den intellektuellen Diskurs je aktuell beschäftigt, zu begegnen. B. setzt Themen, nach wie vor. Aber er ist auch in der Lage, die jeweils neuesten Themen in ein Licht zu rücken, in dem sie bei keinem anderen Philosophen auftauchen. Kaum haben wichtige Theorien der modernen Gesellschaft das Theorem der Selbstreferenz entdeckt und begonnen, es bis in alle Winkel der Gesellschaft zu verfolgen, verwirft B. dieses Theorem in Bausch und Bogen als Repetition desselben und läßt es verschwinden im schwarzen Loch einer Fraktalität, die keine Fälschung, keine Produktion, keine Simulation des Wertes kennt, sondern nur noch Epidemien des Wertes (das vierte, fraktale, Stadium des Wertes). Was steckt hinter dieser fraktal-fatalen Entwicklung der Moderne? Nichts anderes als ein Exzeß der Positivität, ein unaufhörlicher Verfall des Kurswertes der Negation und Negativität, bis nichts mehr einen Einwand, eine Ablenkung, einen Abbruch darstellt, sondern alles nur noch einen Moment der Reproduktion. Ist das Science-Fiction? Kaum, antwortet B.

Dirk Baecker

Beauvoir, Simone de
Geb. 9. 1. 1908 in Paris; gest. 14. 4. 1986 in Paris

Spitze Kritikerzungen nannten sie »Notre-Dame de Sartre« oder »La Grande Sartreuse«, um ihre intellektuelle Abhängigkeit vom Lebensgefährten Jean-Paul Sartre und damit zugleich ihre künstlerische Epigonalität zu geißeln. Unterstellungen dieser Art sind unzutreffend. Die *Tochter aus gutem Hause* (*Mémoires d'une jeune fille rangée*, 1959) – so der Titel ihres ersten Memoirenbandes – hatte ihre Wahl, mit dem Christentum, der Ideologie ihrer (klein-)bürgerlichen Herkunftsklasse und deren durch Ehe und Mutterschaft charakterisiertem Frauenbild zu brechen, schon vor ihrer folgenreichen Begegnung mit Sartre (1929) getroffen. Beide betrachteten den Partner lebenslang als Doppelgänger, Idealleser und wichtigsten Kritiker. Ihr symbiotisch anmutendes Verhältnis setzte aber stets Eigenständigkeit voraus. Sartre fiel die Rolle des unermüdlichen Ideen- und Theorienproduzenten zu, der extreme intellektuelle Positionen vertrat, B. verkörperte das kritische Realitätsprinzip, forderte engen Praxisbezug: »Für mich ist eine Idee nichts Theoretisches ... entweder man erlebt sie an sich selbst, oder sie bleibt theoretisch, dann hat sie keinerlei Gewicht« (*L'invitée*, 1943; *Sie kam und blieb*).

Beide dachten bis zum Ausbruch des Zweiten Weltkriegs strikt individualistisch. In Anlehnung an Edmund Husserl setzten sie das Ich als Bewußtsein, als reines Für-sich absolut, begriffen es als Zentrum, ja als Schöpfer der (Außen-)Welt, der es erst Existenz verlieh: »Die schwarzen Korridore zogen sie besonders an. Wenn sie nicht da war, existierten dieser Geruch nach Staub, dieses Halbdunkel, diese Verlassenheit für niemanden, existierten überhaupt nicht. Doch jetzt war sie da und hatte die Macht, durch ihre Gegenwart die Dinge der

Bewußtlosigkeit zu entreißen, sie erst verlieh ihnen Farbe und Geruch ... es war, als sei ihr die Mission verliehen worden, diesen Saal in seiner nächtlichen Verlassenheit erst existent zu machen« *(Sie kam und blieb)*.

Diese Hypostasierung des eigenen Ich impliziert zweierlei: Der Andere kann nur als Feind begriffen werden, der die eigene Freiheit bedroht. Das Verhältnis zu ihm oszilliert ständig – auch und gerade in der erotischen Beziehung – zwischen Herrschaft und Knechtschaft, Sadismus und Masochismus. Durch den Anderen enthüllt sich dem Ich die Dinglichkeit, das An-sich-sein des eigenen Körpers. »Es ist dieser metaphysische Ekel als Reaktion auf die spezifische Körperlichkeit der Frau (Menstruation, Schwangerschaft, Gebären), auf die Leiblichkeit als Dinghaftigkeit im allgemeinen, der sich noch in den akademischen Demonstrationen in *Le deuxième sexe* (1949; *Das andere Geschlecht*) durchsetzt. Nur so läßt sich B.s Abwertung der biologischen Fruchtbarkeit und die Bestimmung geistiger Kreativität als das absolut dagegen Gesetzte verstehen« (Christel Krauß; vgl. auch: *Une Mort très douce*, 1965 – *Ein sanfter Tod; La Femme rompue*, 1967 – *Eine gebrochene Frau; La vieillesse*, 1970 – *Das Alter)*.

Das Kriegserlebnis macht dem Ich schockartig seine totale Abhängigkeit von äußeren Umständen bewußt: »Und plötzlich war es geschehen. Den Krieg wollen, ihn nicht wollen. Von nun an hatte die Antwort keine Bedeutung mehr; der Krieg war da... Meine Gedanken, meine Wünsche waren nur noch Luftblasen, die zerplatzten, ohne Spuren in der Welt zu hinterlassen« *(Le sang des autres*, 1945; *Das Blut der anderen)*. Als Reaktion auf die neue Erfahrung verwerfen B. und Sartre den nun als »leer« erkannten individualistischen Freiheitsbegriff und statuieren, daß die Freiheit des einzelnen nur bei gleichzeitiger Freiheit aller gewährleistet ist *(Les bouches inutiles*, 1945; *Die unnützen Münder)*. Die Aufhebung der Herrschaft des Menschen über den Menschen kann lediglich in einer ausbeutungs- und repressionsfreien, demokratisch-sozialistischen Gesellschaft gelingen, für die Kants »Reich der Zwecke« und die klassenlose Gesellschaft von Marx als Zielprojektionen herangezogen werden. B. und Sartre gründen 1941 gemeinsam die kleine, relativ bedeutungslose Widerstandsgruppe »Socialisme et Liberté«, 1945 die einflußreiche Zeitschrift *Les Temps Modernes.*

Lebenslang versuchen sie, die Konzepte von Freiheit und Sozialismus zur Synthese zu bringen. Angesichts der durch den kalten Krieg bedingten Spaltung der Welt in zwei konkurrierende, ideologisch verhärtete Machtblöcke teilen sie Maurice Merleau-Pontys Auffassung, man könne weder Kommunist noch Antikommunist sein: der Kapitalismus sei als Ausbeutersystem, der doktrinäre Stalinismus/Kommunismus mit seinen Hegemonieansprüchen gegenüber den Satellitenstaaten als Verrat an der Idee der Weltrevolution abzulehnen. Die Existenz der sowjetischen Arbeitslager, die Niederschlagung des Ungarn-Aufstandes (1956) und die Besetzung der CSSR (1968) lenken ihr Interesse auf sozialistische Experimente fernab der sowjetischen Generallinie (Kuba, China, Maoismus). Innenpolitisch gehören sie zu den schärfsten Kritikern des kolonialistischen Algerienkriegs von 1958 bis 1962 *(Djamila Boupacha, 1962)*.

Die gesellschaftliche Bedingtheit des Individuums analysierte B. erstmals theoretisch in *Le deuxième sexe*. Sie übertrug dabei Sartres These aus *Réflexions sur la question juive* (1946; *Überlegungen zur Judenfrage*) – der Jude sei nur Jude, weil er von anderen dazu gemacht werde und diese Fremdbestimmung verinnerliche – auf die Situation der Frau: »Man kommt nicht als Frau zur Welt, man wird es. Kein biologisches, psychisches, wirtschaftliches Schicksal bestimmt die Gestalt, die das weibliche Menschenwesen im Schoß der Gesellschaft annimmt. Die Gesamtheit der Zivilisation bestimmt dieses Zwischenprodukt zwischen dem Mann und dem Kastraten, das man als Weib bezeichnet.« Das über Jahrhunderte tradierte gesellschaftliche Idealbild der Frau ist den spezifischen Interessen des Mannes abstrahiert: Virginität, eheliche Treue, Beschränkung auf Kindererziehung und häusliche Tätigkeit machen die Frau zur Funktion des Mannes, weisen ihr die Rolle des abhängigen Objekts zu, das der Transzendenzfähigkeit des Mannes zur Rechtfertigung seiner Existenz bedarf. Die Unterdrückung der Frau und die Unterdrückung des Proletariats sind analoge Vorgänge. Frauenemanzipation ist kein weibliches, sondern ein gesellschaftliches Problem, das erst in einer sozialistischen Gesellschaft, die allen unentfremdete, eigenständige Arbeit ermöglicht, adäquat gelöst werden kann. Aus dieser Überzeugung ergibt sich B.s Distanz zu biologistisch argumentierenden feministischen Gruppen, die der Frau spezifisch weibliche Formen der Wahrnehmung und der künstlerischen Kreativität zurechnen: »Man darf nicht glauben, der weibliche Körper verleihe einem eine neue Vision der Welt. Das ist lächerlich und absurd ... Frauen, die das glauben, fallen ins Irrationale, ins Mystische, ins Komische zurück. Sie spielen das Spiel der Männer.«

Der Vorwurf, in B.s literarischem Werk gebe es keine authentischen Frauenfiguren, deren Lebensentwurf gelinge, sie schildere lediglich den als negativ empfundenen Status quo, konstruiere nirgends positive, zukunftsweisende Heldinnen, ist nur dann gerechtfertigt, wenn man ihre Überzeugung, erst die sozialistische Gesellschaft ermögliche Authentizität, ablehnt. Damit verstellt man sich aber zugleich den Zugang zu *La Vieillesse*, in dem sie zeigt, daß die kapitalistisch organisierte Sozietät den Menschen nur als Produktionsmittel begreift und an denjenigen, die nicht oder nicht mehr produzieren (Kinder, Frauen, Alte) kein Interesse hat: »Wenn man einen Menschen vierzig Jahre lang als Maschine behandelt, wenn man ihn abgenutzt und erschöpft hat, kann man ihn nicht durch eine wie auch immer geartete Alterspolitik in die Gesellschaft wieder eingliedern: dazu ist es dann zu spät.«

Sartres Ankündigung in *L'Être et le Néant* (1943; *Das Sein und das Nichts*), er werde bald eine existenzialistische Ethik publizieren, wurde weit eher von B. als von ihm eingelöst, der in *Qu'est-ce que la littérature* (1947; *Was ist Literatur?*) lediglich eine Ethik des Schreibens und des Lesens vorlegte. *Pyrrhus et Cinéas* (1944) und *Pour une Morale de l'Ambiguité* (1947; *Für eine Moral der Doppelsinnigkeit*) charakterisieren in relativ leicht verständlicher Sprache die beiden gemeinsamen Grundgedanken: Der Mensch ist, da Gott nicht existiert, zu totaler Freiheit und zu totaler Verantwortung verurteilt. Weil das Individuum des Anderen bedarf, um sich seiner selbst innezuwerden, muß es sich auf ihn hin transzendieren, seine Gleichheit und Freiheit wollen, ihm gegenüber Solidarität üben, mit ihm an der Aufhebung der Herrschaft des Menschen über den

Menschen arbeiten. Da sich jeder Mensch in einer je eigenen Situation befindet, entwirft B. keine normativ-allgemeinverbindliche Ethik, sondern kritisiert in erster Linie tradierte individualistisch oder totalitär geprägte Moralvorstellungen, die den Menschen ungebührlich vereinzeln oder versklaven.

Ethische Implikationen besitzen auch die autobiographischen Werke von B. und Sartre. Während dieser sich eher indirekt und vermittelt zur Selbstvergewisserung an anderen Autoren (Baudelaire, Genet, Flaubert) abarbeitete, überprüfte B. ihre philosophischen Theoreme an der eigenen Existenz, die sie aus der Retrospektive einer bis hin zur Indiskretion kritischen Prüfung unterzog: *Mémoires d'une jeune fille rangée; La Force de l'âge,* 1960 – *In den besten Jahren; La Force des choses,* 1963 – *Der Lauf der Dinge; La cérémonie des adieux,* 1981 – *Die Zeremonie des Abschieds.* »In einer Autobiographie zeigen sich die Ereignisse in ihrer Willkürlichkeit, ihrer Zufälligkeit, in ihren bisweilen banal-albernen Zusammenstellungen, so wie sie wirklich gewesen sind: Diese Treue läßt besser als die geschickteste literarische Umsetzung verstehen, wie die Dinge den Menschen wirklich zustoßen« *(Der Lauf der Dinge).* Autobiographisches Schreiben erscheint so als adäquates Medium zur Wiedergabe der Kontingenz menschlichen Existierens. Nimmt man ihre Versuche ernst, engagiert an der Veränderung der Realität mitzuwirken, so drängt sich angesichts der »expérience vécue« B.s das Fazit auf, das Sartre für beide zog: »Man hat getan, was man tun konnte. Man hat getan, was man zu tun hatte« *(Die Zeremonie des Abschieds).*

Moi, Toril: Simone de Beauvoir. The Making of an Intellectual Woman. Oxford/Cambridge 1994. – Krauß, Christel: Enfanter ou écrire – gebären oder schreiben. In: Baader, Renate/Fricke, Dietmar (Hg.): Die französische Autorin vom Mittelalter bis zur Gegenwart. Wiesbaden 1979, S. 227–238.

Henning Krauß

Benjamin, Walter
Geb. 15. 7. 1892 in Berlin; Selbstmord 27. 9. 1940 in der Nähe von Port Bou

Die Haltung eines Physiognomikers, der Phänomene wie Rätselfiguren ausdeutet, und die unbeirrte Bindung des Metaphysikers an seine esoterische Doktrin – dem Denken B.s haben beide Wesenszüge einen eigentümlichen Nimbus verliehen. Jene Charakteristika lassen sich aus der besonderen Verfassung der B.s Habitus prägenden Lebensform eines freien Publizisten verstehen, dessen durchaus zweideutige Autonomie akademische Schulzusammenhänge ignorieren kann. Der großbürgerlichen Herkunft, die zunächst vor den Zwängen des Erwerbslebens Schutz zu bieten schien, verdankt B. vielleicht die erstaunliche Fähigkeit, die Souveränität des Denkens auch in Zeiten existenzbedrohender Krisen zu bewahren. Die Möglichkeit aber, diese privilegierte Stellung in eine Erkenntnischance zu verwandeln, wird, kurz vor dem Ersten Weltkrieg, von einer übermächtigen Zeitströmung begünstigt, die unter dem Eindruck Kierkegaards und Nietzsches der neukantianischen Erkenntnis- und Wissenschaftstheorie lebensphilosophische Deutungen »konkreten« Daseins entgegensetzt. Mit diesen Konzeptionen, wie sie nach dem Vorbild Henri Bergsons und Wilhelm Diltheys vor allem Georg Simmel entwickelt hat, ist ein anspruchsvoller Begriff von Erfahrung verbunden, dessen metaphysischen Gehalt B. schon früh, während der Zeit seines Engagements für die von Gustav Wyneken dominierte Fraktion der »Jugendbewegung«, mehr abstrakt beschwört als sinnfällig macht. B. hat jenen Erfahrungsbegriff in der 1918 entstandenen Schrift über das *Programm der kommenden Philosophie* in recht apodiktischer Form entfaltet. Die »höhere« Erfahrung einer solchen Philosophie resultiert einmal aus dem negativen Verhältnis zum naturwissenschaftlich-technischen, durch den Prozeß der Industrialisierung geprägten Weltbild, zum andern aus der unvermittelten, radikalen Wiederaufnahme von Grundpositionen der großen spekulativen Systeme des Idealismus. Dem identitätsphilosophischen Denken Schellings, insbesondere aber der mystischen Naturphilosophie Franz von Baaders, entnimmt B. jenen Erkenntnisbegriff, der sich auf eine Dimension des »Absoluten« bezieht, welche die Differenz zwischen dem Erkenntnissubjekt und seinem Gegenstand hinter sich läßt. Die inhaltliche Unbestimmtheit der nur formal charakterisierten Sphäre der höchsten Erkenntnis konkretisiert B. durch Motive aus der mystisch-kabbalistischen Überlieferung des Judentums, wobei der Gedanke messianischer Erlösung der gefallenen Natur den utopischen, eine sprachphilosophische Lehre von den – für das eigentliche Wesen der geschaffenen Dinge konstitutiven – göttlichen Namen den hermeneutischen Aspekt von B.s Metaphysik darstellt. B. verdankt der (seit 1915 bestehenden) intensiven Freundschaft mit Gershom Scholem, dessen Forschungen die verschlossene Welt jüdischer Mystik überhaupt erst allgemein zugänglich gemacht haben, wesentliche Differenzierungen seines Entwurfs. Eine ähnlich metaphysische Umdeutung lebensphilosophischer Gedanken hat Werken wie Ernst Blochs *Geist der Utopie* (1918) oder Franz Rosenzweigs *Stern der Erlösung* (1921) ihr poetisches Kolorit gegeben. Ihrem Denkhorizont ist B. trotz aller Distanz verpflichtet. Zur Präzisierung seines philosophischen Entwurfs tragen Theoreme der romantischen Ästhetik bei, denen B., wie seine Berner Dissertation über den *Begriff der Kunstkritik in der deutschen Romantik* (1920) bezeugt, auch akademische Aufmerksamkeit widmet. Eine noch bedeutendere Wirkung, besonders im Hinblick auf gewisse Grundmotive der »Kritischen Theorie« der Frankfurter Schule, ist von einer analytischen Perspektive ausgegangen, die dem polemischen Verhältnis der jüdischen »Religion der Vernunft« (Hermann Cohen) zum Mythos entspringt; dieser Betrachtungsweise nämlich, die B. seiner Metaphysik integriert, erscheint der gesellschaftliche Lebensprozeß als in religiösem Sinn »natürlicher«, als Naturverfallenheit, deren mythischer Zwangscharakter sich im zerstörerischen Gesetz blinder Selbstbehauptung ausdrückt. In der von Hofmannsthal hochgeschätzten Abhandlung über *Goethes Wahlverwandtschaften* (1922), wo B. die Summe aus den Einsichten seiner philosophischen Studien zieht, wird jene Kritik des Mythischen auf den »Sachgehalt« eines

Kunstwerkes übertragen, von dem die Interpretation gleichwohl Residuen messianischer Wahrheit retten kann. Hier tritt B.s Absicht ausdrücklich zutage, kulturell-gesellschaftliche Manifestationen, und von diesen vornehmlich Kunstwerke, als, der Mythos-Kritik gemäß, »naturgeschichtliche« Phänomene zu interpretieren. Dies bedingt die Eigentümlichkeit des Deutungsverfahrens, dem B. folgt. In ihm spiegelt sich zugleich sein eigener Habitus, der des Sammlers und Antiquars. B.s Blick entrückt historische Phänomene ihrem unmittelbar geschichtlichen Zusammenhang und versetzt sie in eine Dimension, wo sie als Elemente einer zu entziffernden Schrift, der »Konfiguration«, erscheinen. Diese Hermeneutik bildet B. in seiner als Habilitationsschrift konzipierten großen Arbeit über den *Ursprung des deutschen Trauerspiels* (1925; ersch. 1928) zur Methode aus. Er faßt das barocke Drama gerade nicht im Sinne einer empirisch bestimmbaren Gattung auf, sondern als jener neuplatonisch-mystischen Sphäre ewiger Wahrheit zugehörige »Idee«, die in einer einzigartigen Konstellation von begrifflich fixierbaren »Extrem«-Phänomenen lesbar wird. So stehen im Mittelpunkt des hermetisch formulierten »Traktats« die der barocken Bewußtseinsgestalt eigentümlichen Motive: die Extreme der Melancholie und der allegorisierenden Deutungsweise, Elemente, von denen Charakter und Denkart B.s gleichermaßen bestimmt sind, ist doch B.s schwermütige Versenkung ins verschlossene Wesen der Dinge dem Drang des Allegorikers verpflichtet, den Gegenständen ihre geheime Bedeutung abzugewinnen. Alsbald erweist die Tendenz, der katastrophischen »Naturgeschichte« Zeichen messianischer Erfüllung zu entreißen, ihr analytisches Potential an der Deutung der Lebenswelt der eignen Epoche, wie sie B. in seiner Fragmentensammlung *Einbahnstraße* (1928) – dem Modell für Adornos *Minima Moralia* – mit reflektierter Phantasie versucht. Phänomene der Alltagserfahrung ebenso wie die Requisiten von Traumszenen erstarren dort unter dem Blick eines Physiognomikers der Dinge zu zweideutigen Chiffren, »dialektischen Bildern«. Die autobiographischen Schriften – *Berliner Kindheit um 1900* und *Berliner Chronik* – geben in solchen Bildern das Subjekt von Wahrnehmung und Erinnerung als flüchtigen Ausdruck einer geschichtlich-gesellschaftlichen Konfiguration preis. Unreglementiert, doch präzis ist B.s Erfahrung, die er in Experimenten mit Haschisch zu erweitern strebt. Ähnlich sollte sich die Auseinandersetzung mit dem Surrealismus inspirierend auswirken. Daß B.s Privatexistenz, die solche Spontaneität des Denkens und Erfahrens vielleicht erst ermöglicht hat, mit den Normen der akademischen Institutionen zumal der Weimarer Republik nicht vereinbar war, zeigte sich 1925 im Fehlschlag der Habilitation. Danach sah sich B. auf die Lebensform des freien Kritikers verwiesen. Die Reflexion, die ihn in seiner vielfältigen publizistischen Tätigkeit bestimmt, gilt nunmehr der widersprüchlichen Situation des revolutionär gesinnten Intellektuellen, seiner eigenen. So öffnet sich die vordem esoterische Position der marxistischen Theorie, deren Kategorien B., von Asja Lacis und besonders von Brecht beeinflußt, in seine immer noch metaphysisch geprägte Gedankenwelt einfügt. Eine ernsthaftere Beschäftigung mit dem Marxismus wird in späteren Jahren durch die Bekanntschaft mit Repräsentanten des Frankfurter »Instituts für Sozialforschung«, vor allen andern mit Theodor W.

Adorno, angeregt. In der Emigration, die B.s ökonomische Notlage katastrophal zuspitzt, fristet er denn auch mit Stipendien des Instituts sein Existenzminimum. Diesen Verbindungen entstammt der vielzitierte Aufsatz über das *Kunstwerk im Zeitalter seiner technischen Reproduzierbarkeit* (1935/36), wo ein notwendiger Zusammenhang zwischen dem Untergang des auratischen »Kultwertes« ästhetischer Gebilde im Zuge der Entwicklung der modernen Reproduktionstechniken und der Chance emanzipatorischer Politisierung der »Massen« behauptet wird. Die Rezeption marxistischer Lehrgehalte aber bleibt problematisch. Erst allmählich kann B. in produktiver Weise sich wesentliche Theoreme aneignen. So bietet ihm etwa die Theorie vom Warenfetisch die Möglichkeit, seinem kulturphysiognomischen Verfahren, indem er es »materialistisch« fundiert, eine neue Dimension zu geben, ohne jedoch das Potential der »dialektischen Bilder« aufopfern zu müssen. Die ungeheure Anstrengung, in diesem Sinn die materialistisch geläuterte Deutungsmethode für die Bestimmung der Signatur einer ganzen Epoche, des 19. Jahrhunderts, zu nutzen, bekundet sich auf das eindrücklichste im Exzerptenmassiv des »Passagen-Werkes«. Trotz der Anspannung aller Kräfte indessen ist B., der im Jahr seines Todes Thesen *Über den Begriff der Geschichte* formuliert, die überzeugende Vermittlung seiner messianischen Geschichtsphilosophie mit den Einsichten des Historischen Materialismus versagt geblieben. Doch gerade die materialistische Maskierung macht die Vieldeutigkeit von B.s Spätwerk aus, die der Interpretationskunst großen Spielraum läßt. In Port Bou, an der spanischen Grenze, nimmt sich B. September 1940 das Leben, um der Auslieferung zu entgehen.

Kiefer, Bernd: Rettende Kritik der Moderne. Studien zum Gesamtwerk Walter Benjamins. Frankfurt am Main/Berlin/Bern 1994. – Scholem, Gershom: Walter Benjamin. Geschichte einer Freundschaft. Frankfurt am Main 1975. – Tiedemann, Rolf: Studien zur Philosophie Walter Benjamins. Frankfurt am Main 1973.

Thomas Horst

Bergson, Henri Louis
Geb. 18. 10. 1859 in Paris; gest. 4. 1. 1941 in Paris

Fotografien B.s, so protokollarisch steif und den strengen Regeln der Atelierkunst gehorchend die Fotografen den prominenten Laureatus auch in Szene gesetzt haben, besitzen eine eigentümliche Ausstrahlung. Sie zeigen ein graziles, fast altersloses Gesicht mit großen, tiefliegenden doch sanften Augen, die von buschigen Brauen mehr umrahmt als beschützt werden. Der Blick ist träumerisch und wachsam zugleich und vermeidet fast scheu, den Betrachter zu fixieren.

Wie der Blick der Eule, die ja in der Mythologie der Griechen die Klugheit verkörpert hat, scheinen auch diese Augen etwas von einer gespannten Aufmerksamkeit zu verraten, die weiß, daß der Verstand nicht immer und in jedem Augenblick, zumal nicht bei grellem Tageslicht, das zu finden vermag, wonach er sucht. Jeder, der seinen eigenen Augen trauen mag, wird in diesen Porträts lesen können, daß dieser Intellektuelle weder den Typus des martialischen oder geschäftigen Meisterdenkers verkörpert hat, noch den des beamteten Ordinarius, der dröhnend die Prüfungsfragen des Tages bekannt gibt.

Husserl und B., »die beiden einzigen originären Denker des 20. Jahrhunderts« (Roman Ingarden), sind 1859 geboren, demselben Jahr, in dem John Stuart Mill *Über die Freiheit* und Charles Robert Darwin sein epochales *Über den Ursprung der Arten durch natürliche Zuchtauswahl* veröffentlicht hat. B. ist ein Sohn jüdischer Eltern. Seine Mutter war gebürtige Engländerin; der aus Polen stammende Vater war Musiklehrer und ein Komponist, der, wie der Sohn urteilte, »nur den Fehler hatte, sich zu wenig darum zu kümmern, seine Musik bekannt zu machen«. Während seiner frühen Kindheit lebte die Familie in der Schweiz; sie übersiedelte 1866 nach Paris, wo der Junge auf Vermittlung eines Rabbiners ein Externenstipendium für das Gymnasium erhält. Als die Familie im Kriegsjahr 1870 ihr Domizil im Heimatland der Mutter aufschlägt und nach London umzieht, läßt sie den Elfjährigen, der in einem jüdischen Pensionat untergebracht wird, in Paris zurück. Bis dahin übrigens war über die Nationalität des Jungen nicht entschieden. – Im »Institut Springer« wird B., der in seinem späteren Leben dem jüdischen Ritus stets fernbleiben wird, bis über seine Volljährigkeit hinaus wohnen. Er ist ein glänzender Schüler, der die jährlichen Examina gegen Ende der Gymnasialzeit und die Aufnahmeprüfung in die »École normale supérieure« in den philologischen Fächern und Mathematik mit Auszeichnung besteht. Zum selben Jahrgang der sogenannten »Normaliens«, den erklärten Eliteschülern Frankreichs, gehören der spätere Sozialistenführer Jean Jaurès und Emile Durkheim, der an Frankreichs Universitäten eine neue Disziplin, die »sciences sociales«, institutionalisieren wird und zum »rationalistischen« Antipoden des »Irrationalisten« B. werden sollte.

Vor Beginn seiner universitären Laufbahn ist B. zunächst berufstätig und wird – wie so viele Intellektuelle Frankreichs (z. B. Jules Michelet, auch Durkheim oder, im 20. Jahrhundert, Gaston Bachelard und Jean-Paul Sartre) – Gymnasiallehrer, zuerst in der Provinz, in Angers, hernach für einige Jahre in Clermont-Ferrand und schließlich dann in Paris. Er verfaßt in dieser Zeit kleinere Schriften, Reden für den Schulgebrauch *(Die Besonderheit, Die Höflichkeit)*; er hält Vorträge an der Universität *(Das Lachen)*, übernimmt Lehraufträge, übersetzt (anonym) aus dem Englischen, das er Dank seiner Mutter fließend beherrscht, veröffentlicht *Auszüge aus Lukrez* (eine Textauswahl für Schulzwecke) und schreibt seinen ersten Aufsatz für eine wissenschaftliche Zeitschrift. Der kurze Artikel, den der zukünftige Autor einer neuen Philosophie des Ich verfaßt, heißt *Über die unbewußte Simulation in der Hypnose* und erscheint, merkwürdiges Zusammentreffen, zum gleichen Zeitpunkt (1886), zu dem ein junger Privatdozent namens Sigmund Freud an der Pariser »Salpetrière« die psychologische Dimension der Nervenpathologie entdeckt.

Sein erstes Buch, das die Grundzüge dessen entfaltet, was als Spielart der

»Lebensphilosophie« apostrophiert werden wird (ein Ausdruck übrigens, der nur im deutschen Sprachraum zum philosophiegeschichtlichen Fachterminus wird), erscheint 1889; der Beginn des Bergsonismus datiert also auf das Jahr von Nietzsches Zusammenbruch zurück, dem Verstummen jener anderen, so viel glückloseren Lebensphilosophie. Das Buch heißt *Essai sur les données immédiates de la conscience* (die deutsche Übersetzung wird 1911 unter dem Haupttitel *Zeit und Freiheit. Eine Abhandlung über die unmittelbaren Bewußtseinstatsachen* erscheinen) und bildet (zusammen mit einer Aristotelesmonographie) einen Teil seiner Dissertation. Mit Vorliegen seiner akademischen Eintrittskarte ist B. allerdings vom Beginn seiner universitären Karriere noch über zehn Jahre entfernt. In diesem, seinem akademischsten Werk liefert B. eine fachkundige Auseinandersetzung mit der sich zur empirischen Wissenschaft entwickelnden Assoziationspsychologie. Er entdeckt »im Fliessen des inneren Lebens« die *Dauer* (»durée«). »Die ganz reine Dauer«, lautet seine Bestimmung, »ist die Form, die die Sukzession unserer Bewußtseinsvorgänge annimmt, wenn unser Ich sich dem Leben überläßt, wenn es davon absieht, zwischen dem gegenwärtigen und den vorhergehenden Zuständen eine Scheidung zu vollziehen«.

B., ein glänzender und erfolgreicher Schriftsteller, hat immer »in besonders hohem Maße die Aufgabe erfüllt, im zeitgenössischen Wissenschaftsbetrieb vernachlässigte und inhaltliche Probleme selbständig zu fördern« (Max Horkheimer). Darin ist er von den anderen sogenannten Lebensphilosophen (Dilthey, Nietzsche) am ehesten Georg Simmel verwandt, der engagierteste Propagandist dieser neuen französischen Philosophie im wilhelminischen Vorkriegsdeutschland. Auch in *Matière et mémoire. Essai sur la relation du corps à esprit* (1896) arbeitet er ein großes Material empirischen Wissens durch. Diese Untersuchung über die *Beziehung zwischen Körper und Geist* ist um die Kritik des szientistischen Theorems vom psycho-physischen Parallelismus zentriert, exemplifiziert an empirischen (Dys-)Funktionen (z. B. der Amnesie und Aphasie) des Gedächtnisses (»mémoire«). Nach der Physiologie wird er sich in der *L'évolution créatrice (1907; Die schöpferische Entwicklung)* der Biologie zuwenden, um dort die Blindstellen von Evolutionstheorien darwinscher Prägung bloßzustellen.

Nach vergeblichen Bewerbungen auf eine Sorbonneprofessur (1894, 1898) – seine Kandidatur soll an Interventionen Durkheims gescheitert sein –, beginnt B. seine universitäre Karriere mit 41 Jahren; das ist verhältnismäßig spät. Andererseits beginnt sie sozusagen gleich auf einem Gipfel: Er wird 1900 Professor für griechische und lateinische und später, 1904, für zeitgenössische Philosophie am »Collège de France«, dem Paradies der von jeglichen Lehr- und Prüfungsverpflichtungen befreiten Hochschullehrer, dem Eliteinstitut der französischen Wissenschaft. Dort lehrt er bis zu seinem Rücktritt mit einigen Unterbrechungen 21 Jahre lang und durchläuft eine von Ehrungen überhäufte Karriere, in der ihm kein Erfolg versagt bleibt; 1901 wird er Mitglied der »Académie des Sciences Sociales«, wird zu Gastvorlesungen in Italien (1911), England und Spanien (1916) eingeladen, in die »Académie Française« gewählt (1914); er wird 1922 Präsident der »Völkerbundkommission für geistige Zusammenarbeit« und erhält 1927 für seine *Schöpferische Entwicklung* den Nobelpreis für Literatur.

B. ist der intellektuelle Star der Vorkriegsgeneration, zu dessen Freitagskollegs ein internationales Publikum strömt, und den zu ignorieren den zeitgenössischen Intellektuellen kaum möglich ist – von Heinrich Rickert über Georgi W. Plechanow bis hin zu Bertrand Russel. Noch vor Ausbruch des Ersten Weltkriegs ist eine mehrbändige russische Werkausgabe erschienen; alle Hauptwerke B.s lagen kurz nach ihrem Erscheinen in deutscher und englischer Übersetzung vor.

Der Bergsonismus wird von einer ganzen Generation wie eine Befreiung aufgenommen, wie die Errettung des endlichen Menschen vor dem Zugriff der szientistischen Rationalisierung des Lebens. »Während ... der Wissenschaftler immer darauf bedacht ist, die Wirklichkeit ... so wie er es braucht aufzuspalten, um sie der technischen Einwirkung des Menschen zu unterwerfen, um die Natur zu überlisten in einer Haltung des Mißtrauens und der Kampfbereitschaft, behandelt sie der Philosoph als Gefährtin. Die Richtschnur der Wissenschaft ist jene, die Bacon aufgestellt hat: gehorchen um zu herrschen. Der Philosoph hingegen gehorcht weder, noch herrscht er, ihm ist darum zu tun, einen Gleichklang («sympathie») zu finden.« Für einen historischen Moment lang scheint die Philosophie mit dem Bergsonismus ein längst verlorenes Prestige zurückzugewinnen. Wie wenig kontrollierbar diese überraschende Resonanz einer neuen Philosophie über die Fachgrenzen hinaus damals schien, mag daran zu ermessen sein, daß der katholische Klerus die Werke des Nichtkatholiken B. 1914 auf den *Index librorum prohibitorum* gesetzt hat. So sehr sah sich eine Theologie von einer Philosophie bedrängt, die einerseits doch nachdrücklich dagegen protestierte, daß die neuzeitliche Wissenschaft sich ausschließlich »der Materie zugewandt« hat, aber andererseits so wenig zum Bundesgenossen geeignet war, daß sie wie eine Häresie verfolgt werden mußte.

Daß der Bergsonismus mit so großem Erfolg zur Alternative des szientistischen Weltbilds werden konnte, hängt wesentlich damit zusammen, daß er seine Grundbegriffe im Stoffwechsel mit kurrenten wissenschaftlichen Theoremen sowohl gewonnen wie reformuliert hat.

Das ist nicht unbedingt das klassische Verfahren einer Systemphilosophie. Nach seiner quasi bewußtseinsimmanenten Herleitung reformuliert B. in der *Schöpferischen Entwicklung* das Prinzip der »Dauer« mit dem neuen Zauberwort vom »élan vital« (Lebensschwung, Lebensschwungkraft); diese Generalisierung auf die allgemeine Sphäre des Organischen ist zugleich, wenn man so will, eine neue ›Fundierung‹ seiner Philosophie durch die Biologie. Der Irrationalismusvorwurf, der gegen B. so oft erhoben worden ist, unterschlägt bequemerweise diese wissenschaftskritische Seite des Bergsonismus. Es ist geradezu ein Grundzug dieser hellwachen Philosophie, ihre elementaren Theoreme der Irritation durch die zeitgenössische wissenschaftliche Diskussion auszusetzen. Der dreiundsechzigjährige B. veröffentlicht 1922 eine Auseinandersetzung mit der Relativitätstheorie Einsteins (*Durée et simultanéité*), in der er, wie Gilles Deleuze gezeigt hat, ganz unschulmäßig und wie selbstverständlich die Chance zur Selbstverständigung und Selbstkorrektur ergriffen hat.

Die wissenschaftskritische Seite des »toten Klassikers« (Lcszek Kolakowski) B.

hat sich historisch, so scheint es, nicht verbraucht. »Während Physik und Chemie uns helfen, unsere Bedürfnisse zu befriedigen und uns dadurch ermuntern, sie zu vermehren, kann man voraussehen, daß Physiologie und Medizin uns mehr und mehr offenbaren werden, wie gefährlich diese Vermehrung ist, und wieviel Enttäuschung sich in der Mehrzahl unsrer Befriedigungen birgt.« Der Philosoph des »élan vital« ist gewiß kein Ekstatiker, der die Verdinglichungen des Erlebnisstromes überspielen will. Nüchtern bezieht er die Beobachtung eines selbsterfahrenen Unbehagens an den Fortschritten der wissenschaftlich-technischen Welt ein: Er, der »ein gutes Fleischgericht sehr schätzt«, registriert, daß im Vergleich zum Vegetarier »meine Befriedigung auf Unachtsamkeit beruht und bei klarer Beleuchtung eher verblaßt«. So direkt können die Wege sein, die die Kritik der szientistischen Technikgläubigkeit, den Aufweis des ungeschmälerten Aufklärungspotentials naturwissenschaftlicher Einsicht und die Wahrnehmung einer prekär werdenden Genußfähigkeit miteinander verbinden.

»Bergsons Ansehen und seine Wirkung«, schreibt Kolakowski, »lassen sich nur mit der modischen Beliebtheit vergleichen, deren sich Jean-Paul Sartre in den späten vierziger und frühen fünfziger Jahren erfreute.« Bei diesem Vergleich sind die Unterschiede vermutlich interessanter als das Gemeinsame. Gewiß, beide, Sartre und B., verdankten ihren Erfolg wesentlich auch dem, daß sie Schriftsteller-Philosophen waren. Darin mag durchaus ein Allgemeingültiges liegen. Wenn in der Moderne die Philosophie dem Anspruch nicht mehr zu genügen vermag, »ihre Zeit in Gedanken erfaßt« zu sein, scheinen philosophische Systementwürfe Autorität nur dann erlangen zu können, wenn ihre Urheber bereit und in der Lage sind, zu intellektuellen Stars im Alltagsleben ihrer Epoche zu werden. – Solche, dann auch Nobelpreis-Komitees beschäftigende Stars sind beide gewesen, der Urheber des Bergsonismus wie des Existentialismus. Bei B. freilich war die Philosophie nicht wie bei Sartre von der Aura der moralischen Integrität eines Davids in der literarischen oder politischen Opposition überstrahlt, sondern stützte sich – vorerst zum letzten Mal – auf ihr Gewicht als Institution. Die Autorität, die ihm zukam, war die Autorität einer Metaphysik in Amt und Würden. Der späte, *La cause du Peuple* verteilende Sartre war über eine Verhaftung erhaben, weil man »einen Voltaire nicht ins Gefängnis steckt« (De Gaulle). Die Politiker haben auf B., wenn man so will, genau die entgegengesetzten Machtphantasien projiziert. Wurde diesem (jedenfalls in bestimmten politischen Konjunkturen) die Unangreifbarkeit des spöttischen, gewissermaßen außerhalb stehenden Kritikers attestiert, so hat man jenen (gewiß nicht ohne Kalkül) umgekehrt in das Licht des alten platonischen Mythos vom Philosophenkönig gerückt. B. wurde – ohne sich freilich zum apologetischen Haupt- und Staatsphilosophen machen zu lassen – im Laufe des Ersten Weltkriegs von zwei verschiedenen politischen Administrationen Frankreichs (1917 und 1918) die diplomatisch-offizielle Mission übertragen, Präsident Wilson davon zu überzeugen, die Neutralität der USA zugunsten der Entente aufzugeben. Nach neueren Archivforschungen hat B. tatsächlich, und nicht nur als plaudernder Erfüllungsgehilfe des akreditierten französischen Botschafters, ein Stückchen Diplomatiegeschichte geschrieben.

Sozialen Fragen hat er sich erst lange nach Ende seiner Lehrzeit in *Les deux sources de la morale et de la religion* (1932; *Die beiden Quellen der Moral und der Religion*) zugewandt. Zur Tagespolitik, etwa zur Dreyfuß-Affäre, in der sein Schulfreund Jaurès eine so prominente Rolle spielte, hat sich B. in seinen veröffentlichten Werken nirgends geäußert. Die Anliegen des Henri B. zu Problemen des Bergsonismus zu machen, hätte er gewiß abgelehnt; keines seiner Bücher trägt irgend eine gedruckte Widmung oder Zueignung. Aber B., dessen jüngste Publikationen Max Horkheimer in der *Zeitschrift für Sozialforschung* gerade erst schonungslos rezensiert hatte, hat andererseits zu jenen gehört, mit deren Unterstützung im Jahre 1933 dem ins Exil gehenden Frankfurter Institut für Sozialforschung Räume für ein Pariser Büro zur Verfügung gestellt werden konnten, und die dafür sorgten, daß die Zeitschrift des Instituts (im Hausverlag B.s, bei F. Alcan in Paris) ihr Erscheinen fortzusetzen vermochte.

B. starb im Januar 1941. Der Achtzigjährige hatte vergeblich versucht, der deutschen Blitzkrieg-Invasion im Juli 1940 zu entkommen, und war in den Westen, in die Nähe von Bordeaux übersiedelt. Nach Proklamation der Vichy-Regierung kehrte er in das besetzte Paris zurück. Das Angebot, ihn von den sofort beginnenden Reglementierungen auszunehmen, denen die Juden unterworfen wurden, lehnte er ab. Er soll infolge einer Lungenentzündung gestorben sein, die er sich zuzog, als er sich, im Winter Schlange stehend, als Jude registrieren ließ.

Bachelard, Gaston: La dialectique de la durée – Henri Bergson. Paris 1972. – Ingarden, Roman: Intuition und Intellekt bei Henri Bergson. Darstellung und Versuch einer Kritik. Halle 1921.

Martin Weinmann

Bernstein, Eduard
Geb. 6. 1. 1850 in Berlin; gest. 18. 12. 1932 in Berlin

Die liebenswürdige und bescheidene Erscheinung B.s steht in merkwürdigem Kontrast zu dem Skandal, den seine Thesen ab 1896 in der deutschen Sozialdemokratie auslösten. Man kann vermuten, daß er den großen Lärm eigentlich gar nicht selbst verursacht hat, sondern daß sein »Revisionismus« Tendenzen zur Sprache brachte, die bis dahin in Partei und Gewerkschaften schon gang und gäbe waren, allerdings mit der offiziellen Programmatik der Sozialdemokratie nicht übereinstimmten.

B. wurde als Sohn eines kinderreichen jüdischen Lokomotivführers in Berlin geboren. Er schloß eine Banklehre ab. Seit 1872 Sozialdemokrat, redigierte er in der Emigration unter dem Sozialistengesetz

(1878/1890) das illegale Zentralorgan der Partei als Marxist, arbeitete in London eng mit Friedrich Engels zusammen und wirkte gemeinsam mit diesem und Karl Kautsky entscheidend an der Erstellung des marxistischen Erfurter Programms der deutschen Sozialdemokratie (1891) mit.

Unter dem Eindruck seiner Erfahrungen in Großbritannien nahm B. nach Engels' Tod eine Revision seiner bisherigen marxistischen Ansichten vor. Hier sah er einen Kapitalismus am Werk, der imstande war, der Arbeiterklasse wesentliche Zugeständnisse zu machen, ohne daran zu zerbrechen. B. hielt dies nicht für eine Besonderheit eines aufgrund weitgehender Dominanz auf dem Weltmarkt privilegierten Landes, sondern ging nunmehr von einer immanenten Stabilisierungsfähigkeit des kapitalistischen Systems aus. Zentrale Mittel hierfür seien die Aktiengesellschaften und Trusts. Den Historischen Materialismus kritisierte er erkenntnistheoretisch: die »Fallstricke der hegelianisch-dialektischen Methode« hinderten diesen an einer adäquaten Wahrnehmung der Realität. Die zentralen Begriffe und Thesen von Marx (Verhältnis von Basis und Überbau, Mehrwert) seien Produkte dieser verfehlten Methode. Er unterstellte Marx und Engels die Auffassung von einer Tendenz zum letztlich automatischen Zusammenbruch des Kapitalismus, welche sich aber tatsächlich bei diesen nicht findet. Auch der Begriff der Revolution sei letztlich nur Ergebnis eines verfehlten Denkansatzes. Stattdessen empfahl B. nunmehr der Arbeiterbewegung eine politische Durchdringung des kapitalistischen Systems mit Gewerkschaften, Genossenschaften, parlamentarischer Arbeit. Auf diese Weise könne sie ihr eigenes Prinzip – das sozialistische – an die Stelle der bisher herrschenden kapitalistischen Dynamik setzen. Allerdings sei auch dann der Sozialismus kein ein für allemal erreichter Endzustand, sondern ein Prozeß: »Das, was man gemeinhin Endziel des Sozialismus nennt, ist mir nichts, die Bewegung alles.«

B. hat seine Thesen zusammenfassend in einem Buch, *Die Voraussetzungen des Sozialismus und die Aufgaben der Sozialdemokratie* (1899) niedergelegt. Mehrere Parteitage haben seine Position ausdrücklich abgelehnt. Diese entsprach aber der tatsächlichen Politik der Mehrheit in der Arbeiterbewegung, besonders der Gewerkschaften.

B. starb hochgeachtet, aber doch auch längst einflußlos innerhalb einer reformistischen Arbeiterbewegung, die so sehr sich entsprechend seinen Ratschlägen entwickelt hatte, daß sie derer längst nicht mehr bedurfte.

Meyer, Thomas: Bernsteins konstruktiver Sozialismus. Eduard Bernsteins Beitrag zur Theorie des Sozialismus. Berlin/Bonn-Bad Godesberg 1977. – Gustafsson, Bo: Marxismus und Revisionismus. Eduard Bernsteins Kritik des Marxismus und seine geistesgeschichtlichen Voraussetzungen. 2 Bde. Frankfurt am Main 1972. – Gay, Peter: Das Dilemma des demokratischen Sozialismus. Eduard Bernsteins Auseinandersetzung mit Marx. Nürnberg 1954.

Georg Fülberth

Bloch, Ernst
Geb. 8. 7. 1885 in Ludwigshafen; gest. 4. 8. 1977 in Tübingen

B.s Hauptwerk *Das Prinzip Hoffnung*, das von 1938 bis 1947 in der Emigration in Amerika geschrieben und dessen erster Band 1953 in der DDR veröffentlicht wurde, ist eine Analyse von Gegenständen und Begebenheiten, in oder an denen deutlich wird, daß überall die Sehnsucht nach einem besseren Leben das treibende Motiv ist. B. untersucht Gegenstände der Kunst – der bildenden Kunst, der Architektur, der Musik und der Dichtung –, er untersucht Märchen, Filme, Tourismus, Mode, Schaufensterauslagen, Tanz und Pantomime, Tag- und Nachtträume, Religion und Mythen. Er macht nicht halt vor Trivialliteratur, Kintopp, Kitsch, Jahrmärkten und Festen. Die Beschreibung verschiedenartigster Ausdrucksformen der Hoffnung auf unentfremdete soziale und politische Verhältnisse ist der Generalnenner seiner Werke.

Die Hoffnung, die B. meint, ist nicht zu verwechseln mit dem Bauen von Luftschlössern oder mit Wunschdenken, sondern jene Hoffnung ist immer vermittelt mit den konkreten Tendenzen in der Welt. Sie verschließt nicht die Augen vor dem schlecht Entwickelten in unserer Welt. Ganz im Gegenteil: Alles um uns herum besteht aus Produktionen einer noch unfertigen Welt; es sind Versuchsproduktionen, die gerade *wegen* ihrer Unvollkommenheit zur Vollendung streben. »Das Nicht ist Mangel an Etwas *und ebenso* Flucht aus diesem Mangel; so ist es Treiben nach dem, was ihm fehlt.« Darum resigniert die Hoffnung nicht vor den Tatsachen, sondern sagt: »Desto schlimmer für die Tatsachen ... Konkrete Utopie richtet die miserable Faktizität.« Und B. sagt weiter: »Der Welt-Prozeß ist noch nirgends gewonnen, doch freilich auch noch nirgends vereitelt, und die Menschen können auf der Erde die Weichensteller seines ... Prozesses ... sein. Wer das Unverhoffte nicht erhofft, der wird es nicht finden.«

Man dürfe aber kein zaudernder Weichensteller sein, sondern müsse eingreifen wie der Hochstapler in B.s *Spuren* (1930), »der seinen Traum täglich erobern muß. Man kann auch nur davon träumen«, sagt B., »eine Wurst mehr zu haben. Ein solcher bleibt dort wohnen, wohin er geriet, stockt höchstens, hat er Erfolg, ein Zimmer auf ... Kein Vorstoß ins ›Höhere‹, auch der wirklich produktive nicht, geht ohne die *Selbstbehauptungen* ab, die nicht oder noch nicht wahr sind. Auch der junge Musikant Beethoven, der plötzlich wußte oder behauptete, ein Genie zu sein, wie es noch kein größeres gab, trieb Hochstapelei skurrilsten Stils, als er sich Ludwig van Beethoven gleich fühlte, der er doch noch nicht war. Er gebrauchte diese durch nichts gedeckte Anmaßung, um Beethoven zu werden, wie denn ohne die Kühnheit, ja Frechheit solcher Vorwegnahmen nie etwas Großes zustande gekommen wäre ... Die Hochstapelei«, sagt B. weiter, »bleibt etwas sehr Merkwürdiges: sie zeigt Glanz, den alle meinen und der allen zukommt.«

Dieses Denken läßt sich nicht von der persönlichen Geschichte B.s trennen, der schon früh meinte, auch ihm käme dieser Glanz zu. B. wollte von Jugend an das Unmögliche wahr machen: Vom schlechten Schüler mit einem Elternhaus, das ihm keine Bildung mit auf den Weg gab, zum bedeutenden Philosophen unseres Jahrhunderts, ganz nach dem Motto der *Spuren*: »Wie nun? Ich bin. Aber ich habe mich noch nicht. Darum werden wir erst.« Mit 26 Jahren, noch kein Buch veröffentlicht, schrieb er spitzbübisch an seinen Jugendfreund Lukács: »Ich habe mich jetzt, nachdem es mir sachlich erlaubt ist, entschlossen, den Ruhm und den Druck meiner Philosophie sukzessive zu inszenieren;... Georg, ich versichere Dich, alle Menschen, in Rußland und bei uns im Westen, werden sich wie an der Hand genommen fühlen, sie werden weinen müssen und erschüttert und in der großen bindenden Idee erlöst sein; und nicht nur einmal, wie man schwach vor Tannhäuser und Wagners heiliger Kunst erschauert, sondern in allen Stunden; und das Irren hört auf, alles wird von einer warmen und zuletzt glühenden Klarheit erfüllt; es kommt eine große Lebensgesundheit und eine große gesicherte Technik und gebundene Staatsidee und eine große Architektur und Dramatik, und alle können wieder dienen und beten, und alle werden die Stärke meines Glaubens gelehrt und sind bis in die kleinsten Stunden des Alltags eingehüllt und geborgen in der neuen Kindlichkeit und Jugend des Mythos und dem neuen Mittelalter und dem neuen Wiedersehen mit der Ewigkeit. Ich bin der Paraklet und die Menschen, denen ich gesandt bin, werden in sich den heimkehrenden Gott erleben und verstehen.« Auch im Urteil seiner Umwelt sah er nicht anders aus. Marianne Weber schrieb: »Gerade war ein neuer jüdischer Philosoph da – ein Jüngling mit enormer schwarzer Haartolle und ebenso enormem Selbstbewußtsein, er hielt sich offenbar für den Vorläufer eines neuen Messias und wünschte, daß man ihn als solchen erkannte.«

Ebenso sah B. sich selbst in den Augen der anderen. Über seine erste Frau, Else Bloch-von Stritzki, schrieb er: »Else glaubte fest an die absolute Wahrheit meiner Philosophie. Sie kam ihr aus dem gleichen Blut und aus der gleichen Region wie die Bibel, sie erläuterte die Bibel durch meine Philosophie und meine Philosophie durch die Bibel... Durchstrich ich eine Stelle, im Manuskript oder im gedruckten Buch, so schauerte sie leise zusammen; nur dieses, daß ich es tat, daß *ich* ein Anderes an die Stelle des Durchstrichenen setzte, milderte, stellte richtig. Ihre Achtung, ihre Verehrung meines Werkes war so unbedingt und grenzenlos wie ihre Liebe.« Und an anderer Stelle heißt es über die schon 1921 gestorbene Frau: »Es ist doch besser, daß nicht ich gestorben und sie übriggeblieben ist. Dieses Leid wäre unausdenkbar gewesen, freilich hätte sie dann auch nicht mehr lange gelebt, wahrscheinlich nur genau so lange, bis alles ›verwahrt‹ und besorgt gewesen wäre um mich.« B. dachte – wie er im Januar 1943 an den Freund Joachim Schumacher schrieb – von Anfang an für die Ewigkeit: »Wir haben unsere Zeichen in die Ewigkeit zu ritzen, nicht in den Tag.«

Bringt man seine Philosophie auf eine Kurzformel, so muß man sagen: »S ist noch nicht P«; jedes Subjekt hat potentielle Möglichkeiten in sich, die es zu verwirklichen trachtet. Erst wenn das Subjekt alle in ihm liegenden Möglichkeiten realisiert hat, ist es vollendet. Alle Möglichkeiten vollendet hat bei Aristoteles, an dessen Philosophie sich B. orientiert, nur Gott. – Für B. war denn auch der Bezugspunkt seiner Philosophie von der Frühzeit bis zu seinem Tode der jüdisch-christliche Chiliasmus. Im Klima des expressionistischen Aktivismus entstand B.s erstes Buch: *Vom Geist der Utopie* von 1918, in dem er schrieb, daß es darum gehe, »überall in allen Teilen und Sphären der Welt die Pforten Christi zu öffnen, das Ende der Geschichte zu entdecken, Gott zu rufen, wie er am Ende der Geschichte sein wird, hinter dem ungeheuren Problem einer Kategorienlehre der unfertigen Welt«, die er in seinem 1975 erschienenen *Experimentum mundi* vorlegte. Noch im *Prinzip Hoffnung* schreibt er, daß ihm der Marxismus nur ein Durchgangsstadium zu diesem Fernziel »Alles« ist. Marxismus sei nur die »erste Tür zu einem ... Sein wie Utopie.« In einem Gespräch mit Adorno im Jahre 1964 betont B., daß der Sozialismus die ökonomischen Probleme zu lösen habe, bevor der Messias kommen könne. Für den einzelnen Menschen in seiner Entwicklung von der Unvollkommenheit zur höchsten Vollkommenheit gäbe es nichts Aufregenderes als die Frage, ob am Ende die Gottgleichheit oder die Gottähnlichkeit stünde. In einem Vortrag von 1964 gab B. die Antwort mit der Gottgleichheit, denn der Satz Christi hieße: »Ich und der Vater sind eins«, und nicht etwa: »Wir sind uns ähnlich.« Diese Grundhaltung der Frühzeit geht auch in das ein halbes Jahrhundert später erschienene Buch *Atheismus im Christentum* von 1968 ein. Dieses Buch, das eine radikale Anthropologisierung der Religion enthält, ist das Produkt von B.s Auseinandersetzung mit der Religion. Dabei bildete sich die Auffassung heraus, daß der Mensch zum Besseren, zum Vollkommenen, zum Alles, zur Gottgleichheit strebe. Der Mensch habe nur deshalb immer an Götter geglaubt, weil er stets für sich eine Wunschvorstellung von der Vollkommenheit hatte. Dies bedeute, daß der Mensch alle in ihm liegenden Möglichkeiten zu verwirklichen trachte.

Genauso wie das Subjekt strebe die Materie. Im 1972 erschienenen Buch *Das Materialismusproblem, seine Geschichte und Substanz* sprach B. von den beiden »Weltreichen«, die aufeinander bezogen sein müßten, denn ebenso wie im Subjekt alle Möglichkeiten lägen, lägen sie in der Welt. Und auch im *Prinzip Hoffnung* heißt es: »Das Morgen im Heute lebt, es wird immer nach ihm gefragt. Die Gesichter, die sich in die utopische Richtung wandten, waren zu jeder Zeit verschieden, genauso wie das, was sie darin im Einzelnen, von Fall zu Fall, zu sehen meinten. Die Richtung dagegen ist hier überall verwandt, in ihrem noch verdeckten Ziel die gleiche: sie erscheint als das einzig Unveränderliche in der Geschichte. Glück, Freiheit, Nicht-Entfremdung, Goldenes Zeitalter, Land, wo Milch und Honig fließt, das Ewig-Weibliche, Trompetensignal im Fidelio und das Christförmige des Auferstehungstags danach: es sind so viele und verschiedenwertige Zeugen und Bilder, doch alle um das her aufgestellt, was für sich selber spricht, indem es noch schweigt.« Dennoch fragte B. 1961 in seiner

Tübinger Eröffnungsvorlesung: »Kann Hoffnung enttäuscht werden? – Gewiß kann sie das. Und wie!« – Die Enttäuschung sei die Weggefährtin der Hoffnung. Diese Frage und diese Antwort waren in einem Leben wie diesem nicht anders zu erwarten.

B. hatte den Ersten und den Zweiten Weltkrieg erlebt. Am 6. März 1933 mußte er in die Schweiz emigrieren, seinem Emigrationsland von 1917. 1934 ging er nach Wien, wo er seine zweite Frau, Karola, heiratete. Ab 1935 lebten die beiden in Paris und von 1936 bis 1938 in Prag. 1938 emigrierten sie in die Vereinigten Staaten. 1948 nahm B. einen Ruf nach Leipzig an. Auch bei diesem Vorgang trat sein ungetrübtes Selbstbewußtsein zutage: Eine erste Anfrage des Dekans hielt er bereits für seine Berufung und stellte gleich Forderungen an die Universität, den sicheren Transport seiner in Amerika geschriebenen Manuskripte zu gewährleisten. Schon bald geriet er mit der Parteibürokratie in Konflikt, der er vorhielt: »Die sozialistische Oktoberrevolution ist gewiß nicht dazu bestimmt gewesen, daß die fortwirkenden, in der ganzen Westwelt erinnerten demokratischen Rechte der französischen Revolution zurückgenommen werden, statt einer Erkämpfung ihrer umfunktionierten Konsequenz« (*Politische Messungen, Pestzeit, Vormärz*, 1970). Wenn Marx von der Abschaffung des Privateigentums sprach, hatte er damit nicht gemeint, daß zugleich auch die Menschenrechte wie »Freiheit, Widerstand des Volkes gegen Unterdrückung« aufgehoben werden sollten, »denn auch der Mensch, nicht nur seine Klasse hat, wie Brecht sagt, nicht gern den Stiefel im Gesicht«. Die Gefahr der Unterdrückung des Einzelnen zugunsten einer Klasse sah B. aber in der DDR gegeben, in der selbständiges Denken »gegen den Anstand verstößt«. B. prangerte die Mißstände 1956 in seinem Schlußwort auf dem Kongreß der Deutschen Akademie der Wissenschaften in Berlin öffentlich an. 1957 wurde B. zwangsemeritiert. Er galt von da an, wie einst Sokrates in Griechenland, als »Verführer der Jugend«. In dem 1957 erschienenen Sammelband *Ernst Blochs Revision des Marxismus* wurden vor allem seine Haltung zur Widerspiegelungstheorie, die »Aufweichung« der Klassentheorie, seine positive Einstellung zur bürgerlichen Aufklärung und die »Scheindialektik« von Subjekt und Objekt oder Sein und Bewußtsein kritisiert. B. stand nun offen im Widerspruch zum real-existierenden Sozialismus, dem er anfänglich ebenso in fast blind-naiver Loyalität verbunden war wie der Sowjetunion Stalins zur Zeit des Nationalsozialismus. Als seine Freiheiten in der DDR auf ein unerträgliches Maß reduziert wurden, blieb er nach dem Bau der Mauer 1961 in Westdeutschland, nachdem gewiß war, daß seine Manuskripte in den Westen geholt wurden. Denn in seinem ganzen Leben stand die geplante Gesamtausgabe aus seiner Perspektive im Vordergrund. Als Wohnort wählte B. Tübingen, nicht zuletzt, weil mit dieser Stadt die Namen Schelling, Hölderlin und Hegel verbunden sind, weil sie »hier in der Luft liegen«. Doch auch in der Bundesrepublik, und gerade hier im Kapitalismus, war B. unbequem. Paradox genug freilich, daß er hier mehr persönliche Freiheit genoß als in einem Land, das den Sozialismus zum Programm hat. Hier in der Bundesrepublik hielt er auch den Vortrag, der 1961 unter dem Titel *Philosophische Grundfragen. Zur Ontologie des Noch-Nicht-*

Seins veröffentlicht wurde. Er enthält komprimiert den Kerngedanken der B.schen Philosophie: Erleben wir als Menschen einen Mangel, so streben wir danach, diesen Mangel zu überwinden. Dies ist ein Wesenszug des Menschen, eine anthropologische Grundkonstante, denn der Mensch hofft, solange er lebt. Dieser Gedanke kam dem 22jährigen B., und er wurde in der zweiten Auflage des Buchs *Geist der Utopie* von 1923 allererst ausgeführt. – Und ist die Welt auch mangelhaft, so hat sie doch die Tendenz in sich, diesen Mangel zu beseitigen. »Nicht-Haben, Mangeln also ist die erste vermittelte Leere von Jetzt und Nicht. Mit Hungerndem als erstem bezeichneten Melden des Nicht, mit Fragendem als erstem bezeichneten Scheinen des X, des Rätsels, des Knotens im Nicht, das es nicht bei sich aushält. Und so das Daß ist, von woher überhaupt etwas erscheint und weiter erscheint, Welt geschieht ... Wir leben nicht um zu leben, sondern weil wir leben, doch gerade in diesem Weil oder besser: diesem leeren Daß, worin wir sind, ist nichts beruhigt, steckt das nun erst fragende bohrende Wozu. Dergestalt, daß es das Nicht des unausgesuchten Bin oder Ist nicht bei sich aushält, darum ins Noch-Nicht sich entwickelt, das es vor sich hat ... Der Hunger wird so zur Produktionskraft an der immer wieder aufbrechenden Front einer unfertigen Welt ... Ja die gesamte Versuchsreihe der Weltmanifestationen ist noch eine unabgeschlossene Phänomenologie unserer wirklichen Materie, als eines Ultimum, nicht Primum. Ist ein dialektischer, in seiner Dialektik von Nicht-Haben getriebener, mit utopischem Haben schwangerer Prozeß, ein Prozeß von Proben auf das immer erst dämmernde Exempel eines aus seinem Noch-Nicht gewonnenen ontos on-Seins, Substanz-Seins.« Auf die Frage nach dem »Wozu« des menschlichen Lebens gibt es also nur eine Antwort: »Konkrete Utopie (macht) das Sinnproblem der ganzen menschlichen Geschichte aus, samt der sie umgebenden Natur.«

Das bedeutet: Beim Nicht, das im Dunkel des Jetzt treibt, ist der Anfang zu machen. Aber wie geht es weiter? Das unfertige, unvollkommene Sein strebt danach, sein ganzes Wesen zu realisieren. Angetrieben vom Daß der Existenz, strebt es nach dem Was seines Wesens. Wäre es vollkommen, so gäbe es keinen Prozeß und kein Streben, kein Daß des Nicht-Da und des Nicht-Habens, das diesen Prozeß fortwährend anstößt; ja letztlich gäbe es überhaupt kein Leben. Das Sein als das noch nicht fertige Sein, von B. Noch-Nicht-Sein genannt, das mit dem Noch-Nicht-Bewußten eine Allianz bilden muß, hat in der alten Metaphysik keinen Namen. Das Sein wird dort als von Anfang an fertig behandelt. Anders bei B. Deshalb nennt er seine Philosophie auch *neue* Metaphysik. Dennoch stützt sich B. auf den Kerngedanken der Aristotelischen Metaphysik, daß das Wesen nur in Identität mit dem Einzelseienden überhaupt sein kann. In seiner *Ontologie des Noch-Nicht-Seins* sagt B., daß das Sein vom Seienden nie abgetrennt sei. Aber das Seiende ist für B. das »fragmenthafte Wesen«. Die Seienden sind für B. stets Versuchsproduktionen des Seins, eben eines noch unfertigen Seins. Dieser ständige Fortgang zum vollendeten Sein, das alle seine Möglichkeiten realisiert hat, kommt nicht von selbst. Dazu bedarf es der Praxis. Der praktisch Eingreifende muß tatkräftig sein wie der Hochstapler, denn »die Wurzel der Geschichte ... ist der arbeitende, schaffende, die Gegebenheiten umbildende und überholende Mensch«. 1975 schreibt B. im *Experimentum mundi*: »Gelingende Praxis enthält eben im immer erneut Insistierenden des Daß den Durchbruch eines nicht nur zu Bestimmenden, sondern eines zu Verwirklichenden. Worin über das Was des Daß schon ausgesprochen ist, daß es kein vorhanden Wirkliches darstellt, wie es der menschlichen Erkenntnis nur Bestimmung aufgibt. Vielmehr ist es noch erst herausbringbar, muß erst bestimmt herausgeschafft werden, damit es ein nun vollständig zu Bestimmendes sei. Dieses reale Herausbringen ist auf tendenzielle Möglichkeiten seiner in der vorhandenen Realität angewiesen, auf objektiv-reale Möglichkeiten, die ihrerseits in den Begriff gebracht werden müssen, damit das in ihnen Angelegte realisierbar wird. Im weiteren reicht allein das Begreifen der objektiv-realen *Möglichkeiten*, zum Daß immer weiter, immer näher zu gelangen, nicht aus, sie sind nur realisierbar, wenn der subjektive Faktor kräftig eintritt, wie er hier nun innerhalb des Geschichtsprozesses gemäß einem ökonomisch-gesellschaftlichen Fahrplan als eingreifende Beförderung des objektiv-real Fälligen, konkret Möglichen erscheint.« – Mit dieser Auffassung hatte B. sich schon gegen die II. und III. kommunistische Internationale vor und nach dem Ersten Weltkrieg gestellt, in denen man von einer automatischen geschichtlichen Entwicklung überzeugt war. Hier wird noch einmal deutlich, daß für B. Hoffnung nicht blinde Zuversicht ist, die sagt, daß am Ende schon alles gut werde. Für die Zuversichtlichen, sagte B. in seiner Eröffnungsvorlesung 1961 in Tübingen, gelte immer noch der alte Spruch: »Hoffen und harren macht manchen zum Narren.«

1977 starb B. in Tübingen, nachdem seine Gesamtausgabe fertiggestellt war und er an dem Ergänzungsband *Tendenz-Latenz-Utopie* (1978) arbeitete. Mittlerweile wird oft gefragt, ob seine Philosophie der Hoffnung noch aktuell sei, denn die Gründe zur Mutlosigkeit sind zahlreicher geworden. B. würde sagen: Wenn wir genau hinsähen, würde uns deutlich, daß wir immer noch von Versuchsproduktionen des »Laboratoriums possibilis Salutis« umgeben seien. Das »Experimentum mundi« sei keineswegs zum Stillstand gekommen. Wir hätten heute mehr Protest gegen das schlecht Gewordene zu beobachten als jemals zuvor. Daraus entwickle sich auch alternative Praxis, die ein Beispiel geben könne. Dies würde B. als ein ermutigendes Signal auffassen, nach dem oft von ihm zitierten Motto aus Hölderlins Gedicht *Patmos*: »Wo aber Gefahr ist, wächst das Rettende auch.« B. selbst legte bis zum letzten Tag seines Lebens sein Veto ein gegen das, was der Hoffnung auf eine bessere menschliche Gesellschaft im Wege stand. Als hochbetagter Mann kämpfte er noch gegen die Notstandsgesetze, gegen den Paragraphen 218, gegen die Berufsverbote und gegen den Bau der Neutronenbombe.

Rohrbacher, Klaus (Hg.): Zugänge zur Philosophie Ernst Blochs. Frankfurt am Main 1995. – Horster, Detlef: Bloch zur Einführung. Hamburg [7]1991. – Zudeick, Peter: Der Hintern des Teufels. Ernst Bloch – Leben und Werk. Baden-Baden [2]1987.

Detlef Horster

Blondel, Maurice
Geb. 2. 11. 1861 in Dijon; gest. 4. 6. 1949 in Aix-en-Provence

»›Eine Dissertation über das Tun (l'action)? Großer Gott, was kann das sein? Das Stichwort Tun steht nicht einmal im *Dictionnaire des sciences philosophiques* von Adolphe Franck‹, – dem einzigen damals«, berichtet B. über die Reaktion eines Freundes auf sein Vorhaben. Das ›unphilosophische‹ Thema zu bewältigen, bedeutete für den Absolventen der »École normale supérieure« jahrelange intensive Arbeit. Die Dissertation *L'Action* von 1893 wurde dann sein Hauptwerk. Während sein Zeitgenosse Henri Bergson sich zur selben Zeit der empiristisch-positivistischen Richtung der französischen Universitätsphilosophie anschloß, bezog sich B. auf die großen Versuche des deutschen Idealismus. Der Untertitel seines Werks, »Versuch einer Kritik des Lebens und einer Wissenschaft der Praxis«, spielt gleichzeitig auf Kants drei *Kritiken* und Hegels *Wissenschaft der Logik* an. So ist es auch nicht verwunderlich, daß der Hegelianer Georg Lasson der erste Propagandist B.s in Deutschland war und Rudolf Christoph Eucken ihn als Mitarbeiter für die *Kant-Studien* zu gewinnen suchte.

B.s *L'Action* ist zunächst eine Phänomenologie des menschlichen Lebensvollzugs. Sie sucht dabei im ersten Teil – gut cartesianisch – einen nicht bestreitbaren Ausgangspunkt in der Kritik eines Ästhetizismus zu gewinnen, der jede ethische Entscheidung relativiert und für den es kein »Problem des Tuns« gibt. Im Aufweis der Widersprüchlichkeit einer »nihilistischen« Deutung der Wirklichkeit (zweiter Teil) will B. sodann das in der Sinneswahrnehmung gegebene »Etwas« (Ausgangspunkt des dritten Teils) als unvermeidbar zu bejahendes Phänomen sichern. Dessen »objektive« Bewältigung durch die Wissenschaften scheitert an deren Methodenlücke: Sie setzen die synthetisierende Subjektivität des Wissenschaftlers zu ihrem Gelingen voraus. Die Subjektivität selbst ist also zu ergründen, eine »Wissenschaft des Bewußtseins« ist für die Grundlegung der positiven Wissenschaften nötig. Diese zeigt, daß das Subjektive kein Epiphänomen ist, sondern »Substitut und Synthese aller anderen Phänomene«. Die Analyse des Determinismus der Phänomene führt ausgehend vom »Etwas« zum »notwendigen« Aufweis der im Organismus verleiblichten Freiheit. Von hier aus werden nun die Phänomene des menschlichen Selbstvollzugs aufgerollt, die menschlichen Versuche, ein Gleichgewicht zwischen den konkreten Selbst- und Weltgestaltungen und dem Dynamismus des innersten Wollens zu finden (Dialektik der »zwei Willen«). Methodisches Prinzip ist dabei, mit einem Minimum an Annahmen bzw. Entscheidungen auszukommen. B. entwickelt hier eine Philosophie der Sozialität und analysiert in origineller Weise die Versuche einer ideologischen Sicherung der Ganzheit menschlichen Wollens (»Aberglaube«), sei es durch Metaphysik, Ideologie oder Kultus. Die Analyse des »Phänomens des Tuns« führt am Ende zu einem inneren Konflikt im Wollen selbst: »Vergeblich versucht man, das freie Tun auf das zu beschränken, was vom Willen selbst abhängt. Die unermeßliche Welt der Erscheinungen, in die sich das Leben des Menschen ergießt, scheint erschöpft zu sein, nicht hingegen das menschliche Wollen. Der Anspruch, sich selbst zu genügen, scheitert, doch nicht aus Mangel; er scheitert, weil in dem, was man bis jetzt gewollt und getan hat, das, was will und wirkt, stets über das hinausgeht, was gewollt und getan wird.«

Der große Mittelteil des Buches (»Das Phänomen des Tuns«) führt zu einer formalen Beschreibung des Problems und der möglichen Lösung, die in ihrer Paradoxie von Philosophen wie Theologen als gleich anstößig empfunden wurde: »Absolut unmöglich und absolut notwendig für den Menschen: das ist genau der Begriff des Übernatürlichen«, das einzig den Dynamismus des Wollens ausfüllen könnte. Der hier aufscheinende Konflikt stellt im vierten Teil (»Das Notwendigsein des Tuns«) vor eine Alternative und fordert eine Option: Selbstabschließung des Wollens, Versuch des Menschen, »sein unendliches Vermögen zu gebrauchen, um sich zu begrenzen«, »Gott sein ohne Gott« oder der Unendlichkeit des freien Wollens zu folgen – B. erneuert hier das Lehrstück der »Gottesbeweise« –, sich der »Heteronomie« des Guten zu überlassen, den Weg der »Selbstverleugnung« zu gehen (»Das vernünftige Glück ist das Glück der andern«), »Gott sein durch Gott und mit Gott«, – um einige Umschreibungen des Gemeinten zu geben. Es geht dabei nicht um einen moralischen Appell, sondern um eine »erstphilosophische« Grundlegung der Philosophie, die den Sinn des gesamten Erkenntnisprozesses bestimmt. B. ist hierbei manchen gegenwärtigen ethischen Grundlegungen der Philosophie (z. B. Emmanuel Lévinas) nicht so fern. B. geht aber noch einen Schritt weiter, indem er (im fünften Teil: »Die Vollendung des Tuns«) die Frage nach Autorität und Glaubwürdigkeitsbedingungen einer Offenbarung stellt und sozusagen eine Kriteriologie konkreter Religion (Dogma, Praxis, etc.) entwickelt, die gewissermaßen schon eine »transzendentale Theologie« (Karl Rahner) vorzeichnet.

Die phänomenale Reichhaltigkeit vieler dieser Analysen der *L'Action* stellt B. in die Reihe der großen französischen Moralisten; sein konventionalistisches Wissenschaftsverständnis gehört in das Umfeld des philosophischen Pragmatismus; seine Analysen des Unbewußten und der praktischen Genese des Erkennens sind den Arbeiten bedeutender Zeitgenossen wie Bergson und William James, aber auch der gleichzeitigen Phänomenologie vergleichbar; das Bemühen um eine konstruktiv-rationale Systematik zeigt B. dabei als Erben des »rationalistischen« Strangs der Philosophie, Leibniz wie Kant verpflichtet. Das größte Hindernis für B.s Wirken im laizistischen Frankreich der Jahrhundertwende, der Grund für sein Ausweichen in die »Provinz« als Professor in Lille 1896 und Aix-en-Provence von 1897 bis 1927 lag jedoch in der spätestens im Schlußteil der *L'Action* deutlichen Absicht, im Rahmen der Phänomenologie des Tuns »alles zu begreifen, selbst die Religion.« In deutlichem Bezug auf die Philosophien des Christentums im deutschen Idealismus, aber in erklärter Eigenständigkeit ihnen gegenüber will er das Christentum dabei nicht »gnostisch« auflösen, sondern vielmehr dem Denken die Notwendigkeit einer Entscheidung vor dem Faktum des Christlichen zeigen. Diese Entscheidung überschreitet freilich die Philosophie, auch nach B., der sie nur im letzten Wort des Buches (»C'est«) bezeugt. Der Kritik von philosophischer Seite (Léon Brunschvicg) konnte B. so begegnen (vor allem in *Lettre sur l'apologétique* 1896; *Zur Methode der Religionsphilosophie*), daß der Sacheinwand zurückgewiesen wurde, die Transzendenz, das Unendliche seien die Voraussetzung des Buches und die ganze Argumentation daher eine »petitio principii«. Doch löste dies heftige Kontroversen mit neuscholastischen Autoren aus. Das Bemühen um einen dritten Weg zwischen den Fronten historischer Kritik und archaisierender Neuscholastik in der sog. »Modernismus«-Krise im ersten Jahrzehnt des 20. Jahrhunderts verwickelte ihn vollends in das theologische Diskussionsfeld (*Histoire et dogme*, 1904; *Geschichte und Dogma*). Die ganze Dramatik dieser Auseinandersetzungen zeigen erst die posthum veröffentlichten umfangreichen Korrespondenzen. Fortschreitende Erblindung behinderte den Philosophen. Erst in den beiden letzten Jahrzehnten seines Lebens veröffentlichte er (von 1934 bis 1946) unter solch erschwerten Bedingungen ein monumentales Spätwerk in sieben Bänden (*La pensée* I-II; *L'Être et les êtres*, *L'Action* I-II (Neufassung); *La philosophie et l'esprit chrétien* I-II). Die Prägnanz und Frische des Frühwerks fehlen diesen Arbeiten, was zum Teil erklärt, daß sie wie erratische Blöcke weitgehend unausgewertet blieben. Die Wirkung B.s zeigt sich vor allem in seinen Schülern im französischen Südwesten und in einem epochalen – wenn auch teilweise hintergründigen – Einfluß auf das katholische Denken des 20. Jahrhunderts (Teilhard de Chardin; Henri de Lubac, Joseph Maréchal, Hans Urs v. Balthasar, indirekt aber auch Rahner). Erst zu seinem 125. Geburtstag 1986 erinnerte sich die Sorbonne ihres bedeutenden Absolventen in einem Kongreß, und erst jetzt wird die französische Gesamtausgabe herausgegeben.

Raffelt, Albert u. a. (Hrsg.): Das Tun, der Glaube, die Vernunft. Würzburg 1995. – van Hooff, Anton: Die Vollendung des Menschen. Freiburg i.Br. 1983. – Hommes, Ulrich: Transzendenz und Personalität. Frankfurt am Main 1972.

Albert Raffelt

Blumenberg, Hans
Geb. 13. 7. 1920 in Lübeck; gest. 28. 3. 1996 in Altenberge

»Augenblicken der Nachdenklichkeit« hat B. seine von der Antike bis zur Gegenwart führenden Geschichtsgänge gewidmet. In solch emphatischem Gebrauch des Wortes Nachdenklichkeit reflektiert sich zum einen die traumatische Erfahrung der Teilnahme an der von Besinnungslosigkeit verhängten Leidensgeschichte des jüdischen Volkes, zum anderen das Engagement zugunsten einer Schul- und Systemzwängen gleichermaßen sich entziehenden Art des Philosophierens, für deren akademisches Lebensrecht er sich seit 1960 sowohl als Universitätslehrer in Kiel, Hamburg, Gießen, Bochum und Münster wie auch als Mitglied der Akademie der Wissenschaften und der Literatur in Mainz und des Institut International de Philosophie in Paris stets einsetzte. Was bei Kollegen nicht selten Irritationen hervorrief, die zurückgezogene Lebensführung des Nachtarbeiters, ermöglichte die Kontinuität, mit der B. von seinem vierten Jahrzehnt an ein Werk gestaltete, das ihm, ungeachtet des Persönlichen, von den Fachautoritäten Unabhängigen, das seiner Methode anhaftet, zweifellos einen Rang unter den bedeutendsten Geschichtsphilosophen des 20. Jahrhunderts sichert. In der ungezwungenen und unprogrammatischen Vereinigung von historischer Empirie und philosophisch scharfsichtiger, jedoch kaum zu spekulativer Konstruktion sich ermächtigender Deutung schuf B. einen Typus von Geschichtsphilosophie, der sich von der traditionellen Art zunächst und vor allem dadurch unterscheidet, daß er den Rückgriff auf die ehemals unverzichtbar erscheinende Kategorie der Größe konsequent meidet. Ohne den Anspruch aufs historisch Umfassende preiszugeben, tritt bei B. an die Stelle des Angestrengten, Feierlichen traditioneller Geschichtskonzeptionen der Charme eines stilprägenden Verzichts, der auf dem Grunde einer von Humor, Ironie und Heiterkeit getragenen Humanität ruht und ihn zu freier Aneignung auch des scheinbar unauflöslich mit der Aphoristik verbundenen anekdotischen Elements ins wissenschaftliche Werk befähigt.

Die zentralen Konzeptionen, die produktiven Ideen von B.s Philosophie gehören den 60er und 70er Jahren an. Sie reflektieren die Grundpolarität beider Jahrzehnte, soweit sie sich auf die Antithese von Erwartung und Enttäuschung zurückführen läßt. Der Ende der 60er Jahre kulminierenden ebenso kosmisch, auf die technische Eroberung des Weltraums, wie sozial gerichteten Aufbruchsstimmung folgte in den 70er Jahren die Ernüchterung, die Rückwendung des Blicks auf das allzu selbstverständlich Gewordene: die Erde als das gegen die destruktiven Folgen der technisch-wissenschaftlichen Zivilisation zu Bewahrende. Schlagartig wurde der Menschheit das Wagnis bewußt, das sie im Sichverlassen auf die theoretische Einstellung, im Entschluß zur Gestaltung einer »kopernikanischen Welt« eingegangen war. Zunehmend wird unverständlich, was einmal die Auszeichnung und Steigerung menschlichen Daseins verbürgen sollte. Die Theorie gerät nach und nach in die schicksalhafte Doppelstellung als eines Faktors ebenso der Erhaltung wie der Bedrohung des Lebens. Dies wird B. zum Anstoß für sein Bemühen um die Geschichte der theoretischen Einstellung, zumal für seinen Kampf gegen die falsche Nivellierung ihrer wesentlichen Einschnitte, ihrer »Epochen«, für deren »Übergänge« er eine neue, Kontinuitäts- und Diskontinuitätsaspekt gleichermaßen berücksichtigende Interpretationsidee entwickelt hat. B. spricht vom Modell der »Stellenumbesetzung«.

Wie so manche Philosophie von Rang in der bundesdeutschen Nachkriegsära, so steht auch die B.s in der Kontinuität des säkularen, vor allem an den Namen Ludwig Wittgensteins gebundenen »linguistic turn«, der das Denken an den »Leitfaden der Sprache« verweist. Wodurch B. sich jedoch abhebt und eine gewisse Sonderstellung erworben hat, ist, daß bei ihm dem sprachphilosophischen Impuls ein religionsphilosophischer gleichberechtigt an die Seite tritt. Das zeitigt Konsequenzen bis hinein in die politische Denkweise, indem z. B. das Demokratieverständnis sich hier in schroffem Gegensatz zu dem der »Frankfurter Schule« durch den – stark an Goethe inspirierten – Rekurs auf den polytheistischen Mythos der griechischen Antike und dessen humane Konzeption der Gewaltenteilung vermittelt. So gelangt B. von seinen Voraussetzungen her in eine gewisse – freilich unakzentuierte – Nähe zu solchen konservativen Denkern, die besonderen Wert auf die orientierende Kraft einer »Politischen Theologie« legen. Unter ihnen wären insbesondere Hermann Broch, Ernst Jünger und Carl Schmitt zu nennen. Affinitätsstiftend ist dabei in erster Linie die Insistenz auf der konstitutiven Bedeutung von Weltinterpretationen. B. gibt dem eine sprachphilosophische Wendung, wenn er die Vorbereitung epochaler Umwälzungen, insbesondere der im Übergang vom Mittelalter zur Neuzeit sich ereignenden, auf der Ebene eines Bereichs von Aussagen betrachtet, dem seit Nietzsche in der Philosophie zwar zunehmend Beachtung, aber kaum konzentrierte Untersuchung gewidmet worden war: auf der Ebene von Metapher und bildlicher Rede. Zentral in Angriff genommen findet sich diese Problematik in vier umfangreichen Schriften: *Paradigmen zu einer Metaphorologie* (1960); *Beobachtungen an Metaphern* (1971); *Die Lesbarkeit der Welt* (1979); *Höhlenausgänge* (1989). Was B. Metaphorologie nennt, bezeichnet eine dem geschichtlichen Sinnapriori gewidmete Untersuchungsidee, »ein Verfahren der Sichtung von notwendigen Wagnissen und unverantwortlichen Suggestionen«, in denen geschichtsgründende Entscheidungen ebenso wie schließlich auch die Begriffswelt der Wissenschaft ihre Vorprägung finden.

Überhaupt ist für B.s Geschichtsbetrachtung die ständige Rücksicht auf die rhetorische Dimension der überlieferten Zeugnisse charakteristisch. Der Gesichtspunkt der Rhetorik bestimmt zumal auch seine »Phänomenologie der Geschichte«, die er in den beiden Hauptwerken (*Die Legitimität der Neuzeit*, 1966; *Die Genesis der kopernikanischen Welt*, 1975) ausgearbeitet hat. Obwohl dabei Motive aus Husserls Spätschrift *Die Krisis der europäischen Wissenschaften und die transzendentale Phänomenologie* (1935/36) unverkennbar eine Rolle spielen, sollte man das Originäre von B.s Ansatz nicht übersehen. Es geht um nicht mehr und nicht weniger als die Anbahnung einer entscheidenden Veränderung im Geschichtsbezug. Für die große Geschichtsspekulation seit Kant – Schelling, Hegel, Nietzsche, Heidegger – ist die Neigung bezeichnend, die Differenz von Mittelalter und Neuzeit antithetisch zur Selbstdefinition der letzteren in höheren geschichtlichen Einheiten (Romantik, Christentum, Hellenismus, Nihilismus) aufgehen zu lassen. B. geht hier einen Sonderweg, insofern er wie kaum ein anderer sich bemüht hat, den Übergang vom Mittelalter zur Neuzeit als eine epochale Wende sui generis verständlich zu machen und in diesem Zusammenhang den Begriff der Epochenwende durch eine akribische Untersuchung der Geburtsrhetorik neuzeitlicher Wissenschaft neu zu konkretisieren. Sie zeigt auf, wie die Durchsetzung des kopernikanischen Weltmodells im Sinne der Anerkennung seiner »Erkenntniswahrheit« die zeitgenössische, an Metaphern sich heftende »Situationswahrheit« zur Voraussetzung hatte, und führt zu dem Befund, »daß erst die kopernikanische Metapher das Pathos der Entteleologisierung durchschlagen ließ, daß auf ihr ein neues, an die kosmische Exzentrizität des Menschen gebundenes Selbstbewußtsein beruht«. Und in bezug auf Galilei gelangt B. zu der analogen Feststellung: »Keine seiner Errungenschaften hätte Aussicht gehabt, jemals die Zustimmung oder auch nur die Beachtung der Zeitgenossen zu finden, wenn sie nach dem Verfahren zureichender und geschichtlich unbefangener Begründung vorgelegt worden wären.«

B.s hermeneutischer Umgang mit Metaphern unterscheidet sich in mehrfacher Hinsicht von älteren Ansätzen: Er löst sie nicht mehr aus ihrer Umgebung heraus, um sie anschließend nach Übereinstimmungen, Abhängigkeiten, Beziehungen zu analysieren; weder der Nachweis einer Tradition noch die Einreihung in bestimmte Motivketten gilt ihm mehr als Selbstzweck. Kurz, an die Stelle des isolierenden Auslegungsverfahrens, wie es exemplarisch etwa Ernst Robert Curtius und Erich Rothacker noch geübt hatten, tritt bei B. ein den Kontext einbeziehendes, an die Stelle des Verständlichmachens durch Vergleiche die Kritik der Metapher als eines produktiven Kraftzentrums, als einer Sinnquelle, die stets in einem Ganzen ist, von dem ihre Erschließung auszugehen hat und in das sie auch wieder zurücklaufen muß. Von dieser Voraussetzung her hat B. erstmals das Phänomen der »absoluten Metapher« philosophischer Erfahrung zugänglich gemacht. Absolute Metaphern repräsentieren Grundvorstellungen der menschlichen Weltorientierung, in denen jeweils ein Ganzes von Deutungen eine organische, begrifflich jedoch nicht faßbare Einheit hat.

Dabei bleibt freilich zu beachten, daß nach B. die angedeutete Leistung von der einzelnen Metapher nur vermöge ihrer Zugehörigkeit zu einem Orientierungssystem erbracht werden kann, das er »Stellenrahmen« nennt. Gemeint ist ein Mensch, Welt und Gott betreffender Fragehorizont, in dem die Konstanzbedingungen geschichtlicher Veränderungen locker festgelegt sind. Mit der Kategorie des Stellenrahmens möchte B. für die Interpretation der menschliches Denken und Handeln bestimmenden Weltbilder in ihrer Geschichtlichkeit eine Grundlage schaffen. Was die Bedeutung der Metapher in diesem Zusammenhang betrifft, so läßt er sich von der Annahme leiten, daß sie den Stellenrahmen und das ihm zugeordnete Wirklichkeitsverständnis zwar anzeigt, »daß aber zugleich die Latenz des Hintergrundes auch durch die vermeintliche Evidenz der Metapher gesichert und abgeschirmt wird.« So können Begriffsveränderungen im Blick auf Metaphern erfahrbar gemacht werden, »denn der historische Wandel einer Metapher bringt die Metakinetik geschichtlicher Sinnhorizonte und Sichtweisen selbst zum Vorschein, innerhalb deren Begriffe ihre Modifikationen erfahren«.

In die Debatten der Literaturwissenschaft hinein war B.s Wirkung in den 70er und 80er Jahren vielleicht am größten. Insbesondere die Konstanzer Forschungsgruppe »Poetik und Hermeneutik« rekurrierte immer wieder auf seine Konzeptionen. Nicht nur das Plädoyer für die Metapher war hier affinitätsstiftend, sondern auch die Hinwendung zum Thema Mythos, eingeleitet durch den 1971 erschienenen Aufsatz *Wirklichkeitsbegriff und Wirkungspotential des Mythos* und abgeschlossen in dem umfangreichen Werk *Arbeit am Mythos* von 1979. Daß er die Zugehörigkeit der Rezeption zum Mythos so entschieden betont, dies vor allem – neben dem vielen Übersehenen, Überraschenden, das er in bezug auf Goethes Prometheusverständnis hervorholt – verbindet B. mit der Literaturwissenschaft der 70er und 80er Jahre, die variantenreich sich um eine rezeptionsästhetische Begründung bemühte und dabei von ihm eine Fülle wertvoller Anregungen empfing.

Die philosophische Traditionslinie, in der B.s Untersuchung des Mythos steht, ist durch die Namen Schelling, Cassirer, Heidegger und Adorno markiert. Von Schelling übernimmt er die Idee, die griechische Mythologie unter der Perspektive der Gnosis zu interpretieren, das heißt: als Befreiung, als Distanzgewinn gegenüber einem ursprünglichen »Absolutismus der Wirklichkeit« durch die Entdeckung des Geistes in der Vielfalt individueller Göttergestalten. Schellings Beschränkung des Mythischen auf eine Epoche macht er freilich nicht mit – und kommt darin Adorno nahe, der die Präsenz des Mythos im Gesamtraum der alteuropäischen Kulturgeschichte erfuhr. Während Adorno jedoch die hartnäckige Konstanz des Mythos als Indiz für das Scheitern des aufgeklärten Humanismus deutet, hält B. mit Cassirer an der positiven Verbindung zwischen Mythos und Aufklärung fest, ohne allerdings die Vorläufigkeitsthese des Neukantianers zu übernehmen, die dem Mythos nur den Status der überwundenen, wenn auch nicht entwerteten Vorstufe zu Kunst und Wissenschaft einräumt.

In der 1986 erschienenen Schrift *Lebenszeit und Weltzeit* hat B. den Versuch unternommen, den eigenen Ansatz innerhalb der phänomenologischen Schulgeschichte zu situieren und in der Auseinandersetzung mit dem Vordenker ihrer zahlreichen Varianten, Edmund Husserl, zu begründen. Wie auch immer man das philosophische Gewicht dieses Versuchs beurteilen mag, unbestritten wird bleiben, was wir B.s historischer Phänomenologie zu danken haben: daß sie einer Fülle von geschichtlichen Erscheinungen, die in der Unübersichtlichkeit der fortschreitenden Spezialforschung zu versinken drohten, zu neuem Leben verholfen hat. In einer Zeit, in der dem multimedial bezauberten Bewußtsein der geschichtliche Horizont zu schwinden droht, hat er den Zugang zur Geschichte nicht nur beschworen, sondern in authentischer Verwirklichung konkret geöffnet und für den Nachvollzug offengehalten, dies freilich nicht als

Künder des Ewigen und Erhabenen in vergangener Größe, sondern als Deuter gerade des vermeintlich Überwundenen, Peripheren, Selbstverständlichen, darin dem geschichtlichen Sinnapriori entsprechend, dessen über Positivismus und Strukturalismus gleichermaßen hinausweisenden regulativen Gehalt er einmal in den Satz faßt: »Wenn man von einem Geschichtsbegriff ausgeht, der das Vergangene nicht als Inbegriff abgeschlossener und auf sich beruhender Fakten ansieht, die Geschichte nicht als Analogon einer stratigraphisch darstellbaren Struktur, wird auch das Entkräftete immer noch als eine Kraft, das Vergessene immer noch als potentielle Anamnesis zuzulassen sein.«

Kirsch-Hänert, Johannes: Zeitgeist – Die Vermittlung des Geistes mit der Zeit. Frankfurt am Main 1989. – Faber, Richard: Der Prometheus-Komplex. Zur Kritik der Politotheologie Eric Voegelins und Hans Blumenbergs. Würzburg 1984.

Jörg Villwock

Bohr, Niels
Geb. 7. 10. 1885 in Kopenhagen; gest. 18. 11. 1962 in Kopenhagen

Zu Beginn des 20. Jahrhunderts zeigten sich unerwartet Risse im Gebäude der klassischen Physik. 1911 wurde durch experimentelle Befunde von Ernest Rutherford deutlich, daß die bislang bewährten Theorien und Modelle nicht in der Lage waren, die Stabilität der Atome und damit die der Materie zu erklären. Im gleichen Jahr hatte B. nach einem Studium der Physik in seiner Vaterstadt promoviert. Im Anschluß daran arbeitete er nach einem Zwischenaufenthalt in Cambridge mit Rutherford zusammen. 1913 publizierte B. drei Arbeiten *Über die Konstitution von Atomen und Molekülen*. Hierin entwarf er, was heute als das Bohrsche Atommodell bekannt ist. In diesem Modell gelingt es ihm, sowohl der Stabilität der Atome als auch den experimentellen Befunden über die Verteilung der Ladung in ihnen Rechnung zu tragen. Die entscheidende Hilfe leistete dabei die Quantenhypothese von Max Planck.

Mit diesen Arbeiten, für die er 1922 den Nobelpreis für Physik erhielt, leitete B. eine Entwicklung ein, die ihre Höhepunkte in der zweiten Hälfte der 20er Jahre erreichte, als es Werner Heisenberg und Erwin Schrödinger gelang, zwei mathematische Theorien der Atome zu formulieren, die heute als Quantenmechanik bekannt sind. Im Zentrum der neuen Physik stand das Institut für theoretische Physik in Kopenhagen, das für B. gebaut wurde, nachdem er 1916 zum ersten Professor für theoretische Physik in Dänemark ernannt worden war. Obwohl B. stets weiter an physikalischen Fragen gearbeitet und viel zum Verständnis des Atomkerns und seiner Spaltbarkeit beigetragen hat, richtete sich von 1920 an sein Hauptaugenmerk auf die Interpretation der neuen Physik. In zahllosen Vorträgen und Aufsätzen diskutierte er, wie *Atomphysik und menschliche Erkenntnis* zusammenhängen, wie »die Lektion der Atome« für den Menschen aussieht. Im Zentrum seiner Überlegungen stand von Anfang an die Beobachtung, daß Widersprüche dadurch überwunden werden können, daß sie gerade hervorgehoben werden. Sein Atommodell war möglich geworden, weil es den fundamentalen Gegensatz zwischen der Quantenhypothese und der klassischen Physik ausdrücklich anerkannte. Dabei hatte sich ein neuartiges Problem ergeben, das B. beschäftigte. Obwohl die klassische Physik Atome nicht erklären kann, können wir nur mit Hilfe der in der klassischen Theorie eingeführten Begriffe, etwa Welle oder Teilchen, über sie reden. Wir können allerdings nicht mehr erwarten, mit einem Begriff allein atomare Phänomene erfassen zu können. B. gelangte zu der Auffassung, daß Beobachtungen an Atomen durch experimentelle Anordnungen festgelegt werden, die sich gegenseitig ausschließen können. Es gibt also verschiedene Möglichkeiten, ein und dasselbe Objekt zu erfassen. Die Zusammengehörigkeit dieser Möglichkeiten bezeichnete er mit dem Begriff »Komplementarität«. Gemeinsam mit den Unbestimmtheitsrelationen von Heisenberg bildet die Idee der Komplementarität die »Kopenhagener Deutung« der Quantentheorie. Sie macht deutlich, daß nicht mehr von einer eindeutigen Determiniertheit der atomaren Vorgänge gesprochen werden kann und daß der Erkenntnisakt selbst zur Naturbeschreibung gehört. B. sah in der Komplementarität darüber hinaus »eine lehrreiche Erinnerung an die allgemeinen Bedingungen der menschlichen Begriffsbildungen«. Entsprechend versuchte er die Idee der Komplementarität auch außerhalb der Physik – vor allem in der Biologie und Psychologie – anzuwenden.

Albert Einstein hat diesen philosophischen Lektionen B.s widersprochen, indem er die Vollständigkeit der quantenmechanischen Beschreibung der Wirklichkeit bezweifelte. Den über Jahrzehnte geführten Dialog zwischen ihnen hat B. 1949 unter dem Titel *Diskussion mit Einstein über erkenntnistheoretische Probleme in der Atomphysik* beschrieben. Er wird heute noch fortgesetzt.

Fischer, Ernst Peter: Niels Bohr – Die Lektion der Atome. München 1987. – von Meyenn, Karl u. a. (Hg.): Niels Bohr – Der Kopenhagener Geist in der Physik. Braunschweig/Wiesbaden 1985.

Ernst Peter Fischer

Bourdieu, Pierre
Geb. 1. 8. 1930 in Denguin

B. hat seine Karriere als Ethnologe und Philosoph begonnen und nicht als Soziologe. Nur langsam emanzipiert sich die Soziologie von ihren wissenschaftlichen Ammen: der Philosophie, der Geschichtswissenschaft, der Pädagogik, der Anthropologie und der Ethnologie – es sei daran erinnert, daß Emile Durkheim 1913 den ersten soziologischen Lehrstuhl erhält und daß erst seit 1958 in Frankreich ein Hochschulabschluß in Soziologie erworben werden kann. B.s Werk spiegelt diese wissenschafts- und institutionengeschichtlichen Zusammenhänge wider.
B. durchläuft zunächst die traditionelle geisteswissenschaftliche Ausbildung: Er absolviert seine Studien an der »École Normale Supérieure«, einer der Kaderschmieden des Landes. B. selbst bezeichnet sie als »nationale Hochschule für die Intelligentsia«, die »solch lupenreine Produkte des französischen Bildungssystems, wie es Philosophen mit einer Herkunft aus der ›École Normale‹ nun einmal darstellen«, hervorbringt. 1954 besteht er dort die Agrégation in Philosophie, arbeitet im folgenden Jahr als Lehrer und Assistenzprofessor, lehrt dann ein Jahr an der Sorbonne und wird 1964 als Professor an die »École Pratique des Hautes Études« berufen. Damit beginnt die Bilderbuchkarriere eines Wissenschaftlers, der als Kultur- und Bildungssoziologe den genannten Institutionen mehr als einmal den Spiegel vorgehalten hat. Seit 1968 ist B. Leiter des »Centre de Sociologie Européenne«, 1982 wird er an das renommierte »Collège de France« berufen und ist Herausgeber der anerkannten Fachzeitschrift *Actes de la Recherche en Sciences Sociales*. Heute gilt B. als einer der wichtigsten Soziologen Frankreichs und als einer der Hauptvertreter des sozialwissenschaftlichen Strukturalismus. Selbst ein »lupenreines« Mitglied der Bildungselite, ist er zugleich ein Kritiker von deren Mechanismen: In *Homo academicus* (1984; dt. 1986) analysiert er die Genese von Macht und Einfluß innerhalb der universitären und akademischen Milieus und zeigt, daß Erwerb und Verteilung des »Kapitals an universitärer Macht« nur bedingt an fachlich-wissenschaftliche Kompetenz gebunden sind. Dem Intellektuellen schreibt er gleichwohl weitreichende gesellschaftskritische Funktionen zu (*Die Intellektuellen und die Macht*, 1991).

B.s intellektuelle Entwicklung wird erst auf dem Hintergrund gegenwärtiger Wissenschaftstrends deutlich. Die französische Soziologie der 50er und 60er Jahre läßt sich zwei Linien zuordnen: einer ersten, die an den Universitäten beheimatet ist, einen laizistisch-kritischen sowie stark theorieorientierten Ansatz vertritt und damit auf die Durkheim-Schule zurückgeht. Hier muß man B. trotz zahlreicher methodologischer und theoretischer Differenzen verwurzelt sehen. Auf der zweiten Linie findet sich der durch die amerikanische Soziologie geprägte empirisch-deskriptive Zweig. Dieser ist weniger stark an die Universität gebunden, stellt Theoriebildung sowie philosophisch-anthropologische Fragestellungen eher zurück, er ist Wirtschaft und Verwaltung zugewandt und hat sich mit dem Methodenarsenal der empirischen Sozialforschung in deren Dienst gestellt. Gegen den reinen Empirismus hat B. sich mehrfach ausgesprochen, so z. B. in *Le Métier de Sociologue* (1968; *Soziologie als Beruf. Wissenschaftstheoretische Voraussetzungen soziologischer Erkenntnis*).

Entscheidende Prägung erfährt B. durch den Strukturalismus (*Structuralism and Theory of Sociological Knowledge*, 1968; *Strukturalismus und soziologische Wissenschaftstheorie*), den er als innovatives Paradigma und neue Episteme versteht: Mit diesem wurde, so B., das »relationale Denken in die Sozialwissenschaft eingeführt . . ., das mit dem substantialistischen Denken bricht und dazu führt, jedes Element durch die Beziehungen zu charakterisieren, die es zu anderen Elementen innerhalb eines Systems unterhält und aus denen sich sein Sinn und seine Funktion ergeben« (*Le sens pratique*, 1980; *Sozialer Sinn*). Sprache (*Ce que parler veut dire*, 1982; *Was heißt Sprechen*), Mythos, Religion und Kunst (*Zur Soziologie der symbolischen Formen*, 1970) werden als Symbolsysteme verstanden. Trotz ihres autonomen Status' versteht B. sie als eng mit dem gesellschaftlichen System und dessen Feldern verflochten. Deutlich sieht B. allerdings auch die Grenzen des Strukturalismus: Nicht alle kulturellen Symbole oder Praktiken sind klassifizierbar; logische Modelle werden »falsch oder gefährlich, sobald man sie als reale Grundlagen der Praxis sieht« (*Le Sens pratique*. Vgl. *Esquisse d'une théorie de la pratique*, 1972; *Entwurf einer Theorie der Praxis*).

Im Werk B.s lassen sich folgende Schwerpunkte erkennen: Er beginnt mit einer Reihe von Arbeiten über Algerien (*Sociologie de l'Algérie*, 1958; *Travail et travailleurs en Algérie*, 1969; *Le déracinement*, 1964; *L'Algérie 1960*, 1970; *La maison kabyle ou le monde renversé*, 1970 – *Das Haus oder die verkehrte Welt*. In: *Sozialer Sinn*), in denen sich die Nähe von Ethnologie und Soziologie zeigt. Sein Engagement für Algerien und für ein differenziertes, von ethnozentristischer Voreingenommenheit freies Verständnis des algerischen Befreiungskriegs findet in der letzten Zeit seine Fortsetzung: Er wiederholt seine Forderung nach einer »Internationale des Intellectuels« im aktuellen politischen Kontext der Unterstützung des Kampfs algerischer Kulturschaffender gegen militante islamistische Fundamentalismen. Der zweite Schwerpunkt ist die kritische Analyse des französischen Bildungssystems, der dritte liegt in einer Reihe von Arbeiten zur Soziologie von Kunst, Literatur und Ästhetik und der vierte Schwerpunkt besteht in dem Versuch, das antagonistische Verständnis von Theorie und Praxis aufzuheben.

Ausgehend von der Untersuchung von Verwandtschaftsverhältnissen in den frühen Studien zur kabylischen Gesellschaft vertieft B. seine Erkenntnis, daß Kampf und Auseinandersetzung um angemessene Positionen und Funktionen die zentralen Mechanismen gesellschaftlicher Systeme sind; in den Industriegesellschaften wird dieser Kampf zwischen sozialen bzw. Berufsgruppen ausgefochten. Damit ist die Brücke von der Ethnologie zur Soziologie geschlagen; B. wendet sich nun verstärkt den Einrichtungen zu, die in der französischen Gesellschaft die entscheidende Rolle im Verteilungskampf spielen: den Bildungsinstitutionen. Er entwickelt, ausgehend von einer stark revidierten, handlungstheoretisch orientierten Kapitalanalyse, seine Theorie vom symbolischen und kulturellen Kapital. Bei Angehörigen sozialer Gruppen erkennt er eine Strategie, die »darin besteht, das Kapital an Ehre und Prestige zu akkumulieren«, wobei dieser Kampf jedoch nie offen ausgetragen wird (vgl. *Entwurf einer Theorie der Praxis*). Damit sind »alle Handlungen, und selbst noch jene, die sich als interesselose und zweckfreie, als von der Ökonomie befreite verstehen, als ökonomische, auf die Maximierung ausgerichtete Handlungen zu begreifen.« Er legt, z. T. gemeinsam mit Jean C. Passeron, Untersuchungen über das französische Bildungssystem vor (*Les héritiers*, 1964; *Die Erben*); er zeigt, daß und wie in dieser Institution soziale Unterschiede eingeschliffen und internalisiert werden, so z. B. durch sprachliche Codes. Ihre Verletzung oder Unterwanderung durch illegitime Erben wird von den »rechtmäßigen« durch Schmälerung oder Verlust des symbolischen Kapitals geahndet. Das Bildungssystem wird somit als Organ der symbolischen Gewaltausübung verstanden; Chancengleichheit wird als Illusion entlarvt und damit der Bildungsoptimismus jener Zeit gedämpft (*La Réproduction*, 1970; *Die Illusion der Chancengleichheit*). Die härtesten Kämpfe finden, so B., nicht zwischen Mittel- und Oberschicht, sondern innerhalb dieser statt. Weiter ausgeführt werden diese Fragestellungen in *La distinction. Critique sociale du jugement* (1979; *Die feinen Unterschiede*), dessen Untertitel »Gesellschaftliche Kritik des Geschmacksurteils« bereits kritisch auf die Kantische und alle philosophische Ästhetik Bezug nimmt. B. versucht nachzuweisen, daß es kein absolutes ästhetisches Empfinden ist, das ein Urteil über ein Kunstwerk prägt, sondern daß dieses durch Gruppenzugehörigkeit und Erziehung bestimmt wird. Nichts, so B., dokumentiere unfehlbarer die eigene Klassenzugehörigkeit als der musikalische Geschmack. In bezug auf andere kulturelle Erscheinungen wie Malerei, Fotografie, Mode, Wohnstil – »kulturell« wird hier im ethnologischen Sinn verstanden – stellt er fest, daß kulturelle Bedürfnisse und entsprechend deren Spielfelder ebenso von der Sozialisation abhängen wie die Raster, mit denen sie wahrgenommen werden, wie die Sprache und die Begrifflichkeit, mit denen über sie gesprochen, und die Werturteile, die über sie gefällt werden.

Wichtige Begriffe in B.s Theorie stellen schließlich »Feld« und »Habitus« dar. In der Gesamtgesellschaft können, so B., verschiedene Felder (»champs«) unterschieden werden, so z. B. das intellektuelle Feld – und als dessen Teilsystem das literarische Feld –, das philosophische und das wissenschaftliche, das religiöse, das ökonomische und das politische, wobei »Feld« Kräftefeld, Kampf- und Spielfeld bedeuten kann (*Le champ scientifique*, 1976; *Questions de sociologie*, 1980; *Les Sciences sociales et la philosophie*, 1983). Jedes Feld gehorcht trotz aller Autonomie und Verschiedenheit der Interessen jedoch invariablen Gesetzen. Innerhalb eines jeden Feldes wird die Auseinandersetzung zwischen den jeweils repräsentativen Institutionen und den Beteiligten ausgetragen, wobei es stets um die Akkumulation der vielfältigen Formen des Kapitals, vor allem aber des symbolischen geht. Die Elemente, die ein Feld bestimmen, schaffen ein bestimmtes Ordnungsgefüge, stellen somit nicht allein ein »additives Gebilde« dar, sondern sind einem magnetischen Feld, einem System von Kraftlinien vergleichbar. Zwischen den Institutionen und den Beteiligten, aber v. a. zwischen den Beteiligten untereinander, läuft der Kampf um Aufrechterhaltung einer Lehre, Meinung, der Orthodoxie, bzw. der Entwicklung anderer, neuer, heterodoxer oder subversiver Vorstellungen, »Wahrheiten«. Beispielhaft hat B. diesen Mechanismus an Heideggers Destruktion des herrschenden akademischen Neukantianismus und der Parteinahme für eine neue »Ursprünglichkeit«, eine Metaphysik der Provinz gezeigt *(L'ontologie politique de Martin Heidegger,* 1975; *Die politische Ontologie Martin Heideggers).* Interessant ist die Feldtheorie beispielsweise auch für die Literaturwissenschaft *(Les règles de l'art. Genèse et structure du champ littéraire,* 1992), in der sich, von B. ausgehend, eine neue literatursoziologische Schule gebildet hat. Der Begriff des Habitus stellt eine Vermittlungsinstanz zwischen »Struktur und Praxis«, zwischen Individuum und Kollektivität des jeweiligen Zeitalters, somit ein System unbewußter, verinnerlichter Muster dar *(Zur Soziologie der symbolischen Formen).* B.s Arbeiten weisen trotz methodischer und thematischer Vielfalt ein gemeinsames Merkmal auf: sie basieren auf einem weiten anthropologischen Konzept, sehen Empirie und Theorie als nicht voneinander trennbare Bereiche und münden in wissenschaftstheoretische, epistemologische Reflexion. In den letzten Publikationen *(Réponses. Pour une anthropologie réflexive,* 1992; *Raisons pratiques,* 1994) rückt die anthropologische Dimension in den Vordergrund; über die Auseinandersetzung mit dem Problem des Subjekts im Strukturalismus unternimmt B. den Versuch einer anthropologischen Theorie.

Gebauer, Gunter/Wulf, Christian (Hg.): Praxis und Ästhetik. Neue Perspektiven im Denken Pierre Bourdieus. Frankfurt am Main 1993. – Harker, Richard/Mahar, Cheleen/Wilkes, Chris (eds.): An Introduction to the Work of Pierre Bourdieu. The Practice of Theory. New York 1990. – Honneth, Axel: Die zerrissene Welt der symbolischen Formen. Zum kultursoziologischen Werk Pierre Bourdieus. In: Kölner Zeitschrift für Soziologie und Sozialpsychologie. Jg. 36, 1984, S. 147-164. – Pollak, Michael: Gesellschaft und Soziologie in Frankreich. Tradition und Wandel in der neueren französischen Soziologie. Meisenheim 1978.

Elisabeth Arend

Buber, Martin
Geb. 8. 2. 1878 in Wien; gest. 13. 6. 1965 in Jerusalem

Ob B. überhaupt als Philosoph zu bezeichnen ist, muß zumindest in Frage gestellt werden. Er selbst sagt 1963 im Rückblick auf Leben und Werk: »Soweit meine Selbsterkenntnis reicht, möchte ich mich einen atypischen Menschen nennen ... Seit ich zu einem Leben aus eigener Erfahrung gereift bin – ein Prozeß, der kurz vor dem Ersten Weltkrieg begann und bald nach ihm vollendet war – habe ich unter der Pflicht gestanden, den Zusammenhang der damals gemachten Erfahrungen ins menschliche Denkgut einzufügen ... Da ich aber keine Botschaft empfangen habe, die solcherweise weiterzugeben wäre, sondern nur eben Erfahrungen gemacht und Einsichten gewonnen habe, mußte meine Mitteilung eine philosophische sein.« Schon in diesen Worten deutet sich an, wie gespalten das Verhältnis B.s zur Philosophie letztlich geblieben ist, konnte er doch auch erklären: »Ich habe keine Lehre, aber ich führe ein Gespräch.«

B., in Wien geboren, erfährt entscheidende Kindheitseindrücke im galizischen Lemberg, wo der Großvater Salomo B. als Bankier und Großgrundbesitzer, vor allem aber als führender Vertreter der jüdischen Aufklärung (Haskala) und hervorragender Erforscher der jüdischen Literaturgeschichte wirkte. Hier werden bereits erste Grundlagen für seine umfassende Kenntnis der weitverzweigten jüdischen Tradition gelegt, hier in Galizien begegnet der Knabe auch noch dem letzten Abglanz des Chassidismus, jener volkstümlichsten Erweckungsbewegung im Judentum, die im 18. Jahrhundert in Podolien entstand und in weiten Kreisen des osteuropäischen Judentums zur vorherrschenden Form der Frömmigkeit wurde. Über der Lektüre des Testaments des Rabbi Israel ben Elieser, des Stifters des Chassidismus, gelangt B. zu jener grundlegenden Erfahrung, aus der heraus die Vielfalt seines Denkens und Wirkens zu erklären ist: »Da war es, daß ich, im Nu überwältigt, die chassidische Seele erfuhr. Urjüdisches ging mir auf, im Dunkel des Exils zu neubewußter Äußerung aufgeblüht: die Gottesebenbildlichkeit des Menschen als Tat, als Werden, als Aufgabe gefaßt. Und dieses Urjüdische war ein Urmenschliches, der Gehalt menschlichster Religiosität ... Ich erkannte die Idee des vollkommenen Menschen. Und ich wurde des Berufs inne, sie der Welt zu verkünden.« B. studierte in Wien, Leipzig und Zürich und wurde 1904 mit einer Dissertation zur Geschichte des Individuationsproblems promoviert. Von Anfang an war B. an der von Theodor Herzl begründeten zionistischen Bewegung maßgeblich beteiligt gewesen. Als Mitbegründer des Jüdischen Verlags (1902) trug B., der sich bereits seit dem 5. Zionistenkongreß in Basel 1901 kritisch mit dem Zionismus Herzlscher Prägung auseinandergesetzt hatte, Entscheidendes dazu bei, daß die zionistische Idee mit Herzls Tod (1904) nicht verebbte, sondern im deutschen Sprachraum nach 1910 zum führenden Moment der jüdischen Renaissance werden konnte. Deutlich grenzten sich B. und seine Freunde gegen einen nur politisch-nationalen Zionismus, wie ihn Herzl formuliert hatte, ab: »Das nationale Bekenntnis allein verwandelt den jüdischen Menschen nicht; er kann mit ihm ebenso seelenarm, wenn auch nicht ebenso haltlos sein wie ohne es.« Der »geistige Zionismus«, wie B. ihn wollte, ließ »die Befreiung, die die nationaljüdische Bewegung meint, an das große Symbol der Erlösung« grenzen. Mit seiner Trennung von der zionistischen Bewegung (1904) beginnt die Epoche der endgültigen Selbstfindung im Leben B.s. Die »Idee des vollkommenen Menschen«, die »der Welt zu verkünden« er als seinen »Beruf« begreift, ist letztlich religiöser Art. Wer von »Verkündigung« und »Erlösung« spricht, redet als ein im Innersten Überwältigter, als ein »homo religiosus«, wobei es dann fast gleichgültig wird, in welches denkerische und sprachliche Gewand die »Botschaft« jeweils gekleidet werden mag.

B. wandte sich zunächst intensiv der Erforschung des Chassidismus zu, dessen weitverstreute literarische Überlieferung außerhalb des Judentums praktisch unbekannt geblieben war. Die Ergebnisse seiner Studien sollten für das Verständnis der osteuropäisch-jüdischen Frömmigkeit bahnbrechend wirken, obwohl B. in bezeichnender Manier die Regeln wissenschaftlicher Publizistik vernachlässigte, indem er in sprachmächtigen Nachdichtungen vor allem die Legenden der großen chassidischen Rebben (Zaddikim) vorlegte. Bei aller Gelehrsamkeit ging es B. nicht um eine historische Rückschau, sondern um die Ausrichtung der *Chassidischen Botschaft* (hebr. 1945, dt. 1952), die er bereits 1927 in der Anthologie *Die chassidischen Bücher* zusammengefaßt hatte (vgl. auch *Die Erzählungen der Chassidim*, 1949): »Gott in aller Konkretheit als Sprecher, die Schöpfung als Sprache: Anruf ins Nichts und Antwort als Sprecher, die Schöpfung als Sprache: Anruf ins Nichts und Antwort der Dinge durch ihr Entstehn, die Schöpfungssprache dauernd im Leben aller Kreaturen, das Leben jedes Geschöpfs als Zwiegespräch, die Welt als Wort, – das kundzugeben war Israel da. Es lehrte, es zeigte: der wirkliche Gott ist der anredbare, weil anredende Gott.«

Mit seiner Deutung des Chassidismus, die z. B. der jüdische Religionshistoriker Gershom Scholem energisch kritisierte, hatte B. die mystischen Dimensionen seiner *Ekstatischen Konfessionen* (1909) überwunden, indem er nun den Verkehr Gottes mit den Menschen und den der Menschen mit Gott über die Dinge und das Wesen dieser Welt sich vollziehen sieht. Dieser entschiedenen Hinwendung zur Welt, die sich gegen alles Religiös-Ekstatische wendet und die »stillen Offenbarungen« des Alltags preist, entspricht die Überzeugung von dem »Ethos des Augenblicks«. Es kommt entscheidend auf das Tun an. Gerade darin, daß er nicht mehr nach Wissen und Erkenntnis, sondern nach Begegnung und Dialog als Grundbefindlichkeiten des Menschen fragt, erweist sich B. als ein Agnostiker, der ganz bewußt keine Lehre ausbildet und der auf alle Elemente des Konfessorischen und Konfessionellen verzichten kann, ja muß, weil das »Bekenntnis« zum »dialogischen Prinzip« die traditionellen Religionsgrenzen gegenstandslos werden läßt. Vor diesem Hintergrund setzt sich B. auch mit den *Reden und Gleichnissen des Tschuang Tse* (1910), *Chinesischen Geister- und Liebesgeschichten* (1911) und dem finnischen Nationalepos *Kalewala* (1914) auseinander.

Schon bei dem Berditscher Rebben Levi Jizchak dem Heiligen hatte B. das Lied kennengelernt, das den Übergang von der religiösen zur philosophischen Inspiration ermöglichte: »Wo ich gehe – du!/Wo ich stehe – du!/Nur du, wieder du, immer du!/ ... Himmel – du, Erde – du/Oben – du, unten – du,/Wohin ich mich wende, an jedem Ende/Nur du, wieder du, immer du!« B. begann 1919 mit der Niederschrift seines philosophischen Hauptwerks *Ich und Du*, das 1923 im Insel-Verlag Leipzig erschien. Alle folgenden philosophischen Abhandlungen dienen letztlich der weiteren Bestimmung und Präzisierung des dort ausgearbeiteten »dialogischen Prinzips« (*Die Schriften über das Dialogische Prinzip*, 1954) als dem Ausdruck einer metaphysischen Anthropologie. Deren Grundbeziehung ist für B. die des Ich und Du, entfaltet als zwischenmenschliche Beziehung des Ich zu einem anderen Ich, dem Du. Von gleicher dialogischer Art ist die Beziehung des menschlichen Ich zum göttlichen Du und des göttlichen Ich zum menschlichen. Eine eigentlich systematisch-philosophische Durchdringung dieses Ansatzes ist B. nicht gelungen, er hat sie wohl auch nicht wirklich erstrebt. Aber gerade die letztlich systemlose Behandlung des Ich-Du-Phänomens in Philosophie und Religion, Sozialverhalten und Politik, Geschichte und Psychologie macht den Reiz aus, den dieses Denken auf Philosophen, Theologen, Historiker und Psychologen ausübt.

Wesentliche Anregungen entnahm B. der Bibel. Daneben sind es die Sprachphilosophien Johann Georg Hamanns, Sören Kierkegaards, Ludwig Feuerbachs oder auch Georg Simmels, die sein Denken bewegen und darin zu einer eigentümlichen Synthese verschmolzen werden. Als Mittel des Dialogs kommt der Sprache entscheidende Bedeutung zu: »Ich werdend spreche ich Du.« Diese grundlegende Einsicht bestimmte auch B.s Übersetzungsarbeit an der hebräischen Bibel als dem einzigartigen Dokument des Gegenübers von Gott und Mensch. Schon Anfang 1914 faßte er den Plan einer neuen Übertragung, an der von 1925 bis zu seinem Tod 1929 Franz Rosenzweig maßgeblich mitgearbeitet hat. Erst im Februar 1961 konnte B. die Verdeutschung der *Schrift* vollenden, für die er die Forderung aufgestellt hatte: »Zur Gesprochenheit wollen wir hindurch, zum Gesprochenwerden des Worts.« Überzeugt davon, daß »die ursprünglichen Schriftzüge« im Laufe der Jahrtausende »von einer geläufigen Begrifflichkeit teils theologischer, teils literarischer Herkunft« überzogen worden seien, stellt sich B. der Fremdheit der disparaten biblischen Texte, wird bei ihrer Übertragung zum oft eigenwilligen Sprachschöpfer und Vermittler der Erkenntnis: »In jedem Gliede ihres Leibes ist die Bibel Botschaft.« Dahinter steht die Überzeugung: »Der Mensch wird durch das, was ihm widerfährt, was ihm geschickt wird, durch sein Schicksal, angeredet; durch sein eigenes Tun und Lassen vermag er auf diese Anrede zu antworten, er vermag sein Schicksal zu verantworten.«

Das »dialogische Prinzip« und die daraus erwachsende Verantwortung sah B. auch auf dem Gebiet des Politischen als maßgeblich an. Seine Hinwendung zur Politik hat ihre Wurzeln im Religiösen Sozialismus, der die eigentliche Herausforderung des Glaubens darin begriff, Leben in der gebrochenen Welt des Alltags zu ermöglichen. Wie B. lehrte, geht es dem Sozialismus »um das wirkliche Zusammenleben von Menschen, die Echtheit von Menschen zu Menschen, die Unmittelbarkeit der Beziehungen«. 1928 fand in B.s Haus in Heppenheim eine Konferenz »Sozialismus aus dem Glauben« statt, bei der erstmals umfassend die Konzeption des »utopischen Sozialismus« erörtert wurde, die wesentlich durch das Denken Gustav Landauers geprägt war. Wie dieser lehnte auch B. einen Sozialismus marxistischer Prägung als mechanistisch ab. 1946 faßte er in *Der utopische Sozialismus* noch einmal zusammen, was ihm als Ideal vorschwebte: »Die Urhoffnung aller Geschichte geht auf eine echte, somit durchaus gemeinschaftshaltige Gemeinschaft des Menschengeschlechtes.«

Ähnliche Auffassungen bestimmten auch B.s pädagogische Theorie und Praxis: »Das erzieherische Verhältnis ist ein rein dialogisches.« Bereits 1919 fand in Heppenheim eine erste Tagung zur Erneuerung des Bildungswesens statt. Hier trat er in Kontakt zu Franz Rosenzweig, der die Leitung des im Herbst 1919 gegründeten »Freien Jüdischen Lehrhauses« in Frankfurt am Main übernahm, an der sich später auch B. beteiligte. Den pädagogischen Prozeß interpretiert B. als Lockung und Hervorrufung eines nachwachsenden Wesens, das sich vorab angenommen wissen muß, soll es den ersten Schritt im Vertrauen auf ein bergendes Du wagen. B. ist zutiefst davon überzeugt, daß derjenige, der nicht lernt, Du zu sagen, auch nicht Ich sagen kann.

Von 1923 an lehrte B. an der Frankfurter Universität Religionswissenschaft und jüdische Ethik. Die erst 1930 verliehene Honorarprofessur legte er 1933 nieder, bevor ihm die Lehrerlaubnis offiziell entzogen wurde. Nun intensivierte er seine Tätigkeit auf dem Feld der jüdischen Erwachsenenbildungsarbeit, insbesondere durch die »Mittelstelle für jüdische Erwachsenenbildung bei der Reichsvertretung der Juden in Deutschland«. Angesichts der nationalsozialistischen Judenverfolgungen kämpfte B. für den »Aufbau im Untergang« (Ernst Simon), für den er schon im April 1933 eintrat: »Wenn wir unser Selbst wahren, kann nichts uns enteignen. Wenn wir unserer Berufung treu sind, kann nichts uns entrechten. Wenn wir mit Ursprung und Ziel verbunden bleiben, kann nichts uns entwurzeln, und keine Gewalt der Welt vermag den zu knechten, der in der echten Dienstbarkeit die echte Seelenfreiheit gewonnen hat.« Im März 1938 mußte auch B., dessen Haus in Heppenheim zur Anlaufstelle für viele Ratsuchende, Juden und Nichtjuden, geworden war, der Gewalt weichen und nach Palästina auswandern. In Jerusalem erhielt B. schließlich einen Lehrstuhl für Sozialphilosophie, nachdem er eine pädagogische Professur abgelehnt hatte. 1941 erschien der einzige Roman *Gog und Magog*. Seine pädagogischen Bemühungen werden durch das 1949 gegründete »Seminar für Erwachsenenbildner« in Jerusalem fortgesetzt. Insgesamt wird nun aber in Israel »die fast völlige Einflußlosigkeit B.s in der jüdischen Welt, die seltsam mit seiner Anerkennung bei den Nichtjuden kontrastiert«, schmerzlich bewußt: »Der Apostel Israels sprach eine Sprache, die allen verständlicher war als den Juden selber« (G. Scholem). Der Grund dafür lag nicht nur in dem oft beklagten Mangel an Gegenständlichkeit und der Neigung zum Abstrakten von B.s Schriften, sondern vor allem an den inhaltlichen Positionen, deren theoretisch-philosophische Brillanz im Gegenüber zur Realität durchaus problematisch werden konnte.

In besonderer Weise trifft das auf seine Stellungnahme zur zionistischen Idee und zur Problematik der arabischen Bevölkerung in Palästina bzw. Israel zu. Mit Nachdruck bestand er darauf, daß »von Uranbeginn die einzigartige Verbindung zwischen diesem Volk und diesem Land im Zeichen dessen (steht), was sein soll, was werden, was verwirklicht werden soll«, denn »zu dieser Verwirklichung kann das Volk nicht ohne das Land und das Land nicht ohne das Volk gelangen: nur die getreue Verbindung beider führt zu ihr«. Im Blick auf die Araber forderte B. aber bereits 1948: »Positiv gesprochen, Entwicklung einer echten Interessengemeinschaft durch Einbeziehung des anderen Volkes in unsere wirtschaftliche Tätigkeit im Lande. Negativ gesprochen, Vermeidung aller einseitigen politischen Proklamationen und Handlungen, d.h. Verschiebung der politischen Entscheidungen, bis die Interessengemeinschaft ihren genügenden praktischen Ausdruck gefunden hat.« Nach der Gründung des Staates Israel erklärte B. dann:

»Die Form des jüdischen Gemeinwesens, die aus dem Krieg hervorgegangen ist, den Staat Israel, habe ich als meinen Staat akzeptiert. Ich habe nichts gemein mit denjenigen Juden, die sich vorstellen, sie könnten das tatsächliche Gebilde der jüdischen Selbständigkeit anzweifeln. Das Gebot, dem Geiste zu dienen, muß von nun an in diesem Staate und von ihm aus erfüllt werden.«

Von 1947 an besuchte B. wiederholt Europa und Amerika. Zahlreiche renommierte Preise bezeugten sein internationales Ansehen, das sich auch in einer wachsenden Anzahl von Übersetzungen seiner Werke niederschlug. Als B. 1965 starb, schrieb E. Simon, der langjährige Freund und Vertraute, in einem Nachruf: »Meist stand er allein, von wenigen Freunden gestützt, vom Beifall der halb Verstehenden umspült, von der Gegnerschaft der Getroffenen befeindet, durch die schweigende Abwendung enttäuschter Anhänger verletzt.«

Werner, Hans J.: Martin Buber. Frankfurt am Main 1994. – Wehr, Gerhard: Martin Buber. Leben, Werk, Wirkung. Zürich 1991. – Kohn, Hans: Martin Buber. Sein Werk und seine Zeit. Ein Beitrag zur Geistesgeschichte Mitteleuropas 1880–1930. Wiesbaden ⁴1979. – Scholem, Gershom: Martin Bubers Auffassung des Judentums (1967). In: Judaica 2, S. 133–192. Frankfurt am Main 1970.

Peter Maser

Bultmann, Rudolf Karl
Geb. 20. 8. 1884 in Wiefelstede; gest. 30. 7. 1976 in Marburg

Wenige Denker haben wie B. die abendländische Theologie dieses Jahrhunderts bewegt. Seine Wirkung nicht nur auf die Theologie selbst, sondern darüber hinaus auf die hermeneutische Diskussion in den Geisteswissenschaften ist schwer eingrenzbar. Er ist eine jener markanten Persönlichkeiten der Wissenschaftsgeschichte, deren Forschungen im eigenen Fach – B. war von Hause aus Neutestamentler – auf andere Wissenschaften ausstrahlen, weil sie sich auf einem bestimmten Niveau methodischer und sachlicher Reflexion mit deren Fragestellungen berühren: im Falle B.s mit Fragen der Philosophie, der Geschichts- und Literaturwissenschaft und der Altphilologie. Biographischer Spiegel dieser weitreichenden Bedeutung und auch der vielfältig ausgerichteten eigenen Interessen sind B.s persönliche Verbindungen zu Wissenschaftlern der unterschiedlichsten Fakultäten und eine – bislang nur zu geringen Teilen edierte – Korrespondenz mit herausragenden Denkern seiner Zeit, wie unter anderen mit den Philosophen Hans Jonas, Erich Frank und Martin Heidegger.

Nach Besuch des humanistischen Gymnasiums in Oldenburg studierte B. in Tübingen, Berlin und Marburg evangelische Theologie. Marburg war zu jener Zeit das Zentrum der neukantianischen Philosophie, bei deren Hauptvertretern Hermann Cohen und Paul Natorp B. Philosophie hörte, und mit denen er über sein Studium hinaus engere Beziehungen unterhielt. Die überragende Lehrerfigur für ihn war aber der Systematiker Wilhelm Herrmann, der auch der Lehrer Karl Barths war. Er gab B. den Anstoß zu einer intensiven Beschäftigung mit der theoretischen Philosophie Kants und mit Schleiermachers Theologie und prägte in entscheidender Weise die theologische Entwicklung B.s, für die das Problem der Erkennbarkeit Gottes sowie die Frage nach der Eigenart des christlichen Glaubens zu jener Zeit zentrale Bedeutung gewannen. Der Einfluß Herrmanns auf B. war bedeutender, als es einem Blick erscheint, der allzu oberflächlich nur die radikale Kritik wahrnimmt, die die »dialektische Theologie« – in ihrer Betonung der Souveränität der Offenbarung Gottes – an der »liberalen Theologie« übte. Freilich hat gerade auch B. – aber eben nicht in strikter Ablehnung Herrmanns, sondern in »kritischer Kontinuität« mit diesem (Walter Schmithals) – der »liberalen Theologie« vorgehalten, sie habe dort nur vom Menschen geredet, wo doch »christlicher Glaube die Antwort auf das Wort des transzendenten Gottes ist, der dem Menschen begegnet«.

Seit 1907 ist B. Repetent an der hessischen Stipendiatenanstalt, er wird 1910 (mit einer Dissertation über das Thema *Der Stil der paulinischen Predigt und die kynisch-stoische Diatribe*) promoviert, zwei Jahre später habilitiert er sich bei Adolf Jülicher. Über die Stationen Breslau (1916 a. o. Professor), Gießen (1920 o. Professor) kommt B. 1921 wieder nach Marburg. Im Jahr 1922 wird Martin Heidegger ebenfalls dorthin berufen, und nun beginnt nicht nur die Freundschaft zwischen B. und Heidegger, die sich über Jahrzehnte erstreckt, sondern es beginnt eine der bemerkenswertesten Epochen deutscher Hochschulgeschichte in diesem Jahrhundert. Ernst Fuchs (selbst ein Schüler von B. und Heidegger) spricht in einem Rückblick von dem »unvergleichlichen Marburger Frühling«, den der Philosoph Hans-Georg Gadamer näher charakterisiert, wenn er über die »große spannungsvolle Zeit« der 20er Jahre in Marburg schreibt, über die Atmosphäre des Aufbruchs und Neubeginns, des Dialogs zwischen den Fakultäten, deren Zentrum diese beiden jungen Professoren bildeten: B. hörte Heideggers Vorlesungen, aus denen später *Sein und Zeit* hervorging, dieser wiederum ließ sich von B. dessen *Jesus*-Buch noch vor Erscheinen (1926) vorlesen – und besuchte seine Seminare. Für die Intensität des gedanklichen Austauschs über die Grenzen der eigenen Wissenschaft hinweg ist bezeichnend, daß neben Theologen wie Fuchs, Ernst Käsemann, Herbert Braun und später Gerhard Ebeling auch die Philosophen Gerhard Krüger, Wilhelm Kamlah, Gadamer und Jonas zu jener Zeit an B.s neutestamentlichen Seminaren teilnahmen.

Der Dialog mit anderen Disziplinen blieb gerade für B.s Theologie nicht ohne Bedeutung. Nach seiner Lösung von der »liberalen Theologie« und der damit zusammenhängenden Hinwendung zur »dialektischen Theologie« findet B.s Denken seine es von nun an prägende Begrifflichkeit in der Auseinandersetzung mit der Philosophie Heideggers. Ohne die Lektüre von *Sein und Zeit*, freilich auch ohne den immer wieder geltend gemachten eigenen Anspruch der Theologie gegenüber jeder – auch der Heideggerschen – Philosophie, wären die großen Werke B.s, die in den folgenden Jahrzehnten erschienen, nicht denkbar. Weder *Das Evangelium des Johannes* (1941), noch die *Theologie des Neuen*

Testaments (1948–1953), weder die *Theologische Enzyklopädie* (ediert erst 1984), noch die Aufsatzsammlungen *Glauben und Verstehen I-IV* (1933 und später). B. hat neben den hier genannten noch eine ganze Reihe wichtiger Arbeiten verfaßt, so etwa *Die Geschichte der synoptischen Tradition* (1921), in der er den Stoff der Evangelien auf seine Formen und seine Tradition hin untersucht, außerdem zahlreiche Aufsätze und Kommentare zum Neuen Testament. Bemerkenswert ist, daß B. sein theologisches Denken immer von der Exegese her versteht; er tut das aufgrund der Überzeugung, daß Fragen der Textauslegung von denen systematischer Reflexion nicht zu trennen sind, weil »nie ein Neutestamentler geschrieben hat, der nicht von bestimmten systematischen Voraussetzungen ausgeht«, oder umgekehrt, weil systematische Theologie nichts anderes sei, als auf die Existenz des gegenwärtigen Menschen ausgerichtete Exegese. Dieses Interesse an der »Existenz des gegenwärtigen Menschen« um des Wortes Gottes willen führte B. nach dem Zweiten Weltkrieg zu dem viel umstrittenen Programm der Entmythologisierung des Neuen Testaments, in dessen weiterem Umkreis auch der theologische Streit mit Barth gehört.

B.s Theologie ist von großer Einheitlichkeit und innerer Konsequenz. Ihr wesentliches Anliegen läßt sich bestimmen als die Explikation der von Gott bestimmten Existenz des Menschen, bzw. als die Ausarbeitung der Frage: Was hat der christliche Glaube mit dem Selbstverständnis des Menschen (und das heißt dann eben des modernen Menschen) zu tun? In dieser Formulierung sind die wesentlichen Intentionen seines Denkens implizit enthalten: sein Verständnis von »Glauben«, seine Hermeneutik und das »Programm« der Entmythologisierung.

Vom Neuen Testament her versteht B. den Glauben als Lebensverhältnis zu Gott, das seine Voraussetzung in einem immer schon gegebenen Selbstverständnis des Menschen hat, das aber aufgrund der Anrede des Menschen durch Gottes Wort – durch die Verkündigung des Heilsereignisses in Kreuz und Auferstehung Jesu Christi – von Grund auf neu bestimmt wird. »Denn das Kerygma beansprucht als Wort Gottes dessen eigene und die von ihm geschaffene Wirklichkeit so zu erschließen, daß es zu einem neuen Selbstverständnis kommt« (Eberhard Jüngel). So ist der christliche Glaube auf das Ereignis der Offenbarung angewiesen, das allein den Menschen aus seiner radikalen Verfallenheit an sich selbst zu befreien vermag. Denn immer tendiert der Mensch dazu, sich nur aus sich zu begreifen und so seine eigene Existenz als etwas letztlich Verfügbares zu verstehen.

An diesem Punkt wird deutlich, warum B. zwar Heideggers Analyse der ontologischen Verfassung des Daseins aufnimmt und für seine Theologie als Fundamentalanthropologie fruchtbar macht, warum er aber Heidegger dort nicht mehr zu folgen gewillt ist, wo dieser die ›existenziale Analytik des Daseins‹ erst als Vorbereitung der Seinsfrage versteht, anders gesagt: wo Heideggers Philosophie mehr zu sein beansprucht, als das »mögliche, formal anzeigende Korrektiv des ontischen und zwar vorchristlichen Gehalts der theologischen Grundbegriffe« (so Heidegger selbst). Diese Abgrenzung B.s gegenüber Heidegger ist in der Überzeugung begründet, daß einzig das Angeredetwerden des

Menschen von außerhalb seiner, und zwar von Gott, den Menschen immer wieder von neuem aus seinem über sich verfügenden Selbstverständnis herauszurufen vermag. B. geht auf diese Weise mit Heideggers Betonung der »absoluten Verschiedenheit« von Philosophie und Theologie einig; nur interpretiert Heidegger diese Verschiedenheit unter einem umgekehrten Vorzeichen, da er seinerseits den christlichen Glauben als Gefährdung der wesentlichen Offenheit der Existenz auffaßt, wenn er sagt, »daß der Glauben in seinem innersten Kern als eine spezifische Existenzmöglichkeit gegenüber der wesenhaft zur *Philosophie* gehörigen und faktisch veränderlichen Existenzform der Todfeind bleibt«. Gerade die beiderseitige Einsicht in die Unterschiedlichkeit ihrer Denkwege – bei aller Nähe – charakterisiert auf wissenschaftlichem Gebiet die Beziehung dieser beiden Persönlichkeiten. Eine Beziehung, der B. auch nach der Zeit des Dritten Reichs die Treue hielt, unerachtet dessen, daß er dem Nationalsozialismus gegenüber eine radikal andere Haltung eingenommen hatte als jener. Schon sehr früh sah B. hier klar und bezog eindeutig Stellung: So gehörte er von Anfang an zur »Bekennenden Kirche« und war etwa an der 1933 von der theologischen Fakultät der Universität Marburg geübten Kritik am »Arier-Paragraphen in der Kirche« maßgeblich beteiligt.

B.s in philosophischer Hinsicht bedeutsamste Leistung ist zweifellos seine Hermeneutik, die auf Schleiermacher und Dilthey zurückgeht, aber deren Gedanken er entscheidend weiterführt. So behauptet B. in deutlicher Abgrenzung gegenüber der Diltheyschen Auffassung, dergemäß der Lebensbezug zwischen Interpret und Autor die wesentliche Verstehensgrundlage sei, die Geschichtlichkeit menschlicher Existenz als Voraussetzung jeglichen Verstehens. Für den Verstehensprozeß sind mehrere Momente konstitutiv: Das »Woraufhin« der Fragestellung (das Interesse des Auslegers), das »Vorverständnis« der infragestehenden Sache – von B. als unabdingbare Voraussetzung des Verstehens herausgearbeitet – und das »Lebensverhältnis« des Interpreten zur infragestehenden Sache. »Wissen« ist für B. dementsprechend »nicht etwas, was einmal abrupt beginnt, sondern das Dasein bewegt sich immer schon in einem vorläufigen, dunklen Wissen, das in jedem Verhältnis zu einem Seienden mit da ist«. Im Prozeß des Verstehens kommt es nun darauf an, das je schon gegebene, im Lebensverhältnis des Interpreten zur Sache begründete Vorverständnis aufs Spiel zu setzen. So steht in jedem wissenschaftlichen Verstehen, aber etwa auch in der Begegnung mit dichterischen Texten, letztlich das Selbstverständnis des Menschen zur Frage. Aber in keinem Verstehensprozeß wird es so radikal in Frage gestellt wie in dem Verständnis des Wortes Gottes, auf das der Glaube als ein neues Sich-selbst-Verstehen antwortet. Aus diesem Grund muß es einer angemessenen Interpretation der biblischen Texte darauf ankommen, deren Aussagen auf die im »Dasein« selber infragestehende menschliche Existenz hin auszulegen. Ein solcher hermeneutischer Akt ist die »existentiale Interpretation«.

Das nach 1945 sowohl innerhalb als auch außerhalb der Theologie so großen Wirbel (und unzählige Mißverständnisse) auslösende Bemühen um die »Entmythologisierung des Neuen Testaments« ist im Grunde nicht mehr als ein Aspekt dieser existentialen Interpretation. B. ging es darum, Gottes Handeln und sein

Reden mit dem Menschen, das im Neuen Testament teilweise in Analogie zu menschlichem Handeln (das heißt hier »mythologisch«) formuliert ist, in Aufnahme der Intention dieses »Mythos«, aber gegen seine Diktion erneut zur Sprache zu bringen. B.s leitende Erkenntnis dabei war, daß das Weltbild des Menschen zur Zeit des Neuen Testaments mit dessen zentralen Aussagen nicht unumgänglich eine Einheit bildet und für den modernen Menschen, der ein gänzlich anderes Weltbild hat, eher ein Hindernis als eine Hilfe im Verständnis des wesentlichen Inhalts der Bibel darstellt.

Die Wirkung, die B.s Denken sowohl auf die neutestamentliche Wissenschaft (in eigentlich allen ihren Bereichen), als auch auf die theologische und philosophische Hermeneutik ausgeübt hat, ist groß. Und sie ist gerade dort nicht am geringsten, wo sie zur kritischen Weiterführung seines Denkens provozierte, wie in der Theologie bei Käsemann, Ebeling, Jüngel und zahlreichen anderen, und wie auf seiten der Philosophie etwa bei Gadamer und Ricoeur.

Einer der wesentlichsten Kritikpunkte an B.s Denken besteht darin, daß er letztlich die Bedeutung der Sprache für die von ihm so hervorgehobene Geschichtlichkeit des Menschen unterschätzt hat. Genau hier haben die großen hermeneutischen Entwürfe dieses Jahrhunderts weitergedacht als B., und damit der Hermeneutik Bereiche erschlossen, die B. unberücksichtigt ließ. So ist etwa bemerkenswert, daß der gegenüber der mythologischen Sprache und ihrer verobjektivierenden Tendenz so überaus sensible B. sich keine Rechenschaft gab über die Sprachform, in der er selber die Aussagen des Neuen Testaments interpretierte. Eine stärkere Reflexion darauf hätte ihn wohl dazu geführt, einerseits der Sprachgestalt des Mythos noch andere Aspekte abzugewinnen, und andererseits die Sprachformen des Symbols, des Gleichnisses, der Metapher in den Blick zu nehmen, wie dies die neuere Hermeneutik getan hat.

Jüngel, Eberhard: Glauben und Verstehen. Zum Theologiebegriff Rudolf Bultmanns. Heidelberg 1985. – Schmithals, Werner: Die Theologie Rudolf Bultmanns. Tübingen 1966. – Ebeling, Gerhard: Theologie und Verkündigung. Tübingen 1962.

Hans-Christoph Askani

Camus, Albert
Geb. 7. 11. 1913 in Mondovi (Algerien); gest. 4. 1. 1960 in Petit-Villeblevin

»Er stellt in unserem Jahrhundert, und zwar gegen die Geschichte, den wahren Erben jener langen Ahnenreihe von Moralisten dar, deren Werke vielleicht das Echteste und Ursprünglichste an der ganzen französischen Literatur sind. Sein eigensinniger Humanismus, in seiner Enge und Reinheit ebenso nüchtern wie sinnlich, stand in einem scharfen schmerzlichen Kampf gegen die wuchtigen und gestaltlosen Ereignisse der Gegenwart. Umgekehrt aber bekräftigte er durch die Hartnäckigkeit seiner Weigerung von neuem das Vorhandensein des Moralischen, mitten in unserer Epoche, entgegen allen Machiavellisten und dem goldenen Kalb des Realismus zum Trotz.« So würdigte Jean-Paul Sartre C. nach dessen Tod. Acht Jahre zuvor hatten sich beide nach Erscheinen von C.' Buch *L'Homme révolté* (1951; *Der Mensch in der Revolte*) während einer polemischen Auseinandersetzung in Sartres Zeitschrift *Les Temps Modernes* zerstritten. Grundsätzliche philosophisch-methodische Kritik und der Vorwurf der ungenauen Lektüre gegenüber C. spiegeln die Schärfe der Auseinandersetzung, deren eigentlicher Inhalt entgegengesetzte philosophische Standpunkte in der Frage der Freiheit, der Existenz der menschlichen Natur und unterschiedliche politische Positionen zum Marxismus waren. »Camus war Idealist, Moralist, Antikommunist..., Sartre hatte sich seit 1940 bemüht, den Idealismus zu widerlegen, sich von seinem ursprünglichen Individualismus zu lösen, um den historischen Ablauf mitzuerleben. Da er dem Marxismus nahestand, bemühte er sich um ein Bündnis mit den Kommunisten«, beschreibt Simone de Beauvoir beide zum Zeitpunkt des Streits, den sie aufgrund schon länger andauernder Differenzen für unvermeidlich gehalten hat (*Der Lauf der Dinge*, 1963). Für die kommunistische Linke Frankreichs war C. stets ein ideologischer Feind gewesen – ein Bourgeois, für die Rechte dagegen ein Zersetzer oder ein Linker. Seine Werke werden noch immer in diesem starren Rechts-Links-Schema begriffen. C. selbst findet sich nicht darin wieder. Seine Parteinahme richtet sich gegen die Tyrannei, und als Künstler, Schriftsteller und Philosoph versteht er sich als »franc-tireur«, als unabhängiger Kämpfer. Nach der Verleihung des Literaturnobelpreises (1957) definiert C. die Aufgaben des Künstlers: »Wir müssen wissen, daß wir dem gemeinsamen Elend nicht entrinnen können und daß unsere einzige Rechtfertigung, wenn es eine gibt, darin besteht, nach bestem Können für die zu sprechen, die es nicht vermögen ... Für den Künstler gibt es keine privilegierten Henker. Darum kann heute, selbst heute, vor allem heute die Schönheit nicht im Dienste einer Partei stehen, sie dient über kurz oder lang nur dem Schmerz oder der Freiheit des Menschen« (*Der Künstler und seine Zeit*, Rede 1957).

In diesem Sinn engagierte er sich als Journalist des *Alger républicain* für die arabische Bevölkerung Algeriens, für die Republikaner im Spanischen Bürgerkrieg und für die Opposition gegen Franco. In der Résistance arbeitete er in der Gruppe »Combat«, von 1945 bis 1947 bei der gleichnamigen Zeitung. Er setzte sich für verurteilte griechische Kommunisten und für die Aufständischen in Berlin 1953, in Poznan und Budapest 1956 ein. Als Algerienfranzose versuchte er im Algerienkrieg zu vermitteln, trat für die Rechte der arabischen Bevölkerung gegen die Kolonialmacht Frankreich, aber auch für die Rechte der dort lebenden französischen Bevölkerung ein, um dem Morden und den Massakern ein Ende zu machen. Seine Stimme verhallte ungehört.

C. wurde 1913 in Algerien geboren und studierte in Algier Philosophie. Da er Tuberkulose hatte, wurde er nicht zur staatlichen Eingangsprüfung für das Lehramt zugelassen. Er begann als Journalist zu arbeiten. In Algier inszenierte er seine ersten Theaterstücke, von denen die Aufführung des zweiten kollektiv geschriebenen Stücks *Révolte dans les Asturies* über die Revolte der Minenarbeiter in Asturien (Spanien) 1934 kurz vor dem Spanischen Bürgerkrieg verboten wurde. Dort entstanden auch die ersten Erzählungen, *L'envers et l'endroit* (1937; *Licht und Schatten*). »In der jetzigen Stunde ist mein ganzes Reich von dieser Welt. Die Ewigkeit ist da und ich erhoffte sie erst. Nicht glücklich zu sein wünsche ich mir jetzt, sondern nur bewußt«; so weisen diese Erzählungen auf den ersten Teil seines Werks über das Absurde, zu dem der Roman *L'Étranger* (1942; *Der Fremde*) und die Theaterstücke *Caligula* (Erstaufführung 1945) und *Le Malendu* (1944; *Das Mißverständnis*) sowie die philosophische Abhandlung *Le Mythe de Sysiphe* (1942; *Der Mythos von Sysiphos*) gehören. Darin entwickelt C. den Begriff des Absurden aus der Konfrontation von Mensch und Welt. Der sich bewußtwerdende Mensch erkennt in der eigenen Sterblichkeit im Gegensatz zur ihn überdauernden Welt, in der für ihn undurchdringbaren Natur und in der Unmenschlichkeit der Mitmenschen das Absurde. C. verneint für die so wahrgenommene Welt jede metaphysische Erklärung und jede Ausflucht.

Die Reflexion über das Absurde bildet den Ausgangspunkt für seine Überlegungen zur Revolte, deren Hauptbestandteil die Konstitution moralischer Werte und Werturteile ist. Die von ihm erlebte Geschichte des Zweiten Weltkrieges, der nationalsozialistischen Konzentrationslager und der Judenvernichtung, der Stalinschen Schauprozesse, der Gulags, des ersten Atombombenabwurfs führen zur Suche nach Handlungsmaximen. »Wir wissen nichts, solange wir nicht wissen, ob wir das Recht haben, den anderen vor uns zu töten oder zuzustimmen, daß er getötet werde. Da jede Handlung heute direkt oder indirekt in den Mord einmündet, können wir nicht handeln, bevor wir nicht wissen, ob und warum wir töten sollen«, so C. zu Beginn seines polemischen Essays *L'Homme révolté*. Er durchstreift darin die Geschichte der metaphysischen und historischen Revolte, sucht die Momente auf, in denen die Revolte sich selbst, d. h. ihre ideellen Ursprünge verrät. Wiederum greift C. die Thematik für sein parallel entstehendes literarisches Werk auf. Das Theaterstück *Les Justes* (Erstaufführung 1949; *Die Gerechten*) zeigt die Terroristen der russischen Revolution von 1905 vor der Frage, ob der Zweck die Mittel heiligt. Ihre politischen Ziele und Ideale lassen sie zu Mördern werden, die ihre Ideen verteidigen, indem sie den politischen Mord mit dem eigenen Leben sühnen. Diese Frage hatte durch den Kampf der Résistance eine besondere Aktualität gewonnen und wurde auch von anderen Schriftstellern aufgegriffen, z. B. in dem Roman *Das Blut der Anderen* von Simone de Beauvoir. Auch der Roman *La Peste* (1947; *Die Pest*), eine Parabel der Résistance, ist ein Plädoyer für die Solidarität der Menschen im Kampf gegen den Tod und die Tyrannei. Seine späteren Erzählungen, gesammelt in *L'Été* (1954; *Die Heimkehr nach Tipasa*) und *L'Exil et le Royaume* (1957; *Das Exil und das Reich*), weisen wieder auf den Menschen in der ihm fremden Welt – dem Exil – und seine Sehnsucht nach der ihm eigenen Welt.

Mit seinem letzten, unvollendeten und 1994 posthum veröffentlichten Roman *Le premier homme* versetzt sich C. in dem vorliegenden ersten von wahrscheinlich drei geplanten Teilen zurück in seine Kindheit. In den autobiographischen Passagen und fiktiven Sequenzen über das Leben in Algerien erscheinen hier, wie schon in früheren Werken die für C. wesentlichen Erfahrungen der Armut und der Sonne. In beidem – Licht und Schatten – drückt sich die Liebe zum Leben und die Verzweiflung am Leben aus und damit C.' Bild vom Menschen in einer Welt, in der er sich seiner Endlichkeit und Fremdheit, aber auch der ihm eigenen Welt – seiner Wahrheit – bewußt werden kann. Mit seinem Roman *Le premier homme* versucht C., aus der Erinnerung heraus der Frage der Herausbildung eines Menschen und seiner Bewußtwerdung, vielleicht des »ersten Menschen« mit Werten und Verantwortung im Angesicht der Katastrophen des 20. Jahrhunderts nachzugehen. Die Geschichtslosigkeit seiner Familie, die mittellos ist und des Lesens nicht mächtig, stellt diesen Menschen vor die Aufgabe des Erinnerns und der Aneignung menschlicher Werte, die seine Herkunft und sein Menschsein nicht verraten. C.' Notizen lassen den Fortgang dieses unvollendeten Romans erahnen; der Versuch, die Verschränkung einer individuellen Biographie mit der Geschichte des 20. Jahrhunderts darzustellen und damit die Suche nach der dem Menschen eigenen Wahrheit in den Trümmern dieser Geschichte.

C. starb nach einem Autounfall in Petit-Villeblevin auf dem Rückweg von Lourmarin nach Paris. Sein Werk blieb unvollendet. »Eine ganze Generation, die mit dem letzten Krieg ins Leben trat und ihr Vertrauen in diesen älteren Gefährten gesetzt hat, denkt nur mehr an den Körper, der zerschmettert auf der Landstraße liegt, an den Geist und das Herz, die so plötzlich verlöschten. Das Aufbegehren gegen den Tod – Camus hat es gekannt« (André Blanchet).

Isaac, Jeffrey C.: Arendt, Camus and modern rebellion. New Haven/London 1992. – Grenier, Roger: Albert Camus soleil et ombre. Une biographie intellectuelle. Paris 1987. – Lottmann, Herbert R.: Albert Camus. Hamburg 1986. – Pieper, Annemarie: Albert Camus. München 1984.

Inka Thunecke

Carnap, Rudolf
Geb. 18. 5. 1891 in Ronsdorf (bei Wuppertal); gest. 14. 9. 1970 in Santa Monica

Der Sprachphilosoph, Wissenschaftstheoretiker und Logiker C. war der herausragende Vertreter der Philosophie des Logischen Empirismus. Diese etwa 1925 in Wien entstandene Schule – für die Philosophen um C. gebraucht man auch die Sammelbezeichnung »Wiener Kreis« – führte die Tradition des klassischen Empirismus fort, derzufolge Erkenntnis nur durch den Rekurs auf Erfahrung garantiert wird, oder aber auf analytischen Voraussetzungen beruht, wie z.B. die Erkenntnisse in der Mathematik. Von seinem klassischen Vorläufer unterscheidet sich der Logische Empirismus in seiner durch C. geprägten Form durch eine intensive Beschäftigung mit der Sprache, von deren genauer Analyse die Lösung bzw. das Verschwinden philosophischer Probleme erwartet wird, und durch die Anwendung der formalen

Logik auf die empirischen Wissenschaften. Es entstand die Idee einer Philosophie als Wissenschaftslogik. C. sieht die Aufgabe der wissenschaftlichen Philosophie »in der logischen Analyse der Sätze und Begriffe der empirischen Wissenschaften« (*Die alte und die neue Logik*, 1930).

Von 1910 bis 1914 studierte C. Mathematik, Physik und Philosophie in Jena. Seine philosophischen Lehrer waren der Dilthey-Schüler Hermann Nohl, der Neukantianer Bruno Bauch und Gottlob Frege. Mit der Entwicklung einer formalen Sprache, die eine axiomatische Grundlegung der Mathematik in der Logik ermöglichen sollte, erlangte der seinerzeit völlig unbekannte Frege den größten Einfluß auf C., der mit nur einem weiteren Studenten und einem an der Mathematik interessierten Offizier die komplizierten Vorlesungen Freges besuchte. Neben den Überlegungen Freges waren es vor allem die *Principia mathematica* von Bertrand Russell und Alfred North Whitehead sowie Ludwig Wittgensteins *Tractatus-Logico-Philosophicus*, die den Ausgangspunkt für C.s eigene Konzeption bildeten. C. sah die von Russell im Anschluß an Frege durchgeführten Bemühungen vor sich, die Mathematik auf zwei logische Axiome zurückzuführen; ebenso wollte er mit den Mitteln der formalen Logik axiomatische Systeme für die empirischen Wissenschaften konstruieren. In den Wissenschaften sollte die Alltagssprache durch genaue formale Sprachsysteme ersetzt werden (*Abriß der Logistik*, 1929). 1926 wurde C. Dozent für Philosophie in Wien, 1931 erhielt er einen Lehrstuhl für Naturphilosophie in Prag. Während dieser Zeit stand er in engem Kontakt mit Moritz Schlick und Otto Neurath, zeitweise auch mit Wittgenstein. Ende des Jahres 1935 emigrierte C. nach Amerika, wo er zunächst in Chicago, später in Los Angeles lehrte. Schematisch läßt sich C.s Schaffen in drei Perioden einteilen: zunächst war er mit einer Grundlegung und dem Ausbau der Positionen des Logischen Empirismus beschäftigt, dann wandte er sich der Konstruktion formaler Sprachen zu, bevor er sich vornehmlich mit dem Problem der Induktion beschäftigte.

Der Entwurf eines begrifflichen Konstitutionssystems, in dem alle Begriffe auf weiter nicht definierbare Grundbegriffe zurückgeführt werden können, findet sich in C.s erster großer Schrift *Der logische Aufbau der Welt* von 1928. Auf der Grundlage einer eigenpsychischen Basis konstruiert C. eine phänomenalistische Sprache, deren Grundbegriffe unmittelbar Erlebbares (die Elementarerlebnisse) repräsentieren. Außer den als Grundelementen des Systems fungierenden Elementarerlebnissen verwendet C. hier nur die Grundrelation der Ähnlichkeitserinnerung zwischen den einzelnen Elementarerlebnissen, um die höheren Begriffsklassen zu konstituieren. Seine zentrale These lautet, daß sich alle wissenschaftlichen Begriffe und Aussagen auf diese Grundrelation zurückführen lassen. Unter dem Einfluß Neuraths gibt C. 1930 seine phänomenalistische Auffassung zugunsten eines Physikalismus auf. Die Grundbegriffe einer physikalischen Sprache, die C. nun als Universalsprache der Wissenschaften konzipiert, repräsentieren nicht unmittelbar Erlebbares, sondern es handelt sich um eine quantitative Sprache, die metrische Begriffe verwendet, um auf physikalische Größen zu referieren (*Die physikalische Sprache als Universalsprache der Wissenschaft*, 1931; *Psychologie in physikalischer Sprache*, 1932). Selbst die Aussagen der Psychologie lassen sich zufolge der Auffassung C.s in eine physikalische Sprache übersetzen. So läßt sich etwa die psychologische Aussage »A ist aufgeregt« in die physikalische Aussage »Der Körper des A ist physikalisch aufgeregt« überführen. Neben der Arbeit an dem Versuch, eine Einheitswissenschaft auf physikalischer Basis zu etablieren, ist C. in dieser Zeit damit beschäftigt, die Philosophie von den Problembeständen der klassischen Metaphysik zu reinigen (*Scheinprobleme in der Philosophie. Das Fremdpsychische und der Realismusstreit*, 1928; *Überwindung der Metaphysik durch logische Analyse der Sprache*, 1931). In der Abhandlung *Scheinprobleme* formuliert er ein den Sinn von Aussagen betreffendes Kriterium: Aussagen sind nur dann sinnvoll, wenn sie sich empirisch überprüfen (verifizieren) lassen, es müssen Bedingungen angebbar sein, unter denen diese Aussagen wahr bzw. falsch werden (empiristisches Sinnkriterium). So gelangt C. zu der Auffassung, daß viele Behauptungen in der Philosophie sinnlos sind, da sie das Sinnkriterium nicht erfüllen. Diese Behauptungen scheinen nur aufgrund ihrer grammatischen Form Aussagen zu sein; die mit ihnen verbundenen Probleme nennt C. Scheinprobleme, die in einer wissenschaftlichen Philosophie nicht behandelt werden sollten. So läßt sich z.B. weder die These eines Realisten, daß die Außenwelt unabhängig vom Bewußtsein existiert, noch die idealistische These, derzufolge nur Wahrnehmungen und Vorstellungen existieren und nicht die Außenwelt selbst, empirisch überprüfen. Das in Frage stehende Problem erweist sich als Scheinproblem, da schon die Ausgangsbehauptungen sinnlos sind. Die gesamte Metaphysik besteht C. zufolge aus sinnlosen Scheinsätzen. Zur Bildung solcher Sätze kommt es, wenn Wörter, die nur scheinbar eine Bedeutung besitzen, in einem syntaktisch korrekt gebildeten Satz gebraucht werden (solche Wörter sind z.B. Prinzip, Gott, das Absolute, das Unbedingte) oder wenn Wörter mit einer Bedeutung in einer syntaxwidrigen Weise verwendet werden (Caesar ist und). Bekannt in diesem Zusammenhang wurde v.a. seine recht polemische Auseinandersetzung mit der Philosophie Heideggers. C. rezipierte die Überlegungen Heideggers nur vordergründig, die Tiefendimension dieses Philosophierens blieb ihm verschlossen.

In den Folgejahren verfaßt C. Arbeiten zur Grundlegung der Mathematik und Logik. Sein Ziel ist es, formale Sprachen zu konstruieren, die eine größere Klarheit bei der Formulierung wissenschaftlicher und philosophischer Probleme ermöglichen sollen. Hierbei richtet sich sein Blick zunächst auf die Form formalsprachlicher Ausdrücke. Er formuliert Form- und Umformungsregeln, mit deren Hilfe eine formale Sprache konstruiert werden kann. Die Frage nach der Bedeutung der Ausdrücke (Semantik) bleibt zunächst ausgeklammert, Wissenschaftslogik wird definiert »als Syntax der Wissenschaftssprache« (*Logische Syntax der Sprache*, 1934; *Philosophy and Logical Syntax*, 1935). C. unterscheidet streng zwischen der inhaltlichen Redeweise in den empirischen Wissenschaften und der formalen Redeweise in der Logik. In inhaltlicher Redeweise spricht man über die Welt (Im Sommer ist es warm), in formaler Redeweise über die Sprache (Der Satz »Im Sommer ist es warm« enthält das Wort »Sommer«). Im Anschluß an den polnischen Logiker Alfred Tarski führt C. die bis heute in der Sprachphilosophie grundlegende Unterscheidung zwischen Objektsprache und

Metasprache ein: die Objektsprache ist der Gegenstand einer sprachphilosophischen Untersuchung, mit Hilfe der Metasprache wird über die Objektsprache gesprochen. Ebenfalls angeregt durch Tarski konzipiert C. einige Jahre später auch eine formale Semantik (*Introduction to Semantics*, 1942; *Formalization in Logic*, 1943; *Meaning and Necessity*, 1947). Um die Bedeutung der Ausdrücke eines semantischen Systems zu erfassen, werden Wahrheitsbedingungen formuliert, die angeben, unter welchen Bedingungen ein Satz wahr ist. Besonders wichtig wurde C.s Unterscheidung zwischen der Extension und der Intension eines Ausdrucks. Die Extension eines Begriffes erhält man durch die Aufzählung der unter ihn fallenden Gegenstände, die Intension eines Begriffes wird definiert durch die Angabe der Eigenschaften, die den Begriff charakterisieren. Ebenfalls auf reges Interesse stieß C.s an C. I. Lewis anknüpfende Auseinandersetzung mit Problemen der modalen Logik.

In den 50er Jahren stellt C. Überlegungen zu einer Theorie des induktiven Schließens und der Wahrscheinlichkeit an (*Logical Foundations of Probability*, 1959; *The Continuum of Inductive Methods*, 1952; zusammen mit Wolfgang Stegmüller: *Induktive Logik und Wahrscheinlichkeit*, 1959). C. differenziert zwei verschiedene Bedeutungen des Begriffes Wahrscheinlichkeit: eine logische Wahrscheinlichkeit wird unterschieden von der statistischen Wahrscheinlichkeit. Erstere hat die Beziehung von einer Hypothese und einem Erfahrungsdatum zum Gegenstand, sie gibt den Grad an, in dem eine Hypothese durch ein Erfahrungsdatum bestätigt wird. C. entwickelt die Auffassung, daß sich jedes induktive Schließen aufgrund von Wahrscheinlichkeit vollzieht und daher die induktive Logik Wahrscheinlichkeitslogik ist. Das Induktionsproblem kann nun als die Frage nach der induktiven Wahrscheinlichkeit einer Hypothese aufgrund des vorliegenden Beobachtungsmaterials reformuliert werden.

Die moderne Wissenschaftstheorie, Sprachphilosophie und Logik sind in ihrer heutigen Form ohne die Bemühungen C.s undenkbar. Eine kritische und fruchtbare Diskussion der Positionen C.s findet sich in den Schriften des aus der C.-Schule hervorgegangenen amerikanischen Philosophen Willard Van Orman Quine.

Stegmüller, Wolfgang: Moderner Empirismus. Rudolf Carnap und der Wiener Kreis. In: Hauptströmungen der Gegenwartsphilosophie I. Stuttgart ⁶1976. – Hintikka, Jaakko (ed.): Rudolf Carnap. Logical Empirist. Materials and Perspectives. Dordrecht 1975.

Christoph Demmerling

Cassirer, Ernst
Geb. 28. 7. 1874 in Breslau; gest. 13. 4. 1945 in New York

C. ist als Denker mit eigenem systematischen Anspruch in dem Land, aus dem er 1933 vertrieben wurde, kaum noch in Erinnerung. Dies ist um so erstaunlicher, als er zu jenen gehört, die – so Karl-Otto Apel – die Transzendentalphilosophie »transformiert« haben. C. vertrat eine Philosophie, welche die Bedingungen der Möglichkeit des Verstehens und des Zeichengebrauchs aufweisen sollte. Diese Theorie des Transzendentalen hat er unter dem Namen »symbolische Prägnanz« entwickelt und in seinem dreibändigen Hauptwerk *Philosophie der symbolischen Formen* (1923–1929) niedergelegt. Der Plan zu dieser Philosophie des Symbolbegriffs, die den Gesamtbereich menschlicher Wirklichkeitsdeutung in Sprache, Mythos, Religion, Kunst und Wissenschaft umreißen sollte, läßt sich bis in die Zeit des Ersten Weltkriegs zurückverfolgen; geschrieben und veröffentlicht wurde das Werk in den Jahren 1923 bis 1929 in Hamburg, wohin C. 1919 als erster Jude berufen worden war und wo er die Schätze der Privatbibliothek Aby Warburgs nutzen konnte. Die Entdeckung der symbolischen Formen geschah bei C. auf verschiedenen Wegen. Einmal hatte er schon 1910 die naturwissenschaftliche Erkenntnis als Operieren mit funktionsbestimmten Symbolen definiert (*Substanzbegriff und Funktionsbegriff. Untersuchungen über die Grundfragen der Erkenntniskritik*, Repr. 1976). Zum anderen hatte er im zweiten Band der Rekonstruktion der Geschichte des Erkenntnisproblems, in dem die für C. zentrale Philosophie Kants zur Darstellung kommt, die Idee einer wissenschaftlichen Sprache im 17. und 18. Jahrhundert analysiert (*Das Erkenntnisproblem in der Philosophie und Wissenschaft der neueren Zeit* 1906–1920/1950). Schließlich machte die Beschäftigung mit Wilhelm von Humboldt seit 1920 die Sprache zu einem Hauptthema (*Die Kantischen Elemente in Wilhelm von Humboldts Sprachphilosophie*, 1923). Die Philosophie der symbolischen Formen ist in erster Linie aber durch den Neukantianismus Marburger Prägung bestimmt, wenngleich schon im Ansatz zugleich modifiziert und ergänzt durch die Phänomenologie Edmund Husserls. Aufgrund eines Hinweises des damaligen Privatdozenten Georg Simmel auf die Kantinterpretation Hermann Cohens von Berlin nach Marburg übergewechselt, war C.s erstes philosophiehistorisches Werk 1902 unter der Führung Cohens entstanden (*Leibniz' System in seinen wissenschaftlichen Grundlagen*). Doch blieb C. bei dieser Position nicht stehen, vielmehr erweiterte er den Neukantianismus um den Ansatz der Kulturwissenschaft: obgleich er am neukantianischen Begründungsanspruch festhielt, führte sein Weg von der Erkenntnistheorie zu einer übergreifenden, Sprache, Mythos und Technik einbeziehenden Philosophie der Kultur (woran dann Heidegger anknüpfen konnte).

Wie sehr er sich hierbei von der Phänomenologie leiten ließ, zeigt besonders der zweite Band des Hauptwerks (*Das mythische Denken*, 1925). C. analysiert hier die apriorischen Grundlagen mythischer Welterfahrung am Beispiel Kants (was bedeuten mythisch Raum und Zeit?) und gelangt – wie in seiner Nachfolge Kurt Hübner 1985 – zu dem Ergebnis, auch der mythische Mensch brauche eine Gruppe apriorischer Kategorien, mit denen er Erfahrung organisiert. Unter ›Mythos‹ wird dabei nicht eine *Reaktion* auf Eindrücke, sondern eine *Aktion* des Geistes verstanden, die Bearbeitung und Darstellung der Außenwelt via Zeichen- bzw. Symbolsystem. Mythos bedeutet bei C. eine Lebensform, die eine besondere Art des Anschauens und ›Denkens‹ aufweist. Wenn er dabei von einer »Phänomenologie des mythischen Bewußtseins« spricht, ist die Zuwendung zur Phänomenologie und ihrer Analyse der Lebenswelt unüberhörbar. Durch den Symbolbegriff will C. zwischen der Lebenswelt und der wissenschaftlichen Erfahrung vermitteln. Martin Heidegger rühmt in einer Rezension (1928), C.s Verdienst liege darin, »erstmals wieder seit Schelling den Mythos als systematisches Problem in den Gesichtskreis der Philosophie gestellt zu haben«. In seiner Standpunktbeschreibung im Verlauf der berühmten Davoser Debatte mit Heidegger 1929 hat C. hervorgehoben, seine Philosophie der symbolischen Formen sei nicht in erster Linie eine Erkenntnistheorie; ihre Themen seien die Formen des »Weltverstehens« und der Verständigung durch die Sprache sowie durch andere symbolische Formen.

Neben der Sprache ist die Kunst eine weitere Form der symbolischen Verständigung. Die symbolische Form selbst definiert C. als dreistellige Relation: »Unter einer ›symbolischen Form‹ soll jede Energie des Geistes verstanden werden, durch welche ein geistiger Bedeutungsgehalt an ein konkretes sinnliches Zeichen geknüpft und diesem Zeichen innerlich zugeeignet wird.« Im Gegensatz zu den ersten beiden Bänden der *Philosophie der symbolischen Formen* behandelt der dritte keine bestimmte ›symbolische Form‹, sondern die Erscheinungsformen von Sinnverstehen überhaupt. In den Jahren unmittelbar nach Abschluß der ersten drei Bände versuchte C., diesen Ansatz auszuarbeiten und zu vertiefen. In diese Zeit fällt auch die Arbeit an einem vierten Band (dessen Vorarbeiten veröffentlicht werden), der sich mit dem Problem der Metaphysik – in klarer Gegenposition zu Heidegger – befaßt. Die tragende Rolle spielt hier die (an Goethes ›Urphänomene‹ angelehnte) Theorie der »Basisphänomene« (das Ich oder Selbst, unser Wirken nach außen und das Werk), die mit seiner Philosophie der symbolischen Formen zusammengeschlossen wird: Sprache, Mythos, Kunst und Erkenntnis sind die »Werke« des Geistes, kraft derer er sich seinen kulturellen Lebensraum gestaltet. Seit 1930 ist auch eine Auszeichnung der Technik als einer fundamentalen symbolischen Form zu beobachten. Ebenso beginnen in jenen Jahren die Studien zur Renaissance-Philosophie (*Individuum und Kosmos in der Philosophie der Renaissance*, 1927) wie jene zur *Philosophie der Aufklärung* (1932). C. weist auf die inhaltliche Abhängigkeit der Aufklärung von der Renaissance hin, betont aber deren formale Neuartigkeit und gelangt so zu der These, vor dem Gedankeninhalt rangiere der Gedankengebrauch. Die Jahre 1927 bis 1933 bedeuten eine Wende in C.s Leben und Denken. Probleme der Ethik und politischen Philosophie treten in den Vordergrund. So widmete er sich besonders nach seiner Übersiedlung in die USA im Sommer 1941 der

Untersuchung von Mythos in bezug auf heutige Gesellschaften, veranlaßt durch das ständig wachsende »Übergewicht mythischen Denkens über rationales Denken in einigen unserer modernen politischen Systeme«. Frucht dieser Bemühungen ist sein letztes Werk von 1946, *The Myth of the State*, in dem er »die Technik der modernen politischen Mythen« untersucht, um die Genese des nationalsozialistischen Staates zu verstehen. Eine Summe seines Denkens sucht Cassirer in dem 1944 erschienenen *Essay on Man* zu ziehen (hier wird der Mensch als das »animal symbolicum« definiert).

C.s Theorie der symbolischen Formen, mit der er deutlich die Grenzen der neukantianischen Erkenntnistheorie überschritten hat, ist in mehrfacher Hinsicht nicht ohne Wirkung geblieben. Auf philosophischem Gebiet ist hier in erster Linie Maurice Merleau-Ponty zu nennen, der C. in seiner *Phénoménologie de la perception* (1945) ausdrücklich zum Vorbild erhebt. Von großem Einfluß ist C. aber auch auf die amerikanische Philosophie, so auf Susanne K. Langer, die im Menschen das symbolschaffende Wesen erblickt (*Philosophy in a New Key*, 1942); weitergeführt wird dieser Ansatz heute von Nelson Goodman (*Ways of Worldmaking*, 1978). In der deutschen Gegenwartsphilosophie lebt etwas von den systematischen Einsichten C.s in dem Werk von Hans Blumenberg fort. Doch ist die Wirkung der Symboltheorie nicht nur auf die Philosophie beschränkt; Erwin Panofsky hat mit seiner Methode der Ikonologie den philosophischen Ansatz C.s – verbunden mit dem kulturgeschichtlichen Konzept Warburgs – für die kunsthistorische Interpretation fruchtbar gemacht und Clifford Geertz für die Anthropologie.

Paetzold, Heinz: Ernst Cassirer. Von Marburg nach New York. Darmstadt 1995. – Paetzold, Heinz: Die Realität der symbolischen Formen. Darmstadt 1994. – Ernst Cassirer. Philosophie und Wissenschaft. Internationale Zeitschrift für Philosophie, 2/1992. – Braun, Hans J./Holzhey, Helmut/Orth, Ernst W. (Hg.): Über Ernst Cassirers Philosophie der symbolischen Formen. Frankfurt am Main 1988. – Krois, John Michael: Cassirer. Symbolic Forms and History. New Haven/London 1987. – Lübbe, Hermann: Cassirer und die Mythen des 20. Jahrhunderts. Göttingen 1975.

Christoph Jamme

Chomsky, Avram Noam
Geb. 7. 12. 1928 in Philadelphia

In der Philosophie, Psychologie und Linguistik verbindet sich eine gleichermaßen spektakuläre Wirkung mit den Schriften des Sprachwissenschaftlers Ch. In der Linguistik führten sie, um es mit einem Begriff Thomas S. Kuhns zu sagen, zu einem Paradigmenwechsel – eine neue Art von sprachwissenschaftlicher Forschung etablierte sich; in der Psychologie erlangte Ch.s sprachnativistische Auffassung einen bestimmenden Einfluß; sein Restitutionsversuch der alten cartesianischen Lehre von den angeborenen Ideen erregte in der Philosophie besonderes Aufsehen. In den USA wurde Ch. vor allem durch seine radikale Kritik an der imperialistischen Kuba- und Vietnampolitik sowie den hiermit verbundenen opportunistischen Tendenzen der Intellektuellen (*American Power and the New Mandarins*, 1969 – *Amerika und die neuen Mandarine*; *At War with Asia*, 1970 – *Im Krieg mit Asien*) populär. – Von 1945 bis 1950 studierte Ch. in Pennsylvania Linguistik, Mathematik und Philosophie. Das Handwerkszeug der klassischen Philologie vermittelte ihm sein Vater, der am Graz College in Philadelphia Hebräisch unterrichtete. Während des Studiums war es zunächst politische Sympathie, die ihn mit seinem Lehrer Zeelig Harris – neben Leonard Bloomfield der bedeutendste Repräsentant des amerikanischen Strukturalismus – verband. Seine philosophische Ausbildung erhielt er in erster Linie von dem neoempiristischen Philosophen Nelson Goodman. In den frühen Publikationen (*Syntactic Structures*, 1957; *Strukturen der Syntax*) verband Ch. strukturalistische Grammatikkonzepte mit bestimmten Überlegungen aus der Mathematik (Automatentheorie, Theorie rekursiver Funktionen). Seine entscheidende Leistung liegt in der Formulierung verschiedener Grammatiksysteme, die zu der von ihm entwickelten Generativen Transformationsgrammatik führten. Seit 1955 lehrt Ch. Sprachwissenschaft am »Massachusetts Institute of Technology«.

Von der klassifizierenden Linguistik, die in der Tradition des amerikanischen Strukturalismus unter dem Vorzeichen eines empiristischen Wissenschaftsideals praktiziert wurde, unterscheidet sich Ch.s Ansatz in den folgenden Punkten: 1.) Im Strukturalismus war der Ausgangspunkt der Linguisten eine Sammlung sprachlicher Daten – ein sogenannter Korpus. Da ein Korpus immer nur endlich viele Elemente einer Sprache enthalten kann, ist er als Grundlage für die Konstruktion einer Grammatik ungeeignet. Mittels einer Datensammlung, so Ch., kann die kreative Fähigkeit eines Sprechers, unendlich viele neue Sätze zu produzieren, nicht erfaßt werden. Also muß das sprachliche Wissen der Sprecher Ausgangspunkt einer linguistischen Theorie werden. 2.) Im Strukturalismus war es das Ziel der Sprachwissenschaft, die Elemente in einem Korpus zu klassifizieren. Ch. hingegen möchte eine Theorie konzipieren, welche die Regeln angibt, die der Konstruktion von Sätzen zugrundeliegen. 3.) Das Verhältnis zwischen linguistischer Theorie und der Grammatik einer Sprache wurde im Strukturalismus so gedacht, daß eine Theorie dem Linguisten praktische Verfahren zur Verfügung stellen sollte, mittels welcher die richtige Grammatik für eine Sprache konstruiert werden konnte (Auffindungsverfahren). Ch. zufolge ist dieser Anspruch zu hoch, eine linguistische Theorie kann allenfalls Kriterien vermitteln, die es ermöglichen, z.B. eine von zwei für eine Sprache vorgeschlagenen Grammatiken als die bessere auszuzeichnen (Bewertungsverfahren).

Neben dieser Kritik an den strukturalistischen Methoden und Zielen findet sich in Ch.s Schrift *Syntactic Structures* die Diskussion einiger formaler und generativer Modelle, die sich für eine Beschreibung der Syntax natürlicher Sprachen anbieten. Unter einer generativen Grammatik versteht Ch. einen Mechanismus, der alle möglichen und nur die in einer natürlichen Sprache möglichen Sätze hervorbringen kann. Eine solche Grammatik muß explizit sein und die Eigenschaft der Rekursivität besitzen. Explizit ist eine Grammatik dann, wenn sie alle Regeln enthält, die der Konstruktion von Sätzen zugrundeliegen, und wenn sie die Bedingungen formuliert, unter denen diese Regeln anwendbar sind. Rekursiv ist die Grammatik, wenn sie mittels einer endlichen Menge von Regeln unendlich viele Sätze erzeugen kann. Ch. diskutiert »Grammatiken mit endlich vielen Zuständen« (»finite state grammars«) und eine Phrasenstrukturgrammatik – letztere ist eine kalkülisierte Version der bereits im Strukturalismus verwendeten Konstituentenstrukturgrammatiken. Beide Modelle erweisen sich für eine Beschreibung der Syntax natürlicher Sprachen als ungeeignet. Mittels des auf Markovprozessen basierenden Modells einer Grammatik mit endlich vielen Zuständen lassen sich zwar unendlich viele Sätze erzeugen, aber es gibt bestimmte Mechanismen der Satzbildung, die in einem solchen Modell nicht angemessen darstellbar sind. Die Regeln einer Phrasenstrukturgrammatik können mitunter nur sehr einfache Sätze erzeugen; Phänomene wie z.B. die Verwandtschaft von Aktiv- und Passivsätzen oder strukturelle Mehrdeutigkeiten werden von ihnen nicht erfaßt. Deshalb schlägt Ch. vor, die Regeln einer Phrasenstrukturgrammatik durch Transformationsregeln zu ergänzen, die dann z.B. in der Lage sind, einen mittels der Phrasenstrukturregeln erzeugten Aktivsatz in den entsprechenden Passivsatz umzuformen. Mit diesem Modell gelang es Ch., die Syntax natürlicher Sprachen als formales System zu explizieren.

In seiner zweiten großen Schrift *Aspects of the Theory of Syntax* (1965; *Aspekte der Syntax-Theorie*) wird dieses auf die Syntax reduzierte Modell der Sprache – ein Erbe strukturalistischer Ideologie – ergänzt. In dem auch als »Standard Theory« bekannten Aspects-Modell unterscheidet Ch. zwischen der syntaktischen, phonologischen und semantischen Komponente einer Grammatik. Im Mittelpunkt dieses Modells stehen weiterhin syntaktische Analysen. Die syntaktische Komponente der Grammatik setzt sich zusammen aus einer Basis und einem Transformationsteil; erstere besteht aus Phrasenstrukturregeln und einem Lexikon, welche dazu dienen, sogenannte Tiefenstrukturen von Sätzen zu erzeugen. Diese Tiefenstrukturen dienen als Input für den Transformationsteil; mittels der Transformationsregeln werden die Tiefenstrukturen umgebaut und in

Oberflächenstrukturen – welche identisch sind mit den wohlgeformten Sätzen einer Sprache – überführt. Da Ch. die semantische und phonologische Komponente rein interpretativ denkt, leidet dieses Modell immer noch an einer syntaktischen Engführung der Sprachtheorie. Erst Ch.s Schüler William Ross, George Lakoff und James McCawley vertieften die semantischen Überlegungen innerhalb der generativen Bewegung.

Seit den 70er Jahren ist Ch. mit einer Revision und Modifikation des von ihm konzipierten Grammatikmodells beschäftigt. Diese Neuerungen betreffen vor allem die Formulierung von Beschränkungen, welche die Anwendbarkeit und damit die generative Kraft der Transformationsregeln einschränken sollen. Seine Schriften zu diesem Thema sind *Essays on Form and Interpretation* (1977) und *Lectures on Government and Binding* (1981).

Während Ch. zunächst an der Entwicklung einer formalen Syntaxtheorie interessiert war, führten ihn die Ergebnisse seiner sprachwissenschaftlichen Forschung dazu, mehr und mehr auch psychologische und philosophische Überlegungen über die Beschaffenheit des menschlichen Geistes anzustellen. Schon in den *Aspects* ist es nicht mehr das Ziel Ch.s, mit der Grammatiktheorie die Sprache zu beschreiben, beschrieben werden soll die »Kompetenz« des Sprechers einer Sprache. Unter Kompetenz – Ch. unterscheidet sie von der »Performanz«, dem jeweils konkreten Gebrauch der Sprache – versteht er das intuitive sprachliche Wissen eines Sprechers, welches der Performanz zugrundeliegt. Eine Grammatik soll die diesem Wissen impliziten Regeln explizieren. Das Regelsystem der Grammatik wird hier begriffen als das Abbild eines psychologisch realen Regelsystems, das angeblich die Grundlage der Sprachfähigkeit bildet. Mit dieser mentalistischen Position richtet sich Ch. gegen den Behaviourismus in der Psychologie. So hatte er schon 1959 eine kritische Rezension von Burrhus F. Skinners *Verbal Behaviour* (1957) verfaßt. Ch. kritisierte vor allem die pseudowissenschaftlichen Begriffe der behaviouristischen Psychologie, die er als die Alltagssprache paraphrasierende Wendungen entlarvte. In den Folgejahren wurde seine Auffassung vom Erstspracherwerb eines der Hauptargumente gegen den Behaviourismus. Auf der Grundlage seiner grammatischen Forschungen formuliert er empirische Argumente dafür, daß die Sprachfähigkeit dem Menschen angeboren ist (*Language and Mind* 1968; *Sprache und Geist*) und nicht nach dem behaviouristischen Lernmodell von Reiz und Reaktion erklärt werden kann. In diesem Zusammenhang ist sein Begriff der »Universalgrammatik« zu nennen: Er ist der Ansicht, daß es allen Sprachen gemeinsame Elemente gibt, die als linguistische Universalien bezeichnet werden können. So sollen insbesondere seine Analysen auf der tiefenstrukturellen Ebene diese Auffassung stützen – Ch.s Theorie will sich als ein Beitrag zur universalgrammatischen Forschung verstanden wissen. Die Annahme linguistischer Universalien und die These eines genetischen Fundaments des Sprachvermögens ergänzen sich wechselseitig.

Mit diesen Überlegungen reiht sich Ch. in eine von ihm als »cartesianische Linguistik« bezeichnete Tradition (*Cartesian Linguistics*, 1966; *Cartesianische Linguistik*) ein. Er entdeckt Präfigurationen seiner eigenen Konzeption in der

Tradition des philosophischen Rationalismus, so etwa bei Leibniz, Descartes, den Grammatikern von Port Royal, Herder und Wilhelm von Humboldt. Die Gemeinsamkeiten zwischen der rationalistischen Sprachphilosophie und der Theorie Ch.s lassen sich wie folgt zusammenfassen: Die Sprache wird als eine spezifisch menschliche Fähigkeit aufgefaßt. Die wichtigste Eigenschaft der menschlichen Sprache ist ihre Kreativität. Es handelt sich bei der Sprachfähigkeit um ein angeborenes Vermögen. Bestimmte Elemente sind allen menschlichen Sprachen gemeinsam. Die Unterscheidung zwischen Tiefenstruktur und Oberflächenstruktur findet sich in der rationalistischen Tradition als Unterscheidung zwischen einem inneren und äußeren Aspekt der Sprache.

In der Schrift *Rules and Representations* (1980; *Regeln und Repräsentationen*) befaßt sich Ch. mit der Frage nach einer biologischen Fundierung seiner mentalistischen Position. Er plädiert für eine Übertragung naturwissenschaftlicher Verfahren auf die Linguistik und Psychologie. Der Neurophysiologie weist er die Aufgabe zu, physiologische Korrelate der Sprachfähigkeit des Menschen auszumachen. Untersuchungen über die Strukturen und die Arbeitsweise des menschlichen Gehirns sollen seine Hypothesen stützen. Obwohl gerade die naturalistische Position Ch.s in der Philosophie kontroverse Diskussionen auslöste, wird sie von ihm in immer neuen Anläufen gegen mögliche Einwände verteidigt. Von besonderem Interesse ist zum Beispiel seine in dem Buch *Knowledge of Language* (1986) geführte Auseinandersetzung mit der Wittgenstein-Deutung Saul A. Kripkes. Letzterer hatte darauf hingewiesen, daß die Überlegungen Wittgensteins zum Problem des Regelfolgens ein verändertes Verständnis des linguistischen Kompetenzbegriffs erforderten und zudem deutlich machten, daß der Erklärungsanspruch einer Theorie vom Typus der Ch.schen verfehlt sei. Trotz dieser von philosophischer Seite erhobenen Vorwürfe, sind Ch.s Ideen immer wieder im Rahmen einer philosophischen Semantik diskutiert und verwendet worden, so etwa von Jerry Fodor für die Konzeption einer »Psychosemantik«.

Während man in der Linguistik teilweise von den naturalistischen Ansprüchen der Grammatiktheorie abrückt und zu transformationslosen Grammatikmodellen zurückkehrt, so etwa mit der »Generalisierten Phasenstrukturgrammatik« von Gerald Gazdar und der »Functional Unification Grammer« von Martin Kay, hält Ch. an seinem Theorieprogramm fest. Neuere Überlegungen finden sich in *The Generative Enterprise* (1988) sowie in dem Buch *Language and Problems of Knowledge* (1988) – hier handelt es sich um eine publizierte Fassung des sprachtheoretischen Teils der 1986 in Nicaragua gehaltenen Managua-Lectures, die Zeugnis geben von Ch.s Versuchen, theoretische Überlegungen zu sprachwissenschaftlichen und politischen Fragen einerseits und praktisches Engagement andererseits zu verbinden.

In den letzten Jahrzehnten trat Ch. erneut verstärkt als politischer Publizist an die Öffentlichkeit. Im Vordergrund seines politischen Engagements, das sich in einer Vielzahl von Schriften dokumentiert, stehen neben kritischen, mitunter subversiven Kommentaren zu aktuellen Ereignissen (wie etwa dem Golfkrieg oder den Konflikten in Israel) Überlegungen zur Medienkritik (zusammen mit

Edward S. Herman *Manufacturing Consent. The Political Economy of the Mass Media*, 1988; *Necessary Illusions. Thought Control in Democratic Societies*, 1989), zur wirtschaftlichen fundierten politischen Rolle der USA nach dem Ende des kalten Krieges (*Dettering Democracy*, 1991; *World orders, old and new*, 1995) und deren ideologischen Legitimationsversuchen (*Wirtschaft und Gewalt. Vom Kolonialismus zur neuen Weltordnung*, 1993).

Botha, Rudolph P.: Challenging Chomsky. Oxford 1989. – Newmeyer, Frederick J.: Linguistic Theory in America. The First Quarter Century of Transformatorial Generative Grammar. New York 1980. – Hermanns, Fritz: Die Kalkülisierung der Grammatik. Philologische Untersuchungen zu Ursprung, Entwicklung und Erfolg der sprachwissenschaftlichen Theorien Noam Chomskys. Heidelberg 1979.

Christoph Demmerling

Croce, Benedetto
Geb. 25. 2. 1866 in Pescasseroli; gest. 20. 11. 1952 in Neapel

In den autobiographischen *Beiträge(n) zur Kritik meiner selbst* (1915) schreibt C., daß er schon als Kind etwas wie ein »Herz im Herzen« gehabt habe: »und dieses Herz, jene meine innere und gehegte Neigung, war die Literatur oder besser die Geschichte.« Sein Lebenswerk ist die Entfaltung dieser Neigung. Aus wohlhabender Familie stammend, ist C. in Neapel aufgewachsen und hat, abgesehen von drei Studienjahren in Rom (1883–86), immer dort gelebt – in völliger Unabhängigkeit; C. hat nie ein Universitätsamt innegehabt und so von dieser Seite her das Ideal von Freiheit, das er zeitlebens vertrat, auch konkret gelebt. Neapel, Zentrum des italienischen Hegelianismus des Risorgimento, ist auch die Stadt Giambattista Vicos, und in diesen beiden Philosophen hat C. seine geistigen Väter gesehen. Nach dem – abgebrochenen – Studium der Jurisprudenz hat sich der junge C. in seiner »gelehrten Phase« zunächst ganz in ausgedehnte Studien zur Geschichte seiner Vaterstadt versenkt. In Auseinandersetzung mit der damaligen kulturgeschichtlichen Debatte vor allem in Deutschland (Johann Droysen, Wilhelm Dilthey) erwächst sein philosophisches Erstlingswerk *Die Geschichte unter dem allgemeinen Begriff der Kunst betrachtet* (1893), durch das er »in jenen Zeiten des Positivismus« schnell zu einem »Garibaldi della critica« wird. Von den bloß gelehrten Studien allmählich angewidert, setzt sich C. auf Anregung Antonio Labriolas in den Jahren 1895–1900 intensiv mit dem Marxismus seiner Zeit auseinander, vertieft seinen Geschichtsbegriff damit entscheidend (*Historischer Materialismus und marxistische Ökonomie*, 1900). Im folgenden Jahrzehnt erarbeitet er ein eigenes philosophisches System bzw. eine »Folge von Systematisierungen«, wie er es nannte, das auf vier Grundbegriffen der philosophischen Tradition beruht, Stufen des Geistes, die dieser dialektisch durchschreitet: das Schöne (*Ästhetik als*

Wissenschaft des Ausdrucks und allgemeine Linguistik, 1902); das Wahre (*Logik als Wissenschaft des reinen Begriffs*, 1905); das Nützliche – die Ökonomie – und das Gute (*Philosophie der Praxis*, 1909). Schlüsselbegriff für den Aufbau dieses Systems der *Philosophie als Wissenschaft des Geistes* ist die »Verknüpfung des Unterschiedenen«, wie sie C. in Abgrenzung zu Hegels »Dialektik der Gegensätze« konzipiert. Neben diesen Werken entstehen bedeutende philosophische Monographien (*Lebendiges und Totes in Hegels Philosophie*, 1906; *Die Philosophie Giambattista Vicos*, 1911) und – in Zusammenarbeit mit dem befreundeten Giovanni Gentile – ab 1903 die Zeitschrift *La Critica-Rivista di storia, letteratura e filosofia*. C. selbst spricht von dieser Epoche als »Zeit der Reife«: »Durch die Arbeit an *La Critica* ergab sich in mir das Bewußtsein, mich an meinem Ort zu befinden, mein Bestes zu geben und politisch tätig zu sein, politisch in einem weiten Sinne als Gelehrter und Bürger zugleich.« Vergegenwärtigt man sich die Spannweite der Werke dieses Jahrzehnts sowie die Tatsache, daß es – mit den Worten eines Philosophiehistorikers – »fast unmöglich« ist, den Einfluß von *La Critica* auf alle Gebiete des Wissens zu überschätzen, so läßt sich die überragende Stellung ermessen, die C. in der ersten Hälfte dieses Jahrhunderts im italienischen Geistesleben eingenommen hat.

Politisch ist C. der große Repräsentant des (konservativen) Liberalismus der Kultur des Risorgimento, der zeitlebens einen nüchternen Macchiavellismus mit einem sehr emphatischen Freiheitsbegriff zu verbinden suchte. Zwar unterstützte er aus einem kollektiv gefaßten Pflichtgefühl heraus schließlich die Teilnahme Italiens am Ersten Weltkrieg, bekämpfte aber alle Formen von irrationalistischem Nationalismus, wie er vor und in den Kriegsjahren bei der Mehrzahl der europäischen Intellektuellen grassierte. Von 1920 bis 1921 ist er Unterrichtsminister im liberalen Kabinett Giolitti. Nach anfänglich abwartender Haltung gegenüber dem Faschismus wird C. zum entschiedenen Kritiker des Regimes (*Manifest der antifaschistischen Intellektuellen*, 1. Mai 1925) – um so wichtiger, als er mit *La Critica*, die bis 1944 erscheint, sich als einziger von der Zensur unbehelligt öffentlich äußern kann. In diesen Jahren entstehen die wesentlichen historischen Arbeiten: *Geschichte des Königreichs Neapel* (1925), *Geschichte Italiens 1871–1915* (1928), *Geschichte des Barockzeitalters in Italien* (1929) und schließlich die *Geschichte Europas im neunzehnten Jahrhundert* (1932). In seiner Geschichtsbetrachtung legt C. den entscheidenden Akzent stets auf den aktiven, moralischen Aspekt der geschichtlichen Wirklichkeit, in dialektischem Gegensatz zu den historisch-ökonomischen Bedingungen der Zeit. Diesen Ansatz, den er »ethisch-politische Geschichtsschreibung« nennt, formuliert er umfassend zuletzt in *Die Geschichte als Gedanke und Tat* (1938).

Neben Philosophie und Geschichtsschreibung – oder philosophischer Geschichtsbetrachtung – ist C.s drittes Arbeitsfeld die Literaturkritik, in der ebenfalls die Thematik des »Individuellen« im Vordergrund steht (*Goethe*, 1919; *Ariost, Shakespeare und Corneille*, 1920; *Dantes Dichtung*, 1921; *Poesie und Nichtpoesie*, 1923). Im Widerspruch zur theoretisch beanspruchten Autonomie der Kunst hat C.s Literaturkritik ihre Schranken in seinem klassizistischen Kunstideal, die ihn – hier in manchem Georg Lukács vergleichbar – zur pauschalen Verdammung der Kunst der Moderne als »romantische Krankheit« – morbo romantico – führt. Gerade auch als Literaturkritiker hat C. weit über die Grenzen Italiens hinaus eine immense Wirkung gehabt, wohl nicht zuletzt durch die Eleganz und Lebendigkeit seines Stils, der den Autor jedoch häufig dazu verführte, Widersprüche und Probleme rhetorisch zu verdecken. Man kann C.s Denken als optimistischen Idealismus charakterisieren, der vom Bewußtsein der menschlichen Freiheit als Wirklichkeit und Aufgabe durchdrungen ist. Konkret zeigt sich dies etwa darin, daß er nach der Befreiung vom Faschismus noch in hohem Alter aktiv an den Auseinandersetzungen um die politische Neugestaltung Italiens teilgenommen hat. Seine Spätphilosophie weist jedoch unverkennbar Züge der Verdüsterung auf: unter dem Eindruck der Zeitereignisse wird es C. zunehmend unmöglich, die menschliche Geschichte als Fortschritt, als Geschichte der Freiheit zu denken.

Maggi, Michele: La filosofia di Benedetto Croce. Florenz 1989. – Bonetti, Paolo: Introduzione a Croce. Bari 1984. – Acham, Karl: Benedetto Croce. Die Grundprobleme des Historismus. In: Die Großen der Weltgeschichte XI. Zürich 1978.

Christoph Helferich

Davidson, Donald
Geb. 6. 3. 1917 in Springfield (Mass.)

Gut siebzig Artikel, verstreut über eine Vielzahl von Zeitschriften und Büchern, bilden ein philosophisches System, das seinen Urheber zu einem der meistdiskutierten amerikanischen Philosophen des ausgehenden 20. Jahrhunderts gemacht hat. D. hat nicht nur maßgeblichen Einfluß auf die analytische Philosophie genommen, manche Kommentatoren sehen in ihm auch einen Mittler zur kontinentalen Philosophie und möchten ihn in der Nachbarschaft von Hegel, Heidegger, Gadamer oder Derrida angesiedelt wissen.

Dabei begann D.s philosophische Karriere eher zögerlich. Noch nach dem College-Abschluß an der Harvard University (1941), wo D. außer Philosophie Literatur und Griechisch studiert hatte, stand keineswegs fest, daß er eine akademische Laufbahn ergreifen würde. D. trat in dieser Zeit als Schauspieler auf, inszenierte zusammen mit seinem Kommilitonen Leonard Bernstein eine Operette und schrieb Radiotexte für Hollywood. Seine ersten wissenschaftlichen Veröffentlichung waren ebenfalls nicht typisch philosophisch, sondern zählten eher zur Psychologie, darunter auch seine neben der Dissertation über Platos *Philebus* (1949) bislang einzige Monographie *Decision-Making: An Experimental Approach* (1957, zusammen mit Patrick Suppes).

Erst als D. Mitte vierzig und (nach Jahren als Assistent Professor und Associate Professor) ordentlicher Professor der Stanford University war (1960–67), begann seine philosophische Publikationsgeschichte. D. veröffentlichte *Actions, Reasons, and Causes* (1963), einen Aufsatz der abrupt die Wittgensteinsche Tradition in der Handlungstheorie beendete und so zu einem modernen Klassiker in dieser Disziplin wurde. Es folgten sehr schnell weitere Artikel nicht nur zur Handlungstheorie, sondern vor allem zur Sprachphilosophie, aber auch zur Philosophie des Geistes, Metaphysik und Erkenntnistheorie, durch die ebenfalls eine ganze Reihe dezidiert neuer Positionen in den Kanon der jeweiligen Disziplinen eingeführt wurden. Hervorzuheben sind besonders *Truth and Meaning* (1967), D.s programmatischer Beitrag zur Sprachphilosophie, *Mental Events* (1970), seine Stellungnahme zum Leib-Seele-Problem, und *On the Very Idea of a Conceptual Scheme* (1974) über die apriorischen Grenzen einer relativistischen Erkenntnistheorie. Anfang der 80er Jahre wurden die meisten von D.s bis dahin erschienenen Aufsätze in zwei Sammelbänden wiederabgedruckt, *Essays on Actions and Events* (1980; *Handlung und Ereignis*) und *Inquiries into Truth and Interpretation* (1984; *Wahrheit und Interpretation*). In der Folge sind dann eine Reihe von Monographien und Textsammlungen über D. publiziert worden, aber von D. selbst gibt es (mit Ausnahme seiner erst 1990 publizierten Dissertation und einer nur auf Deutsch erschienenen Sammlung *Der Mythos des Subjektiven* von 1993) keine weiteren Buchveröffentlichungen. Nach Stanford lehrte D. von 1967 bis 1970 an der Princeton University, anschließend von 1970 bis 1976 an der Rockefeller University, von 1976 bis 1981 an der University of Chicago und ist seitdem Professor für Philosophie an der University of California in Berkeley. Er hatte zahlreiche Gastprofessuren inne und erhielt neben vielen anderen Auszeichnungen 1991 den Hegel-Preis der Stadt Stuttgart.

D.s Philosophie ist der Gegenstand einer stetig anwachsenden Sekundärliteratur, die sich besonders um einige prominente Thesen gruppiert. Diese Entwicklung droht den Blick dafür zu verstellen, daß D.s Stellungnahmen zu einzelnen philosophischen Problemen eingebettet sind in ein systematisches Ganzes, auf das er in all seinen Veröffentlichungen konsequent hindeutet, und das er, ohne sich zu größeren Revisionen gezwungen zu sehen, bis heute immer weiter vervollständigt hat. Etwas plakativ kann man sagen, daß sich alle Publikationen D.s letztlich zwei Leitfragen widmen: Erstens, was heißt es, andere Menschen zu verstehen? Und zweitens, welche Konsequenzen ergeben sich daraus für unser Bild der Welt?

Einen anderen Menschen zu verstehen kann heißen, daß man erfährt, warum dieser Mensch etwas tut, was er denkt, fühlt, meint, glaubt, etc. oder schließlich, was er sagt. Doch das sind, so D., nicht wirklich verschiedene Arten des Verstehens, sondern nur verschiedene, voneinander abhängige Aspekte eines einheitlichen Verstehensprozesses. Verstehen, so D.s Hauptthese, ist im Grunde ein explanatorisches Anliegen. Es besteht darin, daß man eine auf sprachfähige Wesen zugeschnittene explanatorische Strategie anwendet, um sich das Verhalten eines Menschen kausal zu erklären.

D.s philosophische Wirkungsgeschichte beginnt mit der Handlungstheorie. Handlungen sind für D. Ereignisse (genau genommen: Körperbewegungen), die sich dadurch von anderen Ereignissen unterscheiden, daß sie aus Gründen geschehen. Sie zu verstehen bedeutet, diese Gründe zu kennen. Gründe wiederum, so D. in der Tradition von Aristoteles' praktischem Syllogismus, sind intentionale Einstellungen (Meinungen, Wünsche, Hoffnungen etc.), die in einer quasi-logischen Beziehung zum Handeln stehen, dieses »rationalisieren«. Doch nicht jedes Ereignis, das sich aus den Einstellungen eines Menschen rationalisieren läßt, ist eine Handlung, es muß hinzukommen, daß das Ereignis *aus* diesen Gründen geschieht. Dazu gehört, so D., daß die Gründe das Stattfinden des Ereignisses erklären, und das wiederum setzt voraus, daß die Gründe das Ereignis verursachen. Eine Handlung verstehen heißt also auch wissen, daß diese Gründe sie verursacht haben. Damit bricht D. mit der herrschenden Meinung in der Handlungstheorie der frühen 60er Jahre, der zufolge die quasi-logische Beziehung zwischen Gründen und Handlungen mit einer Kausalbeziehung unvereinbar sei.

Die explanatorische Leistungsfähigkeit von Handlungserklärungen liegt aber nicht allein darin, daß Gründe Ursachen sind, sondern darin, daß sie (über den praktischen Syllogismus hinaus) Einblick gewähren in die Psyche des Handelnden, in das Geflecht intentionaler Einstellungen, aus denen die Gründe als handlungsbestimmend hervorgegangen sind. Für die Art und Weise dieses Rückgangs auf die intentionale Struktur des Handelnden verweist D. auf die rationale Entscheidungstheorie, mit der er aus seinen Arbeiten der 50er Jahre vertraut ist. Die Möglichkeit, entscheidungstheoretische Zuschreibungen allein auf der Basis geeigneter Verhaltensbeobachtungen zu tätigen, stärkt die These, intentionale Einstellungen als theoretische Postulate einer explanatorischen Strategie anzusehen. Und die Notwendigkeit, entscheidungstheoretische Zuschreibungen auf die Annahme der Rationalität des Probanden zu stützen, erlaubt ein angemessenes Verständnis der Rolle der Rationalität in Handlungserklärungen. Rationalitätsstandards, so D., sind keine empirisch aufweisbaren, sondern konstitutive Bestandteile solcher Erklärungen.

Das größte Problem für das durch die Entscheidungstheorie nahegelegte Verständnis intentionaler Erklärungen liegt in der Rolle der Sprache. Die Entscheidungstheorie ist darauf angewiesen, den Probanden fein differenzierte Einstellungen zuzuschreiben, was ohne die Möglichkeit sprachlicher Vermittlung undenkbar ist. D.s Konzeption des Handlungsverstehens setzt deshalb eine Erläuterung des Sprachverstehens und seiner Funktion für das Verstehen insgesamt voraus. Und es ist diese Erläuterung, die D.s Theorie der Intentionalität so deutlich abhebt von auf den ersten Blick ganz ähnlichen Positionen in der Philosophie des Geistes (beispielsweise Daniel Dennetts Theorie intentionaler Systeme).

Die Frage, was es heißt, Sprache zu verstehen, zieht sich durch D.s gesamtes Werk, von den frühen 60er Jahren bis heute. Aber während seine frühen Arbeiten noch stark sprachphilosophisch ausgerichtet waren, thematisiert D. seit den 70er Jahren immer stärker die Verbindung zum psychologischen, handlungstheoretischen Verstehen. Jede Erklärung sprachlichen Verstehens muß zweierlei leisten. Zum einen muß sie dem scheinbaren Paradox Rechnung tragen, daß endliche Wesen als kompetente Sprecher einer Sprache die Bedeutungen einer endlosen Vielfalt möglicher Sätze kennen; das heißt, sie muß erklären, wie es möglich ist, aus der Zusammensetzung der Sätze auf ihre Bedeutung zu schließen. Sie muß die Sprache als »lernbar« erweisen. Zum anderen muß sie mit der empirischen Annahme vereinbar sein, daß es unter geeigneten Umständen im Prinzip möglich wäre, eine Sprache zu verstehen, ohne zuvor irgend etwas über die Sprache oder auch die Psyche ihrer Sprecher zu wissen. Diese Annahme der Möglichkeit »radikaler Interpretation« und das zu ihrer Illustration dienende Szenario stammen von D.s Lehrer Willard Van Orman Quine, dessen Philosophie insgesamt einen großen Einfluß auf D. gehabt hat: Man stelle sich einen (Sprach-)Forscher vor, der einem ihm völlig unbekannten Menschen begegnet, dessen Sprache er nicht kennt und von dem er auch sonst nicht weiß, was er denkt, will etc. Trotz dieser mageren Ausgangsbasis, so D., könnte es dem Forscher gelingen, allein aufgrund des beobachteten Verhaltens des ›Fremden‹, diesen nach und nach zu verstehen, bis man schließlich mit Recht sagen könnte, daß er die fremde Sprache beherrscht. D.s Sprachphilosophie beansprucht, beiden Anforderungen gerecht zu werden, wobei sich im Laufe der Zeit der Fokus von der Lernbarkeitsforderung zur radikalen Interpretierbarkeit hin verschoben hat.

Die Feststellung, die den Ausgangspunkt von D.s Sprachphilosophie bildet, stammt ursprünglich von Gottlob Frege: Für einen Kernbereich der Sprache (die nicht-indexikalischen assertorischen Sätze) fallen die Bedeutungen von Sätzen mit ihren Wahrheitsbedingungen zusammen. D. gibt nun eine Erklärung für diesen Zusammenhang, die letztlich darauf beruht, dem sprachlichen Verstehen eine spezielle Rolle im Handlungsverstehen zuzuweisen. Jemand, der eine Sprache beherrscht, verfügt über ein unvergleichlich sensibles und mächtiges Instrument, um auf seine Umwelt zu reagieren. Er kann Stellung beziehen zu einer endlos offenen Vielfalt von Sätzen seiner Sprache – sei es, daß er sie für wahr hält, sie ablehnt, es schön fände, wenn sie wahr wären usw. –, und diese Stellungnahme hängt davon ab, was mit ihm geschieht, was er erlebt etc. Für den Betrachter, der ihn verstehen möchte (den »Interpreten«), eröffnen nun diese Haltungen des Sprechers zu den Sätzen eine einzigartige Möglichkeit, dessen ›Innenleben‹ kennenzulernen, und damit die Möglichkeit, auch weitere, nicht-sprachliche Handlungen zu erklären. Er muß dazu nur einen Weg finden, die Sätze, zu denen der Sprecher Stellung nimmt, an die Bedingungen zu koppeln, unter denen seine Stellungnahmen veranlaßt werden. Und eben hierin liegt die Funktion des Wahrheitsbegriffs. Der Interpret setzt die Sätze dadurch mit der Welt in Verbindung, daß er angibt, unter welchen Bedingungen sie wahr sind. Gelingt ihm das, dann, so D., versteht er die Sprache, und er kann die Wahrheitsbedingungen nutzen, um die intentionalen Einstellungen des Sprechers zu unterscheiden. Sie bilden die die Einstellungen individuierenden »propositionalen Gehalte«.

Weil damit sprachliches Verstehen an das explanatorische Interesse des Interpreten geknüpft ist, der sich die Sprachlichkeit zunutze macht, um Handlungen des Sprechers zu erklären, erfüllt D.s Sprachverständnis die Bedingung radikaler Interpretierbarkeit. Somit hängt der Erfolg von D.s Projekt davon ab, ob er auch die Lernbarkeitsbedingung erfüllen kann. D. hat in seinen frühen sprachphilosophischen Aufsätzen immer wieder auf die Probleme hingewiesen, die andere Konzeptionen mit der Lernbarkeitsbedingung haben. Die Hoffnung, daß seine eigene »wahrheitsfunktionale Semantik« diese Bedingung erfüllt, gründet sich auf das Werk Alfred Tarskis, der gezeigt hat, wie man aus einer überschaubaren Anzahl von Axiomen Wahrheitsbedingungen für die unendlich vielen Sätze einer recht komplexen formalen Sprache ableiten kann. D. ist zuversichtlich, daß eine solche Theorie der Wahrheitsbedingungen, kurz: »Wahrheitstheorie«, auch für die Sätze natürlicher Sprachen wie Deutsch oder Englisch möglich wäre und damit die Lernbarkeitsbedingung erfüllt sei.

Das skizzierte Modell des Sprachverstehens zeigt, wie eng die Möglichkeit der Zuschreibung intentionaler Einstellungen an die Sprachlichkeit geknüpft ist. Das hat zur Folge, daß für D. jede Zuschreibung intentionaler Einstellungen an nicht-sprachliche Wesen, obwohl häufig nützlich und insofern legitim, ein nicht wirklich fundierter Anthropomorphismus ist. Und es zeigt, daß die Sprachlichkeits-Voraussetzung der Entscheidungstheorie unabdingbar ist. Zugleich eröffnet es aber auch die Möglichkeit, die Entscheidungstheorie um eine Wahrheitstheorie für die Sprache des Probanden zu ergänzen und so zu einer fundamentaleren, voraussetzungsärmeren Theorie überzugehen, einer *Unified Theory of Meaning and Action*, wie D. sie im Titel eines programmatischen Aufsatzes von 1980 nennt. Die prinzipielle Möglichkeit einer derartigen Theorie ist wiederum ein gewichtiger Beleg für die Korrektheit von D.s Ausgangsthese, daß alles Verstehen letztlich Teil einer einigen Strategie der Verhaltenserklärung und die intentionale und auch die semantische Begrifflichkeit nur in ihrem Beitrag zu dieser Strategie verständlich seien.

Akzeptiert man diese Grundthese, dann kann man fragen, was daraus folgt. Das ist die zweite Leitfrage der Philosophie D.s. Unmittelbar einsichtig sind zwei Konsequenzen für die Erkenntnistheorie. Zum einen wird mit D.s These dem erkenntnistheoretischen Skeptizismus die Grundlage entzogen. Denn wenn Verständnis prinzipiell davon abhängig ist, eine Wahrheitstheorie zu finden, welche die Sätze des zu interpretierenden Sprechers möglichst eng an seine kausale Interaktion mit der Welt koppelt, dann muß sie die Meinungen des Sprechers, abgesehen von epistemologisch nachvollziehbaren Ausnahmefällen, wahr sein lassen. Diese unumgängliche interpretative Maxime bezeichnet D. im Anschluß an Quine als »Principle of Charity«. Zum anderen ist auch für den erkenntnistheoretischen Relativismus kein Platz. Denn da die Begriffe der Sprache, Bedeutung etc. theoretische Begriffe einer Strategie zur Verhaltenserklärung sind, macht die Annahme prinzipiell unzugänglicher Sprachen oder inkommensurabler Begriffssysteme keinen Sinn. Ein drittes erkenntnistheoretisches Thema, mit dem sich D. vor allem in neueren Arbeiten beschäftigt, ist die spezielle Autorität, die man mit Bezug auf das eigene psychische Geschehen hat.

Für die Sprachphilosophie bringt D.s Programm eine Akzentverschiebung mit sich. Die vermeintlich zentralen Begriffe der Bedeutung und Referenz erfahren eine durch die Untersuchungen Ludwig Wittgensteins ohnehin empfohlene

Abwertung. Beide erweisen sich als für das explanatorische Grundanliegen sprachlichen Verstehens wenig signifikant. Erstaunlicherweise gilt dasselbe aber auch für den Begriff der Sprache, denn primär geht es dem Interpreten bei D. nicht um das Verstehen von Sprachen, sondern um das von Sprechern. Daraus entwickelt D. in seinen jüngeren sprachphilosophischen Arbeiten interessante Folgerungen über den sozialen Charakter der Sprachlichkeit.

Eine neue Aufgaben für die Sprachphilosophie liegt darin, D.s optimistischer Annahme folgend, eine Wahrheitstheorie für die natürlichen Sprachen zu erstellen. D. empfiehlt hier eine Arbeitsteilung: Die Philosophen erstellen einen Kernbereich der Theorie, in dem Wahrheitsbedingungen für die »logische Form« aller Sätze der betrachteten Sprache angegeben werden, die empirische Sprachwissenschaft kümmert sich dann um die Zuordnung der übrigen Sätze zu diesen logischen Formen. Logische Formen für alle Sätze einer Sprache zu entwickeln, ist kein triviales Unternehmen, und trotz vieler Fortschritte, die D. und andere erzielt haben, beispielsweise durch die Entwicklung der sogenannten »parataktischen Analyse« für die Inkorporation intensionaler und nicht-assertorischer Sätze, ist nach wie vor offen, ob es sich überhaupt durchführen läßt.

Wichtig ist aber, daß die Erarbeitung logischer Formen weitreichende Konsequenzen für andere Bereiche der Philosophie hat, so daß D. im Titel eines Aufsatzes von der *Method of Truth in Metaphysics* sprechen kann. Vor allem sind dies ontologische Konsequenzen, denn der primäre Zugang zum Seienden geschieht über sprachliche Bezugnahme, und nach der Degradierung des Referenzbegriffs beschränkt sich diese auf die Frage, welche Entitäten als existent angenommen werden müssen, um eine Wahrheitstheorie durchzuführen. Daß überhaupt Existenzannahmen nötig sind, liegt an der Notwendigkeit, Sätze als quantifiziert anzusehen und dann mit Hilfe des »Erfüllungs«-Begriffs eine Beziehung zwischen rudimentären Sätzen und Bestandteilen der Welt herzustellen. Bei D. führen diese sprachtheoretischen Erwägungen zu dem ontologischen Resultat, daß neben materiellen Gegenständen auch Ereignisse als existent anzunehmen seien, aber beispielsweise Eigenschaften, Zustände und Sachverhalte nicht.

Eine weitere, besonders prominente Konsequenz aus D.s Programm ist seine Stellungnahme zum Leib-Seele-Problem in der Philosophie des Geistes. Intentionale Einstellungen sind eingebunden in die kausale Struktur der Welt, sowohl was ihre Ätiologie angeht, als auch die sich aus ihnen ergebenden Handlungen. Kausalbeziehungen wiederum setzen nach D. ein striktes Gesetz voraus, das von der Ursache auf die Wirkung schließen läßt. Doch die konstitutiven Elemente für die Zuschreibung intentionaler Einstellungen (die Rationalitätsvoraussetzung und das Principle of Charity) schließen die Existenz strikter psychophysischer Gesetze aus. Also können intentionale Einstellungen nur dann Ursachen und Wirkungen sein, wenn sie sich so beschreiben lassen, daß sie auch unter rein physikalische Gesetze fallen können (»Anomaler Monismus«). Insofern intentionale Einstellungen aber eine physikalische Beschreibung haben, ist jede von ihnen zugleich auch eine physikalische Entität (»Token-Identitäts-These«).

So wie D. zufolge Verstehen allgemein an Interpretation gebunden ist und damit letztlich auf Verständigung beruht, ist auch philosophisches Verständnis an die Wechselwirkungen eines interpretativen Prozesses geknüpft. Vor diesem Hintergrund ist es sicher kein Zufall, daß der Autor, der in seiner Rede zur Verleihung des Hegelpreises (*Dialektik und Dialog*, 1993) eine emphathische Würdigung der sokratischen Elenktik vorgetragen hat, seine Leser durch seine Veröffentlichungspraxis zwingt, sich einen eigenen Reim zu machen aus dem Puzzle seiner ineinander verstrickten Reflexionen. Leicht ist es jedenfalls nicht, das Verständnis dieses großen Theoretikers menschlichen Verstehens.

Preyer, Gerhard/Siebelt, Frank/Ulfig, Alexander (eds.). Language, Mind and Epistemology. Dordrecht 1994. – Glüer, Kathrin: Donald Davidson zur Einführung. Hamburg 1993. – Stoecker, Ralf (Hg.), Reflecting Davidson. Berlin/New York 1993, mit Publikationsliste und Sekundärliteratur. – Evnine, Simon: Donald Davidson. Oxford 1991.

Ralf Stoecker

Deleuze, Gilles
Geb. 1925 in Paris; gest. 4. 11. 1995 in Paris

D. ist einer der profiliertesten Vertreter der französischen Gegenwartsphilosophie. Er gehört zu jener – in Deutschland oft sehr pauschal als wahlweise ›post-‹ oder ›neostrukturalistisch‹ etikettierten – Generation von Denkern, deren Themen und Thesen seit den 60er Jahren die herkömmliche akademische Philosophie herausfordern und dabei weit über den universitären Bereich hinaus Beachtung gefunden haben. In Absetzung von den institutionalisierten Formen des Marxismus und der Psychoanalyse entwirft D. eine radikale Philosophie des Begehrens, die den politischen Impuls des Aufbruchs vom Mai 1968 fortführt; er propagiert ein »nomadisches Denken der Zerstreuung«, das anstelle allgemeiner Kategorien und universeller Regeln das Lokale, Differentielle und Ereignishafte betont.

D. wächst als jüngerer von zwei Brüdern im 17. Arrondissement von Paris auf, in dem er noch heute wohnt. Während der deutschen Besatzung wird sein älterer Bruder wegen Beteiligung an der Réstistance festgenommen und stirbt auf dem Transport nach Auschwitz. 1944 beginnt D. das Studium der Philosophie an der Sorbonne, seine Lehrer sind Ferdinand Aliqué, Jean Hippolyte, Georges Canguilhem und Maurice de Gandillac. Er schließt das Studium 1947 mit einer Arbeit über Hume (1953 unter dem Titel *Empirisme et subjectivité* veröffentlicht) und 1948 mit der Agrégation in Philosophie ab. Während dieser Zeit entdeckt er Sartre, den er als wichtigsten zeitgenössischen Autor bewundert. Von 1948 bis 1957 ist D. zunächst in Amiens, dann in Orléans und schließlich in Paris als Gymnasialprofessor tätig. 1956 heiratet er Fanny Grandjouan. 1957 wird er Assistent an der Sorbonne und ist von 1960 bis 1964 ans

Centre National de Recherche Scientifique (CNRS) abgeordnet. 1962 lernt er, vermittelt durch Jules Vuillemin, Michel Foucault kennen. Von 1964 bis 1969 lehrt D. an der Universität Lyon und von 1969 bis zu seiner Emeritierung 1987 als Professor an der (in den 70er Jahren nach St. Denis verlagerten) Universität Paris VIII-Vincennes, die anfangs eine Art Experimentierfeld intellektueller Protagonisten und Sympathisanten des Mai 1968 bildet.

Seit 1953 publiziert D. eine Reihe von historischen Studien zu Kant, Hume, Bergson, Nietzsche und Spinoza. Hierbei versucht er, quer zur herkömmlichen Philosophiegeschichte von Platon bis Hegel eine andere Linie sichtbar zu machen, deren Helden Epikur, Lukrez, Duns Scotus, Spinoza, Hume, Bergson und Nietzsche sind. Fluchtpunkt dieser Studien ist eine radikale Absage an den Hegelianismus und die Dialektik. Am entschiedensten kommen die Leitmotive seiner philosophischen Position in der Studie *Nietzsche et la philosophie* (1962; *Nietzsche und die Philosophie*) zum Ausdruck, die zugleich – in der Tradition der Nietzsche-Lektüre von Dichter-Philosophen wie Georges Bataille und Pierre Klossowski stehend – den Beginn einer philosophischen Nietzsche-Renaissance in Frankreich markiert.

Nietzsches Idee einer Philosophie als Genealogie, so betont D., richtet sich gleichermaßen gegen die Idee einer Begründung von oben, aus obersten Ideen, universellen Prinzipien, wie auch umgekehrt gegen die Vorstellung einer schlichten Kausalableitung geistiger Gebilde: Der Genealoge ist weder Richter im Sinne der Kantschen Metapher noch utilitaristischer Mechaniker. Das Dasein bedarf keiner Rechtfertigung, es ist nicht sündhaft, noch bedarf es einer Erlösung, es ist mit Heraklit eher als ästhetisches denn als moralisches Problem zu begreifen. Nietzsche verwirft den Wert des Negativen und des Leidens sowie die Idee des Positiven als Produkt der Negation selbst. Er setzt gegen die Negation der Negation die Bejahung der Bejahung. Dies meint indes nicht die ›Bejahung des Esels‹, der nicht nein zu sagen vermag: dies wäre eine Karikatur der Bejahung. Kritik vielmehr ist selbst Aktion, nicht Reaktion, ist Aktion der Bejahung. Das Verhältnis einer Kraft gegen eine andere – und Nietzsche betrachtet D. zufolge gegenständliche wie Sinnbeziehungen als Kräfteverhältnisse – ist nicht negativ. Jede Kraft steht in einem wesentlichen Verhältnis zu einer anderen Kraft. Eine Kraft jedoch, die sich auf eine andere Kraft bezieht, nennt Nietzsche Willen. Der Wille nun will das, was er vermag, er ist insofern Wille zum Willen und damit Wille zur Macht. Der Wille vollzieht sich nicht via Nerv oder Muskel, er ist keine physische Einwirkung auf Gegenstände, sondern bezieht sich stets auf einen anderen Willen. Wenn der Wille einen anderen Willen voraussetzt, wenn ihr Widerstreit keine Negationsbeziehung bedeutet, dann opponiert diese Konzeption nicht nur der Hegelschen Dialektik, sondern auch der Schopenhauerschen Willensmetaphysik, die einen einzigen Willen unterstellt und in eine Verneinung des Willens mündet.

Die theoretischen Motive der Nietzschestudie finden ihre Ausarbeitung in *Spinoza et le problème de l'expression* (1968; *Spinoza und das Problem des Ausdrucks in der Philosophie*) sowie in den historisch und thematisch weiter ausgreifenden Abhandlungen *Différence et répétition* (1968; *Differenz und Wiederholung*) und

Logique du sens (1969; *Die Logik des Sinns*). Die Differenz ist nicht die Negation einer vorher bestehenden Identität, sie definiert sich nicht als Gegensatz gegen eine Einheit: Sie ist keine negative Beziehung, sondern positiv, Bejahung. Auch die sprachliche Operation der Verneinung ist von der Positivität des Begehrens getragen. Die abendländische Philosophie wollte die Differenz auf die Negation reduzieren; D. hingegen versucht Differenz zu denken, ohne sie unter ein einheitliches universelles Konzept zu bringen; sie verläßt den Horizont der aristotelischen Definitionslehre zugunsten eines Konzepts, das in vielem an Wittgensteins Begriff der ›Familienähnlichkeit‹ erinnert. Nicht Allgemeinheit, Notwendigkeit und zeitlose Geltung charakterisieren die Gegenstände der Philosophie, sie hat sich vielmehr am Ereignis, am Singulären zu bewähren. D. unternimmt mit Nietzsche den Versuch einer Umkehrung des Platonismus. Wenn die Physik die Lehre von den idealen Strukturen der Körper ist, dann gilt es, Metaphysik als Analyse der »Materialität des Körperlosen« zu betreiben. Der Sinn, das Ideelle sind Effekt, nichts Ursprüngliches, ihre Grundlage ist der Nicht-Sinn, also kein Sinn höherer oder allgemeinerer Ordnung. Zwar ist Sinn immer schon vorausgesetzt, sobald ich zu sprechen beginne, aber es ist niemals der Sinn dessen, was ich sage. Diesen kann ich zum Gegenstand einer anderen Aussage machen, die jedoch ihrerseits ihren Sinn nicht selbst aussagt. Wir treten damit ein in eine unendliche Regression des Voraussetzens.

Weit über den Bereich fachphilosophischer Debatten hinaus wurde D. durch seine gemeinsam mit dem Psychiater und Lacan-Schüler Félix Guattari verfaßte Schrift *Anti-Oedipe* (1972; *Anti-Ödipus*) bekannt. Trotz seines kompromißlosen Antihegelianismus war der Strukturalismus der Lacanschen Freudinterpretation und der Althusserschen Marxlektüre in wichtiger Hinsicht eine Theorie des Mangels, des Defizitären geblieben und verblieb insofern im Bannkreis der Hegelschen Negativität. Indem der französische Begriff des »désir« sowohl den Hegelschen Begriff der Begierde als auch den Freudschen Begriff des Wunsches übersetzt, konnte er bei Lacan eine fundamentale Mangelstruktur bezeichnen, in die das Subjekt eingebunden ist. Der *Anti-Ödipus* begreift demgegenüber den Wunsch von Anfang an als positiv, produktiv und grenzüberschreitend, er ist keinem Mangel, keiner Grenze, keiner Negativität geschuldet. Er ist nicht länger durch den Mangel, die Abwesenheit seines Ziels, definiert, es handelt sich vielmehr um eine immanente Kraft. Er schafft Verbindungen, die das Reale durchziehen, er ist Bejahung. D. und Guattari stellen die Universalität des Ödipus-Komplexes in Frage und gelangen zu einer Neubewertung der Psychosen. Sie erklären, daß die klassische Psychoanalyse einen zu engen Begriff des Unbewußten entwickelt habe. Die Produktivität des Wunsches explizieren beide im Begriff der »Wunschmaschinen« und der »Wunschproduktion«. Hiermit ist keine Phantasieproduktion im Unterschied zur gesellschaftlichen Produktion des Wirklichen gemeint, sondern ein Produktionsprozeß, der als Fließen von Kräfteströmen aufzufassen ist, eine soziale Maschinerie. »Maschine« meint hier einen multiplen Funktionskreislauf, einen beweglichen Mechanismus, der noch mehr ist als das bloße Verwirklichen eines vorgeplanten Zielzustandes. Das Funktionieren der Wunschmaschinen ist nicht teleologisch zu begreifen, da es weder durch ein prädefiniertes Ziel noch durch ein zieldefinierendes Subjekt kontrolliert wird. Letzteres löst sich vielmehr im Strömen der Wunschproduktion auf: Das Subjekt wird nicht repressiv ausgelöscht, sondern in sich selbst vervielfältigt. Theorie und Praxis der Psychoanalyse verkennen und blockieren das subversive Kräftespiel des Wunsches, sie proklamieren als universelle und notwendige Struktur des Begehrens, was sich in Wahrheit den Machtkonstellationen einer spezifischen abendländisch-kapitalistischen Gesellschaftsformation verdankt, die an die Stelle des produktiven Unbewußten den versprachlichten Sinn, die Repräsentation treten läßt, welche die »Fabrik des Realen« durch das Theater ersetzt. Sie verkennt dabei, daß Sprache weniger eine universelle Struktur ist als vielmehr eine spezifische, lokale, stets kontextgebundene »Äußerungsmaschine« darstellt. – Die Themen des *Anti-Ödipus* werden in einer Reihe von kleineren Artikeln der Autoren sowie in dem Fortsetzungsband *Milles plateaux* (1980; *Tausend Plateaus*) weiterverfolgt. Neben der Philosophie und der Gesellschaftsanalyse besitzen die moderne Literatur und Malerei eine wichtige Bedeutung für D., wie sich an seinen Studien *Marcel Proust et les signes* (1964, erweiterte Neuauflage 1970; *Proust und die Zeichen*), *Kafka – pour une littérature mineure* (gemeinsam mit Guattari, 1975; *Kafka. Für eine kleine Literatur*), *Francis Bacon. Logique de la sensation* (1981; *Francis Bacon. Logik der Sensation*) sowie an zahlreichen kleineren Artikeln insbesondere zur modernen amerikanischen Literatur zeigt.

In seinen Studien *L'image mouvement* (1983; *Das Bewegungs-Bild*) und *L'image temps* (1985; *Das Zeit-Bild*) analysiert D. den Film als philosophisches Problem. Die Beschäftigung mit theoretischen Programmatiken, Materialien der Filmgeschichte und Konzepten der Filmanalyse ist zugleich eine Auseinandersetzung mit Henri Bergson und Charles S. Peirce. Es handelt sich nicht um die Anwendung philosophischer Begriffe auf den Gegenstandsbereich des Films, sondern darum, klassische Fragen der Philosophie vom Film her neu zu formulieren. Im Film handelt es sich darum, Dinge und Geschehnisse nicht durch den menschlichen Geist zu erzeugen, sondern mittels einer Apparatur, deren technische Grundlage in der Aufzeichnung und Wiedergabe von Bewegung besteht. Das Kino liegt einer zutiefst veränderten Auffassung von Bewegung, das heißt der Synthese von Raum und Zeit, zugrunde. D. verfolgt die Entwicklung des Films bis hin zu dem Punkt, an dem der gesteigerten visuellen Dichte eine neugewonnene Autonomie des Tons entspricht, die Tonspur zur Realität sui generis wird, das Filmbild eine andere Geschichte erzählt als das Tonbild, eine Disjunktion entsteht zwischen Tonbild und Filmbild, zwischen Sehen und Sprechen.

In seinem großen Essay *Foucault* (1986; dt. 1987) schließlich entwirft D. ein faszinierendes philosophisches Portrait seines verstorbenen Freundes, in das er auch die Linien seines eigenen Denkens einzuarbeiten versteht. Während Foucault sein eigenes Werk verschiedenen Interpreten und Interessenten gegenüber oft als eine »Werkzeugkiste« oder als eine Art »Steinbruch« offerierte, rekonstruiert D. das geologische Massiv dieses Denkens, das heißt seine philosophische Einheit durch die inneren »Schichtungen«, »Faltungen« und »Verwerfungslinien« hindurch.

Der Rückzug aus den universitären Lehrverpflichtungen bedeutet für D. keineswegs den Rückzug aus der philosophischen Arbeit. Er widmet sich verstärkt der Ausarbeitung und Explikation seiner Philosophie des Multiplen. Dies schlägt sich bislang nieder in Veröffentlichungen wie *Le pli – Leibniz et le baroque* (1988), *Qu'est-ce que la philosophie* (gemeinsam mit Guattari, 1991) und *Critique et clinique* (1993; *Kritik und Klinik*). Zu den aktuellen Vorhaben gehören sowohl eine Philosophie der Natur als auch eine Studie über das Marxsche *Kapital*.

Boundas, Constantin/Olkowski, Dorothea (eds.): Gilles Deleuze and the Theater of Philosophy. New York/London 1994. – Mengue, Philippe: Gilles Deleuze ou le système du multiple. Paris 1994. – Köhler, Jochen: Geistiges Nomadentum. Eine kritische Stellungnahme zum Poststrukturalismus von Gilles Deleuze. In: Philosophisches Jahrbuch 91/I. München 1984.

Hermann Kocyba

Derrida, Jacques
Geb. 15. 7. 1930 in El Biar (Algerien)

»Der Gedanke des Fragments von Novalis bis zu seinen modernen Formen ist noch eine Sehnsucht nach Totalität. Was ich Differenz nenne, Dissemination, Teilbarkeit, ist nicht wesentlich fragmentarisch. Es ist eine Auflösung der Beziehung zum Anderen, zum Heterogenen, ohne Hoffnung und ohne Wunsch nach Totalisierung.« Diese Gedanken aus einem 1984 mit Florian Rötzer geführten Interview zeigen worauf D. aus ist und was er hinter sich zu lassen sucht. Strebte das traditionelle, im wesentlichen metaphysische Denken danach, dem philosophischen Staunen einen Rahmen zu geben, es durch Rückgang auf unterschiedliche Formen der Präsenz zu begründen oder zu vereinheitlichen, so sucht das dekonstruktive Vorgehen D.s nach dem, was in der Totalität nicht mehr gedacht werden kann, was – radikaler – gewaltsam aus ihr ausgeschlossen wurde. Darin steckt der Wandel vom Strukturalismus, der D.s philosophischen Werdegang bestimmte, zum eigenen Poststrukturalismus – wobei D. selbst sich den »Postismen« stets verweigert hat, um die Vorstellung des Bruchs durch die differenziertere der Strategie, der Begriffsverschiebung von innen zu ersetzen. Damit gibt er seiner Metaphysikkritik eine bestimmte Note, befreit sie von der Idee einer bloßen Umkehrbarkeit der Verhältnisse. Die Suche nach der Differenz besteht aus der unabschließbaren Arbeit an der Dekonstruktion klassischer philosophischer Texte. D. wächst in Algerien in einer jüdischen Familie auf. Bereits am Gymnasium seines Geburtsortes El-Biar bei Algier macht er Erfahrungen mit dem Antisemitismus. Dies und die Konflikte des Koloniallandes Algerien mit dem Mutterland Frankreich mögen spätere Reflexionen auf das Heterogene beeinflußt haben, das dem

Ethnozentrismus oder, wie D. definieren wird, dem Logo- und Phonozentrismus der abendländischen Metaphysik zu entkommen sucht. Interessiert an der Literatur, aber auch bereits an der Philosophie, wechselt D. mit 19 Jahren nach Paris, wo er sich – durchaus mit Rückschlägen – auf eine Aufnahme in die »École normale supérieure« (ENS) vorbereitet. Mit der 1957 an der ENS bestandenen »agrégation« unterrichtet er während seines Militärdienstes zunächst in Algerien, später in Frankreich. Von 1960 bis 1964 lehrt er an der Sorbonne. In diese Zeit fällt auch sein erster Vortrag am »Collège de philosophie«, in dem er sich kritisch über Michel Foucault äußert. Daraus entsteht ein später Streit, der erst beigelegt wird, als sich Foucault und andere französische Intellektuelle 1980 um die Freilassung D.s aus einem Prager Gefängnis bemühen. (Siehe dazu die 1989 erschienene Foucault-Biographie von François Eribon.)

D.s philosophische Publikationen werden mit der Übersetzung und Einleitung einer Schrift Edmund Husserls eröffnet: *L'origine de la géométrie* (1962; *Husserls Weg in die Geschichte am Leitfaden der Geometrie*). Husserl denkt in der kurzen, heute dem Buch *Die Krisis der europäischen Wissenschaften* als Beilage zugeordneten Schrift einen intuitiven Wahrheitsbegriff, eine reine, welt- und sprachlose Schau. Dennoch braucht er die Schrift: die ideale Gegenständlichkeit bedarf zu ihrer Konstitution einer »geistigen Leiblichkeit«. Die Schrift ist für Husserl das »Krisenmoment«, sie droht das lebendig und in reiner Innerlichkeit Entstandene zu verdecken, es gar zu verlieren. D. kehrt dieses Krisenmoment ins Positive: die Schrift ist stets der Deutung freigegeben. Sie ist in dem Sinne frei, daß die Deutung nicht mehr durch Rückgang auf eine bedeutungsverleihende »Urszene« geschieht und daß – ebenfalls über Husserl hinaus – das materielle Moment der Verkörperung durch die Schrift nicht mehr reduziert wird. Mit der Idee einer unhintergehbaren Faktizität ist D. auf dem Weg, den engen, transzendentalphilosophischen Rahmen der Husserlschen Phänomenologie zu sprengen. Dies zeigt sich noch deutlicher in der zweiten Schrift zu Husserl, *La voix et le phénomène. Introduction au problème du signe dans la phénoménologie de Husserl* (1967; *Die Stimme und das Phänomen*), die D. – er lehrt inzwischen an der ENS – als seinen wichtigsten Essay kennzeichnen wird. In diesem für die Kritik unumstrittenen Werk wird die Dekonstruktion vorgeführt, indem aus einer beinahe überexakten Lektüre eines die Zeichentheorie betreffenden Kapitels aus Husserls *Logischen Untersuchungen* langsam und fast unmerklich D.s eigene Position erwächst: Die an der Präsenz festgemachte Rede, derer Husserl bedarf, um die reine Innerlichkeit zu wahren, wird zur differierenden Schrift verschoben, die Spuren zeitigt. Alle späteren Themen aus D.s Denken sind hier angelegt: die Schrift, die Spur, die Differenz und keineswegs gegen Husserl entwickelt, sondern, subtiler, aus seinem Denken gefolgert. Die Dekonstruktion ist eine Praxis der Textlektüre. Sie greift »in einer doppelten Geste« die den metaphysischen Gegensatzpaaren inhärente Hierarchie an. In einem ersten, nur vorläufigen Schritt wird die bisher unterdrückt gebliebene Seite des Gegensatzpaares hervorgehoben, explizit bedacht. Dadurch wird, ähnlich wie bei Foucault, die Etablierung eines Begriffs mit dem durch seine Konstruktion Ausgeschlossenen zusammengedacht. Durch diese Vervollständigung kommt Bewegung in die philosophische Terminologie. Nicht an der bloßen Umkehrung der Verhältnisse interessiert, arbeitet die Dekonstruktion in einem zweiten Schritt an der »Verschiebung« der bisherigen Begrifflichkeit. So erst kann, langsam und quasi konstruktiv, eine neue Begrifflichkeit entstehen. Hans-Georg Gadamer hebt hervor, daß schon Heideggers Destruktion (der Geschichte der Ontologie) keineswegs rein negativ gemeint ist. D.s weiterreichende De-kon-struktion sieht sich wieder und wieder – zuletzt in dem Streit um die Verleihung der Ehrendoktorwürde an der Universität Cambridge, die D. 1992 schließlich erhält – dem wenig rechtfertigbaren Nihilismusvorwurf ausgesetzt. Der kon-struktive Zug der Dekonstruktion besteht nicht nur darin, eine reduktive Begrifflichkeit wieder zu vervollständigen, sondern darüber hinaus darin, eine neue, nicht hierarchische Begrifflichkeit zu entwickeln, die Opposition zur Differenz zu erweitern. Unverzichtbar für diese Vorgehensweise sind die »indécidables«.

Sie sind es, die sich der traditionellen Gegensätzlichkeit nicht mehr fügen, die die Homogenität eines Textes unmöglich machen. D. liest sie einerseits in den Texten seiner philosophischen und literarischen Vorgänger – so »Chora« (*Chora*, 1987; dt. 1990) aus Platos Timaios als drittes Geschlecht zwischen Sinnlichkeit und Intelligibilität, zwischen Mythos und Logos oder Rousseaus »Supplement« als Supplementierung von etwas, was nie anwesend war –, und er lanciert sie andererseits ganz gezielt in seinen eigenen Texten. In der – anders als bei Hegel – nicht-teleologisch gedachten »Verflüssigung der Begriffe« liegt nicht nur ein politisches, anti-totalitäres, sondern auch ein ethisches Moment. Gerade 1968 beginnt D. seinen in New York gehaltenen Vortrag *Fines hominis* mit dem Eingangssatz: »Jedes philosophische Colloquium hat notwendigerweise eine politische Bedeutung.« Abgesehen von der praktischen politischen Arbeit D.s an der Veränderung von Institutionen oder den direkt politischen Texten, behauptet er, daß die Dekonstruktion »durch und durch politisch« sei. Die ethische Komponente seines Denkens zeigt sich im häufig verwendeten Begriff der Verantwortung, ebenso wie dem der Bejahung: D. denkt die Dekonstruktion als Antwort auf eine Andersheit, die sie allererst auf den Plan ruft. Ein Gedanke, der sich in ähnlicher Form bei Emmanuel Lévinas findet, in dessen Ethik als erster Philosophie das Antlitz des Anderen nicht gesucht wird, sondern einbricht und unsere Aufmerksamkeit fordert. Nachdem erst D.s sprachphilosophisch orientierte Werke, dann auch die ästhetischen Beachtung fanden, wendet sich heute die Diskussion der seinem Denken impliziten Ethik zu. Davon zeugt neben den Studien Robert Bernasconis und Simon Critchleys die zu D.s 60. Geburtstag entstandene Festschrift *Ethik der Gabe. Denken nach Jacques Derrida* (1993). Als substanzlos erweisen sich in dieser Hinsicht die Einwände derer, die in gar zu kurzgeschlossener Betrachtung einer angeblich dekonstruktiven Abschaffung des Subjekts antihumanistische Tendenzen unterstellen. Zum Neubedenken der Humanität jenseits traditioneller Wesensmetaphysik gehört, daß sich die Dekonstruktion nicht als Methode versteht, sondern daß sie im Bewußtsein ihrer eigenen Dekonstruierbarkeit, ihrer eigenen Überholbarkeit arbeitet. So erfüllt sich, auf ganz anderem Wege, sogar die von der Phänomenologie Husserls gesuchte Sachangemessenheit: die nicht methodisch ein für alle mal festgelegte Dekonstruktion bleibt variabel genug, sich dem jeweiligen textuellen Sachverhalt anzupassen. In der Auseinandersetzung mit der Phänomenologie Husserls klingen Themen an, die in *De la grammatologie* (1967; *Grammatologie*) weiterverfolgt wurden. In diesem Hauptwerk D.s geht es um die »Wissenschaft von der Schrift«, für die D. die Metapher der Monstrosität prägt. Was mit der »konstituierten Normalität bricht«, kann sich »nur in Gestalt der Monstrosität kund tun«.

Das heißt: Die Befragung der Metaphysik kann ihre Ergebnisse nicht im vorhinein bekanntgeben, der Ausgang des dekonstruktiven Unternehmens ist ungewiß. Konsequenterweise radikalisiert die Dekonstruktion den klassischen Kritikbegriff: kein utopischer Gegenentwurf überwacht als Teleologie den Ausgang des dekonstruktiven Unternehmens. Die Dekonstruktion arbeitet ohne Netz, stets bereit, an der neuen Wissenschaft der Schrift zu scheitern. In einem zweiten, weniger grundlegenden Teil der *Grammatologie* stellt D. exemplarisch eine dekonstruktive »Lektüre der Epoche Rousseaus« vor, die festgemacht ist an einem eher unbekannten Text. Ausgehend von der »Schreibstunde« aus Claude Lévi-Strauss' *Traurigen Tropen*, einem Text über die angeblich »schriftlosen Völker«, kritisiert D. die Mißachtung der Schrift, die als repräsentierende stets einer präsentierenden Rede nachgeordnet wurde. Seine eigene These von der Ursprünglichkeit der Schrift umschreibt er mit einer Reihe paradoxer Ausdrücke: ein Ursprung, der keiner mehr ist, eine »ursprüngliche Verspätung«, eine Urschrift, die nicht präsentierbar ist. 1967 erscheint auch *L'Écriture et la différance* (*Die Schrift und die Differenz*), eine Aufsatzsammlung, die das breite Spektrum von D.s Denken vorführt. Der Hegelianismus Georges Batailles, Foucault und Lévinas werden in ausführlichen Einzelessays ebenso thematisiert wie Antonin Artauds Theater der Grausamkeit. Hier findet sich auch D.s 1966 an der Johns-Hopkins-University in Baltimore gehaltener Vortrag, der seinen akademischen Ruhm in den Vereinigten Staaten begründet und zu einer bis heute anhaltenden Lehrtätigkeit führt: an der Yale University entsteht mit Paul de Man, Hillis Miller, Harold Bloom und anderen die »Yale school« of literary criticism; später lehrt D. in Irvine, Kalifornien, an der Cornell University und der City University, New York. In *Structure, Sign and Play in the Discourse of the Human Sciences* nennt D. seine dekonstruktiven Vorgänger: Freud (»das Ich ist nicht mehr Herr im eigenen Haus«, aber auch die Idee der Nachträglichkeit, auf die D. sich immer wieder bezieht), Heidegger und Nietzsche. Er greift zurück auf Nietzsches Begriff des Spiels, der in *La dissémination* von 1972 wieder auftauchen wird, als Metapher für das Verwickeltsein des Lesers/des Spielers in den Text/in das Spiel. Damit ist Husserls Vorstellung einer reinen Innerlichkeit durch das Gegenbild der Kontamination abgelöst. 1972 situiert D. seine Philosophie in gut lesbarer Weise in den drei Interviews der *Positions* (*Positionen*). Er verdeutlicht die Einflüsse seines Denkens: die Dialektik Hegels, den Marxismus, die Psychoanalyse Freuds und Jacques Lacans, die Semiologie Ferdinand de Saussures. Gleichzeitig widerlegt er in einem der deutschen Erstausgabe vorangestellten Gespräch eine ganze Reihe von Vorwürfen, wie Klagen über die Unlesbarkeit seiner Schriften, die gleichwohl detailliert kritisiert werden, und angebliche Einflüsse, mit denen er sich nicht identifiziert, insbesondere die immer wieder unterstellte Nähe zur jüdischen Mystik. Nach D. steht »nichts weniger mit der Mystik in Beziehung als das Denken der Spur oder der différance«. Die Spur verweist auf das aus dem Text Ausgeschlossene, ohne es zu präsentieren. Hatte D. an Saussure kritisiert, daß dieser eine Hintertüre für das transzendentale Signifikat, für eine reine Präsenz offen gehalten hat, so will er gerade mit der Idee der Spur diese Türe schließen. Wie in Lévinas' Spur der Andersheit das Antlitz des Anderen unauslotbar bleibt, so verweisen nun die in den Texten lesbaren Spuren in einer unendlichen Kette aufeinander. Der Text ist, ganz dem französischen »tisser« gemäß, ein Gewebe, dessen Geflecht der Bezüge nie gänzlich ausdeutbar ist. Darin versteht sich D. als Anti-Hermeneut. (Die Gadamer-Derrida-Debatte schildert der von Phillipe Forget herausgegebene Sammelband *Text und Interpretation*.) Im gleichen Jahr erscheint erneut ein Sammelband mit Essays zu Hegel, Heidegger, dem Genfer linguistischen Kreis, der Metapher: *Marges de la philosophie* (1972; *Randgänge der Philosophie*, 1976 Teilübersetzung, 1988 komplett übersetzt). Das Einschreiben in die Ränder anderer Texte nimmt hier erstmals die Form der textuellen Gegenüberstellung an, die D. in dem zwei Jahre später erscheinenden *Glas* perfektioniert, wo eine Lektüre Hegels mit derjenigen Genets konfrontiert wird. In den *Randgängen* findet sich auch die von D. 1968 vor der »Academie française de philosophie« gehaltene Rede über die *différance*. Nicht ohne Umstände führt er einen Neologismus vor, dessen gegenüber der traditionellen Schreibweise mit »e« bewußt »falsche« Schreibweise einen les- aber keinen hörbaren Unterschied macht, auf den D. im mündlich gehaltenen Vortrag stets verweisen muß: eine Vorführung der These von der Vorrangigkeit der Schrift. Die räumliche Komponente der différance verweist auf die Differenzierung, die Abgrenzung von anderem Sinn, die zeitliche Komponente auf den Aufschub der Bedeutungserfüllung. Auch *Signature, événement, contexte* geht auf einen richtungweisenden Vortrag zurück, den D. 1971 in Montréal auf einer Konferenz über die Kommunikation hält, und in dem er auf die Sprechakttheorie des amerikanischen Philosophen John Searle eingeht. Die anschließende Debatte beider erscheint 1988 als *Limited Inc.* zunächst auf englisch, zwei Jahre später unter gleichlautendem Titel in französischer Übersetzung. *La dissémination* von 1972 mit den drei Aufsätzen zu Plato, dem Dichter Mallarmé und D.s Literatenfreund Philippe Sollers gilt als literarische Wende. Es folgen in dieser Linie Veröffentlichungen zu James Joyce, Paul de Man, Paul Celan und vielen anderen. *La vérité en peinture* (1978; *Die Wahrheit in der Malerei*) – der Titel ist ein Zitat Cézannes – enthält D.s Gedanken zur Ästhetik. Teile dieses Werkes waren bereits in Ausstellungskatalogen veröffentlicht. *La carte postale* (1980; *Die Postkarte*) bezieht sich auf ein zufällig entdecktes Frontispiz in der Bodleian Library in Oxford, auf dem Plato dem vor ihm sitzenden Sokrates in die Feder diktiert. In beiden Werken führt D. sein Vokabular spielerisch und freier vor, als in den früheren, strikter philosophischen Texten. Er verwendet Auslassungen – graphische Darstellungen seiner frühen These über die Verräumlichung: »Die Irreduzibilität der Verräumlichung ist die

Irreduzibilität des Anderen« (*Positionen*). Dahinter steht der Einfluß von Mallarmés ebenfalls graphisch gestaltetem Gedicht »Un coup de dés«. 1983 wird D. erster Direktor des von ihm mitbegründeten »Collège international de philosophie«, einem interdisziplinär arbeitenden Forschungsinstitut, das für alle – nicht nur für Studenten – offensteht. (1984 löst ihn Jean-François Lyotard als Rektor ab.) Im gleichen Jahr wird D. für den Forschungsschwerpunkt »Philosophische Institutionen« in die »École des hautes études en sciences sociales« gewählt, an der er bis heute lehrt. Zu Vorträgen und Gesprächen wird D. inzwischen weltweit und fachübergreifend eingeladen. Bei großer Popularität in den USA ist seine akademische Karriere in Frankreich umstritten geblieben. Ab 1986 zeugen mehrere Veröffentlichungen von der Zusammenarbeit D.s mit den beiden Architekten Bernard Tschumi und Peter Eisenmann. Der Dekonstruktivismus ist zu einem Architekturstil geworden. (Siehe dazu die von Andreas Papadakis herausgegebene Anthologie *Dekonstruktivismus*.) Nietzsche und Heidegger bleiben Thema für D. Ein Vortrag über Nietzsche im Konferenzort Cérisy-la-Salle wird 1976 viersprachig veröffentlicht: *Éperons. Les styles de Nietzsche*. Es folgen die *Otobiographies. L'enseignement de Nietzsche et la politique du nom propre* (1984). Auch *Préjugés. Devant la loi* (1985; *Préjugés. Vor dem Gesetz*) geht zurück auf einen Vortrag D.s in Cérisy-la-Salle. Thema ist sowohl Lyotard (das Konferenzthema) als auch Kafkas Kurzgeschichte »Vor dem Gesetz«. 1980 war D. selbst Thema der dortigen Konferenz, diesmal gestaltet von seinen beiden Freunden Philippe Lacoue-Labarthe und Jean-Luc Nancy (*Les Fins de l'homme. A partir du travail de J. D.*, 1981). 1987 ist das Jahr, in dem in Frankreich – fast zeitgleich mit der Affäre um Paul de Man – Viktor Farías' *Heidegger et le Nazisme* eine umfassende Diskussion um Heideggers Philosophie und Leben auslöst, an der sich auch D. beteiligt. Seine beiden Veröffentlichungen zu Heidegger erscheinen jedoch vor dem Ausbruch der Debatte: *Psyché. Inventions de l'autre* (1987; daraus: *Geschlecht. Sexuelle Differenz, ontologische Differenz. Heideggers Hand*, 1988) und *De l'esprit. Heidegger et la question* (1987; *Vom Geist. Heidegger und die Frage*). In *Geschlecht* untersucht D., ob das Dasein, das Heidegger in *Sein und Zeit* neutral versteht, d. h. als keines der beiden Geschlechter, die Möglichkeit eröffnet, eine sexuelle Differenz vor der Dualität zu denken. D. hatte es schon in den *Positionen* ausgedrückt: »Die Dekonstruktion, darauf habe ich bestanden, ist nicht neutral. Sie interveniert.« So verfolgt *Vom Geist* die Entwicklung des Geistbegriffs bei Heidegger vom frühen *Sein und Zeit* über die Rektoratsrede bis hin zum späten *Ursprung der Sprache*. D. plädiert noch immer für eine Lektüre der Werke Heideggers.

Bennington, Geoffrey/Derrida, Jacques: Jacques Derrida. Ein Portrait. Frankfurt am Main 1994. – Rorty, Richard: Dekonstruieren und Ausweichen. In: Ders.: Eine Kultur ohne Zentrum. Stuttgart 1993. – Descombes, Vincent: Das Selbe und das Andere. Fünfundvierzig Jahre Philosophie in Frankreich. Frankfurt am Main 1981.

Katharina Mai

Dewey, John
Geb. 20. 10. 1859 in Burlington/Vermont; gest. 2. 6. 1952 in New York

Neben William James haben D.s Schriften am meisten zur Verbreitung des Pragmatismus beigetragen. Für D. in spezifischer Weise charakteristisch war, wie er die Philosophie für die Pädagogik fruchtbar machte. Die Kombination von philosophischem Denken und Interesse an sozialen Problemen der Gesellschaft zeichnete sich schon in den letzten Studienjahren an der Universität von Vermont ab. Nach zweijähriger Tätigkeit als Lehrer in Pennsylvania setzte er 1881 sein Studium an der neugegründeten Johns Hopkins Universität in Baltimore fort, wo auch Charles Sanders Peirce, der »Mitbegründer« des Pragmatismus, lehrte. D.s Leistung war es, frühzeitig erkannt zu haben, daß die Verbindung von pragmatischem Wissenschaftsverständnis, die wissenschaftliche Gesetze einzig in ihrer Funktion für die Erschließung und Beherrschung der Naturprozesse zu sehen, und experimentalpsychologischen Aussagen zu Prozessen des Lernens die Grundlage für Fragen der Pädagogik abzugeben vermag. Zur Entwicklung seiner späteren Position trug sein Lehrer an der Universität George Sylvester Morris bei, der ihn mit der Philosophie Hegels vertraut machte. Auch nachdem er sich von dem spekulativen Denken Hegels distanziert hatte, behielt D. doch die daraus gewonnene Sichtweise bei, daß die Wirklichkeit ein organischer Zusammenhang, ein Beziehungsgeflecht ist und sich in einem Prozeß des Werdens, der Entwicklung befindet. In *Democracy and Education. An Introduction to the Philosophy of Education* (1916; *Demokratie und Erziehung*) artikuliert sich diese Einsicht in der These, daß Geist, Handeln und Natur nicht als disparate Elemente betrachtet werden dürfen, sondern daß Ursprung und Funktion des menschlichen Geistes in der die Umwelt gestaltenden Tätigkeit zu suchen sind. Das bedingt die Notwendigkeit, Denken und Erfahrung, Individuum und Gemeinschaft, soziale Welt und physische Umwelt in ihrem Zusammenhang zu sehen. Den prozeßhaften Charakter stellt D. als ständige Selbsterneuerung des Lebens dar, in die die Funktion der Erziehung eingebunden ist. Erziehung soll das Individuum dazu befähigen, den Sinn der gegenwärtigen Erfahrung und damit auch den gesellschaftlich anerkannten Sinngehalt zu steigern. Das demokratische Prinzip gehört nach D.s Meinung deshalb wesentlich zur Erziehung, da nur so der wachsenden Vielfalt aller Gesellschaftsmitglieder entsprochen wird.

Diese Sicht des Wirkungszusammenhangs von Mensch, Gesellschaft und Natur verallgemeinert D. zur anthropologischen Aussage über die Natur des Menschen *(Human Nature and Conduct. An Introduction to Social Psychology,* 1922; *Die menschliche Natur. Ihr Wesen und ihr Verhalten).* Der Mensch steht in dem Wechselspiel von naturhaften Trieben und gesellschaftlicher Umwelt. Gewohnheiten vereinigen das subjektiv-triebhafte und das soziale Moment des Handelns. Triebe sind für D. ein dynamisches Prinzip, das ständige Umbildungen der

Gewohnheiten im Sinne der Anpassung an die sich verändernde Umwelt bewirkt. Während er zunächst klären wollte, wie philosophische Einsichten praxisrelevant, speziell für die pädagogische Arbeit, gemacht werden können, gelingt ihm mit der Verallgemeinerung auf die menschliche Natur der Schritt zu der angestrebten Philosophie, die die prozeßhaften Zusammenhänge von Mensch-Natur-Gesellschaft zum Thema macht. Die gewonnene anthropologische Position bietet ihm die Möglichkeit, auch zu ethischen Fragen Stellung zu beziehen. Wenn menschliches Handeln die zentrale Komponente der Beziehung Mensch-Umwelt bildet, dann verbietet sich jede Ethik, die Ziele außerhalb des Handelns vorgibt. Die Sittlichkeit des Handelns bemißt sich nach D. daran, ob dieser in dem ständigen Prozeß der Veränderung zur Steigerung bzw. Erweiterung des Sinns gegenwärtigen Erlebens beiträgt.

Diese ethische Maxime des Pragmatismus von D. wie auch sein Erziehungsbegriff, der von denselben Grundgedanken getragen ist, kamen der im Zuge der industriellen und technologischen Entwicklung Nordamerikas vorherrschenden Aufbruchsstimmung entgegen. D. brachte aber gerade auch die Kehrseite dieser Entwicklung in den Blick. Nach zehnjähriger Tätigkeit an der Universität Michigan wurde er 1894 an die neugegründete Universität von Chicago als Leiter des Fachbereichs für Philosophie, Psychologie und Pädagogik berufen. Schon in Michigan hatte er – zusammen mit George Herbert Mead – nach Wegen gesucht, Philosophie für die Lebenspraxis des Menschen fruchtbar zu machen. Die zahlreichen Veröffentlichungen zu Problemen der schulischen Erziehung und Psychologie (u.a. *Psychology*, 1887) geben ein beredtes Zeugnis davon ab. In Chicago bot sich ihm die Möglichkeit zu Aktivitäten im sozialen Bereich. Im sogenannten »Hull House«, einer Organisation, die sich um die Integration bzw. Ausbildung sozialer Randgruppen und um Arbeitslose bemühte, lernte er die sozialen und ökonomischen Probleme kennen, die sich durch zunehmende Urbanisierung, technologische Entwicklung sowie steigende Einwandererzahlen in diesem aufstrebenden Industriezentrum verdichteten.

Sein sozialreformerischer Eifer fand überwiegend im pädagogischen Bereich seinen Niederschlag. Er gründete bald nach seiner Berufung eine Versuchsschule – weit über Chicago hinaus bekannt als »Dewey-School« –, um seine psychologischen und pädagogischen Studien (*The School and the Society*, 1899; *The Child and the Curriculum*, 1902) durch konkrete Schul- und Erziehungspraxis zu fundieren. Entsprechend seiner eigenen ethischen Maxime war er ständig darum bemüht, die Ausbildungschancen, die Lern- und Handlungsfähigkeit von Kindern auch aus niederen sozialen Schichten zu verbessern.

Dieses bereits nicht nur theoretische Engagement begründete sein nationales Ansehen als Sozialreformer. D.s emphatisches Insistieren auf Lernfähigkeit wird erst hinreichend verständlich, wenn man seine instrumentelle Auffassung des Denkens kennt. In späteren Veröffentlichungen, Vorlesungen wie *Experience and Nature* (1925; *Erfahrung und Natur*) und dem systematischen Werk *The Theory of Inquiry* (1938) macht er seinen experimentellen Begriff der Erfahrung deutlich. Die Erfahrung ist tragendes Fundament und das Mittel dafür, die Natur immer weiter zu erschließen. Deren prozeßhafter Charakter artikuliert sich als Gang der Erforschung: Unser Forschen ist dann erfolgreich, wenn es uns gelingt, eine noch unbestimmte Unweltsituation in den ihr wesentlichen Merkmalen und Bezügen so zu bestimmen, daß sie zu einem Erfahrungszusammenhang umgewandelt wird, also zur Erfahrungserweiterung beiträgt. D. sah seine Theorie als einen alternativen Standpunkt zu philosophischen Ansätzen, die mit dem Anspruch auf letztgültige und absolute Gewißheiten operieren. In dieser Hinsicht stimmte er mit dem von Peirce entwickelten Konzept der Forschergemeinschaft überein. Lernfähigkeit bedeutet dann Bewährung und Erweiterung der Handlungsfähigkeit auch bei neuen, unerwarteten Situationsanforderungen durch die Umwelt. Der positiven Einschätzung des Instrumentalismus in Nordamerika steht die ablehnende Kritik in Deutschland, überwiegend durch Theodor W. Adorno und Max Horkheimer, gegenüber. In deren Augen ist D.s Position getragen vom blinden Fortschrittsoptimismus der technologischen Entwicklung, zudem ohne kritische Distanz zur Gesellschaft.

D. sah neben der Wissenschaft auch die Kunst als Erfahrungsbereich an (*Art as Experience*, 1934; *Kunst als Erfahrung*). Wissenschaft wie Kunst erweisen sich als »Vollendungszustand« der Erfahrung, da in ihnen eine Balance zwischen Natur und Erfahrung hergestellt wird. Im Kunstwerk bilden Erleben und Handeln, inneres Empfinden und äußere Darstellung eine Einheit. Ästhetische Erfahrung bringt eine Vielheit von Bedeutungen zu einer organischen Vollendung. Kunst besitzt auch einen kommunikativen Charakter, indem sie als vollendeter Ausdruck eines Gemeinschaftslebens bewußt macht, daß die Menschen in ihren Beziehungen zueinander eine Einheit bilden. In diesem Sinne appelliert D. an eine Wiederherstellung der Kontinuität zwischen Kunst und alltäglichen Lebensprozessen. Der Kunst obliegt die Aufgabe, das unmittelbare Daseinsgefühl und die Bedeutung des Alltäglichen zu erhöhen. Diese Theorie des Ästhetischen hat eine hinreichende Würdigung noch nicht erfahren.

Raters-Mohr, Marie: Intensität und Widerstand. John Deweys »Art as Experience« als philosophisches System, als politischer Appell und als Theorie der Kunst. Bonn 1994. – Engler, Ulrich: Kritik der Erfahrung. Würzburg 1992. – Martens, Ekkehard (Hg.): Einleitung. In: Texte der Philosophie des Pragmatismus. Stuttgart 1985. – Corell, Werner: Einleitung. In: Dewey, John: Psychologische Grundfragen der Erziehung. München 1974.

Peter Prechtl

Einstein, Albert
Geb. 14. 3. 1879 in Ulm; gest. 18. 4. 1955 in Princeton (New Jersey)

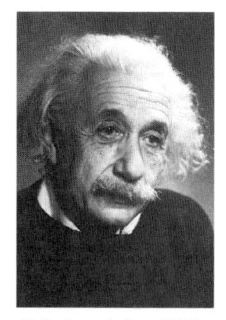

»Eine neue Größe der Weltgeschichte: Albert Einstein, dessen Forschungen eine völlige Umwälzung unserer Naturbetrachtung bedeuten und den Erkenntnissen eines Kopernikus, Kepler und Newton gleichwertig sind.« So lauteten die Schlagzeilen der Zeitungen im Dezember 1919. Die Messung der Raumkrümmung durch die Ablenkung des Lichts im Einflußbereich von Gravitationsfeldern hatte E.s Relativitätstheorie glänzend bestätigt und ihren Schöpfer mit einem Schlage weltberühmt gemacht. Diese auf wenigen Grundannahmen, wie etwa der Konstanz der Lichtgeschwindigkeit und dem Fehlen eines Weltäthers konsequent aufbauende mathematisch-physikalische Theorie des raum-zeitlichen Kontinuums einer vierdimensionalen Welt hatte E. im Jahre 1905 entworfen. Eine allgemeinere, die Gravitation als Folge der Raumkrümmung mit einschließende Form, folgte 1916 (in: *Die Grundlagen der Allgemeinen Relativitätstheorie*). Die im Grunde unanschauliche Theorie führte experimentell zu sehr erstaunlichen beobachtbaren Phänomenen und löste eine der größten Revolutionen in der Wissenschaftsgeschichte aus, die nicht nur auf die Welt der Naturwissenschaften beschränkt blieb. Zwei Grundpfeiler des seit Isaac Newtons *Principia* geltenden Fundaments der Physik, die Begriffe vom absoluten Raum und absoluter Zeit, wurden von E. zum Einsturz gebracht. Die Frage nach dem Wesen von Raum und Zeit wurde vielfach in der Geschichte der Philosophie seit der Antike gestellt und oft in Zusammenhang mit der Unendlichkeit des Weltenschöpfers betrachtet. Die Entstehung des Weltalls sowie seine räumlichen und zeitlichen Grenzen beschäftigte große Denker, wie etwa Augustinus, Leibniz oder Kant. E. brach mit der Absolutheit dieser Begriffe und setzte Raum und Zeit in eine gegenseitige Abhängigkeit voneinander. Zudem zeigte er, daß Raum und Zeit erst mit der Entstehung der Materie und des Kosmos entstanden sind.

Daß die Arbeiten Newtons, zweihundert Jahre lang als eine Art Bibel in der Physik betrachtet, von einem ›Experten dritter Klasse‹, beschäftigt am Eidgenössischen Amt für Geistiges Eigentum in Bern, außer Kraft gesetzt wurden, markiert nur einen ungewöhnlichen Aspekt in der Entwicklung E.s. »Die Lehrer im Gymnasium kamen mir vor wie Leutnants, die die Freude und die heilige Neugier des Forschens erdrosselten«, sagt er später vom Luitpold-Gymnasium in München, das er seit dem elften Lebensjahr besuchte. Der Haß auf die »Kasernenhofatmosphäre« und den Drill in der Schule machte ihn zu einem schlechten Schüler, der froh war, anläßlich des Wegzugs seiner Eltern die Schule – allerdings ohne Abschluß – verlassen zu können. Sein Ziel war das Eidgenössische Polytechnikum in Zürich, eine der berühmtesten technischen Schulen in Mitteleuropa, wo man, für ihn entscheidend, auch ohne Abitur studieren konnte. Trotz seiner hervorragenden mathematischen Kenntnisse schaffte er die Aufnahmeprüfung wegen gravierender Mängel in anderen Fächern nicht auf Anhieb, so daß er erst nach Ablegen der Reifeprüfung in der Kantonsschule in Aargau ein Jahr später, als 17jähriger, aufgenommen wurde.

Während seines mathematisch-physikalischen Fachlehrerstudiums erkannte zunächst niemand seine Begabung und die keimende Genialität. Nach keineswegs schlecht bestandenem Examen im Jahre 1900 konnte er, der keine Assistentenstelle an der Hochschule fand, erst ein Jahr später im Schweizerischen Patentamt in Bern als ›wissenschaftlicher Experte‹ unterkommen, was er später gelegentlich als seine Lebensrettung bezeichnet hat. Erst jetzt, der finanziellen Nöte enthoben, kam zum Durchbruch, was in ihm steckte. Nach einigen originellen Arbeiten, von denen die Erklärung der Brownschen Molekularbewegung die bekannteste ist, veröffentlichte E. im Jahre 1905 zwei seiner größten Entdeckungen: in *Über einen die Erzeugung und Verwandlung des Lichtes betreffenden heuristischen Gesichtspunkt* die Lehre von den Lichtquanten, für die er 1921 den Nobelpreis erhielt, und in *Zur Elektrodynamik bewegter Körper* die spezielle Relativitätstheorie. Seine revolutionäre Lichtquantenhypothese, von seinen Fachkollegen zunächst als allzu radikaler Versuch angesehen, die Planckschen Ideen der Quantenphysik zu deuten, öffnete das Tor zur dualistischen Betrachtungsweise der zentralen Begriffe von (Atom-)Teilchen und Welle, für die Niels Bohr später den Begriff der »Komplementarität« einführte. Die Kopenhagener Deutung der Quantentheorie, von Niels Bohr und Werner Heisenberg im Jahre 1927 entworfen, konnte E. in einem zentralen Punkt, nämlich in der Interpretation des ein Atom beschreibenden Zustandsvektors nach den Regeln der Wahrscheinlichkeitsdeutung nie nachvollziehen. Er hielt ihren statistischen Charakter nur für die Folge einer noch zu ungenauen Kenntnis einer kausalen Grundstruktur, die alle Vorgänge in der Natur zu regeln hat. Sein Ausspruch: »Gott würfelt nicht« zeigt, daß er sich nicht damit abfinden wollte, daß das klassische Konzept des Determinismus als Basis aller Naturgesetze bei den kleinsten Einheiten, den einzelnen Atomen, nicht gelten sollte, sondern nur bei makroskopischen Systemen, die aus vielen Teilchen bestehen. Aber spätestens Heisenbergs Unschärferelation, die eine prinzipielle Grenze der Meßbarkeit in der Mikrophysik aufzeigt, brachte Anfang der 20er Jahre das deterministische Weltbild zum Einsturz, das seit der Erfindung von Laplaces Modell einer Weltmaschine, in der jeder Wirkung eine Ursache zugrunde liegt, die naturwissenschaftliche Denkweise erobert hatte. Die Auseinandersetzung in dieser Frage löste am historischen Wendepunkt zwischen klassischer und moderner Physik Erschütterungen im Weltbild der Naturwissenschaft aus, an deren Ende E. nicht länger bereit war, den Ideen seiner Kollegen zu folgen. Auch rückten die mit der Debatte um die Quantentheorie aufgeworfenen erkenntnistheoretischen Probleme, die die Grundstruktur der Materie betrafen, philosophische Fragestellungen neben die rein physikalische Betrachtungsweise, so daß Schlagworte wie Positivismus, Realismus und dialektischer Materialismus in die Welt der Physik eindrangen.

Neben E.s fortdauernder Bedeutung, die, wie sein Kollege Max von Laue später sagte, auf rein wissenschaftlichem Gebiet liegt, wird E. auch durch seine

Aktivitäten während der unruhigen Zeiten des Ersten Weltkriegs und der nationalsozialistischen Herrschaft, zumal er Jude war, bekannt. »Ich kann nichts tun oder sagen, das die Struktur des Universums ändern würde. Aber vielleicht kann meine Stimme der größten Sache dienen: Eintracht unter den Menschen und Friede auf Erden«, sagte E., der sich selbst in einem Interview als militanten Pazifisten bezeichnete. Während er zur Zeit des Ersten Weltkrieges als Gegner der ›Vaterlandspartei‹ bekämpft wurde, kam nach Kriegsende, vermischt mit dem erstarkenden Antisemitismus, die wissenschaftliche Feindschaft solcher Kreise hinzu, die der Bruch mit den gewohnten Vorstellungen von Raum und Zeit empörte, und die E.s Arbeiten mit dem Ausdruck der ›jüdischen Physik‹ brandmarkten und abqualifizierten. So kam es auch nach 1920 in Berlin zu öffentlichen Anti-Einstein-Demonstrationen. Als dann in der Folgezeit die Nationalsozialisten zu offenen Gewalttaten gegenüber Juden schritten, verließ E. in Voraussicht kommenden Unheils Ende 1932 Deutschland. Mit seinem vorherigen Austritt aus der Preußischen Akademie der Wissenschaften, an die er 1913 als Direktor des Kaiser-Wilhelm-Instituts (später Max-Planck-Institut) berufen worden war, kam er einem geplanten Ausschluß am 1. April 1933, dem Tag des Judenboykotts, zuvor. E. wanderte über England in die Vereinigten Staaten von Amerika aus, wo er am »Institute for Advanced Studies« in Princeton bis zu seinem Lebensende vor allem an einer nochmaligen Erweiterung der Relativitätstheorie zur allgemeinen, die Elektrizitätslehre mit einbeziehenden Feldtheorie arbeitete.

Stärker als vorher beschäftigte ihn aber in Amerika das große Weltgeschehen. Hier wurde der Weltbürger, der »von Affekten nationaler Natur freie Mensch«, wie er sich 1932 in einem Brief an Sigmund Freud bezeichnet hatte, unter dem Eindruck der Judenverfolgungen zum Fürsprecher des neu gegründeten Judenstaates, dessen ihm angebotene Präsidentschaft er allerdings bescheiden ablehnte. Der unaufhaltsam scheinende Aufstieg der Nationalsozialisten, das Schicksal des jüdischen Volkes und die Furcht vor einem deutschen Sieg ließen ihn dann, in falscher Einschätzung der Fähigkeiten der Deutschen, kurz vor dem Bau der Atombombe zu stehen, am 2. August 1939 jenen historischen, von Leo Szilard formulierten Brief an den amerikanischen Präsidenten Roosevelt unterzeichnen, mit dem er auf die Möglichkeit zum Bau einer deutschen Atombombe aufmerksam machte und zu Gegenmaßnahmen riet. Dies war das Signal zum Beginn des amerikanischen Atombombenprogramms, an dem sein Initiator ironischerweise schon wegen der fehlenden Zuverlässigkeit – war E. doch als Pazifist, Sozialist oder sogar Kommunist verschrieen – nicht teilnehmen konnte. Den Atombombenangriff von 1945 gegen die Städte Hiroshima und Nagasaki mißbilligte E., wie zahlreiche andere amerikanische Physiker, scharf. Damit hatte seine eigene Entdeckung von 1905, daß Energie und Masse ineinander umwandelbar sind, von der er 1920 noch sagte, »es existiert vorläufig nicht der leiseste Anhaltspunkt dafür, ob und wann jemals diese Energiegewinnung erzielt werden könnte«, kaum drei Jahrzehnte später zur schrecklichsten physikalischen Waffe geführt.

Nach dem Krieg hat E. weiterhin in der schmerzlichen Erinnerung, Auslöser dieser Entwicklung gewesen zu sein, immer wieder seine Stimme gegen die weitere Verwendung der Atombombe erhoben. Die Fortschritte in der wissenschaftlich-technischen Welt beurteilte er bis an sein Lebensende skeptisch: »Wenn ich in den Grübeleien eines langen Lebens etwas gelernt habe«, so resümiert er in einem Brief vom Februar 1955, »so ist es dies, daß wir von einer tieferen Einsicht in die elementaren Vorgänge viel weiter entfernt sind, als die meisten unserer Zeitgenossen glauben«.

Hermann, Armin: Einstein. Der Weltweise und sein Jahrhundert. Frankfurt am Main 1994. – Charpa, Ulrich/Grunwald, Armin: Albert Einstein. Frankfurt am Main 1993. – Schlipp, Paul Arthur: Albert Einstein als Philosoph und Naturwissenschaftler. Wiesbaden 1979. – Clark, Ronald W.: Albert Einstein. Leben und Werk. München 1974.

Wolfgang M. Heckl

Elias, Norbert
Geb. 22. 6. 1897 in Breslau; gest. 1. 8. 1990 in Amsterdam

Groß war das Erstaunen, als zu seinem 90. Geburtstag ein Lyrikband von E. erschien. Unter dem Titel *Los der Menschen* hatte E. innerhalb von 60 Jahren zusammengetragen, was den Menschen durch Gesellschaftsordnung, Schicksal oder bewußte Entscheidung begegnete und wie sie selbst sich dazu verhielten. Das Werk von E. wird noch weitere Überraschungen bereithalten: Ein Großteil seiner Manuskripte ist ungedruckt, eine Vielzahl englischer und holländischer Texte unübersetzt. Mit der Ehrenmitgliedschaft in der Deutschen Gesellschaft für Soziologie 1975 und der Verleihung des Theodor W. Adorno-Preises 1977 wollte die deutsche Soziologie in »korrekturstiftendem Sinne« (Wolf Lepenies) in die eher wildwüchsige Rezeption eines Wissenschaftlers eingreifen, dem in stärkerem Maße als anderen das Emigrantenschicksal des Vergessenwerdens und der späten Wiederentdeckung beschieden war. Ironischen Blicks auf Adorno meinte E. in der Dankesrede: »Der Achtzigjährige kehrt heim und wird willkommen geheißen.«

Tatsächlich hat das Werk von E. trotz räumlicher Nähe zur Frankfurter Schule und mit Max Horkheimer, Adorno, Karl Mannheim und Paul Tillich geteiltem politischem Schicksal sehr viel später Resonanz gefunden als die Kritische Theorie. Erst die dritte Auflage des Buchs *Über den Prozeß der Zivilisation* von 1976 brachte den Durchbruch, während bis dahin zwischen Systemtheorie, Rationalismus und Marxismus der »Menschenwissenschaftler« E. keine Beachtung gefunden hatte. Allerdings wiederholte sich hier eine Konstellation, die bereits die ersten Frankfurter Jahre prägte: Als Assistent des nur vier Jahre älteren Mannheim kam E. nach dem Studium von Medizin, Psychologie und Philosophie und nach der Promotion in Breslau (1924) 1930 nach Frankfurt, doch scheint der Kontakt zwischen dem sich habilitierenden Forscher und dem

»Institut für Sozialforschung« eher distanziert gewesen zu sein. Vom Status noch »Juniorpartner«, hat E. bereits früh seinen zwischen allen Disziplinen verlaufenden Weg verfolgt. Die nationalsozialistische Machtergreifung verhinderte den Abschluß des Habilitationsverfahrens und beendete E.s akademische Karriere. Am Aufschwung der emigrierten Soziologie im amerikanischen Exil konnte er nicht teilhaben; in London dagegen, wohin er Mannheim 1938 nach einer Zwischenstation in Paris gefolgt war, fand E. keine etablierte Soziologie vor. Berufsperspektiven standen vor allem im pädagogischen Bereich offen, und so arbeitete er zunächst zehn Jahre als Erwachsenenbildner und Gruppentherapeut. Zwar erschien der *Prozeß der Zivilisation* 1939 in der Schweiz, doch griffen die spärlichen Rezensionen nur Teilaspekte auf und konnten zu einer breiteren Wirkung nicht beitragen. E. wurde wahrgenommen als Erzähler von Anekdoten über Rülpsen und Spucken im Mittelalter, als Kulturhistoriker in der Tradition Johan Huizingas oder als historischer Soziologe, der sich auf ein abgelegenes Gebiet spezialisiert hatte. Es blieb dem Freund und Kollegen Franz Borkenau vorbehalten, 1938 die Leistung des Buches folgendermaßen zu charakterisieren: »In dieser bemerkenswerten Untersuchung sind präzise historische Forschung und generalisierende theoretische Interpretation in einer fast einzigartigen Weise miteinander verbunden, die an die beste Tradition Max Webers und seiner Schule erinnert.«

Was Historiker, Anthropologen, Soziologen und Psychologen getrennt voneinander untersuchen, das verknüpft E. im *Prozeß der Zivilisation* in einer kulturhistorischen Theorie des sozialen Wandels. Gegenüber dem nordamerikanischen Funktionalismus, der gesellschaftliches Leben auf statische Systeme reduziert, betont E. den Prozeßcharakter des Gesellschaftlichen, macht gegenüber eindimensionalen Basis-Überbau-Modellen die relative Autonomie des Sozialen stark, das, ungeplant und langfristig verlaufend, doch einer inneren Logik folgt. Die Untersuchung dieser inneren Logik setzte er sich zum Ziel, und damit gelangten Fragestellungen ins Blickfeld der Soziologie, die zuvor der Psychologie oder der Geschichtswissenschaft vorbehalten waren: Wie organisiert der Mensch die soziale Kontrolle über andere Menschen, wie kontrolliert er sich selbst? Die zunächst recht abseitig erscheinende Untersuchung von höfischen Tischsitten und Anstandsregeln dient E. dabei als Modellfall für die Ausprägung sozialer Kontrolle durch den Adel, der sich vom entstehenden Bürgertum durch ausgefeiltere Verhaltensformen abgegrenzt und so seinen höheren sozialen Rang befestigt hatte. So interpretiert E. etwa die »hohe Minne«, in der Mediävistik oft zur »geistigen Liebe« idealisiert, als Ergebnis der Unterwerfung armer Ritter unter die Frauen reicher Edelleute. Erst ein immer stärker ausdifferenziertes System von Triebverzicht, Vergeistigung der Sexualität und erwartetem »himmlischem Lohn« schaffte die psychischen Dispositionen, die später die Ausbildung absolutistischer Staaten begünstigten. E.' zentrales Konzept der »Verflechtung« hat hier seinen Ort, verbindet es doch scheinbar getrennte Sphären wie Minne und Machtausübung an dem Punkt, an dem beide auf der (den Subjekten unbewußten) Umdeutung von Affektkontrolle in soziale und politische Kontrolle basieren. »Gesellschaft« bedeutet für E. das Ensemble dieser historisch je verschiedenartigen Verflechtungen, in denen Menschen kooperieren, Konflikte austragen und sich in eine immer stärkere Abhängigkeit voneinander begeben.

Das zweite grundlegende Werk, *Die höfische Gesellschaft* (1969), zieht diese Linie zum französischen Absolutismus weiter und expliziert vor allem den Begriff der »Konfiguration«. Das Versailles Ludwigs XIV. interessierte E. insbesondere als ein Musterfall von Interdependenzen, in die der König als absoluter Herrscher verflochten war und die ihm die Aufrechterhaltung seiner Position erst ermöglichten. Nicht das einzigartige Individuum Ludwig XIV. stand im Mittelpunkt der Macht, sondern das Ensemble höfischer Ideale, die – ungeplant, aber innerhalb des Systems vollkommen rational – den »Königsmechanismus« in Gang hielten. Die erstaunliche Tatsache, daß sich Tausende von Menschen über Jahrhunderte hinweg ohne jede Eingriffsmöglichkeit von *einer* Herrscherfamilie regieren und ausbeuten ließen, erscheint so als Effekt einer Machtkonstellation, in der der Mensch sich nie als Individuum, sondern immer nur in bezug auf andere betrachtete und so eine Ordnung aufrechterhielt, die in Kleidung und Tischsitten ebenso ausgeprägt war wie in der Architektur. In dieser Perspektive interpretierte E. das Zeremoniell des »lever«: Das Nachthemd (in welchem der König morgens empfing) wurde zum symbolischen Objekt für die Verleihung von Macht und Prestige an die Höflinge und hielt das perpetuum mobile ihrer ständigen Konkurrenz untereinander in Gang. Zum Zeremoniell verurteilt, hätten die Adligen den Königsmechanismus nur unter Aufgabe ihrer eigenen Position zerstören können: Affektkontrolle diente als Machtpotential. Insbesondere in Frankreich wurde dieses Werk sehr positiv aufgenommen. Ein Ausländer, noch dazu ein »deutscher Gelehrter«, hatte es gewagt, eine der zentralen Epochen der französischen Geschichte, den Absolutismus, strukturell zu deuten, psychoanalytische Erklärungsmodelle in die Soziologie zu integrieren, und dies in einem leicht lesbaren und lebendigen Stil. Zudem stellte man erstaunt fest, daß E. bereits 30 Jahre zuvor mit dem *Prozeß der Zivilisation* die aktuelle Debatte um Strukturalismus und historische Perspektive antizipiert und die Statik der von Claude Lévi-Strauss inspirierten Strukturbeschreibungen überwunden hatte. Gerade in der Fülle der heutigen Studien über die Geschichte des Körpers, des Fühlens und des Verhaltens wird E. inzwischen als Vorläufer erkennbar, als Vorläufer allerdings, der sich auch in seinem eigenen Leben auf die »lange Dauer« einrichten mußte, die er bei der Betrachtung sozialer Prozesse immer wieder gefordert hatte. Solche methodologische Selbstdisziplin läßt auch den Forscher selbst als Teil der Figuration erscheinen, die er untersucht.

Erst 1954 erhielt E. zum ersten Mal eine hauptberufliche Universitätsdozentur in Leicester, wo er den Aufbau der soziologischen Fakultät maßgeblich prägte. Aber auch dort wurde er eher als Lehrer und Organisator anerkannt denn als originärer Wissenschaftler. Mehrere auf Englisch publizierte Beiträge gelangten nicht über Fachzeitschriften hinaus, und E. blieb der Außenseiter mit deutlichem deutschem Akzent, der sich der britischen und amerikanischen Soziologie ebenso verweigerte wie er beharrlich seinen eigenen Ansatz ausbaute. Auch nach seiner Emeritierung und der Rückkehr aus Ghana, wo er zwischen 1962 und 1964 als Professor für Soziologie tätig war, fand der *Prozeß der Zivilisation* nur langsam ein größeres Publikum; immer noch fiel er durch die Maschen der internationalen »Paradigmen-Gesellschaft« der Soziologen hindurch. Ohnehin war E. der Meinung, er habe sehr viel mehr aus den Zeitereignissen und aus den Theorien Freuds gelernt als aus den Standardwerken der etablierten Soziologie. Nur in den Niederlanden, wo E. seit 1969 Gastprofessuren wahrnahm und wo er bis zu seinem Tode 1990 lebte, wurden – auf dem Hintergrund eines traditionell größeren Pluralismus – seine Arbeiten zunehmend geschätzt und diskutiert.

Inzwischen hat *Der Prozeß der Zivilisation* die 16. Auflage erreicht, sind Begriffe wie »Interdependenz«, »Affekthaushalt« oder »Figuration« zum methodologischen Grundbestand der Soziologie avanciert. Nicht umsonst hat E. seine geschichtsphilosophischen Grundsatzüberlegungen *Die Gesellschaft der Individuen* (1987) genannt, um so auf die ständig neue Konstitution eines Verhältnisses hinzuweisen, das sich weder durch Systemtheorie noch durch einlinigen Evolutionismus erklären läßt. Die unfruchtbare Alternative von Freiheit oder Determiniertheit des Menschen und parallel von positivistischer oder materialistischer Sozialwissenschaft löst E. in der Erkenntnis des gesellschaftlichen Gehalts individueller, aber dennoch hochgradig systemstabilisierender Verhaltensweisen auf. Gegenüber der Klage über die im Prozeß der Zivilisation verlorengegangene Unmittelbarkeit der Gefühle betont er den Gewinn an Verhaltenssicherheit, an Berechenbarkeit, der durch Wunsch- und Furcht-Denken – sei es im privaten Bereich, sei es in der Politik – wieder zunichte gemacht werde. Am »40. Jahrestag eines Kriegsendes« müsse sich die Menschheit als Einheit erkennen und organisieren, das Niveau ihrer Selbsterkenntnis auf das ihrer Kenntnisse über Technik und Natur heben. Die Individualphilosophen der europäischen Tradition von Descartes bis Husserl erscheinen ihm dagegen als »wirlose Iche«, den Existentialismus nennt er gar eine »tragikomische Vergeudung menschlichen Lebens«. So wurde ihm selbst die Dankrede für den Adorno-Preis zum Forum der Kritik an Adornos »Paralyse« angesichts des Traumas der Vertreibung durch den Nationalsozialismus und an seiner Resignation vor der politischen Polarisierung der Welt in autoritären Marxismus und Konsumgesellschaft. Selbstbewußt charakterisierte E. sich als jemanden, der, »ohne die Verbindung mit der Vergangenheit zu vergessen, sich nie der Autorität der Vergangenheit gebeugt hat«.

1989 erschienen, treffen die *Studien über die Deutschen* in das Macht- und Sinnvakuum, das durch den Niedergang der sozialistischen Utopie entstanden ist. E. relativiert hier seine am angelsächsischen Modell gewonnene positive Wertung des staatlichen Gewaltmonopols durch den kritischen Blick auf die Negation persönlicher Verantwortung durch den starken Staat. Aus der Erfahrung der Vereinnahmung von Aggressions- und Abgrenzungsbedürfnissen in der Weimarer Republik und im Nationalsozialismus plädiert er nun stärker für ein Ethos der individuellen moralischen Verantwortung und der Distanz zu ideologischen Deutungsmustern. Vielleicht bietet sich erst jetzt die Gelegenheit, die *Gesellschaft der Individuen* tatsächlich als realistisches Modell zu verstehen.

Rehberg, Karl S. (Hg.): Norbert Elias und die Menschenwissenschaften. Studien zur Entstehung und Wirkungsgeschichte seines Werkes. Frankfurt am Main 1994. – Norbert Elias über sich selbst. Biographisches Interview mit Norbert Elias. Frankfurt am Main 1990. – Korte, Hermann: Über Norbert Elias. Frankfurt am Main 1988. – Gleichmann, Peter/ Goudsblom, Johan/Korte, Hermann (Hg.): Materialien zu Norbert Elias' Zivilisationstheorie. 2 Bde. Frankfurt am Main 1977 und 1984.

Claudia Albert

Feyerabend, Paul Karl
Geb. 13. 1. 1924 in Wien; gest. 11. 2. 1994 in der französischen Schweiz

»Anything goes«, so lautet das Leitmotiv der Wissenschaftstheorie F.s, die er als Kritik an den primär methodologisch orientierten Wissenschaftsphilosophien im Umfeld des Logischen Empirismus (Rudolf Carnap) und Kritischen Rationalismus (Karl Popper) entfaltete. Neben Thomas S. Kuhn, Imre Lakatos, Stephen Toulmin und Norwood R. Hanson gilt F. als Wegbereiter einer pragmatischen Wende in der Diskussion um die Wissenschaftstheorie. Hier vollzog sich ein Wechsel von den in der Tradition des Logischen Empirismus und Kritischen Rationalismus entwickelten logisch bzw. normativ orientierten Metatheorien über methodisch zulässige Praktiken in den Einzelwissenschaften hin zu einer auch postempiristisch genannten Wissenschaftsgeschichtsschreibung. Im Zentrum steht hierbei nicht mehr die Frage nach logischen bzw. rationalen Kriterien der Geltung wissenschaftlicher Theorien, sondern Theorien werden in den psychologischen und soziologischen Kontexten ihrer Genese betrachtet.

Nach dem Zweiten Weltkrieg studierte F. zunächst Theaterwissenschaften und andere musische Fächer in Weimar, bevor er sich 1947 in Wien dem Studium der Geschichte, Astronomie, Mathematik und Physik zuwandte. In Wien war F. Mitglied eines Diskussionskreises um den Philosophen Victor Kraft, in dem über philosophische Grundlagenprobleme der Naturwissenschaften debattiert wurde. Die Diskussionen des Kraft-Kreises wurden u. a. von Ludwig Wittgenstein, Elisabeth Anscombe und Georg Henrik von Wright besucht. In den 50er Jahren ging F. nach England, um bei Karl R. Popper zu studieren. Hier schloß er sich zunächst Poppers Kritik am Empirismus an, die er aber späterhin durch seine Forderung nach einer anarchistischen bzw. dadaistischen Erkenntnistheorie überbot und gegen Popper selbst wandte: der Sinn methodischer Standards überhaupt wird von ihm bestritten. F. plädiert für eine freie Wissenschaft, die durch Methodenpluralismus und den schrittweisen Abbau aller methodischen und methodologischen Vorgaben charakterisiert werden kann. Seit 1958 war F. Professor für Philosophie an der University of California in Berkeley, er las als Gastprofessor u. a. in Berlin, Kassel und Zürich. Er starb 1994 an einem Krebsleiden in der Schweiz. Neben einer Vielzahl von Aufsätzen (z. T. gesammelt in: *Der wissenschaftstheoretische Realismus und die Autorität der Wissenschaften*, 1978; *Probleme des Empirismus. Schriften zur Theorie der Erklärung der Quantentheorie und der Wissenschaftsgeschichte*, 1981) publizierte F. zwei größere Werke mit den Titeln *Against method. Outline of an anarchistic theory of knowledge* (1975, mit neuem Vorwort ³1993; erweitert dt. *Wider den Methodenzwang. Skizze einer anarchistischen Erkenntnistheorie*, 1976) – das wissenschaftstheoretische Hauptwerk F.s – und *Science in a Free Society* (1978; veränderte dt. Ausgabe *Erkenntnis für freie Menschen*, 1979). In dem letztgenannten Buch überträgt F. seine pluralistischen Konzepte auf die Bereiche der Politik und Gesellschaft und verbindet sie mit einer Kritik an der in den Industrieländern herrschenden Expertokratie. In einer kleinen Schrift *Wissenschaft als Kunst* (1984) diskutiert F. das Verhältnis von Wissenschaft und Kunst. Eine Summe seiner Philosophie stellt der Band mit dem programmatischen Titel *Farewell to Reason* (1986; *Irrwege der Vernunft*) dar. In seinem Buch *Dialogo sul metodo* (1989; *Über Erkenntnis*) kehrte F. zu einer überaus alten Form des Philosophierens zurück; er nutzt die klassische Dialogform zur Darlegung seiner Argumente. Nach seinem Tod erschien sein letztes Werk: eine Autobiographie mit dem provokativen Titel *Zeitverschwendung* (1995).

Wider den Methodenzwang enthält die Grundlegung der anarchistischen Erkenntnistheorie F.s. Bei dem Studium der Wissenschaftsgeschichte entdeckt er, daß nahezu alle der als fortschrittlich charakterisierten wissenschaftlichen Theorien nur deshalb entstehen konnten, weil die in der jeweiligen Wissenschaftspraxis geltenden methodologischen Regeln verletzt wurden. Dies gilt ihm zufolge sowohl für die sich um die kopernikanische Revolution gruppierenden Theorien, als auch für die moderne Atomtheorie oder die Wellentheorie des Lichts. Hier waren nicht immer die besseren Argumente der Grund, die neuen Theorien vorzuziehen, sondern günstige psychologische Bedingungen verhalfen den Theoretikern dazu, mittels Zwang und Propaganda ihre Konzepte durchzusetzen. So fordert F. von der Wissenschaftstheorie und -praxis, auf methodologische Standards zu verzichten und sich den anarchistischen Grundsatz »Anything goes« zu eigen zu machen, da nur dieser den Erkenntnisfortschritt garantiere. F. plädiert für einen Methodenpluralismus und formuliert auf der Folie der in den Wissenschaften anerkannten Regeln *Antiregeln*, die den Wissenschaftler zu einem kontrainduktiven Vorgehen veranlassen: er soll sich nicht scheuen, mit Hypothesen zu arbeiten, die den anerkannten Theorien und beobachtbaren Tatsachen widersprechen. Die Formulierung von Antiregeln verbindet sich mit einer Kritik an der in den Wissenschaften maßgeblichen Konsistenzbedingung (neue Hypothesen müssen mit bestätigten Theorien übereinstimmen). Darüber hinaus möchte F. die Geistes- und Wissenschaftsgeschichte in die wissenschaftliche Praxis integrieren, da ältere Theorien und Konzepte durchaus in der Lage seien, die gegenwärtige Forschung zu bereichern. So verweist er z. B. auf Lücken in der westlichen Medizin, die bei deren Anwendung in China offenbar wurden und dazu führten, daß die dort gebräuchlichen traditionellen Therapieformen (Akupunktur u. ä.) wieder eingesetzt wurden.

Daß eine wissenschaftliche Theorie niemals mit allen von ihr betroffenen Tatsachen übereinstimmt, führt F. zu einer weiteren für seine Konzeption zentralen Auffassung: der bei einem solchen Mißverhältnis vorliegende Fehler muß nicht immer bei der Theorie liegen, sondern kann ebenso in der Beschaffenheit der Tatsachen gründen. Denn was als eine Tatsache gilt und wie eine Tatsache beschrieben wird, hängt von einer herrschenden Theorie ab, welche die Tatsachen allererst konstituiert. Um seine Auffassungen zu illustrieren, diskutiert F. Beispiele aus der Wissenschaftsgeschichte, so etwa Galileis »Argumentation« gegen das von den Aristotelikern gegen die Erdbewegung vorgebrachte Turm-Argument. Er zeigt, daß Galilei seine Konzeption keineswegs nur aufgrund des besseren Arguments durchsetzen konnte, sondern mit psychologischen Tricks und rhetorischen Maßnahmen arbeiten mußte; er führte eine neue Beobachtungssprache ein, mit der die Tatsachen in einer Weise beschrieben werden konnten, welche die von ihm vorgeschlagene Theorie begünstigte. Dieses und andere Beispiele dienen F. als Beweismittel für eine seiner Kernthesen: der Fortschritt in den Wissenschaften vollzieht sich nicht nur aufgrund rationaler Prinzipien, wie die Methodologen immer glauben, sondern irrationale Mechanismen, z.B. psychologischer oder soziologischer Natur, haben einen entscheidenden Anteil am Gang der Wissenschaftsgeschichte.

Die Idee einer freien Gesellschaft ist Gegenstand der Schrift *Erkenntnis für freie Menschen*; im Rückgriff auf seine Argumentation in *Wider den Methodenzwang* unternimmt F. hier den Versuch einer Begründung des Relativismus. In einer freien Gesellschaft sollen alle Traditionen – nicht nur die abendländische des Rationalismus und der Wissenschaften – das gleiche Recht haben. Ob Astrologie, Voodoo-Praktiken oder die Relativitätstheorie angemessene Formen der Lebensorientierung und Welterfassung sind, entscheiden in einer freien Gesellschaft alle Bürger und nicht nur Wissenschaftler und Gelehrte. »Bürgerinitiativen statt Erkenntnistheorie«, so lautet F.s immer wiederkehrender Slogan. Er bestreitet das Vorliegen von Maßstäben, nach denen eine Tradition beurteilt werden kann; solche Maßstäbe konstituieren sich erst im Urteil und stehen bereits auf dem Boden einer bestimmten Tradition. F. plädiert für eine pragmatische Philosophie, welche Überlegungen aus allen Traditionen aufnimmt und ermittelt, wie weit man mit ihnen kommt. Er fordert eine strikte Trennung von Staat und Wissenschaft, da auch die Wissenschaften Ideologien sind, welche ebenso wie einstmals die Kirche die freie Entfaltung menschlicher Fähigkeiten und Bedürfnisse verhindern. Eine freie Gesellschaft verfährt nach relativistischen Prinzipien, der Grundsatz »Anything goes« wird hier zum Leitmotiv der gesellschaftlichen Praxis.

In der Schrift *Wissenschaft als Kunst* stützt F. sich auf Überlegungen des Kunsthistorikers Alois Riegl. Dieser hatte die Auffassung entwickelt, daß die Geschichte der Kunst nicht an der Idee des Fortschritts gedacht werden kann. In der Kunstgeschichte gibt es nur den Wechsel aufeinanderfolgender Stilformen, die alle jeweils ihren eigenen Gesetzen gehorchen. Diesen Gedanken Riegls überträgt F. auf die Wissenschaften, auch diese sind ihm eine Frage des Stils. Ebenso wenig wie in der Kunst, kann auch hier nicht objektiv über den Wert eines Stils geurteilt werden. In der Philosophie gelten die Konzeptionen F.s als Formen »fröhlicher Wissenschaft«, die nicht nur zum Lachen, sondern ebenso zum Widerspruch reizen.

Das Buch *Irrwege der Vernunft* besteht aus einer Reihe von Aufsätzen, die F. zu ganz verschiedenen Anlässen verfaßt und für die Buchform überarbeitet hat. Alle Themen seiner Philosophie kehren hier wieder: die Kritik an den Ideen der Vernunft und des Objektivismus, das Plädoyer für den Relativismus und die Aufforderung, die Wissenschaften einer demokratischen Kontrolle zu unterwerfen. Diese Überlegungen werden ergänzt und untermauert u. a. durch Studien zu Xenophanes, Aristoteles und Ernst Mach. Die Dialoge *Über Erkenntnis* erlauben dem Leser einen sehr unterhaltsamen Einstieg in die Philosophie F.s.

Couvalis, George: Feyerabend's Critique of Foundationalism. Adlershot/Brookfield 1989. – Marschner, J.: Paul K. Feyerabends Kritik an der empiristischen Wissenschaftstheorie. Wien 1984. – Duerr, Hans-Peter (Hg.): Versuchungen. Aufsätze zur Philosophie Paul Feyerabends. Frankfurt am Main 1981.

Christoph Demmerling

Foucault, Michel
Geb. 15. 10. 1926 in Poitiers; gest. 25. 6. 1984 in Paris

»Philosophie ist jene Verschiebung und Transformation der Denkrahmen, die Modifizierung etablierter Werte und all die Arbeit, die gemacht wird, um anders zu denken, anderes zu machen und anders zu werden als man ist.« Diese Selbstcharakterisierung seiner philosophischen Aktivität, die F. gegen Ende seines Lebens in einem bewußt anonymen Interview formulierte und die der langjährige Freund Gilles Deleuze in die Formel »Anders denken« faßte, kann als Überschrift für die Orientierung seines Gesamtwerkes angesehen werden. Von Nietzsche kommend, ging es F. nicht nur darum, Lebens- und Denkformen (unserer Gegenwart) in ihrer bloß scheinhaften Selbstverständlichkeit, Notwendigkeit oder Wahrheit theoretisch zu decouvrieren, insofern jene von ohnehin bereits brüchigen Böden getragen wurden. Ebenso versuchte er durch sein Denken eine veränderte Sicht auf die Dinge zu ermöglichen, die praktische Auswirkungen haben könnte: »Man fingiert Geschichte von einer politischen Realität aus, die sie wahr macht, man fingiert eine Politik, die noch nicht existiert, von einer historischen Wahrheit aus.« F. orientierte sich dabei grundsätzlich an Nietzsches erkenntniskritischem Perspektivismus, wonach alle menschlichen Daseinsformen auf jeweiligen Interpretationen der Welt beruhten, hinter denen es keine ahistorisch wahre Welt gebe.

Die für das Werk von F. so spezifische Mischung aus Skepsis gegenüber allem vermeintlich Wahren, radikaler Kritikfähigkeit, einem gewissen Originalitätsdrang und Außenseitertum zeichnete sich Aussagen früherer Mitschüler und Lehrer zufolge bereits zu Schulzeiten ab. Nach seiner Schulzeit am Lycée Henri IV in Poitiers gelingt F. die Aufnahme an die angesehene Pariser »École normale supérieure«, an der er sein Philosophiestudium 1946 als Schüler Louis Althussers aufnimmt. Parallel dazu studiert er Psychologie, insbesondere Psychopathologie; ein Jahr nach seinem 1951 abgelegten Staatsexamen in Philosophie erhält er auch in diesem Fach das Diplom. Seine erste größere Veröffentlichung entstammt dann auch der Beschäftigung mit dieser Disziplin, die F.s Denken sowie seine Interessengebiete zeitlebens entscheidend bestimmen wird (*Maladie mentale et psychologie*, 1954; *Psychologie und Geisteskrankheit*). Die thematische Ausrichtung dieser Arbeit, von der er sich später distanziert, wird in seiner Dissertation wiederaufgenommen (*Folie et déraison. Histoire de la folie à l'âge classique*, 1961; *Wahnsinn und Gesellschaft. Eine Geschichte des Wahns im Zeitalter der Vernunft*).

Nach einigen Auslandsaufenthalten als Lektor und Direktor französischer Institute in Uppsala, Warschau und Hamburg während der 50er Jahre beginnt F. mit dieser Schrift eine Reihe von historischen Studien, in denen sich Schritt für Schritt das Projekt einer »Geschichte der Wahrheit« entwickelt. Wie er später, auf das Korpus seiner Schriften zurückblickend, sagte, ging es ihm dabei vor allem um die Analyse verschiedener Varianten der Konstitution menschlicher Wesen zu Subjekten. Da sein Interesse zentral auf die neuzeitlich-modernen Subjektivierungsformen gerichtet ist, die sich in komplexen gesellschaftlichen und historischen Prozessen herausbilden, stellt F. deren Untersuchungen in den größeren Rahmen einer »Geschichte der Gegenwart«.

In der Geschichte des Wahns geht es zunächst um die Konstitution des Wahnsinns in Abgrenzung zur Vernunft durch diese selbst. Durch seine Art der Darstellung legt F. Zweifel nahe an der Legitimität des von ihm diagnostizierten Ausschlusses des Wahnsinns aus der offiziellen Kultur und dem damit verbundenen »zentralen Gegensatz zwischen Normalem und Pathologischem im gegenwärtigen Europa«. Er macht bereits in dieser ersten Untersuchung deutlich, daß seine Konstitutionsanalyse Anordnungen heterogener Faktoren, wie »Vorstellungen, Institutionen, juristische und polizeiliche Maßnahmen, wissenschaftliche Begriffe« usw. aufzeigen soll, deren jeweiliges Zusammenspiel als die Bedingung der Möglichkeit eines historisch spezifischen Wissens, hier über den Wahnsinn, angesehen werden kann.

Ein Jahr nach Antritt seiner Professur an der Universität Clermont-Ferrand (1962), wo er seit zwei Jahren bereits als Privatdozent für Psychologie tätig war, veröffentlicht F. seine zweite historisch ausgerichtete Untersuchung über die Geschichte der Medizin (*Naissance de la clinique*, 1963; *Die Geburt der Klinik*). Es geht ihm hier um die Konstitution des Subjekts von ärztlichem Wissen – der Untertitel des Buches lautet »Archäologie des ärztlichen Blicks« – als Ergebnis des Zusammenspiels von institutionellen, pädagogischen, therapeutischen und politischen Bedingungen, welche die Sicht- und Behandlungsweise des Arztes bestimmen; diese erweisen sich als ebensowenig frei und autonom wie das Wissensobjekt Wahnsinn.

Nachdem F. in seinen beiden ersten »Geschichten« zwei Beispiele von Subjektivierung ausführlich analysiert hat, unternimmt er in der 1966 erscheinenden Arbeit *Les mots et les choses. Une archéologie des sciences humaines* (1966; *Die Ordnung der Dinge. Eine Archäologie der Humanwissenschaften*) eine allgemeinere Charakterisierung der modernen humanwissenschaftlichen Denkform. Im Zusammenhang damit versucht er eine Theorie diskursiver Praxis anstelle derjenigen des wissenden Subjekts unter der Annahme zu formulieren, daß die »Individuen, die verantwortlich für den wissenschaftlichen Diskurs sind, in ihrer Situation, ihrer Funktion, ihren perzeptiven Fähigkeiten und in ihren praktischen Möglichkeiten von Bedingungen bestimmt werden, von denen sie beherrscht und überwältigt werden«. Es handle sich dabei um »fundamentale Codes einer Kultur«, »historische Apriioris«, »positive, unbewußte Fundamente der Erkenntnisse«, die »épistémè« einer Wissenskultur. Aus deren Wirksamkeit erkläre sich das historische Auftauchen bestimmter Redeweisen über die Dinge, die F. unter den – von ihm jedoch niemals hinreichend definierten – Begriff »Diskurs« faßt. Die derart verfahrende Diskursanalytik stellt er ausdrücklich unter den Titel »Archäologie«.

Neben der in dieser Vergleichsstudie über die drei epistemologischen Epochen Renaissance, Klassik und Moderne nun explizit vorgetragenen Kritik an Subjekt-Konzeptionen und Kontinuitätsvorstellungen hat besonders seine Formel vom »Ende des Menschen« ebensoviele Mißverständnisse wie Polemiken provoziert. F. bringt, durchaus zustimmend, gegenwärtige – von Psychoanalyse, Strukturalismus und Semiologie ausgehende – »antihumanistische« theoretische Orientierungen in den Blick, die an der Auflösung des uns noch immer beherrschenden Wissenssystems mitwirken: »Allen, die noch vom Menschen, von seiner Herrschaft oder von seiner Befreiung sprechen wollen, all jenen, die noch fragen nach dem Menschen in seiner Essenz, jenen, die von ihm ausgehen wollen, um zur Wahrheit zu gelangen, jenen umgekehrt, die alle Erkenntnis auf die Wahrheiten des Menschen selbst zurückführen wollen, allen, die nicht denken wollen, ohne sogleich zu denken, daß es der Mensch ist, der denkt, all diesen Formen linker und linkischer Reflexion kann man nur ein philosophisches Lachen entgegensetzen – das heißt: ein zum Teil schweigendes Lachen.« Durch diese epistemologische Grenzziehung, die F. das von ihm selbst immer wieder zurückgewiesene Etikett »Strukturalist« einbrachte, setzt er sich in schroffe Opposition zur herrschenden philosophischen Strömung der französischen Nachkriegszeit – dem Existentialismus – und damit auch zu ihrer prominentesten Gestalt: Jean-Paul Sartre. Sartres Polemik gegen F.s Denken – der, wie er meinte, »letzten Barriere, die das Bürgertum noch gegen Marx errichten kann« – vermochte jedoch nicht zu verhindern, daß F. für weite Kreise der französischen Öffentlichkeit zum wichtigsten Repräsentanten einer neuen intellektuellen Generation avancierte.

Den auch international stark beachteten *Les mots et les choses* folgt drei Jahre später die methodologische Arbeit *L'archéologie du savoir* (1969; *Archäologie des Wissens*). F. bedenkt hier, offensichtlich auf eine Reihe von Kritiken und Nachfragen hin, richtungweisend und nachträglich das methodische und grundbegriffliche Fundament seiner archäologisch-diskursanalytischen Wissenskritik. Er versteht sich dabei jedoch durchaus nicht als Vordenker, sondern – als »Epistemologe« in der Tradition seiner Lehrer Gaston Bachelard und Georges Canguilhem – allenfalls auf der Höhe der z. B. im Umkreis der sogenannten französischen Annales-Schule ausgeübten historiographischen Praxis. Gegen die totalisierende Disziplinierung von historischen Prozessen setzt F. das Modell einer »seriellen« Geschichtsanalyse, dessen grundsätzlich von Differenzen ausgehendes Denken er dem Identitätsdenken entgegensetzt. Dieses neige offensichtlich durch die Angst vor dem ›Anderen‹ zur Totalerfassung von Gesellschaft und Geschichte –, um ein Geschichtsbewußtsein als »Ort der Ruhe, der Gewißheit, der Versöhnung – des sorglosen Schlafes« zu erzeugen.

Im Jahre 1970 wird F. auf den Lehrstuhl für die »Geschichte der Denksysteme« am renommierten Pariser »Collège de France« berufen und erreicht damit das in Frankreich wohl höchstmögliche akademische Karriereziel. In seiner Antrittsvorlesung am »Collège« (*L'ordre du discours*, 1971; *Die Ordnung des Diskurses*) beginnt er das Programm der Untersuchung von Diskurssystemen unter Aspekten von Macht zu formulieren. Er entwirft darin eine knappe Skizze der allen Diskurssystemen sowohl innerlichen wie äußerlichen Prozeduren der »Reglementierung«, »Ausschließung«, »Unterdrückung« – ihres »unberechenbar Ereignishaften«. Die im wesentlichen auf der Vorstellung der »Repression« beruhende Konzeption des Verhältnisses von Diskurs und Macht, die F. hier dem Publikum als Direktiv für seine weiteren Arbeiten entwirft, gibt er in seiner drei Jahre später vorgelegten Machtanalyse – am Beispiel der Geschichte des Gefängnisses – wieder radikal auf (*Surveiller et punir. La naissance de la prison*, 1975; *Überwachen und Strafen. Die Geburt des Gefängnisses*). Mit der machtanalytischen Akzentuierung seiner Darstellung von Diskursen geht eine gleichzeitige Politisierung von F.s öffentlichem Engagement einher.

Waren vor den 70er Jahren in dieser Hinsicht kaum mehr als seine kurze Mitgliedschaft in der Kommunistischen Partei Frankreichs und Kontakte zur brasilianischen demokratischen Opposition (seit 1965) zu verzeichnen, beginnt F. sich nun in einer Reihe spezieller sozialer Problembereiche zu engagieren: Gefängnis-Verhältnisse, Auswirkungen rassistischer Tendenzen, der Kampf der nicht-staatlichen polnischen Gewerkschaftsbewegung Solidarnosc, die Situation politischer Gefangener und Dissidenten usw. Die Tatsache, daß er sich an politischen Aktionen auf lokaler Ebene beteiligt (zeitweise auch unter Ausnutzung seines mittlerweile hohen öffentlichen Ansehens), korrespondiert unmittelbar mit jener neuen Orientierung des Machtbegriffs, die er ausführlicher als in seiner Geschichte des Gefängnisses jedoch erst in der Folgeschrift *Histoire de la sexualité 1. La volonté de savoir* (1976; *Sexualität und Wahrheit 1. Der Wille zum Wissen*) darlegt.

Macht bzw. Machtbeziehungen werden von F. nun als eine Vielfalt lokaler »Kräfteverhältnisse« unter dem Titel »Mikrophysik der Macht« analysiert. Ihre historischen Veränderungen denkt er dabei nach dem Modell des Kampfes bzw. Krieges, die weder auf eine übergeordnete Logik (wie im marxistischen Primat des Klassenkampfes) noch auf dahinterliegende Rationalitätsentwicklungen zurückzuführen seien. Entsprechend habe der »spezifische Intellektuelle«, als den F. sich definiert – im Gegensatz zum Intellektuellen »universellen« Charakters –, nicht mehr die Aufgabe, Sprecher der Menschheit oder anderer Großsubjekte zu sein, sondern die Funktion, mit seinen Schriften Gebrauchsgegenstände in den jeweiligen Kämpfen zu präsentieren: »Ich bin ein Werkzeughändler, ein Rezeptaussteller, ein Kartograph, ein Planzeichner, ein Waffenschmied«. Die Identität des Autors, die F. im Privatleben wie als Schriftsteller meist von sich wies (»Man frage mich nicht, wer ich bin, und man sage mir nicht, ich solle der gleiche bleiben«), hat er in seinen literaturtheoretischen Studien, insbesondere in dem 1969 vor der »Französischen Gesellschaft für Philosophie« gehaltenen Vortrag *Qu'est-ce qu'un auteur?*, bereits seit Beginn der 60er Jahre immer wieder prinzipiell in Frage gestellt. Dem Leser seiner Schriften dieser Zeit kann jedoch kaum entgehen, daß seine Bücher dennoch Absichten haben, daß sie vor allem ›subversive‹ Prozesse in unseren gegenwärtigen Lebens- und Denkformen unterstützen oder anregen sollen. In den letzten beiden »Geschichten« des Gefängnisses und der Sexualität gibt F. zwar bewußt keine Perspektiven eines möglichen Kampfes gegen die »moderne Seele« bzw. »Sexualität«. Jedoch ist die detaillierte Analyse der »Dispositive« (der Macht), innerhalb derer sich nach seiner Darstellung diese kulturspezifischen Phänomene herausgebildet haben, zur Anregung vielfältiger politischer Aktivitäten geeignet. In seiner Mikroanalytik der Techniken, Diskurse, Institutionen usw., welche die Machtbeziehungen konstituieren, entdeckt F. auf allgemeinerer Ebene einen spezifisch modernen Machttypus, den er »Bio-Macht« nennt. Im Gegensatz zur Form der Machtausübung in vormodernen abendländischen Gesellschaften werde die Bevölkerung seit dem 18. Jahrhundert weniger durch die Unterdrückung ihrer Lebensäußerungen beherrscht, als durch die Erzeugung, Regulierung und Kontrolle ihrer Körper- und Seelenkräfte. Eines der Resultate dieser Produktivität moderner Macht, die für F. gerade auch dort wirksam ist, wo es um die angebliche Befreiung von ihr geht, sieht er in dem »Disziplinarindividuum« als Teil der »Normalitätsgesellschaften«. Das von F. nun angewandte und bereits früher (1971) geforderte historiographische Verfahren ist die Genealogie Nietzsches, mittels der er die Historie der menschlichen Körper und ihrer »politischen Besetzungen« nachzeichnet.

Gegen Ende der 70er Jahre verlagert sich sein Interesse an moderner Machtausübung auf das Phänomen der »Regierung«. Er untersucht in diesem Zusammenhang den Regierungstypus einer sog. »pastoralen Macht«. In der Art der Führung einer Herde durch den Hirten identifiziert er das modellhafte Vorbild der modernen Form der Regierung von Bevölkerungen: Lenkung (der Seelen) der einzelnen in wohltätiger, »sorgender« Haltung. In der Gemeinde Christi findet F. ihre historisch früheste Manifestation. (F.s Beitrag zu den *Tanner Lectures on Human Values* von 1979 behandelt zentral das Thema der »pastoralen Macht«).

Acht Jahre nach Erscheinen des ersten Bandes seiner Geschichte der Sexualität werden zwei weitere Bände veröffentlicht: *L'usage des plaisirs* und *Le souci de soi* (1984; *Der Gebrauch der Lüste* und *Die Sorge um sich*). Die Leserschaft findet sich dabei mit einem gegenüber den ursprünglichen Plänen neuorientierten Projekt konfrontiert. In den nun vorgelegten, historisch weiter zurückreichenden Studien zur antiken Sexualethik analysiert F. die vorchristliche Form moralischer Subjektivierung durch das Prinzip individueller »Selbstsorge«. Er entdeckt darin eine »Ästhetik der Existenz«, die mit individualisierender und ratgebender Moral verbunden ist und die den totalisierenden, gesetz- bzw. normgebenden Moraltypen des christlichen Mittelalters und der Moderne entgegenzusetzen sei. Mit der offensichtlich positiven Bewertung jener antiken Ethik modifiziert F. sein immer wieder vorgetragenes Selbstverständnis eines »Intellektuellen als dem Zerstörer der Evidenzen« zugunsten der Suche nach einer möglichen »nachmodernen Lebenskunst«. Der frühe Tod F.s verhinderte, daß diese zweite, konstruktive Seite seines zuletzt vertretenen Philosophie-Verständnisses mehr als ein Anspruch bleiben sollte: »Philosophie ist eine Bewegung, mit deren Hilfe man sich nicht ohne Anstrengung und Zögern, nicht ohne Träume und Illusionen von dem freimacht, was für wahr gilt, und nach anderen Spielregeln sucht.«

Kögler, Hans Herbert: Michel Foucault. Stuttgart/Weimar 1994. – Dreyfus, Hubert L./Rabinow, Paul: Michel Foucault. Jenseits von Strukturalismus und Hermeneutik. Frankfurt am Main 1987. – Kammler, Clemens: Michel Foucault. Eine kritische Analyse seines Werks. Bonn 1986.

Thomas Schäfer

Freud, Sigmund
Geb. 6. 5. 1856 in Freiberg/Mähren; gest. 23. 9. 1939 in London

»Für gewöhnlich erfahren wir ja, dank ihrer eigenen Diskretion und der Verlogenheit ihrer Biographen, von unseren vorbildlich großen Männern wenig Intimes.« Was der Psychologe des Unbewußten bei anderen so polemisch beklagte, trifft auf seine Person vorzüglich zu. Wie kaum eine Zelebrität war F. fortwährend darum bemüht, lebensgeschichtliche Spuren zu verwischen, einen dichten Schleier der Diskretion um seine private Existenz zu legen, um, wie er als junger Mann seiner Verlobten Martha Bernays mitteilte, seinen späteren Biographen die Arbeit so schwer wie möglich zu machen. F. gab sich außerordentlich scheu, was seine persönlichsten Lebensumstände und Angelegenheiten betrifft; er war, wie Ludwig Marcuse bemerkt hat, »von einer geradezu aggressiven Diskretion«, welche selbst ihm nahestehende Personen kaum zu durchbrechen vermochten. Dennoch sind wir über das Leben des Schöpfers der Psychoanalyse ausreichend unterrichtet, dank des Biographenfleißes von Ernest Jones (dem die Familie F.s private Dokumente zur Einsicht überließ), Siegfried Bernfeld, Max Schur, Ronald Clark, Peter Gay und, nicht zuletzt, dank der (wenn auch bis heute unvollständigen) Veröffentlichung von F.s umfangreicher Korrespondenz, die er mit Freunden und Schülern, so mit Wilhelm Fließ, Carl Gustav Jung, Karl Abraham, Sándor Ferenczi, Ernest Jones, Lou Andreas-Salomé, Oskar Pfister, Georg Groddeck und Arnold Zweig, geführt hat.

F.s Vater Jacob Freud, der aus Galizien ins mährische Freiberg übergesiedelt war, betrieb einen Handel mit Tucherzeugnissen. In dritter Ehe hatte er Amalie Nathanson geheiratet, die wie er selbst aus einer jüdischen Kaufmannsfamilie stammte. Über seine Herkunft notierte der 70jährige F.: »Weil ich Jude war, fand ich mich frei von vielen Vorurteilen, die andere im Gebrauch ihres Intellekts beschränken, als Jude war ich dafür vorbereitet, in die Opposition zu gehen und auf das Einvernehmen mit der ›kompakten Majorität‹ zu verzichten.« Auch wenn sich F. als Ungläubigen sah, hat er seine Beziehung zum Judentum nie verleugnet; man kann sagen, daß seine ethischen Einstellungen als Person wie als Wissenschaftler stark von der jüdisch-humanistischen Tradition geprägt waren. Aufgrund wirtschaftlicher Schwierigkeiten verließ F.s Familie im Jahre 1859 Freiberg und fand in Wien eine neue Heimat. Von wenigen Auslandsaufenthalten abgesehen lebte F. 79 Jahre in dieser Stadt, bis zu seiner erzwungenen Emigration 1938. F. hat Wien, so bezeugen es zahlreiche Äußerungen, nach Kräften gehaßt, nicht zuletzt wegen seines rüden Antisemitismus, und doch hat er sich von der Donaumetropole niemals lösen können. Nach dem Besuch des humanistischen Gymnasiums nahm F. 1873 das Medizinstudium an der dortigen Universität auf. Zu seinen bedeutendsten Lehrern zählten der Physiologe Ernst Wilhelm von Brücke, an dessen Institut er von 1876 bis 1882 arbeitete, und der Gehirnanatom Theodor Meynert.

Die Erfahrungen am Brückeschen Institut waren für den jungen F. insofern zentral, als er hier mit dem streng naturwissenschaftlich-materialistischen Ansatz der Helmholtz-Schule in Berührung kam, der sein psychologisches Denken – die Annahme der funktionellen Abhängigkeit seelischer Vorgänge von den Reizleitungen des Nervensystems und die Idee eines »psychischen Apparats« – maßgeblich beeinflußte. Zugleich diente die an Brückes Institut kultivierte Erfahrungs- und Beobachtungswissenschaft dazu, bei F. etwaige Neigungen zu philosophischer Spekulation entschieden zurückzudämmen. F.s lebenslang durchgehaltene antimetaphysische, antireligiöse und antiidealistische Einstellung verdankt sich dem frühen Kontakt nicht nur mit den Lehren der Helmholtz-Schule, sondern auch mit denen des Darwinismus, die schon den Oberschüler beeindruckt hatten. In Meynerts gehirnanatomischem Laboratorium studierte F. erstmals das menschliche Zentralnervensystem, seine Spezialisierung zum Neuropathologen war damit vorgezeichnet. 1885 wurde F. zum Privatdozenten für Nervenkrankheiten ernannt, im selben Jahr reiste er nach Paris, um bei dem berühmten Psychiater Jean-Martin Charcot in die Lehre zu gehen. Unter dem Eindruck dieser Erfahrung rückte das Krankheitsfeld der Neurosen, vor allem der Hysterie, in F.s Blickfeld, aber anders als Charcot überschritt F. den rein medizinischen Standpunkt zugunsten einer psychologischen Auffassung der Neurosen. Damit war bei F. endgültig das Fundament zu einer neuartigen, ja revolutionären Auffassung seelischer Erkrankungen gelegt. Gemeinsam mit dem

Arzt Josef Breuer, dessen Patientin Anna O. F.s Anteilnahme und wissenschaftliches Interesse weckte, entdeckte er auf dem Weg der Hypnosebehandlung den für die Psychoanalyse zentralen Unterschied zwischen bewußten und unbewußten seelischen Zuständen. 1895, als die Phase ihrer engen Kooperation bereits vorüber war, publizierten F. und Breuer ihre *Studien über Hysterie*. Was F. von dem älteren Breuer trennte, war die Einsicht in den sexuellen Ursprung hysterischer Erkrankungen, eine Einsicht, die Breuer nicht zu teilen vermochte. Für F. aber bedeutete sie einen wesentlichen Schritt in Richtung einer Psychologie, in der die Sexualität in all ihren bewußten und unbewußten Varianten – als ausgelebte, pervertierte, sublimierte oder verdrängte – eine entscheidende Rolle spielt.

Im wissenschaftlichen Austausch mit dem Berliner Hals-Nasen-Ohren-Arzt Wilhelm Fließ, mit dem er in den 90er Jahren eine intime Korrespondenz pflegte, entwickelte F. die Grundzüge der Psychoanalyse, die schließlich in der *Traumdeutung* (1900) ihren ersten und folgenreichen Ausdruck fand. In diesem gewichtigen Werk formulierte F. seine wesentlichen Erkenntnisse vom unbewußten Seelenleben, die er später zwar im Detail modifizierte und ausbaute, im ganzen aber beibehielt. In der *Traumdeutung* vermochte F. zu zeigen, daß die scheinbar sinnlosen, chaotischen Produktionen, die der Traum hervorbringt, sehr wohl einen »Sinn« haben, freilich einen, der ihnen auf eine spezifische Weise abgelesen werden muß. Indem F. die Gesetze der Traumarbeit entzifferte, machte er den Traum einer Deutung zugänglich, welche den vermeintlichen Un-Sinn als unbewußten Sinn ausweist. »Diese Annahme wird zum wissenschaftskonstituierenden Axiom der Psychoanalyse und ermöglicht eine prinzipielle Erweiterung der Erfahrung über den Menschen« (Alfred Schöpf). Die Publikation des Traumbuches führte indes nicht, wie ihr Autor gehofft hatte, zu einer größeren öffentlichen Resonanz der jungen Wissenschaft vom Unbewußten. F. blieb vielmehr isoliert: »Durch mehr als ein Jahrzehnt nach der Trennung von Breuer hatte ich keine Anhänger. ...In Wien wurde ich gemieden, das Ausland nahm von mir keine Kenntnis«, heißt es in F.s *Selbstdarstellung* von 1925, als er längst ein berühmter Mann war. Gleichwohl arbeitete F., nur von einer kleinen Gruppe von Anhängern unterstützt – anfangs waren das Max Kahane, Alfred Adler, Wilhelm Stekel, Rudolf Reitler, später kamen Paul Federn, Eduard Hitschmann, Otto Rank, Isidor Sadger, Fritz Wittels hinzu –, unbeirrt an der von ihm begründeten Wissenschaft weiter. In rascher Folge publizierte er eine Reihe bedeutender Schriften, die der Psychoanalyse allmähliche Reputation in ärztlichen wie nichtärztlichen Kreisen verschafften. Ein Jahr nach der *Traumdeutung* erschien *Zur Psychopathologie des Alltagslebens*, ein Buch, in dem F. gewöhnliche Zufallshandlungen und Fehlleistungen wie Vergessen, Versprechen, Verschreiben im Sinne eines unvollkommen verdrängten psychischen Materials deutete. 1905 veröffentlichte F. zwei weitere grundlegende Werke, die *Drei Abhandlungen zur Sexualtheorie* und *Der Witz und seine Beziehung zum Unbewußten*. Akzentuierte ersteres noch einmal entschieden die Rolle der Sexualität, des Lustprinzips für die psychophysische Entwicklung des Individuums, so wies letzteres nach, daß der Lustgewinn, den der Witz bietet, aus jener psychischen Hemmungsersparnis resultiert, die das infantile Lusterleben charakterisiert.

Mit diesen Arbeiten, die gleichsam den orthodoxen Fundus der Psychoanalyse bilden, gelang es F. zunehmend, bedeutende Köpfe in seinen Bann zu ziehen. Ernest Jones, F.s späterer Biograph, bekannte sich ebenso als sein Anhänger wie der Schweizer Psychiater Carl Gustav Jung (der sich allerdings nach wenigen Jahren von F. trennte und eigene psychologische Wege ging), der ungarische Arzt Sándor Ferenczi und die Deutschen Karl Abraham, Max Eitingon, Hanns Sachs und Lou Andreas-Salomé. Die »Psychologische Mittwoch-Gesellschaft«, die sich seit 1902 – dem Jahr der viel zu späten Ernennung F.s zum Professor – wöchentlich in F.s Wohnung in der Berggasse 19 einfand, nahm 1908 den Namen »Wiener Psychoanalytische Vereinigung« an. Eine Amerikareise im darauffolgenden Jahr, die F. in Begleitung von Ferenczi und Jung unternahm, machte die Psychoanalyse auch in der Neuen Welt bekannt. 1910 wurde die »Internationale Psychoanalytische Vereinigung« aus der Taufe gehoben – die Wissenschaft vom Unbewußten begann ihren Siegeszug um die Welt anzutreten. Mit der Veröffentlichung von *Totem und Tabu* (1913), einem Werk, in dem F. anhand von ethnologischem Material eine psychologische Deutung der Urgesellschaft gibt und die historisch-gesellschaftliche Ubiquität des von ihm so genannten Ödipuskomplexes behauptet, stand die Psychoanalyse vor dem Krieg – trotz den Trennungen von C. G. Jung und Alfred Adler – im Zenit ihrer öffentlichen Wahrnehmung und Anerkennung. Der Erste Weltkrieg, der F. anfangs als k. u. k.-Patrioten sah, bedeutete freilich eine tiefe Zäsur in seinem Leben und Werk. Je länger der Krieg dauerte – seine drei Söhne standen im Feld –, desto drängender beschäftigte F. die Frage nach den psychischen Ursachen menschlicher Aggression. In der kleinen Schrift *Zeitgemäßes über Krieg und Tod* (1915), die als Ouvertüre zu F.s pessimistischem Spätwerk gelten darf, wagte er sich erstmals an das Problem, warum trotz des kulturell geforderten Tötungsverbots immer wieder individuelle und kollektive Aggressionshandlungen durchbrechen. F. sah sich zunehmend genötigt, sein ursprüngliches Triebkonzept – den Dualismus von Sexual- und Ich- bzw. Selbsterhaltungstrieben – durch einen neuen Triebdualismus zu ersetzen, weil er erkannt hatte, daß er die Wirkung der Aggression theoretisch bislang zu wenig beachtet hatte. In der Arbeit *Jenseits des Lustprinzips* (1920) stellte er den lebenserhaltenden Trieben explizit einen Todestrieb gegenüber – ein theoretisches Konstrukt, das F. zwar klinisch zu fundieren versuchte, das aber doch stark spekulative Züge trägt.

Die späten Werke F.s, so die religionskritische Studie *Die Zukunft einer Illusion* (1927) und *Das Unbehagen in der Kultur* (1930), dokumentieren eindrucksvoll F.s langen Weg von der Medizin über die Psychologie zu Philosophie, Sozialpsychologie und Kulturtheorie. Sein Alterswerk, so scheint es, sucht Antworten auf die großen Fragen der Menschheit, wie auch der Briefwechsel mit Albert Einstein (*Warum Krieg?*, 1932) und die Schrift *Der Mann Moses und die monotheistische Religion* (1939) zeigen. Obwohl der Psychologe des Unbewußten, darin der Schopenhauerschen Philosophie folgend, den Anstrengungen und Absichten der Ratio skeptisch bis pessimistisch gegenüberstand, weil er deren Schwäche realistisch diagnostizierte, blieb er – der Bewunderer Lessings, Goethes und Heines – ein Mann der Aufklärung. Aller durchschauten Ohnmacht der Vernunft zum Trotz bekannte sich F. zum »Gott Logos«: »Der Primat des Intellekts liegt gewiß in weiter, weiter, aber wahrscheinlich doch nicht in unendlicher Ferne.« Anders als sein (abtrünniger) Schüler C. G. Jung, der in den Schoß metaphysischer und religiöser Gewißheiten zurückkehrte, hielt F. den Motiven einer selbstkritisch gewordenen Aufklärung die Treue; dem Sog des Unbewußt-Irrationalen, dessen Kraft er illusionslos konstatierte, setzte er in der »Schweigestunde der Religion und der Philosophie« (Alexander Mitscherlich) das Potential unnachlaßlicher Vernunftanstrengung entgegen. Deshalb taugt F. nicht zum Propheten des Irrationalismus wie etwa sein Zeitgenosse Ludwig Klages, der den »Geist« zum Widersacher der »Seele« erklärte und diese gegen jenen reaktionär ausspielte. In seinem 1929 veröffentlichten Aufsatz *Die Stellung F.s in der modernen Geistesgeschichte* notierte Thomas Mann: »F.s Forscherinteresse fürs Affektive artet nicht in die Verherrlichung seines Gegenstandes auf Kosten der intellektuellen Sphäre aus. Sein Antirationalismus bedeutet die Einsicht in die tatsächlich-machtmäßige Überlegenheit des Triebes über den Geist; er bedeutet nicht das bewunderungsvolle Auf-dem-Bauch-Liegen vor dieser Überlegenheit und die Verhöhnung des Geistes.« Gegen die Vergötzung des Irrationalismus, der 1933 in Deutschland zur Staatsreligion erhoben wurde, war F. denn auch gründlich gefeit; seine Schriften wurden am 10. Mai 1933 von den neuen nationalsozialistischen Herren dem Scheiterhaufen überantwortet. Nach dem gewaltsamen »Anschluß« Österreichs ans Deutsche Reich im März 1938 wurden F. und seine Familie zur Emigration gezwungen. Der Schöpfer der Psychoanalyse starb ein Jahr später im Londoner Exil. Seine Lehre, die sich als Tiefensemantik der Rationalität charakterisieren läßt, überdauerte den von Hitler entfesselten Zweiten Weltkrieg und die Vernichtung der europäischen Juden. Obwohl nie gänzlich unumstritten, gehört die von F. begründete Wissenschaft vom Unbewußten zu jenen modernen Kulturleistungen, die das Wissen des Menschen über sich selbst, über die in ihm angelegten Möglichkeiten – zum Guten wie zum Bösen –, revolutionär erweitert haben.

Grubrich-Simitis, Ilse: Zurück zu Freuds Texten. Frankfurt am Main 1993. – Lohmann, Hans-Martin: Freud zur Einführung. Hamburg ³1991. – Gay, Peter: Freud. Eine Biographie für unsere Zeit. Frankfurt am Main 1989. – Marquard, Odo: Transzendentaler Idealismus, Romantische Naturphilosophie, Psychoanalyse. Köln 1987. – Jones, Ernest: Das Leben und Werk von Sigmund Freud. Bern/Stuttgart/Wien 1960–1962.

Hans-Martin Lohmann

Fromm, Erich
Geb. 23. 3. 1900 in Frankfurt am Main; gest. 18. 3. 1980 in Muralto/Schweiz

Auf die Frage nach einer Selbstdefinition antwortete F. einmal, er sei »ein atheistischer Mystiker, ein Sozialist, der sich im Gegensatz zu den meisten sozialistischen und kommunistischen Parteien befindet, ein Psychoanalytiker, zugleich ein sehr unorthodoxer Freudianer«. Diese Selbsteinschätzung nimmt die wichtigsten Quellen und Impulse seines philosophischen und wissenschaftlichen Arbeitens zusammen: messianisches Judentum und Buddhismus, Marx und Freud.

Der junge F. wächst auf in einer orthodoxen jüdischen Familie in Frankfurt und besucht dort das Gymnasium. Die Erfahrung des Ersten Weltkriegs sensibilisiert ihn für sozialpsychologische und sozialphilosophische Fragestellungen. In der intellektuellen Autobiographie *Beyond the Chains of Illusions* (1962; *Jenseits der Illusionen*) bekundet er als sein Hauptinteresse in dieser Zeit: »Ich wollte die Gesetze verstehen lernen, die das Leben des einzelnen und der Gesellschaft – d. h. die Menschen in ihrer gesellschaftlichen Existenz – beherrschen.« Mit Beginn des Studiums der Soziologie, Psychologie und Philosophie in Heidelberg 1919 bei Karl Jaspers, Heinrich Rickert und Alfred Weber, bei dem er mit der Arbeit *Das jüdische Gesetz* 1925 promovierte, wurden ihm dafür theoretische Konzepte zugänglich: die Frühschriften von Marx, die Soziologie Max Webers und die Psychoanalyse Freuds; daneben beeinflußten ihn die Schriften des Anthropologen und Entdeckers der mutterrechtlichen Gesellschaften Johann Jacob Bachofen, die später zu einer Modifizierung der Freudschen Triebtheorie beitrugen. Seit 1925 machte F. eine Ausbildung zum Psychoanalytiker bei den Professoren Karl Landauer und Wilhelm Wittenberg in München; von 1929 bis 1932 führte er seine Studien weiter am Psychoanalytischen Institut in Berlin bei Karl Abraham, Franz Alexander, Sandor Rado, Theodor Reik und Hanns Sachs. Seit Herbst 1926 praktizierte er als Psychoanalytiker. Über mehr als vierzig Jahre bleibt die konkrete psychoanalytische Erfahrung Quelle seines theoretischen Arbeitens.

Die Jahre zwischen 1926 und 1929 sind geprägt von der Arbeit als Psychoanalytiker und von tastenden wissenschaftlichen Versuchen auf der Grundlage der Freudschen Triebtheorie. Ein eigenständiger Ansatz wird erstmals sichtbar in F.s Beitrag zur Einweihung des Frankfurter Psychoanalytischen Instituts 1929, das auf Initiative des Heidelberger Kreises um seine erste Frau Frieda Fromm-Reichmann, und gefördert von Max Horkheimer, gegründet werden konnte. Dieser Beitrag *Psychoanalyse und Soziologie* versucht, Psychologie und Soziologie unter dem Primat einer historisch-materialistischen Methode zu verbinden. F.s wichtigste wissenschaftliche Standortbestimmung und die Grundlegung seiner weiteren wissenschaftlichen Arbeit erfolgt nach der Berufung an das Frankfurter »Institut für Sozialforschung« 1930 als Fachmann für Fragen der Psychoanalyse in dem Aufsatz *Über Methode und Aufgabe einer analytischen Sozialpsychologie*.

Bemerkungen über Psychoanalyse und historischen Materialismus von 1932. Eine analytische Sozialpsychologie hat demgemäß sowohl die gesellschaftliche Bedingtheit des Menschen zu berücksichtigen, die Marx in seiner Theorie der sozioökonomischen Dynamik analysiert, als auch die Bedingtheit durch das Unbewußte, für die Freud mit seinem Begriff der Triebstruktur einen wissenschaftlichen Zugang eröffnete. Es ist die Aufgabe einer solchen Sozialpsychologie, »die Triebstruktur, die libidinöse, zum großen Teil unbewußte Haltung einer Gruppe aus ihrer sozioökonomischen Struktur heraus zu verstehen«. Dabei ergänzt die Psychoanalyse den historischen Materialismus vor allem durch ihre »Kenntnis eines der im gesellschaftlichen Prozeß wirksamen Faktoren, der Beschaffenheit des Menschen selbst, seiner ›Natur‹«.

In den Arbeiten von 1932 bis 1937 – seit 1933 arbeitete F. mit dem emigrierten Institut in New York – konkretisierte F. seinen sozialpsychologischen Ansatz in Richtung auf eine soziologische Revision der Freudschen Triebtheorie. Der Mensch wird nicht als das Ergebnis eines bestimmten Triebschicksals begriffen; vielmehr erscheint die Ausprägung der Libidostruktur des Menschen als das Produkt vorherrschender ökonomischer und gesellschaftlicher Kräfte. F.s eigentümliche Revision der Freudschen Triebtheorie führte 1938 zur Trennung vom »Institut für Sozialforschung«. In der Folgezeit entwickelte F. mehr und mehr seine eigene Terminologie. Begünstigt wird dies dadurch, daß er ab 1938 in englischer Sprache veröffentlicht. In seinem ersten Buch *Escape from Freedom* (1941; *Die Furcht vor der Freiheit*), das wegen seiner Analyse des Nazismus und des autoritären Charakters Hitlers von einer breiten amerikanischen Öffentlichkeit aufgenommen wurde, löst der Charakterbegriff den Begriff der Libidostruktur ab. Charakter wird bestimmt als das System der meist unbewußten Haltungen und Einstellungen eines Individuums, aber auch einer Gruppe oder Gesellschaft. Von ihm her bestimmt sich das konkrete Verhalten der Menschen. Dabei erscheint der »social character« (»Gesellschaftscharakter«) sowohl als die Summe der Charaktere der meisten Mitglieder einer Gesellschaft, als auch als das »Medium«, in dem sich die einzelnen Charaktere ausprägen. Der Gesellschaftscharakter allererst gewährleistet sozialen Konsens. Er ist der »Kitt« einer Gesellschaft. Die unterschiedlichen Charaktere entstehen nicht wie bei Freud entsprechend den unterschiedlichen Formen der Libidoorganisation, sondern sie sind Manifestationen der unterschiedlichen Weisen, wie sich Menschen zu den Dingen und zu anderen Menschen in Beziehung setzen. F.s Charaktertheorie ist das Herzstück seiner wissenschaftlichen Arbeit. Sie stellt ein sozialanthropologisches Rahmenkonzept menschlich-gesellschaftlichen Handelns dar. Der Charakter ist anthropologisch gesehen eine Art Instinktersatz. Er bildet sich aufgrund der Notwendigkeit für den Menschen, Leben auf Dauer zu stellen. Die Charakterorientierungen sind Versuche, auf die »existentielle Dichotomie« des Menschen, nämlich aus der Einheit mit der Natur herausgefallen zu sein und zugleich diese Einheit immer wieder anstreben zu müssen, eine Antwort zu geben. In *Man for Himself* von 1947 *(Psychoanalyse und Ethik)* verbindet F. die sozialanthropologischen Einsichten der Charaktertheorie mit der ethischen Fragestellung. In einem analytisch konstruktiven Verfahren entwickelt er idealtypische Charakterorientierungen. Je nachdem, ob diese der Entfaltung der menschlichen »Natur« förderlich sind oder nicht, kann er sie als produktiv bzw. nicht-produktiv qualifizieren. Er gewinnt daraus einen »normativen Humanismus«, der ihm zum Motor und Kriterium seiner Gesellschaftskritik wird.

Nach dem Zweiten Weltkrieg wandte sich F. sehr stark einer Analyse und Kritik der amerikanischen Gesellschaft zu. Neben seiner psychoanalytischen Praxis und seiner Lehrtätigkeit engagierte er sich auch im gesellschaftspolitischen Bereich. In *The Sane Society* (1955; *Wege aus einer kranken Gesellschaft*) beschreibt F. zunächst die natürlichen und unaufgebbaren Sinnbedürfnisse des Menschen und zeigt ihre krankmachende Befriedigung in einer kranken Gesellschaft. Einen Ausweg aus der fortschreitenden Zerstörung menschlicher Lebensbedingungen sieht er nur in einem »kommunitären Sozialismus«, der auf der Grundlage humanistischer Wertvorstellungen Wirtschaft und Gesellschaft radikal demokratisch umgestaltet. F. engagierte sich dafür in der American Socialist Party, in der Friedensbewegung SANE und im Wahlkampf für den Senator Eugene McCarthy, der sich für eine Beendigung des Vietnamkrieges einsetzte.

1944 hatte F. seine zweite Frau Henny Gurland geheiratet und war aus gesundheitlichen Gründen 1951 mit ihr nach Mexiko übergesiedelt. Er blieb dort auch nach ihrem Tod und übernahm neben seinen weiterlaufenden Lehraktivitäten in New York eine Professur für Psychoanalyse an der Universität in Mexiko City. 1956 gründete er das mexikanische Psychoanalytische Institut, wo er eine ganze Generation von Psychoanalytikern ausbildete. 1953 heiratete er seine dritte Frau Annis Grover Freeman und zog mit ihr in ein Haus nach Cuernavaca. F. publizierte hier meist gleichzeitig in englischer und spanischer Sprache und beeinflußte damit viele Menschen, die sich für bessere Lebensbedingungen und gerechtere soziale Verhältnisse in Südamerika einsetzten.

Nach einem Herzinfarkt 1968 zog F. sich von seinen politischen Aktivitäten zurück und siedelte erst teilweise, 1974 ganz in die Schweiz nach Muralto am Lago Maggiore über. Nicht zuletzt die Widerstände, die er in seinen politischen Aktivitäten erlebte, veranlaßten ihn, sich stärker mit dem Problem der menschlichen Aggressivität auseinanderzusetzen. In *The Anatomy of Human Destructiveness* (1973; *Anatomie der menschlichen Destruktivität*) legt er eine materialreiche Studie zur Aggressionstheorie vor, in der er sich mit ethologischen und triebtheoretischen Konzepten menschlichen Aggressionsverhaltens auseinandersetzt. Destruktive Aggression wird darin begriffen als Resultat von Lebensbedingungen, die eine Entfaltung positiver menschlicher Möglichkeiten verhindern.

F.s literarisches Schaffen wurde in Deutschland nur sehr langsam wahrgenommen. Zu einem regelrechten Fromm-Boom kam es erst mit seinem Buch *To Have or to Be* (1976; *Haben oder Sein*). F. stellt darin die idealtypische Unterscheidung seiner Charaktertheorie in die Gruppen der produktiven und nicht-produktiven Orientierungen dar als zwei letzte alternative Existenzbestimmungen des Menschen – Haben und Sein –, zwischen denen dieser sich entscheiden müsse. Im Rückgriff auf die Schriften des Alten und Neuen Testamentes und auf die Mystik Meister Eckharts erhebt F. die Forderung nach einer neuen »humanistischen Religiosität«, die in der Lage sein soll, die Selbstzerstörung des Menschen in der total technisierten Zivilisation zu verhindern. »Die neue Gesellschaft und der neue Mensch werden nur Wirklichkeit werden, wenn die alten Motivationen – Profit und Macht – durch neue ersetzt werden: Sein, Teilen, Verstehen; wenn der Marktcharakter durch den produktiven, liebesfähigen Charakter abgelöst wird und an die Stelle der kybernetischen Religion ein neuer, radikal-humanistischer Geist tritt.«

Für die einen ist F. ein »neo-freudianischer Revisionist« (Herbert Marcuse), für die anderen ein Visionär und »Prophet« (Rainer Funk). Von philosophischer Bedeutung ist sicherlich sein methodischer Ansatz einer Sozialanthropologie auf psychoanalytischer Grundlage. Allerdings durchziehen widersprüchliche Elemente sein Werk: Der nahezu hoffnungslosen Gesellschaftsdiagnose stehen allzu unvermittelt utopisch-visionäre Momente gegenüber. Das birgt die Gefahr, daß sein »normativer Humanismus« im Appellativen verharrt. Ungeachtet der begrifflichen Heterogenität seines Werkes aber ist F. nicht zuletzt in den Alternativ- und Friedensbewegungen Amerikas und Westeuropas als ein theoretischer Hoffnungsträger einer menschlicheren und friedfertigeren Welt wirksam geworden.

Bierhoff, Burkhard: Erich Fromm. Analytische Sozialpsychologie und visionäre Gesellschaftskritik. Opladen 1993. – Funk, Rainer: Erich Fromm. Hamburg 1983. – Reif, Adelbert (Hg.): Erich Fromm. Materialien zu seinem Werk. Wien/München/Zürich 1978.

Günther Fütterer

Gadamer, Hans-Georg
Geb. 11. 2. 1900 in Marburg an der Lahn

Die Bedeutung G.s zu würdigen heißt, von seinem epochalen Buch *Wahrheit und Methode* zu sprechen, das 1960 erschien und in der Philosophie, aber auch in der Literaturwissenschaft, den Sozialwissenschaften, der Theologie und der Rechtswissenschaft eine andauernde und beeindruckende Wirkung gezeigt hat. Seitdem ist die Position der »philosophischen Hermeneutik«, die in diesem Buch, wie es im Untertitel heißt, in ihren Grundzügen entfaltet wird, untrennbar mit dem Namen G.s verbunden. – *Wahrheit und Methode* ist nicht weniger als der ausgeführte Versuch, Hermeneutik als einen universalen Aspekt der Philosophie zu begründen: Verstehen im Medium der Sprache als vernünftige Aneignung von Tradition trägt alle Formen menschlicher Erkenntnis und menschlichen Umgangs und ist damit Basis und Grenze der spezialisierten methodischen Erkenntnis der modernen Wissenschaft wie auch jeder Verabsolutierung der Vernunft in Theorie und Praxis. Diese hier thesenhaft zugespitzte Grundeinsicht G.s ist das Resultat vielfältiger und langjähriger Aneignung der europäischen Philosophie seit der Antike. Von herausragender Bedeutung ist jedoch der Einfluß Heideggers. Die

Begegnung mit Heidegger in Freiburg 1923 und dann in den folgenden Jahren von 1923 bis 1928 als dessen Schüler in Marburg ist für G. die prägende philosophische Erfahrung, der eigentliche Beginn des eigenen Philosophierens und dies, obwohl er schon seit 1918 ein intensives Studium der Geisteswissenschaften, insbesondere der Philosophie absolviert hatte; zuerst in der Heimatstadt Breslau, u. a. bei dem Neukantianer Richard Hönigswald, dann ab 1919 in Marburg, wo er bei dem alten hochangesehenen Paul Natorp, einem Vertreter der neukantianischen »Marburger Schule«, und bei Nicolai Hartmann sein Studium fortsetzte und 1922 mit einer Dissertation über *Das Wesen der Lust in den platonischen Dialogen* abschloß. Durch Heidegger vermag G. nun die aus der ursprünglichen Welterfahrung gedachte griechische Philosophie Platons und Aristoteles' und ihre Fragestellungen als eigene Fragen zu verstehen und sich damit von idealistischen Systemvorstellungen zu lösen. Dazu verhilft ihm auch ein Studium der klassischen Philologie, das er 1927 mit dem Staatsexamen abschließt. Mit seiner Habilitation über *Platos dialektische Ethik – Phänomenologische Interpretationen zum Philebos* (1929; 1931 erschienen) findet G. ein großes Stück eigenen Bodens für seine weitere Entwicklung. Hatte sein Vater, ein pharmazeutischer Chemiker, noch dem jungen G. von den Geisteswissenschaften und den »Schwätzprofessoren« abgeraten, so ist die Platon-Arbeit G.s geradezu auch als Auseinandersetzung mit diesem Vorurteil zu lesen, als Klärung der schwer zu treffenden Unterscheidung zwischen haltlosem Geschwätz und sachhaltigem Gespräch in der Auseinandersetzung von Sokrates mit den Sophisten. Seite an Seite mit Karl Löwith und Gerhard Krüger beginnt G.s langjährige Lehrtätigkeit als Privatdozent in Marburg, unterbrochen von einem Jahr in Kiel (1934/35). Nach der Ernennung zum Professor (1937) bekommt G. bald einen Ruf nach Leipzig, wo er ab 1939 lehrt. Die Zeit der nationalsozialistischen Herrschaft erlebt er nach eigenem Bekunden als bedrückend; da er sich aber politisch zurückhält (»im ganzen war es klüger, sich unauffällig zu verhalten«), bleibt er von Verfolgung und Repression weitgehend verschont. Er hält sich mit einer gewissen unbetroffenen Naivität in einem eher politikfernen gesellschaftlichen und thematischen Gelände auf, und es gelingt ihm, sich zwischen äußerer und innerer Emigration hindurchzulavieren. Einerseits beschäftigt er sich in Lehrveranstaltungen auch mit dem verfemten Edmund Husserl, andererseits läßt er sich als Vortragender u. a. in Florenz und Paris zur Auslandspropaganda mißbrauchen. Nach dem Krieg wird der unkompromittierte G. Rektor der Leipziger Universität (1946/47) und muß sich nun mit der sowjetischen Besatzungsmacht arrangieren.

Als G. 1947 nach Frankfurt am Main und dann 1949 als Nachfolger von Karl Jaspers nach Heidelberg berufen wird, kann er sich endlich wieder uneingeschränkt der geliebten akademischen Lehrtätigkeit widmen. G., der bis dahin nicht allzuviel veröffentlicht hat, beginnt seine langjährige Arbeit an *Wahrheit und Methode*, begründet 1953 die wichtige Fachzeitschrift *Philosophische Rundschau* und findet zudem noch genügend Gelegenheiten, das von ihm Erarbeitete in Aufsätzen und Rezensionen öffentlich zur Diskussion zu stellen. Die Erfahrungen in der Lehre, die Beschäftigung mit der antiken Philosophie und der humanistischen Tradition, die Auseinandersetzung insbesondere mit Hegel, den Hermeneutikern Schleiermacher und Dilthey, mit Husserl und Heidegger und nicht zuletzt die jahrzehntelange interpretatorische Erfahrung mit dichterischen Texten (Goethe, Hölderlin, Rilke u. a.) finden ihren zusammenhängenden Ausdruck schließlich in dem Hauptwerk von 1960. Die Erfahrung der Kunst ist ihm dabei der Ausgangspunkt zur Wiedergewinnung eines umfassenden philosophischen Wahrheitsverständnisses jenseits der Abstraktionen des ästhetischen Bewußtseins, jenseits aber auch eines historisch gleichgültigen Geschichtsverständnisses in den Geisteswissenschaften. Hermeneutik ist dann nicht in erster Linie eine Kunstlehre des richtigen Verstehens im Sinne einer Interpretationstechnik, sondern das Bewußtmachen der jeder verstehenden Aneignung zugrundeliegenden Bedingungen, z. B. des Wechselspiels von Vorverständnis und Textsinn im hermeneutischen Zirkel, der geschichtlichen Gebundenheit jeder Interpretation oder der Möglichkeit der Verschmelzung verschiedener historischer Horizonte im wirkungsgeschichtlichen Bewußtsein. Zentral ist dabei die These, daß jede Aneignung der Überlieferung diese ernst nehmen muß und sie nicht überheblich vergegenständlichen darf, will sie denn produktive Aneignung und nicht anmaßende Kritik sein. Als Möglichkeitsgrund und Begrenzung verstehender Welterschließung ist die Sprache der letzte Horizont einer hermeneutischen Ontologie.

Insbesondere G.s Kritik der allzu vernunftgläubigen Aufklärung und im Gegenzug seine Rehabilitierung des Vorurteils, der Autorität und der Tradition als geschichtlichen Bedingungen des Verstehens provozieren in den 60er Jahren eine lebhafte Debatte um Hermeneutik und Ideologiekritik. Jürgen Habermas als Protagonist der ideologiekritischen Position macht gegen G. »die transzendente Kraft der Reflexion« geltend, die »den Anspruch von Traditionen auch abweisen kann«, und wirft der Hermeneutik irrationalistische Tendenzen vor. G. ist trotz einiger Zugeständnisse nicht bereit, die »Universalität der Hermeneutik« einzuschränken: »Von dieser Gesprächsgemeinschaft ist nichts ausgenommen, keine Welterfahrung überhaupt.« Die Debatte bleibt unentschieden. G. veröffentlicht in den folgenden Jahren eine Reihe *Kleiner Schriften* (I-IV, 1967–1977), Sammlungen zumeist verstreut erschienener Arbeiten, in denen er die Voraussetzungen und Konsequenzen seiner Überlegungen anhand von Einzelfragen weiter ausführt bzw. in Interpretationen bedeutender Dichtung konkretisiert. Platon, Aristoteles, Husserl, Heidegger und auch Hegel (*Hegels Dialektik*, 1971) markieren das Gelände, in dem G. das eigene Profil der philosophischen Hermeneutik zu bestimmen sucht. Eine markante Rolle spielen dabei Fragen der praktischen Philosophie und der hermeneutischen Ästhetik (*Die Aktualität des Schönen*, 1977), in der er die Erfahrung des Schönen und der Werke der »Kunst heute, Kunst gestern und von jeher« als ein Modell übergreifender Wirklichkeitsdarstellung und »Kommunikationsstiftung« deutet.

Konservativismus und Kontinuität bestimmten Leben und Werk G.s ebenso wie eine seltene Offenheit und Gesprächsbereitschaft, die ihn noch eine nach der Emeritierung (1968) in den USA aufgenommene Lehrtätigkeit als »zweite Jugend« erleben lassen. Der Philosoph G., mittlerweile mit großen Preisen geehrt und mit der Herausgabe seiner *Gesammelten Werke* (seit 1985) gewürdigt, erinnert immer wieder nachdrücklich daran, »daß es kein höheres Prinzip gibt als dies, sich dem Gespräch offenzuhalten«.

Kögler, Hans Herbert: Die Macht des Dialogs. Kritische Hermeneutik nach Gadamer, Foucault und Rorty. Stuttgart 1992. – Grondin, Jean: Einführung in die philosophische Hermeneutik. Darmstadt 1991. – Teichert, Dieter: Erfahrung, Erinnerung, Erkenntnis. Untersuchungen zum Wahrheitsbegriff der Hermeneutik Gadamers. Stuttgart 1991. – Lang, Peter Christian: Hermeneutik – Ideologiekritik – Ästhetik. Über Gadamer und Adorno sowie Fragen einer aktuellen Ästhetik. Frankfurt am Main 1981.

Peter Christian Lang

Gehlen, Arnold
Geb. 29. 1. 1904 in Leipzig; gest. 30. 1. 1976 in Hamburg

Die Verwicklung nicht nur der Person, sondern auch des Denkens von G. mit der Ideologie des Nationalsozialismus erschwert erheblich den Zugang zu seiner Philosophie. Während es im Fall Heideggers wohl umstritten bleiben wird, inwiefern die Rektoratsrede, in der er anhand der Begriffe seines Hauptwerks *Sein und Zeit* die nationalsozialistische Herrschaft legitimiert, Opportunismus, Selbstmißverständnis oder eher konsequentes Durchdenken der eigenen frühen Philosophie war, läßt sich bei G. eine solche Trennung von Philosophie und politischem Verhalten gar nicht erst anstellen. G. war nämlich schon sieben Jahre vor der Veröffentlichung seines Hauptwerks, *Der Mensch. Seine Natur und seine Stellung in der Welt* (1940), in den NS-Dozentenbund eingetreten. In der ersten Auflage dieses Werkes mündet auch die Darlegung seiner philosophischen Perspektive in einer expliziten Legitimation des Nationalsozialismus. Bis zur vierten Auflage (1950) hatte G. zwar die Passagen ersetzt, die offensichtliche Bezüge zur NS-Ideologie herstellten. Die Struktur des Buches blieb aber unverändert. Gleichwohl läßt sich G. keineswegs einfach als Ideologe abqualifizieren. Sein Denken stellt im Gegenteil einen Versuch dar, Antworten auf Fragen zu geben, die heute noch von erheblicher philosophischer Bedeutung sind. Er liefert Vorschläge, wie Philosophie ohne Metaphysik zu betreiben, wie sie mit den empirischen Wissenschaften zu verbinden und wie eine pragmatische Fundierung menschlicher Orientierung zu konzipieren ist. Diese drei Fragestellungen laufen im Programm einer philosophischen Anthropologie zusammen, die den Anspruch erhebt, zum einen innerphilosophischen Disziplinen wie der Ethik und der Ästhetik, zum anderen den Kulturwissenschaften, insbesondere der Soziologie und der Sozialpsychologie, ein Fundament zu geben.

Im Einklang mit diversen anderen philosophischen Strömungen des 20. Jahrhunderts verfolgt die klassische philosophische Anthropologie das Ziel, den cartesianischen Dualismus von Geist und Körper zu überwinden. Um dies zu leisten, arbeitet G. einen Gesichtspunkt heraus, von dem her alle spezifisch menschlichen Eigenschaften sich erklären lassen sollen: den Gesichtspunkt der Handlung. Wie die amerikanischen Pragmatisten und Heidegger argumentiert G., daß den von der traditionellen Anthropologie ins Zentrum gestellten Fähigkeiten des Bewußtseins kein grundlegender Stellenwert bei der Bestimmung des Menschlichen zukommt, sondern daß sie im Gegenteil als abgeleitete Phänomene gelten müssen. Anstatt Handeln als Ausführung eines vom Bewußtsein gesetzten Ziels zu beschreiben, wird das Erkennen als eine Form des Handelns gesehen. Der Prozeß und das Ergebnis des Erkennens lassen sich zwar aus Handlungszusammenhängen abstrahieren, anthropologisch gesehen ist aber dieser ursprüngliche Zusammenhang von größter Bedeutung. Versucht jemand z. B. herauszufinden, ob ein Schlüssel in ein Schlüsselloch paßt, so lassen sich Überlegungen und Bewegungen nicht auseinanderhalten. Im Handeln sind beide Momente im Versuch verwoben, Zwecke zu realisieren. Die Handlung soll also die Basis aller spezifisch menschlichen Leistungen abgeben. Erst an dieser Stelle kommt das Spezifische an der G.schen Anthropologie zum Tragen. Obwohl G. nämlich wiederholt behauptet, der Begriff der Handlung bilde den Kern seiner Theorie, ist der betreffende Handlungsbegriff selber systematisch von seinem methodischen Ansatz und der damit entwickelten Begriffskonstellation abhängig. Die Bedeutung des Kernsatzes, »Der Mensch ist das handelnde Wesen« hängt davon ab, daß G. den damit gemeinten Sachverhalt *erklären* zu können glaubt. Dies soll im Rahmen einer ›empirischen Philosophie‹ geleistet werden, deren Methode die der Zusammenfassung und der kategorialen Vermittlung der Resultate relevanter empirischer Wissenschaften ist. Zu diesem Zweck entlehnt G. einerseits Begriffe aus der philosophischen Tradition; andererseits vermittelt er diese mit Ergebnissen der Naturwissenschaften, insbesondere der Biologie. Er nennt sogar im Gegensatz zu Max Schelers Metaphysik des Menschen und zur Naturphilosophie Helmuth Plessners seinen Ansatz »Anthropobiologie«.

Seine Grundbegriffe entfaltet G. zum einen im Anschluß an Gedanken von Herder, Nietzsche und Scheler, zum anderen in Auseinandersetzung mit den Forschungsergebnissen der Biologen Louis Bolk, Adolf Portmann und Konrad Lorenz. Bolk und Portmann arbeiten nämlich heraus, daß die Ontogenese von Mitgliedern der Spezies Mensch durch eine im Vergleich mit anderen Spezies besondere Verzögerung gekennzeichnet ist. Diese ›Retardation‹ der anatomischen Entwicklung betrifft einerseits das Wachstumstempo, andererseits die sogenannten Organprimitivismen, Merkmale des menschlichen Körpers, die fötalen Zuständen bei anderen Tieren entsprechen. Die organische Ausstattung von Menschen ist im Vergleich mit derjenigen von anderen Tieren erstens wenig spezialisiert und bietet zweitens wenig Schutz. Zu diesen morphologischen Beobachtungen kommen an der Verhaltensforschung von Lorenz anschließende motivationstheoretische Überlegungen hinzu. Während das Verhalten von anderen Tieren in angeborenen Bewegungsfiguren abläuft, die durch Signale unfehlbar ausgelöst werden, lassen sich bei Menschen kaum feste Zuordnungen von Auslöser und Verhaltensformen feststellen. Dieser Tatbestand der ›Instinktreduktion‹ erscheint als eine empirische Bestätigung von Nietzsches Rede vom Menschen als »dem nicht festgestellten Tier«. Instinktreduktion und Organprimitivität faßt G. mit einem Wort von Herder zusammen, das in der Rezeption als der Hauptbegriff der G.schen Anthropologie gesehen worden ist: der Rede vom Menschen als ›Mängelwesen‹. An diesem Begriff werden aber die Schwierigkeiten deutlich, mit denen eine Perspektive konfrontiert wird, die ältere philosophische Konzeptionen mit neueren empirischen Forschungsergebnissen auf dem Wege der anthropologischen Kategorienbildung zusammenführen will. Gerade aus biologischer Sicht ist der Begriff des Mängelwesens unzulässig: Evolutionstheoretisch macht es keinen Sinn, das Überleben einer Spezies durch ihre Unangepaßtheit zu erklären. Im Fall der Spezies Mensch läßt sich im Gegenteil sehr wohl ein Organ angeben, dessen spezifische Entwicklung die physiologische Basis für die Leistungen lieferte, die ihr Überleben ermöglichte: nämlich das Gehirn. Auch diese Feststellung führt aber keineswegs in die philosophische Anthropologie hinüber, sondern bleibt innerhalb einer biologischen Fragestellung. Der Begriff des Mängelwesens soll aber den Übergang von der biologischen zur philosophischen Problemlage dadurch ermöglichen, daß er erklärt, warum die Entstehung der menschlichen Handlungsfähigkeit evolutionär notwendig war.

Weil Menschen mit keinen physischen Merkmalen ausgestattet sind, die ihnen Schutz und effektive Mittel zur Selbstverteidigung bieten, und weil ihre Instinkte derart zurückgebildet sind, daß sie kein Verhalten garantieren, das der Umwelt automatisch angepaßt wäre, ist die Spezies gezwungen, ihre Umgebung gemäß den Anforderungen ihrer eigenen Selbsterhaltung zu verändern. Der Handlungsbegriff, den G. auf dieser Basis entwickelt, ist nun ein inhaltlicher. Handeln heißt: die Natur ins für die Menschen Zweckdienliche umzuwandeln. Dieses Verständnis des Handelns bietet den Ansatzpunkt für weitere Begriffsprägungen der Anthropologie G.s, insbesondere für den die Leitlinie seiner soziologischen und sozialpsychologischen Untersuchungen bildenden Begriff der ›Entlastung‹. Diese suchen Menschen, weil handeln zu müssen in zwei Hinsichten ein unerträglicher Druck bedeutet, dem niemand ohne Rückhalt gewachsen wäre: Zum einen wird eine überindividuelle Lösung des Problems der physischen Überlebenssicherung in dauerhaften gesellschaftlichen Einrichtungen gesucht. Zum anderen verlangen Menschen nach einer ›Entlastung‹ psychologischer Natur angesichts des überwältigenden Flusses von Eindrücken, dem sie deswegen ausgesetzt sind, weil ihre Wahrnehmungsmöglichkeiten durch keine instinktiven Erfordernisse begrenzt sind. Diese Lage läßt sich nur dadurch bewältigen, daß bei den menschlichen Individuen Verhaltensgewohnheiten ausgebildet werden, deren Entsprechung gewisse Wahrnehmungsselektionen erfordert. Biologisch zur Naturbeherrschung gezwungen, müssen Menschen um der Arterhaltung willen ihre Umgebung wie ihre eigene Natur nötigenfalls mit Gewalt umwandeln, um Ordnungsstrukturen in der Welt wie in der eigenen Psyche auszubilden. Die so ausgebildeten Strukturen lassen sich zum einen als ›Kultur‹, zum anderen als ›Charakter‹ bezeichnen. Mit einem instrumentalistischen Kulturbegriff korreliert eine Psychologie der ›Zucht‹. Erst die Schaffung eines psychischen Ordnungsgefüges ermöglicht die Lenkung der eigenen ›Antriebsenergie‹, die sich infolge ihrer Entkoppelung von instinktiv kontrollierten Bewegungsabläufen ohne vorgegebene Ziele anzustauen oder auf gesellschaftlich disfunktionale Ziele zu richten droht. G.s Anthropobiologie liefert eine systematische Basis für den Zusammenhang der bei Scheler noch nebeneinanderstehenden Begriffe des ›Triebüberschusses‹ und der ›Weltoffenheit‹. Zum menschlichen Spezifikum der Weltoffenheit betont G. unnachgiebig die damit verbundene Schattenseite der konstitutiven Gefährdung.

Indem G. den Ausgang von dieser Gefährdung zum ausgezeichneten Gesichtspunkt anthropologischer Betrachtung erklärt, arbeitet er normative Komponenten in seine ›empirische‹ Philosophie hinein. Somit läßt sich sein Anspruch nicht aufrechterhalten, auf wissenschaftlichem Wege ein Fundament für philosophische und soziologische Untersuchungen bereitzustellen. In seiner soziologischen Modernitätsdiagnose, wie sie beispielsweise in *Die Seele im technischen Zeitalter* (1957) entwickelt wird, in der Institutionentheorie von *Urmensch und Spätkultur* (1956) und in seiner Moralphilosophie, die er in *Moral und Hypermoral* (1969) und zuletzt in *Die ethische Tragweite der Verhaltensforschung* (1972) darstellt, zieht G. die Schlußfolgerungen, die dieser normative Zug nahelegt. In seiner Moraltheorie unterscheidet G. verschiedene Ethosformen und ihnen entsprechende anthropologische ›Wurzeln‹, aus denen sie entstanden seien. Der ›Masseneudaimonismus‹, der ethisch einer bestimmten Variante des Utilitarismus und politisch wohl einer wohlfahrtsstaatlichen Sozialdemokratie entspricht, wird von G. als spezifisch moderner Umgang mit dem biologischen Gedanken interpretiert, daß Organismen günstige Umweltchancen auszuschöpfen pflegen. Den ›Humanitarismus‹, den G. als Ethik der universalen Menschenliebe deutet, sieht er als die zum Scheitern verurteilte Überdehnung der natürlichen Sympathiegefühle und Hilfsbereitschaft, die innerhalb einer Großfamilie oder Sippe ihren ursprünglichen Ort haben. Neben diesen zwei in der Moderne weit verbreiteten Formen moralischer Verpflichtung ragt eine Ethosform besonders heraus: das Ethos der Institutionen, insbesondere des Staates. Letzteres Gebilde beschreibt G. als »Organisation im Interesse des physischen Überlebens einer Gesellschaft«, eine Ausdrucksweise, die die sprachlichen Ungereimtheiten einer ›Anthropobiologie‹ deutlich werden lassen: Der darwinistische Topos des Kampfes ums Überleben, der biologische Arten betrifft, läßt sich nämlich nicht direkt auf soziale Gebilde übertragen. Auch wenn es als überzeugend gelten könnte, daß der Fortdauer einer Gesellschaft ein handlungsleitender Vorrang zukommen soll, läßt sich schwer vorstellen, wie empirisch zu prüfen wäre, ob es tatsächlich der Staat sei, der diese Funktion am effektivsten erfülle.

Die Institutionenlehre, der Kern von G.s Sozialphilosophie, ist der wirkungsvollste Teil seines Denkens gewesen. Ihr oft nicht explizit anerkannter Einfluß ist im Werk seines Schülers Helmut Schelsky wie in der Systemtheorie von Niklas Luhmann evident. Die Einwände, die aus dem Umkreis der ›Frankfurter Schule‹ gegen G.s Position erhoben wurden, galten auch vornehmlich seiner Behauptung des normativen Primats der Institutionen. Bemerkenswert an seiner Institutionentheorie ist indessen die besondere Unschärfe des Institutionenbegriffs selber. G. beschreibt die Funktion von Institutionen wiederholt als die der Entlastung, das heißt der ›Stabilisierung der Außen- und Innenwelt‹ der Handelnden. Dabei bleibt unklar, ob es ein Kriterium des spezifisch Institutionellen an bestimmten Formen der Entlastung gibt oder ob alles Entlastende als Institution zu bezeichnen ist. Nur wenn die erste Variante zutrifft, lassen sich die normativen Konsequenzen ziehen, die G. tatsächlich zieht. Ein solches Kriterium liefert G. aber nicht. Statt dessen deutet vieles – wie sein eigenes Beispiel des Briefverkehrs – darauf hin, daß Institutionen – aus gegenseitigem Verhalten entstandene »stereotype Modelle von Verhaltensfiguren« – bis ins Detail des Alltagslebens reichen und so von Gewohnheiten nur durch das Merkmal der Reziprozität unterschieden sind. Einen solchen, weiten Institutionsbegriff entwickeln Peter Berger und Thomas Luckmann (*The Social Construction of Reality*, 1966) in direkter Anlehnung an G. Dessen Behauptung zur Funktion von Gewohnheiten läßt sich auf jeden Fall gleichermaßen für die Institutionen aufstellen: Sie treten an die Stelle, an der beim Tier die Instinkte stehen. Es ist ein Verdienst G.s, die zentrale Bedeutung von gewohnheitsmäßigen Abläufen für das von Natur in seinen Verhaltensformen nicht festgelegte Tier, den Menschen, betont zu haben. Sollten die Menschen eine Reflexionsphase vor jede Handlung einschalten, so wäre die einfachste Tat eine sehr anstrengende und langwierige Angelegenheit. Die gleiche Einsicht wurde allerdings schon von John Dewey (*Human Nature and Conduct*, 1922) vertreten, aber ohne die radikal konservativen Konsequenzen zu ziehen, die G. zieht. Dewey sieht es im Gegenteil als eine kulturelle Aufgabe an, Institutionen und Gewohnheiten zu entwickeln, die von Reflexion durchdrungen werden. Erst die normative Perspektive G.s verleitet ihn dazu, aus den Ergebnissen der biologischen Forschung, den Schluß zu ziehen, der Mensch sei ›das Wesen der Zucht‹ und nicht, wie beispielsweise Dewey, ein Wesen, das auf Lernprozesse angewiesen ist.

G.s Institutionentheorie liefert die Basis seiner Zeitdiagnose, die immer wieder die pathologischen Symptome vom Zerfall des Verpflichtungscharakters der – hier im üblichen Sinn verstandenen, ›harten‹ – Institutionen hervorhebt. G. beschreibt den Modernisierungsprozeß als kontinuierlichen Abbau der Schutz- und Orientierungsfunktionen jener instinktersetzenden Gebilde. Dabei wendet er diejenigen Kategorien an, mit denen er die Entstehung der Institutionen biologisch erklärt hatte, um die Merkmale eines Zustandes zu bezeichnen, den er als durch die Auflösung der Institutionen – und tendenziell der Kultur – verursacht sieht. Die modernen, wie die primitiven Menschen, sind von einer ›Reizüberflutung‹ bedroht; jetzt aber wendet sich ihre ganze Aufmerksamkeit, statt den Gefahren der Außenwelt, den fast grenzenlosen Möglichkeiten ihrer eigenen unspezifischen, plastischen Antriebskräfte zu. Sie erleben eine ›Übersteigerung der Subjektivität‹, die einer neuen ›Primitivisierung‹ gleichkommt. Aus dem Mangel an institutionellem ›Außenhalt‹ erklärt sich, so G., die Angst, Verunsicherung und Gereiztheit, die in modernen Gesellschaften so verbreitet sind.

Neben diesen diagnostischen Begriffen verwendet G. ferner den der kulturellen ›Kristallisation‹, um einen Zustand zu beschreiben, in dem alle geschichtlichen Möglichkeiten endgültig durchgespielt worden seien. Dieser Begriff findet insbesondere im letzten Gebiet Anwendung, dessen Untersuchung G. auf anthropologischer Basis zu betreiben beansprucht: das der modernen Kunst. *Zeit-Bilder* (1960) ist eine äußerst kritische Analyse der Entwicklung der Kunst, die das ›Verschwinden des Gegenstands‹ als eine Verfallserscheinung deutet. Am Ende eines in der Tradition deutscher Geschichtsphilosophie stehenden Drei-Phasen-Modells der Kunstentwicklung steht die abstrakte Malerei, die dem Betrachter jede Möglichkeit handelnder Verwertung ihres Inhalts entzieht. Diese Lage wird, so G., durch eine ungeheure Menge an Literatur verunklärt, die, durch die Bezugslosigkeit der gegenstandslosen Kunst herausgefordert, ihr eine Tiefe zuspricht, die sachlich gar nicht bestehe. Der Großteil des gegenwärtigen Kunstbetriebs ist aus G.s Sicht nur mit der Kategorie der Entlastung angemessen zu fassen, die hier für die moderne Flucht in die Subjektivität steht. Unabhängig davon, wie man dieses Urteil über die moderne Kunst einschätzt, legen sich zwei weitere Fragen nahe: erstens, warum das moderne Bewußtsein Entlastung vom Druck des Sozialen in der Kunst suchen sollte, wenn sich die Institutionen in einem Prozeß der Auflösung befinden, und zweitens, wie sich diese geschichtliche Diagnose zur Verortung von Kunst in G.s Lehre vom Menschen verhält. An anderen Stellen wird nämlich ästhetische Erfahrung grundsätzlich als durch entdifferenzierte Auslöser hervorgerufene Gefühlsreaktionen bestimmt, die ihre besondere Stärke gerade durch ihren mangelnden Handlungsbezug gewinnen. Auch hier löst G.s Anthropobiologie ihren Fundierungsanspruch nicht ein. Statt dessen erweist sie sich in ästhetischen wie in moralischen und sozialpsychologischen Fragen als systematisch von historisch kontextualisierbaren Werturteilen abhängig.

Klages, Helmut/Quaritsch, Helmut (Hg.): Zur geisteswissenschaftlichen Bedeutung Arnold Gehlens. Berlin 1994. – Kamlah, Wilhelm: Probleme der Anthropologie. Eine Auseinandersetzung mit Arnold Gehlen. In: Von der Sprache zur Vernunft. Philosophie und Wissenschaft in der neuzeitlichen Profanität. Zürich 1975.

Neil Roughley

Gentile, Giovanni
Geb. 30. 5. 1875 in Castelvetrano/Sizilien; gest. 15. 4. 1944 in Florenz

Zusammen mit Benedetto Croce, dem anderen großen Vertreter des italienischen Neoidealismus, hat G. ein halbes Jahrhundert lang die philosophische Kultur seines Landes beherrscht. Sein streng antipositivistisches Denken – eine Neuformulierung des Rechtshegelianismus – wirkt sich heute noch auf die Grundorientierung des italienischen Philosophierens aus. G. wird häufig für die historische, antiempirische Prägung eines Denkens verantwortlich gemacht, das sich an Marx oder Heidegger orientiert und das durch seine Wissenschaftsfeindlichkeit riskiert, den Anschluß an die Moderne zu verpassen.

G. kritisiert Hegel, um eine Philosophie des absoluten Ich zu entwickeln, die jede Pluralität verneint und alles Gegenständliche in das Bewußtsein aufhebt. Seinem Denken, das die Identität von Theorie und Praxis, von Philosophie und Leben postuliert, liegt eine streng moralische, antihedonistische Lebensauffassung zugrunde, die von einem fast schwärmerischen Glauben an die unbegrenzten Möglichkeiten des menschlichen Geistes getragen ist. Tragisch wurde für sein Leben eine Verblendung, die ihn dazu führte, im faschistischen Staat Mussolinis die Verkörperung des sittlichen Staates zu erblicken, der fähig ist, die Egoismen und die abstrakte Freiheit des Liberalismus zu überwinden. Unter Mussolini wurde G. zum Organisator der italienischen Kultur und zum Theoretiker der faschistischen Ideologie. Er lieferte durch das Siegel seiner Autorität dem Faschismus eine moralische Rechtfertigung und erlaubte Mussolini »eine bemerkenswerte Mystifizierung des Faschismus« (Ernst Nolte). Schwieriger ist die Frage zu beantworten, ob sein Denken, dem Rassismus und jede Verherrlichung von Gewalt fremd waren, in seinem Wesen faschistisch ist. Abgesehen von dezisionistischen Elementen in der Ethik wurden G. Realitätsfremdheit und eine gefährliche Trennung der Kultur von der Reflexion über die konkreten Bedingungen der wirtschaftlichen und sozialen Entwicklung angelastet.

G. studierte zunächst Literaturwissenschaft und Philosophie bei Donato Jaja, einem Schüler des Hegelianers Bertrando Spaventa, dessen Nachfolger er 1914 in Pisa wurde. 1917 bekam er den Lehrstuhl für theoretische Philosophie an der Universität Rom. Nach seiner Dissertation über Antonio Rosmini und Vincenzo Gioberti, in der er eine Annäherung zwischen Katholizismus und deutschem Idealismus versuchte, kritisierte G. in seinem zweiten Werk *La filosofia di Marx* (1899) den historischen Materialismus vom Standpunkt eines orthodoxen Idealismus aus. In dieser Zeit beginnt die Freundschaft mit Benedetto Croce, mit dem er bis 1922 die berühmte Zeitschrift *La Critica* herausgab. Die entgegengesetzte Einstellung gegenüber dem Faschismus – Croce wurde die geistige Führungsgestalt der liberalen Opposition gegen den Faschismus – wird später der Freundschaft ein Ende setzen.

In dieser Zeit schreibt G. seine wichtigsten Werke: *Teoria generale dello spirito come atto puro* (1916; *Allgemeine Theorie des Geistes als reinen Aktes*) und *Il sistema di logica come teoria del conoscere* (1917–1921; *Das System der Logik als Theorie des Wissens*), in denen er seine Philosophie, den Aktualismus, entwickelte. 1922 zum Senator ernannt, war er von Oktober 1922 bis Juli 1924 Unterrichtsminister in der ersten Regierung Mussolinis. 1923 schuf er die Schulreform, die seinen Namen trägt. Diese Reform hält an den humanistischen Grundlagen fest, verstärkt den Religionsunterricht in den Grundschulen und trägt vor allem durch den obligatorischen Lateinunterricht ab der sechsten Klasse konservative Züge. G. wurde 1924 Präsident des »Istituto nazionale fascista della cultura« und leitender Herausgeber der *Enciclopedia Italiana*. Aus dieser Zeit stammen die Werke *Che cos'è il fascismo. Discorsi e polemiche* (1925; *Was ist der Faschismus? Reden und Polemiken*) und *Origini e dottrina del fascismo* (1929; *Grundlagen des Faschismus*). 1931 erschien seine Theorie der Kunst: *Filosofia dell'arte*. G. gründete das *Giornale critico della filosofia italiana* und wurde das Haupt der philosophischen Schule der Aktualisten »Gli attualisti«, der A. Volpicelli, A. Carlini, U. Spirito und andere angehörten. Er trug die faschistische Politik mit bis hin zur Treue gegenüber der Republik von Salò; ein Beleg dafür ist auch seine berühmte Rede *Discorso agli Italiani* von 1943. Im selben Jahr verfaßte er sein letztes Werk *Genesi e struttura della società (Ursprung und Struktur der Gesellschaft)*. Eine Gruppe von Partisanen tötete den Philosophen am 15. April 1944 in Florenz.

Kern seiner Philosophie ist die Entwicklung eines konsequenten Idealismus auf der Grundlage einer Kritik am Positivismus, der die italienische Kultur in den letzten Jahrzehnten des 19. Jahrhunderts beherrscht hatte. G. sieht seine Philosophie als kritische Fortsetzung einer langen historischen Tradition, die in einem direkten Zusammenhang mit der deutschen Philosophie von Kant bis Hegel steht, aber auch auf die Philosophie der italienischen Renaissance zurückgeht und an Giambattista Vico anknüpft. Das Grundprinzip seines Denkens ist ein rigoroser Immanentismus, welcher jeden Dualismus zwischen Geist und Materie, zwischen Natur und Geschichte ablehnt und alles aus der Tätigkeit des denkenden Ich ableitet: »Dies ist der feste Punkt, auf den sich der Aktualismus stützt. Die einzige feste Wirklichkeit, die ich zu bejahen vermag und mit der daher jede von mir denkbare Wirklichkeit verbunden werden muß, ist jene Wirklichkeit, die selber denkt. Diese wird nur so verwirklicht, sie ist daher nur im Akt des Denkens eine Wirklichkeit.«

Zentral ist für G. die Unterscheidung zwischen abstraktem und konkretem Denken; hier setzt auch die Kritik an Hegels Logik an. Der Fehler Hegels liegt nach G. darin, eine Dialektik des Gedachten versucht zu haben, eine Dialektik des Begriffes oder der gedachten Realität also. Hegel setzt demnach zu Unrecht Sein und Nichtsein als abstrakte Momente voraus und läßt daraus das Werden entspringen. Für G. ist Dialektik aber nur als Entwicklung des denkenden Subjekts möglich; der Akt des Denkens stellt die einzige Realität dar. G. kritisiert Hegel gleichsam durch Fichte, indem er die Grundthese der ersten Wissenschaftslehre von 1794 entwickelt und die strenge Immanenz jeder Realität im denkenden Subjekt behauptet: »Nichts ist denkbar außerhalb des Denkens, außerhalb unseres Denkens. Folglich nichts außerhalb des Menschen, auch die Natur, auch Gott selbst.« Die Transzendenz – so verteidigt sich G. gegen katholische Kritik – ist nicht etwas, das sich jenseits des Geistes befindet und ihn begrenzt, sondern sie wird aus dem Leben des Geistes selbst geboren, der sie als sein Ideal hervorbringt: »Die Transzendenz ist der menschliche Geist, der sich als solcher verwirklicht« – Transzendenz also als Dialektik der freien Tätigkeit des Selbstbewußtseins.

G. versucht in seinem gesamten Werk den spekulativen und praktischen Beweis dieses Immanentismus; denn der denkende Geist ist nicht nur als theoretisches, sondern auch als praktisches Moment zu verstehen, so daß der Geist, indem er sich verwirklicht, auch seine verschiedenen Konkretionen ins Leben ruft: Nach der Metaphysik folgen Abhandlungen über Logik, Ethik, Pädagogik, Religion, Kunst, Recht und Politik. Das Leben des Geistes entwickelt sich in einer triadischen Bewegung: These und Antithese sind abstrakte Momente eines Prozesses, der erst in der Synthese real wird. So sieht G. in der Kunst das Moment der reinen Subjektivität, das in seiner Unmittelbarkeit jeder Anstrengung des Geistes, es einzuholen, widersteht; während die Religion das Moment der reinen Objektivität als Bewußtsein des Objektes darstellt, demgegenüber das Subjekt sich annulliert. So bildet die Religion für G. anders als bei Croce ein wesentliches Moment des dialektischen Prozesses des Geistes: Als absolutes Subjekt und absolute Freiheit behauptet sich der Geist dennoch nur in der Philosophie, welche die Wahrheit der Kunst und der Religion darstellt.

Die Dialektik, die G. in der Logik entwickelt hat, bestimmt auch die Sphären der Rechtsphilosophie und der Politik. Das Recht wird von ihm als Moment der Moral aufgefaßt, als das Gewollte gegenüber dem Wollen, als die Norm, die man überwinden muß, indem man sie verwirklicht. Die Politik wird verstanden als das Leben des Staates im Individuum, als das Universale, in dem das Individuum seine Partikularität überwindet. Der Staat ist ethisch nicht neutral gegenüber dem wissenschaftlichen, künstlerischen und religiösen Leben der einzelnen, sondern verwirklicht sich durch diese Werte. Den Begriff des sittlichen Staates – des Staates als höchste Offenbarung des Absoluten – übernimmt G. von Hegel, freilich nicht ohne Verschärfung. Während des Hegel-Kongresses in Berlin 1935 vertrat er die These, daß man die drei Schranken, die Hegel vor dem Staat aufgebaut hatte, überwinden müsse. Dabei dachte G. an die Bestimmung und Begrenzung des Staates durch die Existenz anderer souveräner Staaten, an die Unterordnung des Staates unter die Sphäre des absoluten Geistes, wie er in Philosophie, Religion und Kunst sich repräsentiert, sowie an die Konditionierung des Staates durch die niedrigeren Sphären der bürgerlichen Gesellschaft und der Familie. Diese Romantisierung der Hegelschen Staatslehre eignete sich vorzüglich, um eine Rechtfertigung des faschistischen Staates gegenüber der liberalen Forderung nach einer Autonomie der Individuen im Staat und der marxistischen Forderung nach Autonomie der Klassen zu liefern. Auch seine Unterscheidung zwischen einer »volontà volente« (dem wollenden Willen) und einer »volontà voluta« (dem gewollten Willen), welche jener anderen Unterscheidung zwischen »pensiero pensante« und »pensiero pensato«

(dem denkenden und gedachten Gedanken) entspricht – wobei nur dem ersteren Wahrheit und Güte zukommt, während das Gedachte und Gewollte als Vergangenes das Negative darstellen –, befindet sich in gefährlicher Nähe zu einem puren Dezisionismus, der jede Wertorientierung unmöglich macht.

G. hinterließ ein umfangreiches Werk; die mit der Herausgabe seines Werkes betraute »Stiftung Gentile« hat bis heute über vierzig Bände herausgegeben. Sein Einfluß innerhalb der italienischen Universität – Croce hat nie eine akademische Funktion wahrgenommen – blieb auch aufgrund seiner hervorragenden pädagogischen Fähigkeiten und seiner moralischen Integrität über Jahrzehnte außerordentlich wirksam. Sein Werk und sein Leben können als Beispiel für jene unheilvolle Verstrickung der Intellektuellen in die Sphäre der Macht gelten, die – wie die jüngste Auseinandersetzung um das philosophische Erbe Martin Heideggers erweist – immer wieder auftritt. Sein von moralischem Pathos und religiöser Kraft durchdrungenes Denken ist trotz der Anknüpfung an den deutschen Idealismus tief in der italienischen Geschichte des Risorgimento verwurzelt und kann als Produkt des romantischen idealistischen Geistes des 19. Jahrhunderts verstanden werden, als Ausdruck des Unbehagens vor dem laizistischen, aufklärerischen und dabei technisch orientierten Denken der sich entwickelnden Industriegesellschaft, das dem Faschismus den Boden bereitet hat.

Montecchi Camizzi, Annamaria: Croce e Gentile. Moralità e eticità. Mailand 1993. – Chesi, Francesco S.: Gentile e Heidegger. Mailand 1992. – Di Giovanni, Pietro (ed.): Il neoidealismo italiano. Bari 1988. – Harris, Henry Silton: The Social Philosophy of Giovanni Gentile. Urbana 1960. – Bellezza, Vito: L'esistenzialismo positivo di Giovanni Gentile. Florenz 1954.

Franca Janowski

Goffman, Erving
Geb. 11. 7. 1922 in Manville/Kanada; gest. 20. 11. 1982 in Philadelphia

Auf einer Tagung, deren Hauptredner G. war, wurde ihm zu Ehren am Abend ein Empfang gegeben, der im Beobachtungsturm einer von Schinkel gebauten Sternwarte – nun ein sozialwissenschaftliches Institut – stattfand. Der Ehrengast wurde begrüßt, sagte einige höfliche Sätze, trat zurück und schien wenige Minuten später verschwunden. Schließlich fand man ihn: auf dem ursprünglich für das Fernrohr vorgesehenen drehbaren Podest am – bezeichnenden – Rand der Abendgesellschaft, deren Gegenstand, Teil und Beobachter er war.

Beobachtungshaltung, wissenschaftliche Einstellung und tiefes Mißtrauen gegenüber Globalerklärungen rücken das Werk dieses Sozialwissenschaftlers eher in die Nähe der Darwinschen Beschreibungen, der Ethnologie oder sogar der Humanethologie als in den Mainstream der Soziologie, von dem er sich nicht treiben lassen wollte: Er zog es vor, aufmerksam mitschwimmend zwar, am Rande des Stromes zu bleiben. In seiner Disziplin verkörperte er den Typus des »marginal man«, und dies nicht nur als Beobachter, sondern auch als Theoretiker. Er konnte sich beobachtend in das Handeln (nicht: in die Handelnden!) hineinversetzen, weil er es verstand, sich dem Handeln als Mithandelnder zu entziehen. Ziel seiner oft als befremdend neutral mißverstandenen, disziplinierten Aufmerksamkeit war es, durch Außenbeobachtung zunächst die inneren Organisationsprinzipien des Handelns (wiederum nicht: der Handelnden) zu beschreiben und schließlich analytisch darzustellen. Daß der Beobachter denselben Prinzipien zu gehorchen gezwungen war, verstand sich von selbst. G. beobachtete handelnde Individuen als objektivierender und dennoch individueller Beobachter. Er nahm sich in die Pflicht, durch phänomenologische Nüchternheit die Evidenz methodisierter, individueller Wahrnehmung als Fundament wissenschaftlicher Beobachtung zu legitimieren und zu verallgemeinern – ohne sich selbst als konkreten Beobachter verschwinden zu lassen. Wie schwer eine solche Einstellung durchzuhalten ist, zeigen nicht nur seine Arbeiten, sondern auch die Tatsache, daß er zwar Nachahmer, aber keine Schüler gefunden hat. Er hat sie wohl auch nicht gewollt.

Im disziplinierten Einzelbeobachter sah G. das Wahrnehmungsorgan seiner Disziplin oder – wie einer seiner Lehrer, Everett C. Hughes, es formulierte – »the sociological eye«. Mit dieser Einsicht ist das nicht nur methodisch, sondern auch grundlagentheoretisch fundierte Gebot der Enthaltsamkeit gegenüber einer künstlichen sozialwissenschaftlichen Herstellung und Messung von Daten verknüpft. Der Soziologe sollte vielmehr, soweit dies eben möglich ist, natürliche Daten (»data in situ«) sammeln, beschreiben und interpretieren: Zwischen den Beobachter (Interpreten) einerseits und das/die Beobachtete(n) andererseits sollten sich neben die ohnehin schon wirksamen perspektivischen Verkürzungen in der Beobachtung nicht noch zusätzlich künstliche Filter schieben. Der Grund: Die Verfahren, mit deren Hilfe Gesellschaftsmitglieder ihr Handeln und Wissen organisieren, sich selbst gegenüber anderen darstellen und ihre jeweiligen Relevanzen herstellen, sollen in weitgehend unverstellter Form erscheinen und damit relativ unbeeinflußt wiedergegeben werden können.

So einzigartig die Stellung G.s innerhalb der Sozialwissenschaften ist, sie läßt die – sehr verschiedenartigen – Traditionszusammenhänge, aus denen er kam, erkennen: Strukturfunktionalistisch orientierte Ethnologie (Alfred Radcliffe-Brown), Pragmatismus (Charles Cooley, George Herbert Mead), Phänomenologie (Edmund Husserl, Alfred Schütz) und die »Chicago School« (Everett Hughes) haben ihre Spuren in seinem Werk ebenso hinterlassen wie die »Klassiker« Emile Durkheim und Georg Simmel. Keiner der an diese Traditionen anknüpfenden Schulen kann G. zugerechnet werden; er selbst hat sich vehement jeder Etikettierung ebenso widersetzt wie den diskreten oder weniger diskreten Ritualen seines Berufsstandes. An Diskussionen über seine Arbeiten nahm er nicht teil – bis auf eine Ausnahme. Bezeichnenderweise ging es dabei um einen besonders unerfreulichen Etikettierungsversuch. Anlaß war die Besprechung von *Frame Analysis* (1974) durch einen die reine Lehre des Interaktionismus gegen jede »strukturalistische« Verunreinigung verteidigenden Kollegen. Sonst reagierte G. weder auf Kritiken, noch unterzog er sich in Fußnoten und Einleitungen rituellen Danksagungen. Ebensowenig begab er sich in die Arenen der jeweils aktuellen Theoriedebatten. Trotz dieses selbstgewählten Abstandes und der ironischen, bisweilen sarkastischen Distanz zum eigenen Berufsstand zollte dieser dem Einzelgänger Respekt und Beachtung: G.s Berufsweg, gekennzeichnet durch das Ineinandergreifen von Feldbeobachtungen und extensiver auf die Feldstudien bezogener Schriftstellerarbeit, führte zu Professuren in Berkeley (1961 bis 1969) und zur Benjamin Franklin Professur an der University of Pennsylvania in Philadelphia (1968 bis zu seinem Tod), zu internationaler Anerkennung (weltweite Übersetzung seiner Bücher), zu akademischen Ehrungen (Mc Iver Award 1961, Mead-Cooley Award 1979, George Orwell Award der Harvard University Press 1979) und sogar zur Präsidentschaft in der Amerikanischen Gesellschaft für Soziologie (1981).

War er, bezogen auf die Hauptrichtungen seiner Disziplin, marginal, so war er doch gleichzeitig nicht nur ein geachteter Gelehrter, sondern auch einer der am häufigsten gelesenen sozialwissenschaftlichen Autoren. Anders als die meisten seiner Fachkollegen fand er seine Leser nicht nur – nicht einmal vorwiegend – innerhalb der Soziologie. Er hatte ein interdisziplinäres Publikum. Vor allem aber gelang es ihm, auch diejenigen als Leser zu gewinnen, über die er schrieb. Dies gilt für nahezu alle seiner Bücher – von *Communication Conduct in an Island Community* (1953), seiner Dissertation, bis hin zu seinem letzten Buch *Forms of Talk* (1981). Er zog die Aufmerksamkeit seines Publikums zurück zur Soziologie, indem er diese zurückführte zur Beschreibung und Analyse konkret gelebter Sozialität: Er beschrieb nur, was er kannte. Und: Was er beschrieb, kannte jedermann; doch neu war, wie er es beschrieb, wie er es als etwas zeigte, das deswegen so wenig gesehen und befragt wurde, weil jeder es bereits gesehen und verstanden zu haben glaubte.

Dennoch ging es ihm nicht vorrangig um das Alltägliche, Normale, wenig Beachtete an sich, auch wenn er dessen Ethnograph war und dessen Apologet zu sein schien. Es war ihm als gut zugängliches »Datum« Anlaß, nicht aber per se wichtigster Gegenstand. Seine Aufmerksamkeit galt einer zentralen sozialwissenschaftlichen Fragestellung: Wie entsteht und erhält sich eine sinnhaft interpretierbare soziale Ordnung im Handeln der Menschen. Bewährungsfeld für die Fragestellung war ihm die universale und zugleich ursprüngliche Kommunikationssituation – die Vis-à-vis-Interaktion – gerade wegen dieser Eigenschaften. Dabei setzte er, vielen seiner Interpreten zum Trotz, voraus, daß »der eigentliche Gegenstand der Interaktion nicht das Individuum und seine Psychologie ist, sondern eher die syntaktischen Beziehungen zwischen den Handlungen verschiedener gleichzeitig anwesender Personen«.

Es geht also vorrangig um die Bauformen und Organisationsprinzipien sozialen Handelns und sozialer Ordnung und zugleich um die »allgemeinen Eigenschaften«, die Handelnde haben müssen, um sinnhaft handeln zu können. Die mikrosoziologisch angelegte Detailbeobachtung scheint demnach auf ein makrologisches Ziel hin ausgerichtet zu sein. Tatsächlich jedoch bewegt sich G.s

Fragestellung diesseits von »Mikro« und »Makro«. Es geht ihm vielmehr um das Fundament, um einige Bedingungen der Möglichkeit von Interaktion, um die Basisaktivitäten und Grundelemente des sozialen Austausches (*Interaction Ritual*, 1967; *Frame Analysis*, 1974; *Forms of Talk*, 1981; *Encounters*, 1961; *Stigma*, 1963; *Relation in Public*, 1971; *Gender Advertisement*, 1979) innerhalb jenes Spiel-Raumes der Face-to-Face-Interaktion, auf dem von jedem Gesellschaftsmitglied der Kampf um die »Territorien des Selbst« im Austausch mit dem/den Anderen ausgefochten wird. Bis hin zur letzten Schrift steht diese Problematik im Zentrum seiner – damit notwendig unvollendeten, weil unvollendbaren – Arbeit.

Bei aller Neutralität und Kühle der Beschreibungen und Analysen ist dennoch unverkennbar, daß G. innerhalb des Formen- und Regelwerks der »sozialen Mechanik« nach dem engen Bewegungsraum der Freiheit sucht, der eine Sicherung der »Territorien des Selbst« ermöglicht: nach der Freiheit der Bewegung im (sozialen) Käfig. Am deutlichsten wohl in der taktvollen Beschreibung derer, die er beobachtet, ebenso aber auch in der feinfühligen Distanz zu programmatischem Moralisieren und schwadronierendem Pädagogisieren wird deutlich, worin G. die Möglichkeit einer solchen Freiheit sah. Voraussetzung für sie ist die Einsicht in das Regelwerk der »sozialen Mechanik«, in das Reich der Notwendigkeit. Erst diese Einsicht macht es möglich, das Regelwerk im Sinne eines »fair play« zu beherrschen: Aus allgemein bestimmtem und bestimmbarem sozialem Verhalten wird dann humanes Handeln, wenn es gelingt, ein aufgezwungenes Spiel – mit allen dazugehörigen Taktiken und Finessen – nicht nur gut, sondern auch fair zu spielen.

Hettlage, Robert/Lenz, Karl (Hg.): Erving Goffman. Ein soziologischer Klassiker der zweiten Generation. Bern/Stuttgart 1991. – Ditton, Jason (ed.): The View from Goffman. London 1980.

Hans-Georg Soeffner

Goodman, Nelson
Geb. 7. 8. 1906 in Somerville (Mass.)

»Ich kann ihre freundliche Aufmerksamkeit nicht mit der tröstlichen Versicherung belohnen, daß alles geleistet sei, oder mit der vielleicht kaum weniger tröstlichen Versicherung, es sei gar nichts zu machen. Ich habe lediglich eine nicht ganz bekannte Möglichkeit der Lösung einiger nur allzu bekannter Probleme untersucht.« Dieser Schlußsatz aus G.s Hauptwerk *Fact, Fiction and Forecast* (1955; *Tatsache, Fiktion, Voraussage*) mag als Inbegriff seiner philosophischen und wissenschaftstheoretischen Arbeiten angesehen werden, deren Ziel eher die Präzisierung bereits vorhandener Problemstellungen und das auf sukzessiven Schritten beruhende Fragen ist, als das voreilige und daher oft erkenntnisarme Angebot naheliegender Lösungsmöglichkeiten. G. steht damit ganz in der um die Schaffung und Anwendung künstlicher Sprachen mit logischer qua unmißverständlicher Syntax bemühten Richtung der Analytischen Philosophie, der u. a. Bertrand Russell, Rudolf Carnap und Willard Van Orman Quine zuzurechnen sind und die als Logischer Empirismus oder Logischer Positivismus bezeichnet wird. Die Absage an die ›natürlichen‹, zu metaphysischen und damit gewissermaßen objekt- und sinnlosen Sätzen tendierenden Sprachen und der Versuch, durch ein streng logisches Ableitungsgefüge jeden Begriff und jede Aussage auf empirisch Nachweisbares zu beziehen, sind die zentralen Stellen dieser Theorie. G. hat jedoch in seinem Werk *The Structure of Appearance* (1951, ND 1977), wie bereits in seiner Dissertation *A Study of Qualities* (1941, ND 1990), das ursprünglich von Carnap in *Der logische Aufbau der Welt* (1928) formulierte Konzept dieses phänomenalistischen Reduktionsprogramms, der sogenannten Konstitutionstheorie, einer eingehenden Kritik unterzogen und modifiziert. Versuchte Carnap noch, die konkreten Dinge mit Hilfe dieses Systems in »Elementarerlebnisse« zu transformieren, so wählt G. demgegenüber nicht Empfindungen, sondern eine begrenzte Menge atomarer Qualitäten wie Farben, Zeiten, Sehfeldstellen und Töne, die sog. »Qualia«, zu deren Definition. Unter der nominalistischen Einschränkung, daß »die Welt eine Welt von Individuen« (*A World of Individuals*, 1956) und damit die Menge der zu definierenden Objekte endlich ist, wird die logische Konstruktion des Konstitutionssystems erneut verbessert, zumal dieses nun nicht mehr den Anspruch erhebt, den tatsächlichen Erkenntnisprozeß zureichend zu beschreiben, sondern lediglich dessen Resultate zu reformulieren sucht. Während in dem von G. und Quine veröffentlichten Aufsatz *Steps Toward a Constructive Nominalism* (1947) der Verzicht auf Variablen, zu deren Wertbereich abstrakte Objekte gehören, unumstößlich gefordert wurde und zu dem programmatischen Bekenntnis führte: »Wir glauben nicht an abstrakte Entitäten. Niemand nimmt an, daß abstrakte Entitäten − Klassen, Relationen, Eigenschaften usw. − in Raum und Zeit existieren; aber wir meinen mehr als das. Wir verzichten auf sie überhaupt«, erfolgt nun in *A World of Individuals* eine Spezifizierung in bezug auf einen Nominalismus, der zwar »Entitäten, Geister und Unsterblichkeitsahnungen« nicht verbietet, jedoch verlangt, daß jede zugelassene Entität als Individuum zu konstruieren sei. Dies allerdings impliziert, bezogen auf G.s Konstitutionssystem, daß zwei Objekte dann als unfangsgleich oder identisch gelten, wenn sie dieselbe Anzahl atomarer Qualitäten aufweisen. Die Konstruktion eines Objekts als Individuum gebietet aber gleichsam die Nichtidentität desselben mit jedem anderen Objekt auf der Grundlage einer Nichtidentität zwischen ihren Atomen, denn es gilt: »Keine Unterscheidung von Entitäten ohne Unterscheidung von Inhalt.«

Zur Wissenschaftstheorie ist seine Untersuchung irrealer Bedingungssätze und damit verbunden die der Fortsetzbarkeit von Hypothesen auf induktivem Wege zu zählen. Hatte bereits David Hume in seinem *Treatise of Human Nature* (1739/40) die Frage nach der rationalen Rechtfertigung induktiver Schlüsse negativ beantwortet, indem er darlegte, daß solche Regeln lediglich Ausdruck unserer Gewöhnung an vergangene Regelhaftigkeiten sind, so schließt sich G. dieser Argumentation zwar weitgehend an, konstatiert aber zugleich ein »neues Rätsel der Induktion«: das Problem der Unterscheidung von gültigen und ungültigen induktiven Schlüssen. Denn für jede solcher Konklusionen ist nicht nur die bisher beobachtete und zugrundegelegte Regelhaftigkeit möglich, sondern auch eine dazu kontrafaktische Hypothese, durch die dann aber »jede endliche Menge von Beobachtungen sich in Form voneinander für die Zukunft widersprechenden Regularitäten extrapolieren« ließe (Franz von Kutschera).

Sprachphilosophische Analysen bestimmen G.s Arbeiten mit Beginn der 60er Jahre. In verschiedenen Aufsätzen (u. a. *Sense and Certainty*, 1952; *The Way the World Is*, 1960; *About*, 1961; *Ways of Worldmaking*, 1978 und *Of Mind and other Matters, 1984*) dominiert die Erforschung nicht-verbaler Symbolsysteme, da sowohl bildliche Darstellungen als auch musikalische Notationen, Uhren, Meßinstrumente, Diagramme und Karten als komplementärer Faktor einer strukturalen Linguistik angesehen werden müssen. So überwindet G. in seinem Buch *Language of Art* (1968; *Sprachen der Kunst*) die retardierte Trennung von Kunst und Wissenschaft, indem der Unterschied nicht mehr der zwischen »Gefühl und Tatsache, Intuition und Konklusion, Freude und Überlegung, Synthese und Analyse, Sinneswahrnehmung und Gehirnarbeit, Konkretheit und Abstraktheit« ist, »sondern eher der Unterschied in der Dominanz gewisser spezifischer Merkmale von Symbolen«. Der wohl einflußreichste Vertreter der amerikanischen Analytischen Philosophie studierte und promovierte an der Harvard University. Nach einem einjährigen Lehrauftrag an der Tufts University wurde er 1946 zuerst zum Associate, dann zum ordentlichen Professor an der University of Pennsylvania ernannt. 1964 ging er zurück nach Massachusetts, zuerst als Professor an der Brandeis University, drei Jahre danach zur Harvard University. Als Professor emeritus arbeitet und lebt er in Cambridge, MA und London.

Stegmüller, Wolfgang: Untersuchungen über die Struktur der Erscheinungswelt. In: Ders.: Hauptströmungen der Gegenwartsphilosophie. Band 1. Stuttgart 1989. – Kutschera, Franz von: Nelson Goodman – Das neue Rätsel der Induktion. In: Speck, Josef (Hg.): Grundprobleme der großen Philosophen. Philosophie der Gegenwart 3. Göttingen 1984. – Hausman, Alan/Wilson, Fred: Carnap and Goodman: Two Formalists. Den Haag 1967.

Jörg F. Maas

Gramsci, Antonio
Geb. 22. 1. 1891 in Ales (Sardinien); gest. 27. 4. 1937 in Rom

Das Dorf Ghilarza im wirtschaftlich verarmten und zurückgebliebenen Sardinien sowie Turin, frühes Zentrum der italienischen Automobilindustrie – die enorme Spannung zwischen diesen Polen seiner Lebenswelt ist bestimmend für G.s Leben und Denken. Viertes von sieben Kindern eines Provinzbeamten, sind G.s Kindheit und Jugend von größter Armut und Entbehrung gezeichnet, was bis zu Symptomen gefährlicher Unterernährung während der Gymnasialzeit reicht. Zu dieser äußeren sozialen Erniedrigung kommt die frühe körperliche Mißbildung des Kindes durch einen verkrüppelten Rücken – sein Leben lang liegt der nur etwa 1,50 m große G. in geradezu tragischem Kampf zwischen der klaren, disziplinierten Entschlossenheit seines Willens und Intellekts und seinem zu schwachen, kranken Körper. In einer Zeit wirtschaftlicher Verelendung Sardiniens ist der junge G. zunächst Anhänger des ›sardismo‹, des Kampfes für die nationale Unabhängigkeit Sardiniens von der ausbeuterischen (Wirtschafts-)Politik des italienischen Nordens und seiner Regierung. Ein bescheidenes Stipendium gibt ihm 1911 die Möglichkeit, an der Turiner Universität Literaturwissenschaft zu studieren; im Frühjahr 1915 jedoch bricht er das Studium ab. Nicht zuletzt aufgrund von Freundschaften (Angelo Tasca, Palmiro Togliatti) gerät G. schnell in Kontakt mit der Turiner sozialistischen Bewegung, so daß er die separatistische Einstellung aufgibt und – Ende 1913 – dem Partito Socialista Italiano beitritt. In den folgenden Jahren entfaltet G. eine immense journalistische Aktivität für die Wochenzeitung *Il grido del popolo* (Stimme des Volkes) sowie die Turiner Lokalredaktion des sozialistischen *Avanti!* und wird schnell wegen seines klaren und leerer Rhetorik abholden Stils bekannt; daneben widmet er sich mit fast missionarischem Eifer der Arbeiterbildung. Das entscheidende Ereignis der Oktoberrevolution gibt seinem noch eher vagen und stark von Benedetto Croces Neuidealismus geprägten Sozialismus eine klarere Zielrichtung. Sie drückt sich in der Gründung einer neuen Zeitung aus: *L'Ordine Nuovo* (ab Mai 1919) wird – auf dem Höhepunkt der Klassenkämpfe in Turin – »Zeitung der Fabrikräte«.

Im Konzept der Fabrikräte als »Modell des proletarischen Staates« fließen zwei für G. charakteristische Auffassungen zusammen: einmal das stark willensbetonte, schöpferische und unbürokratische Verständnis des Marxismus (»die Fabrikräte haben ihr Gesetz in sich selbst«); zum anderen der Schlüsselbegriff »Bündnis«, da der Fabrikrat auch den nicht organisierten Arbeitern offensteht und so tendenziell die ganze Wirklichkeit in ihrer Unterschiedlichkeit umgreift. Hier fließt die Erfahrungsbasis des Sarden G. ein, der zum Theoretiker des ›Mezzogiorno‹, des italienischen Südens wird, den es als eigenständige, von der bäuerlich-katholischen Tradition geprägte Lebenswelt ernst zu nehmen und zu begreifen gilt. Trotz dieser grundsätzlich antisektiererischen Haltung trägt G. –

unter dem Einfluß Lenins – die Abspaltung der Kommunisten von der Sozialistischen Partei und die Gründung des Partito Comunista Italiano (PCI) im Januar 1921 mit und gibt nun als Mitglied ihres Zentralkomitees den *Ordine Nuovo* als Tageszeitung und Parteiorgan heraus. In den folgenden Jahren der zunehmenden Verschärfung der innenpolitischen Situation (Oktober 1922 Mussolinis »Marsch auf Rom«) ist G. einer der wenigen, welche die faschistische Partei in ihrer bedrohlichen Andersartigkeit im Vergleich zu den bürgerlichen Parteien erkannt haben. Als Repräsentant des PCI im Exekutivkomitee der Dritten Internationale (Komintern) lebt er vom Juni 1922 ab für eineinhalb Jahre in Moskau, wo er seine Frau Julia Schucht kennenlernt, und vom Dezember 1923 bis Mai 1924 in Wien. Aufgrund seiner Wahl ins italienische Parlament kehrt G. im Vertrauen auf den Schutz der Immunität im Mai 1924 nach Italien zurück und lebt die folgenden zwei Jahre in Rom. Sie stehen im Zeichen intensiver politischer (Untergrund-)Arbeit, bei großer persönlicher Einsamkeit in einer »nur von der Politik beherrschte Einöde«, wie es in einem Brief heißt. Im Mai 1925 hat der 34jährige seinen ersten und einzigen parlamentarischen Auftritt, bei dem er sich Mussolini direkt gegenüberstellt und das Regime demaskiert. Trotz zunehmender Bedrohung lehnt G. eine Flucht ins Ausland ab. Im November 1926 wird er von den Faschisten verhaftet und nach zweijähriger Untersuchungshaft in einem großangelegten Schauprozeß zu 20 Jahren Gefängnis verurteilt.

»Ich bin von der Idee besessen, daß man etwas vollbringen müsse, was *für ewig* ist.« – In den Jahren der Haft entstehen die *Quaderni del carcere*, die *Gefängnishefte*, die G. bis heute zum bedeutendsten marxistischen Theoretiker Italiens machen. Diese 32 Hefte, insgesamt etwa viertausend Schreibmaschinenseiten, die vollständig seit 1991 auch auf deutsch erscheinen, sind ein immenses Laboratorium von Notizen und Entwürfen, die großenteils unausgeführt bleiben mußten. Ihre durchgängige Absicht läßt sich umschreiben mit den Worten: Erneuerung des Marxismus als »Philosophie der Praxis«, womit G. in der Linie des westlichen Marxismus der 20er Jahre steht (Ernst Bloch, Georg Lukács, Karl Korsch). Zu Recht wurde G. aber auch in Bezug zu Mao Tsetung gesetzt, da es ihm immer um das Begreifen der geschichtlichen Wirklichkeit (s)eines Landes geht, von der Alltagssprache über Sitten und Gebräuche, Schulwesen und Kirchen bis in die Verästelungen der Philosophie. Indem G. »Herrschaft« nicht abstrakt, sondern vor allem als Konsens der Beherrschten begreift, rückt so die Kultur in den Brennpunkt der Analyse: »Eine herrschende Klasse (d. h. einen Staat) zu schaffen, kommt der Schaffung einer Weltanschauung gleich.« Dabei gilt seine besondere Aufmerksamkeit der geschichtlichen Funktion der Intellektuellen und hier wiederum *des* exemplarischen »großen« Intellektuellen, Benedetto Croce, dessen Philosophie des geschichtlichen Handelns er einerseits als Voraussetzung für die Erneuerung des Marxismus begreift, andererseits aber als »eine Form des politisch gemäßigten Konservativismus« kritisiert. Für diese Untersuchungen entwickelt G. in den *Gefängnisheften* den Begriff der »Hegemonie«, der sowohl die politische und militärische Herrschaft einer Klasse als auch ihre intellektuell-moralische Führung umfaßt. Die Tätigkeiten des politischen Pu blizisten, Arbeiterlehrers, Parteipolitikers und Theoretikers G. fließen in der Überzeugung zusammen, daß jeder Revolution eine intensive Umwälzung der kollektiven Weltanschauung vorausgehen muß. Genauer: die Aufgabe der Revolution ist zu begreifen als dieser Prozeß. – Da ihm das Regime eine angemessene ärztliche Behandlung versagt, sind die Jahre der Haft Jahre des zunehmenden körperlichen Verfalls im Zeichen von Tuberkulose, nervlicher Überreizung, Angina pectoris, Arteriosklerose. G. lehnt jedes Gnadengesuch ab, da dies ihm als moralisch-politische Kapitulation erscheint. Im November 1932, zum zehnten Jahrestag der Regierung Mussolinis, wird seine Strafzeit auf 12 Jahre und vier Monate reduziert. Durch die Gründung eines Befreiungskomitees 1933 in Paris und aufgrund des internationalen Drucks wird Ende 1933 die Überführung in eine Privatklinik in Formia und im Oktober 1934 die bedingte Freilassung gewährt. Doch bereits wenige Tage nach Ablauf der Strafzeit stirbt G. im Alter von 46 Jahren.

Haug, Wolfgang F./Jehle, Peter (Hg.): Gramscis Gefängnishefte lesen. Hamburg 1991. – Kebir, Sabine: Antonio Gramscis Zivilgesellschaft. Hamburg 1991. – Gruppi, Luciano: Gramsci – Philosophie der Praxis und die Hegemonie des Proletariats. Hamburg/Berlin 1977. – Riechers, Christian: Antonio Gramsci. Marxismus in Italien. Frankfurt am Main 1970. – Fiori, Giuseppe: Das Leben des Antonio Gramsci. Berlin 1969.

Christoph Helferich

Guattari, Félix
Geb. 1930 in Villeneuve-les-Sablons; gest. 1992

G. wird gern in Personalunion mit dem Philosophen Gilles Deleuze als »Deleuze/Guattari« gehandelt; das beruht auf der Tatsache, daß er sein vielleicht wichtigstes Buch *Anti-Oedipe* (1972; *Anti-Ödipus*) und dessen zweiten Teil *Mille plateaux* (1980, *Tausend Plateaus*) zusammen mit Deleuze verfaßte. Eine symptomatische Geste, wenn man bedenkt, daß *Anti-Ödipus* sich explizit gegen einen festgelegten Subjektbegriff wendet: »Wir haben Anti-Ödipus zu zweit geschrieben. Da jeder von uns schon mehrere war, ergab das schon eine ganze Menge.«

Nach seinem Pharmazie- und Philosophiestudium wurde G. Psychoanalytiker, zunächst als Schüler Jacques Lacans. Auch wenn sich die Argumentation in *Anti-Ödipus* innerhalb Lacanscher Begriffsnetze entwickelt, setzt er sich schon dort dezidiert von der klassischen Psychoanalyse ab. Seit 1953 arbeitet G. als Psychoanalytiker an der alternativen Klinik »La Borde« in Cour-Cheverny. Während der 68er-Bewegung nahm er eine exponierte Stellung innerhalb der kommunistischen Linken ein, so daß viele seiner theoretischen Konzepte auf dem Hintergrund des damaligen politischen und sozialen Aufbegehrens zu lesen sind. Neben *Anti-Ödipus* veröffentlichte er *Psychoanalyse et transversalité* (1972; *Psycho-*

therapie, Politik und die Aufgabe der institutionellen Analyse), *La Révolution moléculaire* (1977), *L'inconscient machinique* (1978), *Pratique de l'institutionnel et politique* (1985), *Les Années d'hiver* (1986), *Cartographies schizoanalytiques* (1989), *Les Trois écologies* (1989; *Die drei Ökologien*) und *Chaosmose* (1992). In diesen Schriften entwickelt er seine Vorstellung eines materialistischen, grundsätzlich positiven, außerhalb des psychoanalytischen Verdrängungsmechanismus definierten »maschinellen Unbewußten«, dessen rein funktionale und »bedeutungslose« Systematik er mit sozialen Revolutionstheorien verband. Er ist Mitbegründer der Zeitschrift *Recherches*, aktives Mitglied des »Centre d'Initiative pour des Nouveaux Espaces de Liberté« und lehrte am »Collège de Philosophie« in Paris. Mit Deleuze verfaßte er außerdem Bücher über Kafka (*Kafka: pour une littérature mineure*, 1975; *Kafka, für eine kleine Literatur*) und die Philosophie (*Qu'est-ce que la philosophie*, 1991), und mit Toni Negri veröffentlichte er *Les Nouveaux Espaces de Liberté* (1985).

Die Zusammenarbeit von Deleuze und G. in *Anti-Ödipus* ergibt eine Mischung aus Philosophie und Psychoanalyse: Vitalistische und von Nietzsche ausgehende Tendenzen der Philosophie Deleuzes verbinden sich mit einer »Psychoanalyse der Psychoanalyse« auf seiten von G. zu einer grundlegenden Kritik klassischer Denkschemata und Wissenschaftstheorien. Obwohl eines ihrer Grundthemen das »nomadenhafte Denken« ist, sind G. und Deleuze geographisch sowie intellektuell eher seßhaft und stark in einer spezifisch französischen Denktradition verwurzelt, die auch eine Reihe anderer einflußreicher Denker in und um Paris bestimmt. Der Gruppe von Strukturalisten, als deren wichtigste Vertreter Claude Lévi-Strauss und Ferdinand de Saussure zu nennen wären, folgt in den 50er Jahren eine Generation von Autoren, die sich kritisch mit den strukturalistischen Systematisierungen auseinandersetzt und deren herausragende Vertreter der Kulturarchäologe Michel Foucault – er schrieb auch das Vorwort zu *Anti-Ödipus* –, der Exegetiker Freuds Jacques Lacan und der Semiologe Roland Barthes sind. Sie fungieren als Scharnier zwischen den Strukturalisten und einer Gruppe von Poststrukturalisten – wie dem Soziologen Jean Baudrillard, dem Philosophen und Kunstkritiker Jean-François Lyotard und dem Philosophen Jacques Derrida –, welche die streng hierarchischen Systematisierungen der Strukturalisten zu einem Spiel von divergierenden und simultan nebeneinander bestehenden Strukturen aufbrechen und als deren erste wahre Vertreter Deleuze und G. gelten können. Besonders in der deutschen Rezeption wurden sie jedoch oft als »Deliranden« und »Schwätzer« etikettiert und abgetan.

Ihr Buch *Anti-Ödipus* nimmt innerhalb dieser Entwicklung eine Schlüsselstellung ein und ist, was seinen bewußt antiwissenschaftlichen Stil wie auch den Inhalt angeht, das erste große poststrukturalistische Pamphlet. Schon der Untertitel – *Kapitalismus und Schizophrenie* – läßt erkennen, in welchen Bereichen ihre Kritik ansetzt. Aus einer Diskussion der psychoanalytischen Thesen Lacans und der Strukturalisten heraus entsteht anhand einer neo-marxistischen Analyse das Bild eines Unbewußten, das sich von der psychischen Determination der klassischen Psychoanalyse gelöst hat und nicht länger ödipalen Zwängen und

Bestimmungen unterworfen ist. Mit dieser Befreiung entsteht das Modell des Unbewußten als lediglich sozial definiertes »maschinelles Aggregat«. Dessen Utopie sehen Deleuze und G. in einer polymorph-perversen »Wunschmaschine«, in der »Triebe, Ströme und Intensitäten« frei zirkulieren können und in dessen Dynamik der reinen Begierde sich das Subjekt in Staub auflöst. Diese Wunschmaschinen sind in ihren gesellschaftlichen Einbindungen jedoch von einer Vielzahl »repressiver Formationen« umlagert, zu denen G. auch die klassische Psychoanalyse mit ihrer Ausrichtung auf das Subjekt zählt. Für ihn sind es diese »sozialen Zwangsbeschriftungen«, die den Menschen erst zu dem machen, was man ein Subjekt nennt. Seine »Schizo-Analyse« zielt darauf ab, mit diesen »individualisierten Formen der Subjektivierung des Unbewußten« zu brechen und durch Veränderung der sozialen Strömungen selbst zu einer neuen Subjektivität zu gelangen. Das System der Schizophrenie, in dem sich alle psychischen und sozialen Systematisierungen »verquirlen«, wird dabei zur Gegenutopie des fremdbestimmten, kapitalistischen und familiären Zwängen unterworfenen Subjekts. Innerhalb der Bewegung der internationalen Anti-Psychiatrie (Ronald Laing, David Cooper, Franco Basaglia), aber gegen deren Mystifizierungen und Privatisierungen gerichtet, versucht G. in seiner Klinik »La Borde«, eine theoretische Variante der »revolutionären, psychiatrischen Praxis« zu entwickeln; diese wendet sich insbesondere gegen die Mitschuld der »psychiatrischen Repression und den anderen Formen der Repression«, wie sie sich in den hierarchischen, zentralisierten und »viskosen« Organisationsformen der institutionellen Psychiatrie niederschlägt. Die »geschlossene Anstalt« der Psychiatrie bringt er dabei mit dem Gefängnis in Verbindung, beides »Institutionen des Einschlusses«, durch deren Reglementierungen das Subjekt letztlich denselben Zwängen unterworfen wird, an denen es bereits im sozialen Umfeld gescheitert ist.

Gegen diese starren (»molaren«) Bürokratiemaschinerien stellt G. in »La Borde« kleine (»molekulare«), polyzentrische Selbstverwaltungsformen und Kollektive, deren Mitglieder in einem durchlässigen System netzartig (»rhizomatisch«) ein »Arbeitsfeld« überspannen, welches durch das ständige Spiel von Gruppenauflösungen und Gruppenbildungen (»Deterritorialisierungen« und »Reterritorialisierungen«) dynamisiert wird. Nur innerhalb einer solchen offenen Strukturierung des sozialen Raums, so glaubt G., kann man zu einem Unbewußten gelangen, das »schöpferisch und konstruktiv ist, nicht an die Vergangenheit gebunden oder auf universell geschichtete Komplexe fixiert«: In einem Rückgriff auf die Chaostheorie, insbesondere in der Ausprägung Ilya Prigogines und Isabelle Stengers', und die Katastrophentheorie René Thoms, entwickelt er dabei in den 80er Jahren das Konzept einer ethisch-politischen und ästhetischen »Ökosophie« und beschäftigt sich mit der Entwicklung neuer »heterogener, diverser und dissensueller Wert-Attraktoren«, die den profitgesteuerten, strukturstabilen Mechanismus des »Weltweit Integrierten Kapitalismus« durchkreuzen, und so erneut die Möglichkeit einer morphogenetischen, »reich-facettierten«, instabilen, inhärent chaotischen Dynamik (»Heterogenese«) eröffnen; einem Feld, in dem, wie der Titel des zweiten Teils von *Anti-Ödipus*

(*Mille plateaux*, 1980; *Tausend Plateaus*) andeutet, das Denken nicht in genau vorbestimmten Bahnen und Schemata abläuft, sondern auf »tausend Ebenen« zugleich.

Massumi, Brian: A User's Guide to Capitalism and Schizophrenia. Cambridge 1992. – Altwegg, Jürg/Schmidt, Aurel: Französische Denker der Gegenwart. München 1987. – Frank, Manfred: Was ist Neostrukturalismus? Frankfurt am Main 1984.

Hanjo Berressem

Habermas, Jürgen
Geb. 18. 6. 1929 in Düsseldorf

Das Gesamtwerk von H. kann als eine groß angelegte Ethik der Moderne gelesen werden. Diese Annahme wird bestätigt, wenn man sich seine Theorieentwicklung seit seiner Auseinandersetzung mit Heidegger im Jahre 1953 ansieht. Wie in dem Aufsatz *Mit Heidegger gegen Heidegger denken* (1953) beklagt H. in den ersten Jahren der neu entstehenden bundesrepublikanischen Demokratie auch in anderen Publikationen ein unreflektiertes Verhältnis zur Moral: In seinen Arbeiten *Student und Politik* (1961), *Strukturwandel der Öffentlichkeit* (1962) und *Theorie und Praxis* (1963) kritisiert er die vorherrschende Verfahrensweise in der Politikwissenschaft, sie ohne normativen Bezug zu betreiben. Ohne normativen Bezug arbeiten zu dieser Zeit noch viele sozialwissenschaftliche Theorien, wie H. in den seiner Selbstverständigung dienenden Untersuchungen *Zur Logik der Sozialwissenschaften* (1967) und in den kritischen Erörterungen des Positivismus in *Erkenntnis und Interesse* (1968) und der Luhmannschen Systemtheorie in *Theorie der Gesellschaft oder Sozialtechnologie* (1971) zeigt. Seine in dieser Phase der Aneignung und Distanzierung gewonnene Einsicht faßt H. 1968 so zusammen: »Reine Theorie, die, aller praktischen Lebensbezüge entbunden, die Strukturen der Wirklichkeit in der Weise erfaßt, daß theoretische Sätze wahr sind, wenn sie einem Ansichseienden korrespondieren, ist Schein. Denn die Akte der Erkenntnis sind in Sinnzusammenhänge eingelassen, die sich in der Lebenspraxis, im Sprechen und Handeln bedürftiger Wesen, erst konstituieren.«

In seiner eigenen Theoriebildung, die aus der kritischen Haltung gegenüber traditioneller Theorie lebt, ist H. der alten Kritischen Theorie gefolgt und er wird nicht müde, den programmatischen Satz von Max Horkheimer zu zitieren, der die traditionelle und die Kritische Theorie voneinander scheiden soll: In der traditionellen Vorstellung von Theorie erscheint »nicht die reale gesellschaftliche Funktion der Wissenschaft, nicht was Theorie in der menschlichen Existenz, sondern bloß was sie in der abgelösten Sphäre bedeutet... Während der Fachgelehrte als Wissenschaftler die gesellschaftliche Realität mitsamt ihren

Produkten für äußerlich ansieht ..., ist das kritische Denken durch den Versuch motiviert, die Spannung als real zu überwinden.« Gemeint ist, daß die Erhellung der normativen Gehalte einer Theorie Bestandteil dieser Theorie selbst werden müsse.

H. weiß sich vor allem in dieser Forderung mit der alten Kritischen Theorie einig. Allerdings seien – sagt H. – die normativen Grundlagen der alten Kritischen Theorie auch völlig ungeklärt geblieben, obwohl ihr Selbstverständnis anders gewesen sei. H. will darum diesen Anspruch Horkheimers für die Kritische Theorie erstmals einlösen und deren normative Basis bestimmen. Wie aber kann eine Theorie ihren normativen Gehalt *selbst* klären? In einem Lexikonartikel zur Anthropologie beantwortet H. die Frage 1958 so: »Allein, auch diejenigen, die Anthropologie treiben, sind Menschen und selber darauf angewiesen, sich in ihrem Menschsein zu verstehen. Sie deuten das Wesen des Menschen in dem Maße, in dem sie ihr eigenes Wesen deuten; sie können von ihrem Gegenstand nur handeln, indem sie sich selbst, ihre Situation, in die Betrachtung mit einschießen lassen.« H. ist der Auffassung, daß es zur Wissenschaft, demnach auch zur Kritischen Theorie, gehören müsse, ihre Aufgabe in der Gesellschaft und damit ihr soziales Selbstverständnis zu klären. In diesem Zusammenhang entwickelt H. einen weiteren Gedanken, der für das gesamte Werk grundlegend und kennzeichnend werden wird: Indem die Wissenschaften »zeigen, was ist, zeigen sie unvermeidlich auch etwas von dem, was sein kann«. Zu den Aufgaben einer Kritischen Theorie gehöre es demnach, die Divergenz von Sein und Sollen herauszuarbeiten.

Im 1958 geschriebenen Vorwort zu *Student und Politik* deckt H. die genannte Polarisierung im Verfassungsstaat auf, indem er die unüberbrückte Kluft zwischen Verfassungsidee und Verfassungswirklichkeit in Einzelheiten erörtert. Zur Verfassungsidee – so ist das Ergebnis – gehöre die von Kant angesprochene notwendige Orientierung des Gesetzgebers an der Herstellung individueller Freiheit. Gesetz und Rechtsprechung müßten stets den Sinn haben, dazu beizutragen, die menschliche Freiheit im Staat zu realisieren. Der demokratische Verfassungsstaat diene dazu, die Freiheit der Menschen zu steigern und sie Wirklichkeit werden zu lassen. Diese von H. 1958 aufgestellte Forderung prägt noch seine Rechtstheorie, die er 1992 mit *Faktizität und Geltung* vollendet. Darin beklagt er die in der Realität zunehmende Aufhebung der Gewaltenteilung, die ein zentraler Bestandteil des demokratischen Staates sei und gewährleisten soll, daß die Macht im Staate nicht verdeckt oder offen mißbraucht werden kann. Eine immer undurchsichtiger werdende Diffusion der drei Elemente demokratie-staatlicher Gewaltenteilung, die die Entscheidungsbefugnisse der Legislative in steigendem Maße auf die anderen Instanzen verschiebt, besonders auf die Legislative in Gestalt des Bundesverfassungsgerichts, erfordere eine neue Theorie des Rechts. Kern dieser von H. hier vorgestellten Theorie bildet seine These von der Verfahrensrationalität: Nach H. können nur solche Rechtsnormen Gültigkeit erlangen, »denen alle möglicherweise Betroffenen als Teilnehmer an rationalen Diskursen zustimmen könnten.« Hier wird – wie so oft in H.s Theorie – seine Orientierung an Kant sichtbar. Kant ist der Auffassung, daß ein Gesetz nur dann gerecht sein könne, wenn das ganze Volk ihm zustimme und es für gerecht hält. Niklas Luhmann, der die Entwicklung des H.schen Werkes stets begleitende Dauerkontrahent, kommentiert das ganz nüchtern so: »Ein solches Kriterium für die Unterscheidung Geltung/Nichtgeltung kann jedoch gerichtlich nicht überprüft werden. Es ist nicht justiziabel, ist im Rechtssystem selbst nicht praktizierbar.« H. hingegen bleibt bei der Entwicklung seiner Theorie unerschütterlich an den Idealen der Aufklärung orientiert, die ihm als Maßstab für die Beurteilung der Realität dienen.

Für ihn stellt sich die Frage, wie ein solcher Maßstab als Motiv herausgestellt werden könne und die Theorie dennoch ihren Anspruch auf Wissenschaftlichkeit nicht verliere. Diese in der seinerzeit vorherrschenden Wissenschaftsauffassung konträr erscheinenden Gesichtspunkte werden 1963 in *Theorie und Praxis* benannt und die Forderung aufgestellt, beide Gesichtspunkte als komplementäre Einheit zu verbinden. Das wird für H. das Programm der kommenden Jahre. Es muß ein wissenschaftlich-stringenter Zugang zum gesellschaftlichen Normsystem, von H. »Lebenswelt« genannt, gefunden werden. Das ist ein Programm, das Husserl bereits 1935 in *Die Krisis der europäischen Wissenschaften und die transzendentale Phänomenologie* aufstellte, aber nach H.' Auffassung nicht zufriedenstellend einlösen konnte. Die Lebenswelt enthält eine umfassende Komplexität von lebensorientierenden Hintergrundüberzeugungen, zu denen nicht nur die individuellen Fertigkeiten, sondern auch die kulturellen Erbschaften gehören. Die Vermittlung dieser Hintergrundüberzeugungen ist vorrangige, aber unbemerkte Aufgabe jeder Sozialisation, wie H. in den *Stichworten zur Theorie der Sozialisation* von 1968, ebenfalls einer Selbstverständigungsschrift, die seinerzeit als vielgefragter Raubdruck kursierte, herausarbeitet. Diesem Thema widmete er sich 1976 erneut in *Zur Rekonstruktion des Historischen Materialismus*. Die Hintergrundüberzeugungen kulminieren dann, wenn ein Mensch Wissenschaft betreibt, in einem Erkenntnisinteresse.

Für H. stellte sich die Frage, wie man zu solchen Hintergrundüberzeugungen Zugang bekommt. Dies geschieht mittels der Hypothese, daß sie sich in Sprache konserviert vorfinden. 1967 heißt es in *Zur Logik der Sozialwissenschaften* bereits: »Wenn Handeln so an Intentionen gebunden ist, daß es aus Sätzen, die diese Intentionen zum Ausdruck bringen, abgeleitet werden kann, gilt auch umgekehrt die These: daß ein Subjekt nur die Handlungen ausführen kann, deren Intention es grundsätzlich beschreiben kann. Die Grenzen des Handelns sind durch den Spielraum möglicher Beschreibungen bestimmt. Dieser ist festgelegt durch die Strukturen der Sprache, in der sich das Selbstverständnis und die Weltauffassung einer sozialen Gruppe artikuliert. Also sind die Grenzen des Handelns durch die Grenzen der Sprache gezogen.« Betont werden muß, daß diese Intentionen oder Hintergrundüberzeugungen *grundsätzlich* beschreibbar sind. Ihrer Eigenart nach sind sie so selbstverständlich, daß sie im Alltagshandeln kaum je bewußt werden: Also muß H. konsequent Sprachforschung betreiben. In der Folgezeit beschäftigt H. sich so eingehend mit sprachphilosophischen und -wissenschaftlichen Problemen, daß ihm und seinen Lesern »über den Details das Ziel des ganzen Unternehmens aus dem Blick« gerät, wie er 1981 in seiner

Theorie des kommunikativen Handelns selbst feststellte. Mit seinen sprachanalytischen Ergebnissen, die dem Publikum vor allem in den 70er Jahren vorgelegt wurden, wollte H. ursprünglich der Mißlichkeit begegnen, daß die normativen Grundlagen der Gesellschaftswissenschaften völlig ungeklärt waren und sich dem wissenschaftlichen Zugang entzogen.

In seinem Aufsatz *Was heißt Universalpragmatik?* aus dem Jahre 1976 kommt H. schon zu dem gesuchten Ergebnis, das in seiner fünf Jahre danach erschienenen umfangreichen Publikation *Theorie des kommunikativen Handelns* von ihm lediglich systematisch geordnet dargestellt wurde. In Auseinandersetzung mit vielen linguistischen und pragmatischen Theorien entdeckt H. Geltungsansprüche, die jedweder kommunikativen Handlung zugrunde liegen: Jedes sprechende Subjekt thematisiert etwas aus dem Bereich der äußeren Natur, der Gesellschaft oder seiner inneren Natur. Gegen diese Bereiche grenzt es sich zugleich ab, indem es sie thematisiert. Mit dieser Thematisierung erhebt jedes handelnde Subjekt zugleich einen Wahrheitsanspruch, einen Richtigkeitsanspruch und einen Wahrhaftigkeitsanspruch. Einer dieser Ansprüche kann zwar vorrangig sein, dennoch werden sie immer alle zugleich erhoben. Diese Ergebnisse führen zur Kritik der Rationalitätstheorie von Max Weber, die nach H.' Ansicht einen verkürzten Rationalitätsbegriff beinhaltet. Demgegenüber vertritt H. einen an den Theorien von Emile Durkheim und George Herbert Mead orientierten Begriff unverkürzter kommunikativer Rationalität. Er sieht in Anlehnung an Untersuchungen von Karl-Otto Apel, der sich seinerseits auf Wilhelm von Humboldt bezieht, daß wir immer schon in Argumenten denken. Wir sind auch als einsame Denker in einen Interaktionszusammenhang gestellt und denken in Argumenten. Wir operieren in argumentativen Auseinandersetzungen auf der normativen Basis praktisch-ethischer Regeln. Selbst wenn man eine wissenschaftliche Aussage macht, also einen assertorischen Satz bildet, nimmt man mit der Mitteilung den Hörer ernst, denn man will ihn überzeugen, und erwartet Bestätigung oder Gegenargumente. Insofern sind in solchen scheinbar rein objektiven Aussagen die ethischen Normen von Gleichheit und Akzeptanz gegenwärtig.

An diesem Ergebnis der ›universalpragmatischen‹ Untersuchungen von H. wird nun ein weiteres Stück Kantianismus, das nach seiner eigenen Aussage in ihm steckt, sichtbar. Auch Kant teilt die Welt in drei Erkenntnisbereiche ein, die mit jeweils anderen Regeln zu erkennen sind. Diese Regeln sind in den drei Kritiken dargelegt. Ebenso wie Kant behauptet H. – gegen Max Weber – die Vernunfteinheit: Zwar könne einer der Geltungsansprüche thematisch hervorgehoben werden, dennoch kommen sie – wie gesagt – in jeder Äußerung gleichzeitig ins Spiel. »Diese Ansprüche konvergieren in einem einzigen: dem der Vernünftigkeit«, sagt H. in den 1984 erschienenen *Vorstudien und Ergänzungen zur Theorie des kommunikativen Handelns*, in denen die genannte Vorarbeiten der 70er Jahre enthalten sind. Ergänzend sagt er 1981 in einem Interview, die Vernunft zeige »die Vernunftmomente, die in allen drei Kantischen Kritiken auseinandergenommen worden sind, in ihrer Einheit: Die Einheit der theoretischen Vernunft mit moralisch-praktischer Einsicht und ästhetischer Urteilskraft.« – Damit hat H. die lang gesuchte normative Basis der Wissenschaften gefunden und expliziert: Es ist die einheitliche Vernunft.

In dem 1988 erschienenen *Nachmetaphysischen Denken* greift H. das Vernunft-Thema erneut auf. Mit George Herbert Mead, dem der umfangreichste Aufsatz im *Nachmetaphysischen Denken* gewidmet ist, sieht H., daß sich Vernunft intersubjektiv bilde. Vernünftigkeit sei eine Kompetenz vergesellschafteter Individuen, die in sozialen Interaktionszusammenhängen erworben werde. Mead »entdeckt eine schon in der kommunikativen Alltagspraxis selbst operierende Vernunft«. Damit erweise sich, daß Vernunft keinen transzendentalen Ursprung habe. Vernünftigkeit bilde sich mit der Subjektwerdung. Sie sei darum empirisch-sprachlich faßbar. Er fragt aber auch, ob sich mit dem an der Meadschen Philosophie orientierten nachmetaphysischen Denken das jahrtausende alte, zentrale philosophische Problem von Allgemeinem und Einzelnem gelöst habe. Das Einzelseiende wird im metaphysischen Denken in allgemeine Begriffe gefaßt. Dieses Fassen in einen Allgemeinbegriff soll das Wesentliche aller durch ihn bezeichneten Einzeldinge enthalten. Dazu sagt H., daß die Veränderungen in der Lebenswelt den von der Metaphysik so genannten Wesenskern eines Gegenstandes verändern, der nicht als unveränderlich zu haben ist. Auf diese Einsicht, daß philosophische Begriffsarbeit immer einen Bezug zur sich ständig verändernden Lebenswelt hat, reagiert das nachmetaphysische Denken. Die Begriffsarbeit des nachmetaphysischen Denkens ist nur anders als die des metaphysischen. Sie wird aber im nachmetaphysischen Denken keineswegs aufgegeben. Im nachmetaphysischen Denken werden »Begriffe und begriffliche Zusammenhänge im Hinblick auf ihre Reichweite und Leistungsfähigkeit erprobt ... und wenn sie alle verfügbaren Belastungsproben überstanden haben, können wir sie mit Recht zur Grundlage unseres weiteren philosophischen Denkens machen« (Herbert Schnädelbach). Begriffe müssen also, so sagt H. schon im genannten Aufsatz zur Universalpragmatik, stets anhand neuer Erfahrungen getestet werden. Es verhält sich also hier so wie in der Psychoanalyse, auf die H. am Beginn seiner Theoriebildung in *Erkenntnis und Interesse* ausführlichen Bezug nimmt: Hypothesen können nur solange gelten wie ihnen keine anderen Erfahrungen widersprechen. Kommen neue Erkenntnisse aus dem Erleben der Patienten hinzu, muß der Analytiker seine Hypothesen entsprechend umbilden. Auch die Hypothesen des Analytikers werden einem Belastungstest ausgesetzt. – Die Begriffsarbeit im nachmetaphysischen Denken hat also nie den Anspruch, daß sie um ihrer selbst willen betrieben wird, so wie Aristoteles ihn programmatisch an den Anfang der langen Geschichte der Metaphysik stellte. Begriffsarbeit im nachmetaphysischen Denken ist eingebettet in den Veränderungen unterworfenen Lebenszusammenhang und gewinnt von daher neue Aufgabenstellungen und die Stetigkeit neuer Aufgabenstellungen.

Mit seinen wissenschaftstheoretischen und erkenntniskritischen Arbeiten zwischen 1963 und 1988 wollte H. die normativen Voraussetzungen nicht nur seiner eigenen, sondern jeder wissenschaftlichen Erkenntnis nicht einfach behaupten, sondern durch Rekonstruktionen finden. Die einheitliche Vernunft wird als grundlegend zugrundeliegender Bezugspunkt für die denkenden, handelnden und sprechenden Menschen in Alltag und Wissenschaft ausgewiesen, die H. mittels quasi-empirischen Untersuchungen unterschiedlichster linguistischer und sprachtheoretischer Theorien findet. Die Vernunft liegt also allen Handlungen sozialisierter Individuen, demnach auch ihren wissenschaftlichen Handlungen zugrunde. Mit diesem Ergebnis vollendet H. die Kritische Theorie, indem er eine nicht nur idealiter, sondern auch in der Realtät rekonstruierbare Vernunft als Basis aller wissenschaftlichen Erkenntnis nachweist.

Nach diesen Ergebnissen kann es auf den ersten Blick verwundern, daß H. seine Arbeit mit politikwissenschaftlichen Analysen begonnen hat und nicht gleich mit wissenschaftstheoretischen. Dies läßt sich nur erklären, wenn man sich seine lebensgeschichtlichen Erfahrungen ansieht. Er gehört zu der Generation, von der sein sieben Jahre älterer Freund Karl-Otto Apel sagt, daß sie die »Zerstörung des moralischen Bewußtseins« selbst erlebt habe und die nach 1945 in dem »dumpfen Gefühl« lebte, daß alles falsch gewesen sei, für das man sich bis dahin eingesetzt habe. Bei allem guten Willen habe man auch keine »normativ verbindliche Orientierung für die Rekonstruktion der eigenen geschichtlichen Situation« finden können.

H., der im kleinstädtischen Gummersbacher Milieu und einem durch Anpassung an die politische Umgebung geprägten Elternhaus aufwuchs, erlebte das Kriegsende im Alter von 15 Jahren. Erst da hätte ihm bewußt werden können, daß er bis dahin in einem politisch kriminellen System gelebt habe. Hatte H. zunächst die Hoffnung, daß grundlegende politische Änderungen eintreten würden, erlebte er stattdessen zwei große Enttäuschungen. Die eine war die Regierungsbildung von 1949. H. hatte es nicht für möglich gehalten, daß ein Mann wie Hans-Christoph Seebohm, der durch sein Eintreten für eine nationalistische Politik und für »Soldatenehre« für H. politische Kontinuität verkörperte, in das erste Kabinett eines demokratischen Staates berufen würde. Die Befürchtung, daß ein wirklicher Bruch im politischen Denken nicht stattgefunden habe, wurde durch die zweite Enttäuschung noch verstärkt. Sie wurde ausgelöst durch die Veröffentlichung der Heideggerschen *Einführung in die Metaphysik* von 1953. Dies war eine Vorlesung aus dem Jahre 1935, die ohne ein Wort der Erklärung 18 Jahre später veröffentlicht wurde. In seiner damaligen Stellungnahme dazu sagte H., daß inzwischen doch acht Jahre Zeit gewesen seien, sich mit dem, »was war, was wir waren« auseinanderzusetzen. »Statt dessen veröffentlichte Heidegger seine inzwischen achtzehn Jahre alt gewordenen Worte von der Größe und der inneren Wahrheit des Nationalsozialismus, Worte, die zu alt geworden sind und gewiß nicht zu denen gehören, deren Verständnis uns noch bevorsteht.« Daß dies geschah, mußte H. um so mehr erschüttern als er bis dahin in der Heideggerschen Philosophie gelebt hatte. Erklären konnte er sich das nur so, daß Heidegger bei der geschichtlichen Betrachtung der Philosophie zwar die Brüche sieht, die in der Neuzeit zum rechnenden und auf technische Beherrschung abzielenden Denken führten, nicht aber die gleichzeitige Entwicklung moralischen Bewußtseins, das ein Korrektiv des technisch-instrumentellen Denkens sein könnte. Dieses Korrektiv wurde fortan Gegenstand H.scher Untersuchungen. Moralisch-praktische Erwägungen lagen für

Heidegger dagegen unter dem Niveau der Seinssuche und können von ihm als Produkt der Seinsvergessenheit interpretiert werden, wie H. 1989 in seinem Vorwort zur deutschen Ausgabe des Furore machenden Buchs von Victor Farías, *Heidegger und der Nationalsozialismus*, mutmaßt.

Wegen seiner Orientierung an Idealen wurde H. nicht nur von Luhmann kritisiert, sondern auch von vielen anderen, unter anderem von dem kanadischen Philosophen Charles Taylor, der der Auffassung ist, daß H. sich damit von der Realität entferne. Vor allem war die Frage offen, welche praktische Relevanz die in einem Diskurs entwickelten Moralgrundsätze hätten, die nur Gültigkeit haben können, wenn alle tatsächlich und potentiell von ihnen Betroffenen ihnen zustimmen könnten. Die vielfache Kritik nötigte den Kritisierten zu Differenzierungen in seinen *Erläuterungen zur Diskursethik* (1991). Dort heißt es, daß man von der praktischen Vernunft, die die Regeln für moralisch orientiertes Handeln angibt, in dreierlei Hinsicht Gebrauch machen könnte. Zum einen pragmatisch, was in alltäglichen Entscheidungen der Fall sei, wenn es zum Beispiel um ein Täuschungsmanöver ginge, mit dem man seinen kleinen individuellen Vorteil zu erlangen suche. Hier fragt man, ob man sich zweckmäßig verhalte, wenn man die Täuschung vornimmt. Die Empiristen und Utilitaristen hätten die praktische Vernunft auf die Beantwortung solcher Fragen beschränken wollen. Zum weiteren könne man von der praktischen Vernunft in ethischer Hinsicht Gebrauch machen. Dabei geht es um die Frage nach den grundlegenden Maximen des Handelns, also um die Art der Lebensführung. Es stellt sich dabei die Frage nach dem Selbstverständnis der eigenen Person: Welcher Beruf ist gut für mich? Werde ich glücklich, wenn ich mich mit diesem Partner verbinde? Solche Fragen werden seit Aristoteles als Fragen nach dem Guten ausgezeichnet. Auf die Beantwortung beschränkt sich die praktische Vernunft in der Aristotelischen Ethik. Drittens kann man von der praktischen Vernunft in moralischer Hinsicht Gebrauch machen. Dann stellen sich Fragen nach der Gerechtigkeit. Macht man von der praktischen Vernunft in dieser Hinsicht Gebrauch, bekommt man Antwort auf die Frage, ob sich die eigenen Handlungs-Maximen mit denen der Mitmenschen vertragen. Auf die Beantwortung moralischer Fragen hat Kant die praktische Vernunft beschränken wollen.

Der Gebrauch der praktischen Vernunft in den ersten beiden Hinsichten ist in den lebensweltlichen Kontext eingebettet. Der Gebrauch in der dritten Hinsicht weist allerdings über diesen Kontext hinaus. Das muß nach H. das Kennzeichen einer Moral der Moderne sein, die nicht mehr von dieser oder jener partikularen Gemeinschaft ausgehen könne, sondern von der Weltgemeinschaft schlechthin. »Der Standpunkt der Moral«, so H., »unterscheidet sich von dem der konkreten Sittlichkeit durch eine idealisierende Entschränkung und Umkehrung der an kulturell eingewöhnten partikularen Lebensformen haftenden und der aus individuellen Bildungsprozessen hervorgehenden Deutungsperspektiven. Diese Umstellung auf die idealisierenden Voraussetzungen einer räumlich, sozial und zeitlich unbegrenzten Kommunikationsgemeinschaft bleibt auch in jedem real durchgeführten Diskurs Vorgriff, und Annäherung an eine regulative Idee. ... Der Nachweis, daß der moralische Gesichtspunkt ... nicht nur kultur- oder schichtenspezifische Wertorientierungen zum Ausdruck bringt, sondern allgemein gilt, kann vor einem Relativismus schützen, der moralische Gebote um ihren Sinn, moralische Verpflichtungen um ihre Pointe bringt.«

Für diesen universalen moralischen Grundsatz gibt es keine direkte Anwendungsmöglichkeit. Das sieht auch H., was er durch die genannte Differenzierung klar machen konnte. Nun stehen der moralische und der ethische Gesichtspunkt und der pragmatische Anwendungsgesichtspunkt nicht getrennt nebeneinander. Das, was die Philosophen der drei genannten Richtungen in der Vergangenheit getrennt haben, bringt H. zusammen unter dem Rubrum verschiedener Anwendungsgesichtpunkte praktischer Vernunft. Mit dieser Differenzierung bringt H. sein Werk, das als eine groß angelegte Ethik der Moderne gelesen werden muß, zu einem gewissen Abschluß.

Horster, Detlef: Jürgen Habermas. Stuttgart 1991. – Negt, Oskar u. a.: Theorie und Praxis heute. Ein Kolloquium zur Theorie und politischen Wirksamkeit von Jürgen Habermas. Frankfurt am Main 1990. – Honneth, Axel/McCarthy, Thomas/Offe, Claus/Wellmer, Albrecht (Hg.): Zwischenbetrachtungen – Im Prozeß der Aufklärung. Jürgen Habermas zum 60. Geburtstag. Frankfurt am Main 1989. – Honneth, Axel/Joas, Hans (Hg.): Kommunikatives Handeln. Beiträge zu Jürgen Habermas' »Theorie des kommunikativen Handelns«. Frankfurt am Main 1986. – McCarthy, Thomas A.: Kritik der Verständigungsverhältnisse. Zur Theorie von Jürgen Habermas. Frankfurt am Main 1980.

Detlef Horster

Hartmann, Paul Nicolai
Geb. 20. 2. 1882 in Riga; gest. 9. 10. 1950 in Göttingen

Still und geradlinig verläuft H.s philosophischer Entwicklungsweg: 1907 in Marburg bei Hermann Cohen und Paul Natorp promoviert, 1909 habilitiert, wird H. 1920 Professor und 1922 Nachfolger auf dem Lehrstuhl Paul Natorps in Marburg. 1925 wechselt er nach Köln über, 1931 nach Berlin, um nach seiner Göttinger Berufung 1945 dort bis zu seinem Tode zu lehren. Bereits in seinen frühen Marburger Jahren wendet er sich vom Neukantianismus ab, um – zunächst noch unter dem Einfluß Edmund Husserls und Max Schelers – an einer Neubegründung der Ontologie zu arbeiten. 1921 publiziert H. seine *Grundzüge einer Metaphysik der Erkenntnis*, den ersten Band einer Ontologie, dem bis 1950 noch vier weitere folgen. Georg Lukács hat in seinen Altersarbeiten auf die herausragende Bedeutung H.s hingewiesen. Für Lukács besteht eine wesentliche Leistung H.s darin, die erkenntnistheoretische Seite der Alltagsspontaneität herausgehoben und verdeutlicht zu haben. Ja, der Einsatzpunkt von H.s ontologischen Überlegungen liegt geradezu im naiven Alltagsdenken, in dem, was Husserl »die natürliche Einstellung« und Scheler die »unmittelbare Widerstandserfahrung« genannt haben.

Bereits die *Metaphysik der Erkenntnis* enthält im Kern schon die gesamte Hartmannsche Philosophie. Ausgehend von der dem menschlichen Bewußtsein unabhängig gegenüberstehenden (»bewußtseinstranszendenten«) Außenwelt, philosophiert H. aus dem Realismus der »natürlichen Weltansicht« (intentio recta). »Die natürliche Einstellung auf den Gegenstand . . ., die Gerichtetheit auf das, was dem Subjekt begegnet, vorkommt, sich darbietet, kurz die Richtung auf die Welt, in der es lebt und deren Teil es ist, – diese Grundeinstellung ist die uns im Leben geläufige, und sie bleibt es lebenslänglich. Sie ist es, durch die wir uns in der Welt zurechtfinden, kraft deren wir mit unserem Erkennen an den Bedarf des Alltags angepaßt sind.« Die Aufbaukategorien des Seins, die partiell identisch sind mit denen des Denkens, werden in der Erkenntnis widergespiegelt und erfaßt. Die reale Außenwelt wie die Erkenntnis wurzeln dabei beide in demselben »Seinshorizont«. Häufig hat H. dieses Denken als eines bezeichnet, das diesseits von Idealismus und Realismus (= Materialismus) liegt. Gegenüber dem Idealismus betont er immer wieder die Unabhängigkeit der Außenwelt, um doch zugleich gegenüber dem Realismus an der Kantschen Frage nach der »Möglichkeit synthetischer Urteile a priori« und damit der Notwendigkeit einer erkenntnistheoretischen Fundierung festzuhalten.

Von Anbeginn versteht sich H. als Systematiker, freilich nicht im Sinne des deutschen Idealismus, der an die Abgeschlossenheit eines philosophischen Systems glaubt, in dem die Zeit in Gedanken erfaßt wird, sondern im Sinne eines Problemdenkens. So definiert H. das systematische Denken nicht als Systemdenken, sondern als Problemdenken, und die Philosophiegeschichte nicht als Abfolge großer Systeme, sondern als Geschichte von sich im Kern erhaltenden Frage- und Problemkomplexen. Als Systematiker stellt er die Kategorialanalyse in den Mittelpunkt seiner Ontologie. Methodisch unterscheidet H. vier Stufen der philosophischen Analyse voneinander. Am Anfang steht die »epoché« der Standpunkte, in der die Argumente aus der philosophischen Tradition dargestellt werden. Darauf folgt die Wesensanalyse oder Phänomenologie, in der ein gegebener Sachverhalt beschrieben wird, und danach die Problemanalyse oder Aporetik, wo die Widersprüche am Gegebenen herausgestellt und analysiert werden. Auf höchster Stufe kommt dann erst die Theoriebildung. Schon an diesem methodischen Verfahren zeigt sich, daß die H.sche Ontologie im wesentlichen induktiv ausgerichtet ist und sich bemüht, die Fehler der alten Ontologie (die Logifizierung der Wirklichkeit qua Identität von Denken und Sein sowie die Subjektivierung des Logischen qua Identifizierung des Logischen mit dem Denken) zu vermeiden.

H.s Lehre bleibt im Grunde seit seiner *Metaphysik der Erkenntnis* immer dieselbe. An der dem Bewußtsein unabhängig gegenüberstehenden Außenwelt unterscheidet H. vier Seinsweisen, das physische, organische, seelische und schließlich geistige Sein (vgl. dazu *Der Aufbau der realen Welt*, 1940; *Die Philosophie der Natur*, 1950). Das geistige Sein wiederum gliedert sich in den personalen, objektiven und objektivierten Geist (vgl. dazu *Das Problem des geistigen Seins*, 1932). Anders als Hegel oder Dilthey, auf die die Rede vom »objektiven Geist« zurückgeht, begreift H. »alle Gebiete des geschichtlich-wirklichen und sich wandelnden Geistes« (Recht, Sitte, Sprache, politisches Leben wie auch Glaube, Moral, Wissen und Kunst) als »Inhaltsgebiete des geschichtlichen Geistes«. Dem gegenüber meint der objektivierte Geist die Erkenntnishaltung des Subjekts, das sich der Umwelt und Wirklichkeit gegenüberstellt. Das, was sich das Subjekt zum Objekt macht, die Erkenntnis als »Objektion dessen, was von sich aus nicht Objekt eines Subjekts ist«, nennt H. die Region des objektivierten Geistes. Innerhalb der Seinsstufen und ihres Schichtenaufbaus differenziert H. noch die drei verschiedenen Seinsmodalitäten Möglichkeit, Wirklichkeit und Notwendigkeit (vgl. dazu *Möglichkeit und Wirklichkeit*, 1938), wobei er – in der Tradition des megarischen Möglichkeitsbegriffs – an der Superiorität der Wirklichkeit festhält. »Möglichkeit und Notwendigkeit bestehen nur ›aufgrund‹ von etwas, das seinerseits ›wirklich‹ ist. Aufgrund von ›bloß Möglichem‹ ist nichts möglich, oder gar notwendig; aufgrund von Notwendigem aber ist es um nichts mehr möglich oder notwendig als aufgrund von Wirklichem. Notwendigkeit und Möglichkeit also sind bedingt durch ein schon vorbestehendes Wirkliches«. Und weiter: »Es gibt im Realen keine freischwebende, abgelöste Möglichkeit, die nicht die eines Wirklichen wäre; genauso wie es ja im Realen auch keine freischwebende abgelöste Notwendigkeit gibt, die nicht Notwendigkeit eines Wirklichen wäre.« Jede der vier unterschiedenen Seinsstufen wird schließlich von spezifischen Kategorien geprägt, wobei auf den unteren Schichten die basalen (gleichsam ›breiteren‹) Kategorien auftauchen, die in den höheren Stufen nicht verschwinden, sondern vielmehr in modifizierter Weise erneut auftreten. »Jede höher organisierte Seinsstufe baut sich auf der niedrigeren auf; Kategorien und Kräfte der unteren sind in dieser neuen Konstellation nicht nur unaufhebbar, sondern sind auch die stärkeren, obwohl sie die spezifische Eigenart der neuen unmöglich determinieren können, diese behalten ihre Originalität und Unableitbarkeit aus dem niedrigeren« (Georg Lukács). Den Schichtenkategorien vorgelagert sind noch die Fundamentalkategorien in Form von Gegensatzpaaren (Form-Materie usw.). Ontologie im Sinne H.s ist im wesentlichen Kategorialanalyse, wobei im Verlauf der Analyse – mit den Worten von Lukács – die Ontologie »von der unbegriffenen, nur als Wirklichkeit affizierend zur Kenntnis genommenen Wirklichkeit zu ihrem möglichst adäquaten ontologischen Erfassen« geht.

Obwohl H., wie Herbert Schnädelbach zu Recht gesagt hat, seine Epoche bestimmt hat, ohne selbst Epoche gemacht zu haben, ist seine Philosophie heute nahezu vergessen. Auch hat er im eigentlichen Sinne keine Schüler hervorgebracht, die seine Ontologie hätten fortsetzen können. H. ist nicht nur von Philosophen, die in der Tradition des deutschen Idealismus stehen (Bruno Liebrucks), sondern auch von Vertretern der analytischen Philosophie und der Sprachphilosophie (u. a. Wolfgang Stegmüller) scharf kritisiert worden. Hinzu kommen seine – im heutigen Licht der modernen Naturwissenschaften – unhaltbaren Behauptungen über die Erkenntnistheorie oder die Psychologie, die H.s enzyklopädisches System ins Zwielicht gerückt haben. Unabhängig davon aber (sowie von den von H. übersehenen Problemen, wie etwa den Fragen der Gesellschaftlichkeit des Seins und der Genese der unterschiedlichen Seinsschichten) bleibt doch – mit Lukács – das »bahnbrechend Originelle und Fruchtbare in H.s Anschauungen« festzuhalten: nämlich »die Tendenz, der Wirklichkeit, so wie sie ist, in der unerbittlichen Härte ihres Geradesoseins die ontologische Superiorität zuzuschreiben«. An sie hat Lukács bruchlos anknüpfen können, um in seinem Alterswerk – via Hegel und Marx – zu einer marxistischen Ontologie des gesellschaftlichen Seins zu gelangen.

Lukács, Georg: Nicolai Hartmanns Vorstoß zu einer echten Ontologie. In: Ders.: Ontologie des gesellschaftlichen Seins. Darmstadt/Neuwied 1984. – Buch, Alois J. (Hg.): Nicolai Hartmann 1882–1982. Bonn 1982.

Werner Jung

Heidegger, Martin
Geb. 26. 9. 1889 in Meßkirch; gest. 26. 5. 1976 in Freiburg i.Br.

H. gehört jener Generation der in den 80er Jahren geborenen geistigen Avantgarde an, die wie ein Franz Kafka in der Literatur, ein Pablo Picasso in der Malerei dadurch geistig revolutionär im 20. Jahrhundert wirkte, daß sie traditionelle Formen einriß und den eigenen Ansatz von Grund auf neu schuf. Dabei vollzieht sich der Denkweg H.s in einer dreifachen revolutionären Aneignungs- und Abstoßungsbewegung: Aneignung und Abstoßung der Theologie; Aneignung und Abstoßung der Phänomenologie; Aneignung und Abstoßung der Philosophie- und Metaphysikgeschichte. Diese drei Denkgebiete werden so durchquert, daß wesentliche Momente aus ihnen mit in den neuen Bereich genommen werden: H.s Denken bleibt, auch nach Abbruch seines Theologiestudiums, wesentlich und tief religiös. Es bleibt in einem bestimmten Sinn, auch nach der Abkehr von der Phänomenologie Husserls, phänomenologisch. Und: Das Seins-Denken bleibt möglicherweise, auch in der Abstoßung von der Metaphysikgeschichte, dieser verhaftet.

Vorweg ist allerdings zu sagen, daß H.s Denken sich der Darstellung auf besondere Weise entzieht. Zum einen hat H. stärker als die Philosophie vor ihm das Denken wesentlich als Vollzugsgeschehen verstanden und so auch gedacht: nicht auf ablösbare Ergebnisse hin, sondern als Denk-Weg. Das aber ist nur im Vollzug seines Denkens selbst nachzuvollziehen. Zum anderen hat die mit seinen Denkrevolutionen verbundene und diese tragende Eigenwilligkeit seiner Sprache der Interpretation die schwersten Probleme aufgegeben. Es besteht für die H.-Auslegung immer die Gefahr einer bloß tautologischen Wiederholung seiner Worte – viele Exegeten sind dieser Gefahr erlegen. Auf der anderen Seite steht eine Kritik »bloß von außen«, die sich auf H.s Denken gar nicht erst einlassen will. Ein guter Teil der politischen Kritik an ihm gehört diesem zweiten Typus an. In dieser problematischen Situation kann allerdings der phänomenologische Charakter des H.schen Denkens helfen. H. hat nie »nur Worte« gemacht, sondern stets mit Hinblick auf konkrete geistige Phänomene philosophiert. Dieser phänomenologische Grundzug seines Denkens erlaubt es aber, sein Denken selbst so nachzuvollziehen, daß man die von ihm anvisierten geistigen Zusammenhänge zu erschließen sucht – mit und durch seine Sprache, aber auch mit eigenen Augen sehend.

Zur Welt kam H. als Sohn des Küfermeisters und Mesmers Friedrich H. und Johanna, geb. Kempf, in Meßkirch. Er stammte somit, wie er dies selbst charakterisiert, »aus einem armen und einfachen Elternhaus«, für das eine höhere Schulbildung oder gar akademische Laufbahn gemeinhin nicht offenstand, die aber das Fördersystem der katholischen Kirche ermöglichte. Der Stadtpfarrer und Lateinlehrer in Meßkirch vermittelte H. 1903 an das Erzbischöfliche Gymnasialkonvikt nach Konstanz. Das Abitur legte er am Bertholds-Gymnasium zu Freiburg ab, finanziert aus einem Stipendium zur Förderung von zukünftigen Theologie-Studenten.

Es nimmt daher nicht Wunder, daß H. sein Studium an der Theologischen Fakultät der Universität Freiburg begann und dort auch vier Semester studierte (WS 1909/10 bis SS 1911). Er hörte hier bereits »Hermeneutik«, Exegese, vor allem aber beim Dogmatik-Professor Carl Braig systematische Theologie. Es war ein Kirchenmann – der Konstanzer Pfarrer, spätere Erzbischof von Freiburg und »väterliche Freund«, Conrad Gröber, der ihm einen wichtigen Denkanstoß gab: Gröber schenkte H. 1907 Franz Brentanos Arbeit *Von der mannigfachen Bedeutung des Seienden nach Aristoteles*, das für H.s frühen Denkweg »Stab und Stecken« sein sollte. Nach vier Semestern brach H. sein theologisches Studium ab und schrieb sich zunächst bei der naturwissenschaftlich-mathematischen Fakultät ein, in der er formell 1913 sein Studium beendete. Dabei wurde H.s weiteres Studium ab 1912 durch ein nichtkirchliches Stipendium finanziert, ab 1913 aber wieder durch ein katholisches Stipendium, das den Empfänger sogar auf den »Geist der thomistischen Philosophie« einschwor. Die Promotion H.s über *Die Lehre vom Urteil im Psychologismus. Ein kritisch-positiver Beitrag zur Logik* (1914) – eine im Kernbereich logisch-systematische Untersuchung – wurde von Arthur Schneider, dem Inhaber des Konkordats-Lehrstuhls und Professor für Christliche Philosophie, betreut, der H. auch für die künftige Besetzung eines Lehrstuhls in christlicher Philosophie vorsah. Seit 1913, und verstärkt ab 1914, widmete sich H. aber einem ganz anderen Studium: der Phänomenologie Edmund Husserls. So ist H.s Habilitationsarbeit über *Die Kategorien- und Bedeutungslehre des Duns Scotus* (1916) zwar eine Arbeit, die ihn für eine Lehrstuhlbesetzung in der christlichen Philosophie qualifizieren sollte, in der Methode aber bereits phänomenologisch angelegt. Neuere Forschung zum frühen H. hat deutlich gemacht, in welchem Maße die Scotus-Arbeit Scholastik mit Phänomenologie verklammert, dabei die mittelalterliche Philosophie im Sinne der modernen logischen Bewußtseinsphilosophie zwar aktualisierend interpretiert, die historisch-genetische Dimension dieser Philosophie aber überspringt. 1916 kam Husserl als Nachfolger Heinrich Rickerts, der H.s systematisches Studium im Sinne des von ihm vertretenen neukantianischen Ansatzes kräftig gefördert hatte, nach Freiburg. 1919 wurde H. Husserls Assistent.

Damit war eine Abnabelung von der Theologie vollzogen, deren innere Kämpfe wir heute nur erahnen können. In einem autobiographischen Dokument, dem der Habilitation beigegebenen eigenhändigen Lebenslauf von 1915, erwähnt H. ein bei ihm ausgebrochenes »Herzleiden«, das »so stark« sei, »daß mir eine spätere Verwendung im kirchlichen Dienst als äußerst fraglich hingestellt wurde«. H. führt dieses »Herzleiden« auf »zuviel Sport« zurück. Vermutlich hat er aber ein psychosomatisches Leiden beschrieben, das mit dem Absprung von der Theologie aufgekommen war. Er erfuhr am eigenen Leib und offenbar voller Angst jenen Wertverlust, den er viel später in der Auslegung von Nietzsches Wort »Gott ist tot« als Problem des neuzeitlichen Nihilismus begriff. Bereits 1919 aber schrieb er an den Theologen und Freund Engelbert Krebs: »Erkenntnistheoretische Einsichten, übergreifend auf die Theorie geschichtlichen Erkennens haben mir das *System* des Katholizismus problematisch u. unannehmbar gemacht« – und fügt hinzu: »nicht aber das Christentum und die Metaphysik (diese allerdings in einem neuen Sinne)«.

An der Phänomenologie Husserls faszinierte H. Verschiedenes: zum einen verstand es Husserl, Probleme der Erkenntnislehre in schroffer Abgrenzung von der aufkommenden Psychologie als eigenständigen Erkenntnisbereich der Philosophie kenntlich zu machen und zu bearbeiten. Dieser genuin philosophische Anspruch der Erkenntnistheorie wurde ja auch von dem Neukantianer Heinrich Rickert und seinem Schüler Emil Lask vertreten, dessen Einflüsse auf den eigenen frühen Denkweg H. in einem anderen autobiographischen Zeugnis (*Mein Weg in die Phänomenologie*, 1963) hervorhebt. Zum anderen hatte Husserl die »sinnliche und kategoriale Anschauungen« zum Gegenstand gemacht, ein Thema, das H. später auch in seiner Kant-Auslegung (*Kant und das Problem der Metaphysik*, 1929) am meisten interessierte. Glaubte er doch, in Kants Begriff der »transzendentalen Einbildungskraft« jenes von Kant anvisierte synthetische Vermögen gefunden zu haben, das, im Rahmen der Transzendentalphilosophie, die Einheit von Sinnlichkeit und Verstand darstellte. Schließlich und vor allem: Husserls Methode einer streng logisch-wissenschaftlichen Philosophie mußte den in der systematischen Theologie und in der mathematischen Theorie geschulten H. besonders angezogen und auch als Brücke zwischen den Denkbereichen gewirkt haben. »Husserls Belehrung«, so erinnert er sich, »geschah in der Form einer schrittweisen Einübung des phänomenologischen ›Sehens‹, das zugleich ein Absehen vom ungeprüften Gebrauch philosophischer Kenntnisse verlangte, aber auch den Verzicht, die Autorität der großen Denker ins Gespräch zu bringen.« Dieses bei Husserl gelernte »phänomenologische ›Sehen‹« hat er beibehalten, allerdings aber den transzendental-bewußtseinstheoretischen Ansatz von Husserl entschieden zurückgelassen. Husserls Phänomenologie ist trotz der Maxime: »Zu den Sachen selbst!«, Bewußtseins- und somit Subjektphilosophie.

H.s späteres, der phänomenologischen Methode so viel verdankendes systematisches Hauptwerk *Sein und Zeit* von 1927 aber hat die formale Logizität der Bewußtseinsphilosophie Husserls in Richtung auf eine konkrete Existenzanalyse des menschlichen Daseins hin übersprungen. Aber: die formale und im Grunde ungeschichtliche Methode Husserls und schon des theologischen Systemdenkens sowie der Mathematik wirkt dabei in H. noch lange nach und verstellt ihm in *Sein und Zeit* auf seltsame Weise das angemessene Verstehen seiner eigenen Erkenntnisse und auch der politischen Situation der Zeit.

Zuvor hatte H. einen Ruf auf ein Extraordinariat an die Universität Marburg erhalten (1922), wo er bis 1928 lehrte. Die erst in der Gesamtausgabe publizierten Vorlesungen aus der Marburger Zeit zeigen, womit sich der Dozent in Marburg vor allem beschäftigte: Mit dem »Beginn der neuzeitlichen Philosophie« (WS 1923/4), der Aristotelischen *Rhetorik* (SS 1924), Platons *Sophistes* (WS 1924/5), mit der »Geschichte des Zeitbegriffs« (SS 1925), mit »Logik. Die Frage nach der Wahrheit« (WS 1925/6), mit »Grundbegriffen der antiken Philosophie« (SS 1926), aber auch mit »Geschichte der Philosophie von Thomas bis Kant« (WS 1926/7), »Grundproblemen der Phänomenologie« (SS 1927), Kants *Kritik der reinen Vernunft* (WS 1927/8) und der Philosophie von Leibniz (SS 1928), dies noch in dominant phänomenologischer Auslegungsmethodik. Die Aufforderung zur Ausarbeitung und Veröffentlichung von *Sein und Zeit* kam offenbar von außen: Der Dekan der Marburger Philosophischen Fakultät drängte zur Veröffentlichung, um H. als Nachfolger von Nicolai Hartmann dem Ministerium vorschlagen zu können, das seinerseits die erste Manuskriptfassung von *Sein und Zeit* als noch ungenügend zurückwies und H. so zur weiteren Ausarbeitung nötigte. Gleichwohl ist das systematische Hauptwerk, *Sein und Zeit*, so, wie es 1926 abgeschlossen und 1927 im *Jahrbuch für Philosophie und phänomenologische Forschung* und als gesondertes Buch erschien, ein Fragment geblieben. Das vorliegende Werk umfaßt nur die »Erste Hälfte«; diese ist in zwei Abschnitte unterteilt: »Die vorbereitende Fundamentalanalyse des Daseins« und »Dasein und Zeitlichkeit«. Die geplante Fortsetzung im Abschnitt »Zeit und Sein« wurde ebenso wie die geplanten Kapitel zu Kants, Descartes' und Aristoteles' Zeit- und Seinsanalysen in selbständigen Publikationen veröffentlicht und nun auch aus einer ganz anderen Verstehensperspektive behandelt.

Methodisch verpflichtet sich *Sein und Zeit*, wie erwähnt, auf eine phänomenologische Zugangsart mit der Maxime: »Zu den Sachen selbst!«. Das sich an den Phänomenen Zeigende, aber »Verstellte« und »Verschüttete« soll möglichst ursprünglich und in Abwehr vorgegebener traditioneller Deutungen freigelegt werden. Das Denken H.s geht hier mit einem ungeheuren Elan und sozusagen mit Erstschürfrecht Grundprobleme der Philosophie an. Im Grunde verfährt H. hier methodisch ähnlich wie die ahistorische Phänomenologie Husserls und wie die neuzeitliche Philosophie eines Descartes, von dem er sich weit entfernt weiß, da auch die Phänomenologie und die rationalistische Philosophie der Frühaufklärung gleichsam mit den Problemen der Philosophie ganz von vorne zu beginnen scheinen. H.s Ansatz aber – das machen eingeschaltete philosophiegeschichtliche Exkurse deutlich genug – ist selbst ohne die Philosophie der Neuzeit, von der er sich abstößt, nicht denkbar, auch nicht ohne die positiven Impulse, die er von existentiellen Denkern wie Augustin, Kierkegaard sowie von der Lebensphilosophie Diltheys empfangen hat (schon um 1918). Auch die protestantische Theologie ist zu erwähnen: Luther und ab 1924 Bultmanns Einfluß.

Das leitende Grundmotiv von *Sein und Zeit*, zugleich das Grundmotiv von H.s Denken überhaupt, ist »Die Frage nach dem Sinn von Sein«. Diese Grundfrage wird in *Sein und Zeit* so gewendet, daß sie zur Frage nach dem *menschlichen* »Dasein« wird als dem Ort, in dem Seinsverständnis allererst und überhaupt sich vollziehen kann. Denn: »Der Seinssinn des Daseins ist nicht ein freischwebendes Anderes und ›Außerhalb‹ seiner selbst, sondern das sich verstehende Dasein selbst.«

Die Frage nach dem Sein führt somit zurück auf den Fragenden, das menschliche Dasein. Die traditionelle Philosophie hätte diese Rückwendung eine Reflexionsbewegung genannt, aber dieser Begriff wäre unangemessen, weil H. diese Rückbeugung des »Daseins« auf sich selbst denkerisch ganz anders vollzieht als die traditionelle Subjekt-, System- und Reflexionsphilosophie. Entscheidend ist, daß das menschliche »Dasein« selbst durch sein »Seinsverständnis« ausgezeichnet ist und sich dieses Seinsverständnis nicht in abstrakten Bewußtseinsakten zeigt, sondern in ganz elementaren und konkreten Vollzugsformen des Menschen in der Welt. Zunächst und überhaupt wird das »In-der-Welt-sein« des Menschen als eine Grundverfassung des »Daseins« herausgearbeitet. H. nennt solche grundlegenden Merkmale des menschlichen Daseins »Existentialien«, im Gegensatz zu den »kategorialen« Merkmalen der Dinganalyse. Das »In-der-Welt-sein« ist ein grundlegendes Existential, das er im Gegenzug zur neuzeitlichen Subjekt-Objektspaltung als erstes seiner Fundamentalontologie des »Daseins« herausarbeitet.

Daß sich diese Analyse des »In-der-Welt-seins« mit ihrer Betonung des menschlichen Praxisbezugs zu den Dingen, der Welt als einem »Bewandtnis-« und Handlungszusammenhangs, gegen die neutralisierte und geometrisch-mathematisch gleichgeschaltete Weltauffassung der rationalistischen Philosophie wendet, macht eine lange Descartes-Kritik deutlich. Descartes hatte die Erkenntnistheorie der Philosophie auf die Methode der »neuzeitlichen mathematischen Physik« eingestellt und die grundlegende sinnliche Erfahrung von Welt aus dem inneren Bereich der wahren Erkenntnis verdrängt. Gegen die geometrisierte Weltauffassung Descartes' und der modernen Naturwissenschaften arbeitet H. die elementare Räumlichkeit und Mitmenschlichkeit unseres Weltverstehens heraus. Der Raum nicht als ein gleichförmiger geometrischer Behälter, sondern als ein in und aus den praktischen Umgangsformen des Menschen sich Eröffnendes bzw. als die Bedingung der Möglichkeit des »Begegnenlassens« von »innerweltlich Seiendem« überhaupt. »Der Raum ist weder im Subjekt, noch ist die Welt im Raum. Der Raum ist vielmehr ›in‹ der Welt, sofern das für das Dasein konstitutive In-der-Welt-sein Raum erschlossen hat.« In dem Maße, wie sich vor aller Geometrisierung Raum im Umgang mit Dingen eröffnet, vollzieht sich dieses räumlich eröffnete menschliche Dasein in der Welt als »Sorge« auch im Mitsein mit anderen als »Fürsorge«, wenn auch zumeist und zunächst in einer welt- und selbstvergessenen Form der »Verfallenheit«, die H. das »Verfallen« an das »Man« nennt.

Besonders wichtig ist die thematische Analyse des »In-der-Welt-seins« in den Existentialien der »Befindlichkeit«, des »Verstehens« und der »Rede«. Hier wird herausgearbeitet, daß menschliches Dasein, wann und wo immer, als bestimmte Vollzugsform gedacht werden muß. Der Mensch ist wesentlich und immer in seinem Umgang mit der Welt »gestimmt« und: dieser Weltbezug vollzieht sich immer als ein Verstehensprozeß, der sich in »Rede« artikuliert. Entscheidend an dieser Analyse ist, daß H. alle nachträglichen Verknüpfungen von »Subjektivität« mit Gestimmtheit sowie mit Bewußtsein und Sprache zu unterlaufen versucht. Es gibt dieser Analyse nach kein Menschsein neben der »Befindlichkeit«, neben dem »Verstehen« und der Sprache, sondern dieses *ist* der Vollzug von jenen. Insbesondere die Analyse von »Verstehen und Auslegung« im § 32 von *Sein und Zeit* hat die moderne Hermeneutik auf den Weg gebracht und fundamentalontologisch begründet.

Der »Zweite Abschnitt« von *Sein und Zeit* widmet sich vor allem der Auslegung der Zeitlichkeit, denn: »Der ursprüngliche ontologische Grund der Existentialität des Daseins aber ist die Zeitlichkeit.« An diesem Punkt der Analyse treten in *Sein und Zeit* zunehmend dynamisierende Formulierungen auf. Das »Sein« des »Daseins« zeigt sich als ein permanentes »Noch-Nicht«, als Bezug auf eine Zukunft, die letztlich der Tod ist. »Der Tod ist eine Weise zu sein, die das Dasein übernimmt, sobald es ist.« Das Problem der »Ganzheit« des menschlichen Daseins bestimmt sich so aus dem »Sein zum Tode« als ein gespannter Zeitvorgriff, in welchem der Tod seinerseits schon ins Dasein hineinragt. Das zeigt sich am deutlichsten im Phänomen der Angst. »Die Angst erhebt sich aus dem In-der-Welt-sein als geworfenem Sein zum Tode.« Denn: »Das eigentliche Sein zum Tode, d. h. die Endlichkeit der Zeitlichkeit, ist der verborgene Grund der Geschichtlichkeit des Daseins.«

Damit hat H. auf der fundamentalontologischen Ebene jenen »Sinn von Sein«, nach dem *Sein und Zeit* fragt, aufgedeckt: es ist die Zeit, diese gedacht nicht als beliebige Folge von Jetzt-Punkten, sondern als zukunftsbezogener, gespannter Daseinsentwurf auf den Tod hin und als das Hineinragen des Todes ins Leben. Die Eigentlichkeit des Daseins kann nach *Sein und Zeit* nur darin bestehen, diese eigene Zukünftigkeit als eine auf den Tod bezogene, gespannte »Ganzheit« auf sich zu nehmen. Im »Gewissen« – H. deutet hier theologische Begriffe radikal um – meldet sich der Anspruch im Dasein nach seiner eigenen »Eigentlichkeit«: »Das Dasein ruft im Gewissen sich selbst.« In der »Sorge« kann und soll sich das Dasein zu seiner »vorlaufenden Entschlossenheit« zusammenbündeln.

Jeder sensible Leser ist von dieser Zeit-, Todes-, Sorge-, Angstanalyse in *Sein und Zeit* existentiell betroffen. Diese Betroffenheit resultiert daraus, daß H. hier zwar auf einer fundamentalontologischen Ebene argumentiert, in Wahrheit aber eigene Existenzerfahrung und auch – ohne daß dies explizit würde – Zeitgeschichte mitverarbeitet. Hierin liegt aber der Schlüssel zur politischen Fehleinschätzung des Dritten Reiches durch H. in der Zeit zwischen 1933 und 1934. Dieser politische Fehler von H. ist *philosophisch* begründet und aus der Zeitanalyse von *Sein und Zeit* zu verstehen.

Dazu zunächst eine kurze Rekapitulation: 1928 war H. in der Nachfolge von Edmund Husserl auf das Ordinariat für Philosophie an die Universität Freiburg berufen worden. Am 24. Juli 1929 hielt er dort seine Antrittsvorlesung über das Thema *Was ist Metaphysik?*. Dieser Anfang der beruflichen Karriere fiel aber in eine ökonomisch und politisch extrem bedrohte Krisenzeit, die H. selbst um so gefährlicher erscheinen mußte, als er selbst aus ökonomisch ungesicherten Verhältnissen stammte und seine ganze Studienzeit von der Sorge um die materielle Grundlage geprägt war. Nach dem Börsenkrach vom Oktober 1929 wurde vollends deutlich, daß Deutschland sich von den Kriegsfolgen nur scheinbar erholt hatte, daß die deutsche Wirtschaft in einer schweren Notlage steckte: extrem hohe Arbeitslosigkeit, Banken- und Geschäftszusammenbrüche zeigten dies täglich an.

In der Phase der Machtergreifung Adolf Hitlers übernahm H. das Rektorat der Universität Freiburg. Er wurde am 21. April 1933 gewählt, nachdem der am 15. April bestätigte, der NSDAP aber nicht genehme Rektor von Möllendorff zurückgetreten war. Am 27. Mai 1933 hielt H. seine Rektoratsrede über *Die Selbstbehauptung der deutschen Universität*. Am 21. August wurde in Baden eine neue Universitätsverfassung erlassen, die den Rektor zum »Führer der Hochschule« bestimmte und die akademische Selbstverwaltung, so den Senat, zu bloß »beratender Körperschaft« entmächtigte. H.s Universitätsregierung war autokratisch. In seiner Rede hatte er gesagt: »Die Übernahme des Rektorats ist die Verpflichtung zur *geistigen* Führung dieser hohen Schule. Die Gefolgschaft der Lehrer und Schüler erwacht und erstarkt allein aus der wahrhaften und gemeinsamen Verwurzelung im Wesen der deutschen Universität. Dieses Wesen aber kommt erst zu Klarheit, Rang und Macht, wenn zuvörderst und jederzeit die Führer selbst Geführte sind – geführt von der Unerbittlichkeit jenes geistigen Auftrags, der das Schicksal des deutschen Volkes in das Gepräge seiner Geschichte zwingt.« In diesem Sinn versuchte H. etwa ein dreiviertel Jahr lang, die Universität Freiburg zu führen, aber auch über die Ebene der Rektorenkonferenz, der deutschen Studentenschaft das Prinzip der geistigen Führung auf die gesamte deutsche Universitätslandschaft zu übertragen. Spätestens im Frühjahr 1934 muß er seinen politischen Irrtum eingesehen haben. Am 23. April 1934 reichte er sein Rücktrittsgesuch ein, das am 27. April 1934 auch vom Minister angenommen wurde. Damit war seine politische Aktivität im Rahmen des neuen NS-Staates nach fast genau einem Jahr und noch vor dem Röhm-Putsch beendet. Fortan enthielt sich H. jeder direkten politischen Stellungnahme und wurde von den Nazis fallengelassen, wenn auch stets kritisch überwacht.

Wie aber konnte es zu dieser Annäherung an den NS-Staat überhaupt kommen? Auf dem Stand der Zeitanalyse von *Sein und Zeit* hatte H. zwar die grundlegende Zeitlichkeit, somit Geschichtlichkeit allen Daseins als den formalontologischen »Sinn« dieses Daseins aufgedeckt. Es blieb ihm aber selbst dabei verborgen, daß in seine Zeit-, Angst- und Sorgeanalyse ein »Zeitgeist« eingeströmt war, dessen geschichtliche Grundlagen er auf der Basis des Systemdenkens von *Sein und Zeit* selbst nicht durchschauen konnte. Der H. von *Sein und Zeit* war geprägt vom ahistorischen Systemdenken der dogmatischen Theologie, der Mathematik und der Phänomenologie, der historisch-genetische Blick für Geschichtsphänomene war noch nicht weit genug entwickelt. Daher bewegt sich der Autor und auch der Leser von *Sein und Zeit* durch den Text wie durch Kafkas Romane. Er wird heimgesucht von einer »Angst«, vom »Unheimlichen« – »Unheimlichkeit ist die obzwar alltäglich verdeckte Grundart des In-der-Welt-seins ... die Unheimlichkeit setzt dem Dasein nach und bedroht seine selbstvergessene Verlorenheit« –, von einem im Grunde nicht genau zu ortenden Schuldgefühl: »Das Dasein ist als solches schuldig.« Diese so bedrohliche und unheimliche Analyse des menschlichen Daseins ist rein fundamentalontologisch nicht zu erklären. Es ist nicht einzusehen, warum die Analyse des Daseins zumal mit ihren theologischen Begriffen auf eine geradezu aufsässige Weise ohne das Göttliche auskommt. Warum der Atheismus in *Sein und Zeit*? Warum auch »Sorge«, »Angst«, »Schuld« als grundlegende Existentialien, warum nicht »Liebe«, »Hoffnung«? Auch diese Phänomene können existentialen Rang beanspruchen; auch in ihnen entbirgt sich eine Ganzheitsstruktur des Daseins, das allerdings qualitativ wesentlich anderer Art ist als diejenige, die sich in »Angst« und »Sorge« enthüllt. Der Grund dafür ist so offen wie verborgen: Es ist eben eine Zeit extremer Angst und Sorge, in der *Sein und Zeit* geschrieben wurde. Und: H. selbst hat Nietzsches Wort »Gott ist tot«, das die Metaphysikgeschichte der Neuzeit resümiert, wie kaum ein anderer angstvoll am eigenen Leibe erfahren. Das Werk *Sein und Zeit* ist somit der seiner selbst sich nicht bewußte Spiegel einer geschichtlichen und auch einer existentiellen Situation: der metaphysischen, sozialen und politischen Situation in Deutschland am Beginn des 20. Jahrhunderts.

Das wird deutlich, wenn *Sein und Zeit* im Kontext der Literatur der Moderne gelesen wird: Seit der Frühromantik, und zunehmend am Beginn des 20. Jahrhunderts im Expressionismus, spricht die literarische Moderne von der Erfahrung der Entgötterung der Welt, des Sinnentzuges, von Angst und Verzweiflung. Und auch die Fehleinschätzung der Aufbruchsmöglichkeiten ist schon in der Literatur des Expressionismus, ihrer Hoffnung auf den »neuen Menschen«, vorgeprägt: »Zur Sammlung! Zum Aufbruch! Zum Marsch! ... Mensch Mensch Mensch stehe auf stehe auf!!!«, dichtet Johannes R. Becher; »Mensch, werde wesentlich!«, Ernst Stadler im Rückgriff auf Angelus Silesius. Georg Kaiser schreibt um 1918/19: »Wo ist der Führer ... Der marschierte vor uns ... Wir suchen ins Licht!« Wenn H. in seiner Rektoratsrede zur »ursprünglich gestimmten, wissenden Entschlossenheit zum Wesen des Seins« aufrief, so hat dieser mit dem Rückgriff auf die antike Philosophie verbundene Aufruf sicher eine ganz andere geistige Dimension als manch verblasener Aufruf des messianischen Expressionismus. Und auch der Aufruf zur Entschlossenheit in *Sein und Zeit*, zur »Eigentlichkeit«, bewegt sich auf einer ganz anderen, nämlich fundamentalontologischen Ebene. Auch betont H., daß die Fundamentalontologie keine faktische Handlungsanweisung geben kann. Tatsächlich aber appelliert *Sein und Zeit* ähnlich wie der messianische Expressionismus an die »Entschlossenheit« zum eigenen Selbstsein, an den Aufbruchwillen aus der Verfallenheit des »Man« zur Selbstwerdung: Die zeitliche Struktur der Naherwartung in *Sein und Zeit*, die geradezu überzogene Bedeutung der Zukunft in diesem Werk konnte H. aber wohl dazu verführen, in der zwar geschichtlich vorbereiteten, im Erscheinungsbild aber überraschenden, energetischen Machtübernahme Hitlers eben jene Möglichkeit zur ruckartigen Erneuerung zu sehen, die auch er mit dem Aufruf zur »Entschlossenheit«, zur »Eigentlichkeit« meinte, und zu der die Führer führen sollten. Mit anderen Worten: das Aufbruchspathos von *Sein und Zeit*, das – auch in der Verachtung der Institutionen – ein Stück typisch deutscher Ersatzideologie im Zeitalter der entgötterten Welt transportiert, konnte einen H., der wahrscheinlich 1933 die politische Ideologie des Faschismus nicht genau studiert hatte, in der Illusion wiegen, daß der geistige Führungsanspruch Hitlers seinem eigenen Aufbruchdenken verwandt sei und daß womöglich »der Führer« von ihm selbst, H., bzw. den Universitäten, geführt werden könne. Wie gesagt: spätestens im Frühjahr 1934 muß er diese Illusion als ein Stück falschen Bewußtseins durchschaut haben. Aber erst Ende der 30er Jahre begann er, den latenten und offenen Nihilismus im Faschismus zu durchschauen.

Die Wende zu einer radikalen Neubewertung der Situation kam über das Studium Nietzsches. Erst durch Nietzsches Nihilismusanalyse wird H.s Denken selbst wesentlich geschichtlich. Nietzsche hatte vor allem die neuzeitliche Philosophie und Metaphysik als eine Geschichte der verdeckten Motive gedeutet, in welcher – allen positiven Begriffsbeteuerungen zum Trotz – der schiere »Wille zur Macht« herrsche und deren Wahrheit in letzter Instanz die »Entwertung aller Werte«, der »Nihilismus« sei. H. überbot diese Deutung dadurch, daß er in dem 1936 bis 1940 erarbeiteten Aufsatz *Nietzsches Wort ›Gott ist tot‹* (gedruckt in den *Holzwegen* 1950) sowie in den Nietzsche-Vorlesungen (*Nietzsche*, 2 Bde, 1961) den Nihilismus bereits in der Fragestellung der antiken Philosophie zumindest seit Plato aufdeckt und noch im Fragehorizont und im Wertedenken von Nietzsche selbst. Nietzsches eigene »Lehre vom Willen zur Macht als der ›Essenz‹ alles Wirklichen« vollende geradezu »die neuzeitliche Metaphysik der Subjektivität«. Gleichwohl gewann H. hier das Rüstzeug, um die Geschichte der abendländischen Metaphysik und der von Max Weber so genannten »okzidentalen Rationalität« ebenfalls als eine verdeckte Geschichte zu lesen: als Geschichte der »Seinsvergessenheit«, auch und gerade in der Form der Herrschaft des neuzeitlich-rationalen-»rechnenden Denkens«.

Von hier aus gewann H. auch eine ganz andere, geradezu konträre Verstehensmöglichkeit des Faschismus: In einem erstmals 1950 veröffentlichten Beitrag aus den Jahren 1939/40 analysiert er das Führerprinzip, den Krieg und die Ideologie von Über- und Untermenschentum nun aus jener »Leere der Seinsverlassenheit« heraus, welche, gerade aufgrund der eigenen inneren »Leere«, erpicht sein mußte, den Nihilismus des eigenen Handelns durch totalitäre Ordnung zu kompensieren. Die »Führer«, so heißt es dort, »sind die notwendigen Folgen dessen, daß das Seiende in die Weise der Irrnis übergegangen ist, in der sich die

Leere ausbreitet ... Die ›Führer‹ sind die maßgeblichen Rüstungsarbeiter, die alle Sektoren der Sicherung und der Vernutzung des Seienden übersehen, weil sie das Ganze der Umzirkung durchschauen und so die Irrnis in ihrer Berechenbarkeit beherrschen.« Der Krieg wird als eine »Abart der Vernutzung des Seienden« gedeutet, »die im Frieden fortgesetzt wird«. Die ganze »Kreisbewegung der Vernutzung« mit ihren »Führernaturen« sei im Verborgenen gesteuert und bestimmt durch die »völlige Leere« in ihrem Inneren. »Die Erde erscheint als die Unwelt der Irrnis. Sie ist seynsgeschichtlich der Irrstern« (*Seinsverlassenheit und Irrnis*, 1950).

Dies ist die Gedankenbahn, auf der H. später auch das Wesen der modernen Technik in den Vorträgen *Die Technik* und *Die Kehre* (1962) gedeutet hat: Das Wesen der Technik als eine universale Form der »Vernutzung«, des »Verbrauchs« von Welt, die aber nicht nur selbst nicht weiß, was sie treibt, sondern auch unreflektiert von dem »herausfordernden Anspruch« mitgerissen ist, die Welt insgesamt nur noch als Verbrauchs- und Vernutzungsgegenstand zu begreifen. Dabei ist das Wesen der Technik etwas »ganz und gar nicht Technisches«, auch »kein bloß menschliches Tun«. Technik entspringe vielmehr einem bestimmten, durch die abendländische Metaphysik vorbereiteten und in ihr sich vollendeten Wesensbezug des Menschen zum Seienden im Ganzen. Diese bestimmte Form des gewaltsamen, weltverbrauchenden Umgangs mit dem Seienden nennt H. »Gestell«. Er will in diesem Wort den Charakter des gewaltsamen »bestellenden Entbergens« zum Ausdruck bringen. Und: die seinsgeschichtliche Vereinnahmung des Menschen in solchen Gewaltbezug zur Wirklichkeit. »Das Ge-stell ist eine Schickung des Geschickes wie jede Weise des Entbergens.« Und dies: nicht als »irgendeine, sondern (als) *die* Gefahr« der Menschheitsgeschichte überhaupt. Der Mensch geht so »am äußersten Rand des Absturzes, dorthin nämlich, wo er nur noch als Bestand genommen werden soll. Indessen spreizt sich gerade der so bedrohte Mensch in die Gestalt des Herrn der Erde auf.« Es ist bemerkenswert, daß H. aus diesem fundamentalen Verständnis der Technik heraus bereits Anfang der 50er Jahre die Probleme der Gen-Technologie, des exzessiven Energieverbrauchs, der Rohstoffausbeutung in der technisch-ökonomischen Gesellschaft erkannt hat. An die Befreiung des Menschen durch die moderne Wissenschaft und Technik – *der* Traum der Philosophie der Aufklärung bis hin zu Marx – hat er nie geglaubt, vielmehr in dem sich selbst zurücknehmenden, besonnenen Bedenken des Seinsgeschickes – inmitten der entfremdeten Welt – die einzige Möglichkeit gesehen, daß der Mensch sich aus ihrem Banne »befreie«. »Dann muß vielmehr gerade das Wesen der Technik das Wachstum des Rettenden in sich bergen.«

Denn im Zusammenhang mit den bereits im Krieg sich vollziehenden tiefenhermeneutischen Verstehensvollzügen der Geschichte der Philosophie und Metaphysik bis hin zur modernen Technologie, Wissenschaft und den modernen großtechnischen Verwaltungs- und Kriegsformen hatte sich in H.s Denken eine Umkehrung vollzogen, die sog. »Kehre«. Sie trat erst nach dem Krieg an eine breite Öffentlichkeit. Diese »Kehre« war wesentlich auch vorbereitet durch die intensive Einlassung auf die Dichtung Hölderlins. Aber bereits in *Sein und Zeit* steckt der Keim des neuen Denkansatzes: Die Seinsfrage und insbesondere auch der § 44, in welchem der »traditionelle Wahrheitsbegriff« im Sinne der Übereinstimmung von Denken und Sache, Aussage und Gegenstand vom »ursprünglichen Phänomen der Wahrheit« abgehoben wird, ist der Angelpunkt zur geschichtlichen Ausarbeitung der Wahrheitsfrage, die H. im folgenden nicht mehr loslassen wird. Bereits in *Sein und Zeit*, und hier im Rückgang auf Heraklit, stößt er auf den Befund, daß Seiendes schon »aus der Verborgenheit« heraus »in seiner Unverborgenheit« entdeckt sein muß, damit überhaupt die traditionellen Wahrheitsrelationen zwischen Denken-Sein, Urteil-Gegenstand angesetzt werden können. »Unverborgenheit« des Seins – so übersetzt H. wörtlich den griechischen Begriff der »alétheia« – ist die von der Metaphysikgeschichte und ihren Wahrheitsbegriffen bisher unbedachte Voraussetzung aller Deutungen des Seienden. Was war der gedankliche Schub zur »Kehre« H.s und möglicherweise der Denkgeschichte nach ihm? Wenn *Sein und Zeit* in seiner Ausrichtung auf das menschliche Dasein immer noch – bei aller Öffnung dieses »Daseins« auf Weltbezug hin – anthropozentrisch orientiert war, so wird hier nun das Menschsein aus einem Wahrheitsgeschehen gedeutet, in welchem »Seiendes« ursprünglich und vor aller metaphysischen Deutung sich dem Menschen »eröffnet«. Daß *Sein und Zeit* selbst noch in der Metaphysik fußt, wurde von H. in der Folgezeit selbst oft bedacht. Ist ja doch die Frage nach dem »Sein« zwar eine Frage, die über die traditionelle Ontologie im Sinne der Lehre vom Seienden im Ganzen hinausgeht, aber schon die Wahl des Namens »Sein« im Titel von *Sein und Zeit* ist dieser Selbstkritik nach ein Tribut an die Metaphysik. Bereits die Titelgebung von *Sein und Zeit* fußt – bei aller Überwindung der Philosophiegeschichte – immer noch in ihr. Der Denkweg H.s, der Impuls zum Verlassen des anthropozentrischen Denkens zu einem neuen Denkansatz hin, welcher den Menschen aus einem *Bezug* zum Sein denkt, vollzieht sich über viele Stufen und tritt in den 40er Jahren in *Platons Lehre von der Wahrheit. Mit einem Brief über den ›Humanismus‹* (1947) in den Hölderlin-Auslegungen der 30er Jahre, in den Nietzsche-Interpretationen an die Öffentlichkeit. Im Grunde war auch diese »Kehre« des Denkens, weg von der Subjektphilosophie, hin zu einer Einbettung des Menschen in ein Bezugsdenken, schon in der »anderen Aufklärung« vorbereitet: Im Denken eines Pascal, eines Shaftesbury, Vico, Herder, in der Fichte-Kritik eines Jacobi und der Romantik, auch wenn diese kritische Wendung gegen die neuzeitliche Subjektphilosophie gegenüber der Bewußtseinsphilosophie immer in der Defensive blieb. Erst H. hat der Kritik an der neuzeitlichen Subjektphilosophie eine Tiefendimension gegeben, die mit jener in der Form, die ihr Kant und Hegel gegeben haben, vergleichbar war.

Was aber meint eigentlich die Rede von der »Seinsverlassenheit«, »Seinsvergessenheit«, mit der H. die traditionelle Metaphysikgeschichte, zumal die der neuzeitlichen Subjekt- und Willensphilosophie, deutet? Zwei Erkenntnisse, in immer neuen Anläufen herausgearbeitet, sind hier von größtem Belang. Erstens: Die traditionelle Metaphysik vollzieht sich, sofern sie das »Seiende als Seiendes im Ganzen« zu begreifen sucht, wesentlich als Ontologie, obwohl der Begriff der »Ontologie« erst in der Frühneuzeit auftaucht. Und: Das Wesen der Metaphysik ist, sofern sie »das Ganze des Seienden als solches im Sinne des höchsten und darum göttlichen Seienden« vorstellt, Theologie. Vor allem die 1949 verfaßte Einleitung zur Antrittsvorlesung *Was ist Metaphysik?*, aber auch der Vortrag *Die onto-theo-logische Verfassung der Metaphysik* (1957) sowie andere Abhandlungen arbeiten die genannte onto-theologische Struktur der traditionellen Metaphysik und die sie kennzeichnende »ontologische Differenz« heraus. Und: daß die traditionelle Metaphysik mit ihrer Fixierung auf das Seiende das Sein im Sinne einer ursprünglichen Eröffnetheit von Welt vor allem philosophischen und wissenschaftlichen Zugriff übersprungen habe. Inwieweit H.s eigenes Seinsdenken selbst noch der Tradition der Metaphysik verhaftet bleibt, ist eine in der H.-Forschung sehr umstrittene Frage. Bemerkenswert ist, daß mit der »Kehre« eine neue Sprache der *Gelassenheit* – so der Titel einer Rede von 1955 – das Denken trägt. Zurückgelassen wird die Sprache der Subjektphilosophie und auch das Pathos von »Selbstsein« und »Eigentlichkeit« von *Sein und Zeit*. Der Mensch wird im erwähnten *Humanismus-Brief* gedacht als »der Hirt des Seins«, die Sprache als »Haus des Seins«. Das Denken versteht sich in dieser Neubestimmung nicht mehr als »Vor-stellen«, nicht als »Entwerfen«, nicht als Begriffsherrschaft, nicht als Reflexion, sondern wesentlich als ein »hörender« Vollzug, und dies aus dem Entbergungsgeschehen des Seins und auf dieses gerichtet. Die Selbstbestimmung des Menschen als aktiv-tätiges Subjekt wird abgelöst durch ein zurückgenommenes, verstehendes Vollziehen dessen, was als »Zuspruch des Seins« erfahren wird.

Der eigentliche Ort dieser Eröffnung von Seinsverstehen ist die Sprache. Diese neue Denkhaltung ist gespeist von der Einsicht, daß »das Sein als der Wille gebrochen« sein muß (*Überwindung der Metaphysik*, in: *Vorträge und Aufsätze*, 1954), damit das Denken sich in einen fragend-hörenden Bezug zur Sache des Denkens – und das ist über lange Strecken erst einmal die Geschichte der Metaphysik bis hin zur modernen Naturwissenschaft und der Technik als einem Verfallsgeschehen des Seins – bringen muß. Der späte H. hat aber auch einfache Vollzugsformen des Menschen neu zu bedenken versucht, so im Aufsatz *Bauen Wohnen Denken* (in: *Vorträge und Aufsätze*), der von Architekten einer nachmodernen Bauweise als wichtiger Ideengeber gelesen wird. Wird hier doch der Mensch nicht mehr als Mengenteilchen in einer modernen »Wohnmaschine« begriffen, sondern das »Bauen« aus dem »Wohnen« hergeleitet und das ursprüngliche »Wohnen« des Menschen auf der Erde aus dem Bezug des sog. »Gevierts«: der Nähe zur »Erde und zum Himmel«, zu den »Sterblichen und den Göttlichen«. Denn: »das Wohnen aber ist *der Grundzug* des Seins, demgemäß die Sterblichen sind.« Solche Dimensionen des ursprünglichen Wohnens, deren inhaltliche Bestimmungen H. aus der Dichtung gewinnt, werden auch in dem Aufsatz *Das Ding* entfaltet: »Ding« gedacht nicht als Objekt für ein vergegenständlichendes, ausbeutendes Subjekt, sondern als ein Zentrum, in dem und durch das sich Welt konkret eröffnet: als Bezug des Menschen zum »Geviert«, als konkrete Vollzugsform der Nähe des Menschen zum Sein. H. erläutert dies am Beispiel eines Kruges: »Dingen ist Nähern von Welt. Nähern ist das Wesen der Nähe. Insofern wir das Ding als das Ding schonen, bewohnen wir die Nähe.«

Wenn so die menschliche Praxis im konkreten Umgang mit den Dingen der Ort ist, an dem die traditionelle Metaphysik und Technologie überwunden werden soll, so ist, wie erwähnt, die Sprache – zumal die der Dichtung – der Erscheinungsort eines anderen Anfangs von Seinserfahrung und Sinneröffnung. In der Vortragssammlung *Unterwegs zur Sprache* (1959) versucht H. ein vorsichtiges Verständnis der großen Dichtungssprache Trakls, Georges, Hölderlins so, daß dabei stets auf den Vollzug selbst geachtet wird. Die Aufmerksamkeit richtet sich dabei auf das Zur-Welt-kommen von Sinn in der Sprache. H. nennt diesen Vollzug das »Ereignis«. Ausgehend u. a. von zwei Versen Stefan Georges – »So lernt ich traurig den verzicht:/kein ding sei wo das wort gebricht« – führt er an die Erfahrung des »Ereignisses« heran; dabei ist ihm wichtig, daß eine ausdrückliche Erfahrung mit der Sprache selbst gerade dort gemacht wird, wo wir das »rechte Wort nicht finden«, wo sich also Sprache verweigert. Denn im »normalen Gebrauch« ist die Leistung der Sprache geradezu zugedeckt: daß die ursprüngliche Eröffnung von Welt in und durch die Sprache sich vollzieht: »Das Wort verschafft dem Ding erst das Sein« – dies als ein zeit-räumliches Seinsgeschehen. Sprache eröffnet die Nähe zu den Dingen, läßt so Welt »an-wesen«, stiftet so einen ursprünglichen Zusammenhang zwischen Mensch und Welt, der zugleich als »Identität« und als »Unter-Schied« gedacht werden muß. »Der Unter-Schied vermittelt nicht nachträglich ... Der Unter-Schied ermittelt als die Mitte erst Welt und Dinge zu ihrem Wesen, d. h. in ihr Zueinander, dessen Einheit er austrägt.« In diesem sprachlich gedachten Sinngeschehen, das H. auch im Anschluß an Humboldts Sprachtheorie im »zeigenden« Wesen der Sprache zu fassen sucht – »Das Ereignis, im Zeigen der Sage erblickt« –, rückt der Mensch in eine hörend-vernehmende Bestimmung ein: »So ist denn das Sprechen nicht zugleich, sondern *zuvor* ein Hören.«

Die letzten Bestimmungen des Seins- und Sinngeschehens im Denken H.s sind Vollzugs- und Bezugsbestimmungen. Unterlaufen werden sollen verdinglichende, begriffliche Formulierungen, die das, was Sprache und Welterfahrung meinen könnte, als Formel vor ein vorstellendes Subjekt bringen. Der Leser/Hörer soll selbst aus einem vorstellenden Denken heraus und auf einen Weg gebracht werden, auf dem er den Vollzug des sprachlichen Sinn- und Seinsgeschehen erfährt. Daher kann man das Wesen des späten Seinsdenken auch nicht eigentlich »referieren«. Im Sinne des neuen Bezugsdenkens versteht auch der späte Vortrag der *Satz der Identität* (1957) Identität und Differenz nicht als eine mathematische Formel, sondern als ein ursprüngliches Bezugsgeschehen zwischen Mensch und Sein: »Mensch und Sein sind einander übereignet. Sie gehören einander. Aus diesem nicht näher bedachten Zueinandergehören haben Mensch und Sein allererst diejenigen Wesensbestimmungen empfangen, in denen sie durch die Philosophie metaphysisch begriffen werden.« In die ursprüngliche Erfahrung solcher aus dem »Ereignis« gedachten Identität kann das Denken nach H. allerdings nur durch einen »Sprung« gelangen: heraus aus den traditionell-metaphysischen Denkbestimmungen, hinein in das so gedachte Ursprüngliche, aber durch die Denkgeschichte verstellte »Ereignis«, welches in der und durch die Sprache waltet.

Damit ist das Denken des späten H. an einen Punkt gekommen, der so radikal in der Geschichte des abendländischen Denkens nirgendwo erreicht worden ist, aber doch in der »anderen Aufklärung« seine Vorläufer hat. So kritisieren bereits Shaftesbury, Vico, Herder, Hamann die Vernunft- und Systemphilosophie der Aufklärung, so hält Jacobi gegen die Subjekt- und Vernunftphilosophie Fichtes: daß »Vernehmen ... ein Vernehmbares; Vernunft das Wahre« voraussetze, und: »Reine Vernunft ist ein Vernehmen, das nur sich selbst vernimmt.« Auch die deutsche Frühromantik hat das Subjektdenken der Aufklärung auf ein neues Bezugsdenken hin zu überwinden versucht. So muß H.s Denken durchaus auch in dieser Tradition der Subjekt-, System- und Vernunftkritik der »anderen Aufklärung« gesehen werden, die er freilich radikalisiert und auch in größere philosophiegeschichtliche Zusammenhänge einrückt. Hier aber werden in Zukunft auch Fragen zu stellen sein. H. sucht ja in der vorsokratischen Philosophie, insbesondere bei Parmenides und seinem Satz von der Zusammengehörigkeit von »Denken und Sein«, einen anderen Anfang des Denkens. Kein anderer als Parmenides hat aber das Sein so starr, so unbeweglich, man möchte sagen, so maskulin gedacht. Ist der Rückgang in die Frühphase der griechischen Kultur, die ja im Kern eine aggressiv-patriarchalische Herrschaftskultur war, ausreichend? Muß das Denken nicht, wenn es aus dem Herrschaftsbereich der abendländischen Metaphysik heraustreten will, auf noch frühere, stärker matriarchalisch organisierte Kulturen, wie die kretisch-minoische, zurückkommen? Die neuere Mythen- und Geschichtsforschung legt dies jedenfalls nahe. Möglicherweise bleibt der Rückgang auf die frühgriechische Philosophie immer noch im Bannkreis des antiken Humanismus.

Und: Ist die Geschichte der abendländischen Philosophie und Metaphysik nicht doch viel ambivalenter, als sie in H.s Deutung erscheint? Sicher ist die mittelalterliche Philosophie Onto-Theologie in seinem Sinn; aber: aus ihr sind die gotischen Kathedralen erwachsen. Sicher wird in der Frühneuzeit die Welt zum »Weltbild«; aber: der gesamte Reichtum der Malerei der Renaissance ist ohne diese Entwicklung nicht denkbar. Sicher ist die neuzeitliche Aufklärungsphilosophie im Kern Subjektphilosophie. Aber: die Symphonien eines Beethoven sind ohne diese Subjektphilosophie so wenig denkbar wie die aufklärerischen Bestimmungen des Menschen als selbstdenkendes, freiheitliches, tolerantes Wesen. Wenn die Philosophie- und Metaphysikgeschichte des Abendlandes im Kern nihilistisch ist, so hat doch dieser Nihilismus einen ungeheuren Reichtum an Bildern, an Schöpfungen, an Einsichten erbracht, der nicht nichts ist. Daß diese Geschichte des Nihilismus gerade in den letzten Jahrhunderten zunehmend auch eine kulturelle Leidensgeschichte ist, daß die Erfahrung der Unbehaustheit des Menschen eine spezifisch moderne »Angst« ausgelöst hat, hat gerade H. am eigenen Leibe erfahren. Aber diese »Angst« ist kulturgeschichtlich fruchtbar gewesen. Und so ist auch das Denken H.s, wie die Kulturgeschichte der abendländischen Metaphysik, als Ausdruck einer Entzugserfahrung zu lesen, als einer sehr fruchtbaren jedoch.

Losurdo, Domenico: Die Gemeinschaft, der Tod, das Abendland. Heidegger und die Kriegsideologie. Stuttgart/Weimar 1995. – Safranski, Rüdiger: Ein Meister aus Deutschland. Heidegger und seine Zeit. München 1994. – Pöggeler, Otto: Neue Wege mit Heidegger. Freiburg/München 1992. – Figal, Günter: Martin Heidegger. Phänomenologie der Freiheit. Frankfurt am Main 1991. – Thomä, Dieter: Die Zeit des Selbst und die Zeit danach. Zur Kritik der Textgeschichte Martin Heideggers. Frankfurt am Main 1990. – Vietta, Silvio: Heideggers Kritik des Nationalsozialismus und der Technik. Tübingen 1989. – Ott, Hugo: Martin Heidegger. Frankfurt am Main/New York 1988. – Löwith, Karl: Heidegger – Denker in dürftiger Zeit. Zur Stellung der Philosophie im 20. Jahrhundert. Sämtliche Schriften 8. Stuttgart 1984 (zuerst 1953).

Silvio Vietta

Heisenberg, Werner
Geb. 5. 12. 1901 in Würzburg; gest. 1. 2. 1976 in München

Eines der wichtigsten geistigen Ereignisse im 20. Jahrhundert ist die Entstehung der Atomtheorie mit Namen Quantenmechanik. Von ihr gibt es zwei gleichwertige mathematische Fassungen. Die erste Formulierung gelang dem jungen H. 1925. Sein Durchbruch wurde möglich, weil er in seiner Arbeit *Über quantentheoretische Umdeutung kinematischer und mechanischer Beziehungen* nur Zusammenhänge zwischen solchen Eigenschaften der Atome berücksichtigte, die beobachtbar waren. H. verzichtete deshalb zum Beispiel darauf, von den Bahnen der Elektronen in einem Atom zu reden; statt dessen konzentrierte er sich auf die Frequenzen des Lichtes (Spektrallinien), das Atome abstrahlen. Daß es philosophisch falsch ist, eine Theorie nur auf beobachtbare Größen aufbauen zu wollen, hat H. dann von Einstein gelernt. Er überzeugte H. davon, daß umgekehrt erst die Theorie darüber entscheidet, was man beobachten kann.

Als H. die neue Mechanik begründete, arbeitete er – nach seinem Studium der Physik in München bei Max Born – in Göttingen. Hier lernte er Niels Bohr kennen, der ihn nach Kopenhagen einlud. In langen Diskussionen gelangten Bohr und H. zu einer philosophischen Interpretation der Atomtheorie, die heute als »Kopenhagener Deutung« bekannt ist. Worauf H. 1927 bei seinen Überlegungen *Über den anschaulichen Inhalt der quantentheoretischen Kinematik und Mechanik* stieß, gehört heute unter der Bezeichnung Unbestimmtheitsrelation zu den größten Entdeckungen der Naturwissenschaft. H. hat in vielen Aufsätzen darauf hingewiesen, daß die Unbestimmtheitsrelationen nicht so aufgefaßt werden sollen, daß es nicht möglich sei, zum Beispiel Ort und Geschwindigkeit eines atomaren Objektes zu kennen oder zu messen. Vielmehr bedeuten die Unbestimmtheitsrelationen, daß eine Anwendung der Wörter »Ort, Geschwindigkeit« unterhalb der angeführten Schranken, die durch das Plancksche Wirkungsquantum festgelegt werden, jeden Sinn verliert. Im Anschluß an den Rat von Einstein bedeutet die Heisenbergsche Entdeckung, daß die Theorie uns nicht nur sagt, welche Größen wir beobachten können; die Theorie sorgt auch dafür, daß höchstens solche Größen beobachtet werden können, die in der Theorie auch vorkommen.

Von 1927 bis 1942 war H. Professor für Physik in Leipzig. 1932 wurde er mit dem Nobelpreis ausgezeichnet, übernahm nach dem Zweiten Weltkrieg zunächst die Einrichtung des Max-Planck-Instituts für Physik in Göttingen, das 1955 nach München verlegt wurde. Hier arbeitete H. bis zu seinem Tode. Seine zahlreichen fundamentalen Beiträge zur Physik machen ihn zu einem der bedeutendsten und vielseitigsten Naturforscher unseres Jahrhunderts. Daneben hat er immer wieder in zahlreichen Vorträgen *Die Wandlungen in den Grundlagen der Naturwissenschaft* (1935) beschrieben und die Beziehungen von *Physik und Philosophie* (1955) erkundet. Dabei ging es H. vor allem darum, den Zusammenhang mit dem antiken (Platon) und dem klassischen Denken (Goethe) aufzuzeigen. Sein wissenschaftliches Hauptziel lag darin, eine grundlegende Theorie der Elementarteilchen zu schaffen, die nichtlineare Spinortheorie, die als moderne Verwirklichung von Platons Vorstellungen der Struktur der Materie auf der Grundlage einfacher geometrischer Formen gelten konnte. Er suchte nach einer hochsymmetrischen Feldgleichung, der »Weltformel«, die den idealen Formen Platons entsprechen sollte. Seine Lebenserinnerungen, *Der Teil und das Ganze* von 1969, hat er als platonische Dialoge niedergeschrieben, in denen er und sein Sokrates, Niels Bohr, mit Anhängern der verschiedenen traditionellen Denksysteme diskutieren.

Cassidy, David: Werner Heisenberg. Leben und Werk. Heidelberg 1995. – Dürr, Hans P. (Hg.): Quanten und Felder. Physikalische und philosophische Betrachtungen zum 70. Geburtstag von Werner Heisenberg. Braunschweig 1971.

Ernst Peter Fischer

Heller, Agnes
Geb. 12. 5. 1929 in Budapest

Im Frühjahr 1973 traf der Bannfluch der Partei einen Freundeskreis ungarischer Philosophen, allesamt Schüler von Georg Lukács, die unter dem Namen »Budapester Schule« für die Erneuerung des marxistischen Denkens gestritten hatten. Die Anklage kulminierte in jenem Vorwurf, der seit dem Prozeß gegen Sokrates zum Repertoire der Wächter staatlicher Autorität gehört: »Diese Versuche können auch die wohlmeinenden jungen Leute gefährden, die nach den Idealen des Sozialismus suchen, die sich aber aufgrund ihres Mangels an intellektuellem Rüstzeug, Festigkeit, Lebenserfahrungen und revolutionärer Praxis leicht durch verlockende pseudo-theoretische, pseudeorevolutionäre Phrasen und unwissenschaftliche Manipulationen täuschen lassen könnten.« Unter den inkriminierten Wissenschaftlern, die 1973 vom Berufs- und Publikationsverbot betroffen waren, hatte H. am meisten getan, um den Verdacht der Hauptverwaltung ›Ewige Wahrheiten‹ herauszufordern. Ihre These, daß nur die Verwirklichung radikaler Bedürfnisse in neuen, freigewählten Lebensformen die politische zur totalen Revolution erweitern und dem Kommunismus den Weg bahnen könne, war für die realsozialistischen Machthaber ebenso unannehmbar, wie sie den utopisch gestimmten Erwartungen der Neuen Linken willkommen war – nicht in Budapest, aber in Paris, Rom und San Francisco.

Aus bürgerlich-weltoffenen Familienverhältnissen stammend, schloß sich H. bereits während des Studiums dem Philosophen Georg Lukács an und wurde dessen Schülerin und Vertraute. Mit ihm teilte sie die Hoffnungen auf eine Neubegründung des Sozialismus in der ungarischen Revolution von 1956, wie er wurde sie nach der Niederschlagung der Revolution aus der Partei ausgeschlossen. Aber im Gegensatz zu Lukács, der den anti-dogmatischen Grundlagen seines Spätwerks zum Trotz in der politischen Praxis dem Lagerdenken der III. Internationale verhaftet blieb, überwand H. nicht nur die geschichtsphilosophischen Konstruktionen des Marxismus, sondern auch deren praktische Konsequenz, die notwendige »Mission« der Arbeiterklasse (und ihrer Partei) bei der Sprengung des Kapitalismus und der Errichtung der sozialistischen Gesellschaft.

Ihr Interesse galt schon früh den Problemen der Ethik, der sie eine Reihe von nur in ungarischer Sprache vorliegenden Untersuchungen widmete. Mit ihrem in den Jahren 1964 und 1965 entstandenen Werk *A Reneszansz Ember* (1967; *Der Mensch der Renaissance*) sucht sie, an den Marx der *Grundrisse* anknüpfend, Renaissance und Humanismus als eine Epoche zu begreifen, in der erstmals eine philosophische Anthropologie geschaffen wird, die den Menschen als Gattungswesen zum Gegenstand hat. Arbeit, Wissenschaft, Technik und Kunst repräsentieren die Äußerungen der menschlichen Fähigkeiten, sind ihre Objektivationen. Der Mensch kann depraviert werden, aber sein Wesenskern ist unzerstörbar. Die Renaissance gilt H. einerseits als seelenverwandte Epoche, in der der Verlust von Glaubens- und Denkgewißheiten nicht zum Zynismus führte, andererseits als Kontrast der Moderne. Denn in jener ist das alltägliche Leben noch nicht in starren Rollen verdinglicht gewesen und zwischen der natürlichen, Wahrnehmung, Fühlen und Denken vereinenden Lebensweise des Alltags und der Sphäre von Kunst und Philosophie hatten vielfältigere und leichter passierbare Übergänge bestanden.

Mit ihrer 1970 veröffentlichten Studie *A mindennapi élet (Das Alltagsleben)* wandte sich H. der Frage zu, wie Individualität angesichts der entfremdeten Strukturen des Alltags sich bilden kann. Jeder Mensch ist an die Routinen des Alltagslebens, an pragmatische, repetitive situationsorientierte Verhaltensschemata gebunden, er bewegt sich notwendig in vorgefundenen Objektivationen »an sich« – wie Produktionstechniken, Sprache und Verhaltensnormen. Aber der Alltag ist zugleich die Vorschule des Nichtalltäglichen, er vermittelt die Werte und Bedürfnisse, die die partikulare Existenz übersteigen. Gerade dadurch, daß der Kapitalismus die naturwüchsigen Gemeinschaften auflöst, verwandelt er bisherige Grenzen der Persönlichkeitsentwicklung in bloße Schranken, voran die Schranke des Privateigentums. Dem einzelnen gelingt es, zum Individuum zu werden, wenn er die Zufälligkeit seiner Partikularität und die Allgemeinheit des Gattungswesens Mensch in sich synthetisiert, wenn er sich die »Gattungsmäßigkeit« bewußt zum Ziel setzt. Wir können die Sphäre der Alltäglichkeit und ihrer Objektivationen »an sich« nicht überspringen, aber sie derart umgestalten, daß sie »für uns« wird, daß wir an den gattungsmäßigen Objektivationen »für uns«, wie sie sich in Kunst, Philosophie, Wissenschaft und Moral manifestiert haben, teilhaben können. H. übernimmt mit den Ideen der »Gattungsmäßigkeit« und der »Objektivationen« zentrale Begriffe der Ästhetik von Lukács, interpretiert sie aber innerhalb einer Vorstellung des menschlichen Wesens, das seine grundlegenden Züge – Arbeit, Gesellschaftlichkeit, Bewußtsein, Universalität, Freiheit – im Lauf der Geschichte herausarbeitet. Aus diesem Grund besteht für den einzelnen die Chance, die im Menschsein eingeschlossenen Möglichkeiten praktisch zu ergreifen und in freier Gemeinschaftlichkeit ein sinnvolles Leben zu führen.

In der Diskussion der Linken, wo H.s Werk jetzt rasche Berühmtheit erlangte, sah sich die Philosophie mit zwei zusammenhängenden Fragestellungen konfrontiert: Was sind die Antriebskräfte, die Menschen dazu motivieren, ihre borniert Alltäglichkeit zu überschreiten? In welchen Formen der Kollektivität, genauer der Organisierung kann und muß sich der Kampf um die Bildung der Persönlichkeit vollziehen? H. antwortete 1974 mit ihrer *A Theory of Need in Marx (Theorie der Bedürfnisse bei Marx)*. Der Bedürfnisbegriff spielt nach ihr die geheime Hauptrolle in den ökonomischen Kategorien von Marx. Den materiellen Bedürfnissen, die das Reich der Notwendigkeit prägen, stehen die geistig-moralischen, auf die Gemeinschaft ausgerichteten Bedürfnisse gegenüber. Reich sind die Menschen, welche der Totalität der Lebensäußerungen bedürftig sind. Das radikale Bedürfnis richtet sich auf die Entfaltung der menschlichen Fähigkeiten und Sinne, auf eine Gesellschaft ohne soziale Hierarchien, ohne Unterdrückung und Ausbeutung, die freie Assoziation der Produzenten, den Kommunismus. H. zeichnet die Dialektik von Marx nach, innerhalb derer die Arbeiterklasse, gerade infolge ihres universellen Leidens, radikaler Bedürfnisse fähig wird. Nicht die Geschichtsmechanik Hegelschen Ursprungs, die sich auch bei Marx findet, führt zur Revolution, sondern das kollektive Sollen des Proletariats, die Entfetischisierung der menschlichen Beziehungen, durch die es möglich wird, die Enge der partikularen Bedürfnisse zu verlassen. Marx interpretierend insistiert H. darauf, daß der Bedürfnisstruktur des Kapitalismus radikale Bedürfnisse wie das nach freier Zeit oder nach Universalität inhärent sind. Für eine Gesellschaft einzutreten, in der Besitz, Macht und Ehrgeiz, mithin die quantitativen Bedürfnisse nicht dominieren, in der Kants Maxime gilt, wonach kein Mensch einen anderen als bloßes Mittel benutzen dürfe, bedeutet deshalb nicht, nur für eine Utopie zu streiten. Die Arbeiterbewegung muß sich an den radikalen Bedürfnissen – die zwar immer individuell, aber auf die Gattung ausgerichtet sind – orientieren, diesen Bedürfnissen angemessene Lebens- und Aktionsformen entwickeln und ihre Verwirklichung in der Bewegung selbst betreiben. Eine sozialistische Revolution kann nur die Revolution radikaler Bedürfnisse sein.

Vor allem in Italien, wo Teile der revolutionären Linken gegen die Vorherrschaft des politisch-strategischen Kalküls (»Historischer Kompromiß«) Sturm liefen und von der Aktualität des Kommunismus durchdrungen waren, fiel H.s Denken auf fruchtbaren Boden. In ihrer *Philosophie des linken Radikalismus* (1978) gab sie allerdings zu bedenken, daß sie als Philosophin die Aporie nicht auflösen kann, nach der die Welt verändert werden muß, damit sich die Menschen ändern, sich andererseits aber die Menschen ändern müssen, damit sich die Welt verändert. Der Philosoph kann zwischen Sein und Sollen nicht vermitteln, das kann er bzw. sie nur als kämpfender Mensch.

In ihrer *A Theory of History* (1982), in der sie eine Typologie des Geschichtsbewußtseins und des geschichtlichen Denkens von der Antike bis auf unsere Tage entwirft, kritisiert H. jede Geschichtsphilosophie, die die Transformation und Vereinheitlichung der Welt durch den industriellen Kapitalismus ontologisiert. In der Moderne existieren verschiedene Logiken der Entwicklung, wobei die Logik des Sozialismus eine konsistente Radikalisierung der Logik der Demokratie darstellt. Wie können die Menschen angesichts radikal divergierender Weltbilder und Wertsysteme zu einer gemeinsamen Wertidee gelangen, die gleichzeitig ihrer Autonomie freien Raum läßt? Ist eine Ethik *Jenseits der Pflicht* (1973) möglich? H. verteidigt in der *Philosophie des linken Radikalismus* die Möglichkeit einer rationalen Wertdiskussion und einer autonomen Wahl aller Werte, die mit der Idee der Freiheit als höchstem Gut kompatibel sind, jener Freiheit, die als freie Entfaltung der Persönlichkeit das Mensch-Sein konstituiert. Der Ethik der »Kommunikationsgemeinschaft«, wie Karl-Otto Apel und Jürgen Habermas sie vorschlagen, hält H. entgegen, daß sie auf die Forderung: »Ich brauche etwas« und »Ich brauche Dich«, keine Antwort weiß. Im Anschluß an Kant, der in der *Metaphysik der Sitten* mit den Postulaten der eigenen Vollkommenheit und der fremden Glückseligkeit die Grenze des ethischen Formalismus überschreitet, tritt H. für eine Neuformulierung des kategorischen Imperativs ein: ›Handle stets so, als ob die freie und volle Entwicklung eines jeglichen Menschen von Deiner Handlung abhinge‹ und ›Handle stets so, als ob die Aufhebung des Leidens jeglicher Person von Deiner Handlung abhinge‹.

Für H. bleibt Marx »der« Philosoph der individuellen Freiheit. Seine Vorstellung des entfalteten Kommunismus weiß nichts von externer Autorität, die Kantische Unterscheidung des homo noumenon und des homo phenomenon ist aufgehoben. Das für die entwickelte Phase des Kommunismus geltende Postulat: »Jeder nach seinen Fähigkeiten, jedem nach seinen Bedürfnissen«, ist jenseits der distributiven Gerechtigkeit angesiedelt. Aber die Anerkennung aller menschlichen Bedürfnisse ist nicht identisch mit ihrer Befriedigung. Es gilt, Mittel bereitzustellen und über Präferenzen zu entscheiden. »Jedem nach seinen Bedürfnissen« kann nur als regulative Idee im Sinne Kants verstanden werden.

Wie H. in ihrem Essay *Marx, Justice, Freedom* feststellt, ist Gerechtigkeit ein der Freiheit nachgeordnetes Gut, aber keine freie Gesellschaft befindet sich jenseits der Gerechtigkeit. Wohl aber liegen moralische Grundwerte und die Idee des guten Lebens jenseits dieses Prinzips. In *Beyond Justice* (1987) situiert H. Gerechtigkeit im Schnittpunkt von Gesellschaftstheorie, politischer Theorie und Moralphilosophie. Ethisch gehören zur Gerechtigkeit die zivilen Tugenden, nicht aber die Moral als allgemeine Frage. Gerechtigkeit betrifft gesellschaftliche und politische Verhältnisse und nur sie.

Heute arbeitet H., die nach einigen Jahren an einer australischen Universität jetzt an der New Yorker »New School of Social Research« lehrt, an ihrer großen *Theory of Moral*. Der erste Band, den interpretativen Grundlagen der Moral (*General Ethics*) gewidmet, erscheint 1988. Folgen soll ein zweiter Band, der die Normativität (»Was sollen wir tun?«) behandelt, und schließlich ein dritter, bei dem es um die konkreten Fragen einer erfüllten und glücklichen Lebensführung geht. Kann Ethik universal sein, ohne formal bleiben zu müssen – dies bleibt ihre zentrale Frage. H. wendet sich an eine ideale Gemeinschaft von Menschen, die Freiheit und gleiche Lebenschancen als wichtigste Güter akzeptiert, um, ausgehend von dieser Gemeinschaft, die Möglichkeit autonom moralischen Handelns zu begründen. Während jede Philosophie, die von einer möglichen Konvergenz des Individuellen und Gattungsmäßigen im geschichtlichen Prozeß ausgeht, jetzt von H. zurückgewiesen wird, hält sie doch am Begriff der Gattung Mensch und den für sie darin enthaltenen normativen Werten fest. Was bleibt? Nicht mehr Erlösung, aber rationale Utopie.

Burnheim, John (ed.): The Social Philosophy of Agnes Heller. Amsterdam 1994. – Jonas, Hans: Einleitung. In: Heller, Agnes: Das Alltagsleben. Frankfurt am Main 1978.

Christian Semler

Horkheimer, Max
Geb. 14. 2. 1895 in Zuffenhausen/Stuttgart; gest. 7. 7. 1973 in Nürnberg

Als »Geburt der Kritischen Theorie aus dem nonkonformistischen Geist Schopenhauers« charakterisierte Alfred Schmidt, ein Schüler H.s, einmal frühe Texte seines Lehrers. Daß H. als Begründer und gewissermaßen Schulhaupt der neomarxistischen Kritischen Theorie oder Frankfurter Schule in seinem letzten Lebensabschnitt wieder entschieden zu Schopenhauer zurückfand, mag ein erster Hinweis sein auf das einheitliche geistige Spannungsfeld, in dem sich H.s vielschichtige Entwicklung vollzog. Sein konsequentes, lebenslanges Eintreten für eine bessere Gesellschaft, seine sensible und theoretisch geschulte Erfahrungsfähigkeit sowie sein unbeirrbarer Wille zur Wahrheit haben ihn vor Resignation und Anpassung ebenso geschützt wie vor dogmatischer Verhärtung.

Als H. 1930, gerade 35 Jahre alt, Leiter des »Instituts für Sozialforschung« wird, können sich endlich seine beiden widerstrebenden Lebenspläne glücklich verbinden. Von seinem Vater, dem wohlhabenden Textilfabrikanten Moritz Horkheimer, war ihm von klein auf die Rolle als unternehmerischer Nachfolger zugedacht. Doch so sehr die Erziehung im konservativ-jüdischen Elternhaus dieses Ziel verfolgt – H. wird nach dem »Einjährigen« als Lehrling in der väterlichen Firma eingestellt –, so sehr regen sich auch H.s Interessen an Literatur und Philosophie. Maßgeblichen Anteil daran hat der Freund Friedrich Pollock, mit dem er 1911 einen Vertrag schließt, der ihre tatsächlich lebenslange Freundschaft als »Ausdruck eines kritisch-humanen Elans« besiegelt. Während H. also auf der einen Seite 1914 zum Betriebsleiter der Firma aufsteigt, liest er andererseits Ibsen, Strindberg, Karl Kraus und Schopenhauer und schreibt davon beeinflußte pessimistisch-sozialkritische Novellen (*Aus der Pubertät*, 1974 zusammen mit Tagebuchaufzeichnungen dieser Zeit veröffentlicht). 1916, nach der Verbindung mit der Privatsekretärin seines Vaters, der wesentlich älteren Rose Riekher, spitzen sich die häuslichen Auseinandersetzungen zu. Er holt mit Pollock nach dem Ersten Weltkrieg in München das Abitur nach und beginnt dort mit dem Studium der Psychologie, Philosophie und Nationalökonomie, das er bald in Frankfurt am Main fortsetzt. H. wendet sich mehr und mehr der Philosophie zu und verabschiedet sich endgültig von der seitens des Vaters zugedachten Berufsperspektive. Wichtigster akademischer Lehrer H.s ist nun der Philosoph Hans Cornelius, Vertreter eines eigenwilligen Neukantianismus, bei dem er 1923 mit einer Arbeit über Kant promoviert. H. wird Assistent von Cornelius, bei dem zu dieser Zeit auch Adorno studiert, und habilitiert sich 1925 mit einer Arbeit über *Kants Kritik der Urteilskraft als Bindeglied zwischen theoretischer und praktischer Philosophie*. In den Jahren bis 1930 erfolgt der schon vorher angelegte Durchbruch H.s zu der von ihm begründeten Position der Kritischen Theorie. Schon nach dem Krieg hatte er angefangen, Marx zu lesen, und Kontakt zu radikalen Studentengruppen gefunden. Angesichts der Weimarer Verhältnisse wandelt sich H.s früher moralischer Rigorismus zusehends in eine konkreter begründete und theoretisch weiterführende gesellschaftskritische Haltung. Diesen Prozeß der eigenen Positionsfindung und Lösung von akademischer Fachphilosophie dokumentiert die Aphorismensammlung *Dämmerung. Notizen in Deutschland* aus den Jahren 1926–1931 (veröffentlicht 1934 unter dem Pseudonym Heinrich Regius).

Entscheidend aber wird H.s Aufstieg zum Leiter des der Universität angeschlossenen »Instituts für Sozialforschung«, welches seit 1924 in Frankfurt als marxistische Forschungsstätte unter Mitwirkung Friedrich Pollocks besteht, gestiftet von dem vermögenden Mäzen Hermann Weil auf Initiative seines Sohnes Felix. Nach der Emeritierung des ersten Institutsleiters Carl Grünberg, eines orthodoxen Marxisten, wird der gerade zum Professor für Sozialphilosophie berufene H. im Oktober 1930 Leiter des Instituts. In seiner Antrittsrede Anfang 1931 über *Die gegenwärtige Lage der Sozialphilosophie und die Aufgaben eines*

Instituts für Sozialforschung formuliert H. erstmals das für die nächsten Jahre gültige Programm einer »dialektischen« Vermittlung von einzelwissenschaftlicher Forschung und philosophischer Fragestellung im Interesse einer Ökonomie, Soziologie und Psychologie umfassenden Theorie der Gesellschaft. Dieses gegen Metaphysik und Positivismus gerichtete Programm interdisziplinärer Forschung, das zunächst den Titel »Materialismus« erhält, beruft sich kritisch ebenso auf Hegel wie auf Marx und findet sein zentrales Forum in der von H. gegründeten, 1932 erstmals erscheinenden *Zeitschrift für Sozialforschung*, welche die 1930 eingestellte Zeitschrift Carl Grünbergs ablöst. Während H., neben seiner quasi unternehmerisch-organisatorischen Leitertätigkeit, die philosophische Programmatik in Einzelstudien konkretisiert, sind z.B. Erich Fromm für Sozialpsychologie, für Literatursoziologie Leo Löwenthal, für Ökonomie Friedrich Pollock und für Philosophie und Faschismustheorie Herbert Marcuse (ab 1933) zuständig. Zu den wichtigen philosophischen Beiträgen H.s in den nächsten Jahren zählen *Materialismus und Metaphysik* (1933), *Materialismus und Moral* (1933) und *Zum Problem der Wahrheit* (1935). Der Verfolgung durch die Nationalsozialisten hatten sich H. und die meisten seiner Institutsmitglieder inzwischen durch Emigration entzogen. H. geht 1933 nach Genf, wo das Institut eine Zweigstelle errichtet hatte, und 1934 nach New York, wohin das Institut nun seine wissenschaftliche Zentrale verlegt. Während die interdisziplinäre Arbeit des Instituts in den 1936 veröffentlichten *Studien über Autorität und Familie* ihren produktiven Höhepunkt erlebt, legt H. mit dem Aufsatz *Traditionelle und kritische Theorie* (1937) den wohl bedeutendsten Versuch einer Klärung des eigenen Theorieprogramms vor. Mit der hier erstmals verwendeten Bezeichnung »Kritische Theorie« wird die Abgrenzung von der herrschenden, traditionellen Wissenschaftstheorie auf einen bündigen Nenner gebracht. Während die traditionelle, auf Descartes zurückgehende Theorie am Vorbild der Naturwissenschaften orientiert ist und auf logisch schlüssige Konstruktion und technische Zweckmäßigkeit angelegt ist, versucht Kritische Theorie, die Gegenstände in ihrer historischen und gesellschaftlichen Vermitteltheit zu erfassen. Ihr Modell ist die Marxsche Theorie, sie hat »die Veränderung des Ganzen zum Ziel«, geleitet »vom Interesse an vernünftigen Zuständen«, während traditionelle Theorie sich mit den Zielen der herrschenden Gesellschaft identifiziert. Die Kritische Theorie H.s hat allerdings im Gegensatz zu Marx das Vertrauen in die progressive historische Rolle des Proletariats verloren.

Ende der 30er Jahre beginnt die enge Institutskooperation mehr und mehr zu zerfallen, und im Jahr 1941 ziehen H. und einige seiner Mitarbeiter nach Los Angeles um. Dort will er endlich sein lange geplantes Buch über Dialektik schreiben. Zwischen 1942 und 1944 entsteht dieses Buch nun in engster Zusammenarbeit mit Adorno und erscheint 1947 unter dem Titel *Dialektik der Aufklärung*. In diesem Hauptwerk der Kritischen Theorie rechnen H. und Adorno mit der abendländischen Aufklärungsgeschichte in einer Weise ab, die in ihrer Negativität dem bisherigen Denken H.s weitgehend fremd war. Waren die Schriften der 30er Jahre noch von der verhalten optimistischen Hoffnung auf eine Kontinuität aufklärerischer und marxistischer Perspektiven bestimmt, so scheint H. nun, daß die »Entzauberung der Welt«, das Programm der Aufklärung, in ihr Gegenteil umschlägt. Aufklärung erliegt selbst dem mythischen Zwang völliger Naturbeherrschung und technischer Rationalität. Selbsterhaltung ist das durchgängige »Prinzip der blinden Herrschaft« in Natur und Gesellschaft, das sich schließlich in der Absolutsetzung technischer, instrumentell gewordener Rationalität verkörpert. Diese Fehlentwicklung der Aufklärung konkretisieren die Autoren u. a. an der aufgeklärten Moral (Kant, de Sade) und an der modernen Kulturindustrie. In enger Verbindung mit diesem Werk stehen Vorlesungen H.s. von 1944, die später unter dem Titel *Kritik der instrumentellen Vernunft* auf Deutsch veröffentlicht werden: »Das Fortschreiten der technischen Mittel ist von einem Prozeß der Entmenschlichung begleitet« – diese Entwicklung untersucht H. an dem modernen Begriff der Vernunft, der statt auf vernünftige Zwecke ausschließlich auf die effektivsten Mittel reflektiert. Die Kritik der modernen Vernunft hat bei H. also den Charakter einer Selbstkritik der Vernunft an ihren reduzierten Formen, ist also Vernunftkritik im Dienst der Vernunft.

Als H. 1950 nach Frankfurt zurückkehrt, um dort das »Institut für Sozialforschung« erneut aufzubauen und seine frühere Professur wieder zu übernehmen, werden als letzter großer Ertrag der Emigrationszeit die *Studies in Prejudice* von ihm herausgegeben, das Ergebnis jahrelanger interdisziplinärer Antisemitismusforschung. Die Schwerpunkte seiner Arbeit in Frankfurt liegen im organisatorischen und administrativen Bereich sowie in der Lehre: Abschluß der Wiedererrichtung des Instituts 1951, von 1951 bis 1953 Rektor der Universität und von 1954 bis 1959 Gastprofessor in Chicago. Nach seiner Emeritierung zieht sich H. ab 1960 nach Montagnola in der Schweiz zurück. Das philosophische Spätwerk H.s besteht im wesentlichen aus Gelegenheitsarbeiten und Notizen. Der »verwalteten Welt« und dem Verlust von Individualität und praktisch politischer Perspektive entgegnet H. mit einer pessimistischen Rückwendung auf Schopenhauer, der ihm seit seiner Jugend präsent war. Diese Aktualität Schopenhauers verbindet sich nun, nachdem der selbstbewußte Vernunftanspruch der Philosophie abgewirtschaftet hat, mit dem gleichsam theologischen Motiv einer »Sehnsucht nach dem ganz Anderen«, die aus dem Wissen um menschliches Leid und Endlichkeit entspringt. In ihr drückt sich die gefährdete Hoffnung eines möglichen Sinns des Weltgeschehens aus. – Insbesondere in Philosophie und Sozialforschung hat H. seit Mitte der 70er Jahre eine zunehmende Wirkung entfaltet, die mit der Herausgabe seiner *Gesammelten Schriften* seit 1985 endlich eine solide Basis gefunden hat. Eine »Horkheimer-Konferenz« im September 1985 in Frankfurt am Main bestätigt die Einschätzung, daß der Autor noch Zukunft hat, der – mit Adornos Worten – »für die Verbindung kritischgeschichtsphilosophischen Denkens mit einer emphatisch dem Ganzen zugewandten Gesinnung« steht.

Schmidt, Alfred/Altwicker, Norbert (Hg.): Max Horkheimer heute: Werk und Wirkung. Frankfurt am Main 1986. – Wiggershaus, Rolf: Die Frankfurter Schule. Geschichte – Theoretische Entwicklung – Politische Bedeutung. München/Wien 1986.

Peter Christian Lang

Husserl, Edmund

Geb. 8. 4. 1859 in Proßnitz/Mähren; gest. 27. 4. 1938 in Freiburg i.Br.

Nachdem die Nationalsozialisten den international anerkannten H. – korrespondierendes Mitglied der »Académie des sciences«, der »American Academy of Arts and Sciences« und der »British Academy« – 1933 in sofortigen Urlaub versetzt hatten, verboten sie dem fast Achtzigjährigen 1937 das Betreten seiner Universität Freiburg. H. setzte auf der Rückseite des Verbotsschreibens seine philosophischen Aufzeichnungen fort. Diese Begebenheit beleuchtet unverkennbare Wesenszüge des Menschen und Denkers H.: zum einen seine existentielle Orientierung an der Vernunft auch in schweren Erschütterungen, zum anderen seine typische Arbeitsweise. Er dachte im Schreiben, indem er sich Bleistiftnotizen machte. Als Philosoph war er ein unermüdlicher Arbeiter an Einzelproblemen. Zeugnis und Hinterlassenschaft dieser lebenslangen und tagtäglichen Arbeitsphilosophie ist sein – von Pater Van Breda unter gefährlichen Umständen vor der Vernichtung durch die Nazis geretteter – Nachlaß im Husserl-Archiv zu Louvain in Belgien. Er umfaßt im wesentlichen 45000 Seiten seiner Manuskripte in der alten Gabelsberger Stenogrammschrift, auch das erwähnte Verbotsschreiben. Dieser immense Nachlaß gibt Kunde von dem zähen und monomanen Ringen, von dem Ernst und der Strenge, die das Philosophieren von H. durchgängig prägten. »Ich war und bin in großer Lebensgefahr« –, dies schrieb er nicht etwa angesichts der Bedrohung durch den Nationalsozialismus, sondern 1905, in Tagebuchaufzeichnungen, die von seinem Leiden daran berichten, daß sein Denken nicht vorankommen will.

H. – der zweite Sohn einer jüdischen Familie – studiert nach dem Besuch des k.u.k. Gymnasiums in Olmütz von 1876 bis 1878 in Leipzig Astronomie, Mathematik und Philosophie. Er hört Vorlesungen des Philosophen Wilhelm Wundt, der in Leipzig das erste Institut für experimentelle Psychologie gegründet hatte. H.s Mentor ist der nachmalige erste Staatspräsident der Tschechoslowakei, der Brentano-Schüler Tomáš G. Masaryk (ab 1882 Philosophie-Professor in Prag), auf dessen Einfluß seine Konversion zum Protestantismus (1886) zurückgeht. Von 1878 bis 1881 studiert H. in Berlin Mathematik (bei Carl Weierstraß) und Philosophie (bei Friedrich Paulsen). Er promoviert 1882 in Wien *(Beiträge zur Theorie der Variationsrechnung)* und wird daraufhin Assistent von Weierstraß in Berlin. Dem Rat Masaryks folgend studiert H. von 1884 bis 1886 in Wien bei Franz Brentano Philosophie, der ihm die Weiterarbeit bei seinem Schüler Carl Stumpf in Halle empfiehlt. Bei Stumpf habilitiert sich H. *Über den Begriff der Zahl* (1887) und veröffentlicht die Arbeit 1891 unter dem Titel *Philosophie der Arithmetik*. Sie wurde von Gottlob Frege sehr kritisch rezensiert, und diese Rezension wird die radikale Wende H.s zu einer Psychologismuskritik sicher mit bedingt haben. Er ist nun für vierzehn Jahre Privatdozent in Halle.

Hier entsteht der erste Text, der H. zum Klassiker macht: die *Logischen Untersuchungen* (1900/01), ein epochemachendes Werk, in welchem eine Neubegründung der reinen Logik, der Entwurf einer neuen Erkenntnistheorie, ja einer neuen Philosophie, der Phänomenologie, unternommen wird. Das 1000seitige Werk wird von Wilhelm Dilthey als »der erste große Fortschritt, den die Philosophie seit Kant gemacht hat«, begrüßt. H. erhält einen Ruf nach Göttingen (1901), wo er 1906 zum ordentlichen Professor ernannt wird. Er veröffentlicht 1911 in der Zeitschrift *Logos* den weithin beachteten programmatischen Aufsatz *Philosophie als strenge Wissenschaft*. Mit seinen Schülern Moritz Geiger, Alexander Pfänder und Adolf Reinach gründet H. das *Jahrbuch für Philosophie und phänomenologische Forschung*, in dem als erster Text seine *Ideen zu einer reinen Phänomenologie und phänomenologischen Philosophie* (1913) erscheinen. Dieses Buch bezeugt zuerst H.s Umdenken hin zur Transzendentalphilosophie. Er wird 1916 Nachfolger des Neukantianers Heinrich Rickert in Freiburg. Heidegger wird von 1919 bis 1923 sein Assistent. *Sein und Zeit* erscheint 1927 im *Jahrbuch*, in dem Edith Stein und Heidegger dann 1928 H.s *Vorlesungen zur Phänomenologie des inneren Zeitbewußtseins* herausgeben. H. wird im selben Jahr emeritiert, Heidegger sein Nachfolger. Im Jahr 1929 legt H. das Werk *Formale und transzendentale Logik* vor. Reisen führen ihn nach Amsterdam, Straßburg, Paris, Frankfurt, Berlin. Aus den Pariser Vorträgen entstehen die *Méditations Cartésiennes* (1931; *Cartesianische Meditationen*).

Die Demütigungen durch die Nazis beginnen 1933. H. tritt als Senator der Deutschen Akademie zurück. Einen Ruf nach Los Angeles lehnt er ab. Er findet jedoch noch die Kraft zu seinem zweiten klassisch gewordenen Hauptwerk: *Die Krisis der europäischen Wissenschaften und die transzendentale Phänomenologie* (1936), in dem er den umfassenden Entfremdungscharakter der neuzeitlichen Wissenschaften analysiert. H. reiht sich mit dieser Arbeit, die bereits in tragischer Isolation entsteht, noch einmal in die große Tradition des jüdischen Rationalismus innerhalb der deutschen Philosophie ein.

Sein Denken steht durchgängig in der Tradition der europäischen Aufklärung und Vernunftphilosophie. Sie entfaltet sich, wie etwa auch der Empirismus Humes und die Transzendentalphilosophie Kants, als Kritik. So bestimmt er seit dem Beginn des Jahrhunderts sein philosophisches Lebensziel als eine Kritik der Vernunft. Die Gesamtentwicklung seines Denkens läßt sich mit ihren Hauptetappen in vier Phasen zerlegen. Jede dieser Phasen stellt eine Vertiefung, Radikalisierung und Universalisierung seines kritischen Grundanliegens dar. Erste Phase: die Psychologismuskritik und Neubegründung der Logik *(Logische Untersuchungen)*; zweite Phase: die Wissenschafts- und Philosophiekritik der Göttinger Phänomenologie; dritte Phase: der Versuch der kritischen Grundlegung einer transzendentalen Phänomenologie (ab 1913); vierte Phase: die Kritik des europäischen Wissenschafts- und Zivilisationsprozesses durch eine transzendentale Analyse der Lebenswelt (Spätwerk, *Die Krisis der europäischen Wissenschaften*). Das Grundmotiv seines Denkens läßt sich als Versuch der Rettung der Vernunft vor ihrer Relativierung und ihrer eigenen Kontingenz bestimmen. Er gehört so zu den großen, auf die Bedrohungen, Zusammenbrüche und Kränkungen reagierenden Autoren, Bedrohungen, die zu dieser Zeit bereits tief auch in der universitären Vernunftphilosophie wirksam waren. Man muß sich vor Augen halten, wie etwa der Neukantianismus relativistisch, positivistisch, lebensphilosophisch-irrational unterwandert war. Gegen diese Tendenzen richten sich H.s *Logische Untersuchungen*. Es geht um eine »radikale Überwindung des Psychologismus in der Theorie der Vernunft«; die reine Logik muß allen depotenzierenden Reflexionen entzogen werden. Fünf Kernargumente bilden das Zentrum der *Logischen Untersuchungen*. Erstens: Die Psychologie handelt von Tatsachen; ihre Sätze sind empirisch. Sie hat bislang kein Gesetzeswissen erreicht. Die Regeln der Logik jedoch bedürfen keiner empirischen Abstützung. Umgekehrt kann niemals aus einem empirischen psychologischen Satz eine logische Norm gefolgert werden. Zweitens: Empirische Sätze sind wahrscheinlich; sie können in der Zukunft falsifiziert werden. Logische Wahrheiten sind hingegen notwendige Wahrheiten und notwendig gültig. Drittens: Logische Regeln sind nicht – wie empirische Verallgemeinerungen – durch Induktion aus einer Anzahl einzelner Fälle gestützt. Im Zweifel wird daher die notwendige logische Wahrheit sich stets als stärker erweisen als eine induktive Generalisierung. Viertens: Die empirischen Generalisierungen der Psychologie führen bestenfalls zu kausalen Zusammenhängen; logische Gesetze aber sind keine kausalen Gesetzmäßigkeiten. Prämissen und Konklusionen eines logischen Schlusses stehen nicht im Verhältnis von Ursache und Wirkung. Folgerungen sind keine Wirkungen. Fünftens: Empirische Gesetzmäßigkeiten beziehen sich auf Tatsachen, logische Regeln jedoch nicht. Empirische Gesetze sind aus der Beobachtung besonderer Ereignisse gewonnen; logische Schlußregeln jedoch setzen die Existenz besonderer Ereignisse nicht voraus. Insgesamt präsentieren die *Logischen Untersuchungen* nicht nur die skizzierte Destruktion des Psychologismus und eine Neubegründung der reinen Logik. Sie weiten sich aus zu einer Neubegründung der philosophischen Reflexion selbst, zu einer phänomenologischen Erkenntnistheorie. Denn die reinen, apriorischen, von ihrer psychischen oder gar physiologischen Genese unabhängigen Wesensgesetze, wie sie in der Logik sichtbar wurden, sind keineswegs auf diese beschränkt: In der Perspektive einer erkenntnistheoretischen Fundamentalphilosophie kann H. für sämtliche Regionen des menschlichen Welt- und Selbstverhältnisses die Apriorität ihrer wesentlichen konstitutiven Strukturen behaupten. Da diese in Handlungen (»Akten«) gründen, kann H.s philosophische Position um 1900 charakterisiert werden als eine umfassende, nicht allein wissenschaftstheoretisch ausgerichtete Kritik der Vernunft, die auf eine beschreibende Klärung aller menschlichen Erkenntnismöglichkeiten und der für sie konstitutiven Akte ausgerichtet ist.

In der Folge setzt H. dieses Programm einer Wesensanalyse der menschlichen Erkenntnis in die Tat um. Sie wendet sich radikal gegen Hauptströmungen seiner Zeit: gegen die Wissenschaftsverfallenheit des Denkens in Szientismus und Naturalismus einerseits, gegen den Relativismus, Skeptizismus und Irrationalismus andererseits. In diesen machtvollen Bewegungen artikuliert sich für H. die »Not der Zeit«, welche sich als »radikale Lebensnot« zeige. Der Reduktion der humanen Vernunft auf instrumentelle Wissenschaftlichkeit entspricht verhängnisvoll ihre Geringschätzung in den subjektivistischen Entwürfen, Meinungen, Gefühlen und Lebensstimmungen. Der Ästhetizismus Nietzsches und die Weltanschauungstypologie seines akademischen Rezipienten Wilhelm Dilthey sind die zu H.s Zeit dominierenden Philosophien, die dem wissenschaftstheoretisch enggeführten Neukantianismus gegenüberstehen. Dieser Zerrissenheit der Vernunft gilt der Kampf H.s für eine *Philosophie als strenge Wissenschaft*. Deren Geltungsanalysen sollen jenseits von szientistischem Objektivismus und irrationalem Subjektivismus als den Schwundstufen menschlicher Orientierungsmöglichkeiten die wahren Voraussetzungen der Vernunft freilegen. Es prägt Stil und Systematik von H., daß seine Analysen nun einerseits die subjektiven Bedingungen von Erkenntnis nicht unterschlagen, sondern diese vielmehr in jahrzehntelanger Arbeit immer radikaler strukturell zu erfassen suchen; und daß sie andererseits intersubjektive, »objektiv« ausgewiesene und allgemein zugängliche Methoden anwenden. Deswegen wirken Züge seiner Philosophie zuweilen wie Positionen, die er bekämpft; und deswegen sagte man von ihm bereits zu seinen Lebzeiten, er habe sich sehr kunstvoll zwischen zwei Stühle gesetzt.

Die zweite Phase, die Göttinger Phänomenologie, weitet die Geltungsanalysen auf alle Gebiete des Erkennens aus. Ihr legendärer Kampfruf war die Devise: »Zu den Sachen selbst!« Sie war nicht überschwenglich, teutonisch oder bombastisch gemeint, sondern im Gegenteil als Aufforderung zur strengen Selbstdisziplin und methodischen Genauigkeit des Denkens. Im Seminar wies H. junge Studenten, die mit großen Thesen kamen, mit den Worten zurück: »Geben Sie Kleingeld.« Die Göttinger Phase erhebt alle Phänomene – auch noch die unscheinbarsten und kleinsten – in den Rang authentischer und genuiner Gegebenheiten und dies vor und außerhalb aller theoretischen Konstruktionen und wissenschaftlichen, sie mit bestimmten vereinseitigenden Verständnissen überziehenden Zugangsweisen. Die Arbeit der Erinnerung an das Selbstverständliche, aber Vergessene erfordert dabei eine radikale Umlenkung der Blickrichtung, die von H. so genannte »epochē«. Diese Umkehr läßt sich kurz als Aufgeben aller bisher geltenden Auffassungen und Meinungen bestimmen. Erst nach Ausschaltung aller Setzungen erscheint die Welt in einem neuen, ihre tatsächlichen Strukturen erleuchtenden Licht. Erst dann wird auch sichtbar, daß eine Aufspaltung der Welt in »Subjekte« und »Objekte« von vornherein verfehlt ist. Vielmehr konstituiert sich die Welt in einem unzerreißbaren Zusammenspiel noetischer und noematischer Strukturen, die sich weder in ein gegenstandsloses Bewußtsein noch in ein Ding an sich auflösen lassen. Vielmehr ist die Urstruktur der Welt und in eins des Bewußtseins je bereits die der »Intentionalität«, wie H. im Anschluß an seinen Lehrer Franz Brentano lehrt. Das Bewußtseins-Leben ist intentional verfaßt; und das heißt: Jeder Akt bewußten Lebens ist gerichtet auf seine Erfüllung. Wir hassen etwas, wir lieben etwas, wir hoffen auf etwas, wir fürchten etwas, wir sehen etwas, wir denken etwas – und niemals kann das bewußte Leben diese Struktur minimaler Komplexität verlassen, sich in pure Subjektivität auflösen oder sich verdinglichen. Es ergeben sich daher die Korrelationsanalysen der Göttinger Zeit, in denen sich bereits die systematische Überwindung der die gesamte philosophische Tradition bisher prägenden ontologischen Subjekt-Objekt-Dichotomie ankündigt. In Göttingen wurde Kleinarbeit geleistet. H. ließ von seinen Schülern Tintenfässer und Streichholzschachteln in Übungen analysieren. Er beschrieb in Vorlesungen einen unscheinbaren Göttinger Abhang. Sein Schüler Reinach hielt während eines ganzen Semesters eine Vorlesung über einen Briefkasten. Was kurios anmutet, war radikal: Die Dingkonstitution wurde als ein dynamisches Geschehen aufgeklärt, in dem »Gegebenheitsweisen« des Gegenstandes sich jeweils als »Erfüllungsmöglichkeiten« für die noch »unerfüllte«, »leere« Intentionalität beschreiben ließen. Mögliche »Verläufe« der Erfahrung mit je spezifischer »Typik« waren präzise erfaßbar, ihre Unlösbarkeit von den Leibesbewegungen ermöglichte die Ausarbeitung der Konzeption eines Leibapriori der Erkenntnis. H. untersucht, wie es zur Totalität einer Gegenstandswahrnehmung kommen kann. Jeder Gegenstand in seiner Komplexität erscheint bereits als eine »Idee«, als »unendliche Aufgabe« für die Erkenntnis (»Transzendenz des Gegenstandes«). Neben der Lehre von der Intentionalität ist die Lehre von den Horizonten ein systematischer Grundbeitrag H.s aus dieser Zeit. Der »innere Horizont« kann als die Fülle der möglichen internen intentionalen Verläufe der Gegenstandskonstitution gekennzeichnet werden. Der »äußere Horizont« ist die Umgebung, in der sich ein Phänomen überhaupt erst als das zeigen kann, was es ist, die sinnstiftende kontextuelle Grenze seiner endlichen Totalität. Diese Grenze ist offen auf andere, weitere Horizonte hin bestimmt. Die Intentional- und Horizontalanalysen führen H. zur Konzeption überhaupt möglicher »Regionen« menschlicher Erfahrung und Erkenntnis mit unverwechselbaren Modi der intentional-horizontalen Konstitution (Region der Zahlen, Raumkonstitution, Zeitkonstitution, leibliche »kinästhetische« Konstitution etc.). Die Phänomenologie wird zur beschreibenden Klärung der Geltungsimplikationen und Verlaufsformen unserer alltäglichen Erfahrungen und zur Wesenswissenschaft von den apriorischen Regionen, von den überhaupt möglichen Intentionen und Horizonten. »Das Gebiet des Apriori ist unübersehbar groß« – so resümiert H.s damaliger Mitarbeiter Reinach die Quintessenz dieser Phase der phänomenologischen Bewegung.

Vergegenwärtigen wir uns die phänomenologischen Implikations- und Geltungsanalysen, wie H. sie in Göttingen praktizierte, an einem etwas komplexeren Beispiel. Nehmen wir an, ich entdecke auf der Straße vor mir ein Geldstück. Das Glitzern deutet auf ein Markstück hin. Es bildet sich jetzt sofort um meine Wahrnehmung ein Hof bzw. Horizont von Implikationen: Das Geldstück hat jemand verloren. Ich kann es aufheben und einstecken. Ich kann etwas damit anfangen, mir etwas kaufen. Eine gewisse Genugtuung will sich einstellen. In diesem Augenblick erreiche ich das Geldstück, bücke mich, um es aufzuheben, und entdecke zu meiner Enttäuschung: Es ist gar kein Markstück, sondern ein silberner Kronenkorken. Dieser Augenblick der Enttäuschung impliziert eine Reihe von zeitlich gegliederten Voraussetzungen, die sich explizieren lassen. 1. Eine Enttäuschung hat stattgefunden, eine Enttäuschung meiner ursprünglichen Intention, die auf ein Geldstück gerichtet war. Negativ läßt sich feststellen: Es ist kein Markstück da. 2. Das begleitende Glitzern ist nicht das Glitzern eines Markstückes gewesen. Auch die mitgegebenen Aspekte des Innenhorizonts des Gegenstandes sind anders. 3. Da, wo ich das Geldstück wahrnahm, da ist in Wahrheit etwas anderes, das ich eben zuerst wahrnahm und jetzt noch wahrnehme. Es handelt sich in der Wahrnehmung um zwei unvereinbare Identifikationen. 4. Das in der Täuschungswahrnehmung sichtbare Glitzern des Geldes wird als etwas matteres metallenes Schimmern des Kronenkorkens erkennbar; auch dieses war schon vorher, vor der Täuschung, »da« – so wird mit einem Schlag erkennbar. 5. Die Enttäuschungs-Erfahrung impliziert weiter, daß sich bestimmte Momente des »neu« gesehenen Phänomens mit bestimmten Momenten des vor der Enttäuschung gesehenen Phänomens decken. Z. B. wurde das Glitzern des Geldes zum Schimmern des Kronenkorkens; die Kreisform, die flache Gestalt, die Größe decken sich entsprechend. 6. Mir selbst wird im Moment der Enttäuschung über mich klar, daß ich in der Täuschung etwas anderes sah (und: etwas anders sah) als jetzt, in und nach der Enttäuschung. Es ist mir nun artikulierbar, daß ich wahrnehmend vor der Enttäuschung intentional anders eingestellt war. Es tritt das Moment der Reflexivität hinzu. Zu ihr gehört 7. ein Thematisch-Werden der Wahrnehmung selbst: Während das Geldstück schlicht gegeben war (»selbstgegeben«), so ist meine Wahrnehmung jetzt – durch die Enttäuschung – beobachtend, abtastend und untersuchend geworden, und zwar im Nu. Also hat sich auch die Form der Intentionalität modifiziert. Mir wird 8. deutlich, daß das vermeintliche Markstück auf meine frühere Intention hin relativ – nämlich allein auf diese bezogen – war. Mir wird 9. klar, daß die Intention unangemessen war: Es war gar kein Geld da. 10. wird deutlich, daß aus Unangemessenheit jetzt eine Angemessenheit geworden ist. Es war nicht ehemals Geld da, und jetzt ist ein Kronenkorken da – dies wäre ein Phänomen der Kategorie der Verwandlung oder Verzauberung – sondern nur der Kronenkorken war und ist da. 11. Damit hat sich der gesamte äußere Horizont des Gegenstandes gewandelt; während das Markstück im Horizont der Brauchbarkeit stand, steht der Korken im Horizont der Nutzlosigkeit eines Stückes Abfall. 12. Ich habe es jetzt mit wahrer Wirklichkeit zu tun, während das frühere Phänomen in die Irrealität abgesunken ist. 13. Dennoch nahm ich das Geldstück – in der Täuschung – tatsächlich wahr. 14. Der Augenblick der Enttäuschung impliziert schließlich, daß ich nicht im selben Moment einer neuen Täuschung verfallen bin. Ich weiß jetzt, was auf der Straße liegt.

Diese Analyse der Füllequalitäten eines Augenblicks der Wahrnehmung mit seinen vierzehn konstitutiven Aspekten kann verdeutlichen, wie eine Arbeit der Erinnerung an das Selbstverständliche und Verborgene das Zentrum und das Fascinosum der frühen Phänomenologie ausmachte. Das Freilegen einer Tiefendimension an Geltungsimplikationen noch in der trivialsten Alltäglichkeit hatte etwas von der Rückgewinnung eines Geheimnisses der Wirklichkeit nach dem Schwund aller metaphysischen und weltanschaulichen Systemkonstruktionen an sich: und dies als strenge Analyse. Gleichzeitig konnte die weltfremde Distanznahme des phänomenologischen Blicks durch die Ausschaltung aller Praxisbezüge gerade eine neue Weltnähe und Vertrautheit heraufführen. Es gibt, so zeigte sich, keine isolierbaren Bewußtseinsakte (»Noesen«) und daneben Strukturen der Gegenstände (»Noemata«) an sich, sondern nur Bewußtseinsakte, in denen Gegenstände konstituiert werden: noetisch-noematische Strukturen. »Realismus« und »Idealismus« waren keine Alternativen mehr. H. gab die Parole aus: Wer mehr sieht, hat recht.

Die dritte Hauptphase ist durch eine nochmalige Radikalisierung der Geltungsanalyse gekennzeichnet, indem H. erstens fragt: Was muß bereits bei allen intentionalen Akten als geltend und konstitutiv vorausgesetzt werden? Die Antwort besteht in seiner Phänomenologie der transzendentalen Subjektivität. Sie entwickelt sich als transzendentalphilosophische Radikalisierung der methodischen Zweifelsbetrachtung bei Descartes. Zweitens fragt H. jetzt: Was ist der allen einzelnen Horizonten noch vorausliegende, sie umgreifende Horizont? Die Antwort besteht in seiner Entdeckung der Thematik der Welt.

Auf die Frage: Wie ist Objektivität überhaupt möglich, lautet H.s Antwort jetzt: durch transzendentale Subjektivität als die Urquelle aller Intentionalität und durch die Welt als den Horizont aller Horizonte. Die transzendentale Phänomenologie nimmt die Gestalt eines meditativen Rückgangs nach innen an; von dort aus will H. die Konstitution der gesamten Welt reflexiv fundieren. Im Nachvollzug dieser Analysen kann der Leser H.s zukunftsweisende Systemgedanken in weitere Richtungen verfolgen: sie betreffen die zwischenmenschlichen Beziehungen (*Zur Phänomenologie der Intersubjektivität* – bis Mitte der 30er Jahre entstandene Aufsätze, 1973 ediert aus dem Nachlaß – wichtig für die Soziologie), die Leiblichkeit (wichtig für französische Philosophen wie Merleau-Ponty), das Zeitbewußtsein (*Zur Phänomenologie des inneren Zeitbewußtseins*, 1893/1917, wichtig für H.s bedeutendsten Schüler Heidegger) und die Rolle der Passivität im Erkenntnisprozeß (*Analysen zur passiven Synthesis*, 1918/26). Die Untersuchungen von H. verzweigen sich in den Manuskripten in eine schier undurchdringliche innere Komplexität. Er selbst hat das Gefühl, immer wieder neu anfangen zu müssen und nie weiterzukommen. Wehmütig berichtet er im Schülerkreis, er habe als Junge ein Taschenmesser geschenkt bekommen, dessen Klinge er immer weiter schliff und schärfte, bis sie schließlich zerbrach.

In seiner Spätphase tritt H. mit einer weiteren überraschenden, höchst folgenreichen philosophischen Leistung hervor: mit einer Kritik der europäischen Wissenschaftsentwicklung unter dem berühmt gewordenen Leitbegriff der »Lebenswelt«. Sowohl der heraufkommende Irrationalismus der 30er Jahre als auch die von der technischen Weltzivilisation ausgehenden Bedrohungen entsprechen nicht länger der Idee der europäischen Rationalität, wie sie als selbst unableitbares Ereignis, als »Urstiftung«, im antiken Griechenland entstand. Ihr lebensbedeutsamer Sinn ist in der Neuzeit verlorengegangen. Denn die Idee der vollständigen wissenschaftlichen Vergegenständlichung der Welt – ein nur methodisch zu verstehendes Objektivitätsideal – wurde als die an sich seiende Wirklichkeit ontologisiert. Diesem neuzeitlichen Grundfehler entspringt nach H. der Entfremdungscharakter der wissenschaftlichen Welt der Moderne. Die Krisis der Wissenschaften erscheint in der »Sinnentleerung« einer unmenschlich gewordenen Welt. Die wissenschaftliche Kultur zeigt die Grundstruktur der Selbstentfremdung, in der wissenschaftliche Objektivität, eigentlich Produkt der menschlichen Praxis, dieser beziehungslos gegenübertritt und sich schließlich zerstörerisch gegen sie wendet. Hier setzt die »Aufgabe der transzendentalen Phänomenologie« ein: Sie soll zeigen, daß und wie auch die »objektivistisch« gedachte An-sich-Welt den menschlichen Leistungen entspringt. Stätte dieser Leistungen ist die Lebenswelt, letztere der transzendentale Titel für den umfassenden Horizont menschlichen Erkennens und Handelns vor der Herausbildung wissenschaftlicher Objektivierungsleistungen. Die apriorischen Lebensweltanalysen dienen der Rückgewinnung eines natürlichen, vortheoretischen Weltverständnisses als des ermöglichenden Ursprungs objektivierender Praxis. H.s Kritik der neuzeitlichen Lebensweltvergessenheit ist der radikale Versuch der Erinnerung an das menschliche Fundament aller wissenschaftlichen Praxis, um so den selbsterzeugten Schein des Objektivismus zu zerstören. Die *Krisis*-Arbeit des späten H. wirkt mit diesen Grundgedanken nachhaltig auf Wissenschaftstheorie, Wissenschaftskritik, Anthropologie und Geschichtsphilosophie des 20. Jahrhunderts. Mehr noch gilt dies für die gesamte Lebensleistung des Philosophen: Weder seine Psychologismuskritik in der Logik und Erkenntnistheorie noch seine Begründung einer transzendentalen Phänomenologie sind aus der Geistesgeschichte wegzudenken.

Orth, Ernst W. (Hg.): Perspektiven und Probleme der Husserlschen Phänomenologie. Beiträge zur neueren Husserl-Forschung. Freiburg/München 1991. – Bernet, Rudolf/ Kern, Iso/Marbach, Eduard: Edmund Husserl. Darstellung seines Denkens. Hamburg 1989. – Ströker, Elisabeth/Janssen, Paul: Phänomenologische Philosophie. Freiburg/München 1989. – Sepp, Hans Rainer (Hg.): Edmund Husserl und die phänomenologische Bewegung. Zeugnisse in Text und Bild. Freiburg/München 1988. – Kolakowski, Leszek: Die Suche nach der verlorenen Gewißheit. Denkwege mit Edmund Husserl. Stuttgart 1977. – Plessner, Helmuth: Husserl in Göttingen. In: Ders.: Diesseits der Utopie. Frankfurt am Main 1974, S. 143–159. – Noack, Hermann (Hg.): Husserl. Darmstadt 1973. – Landgrebe, Ludwig: Der Weg der Phänomenologie. Gütersloh 1963.

Thomas Rentsch

Jakobson, Roman
Geb. 11. 10. 1896 in Moskau; gest. 18. 7. 1982 in Cambridge (Mass.)

Als Student an der Moskauer Universität war J. 1915 einer der Gründer des »Moskauer linguistischen Kreises« und 1917 Mitglied der Petersburger »Gesellschaft zur Erforschung der poetischen Sprache«. Die beiden Organisationen waren die Zentren einer Aufbruchbewegung, die als »Russischer Formalismus« in die Geschichte der Literaturwissenschaft einging. 1926, nach sechs Jahren im tschechischen Exil, wurde er einer der Gründer und der bestimmende Geist des »Cercle linguistique de Prague«, des wichtigsten Zentrums der europäischen Sprachwissenschaft in der Zwischenkriegszeit. Für deren Ausrichtung hatte er 1929 als erster den Begriff »Strukturalismus« gebraucht. Auf der Flucht vor den Nationalsozialisten kam er über Dänemark, Norwegen und Schweden 1941 zusammen mit Ernst Cassirer, auf dem gleichen Frachter, nach New York. Dort führte ihn der Husserl-Schüler und Wissenschaftsgeschichtler Alexandre Koyré in die »École libre« der französischen Exilanten ein und machte ihn mit Claude Lévi-Strauss bekannt. Für diesen wurde J. eine Offenbarung, jemand, »der nicht nur die gleichen Probleme aufwarf, sondern sie auch schon gelöst hatte«. Noch nachhaltiger, jedoch anonymer als der Einfluß, den J. über Lévi-Strauss auf den französischen Strukturalismus gewann, war seine Wirkung in Harvard und am Massachusetts Institute of Technology über die »Chomskyanische Revolution« auf jüngere Entwicklungen in der Sprachwissenschaft, auf deren kognitive Wende, die Überwindung von Positivismus und Behaviorismus und auf das Aufkommen der Kognitiven Wissenschaft. Wegweisend wurde für Noam Chomsky wie für Lévi-Strauss, wenn auch mit unterschiedlicher Stoßrichtung, insbesondere J.s Idee, daß sich die Lautsysteme der menschlichen Sprachen nach universalen Gesetzen aus einem kleinen Arsenal von binär strukturierten Lauteigenschaften aufbauen lassen und daß diese Gesetze nicht nur ein theoretisches Instrument, sondern eine psychologische, freilich weitestgehend unbewußte Realität sind.

Auf die Frage: »Sie sprechen und schreiben in so vielen Sprachen. Sie haben in so vielen Ländern gearbeitet, gelehrt und gelebt. Wer sind Sie eigentlich?«, antwortete J. anläßlich eines Interviews bündig: »Ein russischer Philolog. Punkt.« Er nannte die Sprachwissenschaftler »infantil«. Für Kinder sei typisch, daß sie es lieben, mit Worten zu spielen. Sprachwissenschaftler würden solche werden, die von diesem »Infantilismus« nicht loskämen. In der Tat lassen sich J.s Beiträge zur Sprachwissenschaft leicht auf seine Beschäftigung mit der Dichtung, von ihm »Wortkunst« genannt, zurückverfolgen: der relationale Charakter der sprachlichen Eigenschaften, die Funktion als Schlüssel zur Struktur der Sprache, die »Logik« in der Sprachentwicklung, die universale Geltung und die psychologische und letztlich neurologische Realität ihrer Gesetze. Nach strukturalistischer Auffassung läßt sich nicht sagen, *was* das Ästhetische ist, so wenig wie sich in der Physik sagen läßt, *was* Kraft, und in der Psychologie, *was* Rot ist. Es läßt sich nur sagen, *wie*, unter welchen Bedingungen und mit welchen Folgen sich diese Phänomene einstellen. Der Eindruck des Ästhetischen gründet in der Dichtung auf mehr oder weniger bewußten Ähnlichkeits- und Kontrastbeziehungen, auf gleichförmigen und spiegelbildlichen Wiederholungen auf allen Ebenen der Sprache, nicht nur auf der uns besonders vertrauten von Reim und Rhythmus. Dabei ist die Abstimmung der semantischen mit den grammatischen und den lautlichen Beziehungen, die von Sprache zu Sprache variieren, der Grund, weshalb sich Poesie nicht recht übersetzen läßt.

J.s Selbstcharakterisierung als »russisch« wird verständlich, wenn man seiner Sicht der russischen Kulturgeschichte folgt. Typisch für »die russische ideologische Tradition«, in der er sich sah und mit der er den Strukturalismus der Prager Richtung und andere wissenschaftliche Revolutionen seiner Zeit konvergieren glaubte, war für ihn das Bestehen auf der dialektischen, d. h. dynamischen und wechselseitigen Abhängigkeit von Gegensätzen wie Ganzes und Teil, Invarianz und Variation, Synchronie und Diachronie, Sprache und besprochene Welt, Form und Stoff. Es ist eine Tradition, deren Verwandtschaft mit romantisch-hegelianischen Ideen auffällig und geschichtlich belegbar ist. Dieses Ideengut hat in der naturwissenschaftlichen Forschung des 19. Jahrhunderts unter dem Titel »Naturphilosophie« nahezu vollständig und auch kläglich versagt. Seine Wirkung blieb in der Folge auf die Gesellschaftswissenschaften, die Ästhetik und die Theologie beschränkt. Mit J. ist diesem Ideengut zum ersten Mal in einer empirischen Disziplin mit einer starken naturwissenschaftlichen Komponente, in der Phonologie, einem unscheinbaren Teilbereich der Linguistik, ein Durchbruch mit transdisziplinärer Breitenwirkung gelungen. Die Verleihung des Hegel-Preises, vier Wochen vor seinem Tod, war für J. selber ein Anzeichen, daß man sein Lebenswerk in einer angemessenen philosophischen Perspektive zu sehen begann.

Jakobson, Roman/Gadamer, Hans-Georg/Holenstein, Elmar: Das Erbe Hegels II. »Die russische ideologische Tradition« und die deutsche Romantik. Frankfurt am Main 1984. – Jakobson, Roman/Pomorska, Krystyna: Poesie und Grammatik. Dialoge. Frankfurt am Main 1982. – Holenstein, Elmar: Roman Jakobsons phänomenologischer Strukturalismus. Frankfurt am Main 1975.

Elmar Holenstein

Jaspers, Karl
Geb. 23. 2. 1883 in Oldenburg; gest. 26. 2. 1969 in Basel

In einem seiner Hauptwerke, der dreibändigen *Philosophie* von 1932, hatte er angekündigt: »Ein Philosophieren aus möglicher Existenz, welche sich durch philosophisches Leben zur Wirklichkeit bringen will, bleibt Suchen. Das Ursprungsbewußtsein drängt zu diesem Ursprung als selbstbewußtes Suchen, das seine Bereitschaft steigert, das Sein zu empfangen, wo immer es zu ihm spricht.« Nach Ende des Zweiten Weltkriegs wünschte er sich »Ruhe und Freiheit und nichts als Philosophieren«. In diesen beiden Äußerungen bildet sich – bedenkt man die geschichtlichen Ereignisse, die dazwischen liegen und auch in sein Leben tief eingegriffen haben – die merkwürdige Beharrlichkeit eines Denkers ab, der über Jahrzehnte hinweg stets in einem Atemzug mit Martin Heidegger und Jean-Paul Sartre genannt wurde, wenn das Stichwort der Existenzphilosophie fiel und nach der philosophischen Stellung des Menschen in der modernen Welt gefragt wurde. Die geistige Wirkung eines solchen suchenden Philosophierens kann, insbesondere nach 1945, auch nicht annähernd in ihrem Umfang beschrieben werden; zu fragen aber ist, welchem philosophischen Impuls sie sich verdankt. Nietzsche und Kierkegaard sind als Ausgangspunkte des universal ausgreifenden Orientierungsversuchs zu nennen, den J. unternommen hat. Der eine als Verkünder des Endes vom christlichen Äon, der Heraufkunft des europäischen Nihilismus und der Wiederherstellung eines natürlichen Verhältnisses von Mensch und Welt, der andere als verzweifelter »Vollender« einer urchristlich empfundenen Religiosität lebendes Zeugnis eines radikalen Zurück zu einer unmittelbaren Konfrontation von Mensch und Gott.

Der von J. eingeschlagene Lebensweg deutete zunächst nicht auf eine denkerische Radikalisierung hin. Dem Hause eines begüterten Bankdirektors entstammend, studierte er nach seiner Gymnasialzeit drei Semester Rechtswissenschaften in Heidelberg und München, hörte aber lieber Kunstgeschichte und Philosophie. Während eines durch sein Lungenleiden notwendig gewordenen Kuraufenthalts in Sils-Maria faßt er den Entschluß, Medizin zu studieren, mit einem Seitenblick auf Psychiatrie und Philosophie. Er beschließt dieses Studium 1908 mit einer Dissertation *Heimweh und Verbrechen*, wird 1909 Volontärassistent an der Psychiatrischen Klinik in Heidelberg. Damit beginnt sich die künftige akademische Laufbahn abzuzeichnen. Sicherlich ist die Heidelberger Psychiatrische Klinik eine der in Deutschland führenden, aber über eine klassifikatorische Betrachtung der Geisteskrankheiten als Schizophrenien und Manien ist man auch dort noch nicht so recht hinaus. Mit einer Reihe von Arbeiten – über Entwicklung und Prozeß psychischer Erkrankungen, den Begriff der Demenz, über Trugwahrnehmungen u. a. m. – tastet sich J. an eine dem Vorbild Wilhelm Diltheys verpflichtete, genetisch-verstehende Theorie der Geisteskrankheiten heran. Er habilitiert sich 1913 bei Wilhelm Windelband im Fach Psychologie; im selben Jahr erscheint seine *Allgemeine Psychopathologie. Ein Leitfaden für Studierende, Ärzte und Psychologen* (1946 vollständig neubearbeitet), die sich rasch den Ruf eines theoretischen Grundlagenwerks der Psychiatrie erworben hat. J. hat sich nach dem Erscheinen dieses Buchs nur noch gelegentlich mit speziellen psychiatrischen Fragestellungen beschäftigt. Infolge seines Lungenleidens, das ihn wie ein ständig drohender Schatten verfolgte, früh vom therapeutischen Wert der Philosophie überzeugt, hat er stets deren Nähe gesucht. Er gehörte dem Kreis um Max Weber an, in dessen Person sich für J. unbedingte Wissenschaftlichkeit und menschliche Größe vorbildlich zusammenfanden. Er befreundete sich mit Heidegger, war bekannt mit Husserl und Geiger, Lask, Scheler und Simmel, Bloch und Lukács. Mit Heinrich Rickert lag er – naturgemäß – in Dauerfehde. Als J. 1922 neben ihm den zweiten Lehrstuhl für Philosophie übernahm, sah Rickert das Ende der Philosophie nahen.

In Wirklichkeit aber hat sie mit der *Psychologie der Weltanschauungen*, die J. 1919 veröffentlichte, bereits einen neuen Anfang genommen: J. hat damit das erste Buch der modernen Existenzphilosophie vorgelegt. Es zeigt sein Denken im Übergang von der Psychologie zur Philosophie. Sein vorrangiges Interesse gilt dabei nicht den psychologisch möglichen Einstellungen und Weltbildern, sondern den seelischen Antrieben, die hinter den weltanschaulichen Manifestationen stecken und von diesen nicht zufriedengestellt werden. Angesichts dieses Sachverhalts – der Frage, worin die Seele denn ihren Halt findet – ist für J. die Erfahrung der »Grenzsituation« von entscheidender Bedeutung. In sie gerät der Mensch, wenn er die mit dem Dasein unvermeidlichen Erfahrungen wie Tod, Schuld, Leiden, Geschichtlichkeit der Situation macht. Er kann diese Erfahrungen weltanschaulich »verschleiern«, aber es kommt darauf an, diese Grenzen erkennend zu überschreiten, um sich als Existenz gegenüber der Transzendenz zu erfahren und so den herrschenden Skeptizismus und Nihilismus zu überwinden. Diesen kulturkritischen Appell einer philosophierenden »Existenzerhellung« hat J. im Vorwort seines Buchs unterstrichen: »Dieses Buch hat nur Sinn für Menschen, die beginnen, sich zu verwundern, auf sich selbst zu reflektieren, Fragwürdigkeiten des Daseins zu sehen, und auch nur Sinn für solche, die das Leben als persönliche, irrationale, durch nichts aufhebbare Verantwortung erfahren. Es appelliert an die freie Geistigkeit und Aktivität des Lebens durch Darbietung von Orientierungsmitteln, aber es versucht nicht, Leben zu schaffen und zu lehren.«

Als 1000. Band der Sammlung Göschen ließ J. 1931 eine überaus erfolgreiche Studie folgen: *Die geistige Situation der Zeit*. Im Interesse der Existenzerhellung zeigt er die Grenzen der gegenwärtigen »Daseinsordnung« auf und unterzieht in einem weiten geschichtsphilosophischen Bogen die Herrschaft der Technisierung, die Erscheinung der Massengesellschaft, die Entfremdung von Arbeitswelt und Lebenswelt einer umfassenden Kritik. Das Ziel dieses Buches besteht im Aufruf zu einer Veränderung: »Jeder weiß, daß der Weltzustand, in dem wir leben, nicht endgültig ist.« Aber J. warnt entschieden vor einer oberflächlichen, z. B. politischen Interpretation dieses Aufrufs. Er stellt nicht nur die Frage nach der Nivellierung und Vermassung des Geistes, sondern fragt auch nach den Absichten und Zwecken derjenigen, die dieses Geschäft betreiben – ein Zusammenhang, den er nach 1945 unter veränderten Vorzeichen mehrfach scharf kritisiert hat. Das Buch von 1931 jedenfalls hat er mit einer »betrachtenden und erweckenden Prognose« beschlossen: »Was geschehen wird, sagt keine zwingende Antwort, sondern das wird der Mensch, der lebt, durch sein Sein sagen. Die erweckende Prognose des Möglichen kann nur die Aufgabe haben, den Menschen an sich selbst zu erinnern.« In einem kurzen Nachtrag zur Neuausgabe dieses Buchs im Jahr 1946 – bei weitem keine äußerliche Tatsache – hat J. vermerkt: »Dieses Buch ist im Jahre 1930 geschrieben. Ich hatte damals kaum Kenntnis vom Nationalsozialismus, etwas mehr Kunde vom Faschismus. In der Befriedigung über den gerade erreichten Abschluß des Manuskripts war ich bei den Septemberwahlen 1930 erstaunt und erschrocken über den damals ersten Erfolg der Nationalsozialisten. Das Manuskript blieb ein Jahr liegen, da ich es nicht an die Öffentlichkeit lassen wollte ohne meine Philosophie.«

Nicht ganz unwichtig erscheint, diesen intentionalen Zusammenhang mit der dreibändigen *Philosophie* von 1932 *(Philosophische Weltorientierung; Existenzerhellung; Metaphysik)* im Auge zu behalten – auch was die Protesthaltung von J. nach 1945 anlangt. Er hat mit dieser *Philosophie* den Versuch gemacht, den methodischen Gang seines Philosophierens umfassend zu beschreiben. Es versucht, sich zunächst in der Welt der Objekte, der wissenschaftlichen Objektivierungen, der Kunst, der Religion, der Philosophie zu orientieren. Es erkennt aber letztlich die Grenzen dieser Weltorientierung durch die Erfahrung eines in philosophische Logik übersetzten ursprünglichen Suchens, die als vorläufige Form der »Existenzerhellung« ihre eigene Dynamik entfaltet. In einer Annäherung von Philosophie und Religion rückt J. »Wahrheit« und »Gemeinschaft« in der existenziellen Kommunikation zusammen; eine geistesaristokratische Symbiose, in der sich der Mensch nur philosophierend als mögliche Existenz erweist. Metaphysischer Zielpunkt dieses sich aus sich selbst heraustreibenden Philosophierens ist das Lesen der »Chiffrenschrift«, über die nichts weiter ausgemacht ist, als daß der Mensch durch sie seine transzendentale Geborgenheit erfährt, zugleich aber auch sein Scheitern an ihr: »Nicht durch Schwelgen in der Vollendung, sondern auf dem Weg des Leidens im Blick auf das unerbittliche Antlitz des Weltdaseins, und in der Unbedingtheit aus eigenem Selbstsein in Kommunikation kann mögliche Existenz erreichen, was nicht zu planen ist und als gewünscht sinnwidrig wird: im Scheitern das Sein zu erfahren.« J. hat diese doppeldeutige Transzendenz und die chiffrenhafte Weise ihrer Erfahrung von allen religionsphilosophischen und geschichtsphilosophischen Inhalten freigehalten, welche die Moderne bestimmt haben. Er geriet damit zwangsläufig im Spektrum der Existenzphilosophie in weitgreifende Differenzen zu Heidegger und Sartre und in die Nähe der Theologie seiner Zeit. Ein »Irrationalist« – wie man ihm gelegentlich vorgeworfen hat – war J. damit nicht; aber es entsprach doch einer merkwürdigen Zwiespältigkeit seines Denkens, wenn er als philosophisch-moralische Instanz von höchstem Ansehen zu Fragen der deutschen Geschichte und der gegenwärtigen Politik auf die in seiner *Philosophie* geleistete

Kritik der Weltorientierung als zentrales Argument zurückgriff. Eine philosophische Antwort auf die mit Nietzsche und Kierkegaard beschriebene Ausgangslage der europäischen Modernität – auch im Sinne einer politischen Philosophie der Verweigerung – hat J. nicht gegeben.

Die Wirklichkeit nach 1933 verlangte Bescheideneres, Lebensnäheres. Zunächst wurde J. von der Universitätsverwaltung ausgeschlossen, aber noch glaubte er, wie viele Bürgerliche, daß der Spuk der Nationalsozialisten rasch verfliegen werde. 1935 legte er die Geschäftsführung des Philosophischen Seminars nieder, 1937 wurde er im Zuge einer Verwaltungsvereinfachung in den vorzeitigen Ruhestand versetzt; ab 1938 verhinderte die Reichsschrifttumskammer, daß weitere Veröffentlichungen erschienen. Obwohl seine Frau Gertrud unter die Nürnberger Gesetze fiel, reiste das Ehepaar J. nicht aus Deutschland aus. Während der Kriegsjahre war ständig mit der Verhaftung durch die Gestapo und dem Abtransport in ein Konzentrationslager zu rechnen. Für diesen Fall hatte J. mit Zyankali vorgesorgt. Unmittelbar nach dem Waffenstillstand trieb er die Wiedereröffnung der Heidelberger Universität voran. Im Wintersemester 1945/46 hielt er eine Vorlesung über die Schuldfrage (1946 als Buch erschienen) und betonte: »Wir Überlebenden haben den Tod nicht gesucht. Wir sind nicht, als unsere jüdischen Freunde abgeführt wurden, auf die Straße gegangen, haben nicht geschrieen, bis man auch uns vernichtete. Wir haben es vorgezogen, am Leben zu bleiben mit dem schwachen, aber auch richtigen Grund, unser Tod hätte nichts helfen können. Daß wir leben, ist unsere Schuld. Wir wissen vor Gott, was uns tief demütigt.« Zusammen mit Dolf Sternberger gründete er die Zeitschrift *Die Wandlung*, die als Instrument einer geistigen und ethischen Erneuerung gedacht war. J. galt in jenen unmittelbaren Nachkriegsjahren im In- und Ausland als einer der ganz wenigen großen Repräsentanten des »anderen Deutschland«.

Dennoch folgte er 1948 einem Ruf der Universität Basel. J. veröffentlichte im Laufe der Jahre eine Reihe von Schriften, die das Verständnis seines existenzphilosophischen Ansatzes vertieften und andeutungsweise in Richtung einer Philosophie der Vernunft verschoben (*Von der Wahrheit*, 1947; *Vom Ursprung und Ziel der Geschichte*, 1947; *Der philosophische Glaube*, 1948; *Einführung in die Philosophie*, 1950; *Der philosophische Glaube angesichts der Offenbarung*, 1962), aber auch Autobiographisches (*Schicksal und Wille*, 1967). Es war eine Zeit der Ehrenmitgliedschaften und Ehrenpromotionen, der Preise und Auszeichnungen, aber auch eine Zeit, in der er in der breiten Öffentlichkeit seine warnende Stimme erhob und ein vielfältiges Echo fand (*Die Atombombe und die Zukunft des Menschen. Politisches Bewußtsein in unserer Zeit*, 1957; *Hoffnung und Sorge. Schriften zur deutschen Politik 1945–1965*, 1965; *Wohin treibt die Bundesrepublik? Tatsachen, Gefahren, Chancen*, 1966). Seinem philosophischen Grundgestus ist er damit bis zuletzt treu geblieben.

In jüngster Zeit kommt J. als einem Denker *nach* allen Ontologien wieder gesteigerte Aufmerksamkeit zu. Sein Versuch, die weltgeschichtliche Entwicklung mit dem Konstrukt der »Achsenzeit« geschichtsphilosophisch zu untermauern, findet Eingang in die soziologische Kulturtheorie. Von Interesse ist seine Philosophie als eine Haltung kommunikativer Vernunft – ebenso seine Bestimmung der Grenzen wissenschaftlicher Rationalität. Für eine philosophische Interpretation symbolischer Formen ist J.' Chiffrenbegriff zentral, dem Ernst Bloch eine »physiognomische Phantasie« bescheinigte und der eine geistige Erfahrung faßt, die sich in der Nähe des eschatologischen Denkens weiß.

Harth, Dietrich (Hg.): Karl Jaspers. Denken zwischen Wissenschaft, Politik und Philosophie. Stuttgart 1989. – Hersch, Jeanne/Lochmann, Jan Milic/Wiehl, Reiner (Hg.): Karl Jaspers. Philosoph, Arzt, politischer Denker. München/Zürich 1986. – Burkard, Franz-Peter: Karl Jaspers. Einführung in sein Philosophieren. Würzburg 1985. – Salamun, Kurt: Karl Jaspers. München 1985. – Habermas, Jürgen: Karl Jaspers. In: Ders.: Philosophisch-politische Profile. Wozu noch Philosophie? Frankfurt am Main 1981. – Saner, Hans: Karl Jaspers. Reinbek 1970.

Bernd Lutz

Jonas, Hans
Geb. 10. 5. 1903 in Mönchengladbach; gest. 5. 2. 1993 in New York

Als Vierzehnjähriger verweigerte sich J. mitten im Ersten Weltkrieg dem politischen Freund-Feind-Denken: Als der Lehrer zu Beginn der Stunde stolz von der Versenkung eines englischen Truppentransporters durch deutsche U-Boote berichtete und dabei die Hoffnung äußerte, daß möglichst viele Engländer ertrunken seien, wandte J. ein, so etwas dürfe man nicht wünschen, das sei »nicht menschlich«. Der Grundgedanke seines bekanntesten Buches *Das Prinzip Verantwortung. Versuch einer Ethik für die technologische Zivilisation* (1979, ^{9}1989) ist hier bereits ausgesprochen: Die technologischen Möglichkeiten gegenseitiger Vernichtung sind inzwischen so groß geworden, daß nurmehr eine Ethik der Verantwortung die Menschheit vor ihrer endgültigen Selbstzerstörung retten kann. Dieser theoretisch so elementaren wie praktisch nach wie vor nicht durchgesetzten Forderung entsprach allerdings auch J. selbst nicht immer; den Atombombenabwurf auf Hiroshima und Nagasaki interpretierte er weniger als Fingerzeig für freiwillige Selbstbeschränkung der wissenschaftlich-technologischen Forschung denn als Beweis dafür, welches Potential an Energie einer Gesellschaft der Zukunft zur Verfügung stehen könnte, wie schnell sie alle wirtschaftlichen Probleme würde lösen können. Mit zunehmender Einsicht in die Gefahren für das Humanum durch die technische Zivilisation und in die Eingriffsmöglichkeiten von Medizin und Genetik in die menschliche Natur hat J. diese Position im Laufe der 60er Jahre revidiert und sich zu einem der herausragenden Vertreter einer philosophisch begründeten Ethik profiliert, welche die Erhaltung und Bewahrung der Natur in den Mittelpunkt stellt. Der ihm 1987 verliehene Friedenspreis des Deutschen Buchhandels würdigte insbesondere den »Kundschafter im Niemandsland der

Ethik« – und den durch die Nationalsozialisten 1933 vertriebenen jüdischen Philosophen, der trotz vielfach wechselnder Lebenssituationen und Arbeitsschwerpunkte an der Schwelle des Alters engagiert zur eigenen Epoche Stellung nimmt.

Das Interesse des jungen J. dagegen galt sehr viel weniger der zeitgenössischen Erfahrung als religionsgeschichtlicher Forschung, bei der allerdings die biblischen Gestalten aus der »homiletischen Flächenhaftigkeit heiliger Texte zu Personen von Fleisch und Blut erweckt werden« sollten. Seit Sommer 1921 Student bei Edmund Husserl und Martin Heidegger, lernte J. Philosophie in actu kennen. Der Vortrag *Wissenschaft als persönliches Erlebnis* zur 600-Jahr-Feier der Heidelberger Universität zeichnet 1987 in großer Eindringlichkeit nach, wie sehr sich J. von Heideggers »Daseinsanalyse« gefangennehmen ließ und wie sich ihm die spätantike Gnosis mit ihrer Vielzahl platonischer, jüdischer, babylonischer und ägyptischer Denkmotive als Reaktion auf ein einheitliches Grunderlebnis erschloß: die Entzweiung von Ich und Welt. Das esoterische religionswissenschaftliche Thema aus dem östlichen Mittelmeerraum des ersten bis vierten Jahrhunderts gewann so für den Philosophen seine Aktualität als Deutung eigenen Krisenbewußtseins, warf doch der Dialog mit dem antiken Nihilismus ein neues Licht auf den modernen und forderte zur Umkehrung der Blickrichtung auf: »Der Erfolg der ›existentialistischen‹ Lesung der Gnosis lud zu einer quasi ›gnostischen‹ Lesung des Existentialismus und mit ihm des modernen Geistes ein.« Gleichzeitig geriet für J. aber auch die Trennung von Natur und Geist im dualistischen gnostizistischen Denken wie in der klassischen deutschen Bewußtseinsphilosophie ins Wanken. Die Flucht ins Jenseits erschien ihm als Resignation vor den irdischen Aufgaben und als Verzicht auf eine verpflichtende innerweltliche Ethik.

Der zweite Förderer seines Bemühens, die biblischen Texte als Indizien subjektiver Auseinandersetzung mit der Zeiterfahrung zu deuten, war neben Heidegger der Marburger Alttestamentler Rudolf Bultmann. Ihn hatte J. 1924 in Marburg kennengelernt, als er dem neu dorthin berufenen Heidegger folgte. Das Seminar Bultmanns besuchte auch die Heidegger-Schülerin Hannah Arendt, der J. durch gleiches Emigrantenschicksal und lebenslange Freundschaft verbunden war. Mit einer Dissertation über *Gnosis und spätantike(n) Geist* wurde J. 1928 von Heidegger und Bultmann promoviert. Sie erschien in zwei Teilen 1934 (mit einem Vorwort von Bultmann, das die Leistung des soeben emigrierten Juden J. würdigte!) und 1954. An die Dissertation schloß sich eine Seminararbeit bei Heidegger über *Augustin und das paulinische Freiheitsproblem* an, die 1930 in einer von Bultmann herausgegebenen Schriftenreihe erschien.

Während J. in Archiven noch nach weiterem Belegmaterial für seine Doktorarbeit suchte, wurde ihm zunehmend klarer, daß ein »seiner Würde bewußter Jude nicht in Deutschland leben soll«. London, wohin er 1933 emigrierte, war allerdings nur Zwischenstation für die Umsiedlung nach Palästina im Jahr 1935. Bereits zu Beginn der 20er Jahre hatte J. kurzfristig auf dem Lande gelebt, um sich auf die Arbeit im Kibbuz vorzubereiten, sich dann aber doch für die Fortsetzung des Studiums entschieden. Er folgte 1938 einem Ruf an die

Hebräische Universität Jerusalem. Bei Kriegsausbruch trat er als Propagandist für den Militärdienst bei den Alliierten ein und wurde von 1940 bis 1945 Mitglied der englischen Armee; von 1948 bis 1949 war er Artillerieoffizier bei der Haganah, der Selbstverteidigungsorganisation der Israelis gegen die Araber.

Diese der philosophischen Reflexion so diametral entgegengesetzte Tätigkeit wurde für J. zum Impuls einer geistigen Neuorientierung. Heideggers Bewußtseinsphilosophie schien ihm angesichts ständiger körperlicher Bedrohung in der Kriegssituation abstrakt und weltlos. Er setzte sich daher das »Ziel einer Philosophie des Organischen oder einer philosophischen Biologie«, welche die Lücke zwischen der naturwissenschaftlichen Beschreibung physischer Befindlichkeit und philosophischer Reflexion schließen sollte. Gleichzeitig sah er in diesem Ansatz die Chance einer Vermittlung zwischen den hochspezialisierten Naturwissenschaften (mit ihren selbst für Fachkollegen nicht mehr durchschaubaren Ergebnissen) und den Geisteswissenschaften. Seine Hoffnung war, auf diese Weise die Gefahr einer Spaltung der »rationalen Kultur« abzuwenden.

Die in Nordamerika verbrachte zweite Hälfte seines Lebens sieht J. als im wesentlichen durch Vertreter der exakten Wissenschaften geprägt. Zunächst folgte er 1949 einem Ruf seines Freundes Leo Strauss an die McGill University in Montréal, lehrte zwischen 1950 und 1954 an der Carleton University in Ottawa und schließlich zwischen 1955 und 1976 an der »New School for Social Research« in New York, jener sozialwissenschaftlichen Institution, die – 1919 von liberalen Politikern und Intellektuellen gegründet – zahlreiche emigrierte Wissenschaftler und Künstler beherbergte. Gerade die interdisziplinäre Anlage seiner Forschungen erleichterte J. nun die Integration in das nordamerikanische Universitätssystem, das er im Gegensatz zu den meisten Angehörigen der Frankfurter Schule als heilsame Provokation geistesgeschichtlicher Orientierungen ansah. Insbesondere das Werk von Alfred North Whitehead, dem Lehrer von Bertrand Russell, motivierte ihn, die sich durch die moderne Physik, insbesondere die Quantenmechanik, ergebenden Veränderungen des Subjektbegriffs zu untersuchen. Allerdings blieb er insofern der europäischen bewußtseinsphilosophischen Tradition verhaftet, als er den Begriff der Freiheit aus dem Organischen selbst abzuleiten suchte und ihn im Menschen zu seiner höchsten Entwicklungsstufe geführt sah. Alle Überlegungen zu Biologie, Technik und Philosophie, die er seit den 60er Jahren publizierte, zielen auf die menschliche Verantwortung für die kommende Generation angesichts der tödlichen Konsequenzen technisch-wissenschaftlicher Entwicklung: *The Phenomenon of Life* (1966; *Organismus und Freiheit. Ansätze zu einer philosophischen Biologie*); *On Faith, Reason and Responsibility* (1978; *Macht und Ohnmacht der Subjektivität?*); *Technik, Medizin und Ethik. Zur Praxis des Prinzips Verantwortung* (1985).

Der Imperativ des Erkennens erhält so für den Philosophen eine neue und aktuelle Einschränkung: »Nicht mehr Lust des Erkennens, sondern Furcht vor dem Kommenden oder Furcht um den Menschen wird da zum Hauptmotiv des Denkens, und dieses selbst stellt sich dar als ein Akt eben der Verantwortung, deren Begriff in ihr erarbeitet und mittelbar wird.« Eine solche Ethik des technischen Zeitalters sieht J. nicht eingelöst in kurzatmigen Aktionen gegen

Atomkraftwerke und Überrüstung; er betrachtet es vielmehr als die Daueraufgabe des Philosophen, die in alle Poren des Alltags eindringende »technologische Selbstbedrohung« zum Motiv eines neuen kategorischen Imperativs mit dem Tenor »Bescheide dich selbst!« zu machen.

Sein Bemühen, praktisch-moralische Handlungsnormen philosophisch zu begründen, hat ihn bei allem Respekt vor der Ernsthaftigkeit seines Anliegens ins Kreuzfeuer der Kritik geraten lassen. Scheinen doch die umständlichen, nach eigenem Eingeständnis »altfränkischen« philosophischen Ableitungen angesichts der drohenden Gefahr überflüssig oder gar naiv, so etwa, wenn J. das Verhältnis der Eltern zum Kind als Modellfall der Verantwortung für zukünftige Generationen ansieht oder dem guten Staatsmann eine unübersehbare Machtfülle zubilligt. Gegenüber solchen idealistischen Konstruktionen verblassen die realen Entscheidungssituationen, bei denen oft genug die Verantwortung für gegenwärtige Arbeitsplätze in Konkurrenz steht zu derjenigen für Erhaltung der Natur. Auch scheint die Behauptung, in den bisherigen philosophischen Systemen sei die Frage nach menschlicher Verantwortung für die Zukunft nur auf das Individuum gerichtet, überzogen.

Dem Vorwurf folgenloser Erbaulichkeit begegnete J. in der Dankesrede anläßlich der Verleihung des Friedenspreises des Deutschen Buchhandels, *Technik, Freiheit und Pflicht* (1987), indem er deutlicher die politischen Dimensionen des »Prinzips Verantwortung« herausstellte; die Grundrechte seien durch »Grundpflichten« zu erweitern, technische Neuentwicklungen irreversibler Art dem Marktmechanismus zu entziehen und legislativer Entscheidung vorzubehalten. Außerdem präzisierte er die subjektiven Folgen einer solchen Verantwortungsethik, etwa Konsumverzicht und Einschränkung der Freiheit des Marktes. Sicherlich werden solche Fragen nicht von Philosophen entschieden, aber es bleibt bei aller Abstraktheit der Argumentation sein Verdienst, der Philosophie in der Diskussion um den Umgang mit der modernen Technik eine Stimme verliehen zu haben.

Wichtiger als konkrete Schlußfolgerungen ist für J. die Abgrenzung von positiven Utopien, wie er sie am deutlichsten in Ernst Blochs *Prinzip Hoffnung* verkörpert sieht. Ihn, den Friedenspreisträger von 1967, hält J. für den prototypischen Vertreter eines naiven Zukunftsglaubens, dem die Unterwerfung der Natur vordringlicher erscheine als ihre Erhaltung, der die Gegenwart durch den Verweis auf eine durch nichts gerechtfertigte ferne Zukunft ständig entwerte und der schließlich die Entfaltung des Reichs der Freiheit als belanglose Freizeitgesellschaft konzipiere. Eine vorsichtige Verbindung zwischen dem auf das Zukünftige gerichteten Optimismus Blochs und seiner eigenen pessimistisch-bewahrenden Zukunftsvision gelang J. am Ende seiner Dankesrede: Der »Schatten drohender Kalamität« soll die »Stimme der Verantwortung nicht verstummen« lassen. Das Licht der Utopie sei allerdings durch die Warnung ersetzt, die »Weiterwohnlichkeit der Welt und ein menschenwürdiges Fortleben unserer Gattung auf dem ihr anvertrauten ... beschränkten Erbe« zu sichern.

Der Verpflichtung des Subjekts zu einer solchen »Fern-Ethik« spürte J. parallel zum *Prinzip Verantwortung* in *Macht oder Ohnmacht der Subjektivität?* (1981) nach, einem Versuch der Begründung von Identität aus der Wechselwirkung von Denken und Materie. Die Unschärferelation der Quantentheorie versucht er dort als Chance einer minimalen Energieübertragung des Individuums auf die Materie zu deuten. Zum Teil an Überlegungen der Vorsokratiker anknüpfend, siedelt J. gerade an der Grenze naturwissenschaftlicher Erkenntnismöglichkeiten die Bedingung menschlicher Freiheit an. Allerdings bleibt eine solche Parallele – aufgrund des von J. selbst gesetzten Leib-Seele-Dualismus – nach wie vor eine gesetzte Größe, die nicht ihrerseits als physikalisch wahrnehmbare und veränderbare erkennbar wird. Es scheint, als ob J. in dem Bemühen, ein allzusehr als Gegenbild aufgebautes materialistisches Denken abzuwehren, in das Extrem einer Überbewertung der menschlichen Freiheit verfiele, die er durch angreifbare naturwissenschaftliche Theoreme gleichwohl materiell abzuleiten sucht. Eine derart absolut gedachte Freiheit aber läßt sich nurmehr setzen, nicht begründen, doch vor dieser eindeutigen Konsequenz scheut J. zurück; das dualistische Erbe der Gnosis schlägt sich in der entschiedenen Umkehrung des Verhältnisses von Materie und Geist nieder. Wo die Gnostiker ihr Denken ganz auf das als Gott gedachte Jenseits richteten, zieht J. aus ähnlichem Krisenbewußtsein den Schluß, daß es auf die menschliche Entscheidung allein ankomme. An die Grenzen einer solchen Überhöhung des Menschen gerät J. 1992 in den *Philosophische(n) Untersuchungen und metaphysische(n) Vermutungen*. Hier wird die Verpflichtung »auf die Fortdauer der Anwesenheit in der Welt« zum Totalitarismus des Überlebens um jeden Preis, dem sogar die Menschenrechte, »die Freiheit in den äußeren Affären der Menschheit«, geopfert werden dürfen. Die biologische Metapher des Stoffwechsels zwischen Mensch und Natur verstellt J. den Blick für deren Potential an Gewalt und Zerstörung.

Am Zwang des Subjekts zur Selbstbestimmung hält J. auch im theologischen Kontext fest: Die insbesondere nach Auschwitz virulente Frage nach Allmacht und Allgüte Gottes beantwortet er mit der Behauptung von dessen Machtverzicht nach Vollendung des Schöpfungsaktes. Nur so kann dem Menschen die Gelegenheit gegeben werden, im irdischen Leben seiner Verantwortung gerecht zu werden und die Dominanz des Guten gegen das Böse täglich neu zu praktizieren. Auch hier – in den Werken *Zwischen Nichts und Ewigkeit* (1963) und *Der Gottesbegriff nach Auschwitz* (1987) – setzt J. gegen die Leidensbereitschaft des Buches Hiob die Verpflichtung des Menschen zur »physischen Rettung« seiner selbst.

Böhler, Dietrich (Hg.): Ethik für die Zukunft. Im Diskurs mit Hans Jonas. München 1994. – Rath, Matthias: Intuition und Modell. Hans Jonas' »Prinzip Verantwortung« und die Frage nach einer Ethik für das wissenschaftliche Zeitalter. Frankfurt am Main u. a. 1988. – Culianu, Ioan P.: Gnosticismo et pensiero moderno: Hans Jonas. Rom 1985. – Aland, Barbara (Hg.): Gnosis. Festschrift für Hans Jonas. Göttingen 1978.

Claudia Albert

Jung, Carl Gustav
Geb. 26. 7. 1875 in Kesswil (Kanton Thurgau); gest. 6. 6. 1961 in Küsnacht

»Was für eine Therapie man wähle, hängt davon ab, was man für ein Mensch ist« – diese Abwandlung des bekannten Fichteschen Mottos drängt sich geradezu auf angesichts der beiden Gründungsväter der modernen analytischen Psychologie, Sigmund Freud und J., die beide gleichermaßen von der Wissenschaftlichkeit ihrer Gesamttheorie überzeugt waren. Dabei stand die Leistung J.s lange Zeit im Hintergrund gegenüber der seines Lehrers; erst heute wird, im Zeichen einer umfassenden Technik- und Rationalitätskritik, auch die philosophische Bedeutung des Werkes in breitem Umfang neu entdeckt und gewürdigt.

J. stammt aus den ärmlichen Verhältnissen einer evangelisch-reformierten Landpfarrersfamilie am schweizerischen Bodensee und lebt schon als Kind gleichsam in einer Doppelwelt (der »langweilige« Konfirmandenunterricht des kirchlich beamteten Vaters gegenüber dem lebendigen Bewußtsein, »daß Gott, für mich wenigstens, eine der allersichersten, unmittelbaren Erfahrungen war«). Nach dem Gymnasium in Basel studiert J. dort von 1895 bis 1900 Medizin; der Titel seiner Doktorarbeit, *Zur Psychologie und Pathologie sogenannter okkulter Phänomene* (1902), zeigt schon sein frühes Interesse an der Erforschung von Bereichen der Wirklichkeit, die sich der Alltagserfahrung entziehen. Der Entschluß, Psychiater zu werden, erlaubt ihm die Verbindung seiner philosophischen Interessen mit der Medizin und den Naturwissenschaften. Während der »Lehrjahre« an der psychiatrischen Universitätsklinik Burghölzli in Zürich (1900–1909) kann er sich an einem der führenden Institute seiner Zeit eine ebenso breite wie fundierte Erfahrungsbasis erwerben, insbesondere auf dem Gebiet der Schizophrenie. 1903 verheiratet sich J. mit der Industriellentochter Emma Rauschenbach; alles deutet darauf hin, daß sich hier die erfolgreiche Karriere eines Oberarztes, Privatdozenten und ab 1909 frei praktizierenden Psychiaters in Küsnacht anbahnt.

Aber: J. war schon früh auf das im Entstehen begriffene Werk Freuds gestoßen, der 1895 zusammen mit Josef Breuer die *Studien über Hysterie* und 1900 die nicht weniger bahnbrechende *Traumdeutung* veröffentlicht hatte. 1906, im Zusammenhang mit seiner Arbeit *Über die Psychologie der Dementia praecox*, eröffnet J. einen Briefwechsel mit Freud, dem im Februar 1907 ein Besuch in Wien folgt: »Freud war der erste wirklich bedeutende Mann, dem ich begegnete.« Im September 1909 reist J. zusammen mit Freud und dessen Schüler Sándor Ferenczi zu Gastvorlesungen an die Clark University in Worcester/Mass. Das zunächst sehr intensive, dann aber von fortschreitender Entfremdung gekennzeichnete Verhältnis zwischen Freud und J. – von 1910 bis 1914 Präsident der Internationalen Psychoanalytischen Vereinigung – ist nicht einfach zu beschreiben, da sich hier persönliche und sachbezogene Differenzen überlagerten.

Wie die Diskussion etwa um die Rolle der Sexualität, den Begriff der Libido oder die Funktion der Religion zeigt, sind hier letztlich gegensätzliche weltanschauliche Grundeinstellungen aufeinandergeprallt. Gegenüber dem prinzipiell antimetaphysischen, rational-aufklärerischen Freud bejaht J. entschieden einen Erfahrungsbereich, den man im weitesten Sinne als »religiös« bezeichnen kann – eine Differenz, die zu sehr unterschiedlichen Gesamtkonzeptionen geführt hat. In *Wandlungen und Symbole des Libidobegriffs* aus dem Jahre 1912 kommt dieser Unterschied bereits voll zum Tragen – »Ich wußte, daß es ums Ganze ging« –, und nach seinem Rücktritt als Präsident im April 1914 verläßt J. drei Monate später auch die Psychoanalytische Vereinigung.

Sein eigentliches Werk hat J. erst in der zweiten Hälfte seines Lebens geschaffen. Dem ging, etwa von 1913 bis 1918, eine tiefe Krise voraus, die er auch als seelische »Nachtmeerfahrt« bezeichnet hat – eine introspektive Erfahrung, die die Grenzen des scheinbar so kerngesunden, lebensbejahenden Schweizers zu sprengen drohte: »Die Jahre, in denen ich den inneren Bildern nachging, waren die wichtigste Zeit meines Lebens, in der sich alles Wesentliche entschied. Meine gesamte spätere Tätigkeit bestand darin, das auszuarbeiten, was in jenen Jahren aus dem Unbewußten aufgebrochen war und was mich zunächst überflutete.« Diese Ausarbeitung besteht in der Objektivierung des persönlichen Krisen- und Heilungsprozesses einerseits, der Entwicklung eines neuen therapeutischen Ansatzes andererseits. Objektivierung – »Meine Resultate schienen in der Luft zu hängen, indem sich nirgends eine Vergleichsmöglichkeit bot« – meint hier, daß J. sich in den folgenden Jahren und Jahrzehnten intensiv mit den (Bild-)Welten der christlichen Gnosis, der Mystik, der östlichen und europäischen Alchimie sowie generell des Mythos und Märchens auseinandersetzt und in diesen so verschiedenen Welten gewisse allgemein vergleichbare Bilder, Strukturen und symbolische Wandlungsprozesse der Person entdeckt, die den Erfahrungen der eigenen »Nachtmeerfahrt« verwandt sind. Sie liegen gleichsam noch eine Schicht tiefer als das, was bisher (persönliches) Unbewußtes genannt wurde und das er daher als »kollektives Unbewußtes« bezeichnet – seine in dieser Differenzierung entscheidende Entdeckung. Das kollektive Unbewußte ist, vereinfacht gesagt, als Generator von allen Menschen gemeinsamen Urbildern – Archetypen – vorzustellen, die im Moment ihrer Wahrnehmung bzw. Erzeugung jedoch immer auch verändert und so zu mehr oder weniger persönlich gefärbten »archetypischen Vorstellungen« werden. Als »Erlebniskomplexe, die schicksalhaft eintreten«, spiegeln bzw. begleiten sie das Drama der Seele auf ihrem Lebensweg: etwa der Archetyp des Lebens selbst, die »Seele«; das »Wasser«, Archetyp des Unbewußten schlechthin; »der alte Weise« als Archetyp von »Sinn« (*Die Archetypen des kollektiven Unbewußten*, 1934). Der bevorzugte Zugang zu dieser Schicht der Persönlichkeit ist für J. der Traum. Gegenüber Freuds auf »Wunscherfüllung« basierendem, letztlich kausalem Deutungsansatz geht J. auch von einer finalen Kontinuität aus (»Wozu geschieht es?«) – der Traum ist ihm immer »spontane Selbstdarstellung der aktuellen Lage des Unbewußten in symbolischer Audrucksform«, weshalb er auch den Begriff einer »Traumzensur« zurückweist. (*Allgemeine Gesichtspunkte zur Psychologie des Traums*, 1916/1928)

Generell verhält sich der Traum »kompensatorisch« zur jeweiligen Bewußtseinslage des Träumers, und hier liegt auch der Ansatz der jungianischen Therapie: im gemeinsamen Durcharbeiten seiner Träume stößt der Patient mit dem Erfassen der Bedeutung ihrer Symbolik zu den Ebenen seines persönlichen wie des kollektiven Unbewußten vor; in Auseinandersetzung mit dem »Schatten« seines oft maskenhaft verzerrten Ich findet er so sein »Selbst«. Diesen Prozeß nennt J. »Individuation«. Sowohl subjektiver Integrations- wie objektiver Beziehungsvorgang ist ihr Ziel: »Einswerdung mit sich selbst und zugleich mit der Menschheit.«

J., dessen Schülerkreis sich ab 1916 im *Psychologischen Club* in Zürich organisierte, wurde im Laufe der 20er und vor allem der 30er Jahre zu einer international anerkannten Persönlichkeit, insbesondere in England und den USA. Ein dunkles Kapitel der Biographie ist hingegen sein Verhältnis zum Nationalsozialismus. In gefährlicher Weise »ein ganz unpolitischer Mensch« – wie er sich selbst sah –, erlag er der von seinem Denken her naheliegenden Versuchung, die nationalsozialistische Bewegung als schicksalhafte Realisierung autonomer, überpersönlicher seelischer Kräfte zu sehen (*Wotan*, 1936); als Präsident der *Internationalen Gesellschaft für ärztliche Psychotherapie* und Herausgeber des *Zentralblattes für Psychotherapie und ihre Grenzgebiete* ließ er sich öffentlich über den Unterschied zwischen jüdischer und arischer Psychologie aus. In den Aufsätzen *Nach der Katastrophe* (1945) und *Der Kampf mit dem Schatten* (1946) hat er sich korrigiert und Hitler gedeutet als »den Schatten, den inferioren Teil von jedermanns Persönlichkeit«, dem man aus diesem Grunde verfiel – womit er sich selbst eingeschlossen haben dürfte.

J.s Persönlichkeit zeichnet sich durch eine ungeheure Schaffenskraft aus: als Gelehrter mit einem immensen Œuvre, als Therapeut und nicht zuletzt als begabter Handwerker. Auf ausgedehnten Studienreisen nach Afrika, zu den Pueblo-Indianern und nach Indien hat er sich umfassende Kenntnisse außereuropäischer Denkformen erworben und war selbst maßgebend beteiligt an ihrer Verbreitung im Westen: Kommentare zum *Geheimnis der Goldenen Blüte* (1929), einem altchinesischen alchimistischen Werk; zum *Tibetanischen Totenbuch* (1935) und zum tibetischen *Buch der großen Befreiung* (1955); *Einführung in das Wesen der Mythologie* (1942), in Zusammenarbeit mit dem Mythenforscher Karl Kerényi. Dennoch hat J. stets an den europäischen Voraussetzungen seiner Existenz festgehalten, so z. B. empfohlen, den Yoga zu studieren, ihn aber nicht anzuwenden (»Weit besser schiene es mir, sich entschlossen zur geistlichen Armut der Symbollosigkeit zu bekennen, statt sich ein Besitztum vorzutäuschen, dessen legitime Erben wir auf keinen Fall sind«). Die drei Bände des *Mysterium Coniunctionis* (1955/57) stellen den Wandlungsprozeß des Selbst in der Alchemie in umfassender Weise dar. In dem sehr persönlichen Spätwerk *Antwort auf Hiob* (1952) befaßt sich J. mit dem »dunklen« Aspekt Jahwes, seiner – in der offiziellen Lehre unterdrückten – paradoxen Natur als Schöpfer des Guten und Bösen zugleich – womit, in der für J. maßgebenden gnostisch-häretischen Linie des Christentums, eine Brücke gefunden ist zum polaren östlichen Denken, wie es etwa in der Symbolik von Yin und Yang zum Ausdruck kommt. So ist J.,

Entdecker der transkulturellen archetypischen Symbolik im Selbst, zugleich der bleibende Anstoß, diese in der eigenen europäischen Tradition, unter der säkularen Voraussetzung eines »konsequent zu Ende gelebten Protestantismus«, wiederzufinden.

Ress, Lisa: General bibliography of C. G. Jungs writings. Princeton, NJ, 1992. – Wehr, Gerhard: Carl Gustav Jung. Zürich 1989. – Fetscher, Rolf: Grundlinien der Tiefenpsychologie von S. Freud und C. G. Jung in vergleichender Darstellung. Stuttgart 1978. – Jaffé, Aniela (Hg.): Erinnerungen, Träume, Gedanken. Zürich/Stuttgart 1963.

Christoph Helferich

Kautsky, Karl
Geb. 16. 10. 1854 in Prag; gest. 17. 10. 1938 in Amsterdam

Zu seinen Lebzeiten galt er den einen als »Lehrmeister der Klasse« des Proletariats (Karl Renner), den anderen als bläßlicher »Stubengelehrter« (Leo Trotzki), als Revisionist, gar Renegat des Marxismus. Das Bild K.s als maßgeblicher Ideologe und Propagandist des parteioffiziellen Marxismus der Zweiten Internationale unterliegt bis heute starken Bewertungsschwankungen, je nachdem, welche politisch-weltanschauliche Perspektive der Betrachter einnimmt. Im Ganzen überwiegt eine negativ-abwertende Haltung gegenüber Gestalt und Werk K.s, umgibt ihn doch als Theoretiker weder der intellektuelle Glanz von Marx noch die revolutionäre Aura Rosa Luxemburgs und Lenins. Erst in jüngster Zeit sind Bemühungen erkennbar, K. und seinem Wirken größere historische Gerechtigkeit widerfahren zu lassen.

1854 in Prag geboren, entstammte K. einem bürgerlich-künstlerischen Elternhaus – der Vater war Theatermaler, die Mutter Schauspielerin und Schriftstellerin. Seinen bürgerlichen Habitus hat K. auch als Intellektueller, der seine Fähigkeiten und sein Wissen in den Dienst der Arbeiterbewegung stellte, nie ablegen können und wollen, weshalb ihn seine Kritiker einen »Partei gewordenen deutschen Professor« nannten. Mit der Umsiedlung der Familie K.s nach Wien (1862) wurde der Junge rasch ins deutschsprachige kulturelle Milieu integriert. Die Ablösung von religiösen Wertvorstellungen geschah früh, nicht zuletzt unter dem Einfluß der materialistischen Denkweise, die für K., zusammen mit der zeitbedingten unbeirrbaren Wissenschafts- und Fortschrittsgläubigkeit (Darwinismus, Evolutionismus, Determinismus), lebenslang prägend blieb. Die Pariser Commune (1871) wurde für den jungen K. zur politisch einschneidenden Erfahrung; entschlossen wandte er sich den umlaufenden sozialistischen Ideen zu, weil er das Bedürfnis nach »Hebung und Befreiung aller Elenden und Geknechteten« verspürte. Freilich überwand K. diesen jugendlichen »Gefühlssozialismus« bald, indem er sich ernsthaft der Lektüre vor allem der Marxschen Schriften widmete. Zu Beginn seines Studiums, 1875, trat K.

der österreichischen sozialistischen Partei bei. »Der Rubicon ist überschritten, alea est jacta!«, notierte er im Tagebuch. »Ich bin in die Sozialdemokratische Partei aufgenommen, nur als Verräter kann ich sie wieder verlassen.« Bis an sein Lebensende blieb er der Partei treu. K.s Aufstieg als Parteitheoretiker und Sachwalter der »reinen Lehre« des Marxismus vollzog sich in den 80er und 90er Jahren – in London lernte er noch Marx und Engels persönlich kennen –, als es ihm als Redakteur des theoretischen Zentralorgans der SPD, *Die Neue Zeit*, gelang, das Deutungsmonopol des Marxismus an sich zu ziehen. In erster Linie der Wirkung K.s ist es zuzuschreiben, daß die deutsche Sozialdemokratie, die zunächst stark von den staatssozialistischen Ideen Ferdinand Lassalles beeinflußt war, sich der Marxschen Lehre vom revolutionären Klassenkampf öffnete und diese schließlich zur verbindlichen Richtschnur ihres politischen Wollens und Handels erhob. Das Erfurter Programm von 1891, das erste Programm der SPD auf marxistischer Grundlage, trägt in seinen zentralen theoretischen Passagen eindeutig die Handschrift K.s. In zahllosen Artikeln und Büchern, in denen er zu ökonomischen, historischen und sozialen Fragen Stellung nahm, popularisierte K. eine orthodoxe Version des Historischen und Dialektischen Materialismus, deren auffälligstes Merkmal die Abstinenz gegenüber philosophischer Reflexion ist, die das in der Tradition Hegels stehende Marxsche Werk auszeichnet. Bücher wie *Karl Marx' ökonomische Lehren* (1887), *Thomas More und seine Utopie* (1887), *Die Vorläufer des neueren Sozialismus* (1895), *Der Ursprung des Christentums* (1908), *Die proletarische Revolution und ihr Programm* (1922) und *Die materialistische Geschichtsauffassung* (1927) stempelten K. zum Vertreter des Kautskyanismus bzw. eines »Zentrismus«, der sich einerseits gegen die revisionistischen und reformistischen Vorstellungen Eduard Bernsteins, andererseits gegen den aktionistischen Radikalismus Rosa Luxemburgs abgrenzte. Mit dem Tod des Parteiführers August Bebel (1913), mit dem gemeinsam K. die SPD jahrzehntelang politisch und theoretisch dominierte, schwand auch sein Einfluß auf die Partei. 1917 wurde K. als Redakteur der *Neuen Zeit* abgelöst, im selben Jahr trat er aus Enttäuschung über die Haltung der Sozialdemokratie zur Kriegsfrage der USPD bei. Lenins und Trotzkis revolutionärem Experiment in Rußland begegnete er von Beginn an mit Mißtrauen, ja Feindschaft. Seine Schriften *Terrorismus und Kommunismus* (1919) und *Von der Demokratie zur Staatssklaverei* (1921) enthalten eine scharfe Abrechnung mit Lenins Putschismus und der bolschewistischen Diktatur. Noch einmal gewann K. Einfluß auf die SPD, als er deren Heidelberger Programm (1925) mitformulierte. Seine letzten Lebensjahre verbrachte er als freier Schriftsteller und Publizist in Wien, das er kurz vor Hitlers Einfall in Österreich verließ. K. starb als Emigrant in Amsterdam. Seine Frau wurde von den Nationalsozialisten in Auschwitz umgebracht.

Gilcher-Holtey, Ingrid: Das Mandat des Intellektuellen. Karl Kautsky und die Sozialdemokratie. Berlin 1986. – Kolakowski, Leszek: Die Hauptströmungen des Marxismus. Band 2. München 1978. – Vranicki, Predrag: Geschichte des Marxismus. Band 1. Frankfurt am Main 1972.

Hans-Martin Lohmann

Kelsen, Hans
Geb. 11. 10. 1881 in Prag; gest. 19. 4. 1973 in Berkeley/Kalifornien

Eine »von aller politischen Ideologie und allen naturwissenschaftlichen Elementen gereinigte, ihrer Eigenart weil der Eigengesetzlichkeit ihres Gegenstandes bewußte Rechtstheorie zu entwickeln«, war das Grundanliegen K.s. Er wollte die Jurisprudenz »auf die Höhe einer echten Wissenschaft« heben »und deren Ergebnisse dem Ideal aller Wissenschaft, Objektivität und Exaktheit soweit als irgend möglich« annähern, wie er in seinem rechtstheoretischen Hauptwerk, *Reine Rechtslehre* (1934), schreibt.

Jüdischer und bescheiden bürgerlicher Herkunft, wuchs K. in Wien auf, wo er 1906 promovierte (*Die Staatslehre des Dante Alighieri*). 1911 erschien seine Habilitationsschrift *Hauptprobleme der Staatsrechtslehre*. Bis 1930 lehrte K. in Wien, seit 1919 als Ordentlicher Professor. Während des Ersten Weltkrieges wurde er persönlicher Referent des Kriegsministers; nach Kriegsende arbeitete er maßgebend an der 1920 verabschiedeten Bundesverfassung Österreichs mit, wobei insbesondere die grundsätzlich neue Einrichtung des Verfassungsgerichtshofs auf seine Überlegungen zurückgeht. Bis 1929 war K. selbst Richter am Verfassungsgerichtshof. Nach seinem unfreiwilligen Ausscheiden aus diesem Amt wechselte er 1930 an die Universität Köln, 1933 infolge der rassistischen Diskriminierung durch die neuen Machthaber nach Genf, 1936 an die Universität Prag, blieb aber in Genf wohnhaft. 1940 emigrierte er in die Vereinigten Staaten. K. hatte sich stets gegen soziale Widrigkeiten, rassistische und persönliche Diskriminierungen durchzusetzen und heftigster Angriffe gegen seine Lehre zu erwehren. Der dadurch erzwungenen Diskontinuität im Lebenslauf steht die Beharrlichkeit der Ausarbeitung seines Lebenswerkes aus der Idee einer rein wissenschaftlichen Rechtslehre entgegen.

Den Stand der Staatslehre markierte 1900 Georg Jellineks *Allgemeine Staatslehre*. Deren »Zwei-Seiten-Theorie« vom Staat legte ein Auseinanderdriften des soziologischen und des juristischen Staatsbegriffs nahe. Zog Max Weber die Konsequenz eines herrschaftssoziologischen Staatsbegriffs, so entwickelt K. dagegen aus den Prämissen der positivistischen Gerber-Laband-Jellinek Schule seinen Begriff der Methodenreinheit. Auf dessen Grundlage entsteht K.s Rechtstheorie, deren umfassendste Ausarbeitung die zweite Auflage der *Reinen Rechtslehre* von 1960 ist. Doch schon die wegweisende Habilitationsschrift *Hauptprobleme der Staatsrechtslehre* (1911) entwickelt die strukturelle Seite des Rechts programmatisch. Mit der 1922 erschienenen Schrift *Der soziologische und der juristische Staatsbegriff* ist K.s Rückführung des soziologischen Begriffs vom »Staat als soziale Realität« auf den primär juristischen Begriff vom »Staat als Normensystem« grundlegend formuliert. K. führt einen »kritischen Beweis der Identität von Staat und Recht«, wonach der Staat nur als Normensystem unter der Voraussetzung des Rechts juristisch identifiziert werden kann. Die gegenteilige Auffassung vom Staat als Voraussetzung des Rechts kritisiert er als »Hypostasierung gewisser, den Natur- bzw. Rechtsgesetzen widersprechender Postulate«. Damit ist K.s weiterer Arbeitsgang vorgezeichnet. Die Ausbildung seiner Rechtslehre fällt weitgehend in die Zwischenkriegszeit nach 1918. Das Spätwerk geht allerdings mit der völlig neu bearbeiteten und erweiterten *Reinen Rechtslehre* von 1960 und einer nachgelassenen *Allgemeinen Theorie der Normen* (1979) auch neue Wege.

K.s *Allgemeine Staatslehre* (1925) entwickelt den Staatsbegriff »aus einem einzigen Grundprinzip: aus dem Gedanken des Staates als einer normativen Zwangsordnung menschlichen Verhaltens«. Im Anschluß an die strikte Unterscheidung von ›Sein‹ und ›Sollen‹ im Neukantianismus schließt K. die Staatslehre als »Soziologie« oder »Politik« von der »Staatslehre als Staatsrechtslehre« aus, weil das Recht zum Bereich des Sollens gehört und nur unter normativen Gesichtspunkten adäquat betrachtet werden kann. Dann unterscheidet er die normative Staatsrechtslehre rechtstheoretisch in eine »Statik« der »Geltung« der Staatsordnung – Geltung ist demnach ein rechtsdogmatisches Faktum, das eine gewisse soziale »Wirksamkeit« voraussetze – und (Gedanken seines Wiener Kollegen Adolf Merkl aufnehmend) eine »Dynamik« der »Erzeugung« der Staatsordnung. Dabei schließt K. die Lehre von der »Rechtfertigung« und den »Zwecken« des Staates als »Politik« aus. Damit vertritt er die rechtspositivistische »Trennungsthese« einer strikten Unterscheidung des Rechts von der Moral. Rechtsnormen sind nach positivistischer Auffassung alle diejenigen Normen, die von den staatlichen Instanzen auf rechtlichem Wege (korrekt oder inkorrekt, d.h. fehlerhaft) erzeugt wurden. Und jeder (moderne, rechtlich integrierte und identifizierbare) Staat ist nach K. ein Rechtsstaat. Für die juristische Betrachtung sind Fragen der Moral dann irrelevant.

K.s *Reine Rechtslehre* (1934) will deshalb »das Recht darstellen, so wie es ist, ohne es als gerecht zu legitimieren oder als ungerecht zu disqualifizieren; sie fragt nach dem wirklichen und möglichen, nicht nach dem richtigen Recht. Sie ist in diesem Sinn eine radikal realistische Rechtstheorie. Sie lehnt es ab, das positive Recht zu bewerten. Sie betrachtet sich als Wissenschaft zu nichts anderem verpflichtet, als das positive Recht seinem Wesen nach zu begreifen und durch eine Analyse seiner Struktur zu verstehen. Sie lehnt es insbesondere ab, irgendwelchen politischen Interessen dadurch zu dienen, daß sie ihnen die Ideologien liefert, mittels deren die bestehende gesellschaftliche Ordnung legitimiert oder disqualifiziert wird. Dadurch tritt sie zu der traditionellen Rechtswissenschaft in schärfstem Gegensatz«. Die Rechtsnorm faßt K. deshalb 1934 nur als »hypothetisches Urteil«: »Die Rechtsnorm wird zum Rechtssatz, der die Grundform des Gesetzes aufweist.« Damit begreift K. die Rechtsordnung positiv als ein idealiter unter der – mehrsinnigen und vieldeutigen – Idee einer »Grundnorm« geschlossenes Legalitätssystem und sucht diese rechtssystematische Ganzheit und Einheit in der Statik seiner Geltung und Dynamik seiner Erzeugung rechtstheoretisch differenziert darzustellen. Dies ist das Programm der K.schen Rechtstheorie. Eine Grundnorm muß angenommen werden als notwendige Bedingung der Rekonstruktion des Rechtssystems als einer Einheit. Damit ist sie Grundlage eines »transzendentalen« Staatsbegriffs.

K.s Rechtsbegriff faßt das Recht als »Zwangsnorm« auf. Die Zwangsnorm gebietet kein bestimmtes Verhalten positiv, sondern schreibt bei Zuwiderhandlungen nur rechtlich bedingte Sanktionen vor: »Gesollt ist nur der als Sanktion fungierende Zwangsakt«. Damit wendet sich K.s Rechtsbegriff zunächst an die sanktionierenden Instanzen des Staates und dessen Amtsträger. Erst die rechtsinstitutionell verankerte Möglichkeit autoritativer Sanktionierung läßt die Rechtspflicht entstehen. Die von K. propagierte Identität von Recht und Staat ist damit als »Zwangsordnung« des Rechts auf dessen Sanktionierung durch autoritative staatliche Instanzen angewiesen. K. faßt die Rechtsordnung in erster Linie als Herrschaftsordnung auf.

Weil K. eine rein juristische Rechtslehre begründen wollte, korrespondiert seiner Rechtstheorie eine scharfe Ideologiekritik metajuristischer Einflüsse. Die Rechtslehre ist damit ein kritisches Unternehmen im doppelten Sinne der Kritik unkritischer Dogmenbestände sowie der Begründung einer methodenreinen, streng juristischen Rechtslehre. Die Ideologiekritik gilt zunächst der »Substantialisierung« des Staatsbegriffs als Voraussetzung des Rechts, die K. als eine »staatstheologische« Übertragung des »übernatürlichen Gottesbegriffs« auf den Staat kritisiert. Dies führt ihn bald zu scharfen Auseinandersetzungen mit der Idee und Tradition des »Naturrechts«, das er wesentlich als soziale Ideologie der »Gerechtigkeit« faßt (*Die philosophischen Grundlagen der Naturrechtslehre und des Rechtspositivismus*, 1928; *Aufsätze zur Ideologiekritik*, hg. v. Ernst Topitsch, 1964), sowie (auch unter dem Eindruck von Sigmund Freud und Ernst Cassirer) darüber hinaus zu einer Kritik des archaischen »Seelenglaubens« (*Vergeltung und Kausalität*, 1941). Aus dem Nachlaß erschien 1985 eine umfassende Monographie über Platons *Illusion der Gerechtigkeit*.

K. kritisiert die naturrechtliche Gerechtigkeitslehre vor allem als Ideologisierung der Rechts- und Staatslehre und -anschauung. Sein ideologiekritischer Impetus zielt jedoch mit der Absicht auf eine reine Wissenschaft des positiven Rechts nicht auf die Destruktion aller Weltanschauungen, sondern auf die kritische Beschränkung auf rechtswissenschaftlich verträgliche »Weltanschauungen«. Gerade die Voraussetzung der Irreduzibilität von »Weltanschauungen« für das Handeln verbindet K. mit der Philosophie seiner Zeit. So beruft er sich schon in *Der soziologische und der juristische Staatsbegriff* gegen die »Staatstheologie« auf den »Pantheismus«. Das Verhältnis von »Staatsform und Weltanschauung« beschäftigt ihn dann zentral in seinen Schriften zur politischen Theorie und Demokratietheorie. Klassisch sind hier insbesondere seine Ausführungen in *Vom Wesen und Wert der Demokratie* (1920): Dem »Gegensatz der Weltanschauungen entspricht ein Gegensatz der Wertanschauungen, speziell der politischen Grundeinstellung. Der metaphysisch-absolutistischen Weltanschauung ist eine autokratische, der kritisch-relativistischen die demokratische Haltung zugeordnet«. K. bevorzugt die Demokratie »aus der Beziehung der demokratischen Staatsform zu einer relativistischen Weltanschauung«. Diese These ist gleichermaßen bedeutend wie umstritten. Zunächst besagt sie, daß die Demokratie alle fundamentalistischen Wahrheitsansprüche unter die Autorität der Mehrheitsentscheidung beugt. Allerdings unterliegt die Demokratie nach K. auch ihrem eigenen Relativismus; sie muß sich dem Diktat der Mehrheitsentscheidung auch im Falle ihrer legalen Beseitigung beugen. Ihr Relativismus verbietet einen rechtlichen Dogmatismus der Selbstbewahrung, wie er für die Bundesrepublik nach der »Ewigkeitsklausel« des Art. 79 Abs.3 Grundgesetz gilt. Damit ist K. politisch ein Relativist, unabhängig von seinen persönlichen Präferenzen. Mit der Staatsform steht das Rechtssystem insgesamt politisch in Frage: Beruht die Ganzheit und Einheit eines Rechtssystems in rechtstheoretischer Abstraktion begriffen auf einer »Grundnorm«, so steht mit der »Grundnorm« die gesamte Herrschaftsordnung prinzipiell zur politischen Disposition. Den Grenzfall alternativer Dezision betrachtet K. als eine Verfügung der »Politik«. So gipfelt seine Rechtstheorie, einschließlich ihrer Ideologiekritik rechtssystematisch unangemessener Weltanschauungsansprüche, in der Konturierung des Optionsraums politischer Entscheidung; sie markiert die Grenze zwischen Politik und Recht und bewährt sich als analytische Theorie im Verzicht auf metajuristische und metapolitische Begründungsansprüche.

K. wirkte schulbildend. Sein rechtswissenschaftliches Erbe wird heute in Österreich insbesondere im Umkreis des 1971 gegründeten Hans-Kelsen-Instituts in Wien gepflegt und weitergeführt, in Deutschland insbesondere im Umkreis der Zeitschrift *Rechtstheorie*, die von K. mitbegründet wurde. Als Rechtstheoretiker wirkte K. etwa auf Herbert Lionel A. Hart. Seine juristische Bedeutung betrifft nicht nur das Staatsrecht, sondern wesentlich auch das Völkerrecht (*Das Problem der Souveränität und die Theorie des Völkerrechtes*, 1920) und das Verwaltungsrecht. Sachlich besteht K.s rechtswissenschaftliche Leistung vor allem in der Darstellung der Rechtsordnung als Einheit einer Herrschaftsordnung unter der Idee einer Grundnorm. Philosophisch bedeutsam ist weiterhin die geschichtlich weit gespannte, radikale Ideologiekritik sowie insbesondere das politiktheoretische Fazit der Verhältnisbestimmung von Staatsform und Weltanschauung unter der Voraussetzung der Universalität und Irreduzibilität von »Weltanschauung«. Der juristische Verweis auf die politische Grundentscheidung als grundlegendes Faktum der Herrschaftsordnung kann jedoch philosophisch nicht befriedigen. Wenn sich die analytische Unterscheidung von Politik, Legalität und Moralität philosophisch begründen und darstellen ließe als Einheit einer praktischen Vernunft, würde auch K.s Ideologiekritik der Gerechtigkeit zur erneuten philosophischen Auseinandersetzung und Kritik anstehen.

Alexy, Robert: Begriff und Geltung des Rechts. Freiburg i. Br. 1992. – Dreier, Horst: Rechtslehre, Staatssoziologie und Demokratietheorie bei Hans Kelsen. Baden-Baden ²1990. -Weinberger, Ota/Krawietz, Werner (Hg.): Reine Rechtslehre im Spiegel ihrer Fortsetzer und Kritiker. Wien 1988. – Walter, Robert/Paulson, Stanley L. (Hg.): Untersuchungen zur Reinen Rechtslehre. Wien 1986. – Métall, Rudolf A.: Hans Kelsen. Leben und Werk. Wien 1969.

Reinhard Mehring

Klages, Ludwig
Geb. 10. 12. 1872 in Hannover; gest. 29. 7. 1956 in Kilchberg bei Zürich

K. hat sich wiederholt als Kassandra bezeichnet, als Warner vor einem verhängnisvollen Weg, den die Menschheit seit Beginn des »historischen Prozesses« eingeschlagen hat. Den Untergang der Menschheit, ja sogar des Planeten vor sich sehend, hielt er es für seine Bestimmung, wie er in seinem Nachlaßwerk *Rhythmen und Runen* (1944) schreibt, »dem Leben ein Monument zu errichten«. Man darf diese Überzeugung nicht schlechtweg als Pessimismus werten, denn jeder, der sich in das philosophische Werk von K. vertieft, wird feststellen, daß es bis heute unausgeschöpfte Einsichten birgt.

Nachdem er in Hannover das humanistische Gymnasium absolviert hatte, studierte K. »mehr aus praktischen Gesichtspunkten« als aus »inneren Gründen« Chemie mit den Nebenfächern Physik und Philosophie in Leipzig, Hannover und München. Hier promovierte er mit einer Arbeit aus dem Gebiet der Experimentalchemie. Innerlich hatte er sich damals bereits von der naturwissenschaftlichen Denkweise abgewandt und umfangreiche Kenntnisse auf philosophischen, psychologischen und geisteswissenschaftlichen Gebieten erworben. Doch waren es letztlich nicht in erster Linie akademische Anregungen, welche die Hinwendung zur Philosophie und Psychologie bewirkten. Vielmehr waren dafür gewisse mystische Erlebnisse in seinen Jugendjahren verantwortlich, daneben die Begegnungen mit einigen bedeutenden Persönlichkeiten des Geisteslebens.

Wieviel immer diese Begegnungen und seine Studien zur Ausprägung seiner philosophischen und wissenschaftlichen Einsichten beigetragen haben, die entscheidenden Anstöße kamen aus der Tiefe eigenen Erlebens. Er selbst schreibt darüber: »Vom vierzehnten bis zum einundzwanzigsten Jahre wandelte ich wie in einem immerwährenden Blutring der Träume, in den die Stöße des Alltags schmerzlich, aber vergebens zuckten. Gestützt auf die einzige Meisterschaft, deren ich mich rühmen darf, die Beherrschung des Deutschen, goß ich die innere Fülle in dichterischen Chören aus voll verwehter Stimmen aus Horizonten der Vorwelt.« Die »sprengenden« Erlebnisse fallen in die Jahre 1886 bis 1893, um fortan bis zur Jahrhundertwende Platz zu machen einer, wie er schreibt, »Frist zweiflerischer Unrast« und »bohrender Zerrissenheit«. K.' Dichtungen wurden in dem schon erwähnten Nachlaßwerk *Rhythmen und Runen* veröffentlicht.

Die Periode des Suchens und der zweiflerischen Zerrissenheit wurde um die Jahrhundertwende beendet, in die seine entscheidenden metaphysischen Entdeckungen fallen. Nun wandte er sich der wissenschaftlichen Forschung zu. Aus dem Dichter wurde der Denker, Wissenschaftler und Philosoph. Damals schloß er auch zahlreiche Freundschaften mit mehreren Persönlichkeiten des Geisteslebens, wie dem Graphologen und Bildhauer Hans Hinrich Busse, dem Dichter Friedrich Huch, dem Germanisten Karl Wolfskehl, dem Psychiater Georg Meyer und dem Philosophen Melchior Palágyi. Eine Verbindung mit Stefan George wurde nach wenigen Jahren gelöst. Hingegen war von nachhaltiger Bedeutung für K.' eigene Entwicklung die seit 1893 sich anbahnende Freundschaft mit dem Mystiker Alfred Schuler.

1896 gründete K. gemeinsam mit Busse und Meyer die *Deutsche Graphologische Gesellschaft* und gab von 1900 bis 1908 die *Graphologischen Monatshefte* heraus. Diese enthalten wichtige Arbeiten von K., welche die Wurzel darstellen für seine später veröffentlichten Standardwerke *Handschrift und Charakter* (1917), *Grundlegung der Wissenschaft vom Ausdruck* (1935) und *Die Grundlagen der Charakterkunde* (erstmals 1910 mit dem Titel *Prinzipien der Charakterologie*). Die drei Werke erlebten zahlreiche Auflagen und sind auch heute noch von Interesse. Um 1903 gründete er in München sein »Psychodiagnostisches Seminar«, das bis zum Kriegsausbruch 1914 einen bedeutenden Aufschwung nahm. In diesem Seminar wurden vor allem die von K. begründeten Disziplinen der Charakterologie und Ausdruckswissenschaft vorgetragen. Zu seinen Hörern zählten bekannte Namen, u. a. Ernst Bertram, Otto Fischer, Norbert v. Hellingrath, Karl Jaspers, Walter F. Otto, Heinrich Wölfflin. K. hat zwar wiederholt Gastvorlesungen an deutschen Universitäten gehalten, eine akademische Laufbahn, die ihm mehrfach angeboten wurde, lehnte er aber ab. Seine Lehrtätigkeit entfaltete er in seinem Seminar und auf Vortragsreisen vorwiegend in Deutschland und der Schweiz.

1913 schrieb er unter dem Titel *Mensch und Erde* einen Beitrag zur Festschrift der Freideutschen Jugend, die diese aus Anlaß ihrer Jahrhundertfeier am Hohen Meißner herausgab. Lange vor der heute bekannten Umweltzerstörung trat Klages in diesem Aufsatz in scharfer Weise für den Naturschutz ein. Hier kann man Sätze lesen, die heute wohl noch aktueller sind als 1913, wofür ein Beispiel zitiert sei. »Wir täuschten uns nicht, als wir den ›Fortschritt‹ leerer Machtgelüste verdächtig fanden, und wir sehen, daß Methode im Wahnwitz der Zerstörung steckt. Unter den Vorwänden von ›Nutzen, wirtschaftlicher Entwicklung, Kultur‹ geht er in Wahrheit auf Vernichtung des Lebens aus. Er trifft es in allen seinen Erscheinungsformen, rodet Wälder, streicht die Tiergeschlechter, löscht die ursprünglichen Völker aus, überklebt und verunstaltet mit dem Firnis der Gewerblichkeit die Landschaft und entwürdigt, was er von Lebewesen noch überläßt, gleich dem ›Schlachtvieh‹ zur bloßen Ware, zum vogelfreien Gegenstande eines schrankenlosen Beutehungers. In seinem Dienste aber steht die gesamte Technik und in deren Dienste wieder die weitaus größte Domäne der Wissenschaft.«

Der Kriegsausbruch im August 1914 löste bei K. einen tiefen Schock aus und wirkte lähmend auf seine Schaffenskraft. Er ahnte übrigens den verhängnisvollen Ausgang des Krieges für Deutschland und Österreich voraus. Um sich der seelischen Belastung zu entziehen, verließ er 1915 München, wo er 25 Jahre gelebt hatte, und verlegte seinen Wohnsitz in die Schweiz nach Kilchberg am Zürichsee.

1921 veröffentlichte K. eine kleine Schrift von knapp hundert Seiten mit dem Titel *Vom Wesen des Bewußtseins*. Sie handelt von der Bewußtseinswissenschaft, worunter K. die Lehre vom Wesen und der Entstehung des Bewußtseins versteht. Die Bewußtseinswissenschaft tritt bei ihm an Stelle dessen, was herkömmlicherweise Erkenntnistheorie genannt wurde, und eröffnet für umstrittene erkenntnistheoretische Fragen völlig neue Sichtweisen. Ein Jahr nach dieser Arbeit erschien sein in hymnischer Prosa geschriebenes Buch *Vom kosmogonischen Eros*. Mythenwissenschaft, Esoterik der antiken Mysterienkulte und kritische Bewußtseinswissenschaft verbinden sich darin zu einer Metaphysik des Lebens. Der Eros wird als »Eros der Ferne« dargestellt und daraus das Wesen der Ekstase und der Entselbstung hergeleitet. Die ekstatisch erlebte Welt bildet für K. ihrerseits die Voraussetzung für die Entfaltung von Symbolik, Totenkult, Ahnendienst wie auch ursprüngliche Dichtung und Kunst. 1926 veröffentlichte K. das Buch *Die psychologischen Errungenschaften Nietzsches*. Es enthält eine kritische Auseinandersetzung mit Nietzsche. Als bedeutenden psychologischen und geistesgeschichtlichen Fund Nietzsches wertet K. seine Psychologie der Selbsttäuschungen und des Ressentiments und die daraus sich ergebenden Wertefälschungen und kompensatorischen Ideale. Nietzsches Lehre vom Willen zur Macht und seine skeptische Erkenntnistheorie lehnt er hingegen entschieden ab.

In den Jahren von 1929 bis 1932 erschien schließlich in drei Bänden K.' philosophisches Hauptwerk *Der Geist als Widersacher der Seele*. Es stellt ein umfassendes System der Philosophie dar, in dem alle grundlegenden, traditionell überkommenen Fragen und Probleme der abendländischen Philosophie behandelt werden. Nur einige wenige Themen können hier angedeutet werden.

Entgegen der seit Descartes üblichen Gegenüberstellung von Geist und Materie nimmt K. die im Altertum bekannte Dreiteilung von Geist – Seele – Leib wieder auf, gibt ihr aber eine neue Deutung. Seele und Leib sind zusammenhängende »Pole der Lebenszelle«, in die an der Schwelle der Weltgeschichte der außerraumzeitliche, akosmische Geist spaltend eingedrungen ist. – Jedes zeitliche und räumliche Kontinuum kann theoretisch unendlich geteilt werden, woraus sich die Notwendigkeit der Annahme eines raumzeitlosen mathematischen Punktes ergibt. Wir benützen den mathematischen Punkt z. B. ständig, so oft wir feststellen, wieviel Uhr es ist. »Die Teilungspunkte, mittelst deren wir die Stunde in sechzig Minuten zerlegen, sind offenbar dauerlos, weil sonst die Stunde nicht mehr aus sechzig Minuten bestände, sondern aus sechzig Minuten, vermehrt um die Dauer der Teilungspunkte.« Der mathematische Punkt wird durch den außerraumzeitlichen geistigen Akt gesetzt und bildet die Voraussetzung nicht nur für jede Messung, sondern auch für die Feststellung des Denkgegenstandes oder Dinges und damit für das begreifende Denken. Der Denkgegenstand wird vom geistigen Akt aus der erlebten phänomenalen Wirklichkeit als für eine gewisse Zeit identisch herausgehoben. Was dabei begriffen wird, ist lediglich die Identität und Diskontinuität des Denkgegenstandes, nicht die nur erlebbare fließende und zusammenhängende Erscheinung. Ist der mathematische Punkt raum- und zeitlos, so kann keine noch so große Zahl von

Punkten die Stetigkeit von Raum und Zeit ersetzen, und keine Interpolation von mathematischen Punkten bringt uns dem nur erlebbaren Stetigen näher. Schließen sich somit mathematischer Punkt und erlebtes Kontinuum aus, so muß das Erleben, dessen Gegenstück das Wirklichkeitsgeschehen ist, von der aktartigen Funktion wesensverschieden sein, woraus sich der metaphysische Dualismus von Geist und Wirklichkeit oder Geist und Leben ergibt.

Knüpfungsstelle von Geist und Leben und Ursprungsort des geistigen Aktes ist für K. das Ich. Während die phänomenale Wirklichkeit einschließlich des menschlichen Organismus ein Geschehen darstellt, ist das Ich außerzeitlich. Jedes Sich-Erinnern enthält das Wissen der Identität des Ichs in verschiedenen Augenblicken der Zeit. Etwas an uns befindet sich also außerhalb der Zeit, die ja durch ständigen Wandel zur Erscheinung kommt. – Die den sensorischen (rezeptorischen) Lebensvorgängen polare Erlebnisart sind die motorischen (effektorischen) Lebensvorgänge. Trifft der geistige Akt auf die sensorischen Vorgänge, so ist er Auffassungsakt und liegt der Wahrnehmung zugrunde, trifft er auf die motorischen Vorgänge, so ist er Willensakt oder Wille. Zu den motorischen Vorgängen zählen die Bewegungen von Mensch und Tier, die infolge von Triebantrieben, beim Menschen auch infolge von im engeren Sinn seelischen Wünschen entstehen. Triebe und Wünsche werden durch bildhafte Ziele bestimmt. Das Ich verwandelt nun diese Ziele zu gedachten Zwecken und verwendet den abgespaltenen Bewegungsantrieb zur Regelung des restlichen Bewegungslebens im Dienste des vorgesetzten Zwecks. Soweit dies geschieht, liegen nicht mehr vitale Triebe oder Wünsche vor, sondern Triebfedern oder Interessen. Wesentlich ist nun, daß der Wille keine bewegende Kraft ist; seine Leistung besteht ausschließlich darin, ein verfügbares Bewegungsleben vergleichbar einem Steuer in der Zweckrichtung festzuhalten. Solange der Wille vom Auffassungsakt bestimmt wird, bleibt der Geist des Menschen vom Leben abhängig; wird aber der Wille selbstherrlich, so kommt es zur Geistesabhängigkeit des Lebens. In der Emanzipation des Willens vom Leben sieht K. eine Gefahr für die Menschheit. Die kontemplativen »Esgefühle« werden abgelöst von Behauptungs- oder Willensgefühlen bzw. »Ichgefühlen«. Mit der Spaltung von Leib und Seele geht die weitgehende Entseelung des heutigen Menschen Hand in Hand, dessen Gefühlsleben vorwiegend von den Willensgefühlen des Behauptens, Durchsetzens, Überwältigens beherrscht wird. Mehrfach hat K. betont, daß er den »Schlüssel zum Wesen des Geistes nicht im Intellekt, sondern im Willen« sieht. Es ist daher ein Mißverständnis, ihm, wie es wiederholt geschehen ist, Vernunft- oder Intellektfeindlichkeit vorzuwerfen.

Nach K.' Lehre von der »Wirklichkeit der Bilder« sind die Bilder seelische Mächte oder Wesen, die sowohl den kosmischen (elementaren) als auch zellaren (organismischen) Erscheinungen zugrunde liegen. In den Organismen (Pflanze, Tier, Mensch) wirken sie stoffgestaltend in Form von Wachstum, Erhaltung und Vererbung. Im tierischen Leben wecken sie überdies Triebe und Instinkte, die das Bewegungsleben auslösen. Auch im Menschen wirken diese vegetativen und animalen Lebensvorgänge, aber über beide erhebt sich die von den Triebzielen unabhängige »Fernschaugabe«. Damit erwacht und offenbart sich für den Menschen die Welt selber als Wirklichkeit der Bilder und befähigt ihn, Symbole der Wirklichkeit zu schaffen, an denen für jeden Schauenden die Offenbarung der Wesen sich erneuert. Darin liegt die Wurzel von Mythos, Kult, Fest wie auch von Dichtung und Kunst. Die seelischen Mächte sind unanschaulich, werden aber Bilder genannt, weil sie für Mensch und Tier in sinnlich anschaulichen Bildern erscheinen können. Jedes Anschauungsbild (das sich in Sinneszonen aufgliedert) wird durchwaltet von einem Sinn, einer Bedeutung, mit der das Wesen, die seelische Macht zur Erscheinung kommt. Der Erlebnisvorgang stellt einen polaren Zusammenhang dar zwischen den wirkenden Bildern der Welt (dem Makrokosmos) und der empfangenden Seele (dem Mikrokosmos). Das heißt aber: nur weil in den Bildern selbst ein wesenhaftes Leben erscheint, erleben wir, fühlen wir uns lebend.

Nach dem Erscheinen seines Hauptwerkes veröffentlichte K. noch mehrere Bücher und wissenschaftliche Artikel, von denen nur noch das sprachphilosophische Werk *Die Sprache als Quell der Seelenkunde* (1948) hier genannt sei.

Großheim, Michael: Ludwig Klages und die Phänomenologie. Berlin 1994. – Schröder, Hans Eggert: Schiller – Nietzsche – Klages. Bonn 1974. – Kasdorff, Hans: Ludwig Klages – Werk und Wirkung. 2 Bde. Bonn 1969/1974.

Franz Tenigl

Klossowski, Pierre
Geb. 9. 8. 1905 in Paris

Die Seele der Heiligen Theresa von Avila bemächtigt sich zu ihrer Reinkarnation des Körpers eines jungen androgynen Lustknaben, an dessen Körperausscheidungen sich eine Hummel gütlich tut, welche die Seele des Großmeisters (d. h. des Stellvertreters Gottes) des Templerordens in sich aufgenommen hat, dessen Widersacher Nietzsche sich wiederum in die Gestalt eines Ameisenbären geflüchtet hat.

K., Sohn einer aus Polen stammenden Familie, Bruder des Malers Balthus K., lernt in seiner Jugend Rilke und Gide kennen, absolviert seinen Militärdienst, übersetzt zusammen mit Pierre Jouve Hölderlin und findet schließlich in Georges Bataille sein großes literarisches Vorbild. 1934 tritt er in den Dominikanerorden ein, eine Episode, die er 1947 mit der Veröffentlichung seines atheistischen Credo *Sade, mon prochain* endgültig abschließt.

Die o. g. zentrale Szene seines Schlüsselromans *Le Baphomet* (1965) umschreibt auf metaphorischer Ebene das entscheidende Problem des Denkens von K.: Identität bzw. Nichtidentität des Ichs mit sich selbst. Und auch sein geistiger Vater taucht in dieser Szene auf: Friedrich Nietzsche und ganz besonders dessen Theorem von der Ewigen Wiederkehr des Gleichen (vgl. *Nietzsche et le Cercle vicieux*, 1969; *Nietzsche und der Circulus vitiosus deus*). Was bei K. die Faszination Nietzsches ausmacht – er übersetzte 1954 dessen *Fröhliche Wissenschaft* – sind indessen nicht allein seine philosophischen Aussagen, es ist vor allem sein Leben, ja K. beschreibt in mehreren Arbeiten Nietzsches gesamtes philosophisches Denkgebäude als »Variationen über ein persönliches Thema«. Für K. ist die Lehre von der Ewigen Wiederkehr nicht in erster Linie eine theoretische Erkenntnis, sondern vielmehr eine pseudo-religiöse Offenbarungserfahrung des Menschen Nietzsche, die einer existentiellen Stimmung, einer »Intensitätsfluktuation« entspringt. Diese gewissermaßen unlehrbare Lehre zielt nicht primär auf das theoretische Denken des Rezipienten, sondern auf seine praktische Existenz, deren Identität sie radikal in Frage stellt, indem sie unablässig bewußt macht, »daß ich anders war, als ich jetzt bin«. Zugleich mit dieser Negation der Identität des Ichs negiert K. auch die Existenz des Garanten dieser Identität, die Existenz Gottes; auch hier folgt er Nietzsche und seiner Proklamation vom Tod Gottes, wobei er diese Erkenntnis und ihre praktischen Konsequenzen bereits bei Sade findet (*Sade, mon prochain*): »Der Akzent (d. i. des ›Tods Gottes‹) muß auf den Verlust der gegebenen Identität gelegt werden. Der ›Tod Gottes‹ ... öffnet der Seele all die möglichen Identitäten ... Die Offenbarung der Ewigen Wiederkunft bringt notwendig die sukzessive Realisierung aller möglichen Identitäten mit sich.«

Die literarische Umsetzung seiner Nietzsche-Interpretation legte K. bereits vor ihrer theoretischen Ausformulierung in der Roman-Trilogie *Les Lois de l'Hospitalité* (1965; *Die Gesetze der Gastfreundschaft*) vor. Der Band vereinigt drei Texte, die zuvor einzeln erschienen waren: *Roberte ce soir* (1954; *Heute abend, Roberte*), *La Révocation de l'édit de Nantes* (1959; *Der Widerruf des Edikts von Nantes*), *Le Souffleur ou Le Théâtre de société* (1960; *Der Souffleur oder Theater in geschlossener Gesellschaft*). Alle drei Texte kreisen um die Figur der Roberte und ihre verschiedenen Identitäten. Der Ehemann Octave unterwirft sie den Gesetzen der Gastfreundschaft, d. h. sie muß den Gästen – z. B. einem Riesen und einem Zwerg – und ihren (vor allem sexuellen) Wünschen vollständig gehorchen. Octave glaubt, auf diese Weise die Persönlichkeit Robertes in all ihrer Vielfalt ausleuchten zu können. Die Unternehmungen führen jedoch zu einer letztlichen Auflösung der Identität, ja der Realität überhaupt. Es kommt zu Zweifeln, ob Roberte wirklich Roberte ist, ob wirklich Octave ihr Gatte ist oder nicht vielmehr der Schriftsteller Théodore Lacase, der ein Buch mit dem Titel »Roberte ce soir« verfaßt hat und eigentlich ›K.‹ (= Klossowski?) ist. Die Grenzen zwischen Fiktion und Wirklichkeit verschwimmen (vgl. schon K.s ersten Roman *La Vocation suspendue*, 1950); die Figuren spielen sich selbst in Theateraufführungen oder in szenisch nachgestellten erotischen Bildern oder Filmen, die sie ihrerseits selbst abbilden und auch selbst betrachten. In diesem Spiel mit sexuellen Abenteuern, philosophischen Vorträgen, eingelegten Dramenfragmenten usw. offenbart sich, vielleicht deutlicher noch als in seiner Schrift über den *Circulus vitiosus*, die eigentliche Neuinterpretation von Nietzsches Gedanken der Ewigen Wiederkehr. Anders als bei Nietzsche kehrt bei K. nicht das Gleiche wieder; die Nicht-Identität der Existenz manifestiert sich –

gleichsam potenziert – darin, daß sie ständig das *Andere* in sich aufnimmt. Die eigene Vergangenheit als Rest einer möglichen Identifikationsbasis wird dem Ich entrissen, es bleibt lediglich formal als Leerstelle bestehen, als »Vakanz des Ichs«. Immer neue Gedanken, Worte oder Blicke erfüllen diese Leerstelle Ich und lassen sie zu einer unendlichen Metamorphose der Außenwelt werden: »Ich kann mich bei jedem Wort fragen, ob ich denke oder ob andere in mir oder für mich denken oder mich denken, oder auch denken, bevor ich selbst wirklich denke, was sie denken.«

In einer populären neueren Literaturgeschichte wird K. als »romancier du fantasme« definiert; diese Charakterisierung bezeichnet in der Tat formelhaft den Kern seines philosophischen und schriftstellerischen Schaffens: Auflösung der Realität und des Ich, an deren Stelle ein an Georges Bataille und dem Surrealismus geschultes literarisches Universum einer phantastischen Welt tritt, in der Gott zwar tot ist, die aber auch ihren Gott anbetet: An die Stelle der Identität tritt die reine Intensität der (meist sexuellen) Ekstase, der unverbunden nebeneinander stehenden Augenblicke, die nun die Stelle von Nietzsches kontinuierlicher Wiederholung des immer Gleichen einnehmen. Die endgültige Auflösung des Ichs bedeutet in K.s Denken die höchste Form des Willens zur Macht und ist die »glanzvolle Trophäe« (Gilles Deleuze) der Existenz.

Durham, Scott Philip: The Poetics of Simulation. Yale 1993. – Arnaud, Alain: Pierre Klossowski. Paris 1990. – Madou, Jean-Paul: Démons et simulacres dans l'œuvre de Pierre Klossowski. Paris 1987. – Pfersmann, Andreas: L'Experience du discontinu. Pierre Klossowski et la modernité. Paris 1985. – Deleuze, Gilles: Pierre Klossowski ou Les corps-langages. In: Critique 21 (1965), S. 199–219. – Foucault, Michel: La Prose d'Actéon. In: La Nouvelle Revue Française 12 (März 1964), S. 444–459.

Ulrich Prill

Kojève, Alexandre (d. i. Aleksandr Kojevnikov)
Geb. 1902 in Moskau; gest. Mai 1968 in Paris

Wenn in Raymond Queneaus Roman *Le dimanche de la vie* (1951) die Hauptperson den Wunsch äußert, einmal die Stadt Jena besuchen zu wollen, weil dort die Geschichte zu Ende gegangen sei, dann ist das eine für die Zeitgenossen deutliche Anspielung auf K. So präsent war ihnen die originelle Figur des Russen, der mit seiner einzigen Vorlesung, einer Hegel-Interpretation, die »Generation der drei H« (Hegel, Husserl, Heidegger) so nachhaltig prägte, daß er zur Schlüsselfigur der französischen Philosophie in der Epoche des Existentialismus wurde. K. ging 1920 nach Deutschland, wo er in Berlin und Heidelberg sowohl fernöstliche wie abendländische Philosophie studierte und 1931 bei Karl Jaspers über Vladimir Solovjov promovierte. Dann zog er nach Paris weiter – wo er seinen Namen französisierte – und setzte von 1933 bis 1939 die von seinem Landsmann Alexandre Koyré am »Collège de France« gehaltene Vorlesung über Hegels Religionsphilosophie fort. Diese Fortsetzung wurden zu einer sechs Jahre anhaltenden kursorischen Interpretation von Hegels damals noch nicht ins Französische übersetzter *Phänomenologie des Geistes*. In Paris, wo in dieser Zeit an den Universitäten ein mathematisch orientierter Neukantianismus herrschte und Hegel, der in den philosophischen Handbüchern nur kurz abgetan wurde, kaum zum Programm gehörte, wurde diese heute legendäre Vorlesung zu einem Geheimtip der künftigen intellektuellen Elite. So befanden sich unter seinen Hörern Raymond Aron, Georges Bataille, André Breton, Pierre Klossowski, Jacques Lacan, Maurice Merleau-Ponty, Raymond Queneau, Eric Weil und der Jesuitenpater Fessard. Doch erst 1947 gab Queneau die Nachschriften dieser Vorlesung unter dem Titel *Introduction à la lecture de Hegel (Hegel. Eine Vergegenwärtigung seines Denkens)* als Buch heraus und machte sie damit der Öffentlichkeit zugänglich. K. selber brach seine akademische Laufbahn ab und arbeitete bis zu seinem Lebensende als Beamter des französischen Wirtschafts- und Finanzministeriums für die OECD. Nach seinem Tod erschienen aus dem Nachlaß ein dreibändiger *Essai d'une histoire raisonnée de la philosophie païenne* (1968, 1972, 1973) und ein Buch über *Kant* (1973).

Folgenreich an K.s Hegel-Interpretation war seine – aus späterer Sicht – »existentialistische« Deutung des Kampfes der Bewußtseine um gegenseitige Anerkennung auf Leben und Tod, mit dem sich das Selbstbewußtsein und damit der Geschichtsprozeß konstituieren. Daher stand für K. das Kapitel »Selbständigkeit und Unselbständigkeit des Selbstbewußtseins, Herrschaft und Knechtschaft«, dem in der *Phänomenologie des Geistes* die Bewußtseinsstufen der sinnlichen Gewißheit, der Wahrnehmung und des Verstandes vorausgehen, im Mittelpunkt: Da auf diesen drei Stufen der Mensch in passiver Betrachtung seines Gegenstands von dem Gegenstand absorbiert wird, können sie nicht erklären, was das Selbstbewußtsein ist, das ihn vom Tier unterscheidet. Selbstbewußtsein kann nur durch die Begierde entstehen, weil die Begierde nichts anderes ist als das Begehren, sich das betrachtete Objekt durch eine Tat anzueignen und sich ihm gegenüber dadurch als selbständig zu erweisen. Doch das gilt ebenso für die animalische Begierde, die noch nicht zum Selbstbewußtsein führt, weil die rein biologische Befriedigung vom bloßen Sein, von der Natur abhängig bleibt. Wer sich vom bloßen Sein wirklich befreien will, muß seine Begierde auf etwas Nichtseiendes richten, das heißt auf eine andere Begierde. Damit begehrt er nicht das Objekt, das der andere begehrt, sondern das Recht auf dieses Objekt, er begehrt also die Anerkennung durch den anderen. Und nur dadurch, daß der andere ihn anerkennt, gelangt er zum Selbstbewußtsein. Streben aber alle nach Selbstbewußtsein durch Anerkennung, dann herrscht überall ein Prestigekampf auf Leben und Tod. Endet dieser Kampf mit dem Tod beider Protagonisten, dann gibt er kein Selbstbewußtsein. Verliert nur einer von ihnen das Leben, gelangt der Sieger auch nicht zum Selbstbewußtsein, weil er sich ja nur von einem lebenden Subjekt anerkennen lassen kann. Unterwirft sich der andere jedoch, macht er sich zu seinem Knecht, so kann auch das seinen Herren nicht befriedigen, denn dadurch, daß jener die Knechtschaft dem Tod vorzog, bewies er seine Abhängigkeit vom Sein, das heißt seine Unselbständigkeit. Also kann der Herr auch von ihm sich nicht anerkennen lassen. Somit endet sein Sieg in einer Sackgasse. Vom Knecht aber geht die Entwicklung weiter: da ihn der Herr zur Befriedigung seiner Begierden arbeiten läßt, unterwirft der Knecht durch seine Arbeit das Sein, indem er es verändert. Damit verändert er auch sich selbst, denn er beweist jetzt nachträglich Selbständigkeit gegenüber dem Sein, dessen Nichtigkeit ihn bereits seine Todesfurcht bei der Unterwerfung unter den Herrn gelehrt hatte, und gelangt nun seinerseits zum Selbstbewußtsein. Da sich dieses Selbstbewußtsein mit der Existenz des Herrn nicht mehr verträgt, wird er schließlich jede Herrschaft beseitigen. Zurück bleibt die Gesellschaft der freien Bürger, die einander anerkennen, weil sie durch Kampf und Arbeit zur Selbständigkeit des Selbstbewußtseins gelangt sind. Damit vollendet sich die Geschichte, und alles, was folgt, ist nur die Durchsetzung ihrer Vollendung.

Hegel sah diesen Prozeß in der Französischen Revolution und in der Errichtung des Napoleonischen Weltstaates, und die ganze *Phänomenologie des Geistes* ist nach K. – der behauptete, vor dieser Erkenntnis kein Wort von ihr verstanden zu haben – eine philosophische Apologie Napoleons. 1937 war K. noch der Meinung, Hegel habe sich um etwa einhundert Jahre irren müssen, denn nicht Napoleon, sondern Stalin sei der Vollender der Geschichte. Aber seit Ende des Zweiten Weltkriegs war er davon überzeugt, Hegel habe sich doch nicht geirrt und mit Napoleons Sieg in Jena habe tatsächlich das »Ende der Geschichte« begonnen, denn sowohl in den kapitalistischen wie in den kommunistischen Industriegesellschaften verwirkliche sich trotz aller Rückschläge und Verzögerungen der homogene bürgerliche Weltstaat, den sich schon die Theoretiker der Französischen Revolution als eine stände-(klassen-)lose Gesellschaft vorgestellt hatten. Alle Kriege, Revolutionen, Restaurationen und Befreiungsbewegungen seitdem seien nur Kämpfe zu dessen allgemeiner Durchsetzung. Mit dem Ende der Geschichte war für K. auch die menschliche Rede zu Ende, das heißt die Rede, die nicht nur Paraphrase des bereits Gesagten ist, sondern etwas Neues sagt, und daher interessierte er sich für die Frage, wie der posthistorische Mensch aussehen würde. Hier sah er nur die Alternative zwischen dem animalischen »american way of life« eines alles umfassenden Konsums oder der »japanischen« Lösung des Snobismus durch Harakiri oder Kamikaze, bei dem man sein Leben für nichts aufs Spiel setzt. K. selbst zog die Konsequenz aus seiner Erkenntnis und schwieg oder dachte – wie es von der Parodie seiner Person in dem Queneauschen Roman heißt – »im allgemeinen an nichts . . ., wenn aber doch, dann am liebsten an die Schlacht von Jena«, und genoß den »Sonntag des Lebens«, wie dieser Roman nach einem Hegelzitat heißt. K.s nachgelassenes Werk erwies sich denn auch lediglich als ergänzende Einführung in sein Denken. Gegen Ende seines Lebens verschaffte sich K. einen provokatorischen Abgang, indem er am 26. Juni 1967, auf dem Höhepunkt der Berliner Studentenbewegung, kurz vor dem Eintreffen Herbert Marcuses an der Freien Universität in einem Vortrag mit dem Titel *Was ist Dialektik? Die Struktur der Rede* seine Theorie vom Ende der Geschichte verkündete. Doch nicht diese

Theorie hatte inzwischen unübersehbare Folgen für die französische Philosophie gehabt, sondern die Tatsache, daß er mit seiner Interpretation vom Prestigekampf auf Leben und Tod den rein erkenntnistheoretischen Rahmen des Neukantianismus gesprengt und eine dialektische Philosophie in das französische Denken eingeführt hatte, die auf die konkreten Beziehungen der handelnden Subjekte untereinander und damit zur Geschichte anwendbar war, was auch die bald einsetzende Rezeption des Marxismus prägte. Deutliche Spuren dieses Einflusses findet man z.B. sowohl in Maurice Merleau-Pontys *Humanisme et terreur* (1947) als auch beim Batailleschen Schlüsselbegriff der Souveränität, bei Jacques Lacans Auffassung der Begierde und indirekt bei Sartres Beschreibung der wechselweise agonistischen Beziehung zum Anderen.

Auffret, Dominique: Alexandre Kojève. Paris 1990. – Cooper, Barry: The End of History. Toronto 1984. – Descombes, Vincent: Das Selbe und das Andere. Fünfundvierzig Jahre Philosophie in Frankreich 1933–1978. Frankfurt am Main 1981. – Juszezak, Joseph: L'anthropologie de Hegel à travers la pensée moderne. Paris 1977.

Traugott König †

Kolakowski, Leszek
Geb. 23.10. 1927 in Radom (Polen)

Mitte der siebziger Jahre, rund fünfzehn Jahre vor dem Zusammenbruch des real existierenden Sozialismus, veröffentlicht K. mit seinem dreibändigen Werk *Die Hauptströmungen des Marxismus* (dt. Ausgabe 1977–79) den Abgesang auf eine der prinzipiellen Ideologien unseres Jahrhunderts. Die Botschaft dieser Bände, einer kritischen Bilanz des Marxismus, ist an Deutlichkeit nicht zu überbieten. K.s »Epilog« setzt mit dem Urteil ein: »Der Marxismus war die größte Phantasie unseres Jahrhunderts.« Er schließt mit den Sätzen: »Die Selbstvergötterung des Menschen, welcher der Marxismus philosophischen Ausdruck verlieh, endet wie alle individuellen und kollektiven Versuche der Selbstvergötterung: Sie erweist sich als der farcenhafte Aspekt der menschlichen Unzulänglichkeit.« Wie unterschiedlich die Beurteilungen der *Hauptströmungen* auch ausfallen, wie provozierend manche der dort vertretenen Thesen wirken, in einem sind sich die Kommentatoren einig: Das Werk stellt nicht nur eine imposante Übersicht über die wichtigsten Verzweigungen des Traumes »von einer vollkommen geeinten Gesellschaft dar, in der sich alle menschlichen Bestrebungen erfüllen und alle Werte miteinander versöhnt sind«; es ist auch eine dramatische Auseinandersetzung mit der eigenen Biographie. Unmittelbar nach Kriegsende beginnt K. ein Philosophiestudium an der neu gegründeten Universität in Lódź – und wird Mitglied der kommunistischen Partei. Die explizite Entscheidung für den Marxismus – der Grund dafür wurde im freidenkerischen Elternhaus gelegt – folgt aus der

Erfahrung des Kriegs, der Polen so schrecklich verheerte: Mußte man nicht annehmen, daß das, was man unter einer bürgerlich-christlichen Kultur verstand, durch die Ereignisse des Kriegs und des Völkermords kompromittiert war, daß es nun notwendig war, radikal neue Wege zu beschreiten? In der Tat merkt K. später an, daß »Kommunismus« für ihn das Zauberwort für die ersehnte Gegenwelt des menschlichen Universalismus war; eines Universalismus, der die Verengungen des Nationalismus, die Ausbeutung in den ökonomischen Verhältnissen und den Obskurantismus der Religion überwinden sollte. Diese Vision erprobt K. in den folgenden zehn Jahren im philosophischen Kampf gegen jede Art von »Idealismen«, aber auch in spektakulären Disputen mit der in Polen einflußreichen katholischen Kirche (poln. Essaysamlung *Skizzen über die katholische Philosophie*, 1955). Seine 1953 beendete Dissertationsschrift behandelt *Die Lehre Spinozas von der Befreiung des Menschen*. Als sie fünf Jahre später unter dem Titel *Individuum und Unendlichkeit: Freiheit und Antinomien der Freiheit in der Philosophie Spinozas* (nur poln.) veröffentlicht wird, ist der im Titel angezeigte Wechsel von der prometheischen »Befreiung« zum »Individuum« und zur »Freiheit« von tiefer Symbolik: Spätestens im Jahre 1956, als Chruschtschow bestätigt, daß George Orwells *Animal Farm* nicht lediglich die Ausgeburt einer antisowjetischen Phantasie darstellt, als sich die Bevölkerung Polens und Ungarns gegen die neuen Fürsten erhebt, weiß K., daß der kommunistische Götterhimmel leer ist. Auch wenn er zu einer führenden Gestalt des »Revisionismus« wird und einige Jahre lang nach Möglichkeiten sucht, die marxistische Lehre moralisch und intellektuell zu regenerieren, so denkt er fortan aus der Defensive heraus, weiß eher zu sagen, was der Sozialismus *nicht* ist: »Ein Staat, der mehr Spione als Krankenschwestern und mehr Menschen im Gefängnis als in den Spitälern hat«. »Ein Staat, in dem die Philosophen und die Schriftsteller immer das gleiche sagen wie die Minister und die Generäle, aber stets erst nach diesen« (so in der 1956 verfaßten Thesensammlung *Was ist Sozialismus?*). In dem 1957 veröffentlichten Aufsatz *Verantwortung und Geschichte* (dt. in der Sammlung *Der Mensch ohne Alternative*, 1960) nimmt K. endgültig Abschied von deterministischen Geschichtsphilosophien, die er als »sakral« bezeichnet und einer »peinlichen Kraftlosigkeit« dem Alltag gegenüber bezichtigt.   Seit 1959 ist K. Professor für Philosophiegeschichte in Warschau und betrachtet nach dem *Tod der Götter* (so der Titel eines poln. Aufsatzes) den »nackten« Menschen, der »niemandes Schutz« genießt und dessen Vernunft »sterblich« ist (dt. Essaysammlung *Traktat über die Sterblichkeit der Vernunft*, 1967). Er postuliert den Menschen, der den Status der Infantilität verläßt, der sich seiner »totalen Verantwortung« bewußt ist und weder dem Wunsch nach dem großen Demiurgen noch nach Analgetika nachgibt. Gleichwohl läßt K. die Frage nach der Hartnäckigkeit der Religion und der Lebendigkeit des Mythos nicht los. »Die Philosophie hat sich niemals vom Erbe der Theologie frei gemacht«, stellt er in dem Essay *Der Priester und der Narr* (1959; dt. in: *Der Mensch ohne Alternative*) programmatisch fest. Die lange Liste historischer Kontinuitäten und Parallelen läßt K. von einer »monistischen Neigung des menschlichen Geistes« sprechen, von der »permanenten Jagd nach dem Stein der Weisen«, die sich weder von fortgesetzten Mißerfolgen noch von Denkverboten entmutigen läßt. Kurz bevor K. Polen 1968 aus politischen Gründen verläßt, beendet er *Die Gegenwärtigkeit des Mythos* (dt. 1973), einen groß angelegten Essay, der die dauerhafte Präsenz des »mythischen«, des auf unbedingte Realitäten wie »Sein«, »Wahrheit«, »Wert« gerichteten Denkens in allen Bereichen der menschlichen Existenz aufzeigt. Die mythogene Situation ist für K. untilgbar, was freilich nicht die Gleichrangigkeit der Mythen bedeutet. K. setzt insbesondere »konservative« Mythologien, die das Gefühl der »Verschuldung gegenüber dem Sein« wecken und reale Bindung zwischen den »Verschuldeten« herstellen, von solchen ab, die das »Bewußtsein des Gläubigers« postulieren und sich auf die Kodifizierung von Ansprüchen konzentrieren. Auch wenn K. dem erstgenannten Typus den Vorrang gibt, so möchte er jedweden Mythos dem »permanenten Verdacht« aussetzen und sieht im gesellschaftlichen Zusammenleben eine Arbeitsteilung zwischen »Mythos-Wärtern« und »Mythos-Kritikern« als sinnvoll an. K.s Ankunft im Westen, seine Lehrtätigkeit als Gastprofessor in Berkeley und Montreal, fällt zeitlich zusammen mit einer Welle studentischer Unruhen, die nicht selten mit Gewalt und häufig mit Intoleranz verbunden sind. K. ist entsetzt über die »geistige Barbarei«, die er erlebt, über den Versuch, die mühsame intellektuelle Suche durch einen »undifferenzierten Aufschrei und die Gewalt« zu ersetzen. Diese Erfahrungen lassen ihn die Fragen intensivieren, die er in *Die Gegenwärtigkeit des Mythos* aufgenommen hat: Welche geistigen Quellen stehen zur Verfügung, die »das Sein erhellen« und uns angesichts der »Gleichgültigkeit der Welt« nicht verzweifeln lassen? Welche Mythologien führen uns in die Welt der Werte ein, stiften behutsame Bindungen, ohne zur Flucht aus der Welt oder zur Theokratie aufzurufen? K., der ab 1970 am All Souls College in Oxford lehrt, stellt sich hiermit in die Tradition der praktischen Philosophie. Ohne Vorurteile ringt er in *Religion* (1982; dt. *Falls es keinen Gott gibt*), in *Horror metaphysicus* (1988) und in *Die Moderne auf der Anklagebank* (1990) mit den klassischen Fragen der menschlichen Existenz – nicht um schlüssige Antworten anzubieten, sondern um den »status qaestionis zu erhellen sowie zu erklären, warum diese Fragen wichtig sind«. Als der Börsenverein des Deutschen Buchhandels K. im Jahre 1977 seinen Friedenspreis verleiht, gilt dieser Preis »dem politischen Philosophen, der die Tradition der abendländischen Denker fortsetzt, der nie bereit ist, an die Unbelehrbarkeit des Menschen zu glauben, für den Offenheit des Denkens und Mut zur Wahrheit Voraussetzung aller gedanklichen Existenz ist.«

Mordka, Cezary: Od boga historii do historycznego boga. Wprowadzenie do filozofii Leszka Kolakowskiego. Lublin 1997.   Heidrich, Christian: Leszek Kolakowski zwischen Skepsis und Mystik. Frankfurt am Main 1995   Schwan, Gesine: Leszek Kolakowski – Ein religiöser Narr und konservativ-liberaler Sozialist. In: Leszek Kolakowski: Narr und Priester. Ein philosophisches Lesebuch (hrsg. von G. Schwan). Frankfurt am Main 1987, 375–404.

Christian Heidrich

Korsch, Karl
Geb. 15. 8. 1886 in Tostedt (Lüneburger Heide); gest. 21. 10. 1961 in Belmont (Mass.)

»Mein Lehrer ist ein enttäuschter Mann. Die Dinge, an denen er Anteil nahm, sind nicht so gegangen, wie er es sich vorgestellt hatte. Jetzt beschuldigt er nicht seine Vorstellungen, sondern die Dinge, die anders gegangen sind. Allerdings ist er sehr mißtrauisch geworden. Mit scharfem Auge sieht er überall die Keime zukünftiger enttäuschender Entwicklungen.« Als der Freund und marxistische »Schüler« Bertolt Brecht – als den er sich bekannt hat – 1930 sein kritisches Porträt über K. schreibt, ist dieser bereits vier Jahre aus der KPD ausgeschlossen; seine Hoffnungen, in der Partei und mit ihr – zu der er auf wechselvollen Wegen gefunden hat – einen neuen kritischen Marxismus durchzusetzen und eine revolutionäre Entwicklung (vor allem in Deutschland) zu fördern, sind weitgehend zerschlagen. In Deutschland sind die reaktionären Kräfte auf dem Vormarsch, die Tendenz zum Faschismus wird unübersehbar, und in der Sowjetunion weicht der revolutionäre Aufschwung immer mehr dem Parteibürokratismus Stalins. Brecht benennt den Widerspruch, der Leben und Werk des wohl eigenwilligsten modernen Philosophen des Marxismus nachhaltig bestimmt. K. ist überzeugter Marxist, ja er meint, durch einen Rückgriff auf Marx die – durch Lenin und Stalin – verschüttete revolutionäre Theorie neu entdeckt zu haben, er muß jedoch erkennen, daß weder der Parteikommunismus bereit ist, seiner Überzeugung zu folgen, noch die politische Entwicklung so vorangeht, daß sie real wirksam werden kann. Für den Parteikommunismus wird K. der Voluntarist, der ultralinke Revoluzzer bleiben; für die kritische bürgerliche Linke verkörpern er und seine Philosophie die Hoffnung, durch kritisches Denken die verkrusteten Verhältnisse – wie es im Jargon der 68er Jahre hieß – doch noch zum Tanzen zu bringen, und zwar im kommunistischen Osten ebenso wie im kapitalistischen Westen.

»Er glaubt fest an das Neue... Ich glaube, er ist furchtlos. Was er aber fürchtet, ist das Verwickeltwerden in Bewegungen, die auf Schwierigkeiten stoßen. Er hält ein wenig zu viel auf seine Integrität, glaube ich« (Brecht). K. entstammt kleinbürgerlichen Verhältnissen, die ihn früh zum Widerspruch reizen; er engagiert sich während seines Studiums (Jura, Philosophie, Nationalökonomie) in der freistudentischen Bewegung und vertritt als Mitglied der (englischen) Fabian Society einen demokratischen Sozialismus. 1912 wird er Mitglied der SPD und schließt sich dort dem neukantianischen Bernstein-Flügel an. An der Revolution 1918/19 nimmt er aktiv als Arbeiter- und Soldatenrat in Meiningen teil, wechselt 1919 zur USPD, arbeitet zugleich aber an seiner bürgerlichen Karriere: als promovierter Jurist (1911) habilitiert er sich 1919 in Jena und wird dort 1923 ordentlicher Professor für Zivil-, Prozeß- und Arbeitsrecht. Die (gescheiterte und durch die SPD verratene) Revolution hat ihn aber längst in den Widerspruch seines Lebens gebracht. Alles sprach dafür, daß die objektiven Gegebenheiten den Erfolg der sozialistischen Revolution garantieren mußten; jedoch waren für K. die revolutionären Massen unfähig, ihre historische Chance zu nutzen: ihr Bewußtsein war hinter den Realitäten zurückgeblieben. Es gilt für ihn nun, eine kritischrevolutionäre Theorie zu erarbeiten, die das Versäumte nachholen ließe. Das bringt ihn sowohl beim Bürgertum in Verruf (reaktionäre Kräfte versuchen, ihm die Professur abzuerkennen) als auch in der KPD, deren Mitglied er 1923 wird.

1923 entsteht sein erstes philosophisches Hauptwerk *Marxismus und Philosophie*, das die Grundzüge seiner Philosophie im wesentlichen enthält. Es geht ihm um die »Wiederherstellung von Marx«. Dessen Theorie der Einheit von Denken und Handeln, von Begreifen und Verändern sieht er durch Lenins Widerspiegelungstheorie verschüttet; der Marxismus sei umgewandelt in eine bloß »wissenschaftliche Kritik« des bürgerlichen Kapitalismus, die darauf baue, daß der Übergang zum Sozialismus quasi automatisch erfolgt. K. setzt dagegen seine Deutung der 11. Feuerbachthese von Marx und Engels. Die dort formulierte Selbstaufhebung der Philosophie sei nicht als Einheit von Theorie und Praxis erkannt worden. Es handele sich um eine »schroffe Absage an alle solche, philosophische oder wissenschaftliche, Theorie..., die nicht *zugleich* Praxis ist ... Theoretische Kritik und praktische Umwälzung, und zwar diese beiden als untrennbar zusammenhängende Aktion begriffen ..., als konkrete, wirkliche Veränderung der konkreten wirklichen Welt der bürgerlichen Gesellschaft«; darin sei das eigentliche Prinzip des dialektischen Materialismus ausgesprochen. K. polemisiert gegen die mechanistische Auffassung der marxistischen Orthodoxie, die das Bewußtsein lediglich als Reflex des (gesellschaftlichen) Seins verstehe, es damit von der Realität ablöse und nicht schon selbst als – richtig verstandene – »geistige Aktion« anerkenne und den »subjektiven Faktor« zugunsten des »Objektivismus« vernachlässige: das Bewußtsein stehe »der natürlichen und erst recht der geschichtlich-gesellschaftlichen Welt nicht mehr selbständig *gegenüber*, sondern als realer, wirklicher – wenn auch geistig ideeller – Teil dieser natürlichen und geschichtlich-gesellschaftlichen Welt in dieser Welt mitten darin«. Obwohl er als (kommunistischer) Justizminister in Sachsen und als Reichstagsabgeordneter in den 20er Jahren aktiv politisch tätig ist, sieht er sich durch seine Thesen bald isoliert und schlägt sich als Einzelkämpfer durch, beim Bürgertum als Kommunist, bei den Kommunisten als idealistischer Revisionist geltend. Es beginnt für ihn das wechselvolle Leben als Außenseiter, der durch Vorträge, seine Lehrtätigkeit an der »Marxistischen Arbeiterschule«, zahlreiche Aufsätze (darunter *Warum ich Marxist bin*, 1935; *Die materialistische Geschichtsauffassung*, 1929) und nicht zuletzt durch seine Freundschaft mit Brecht hartnäckig seine revolutionäre Theorie verficht, sich jedoch immer vorhalten lassen muß, durch mangelnde Bereitschaft, sich einzugliedern und am (partei-)organisierten Kampf teilzunehmen, nicht wirklich zur revolutionären Tat bereit zu sein und am (vorhandenen) Proletariat vorbeizuoperieren.

Der Faschismus zwingt ihn zur Emigration, zuerst nach England, wo er 1936 als Hitleragent denunziert wird, dann in die USA, wo er sich – lange Zeit vergeblich um Stipendien und Anstellungen bemüht – verschiedensten sozialistischen Kreisen anschließt, ohne sich jedoch integrieren zu können. Sein zweites Hauptwerk *Karl Marx* entsteht 1938. Es handelt sich um keine Biographie, sondern die »Anwendung der materialistischen Geschichtsauffassung ... auf die materialistische Geschichtsauffassung selbst«, also um die Historisierung von Marx unter den veränderten historischen Bedingungen. Zugleich formuliert K. seine Überzeugung nochmals paradigmatisch: »Der praktische Eingriff in die geschichtliche Bewegung ist der große Zweck, dem jeder Begriff, jede theoretische Formulierung des Marxismus dient.«

Nach dem Krieg bleibt er in den USA; eine Europareise 1950 nutzt er, seine (desillusionierte) Einstellung in den *Zehn Thesen über Marxismus heute* vorzutragen. Er verwirft die Wiederherstellung der Marxschen Theorie als soziale Revolution der Arbeiterklasse; sie sei heute »reaktionäre Utopie«; was zum Sozialismus zu führen schien, habe nur einen Kapitalismus neuen Typs hervorgebracht, weil der Marxismus an den Realitäten vorbeigegangen sei. 1956 wird K. schwer krank (Zersetzung der Gehirnzellen), 1961 stirbt er. »Auch beim Proletariat wäre er wohl nur ein Gast. Man weiß nicht, wann er abreist. Seine Koffer stehen immer gepackt. – Mein Lehrer ist ungeduldig. Er will alles oder nichts. Oft denke ich: Auf diese Forderung antwortet die Welt gerne mit: nichts« (Brecht).

Kornder, Hans-Jürgen: Konterrevolution und Faschismus. Zur Analyse von Nationalsozialismus, Faschismus und Totalitarismus im Werk Karl Korschs. Frankfurt am Main u. a. 1987. – Buckmiller, Michael (Hg.): Zur Aktualität von Karl Korsch. Königstein/Ts. 1981. – Autorenkollektiv: Korsch. Der Klassiker des Antirevisionismus. Berlin 1976.

Jan Knopf

Kuhn, Thomas Samuel
Geb. 18. 7. 1922 in Cincinnati (Ohio)

»Wenn man die Geschichtsschreibung für mehr als einen Hort von Anekdoten oder Chronologien hält, könnte sie eine entscheidende Verwandlung im Bild der Wissenschaft, wie es uns zur Zeit gefangen hält, bewirken.« Mit diesen Worten charakterisiert K. zu Beginn seines Buchs *The Structure of Scientific Revolutions* (1962, rev. ²1970; *Die Struktur wissenschaftlicher Revolutionen*, 1967, erw. ²1976 mit *Postskriptum* von 1969) die ihn beim Studium der Geschichte der Wissenschaften leitende Intuition. Anders als die Wissenschaftsphilosophen im Umfeld des Logischen Empirismus (Rudolf Carnap) und des Kritischen Rationalismus (Karl Popper), welche methodologische und normative Fragen der wissenschaftlichen Forschung diskutierten und dem klassischen Bild von der Wissenschaft als einem kumulativen Fortschrittsprozeß anhingen, begreift K. die Wissenschaft als ein Unternehmen, welches nicht kontinuierlich zu einer Anhäufung von Wissen führt und sich zielgerichtet der endgültigen Wahrheit annähert, sondern ständig verschiedene Phasen durchläuft, die von Diskontinuitäten und Brüchen gekennzeichnet sind. Die Entwicklung der Wissenschaften stellt sich für K. als Evolutionsprozeß dar, wobei er die Ablösung alter Theorien durch neue Ansätze mit Hilfe des Begriffs der »wissenschaftlichen Revolution« beschreibt. Beim Studium der Wissenschaftsgeschichte entdeckte er, daß nicht nur wissenschaftsinterne Faktoren den Fortgang einer Wissenschaft beeinflussen und daß die Kriterien dafür, was als wissenschaftliche Theorie und was als unseriöse Forschung gilt, selbst historischer Natur sind. Den klassischen, korrespondenztheoretischen Begriff der Wahrheit hat er in diesem Zusammenhang einer umfassenden Kritik unterzogen. K. prägte Begriffe wie zum Beispiel »Paradigma« und »Inkommensurabilität«, die, obwohl sie bei K. allein auf die Entwicklung der neuzeitlichen Naturwissenschaft und in erster Linie auf die Physik zugeschnitten waren, in allen Bereichen des intellektuellen und kulturellen Lebens eine wichtige Rolle zu spielen begannen.

K.s Arbeiten veränderten mit einem Schlag die wissenschaftstheoretische Diskussion und führten zu einer ›historischen Wende‹ innerhalb der Wissenschaftsphilosophie. Neben und im Anschluß an K. waren es Autoren wie Paul K. Feyerabend, Stephen Toulmin und Norwood R. Hanson, deren Überlegungen dazu geführt haben, daß sich heute die Wissenschaftsgeschichte als eigenes Fach etabliert hat. Bei seinen Überlegungen konnte K. auf eine ganze Reihe älterer Studien zurückgreifen: u. a. die Historiographie Alexandre Koyrés, die Entwicklungpsychologie Jean Piagets, die sprachphilosophischen Untersuchungen Ludwig Wittgensteins, Willard Van Orman Quines und Benjamin Lee Whorfs, die wissenschaftssoziologischen Studien Ludwig Flecks sowie die Arbeiten der Conant-Schule.

Während der vierziger Jahre studierte K. theoretische Physik in Harvard; noch vor Abschluß seiner Doktorarbeit wurde aufgrund eines ›intellektuellen Betriebsunfalls‹ sein Interesse an der Geschichte der Wissenschaften geweckt. Er besuchte einen Collegekurs über Physik für Nichtnaturwissenschaftler und stieß dabei auf die Aristotelische Physik. Obwohl K. 1976 schrieb, daß das Wort »hermeneutisch« vor fünf Jahren noch nicht zu seinem Sprachschatz gehört habe, begann er bereits während dieser Zeit die Fruchtbarkeit der Hermeneutik und ihrer Methoden für die Wissenschaft und ihre Geschichtsschreibung zu entdecken. Es war die Einsicht der Unvereinbarkeit des alten und des neuen physikalischen Weltbildes, des Übergangs von der ptolemäischen zur neuzeitlichen Physik, welche seine Auffassung vom Wesen der Wissenschaft und ihrer Entwicklung grundlegend modifizierte. Fast ein Jahrzehnt später widmete sich sein erstes Buch *The Copernican Revolution* (1957; *Die kopernikanische Revolution*) dieser Thematik. K. macht deutlich, daß mit der Veränderung der wissenschaftlichen Auffassung von der Welt eine Änderung des gesamten Weltbildes einherging, die nicht nur wissenschaftlichen Faktoren im engeren Sinne zu danken war, sondern auf komplexe Wechselwirkungen zwischen verschiedenen Disziplinen wie etwa Philosophie, Astronomie und Physik und kulturellen bzw.

religiösen Momenten beruhte. Von 1948 bis 1951 war K. Junior Fellow, von 1951 bis 1956 Assistent Professor in Harvard. Seit 1958 lehrt er als Professor für Wissenschaftsphilosophie und Wissenschaftsgeschichte an den bedeutendsten amerikanischen Universitäten, u. a. in Berkeley und in Princeton. Seit 1979 ist er Professor am Massachusetts Institute of Technology. Neben seinem Hauptwerk publizierte K. eine Fülle von Aufsätzen zu wissenschaftstheoretischen und -historischen Fragen. Besonders hervorzuheben ist die 1977 zunächst auf deutsch publizierte Aufsatzsammlung *Die Entstehung des Neuen* (*The Essential Tension*, 1977). 1978 erschien das Buch *Black-Body Theory and the Quantum Discontinuity*, in der es um die Rolle Max Plancks innerhalb der Quantentheorie geht. Obwohl es sich hier um die erste umfangreichere wissenschaftshistorische Fallstudie handelt, die K. nach seinem Hauptwerk publiziert hat, macht er selbst nur einen sehr sparsamen Gebrauch von seiner eigenen, für die Beschreibung der Geschichte der Wissenschaften entwickelten Begrifflichkeit. Viele seiner Anhänger zeigten sich enttäuscht und sahen in dem Buch einen Rückschritt hinter einmal erreichte Einsichten. Muß man K.s Zurückhaltung als Indiz dafür werten, daß er selbst zunehmend an der Angemessenheit seiner Vorstellungen zu zweifeln begonnen hat? K.s neuere Arbeiten – so bereits das der zweiten Auflage des Buches *Die Struktur wissenschaftlicher Revolutionen* hinzugefügte *Postskriptum* von 1969 – widmen sich in erster Linie der Präzisierung seiner theoretischen Grundbegrifflichkeit, wobei es vor allem um die Begriffe des Paradigmas und der Inkommensurabilität geht. In den letzten Jahren ist es zu einer verstärkten Auseinandersetzung mit sprachphilosophischen Fragestellungen gekommen, zudem räumt K. inzwischen selbst Übereinstimmungen zwischen seinen eigenen Überlegungen und denjenigen der von ihm zunächst kritisierten Vertreter des Logischen Empirismus, insbesondere Carnaps, ein. Neuere Tendenzen seines Denkens lassen sich seinen Antworten in dem von Paul Horwich herausgegebenen Band *World Changes. Thomas Kuhn and the Nature of Science* entnehmen, mit denen er auf die dort gesammelten Beiträge reagiert.

Die Grundlage für das in *Die Struktur wissenschaftlicher Revolutionen* entwickelte Bild der Wissenschaft bildet K.s ›empirische‹ Auseinandersetzung mit der wissenschaftlichen Forschung. Er untersucht, wie sich die Wissenschaftler zu unterschiedlichen Zeiten *tatsächlich* verhalten haben und wie sich die Entwicklung der Wissenschaften *faktisch* vollzogen hat. Durch das Studium der Wissenschaftsgeschichte belehrt, macht er darauf aufmerksam, daß es nicht nur eine *einzige* Form von Rationalität gibt, die für die Wissenschaften zu allen Zeiten verbindlich war, sondern daß der wissenschaftlichen Forschung zu verschiedenen Zeiten unterschiedliche Formen von Rationalität zugrundeliegen. Obschon diese Behauptung oftmals im Sinn eines Plädoyers für den Relativismus (›Anything goes‹) verstanden worden ist, welcher die Unterscheidung zwischen mehr oder weniger rationalen Theorien überhaupt preisgeben möchte und die Möglichkeit, Kriterien für diese Unterscheidung anzugeben, generell bestreitet, ist sie, worauf K. in seinen späteren Schriften mehrfach hingewiesen hat, nicht in diesem Sinn intendiert. (Z. B. in dem Aufsatz *Objektivität, Werturteil und Theoriewahl*, in: *Die Enstehung des Neuen*). Es gibt immer gute Gründe, eine wissenschaftliche Theorie gegenüber einer anderen vorzuziehen, auch wenn diese Gründe keine überhistorische Geltung beanspruchen können, sondern nur relativ zu einem vorgegebenen Gesamtrahmen gelten. In diesem Zusammenhang gebraucht K. den Begriff des Paradigmas, der in der ›Kuhn-Diskussion‹ eine ganze Reihe von Mißverständnissen auslöste.

Der Paradigmabegriff wird in *Die Struktur wissenschaftlicher Revolutionen* in einer ganzen Reihe von Bedeutungen verwendet. In einem wissenschaftsinternen Sinn bezeichnet er mustergültige Problemlösungen, welche zum Vorbild der gesamten Forschung auf einem bestimmten Fachgebiet werden. Hier bezieht sich der Begriff auf allgemein anerkannte wissenschaftliche Leistungen, die für eine gewisse Zeit einer Gemeinschaft von Fachleuten Modelle und Lösungen liefern. Neue wissenschaftliche Probleme werden dann so behandelt, als seien es speziellere Fälle anderer Probleme, für die bereits verbindliche und vorbildliche, beispielhafte Lösungen vorliegen. Als ein Beispiel unter vielen nennt K. in dem seinem Buch später hinzugefügten *Postskriptum* die Bestimmung der Ausströmgeschwindigkeit eines Wasserstroms durch Daniel Bernoulli, der sich bei seiner Lösung dieses Problems Christiaan Huygens Überlegungen zum Schwingungszentrum eines physikalischen Pendels zunutze gemacht hatte. In einem allgemeineren, philosophisch-historischen Sinn macht K. mit diesem Begriff darauf aufmerksam, daß auch die Wissenschaft Elemente enthält, die unbegründet bleiben und nicht weiter hinterfragt werden. Auf diese Weise trägt ein Paradigma dazu bei, die einzelnen Wissenschaftler mit einer Art von Glaubenssystem bzw. Weltbild auszustatten, das selbst nicht Ergebnis wissenschaftlicher Erfahrung ist, sondern seinerseits die Art und Weise, in welcher Wissenschaftler ihre Experimente interpretieren, bestimmt. Eine weitere, wichtige Bedeutung des Paradigmabegriffs ist soziologischer Art: Er bezieht sich auf die soziale Struktur einer wissenschaftlichen Gemeinschaft, die durch die Orientierung an vorbildlichen Verfahren und Problemlösungen in einem normativen Sinn festlegt, was wissenschaftlich erlaubt ist und was nicht. Nur wer sich der allgemein anerkannten Verfahren bedient, wird als Mitglied der wissenschaftlichen Gemeinschaft anerkannt. Schon der Student, der seine Wissenschaft anhand der jeweils aktuellen Lehrbücher lernt, wird ausschließlich mit einem allgemein verbindlichen Kanon wissenschaftlichen Wissens und wissenschaftlicher Methoden konfrontiert. Praktika, Übungen, die gerade einschlägigen Artikel der jeweils angesehensten naturwissenschaftlichen Journale, der gesamte Forschungsalltag im Labor sind in den Rahmen eines Paradigmas eingebunden und gewinnen ihren Sinn erst auf dessen Hintergrund. Die positive (oder negative) Beurteilung wissenschaftlicher Leistungen durch die wissenschaftliche Gemeinschaft hängt dabei stets von den durch ein Paradigma vorgegeben Rahmenorientierungen ab. Einzelne Kritiker K.s haben mitunter noch zahlreiche weitere Bedeutungen des Paradigmabegriffs ausmachen können und K. selbst beklagt später die Vieldeutigkeit seines Zentralbegriffs. In seinen seit 1969 erschienenen Arbeiten unterscheidet er deshalb zwischen der »disziplinären Matrix«, womit er den Gesamtkonsens einer wissenschaftlichen Gemeinschaft bezeichnet und dem Paradigma im engeren Sinn des Musterbeispiels.

Im Rückgriff auf den Begriff Paradigma gelingt es K., ein evolutionäres Phasenmodell der Wissenschaftsgeschichte zu konzipieren. Er unterscheidet *normale* von *revolutionären* Phasen der Wissenschaftsentwicklung. Normale Wissenschaft wird von den Mitgliedern einer wissenschaftlichen Gemeinschaft dann betrieben, wenn ein allgemeiner Konsens über die grundsätzlichen Fragen und Methoden eines Wissensgebietes herrscht, dann, wenn sich innerhalb dieses Wissenschaftsgebietes ein bestimmtes Paradigma durchgesetzt hat. Freilich, auch die normale Wissenschaft muß sich erst entwickeln. Forschung in ihrer *vornormalen* Phase hat zumeist noch gar keinen eigentlichen Wissenschaftscharakter. In solchen Phasen konkurrieren eine Fülle von Ansätzen um Ansehen. K. nennt als Beispiel die Elektrizitätsforschung im 18. Jahrhundert, in der es beinahe soviele verschiedene Ansätze wie Experimentatoren gegeben habe. In den Phasen normaler Wissenschaft hingegen gehen die Forscher ohne große Aufregung ihren Alltagsgeschäften nach, sie bewältigen auftretende Probleme auf der Grundlage der durch ein Paradigma vorgegebenen Regeln. Neue Phänomene werden stets im Rahmen der akzeptierten Theorie behandelt. K. hat diese Tätigkeit auch als »Rätsellösen« bezeichnet und damit auf den spielerischen Charakter der Wissenschaft hingewiesen. Dem Normalwissenschaft betreibenden Wissenschaftler geht es letztlich nicht darum, zu einer wahren Abbildung der Wirklichkeit zu gelangen, sondern lediglich darum, auf der Basis vorgegebener Regeln die richtigen ›Spielzüge‹ auszuführen. Manchmal jedoch wird das Spiel gestört. Anomalien treten auf, die sich nicht mehr im Rahmen des gerade gültigen Paradigmas lösen und verstehen lassen. Die Wissenschaft gerät in eine Krise. Widersetzen sich die Anomalien lange genug einer Erklärung innerhalb eines Paradigmas, kommt es zu einer ›Revolution‹; ein neues Paradigma tritt an die Stelle des alten. Die wissenschaftliche Gemeinschaft beginnt, die Dinge *anders zu sehen*. Man hat zur Veranschaulichung von wissenschaftlichen Paradigmenwechseln auf den umstrittenen Vergleich mit dem Phänomen des Gestaltwechsels zurückgegriffen. Berühmte Beispiele für wissenschaftliche Revolutionen sind der Wechsel vom geozentrischen zum heliozentrischen Weltbild oder auch die Ablösung der Newtonschen durch die Einsteinsche Mechanik.

Das Verhältnis unterschiedlicher Paradigmen zueinander hat K. mit Hilfe des Begriffs der »Inkommensurabilität« gekennzeichnet. Ähnlich wie der Begriff des Paradigmas hat auch derjenige der Inkommensurabilität zu vielen Mißverständnissen Anlaß gegeben; zudem mischen sich auch in ihm eine ganze Reihe unterschiedlicher Bedeutungsnuancen. Ganz allgemein gesprochen werden der Inkommensurabilitätsthese zufolge zwei unterschiedliche Theorieparadigmen als unterschiedliche Sprachen aufgefaßt zwischen denen keine Übersetzungsmöglichkeit besteht. Verschiedene Paradigmen sind in diesem Sinn miteinander unvereinbare Standpunkte der Naturbeschreibung. Mit der Rede von der Inkommensurabilität macht K. darauf aufmerksam, daß die Differenzen zwischen verschiedenen Paradigmen oftmals *begrifflichen* Verschiebungen entspringen. Innerhalb eines neuen Paradigmas können bestimmte Begriffe eine ganz andere Bedeutung gewinnen. Als Beispiel mag man an den Begriff »Masse« denken. Während damit bei Newton eine konstante Größe bezeichnet wurde, geht man in der Einsteinschen Physik davon aus, daß »Masse« mit der Geschwindigkeit wächst. Diese ›semantische‹ Bedeutung des Inkommensurabilitätsbegriffs hat K. insbesondere seit den achtziger Jahren mehr und mehr dazu geführt, der Sprache selbst eine entscheidende Rolle bei der Strukturierung der Welt bzw. eines Weltbildes zuzubilligen (z. B. in dem 1983 erschienenen Aufsatz *Commensurability, Comparability, Communicability*). Inkommensurabel sind verschiedene Paradigmen auch deshalb, da ihre jeweiligen Vertreter oftmals keine Einigung über die relevanten wissenschaftlichen Probleme und die Wege zu ihrer Lösung erzielen können. K. bemerkt, daß bereits ihre Normen und Definitionen der Wissenschaft so sehr voneinander abweichen, daß keine Übereinstimmung erreicht werden kann. In *Die Struktur wissenschaftlicher Revolutionen* bezog sich der Inkommensurabilitätsbegriff in seiner fundamentalen Bedeutung auf die Tatsache, daß ein Paradigmenwechsel die Welt verändert. Diese Redeweise ist selbstverständlich nicht in ihrem wörtlichen Sinn zu verstehen. Mit ihr weist K. darauf hin, daß der Wissenschaftler in der nachrevolutionären Phase in einer anderen Welt lebt, da das neue Paradigma ihm gänzlich neue Aspekte über das Universum mitteilt und er mitunter die Existenz ganz anderer Dinge unterstellen muß. Man kann in diesem Zusammenhang – ein Beispiel, welches der an der Physik orientierte K. nicht diskutiert – an die Entdeckung der DNS durch James D. Watson und Francis H. Crick denken. Diese führte nicht nur dazu, Methoden der molekularen Genetik auf allen möglichen Gebieten der Biologie anzuwenden, sondern die Natur unter ganz anderen Gesichtspunkten zu betrachten.

Obschon K. der Übertragung seiner Überlegungen auf andere Gebiete als dasjenige der Physik stets mit Zurückhaltung begegnet ist, verdankt sich die herausragende Wirkungsgeschichte seines Denkens insbesondere solchen Verallgemeinerungen. Vor allem den klassischen geisteswissenschaftlichen Fächern gab die K.sche Begrifflichkeit eine Handhabe, häufig anzutreffenden Minderwertigkeitskomplexen gegenüber der naturwissenschaftlichen Forschung zu entrinnen. Man hatte nun nicht nur ein theoretisches Vokabular, mit welchem sich gleichzeitig die Geschichte der beiden Kulturen abendländischen Wissens schreiben ließ, mehr noch: Ein gelernter Physiker selbst hatte darauf hingewiesen, daß auch in die Naturwissenschaften hermeneutische Elemente einwandern. So ist es kaum verwunderlich, daß der Begriff des Paradigmenwechsels eine reichhaltige Anwendung in der Philosophie und Soziologie (etwa bei Richard J. Bernstein oder Jürgen Habermas), in der Literaturwissenschaft (Hans Robert Jauß) und vielen anderen geisteswissenschaftlichen Disziplinen erfuhr. K.s Arbeiten wirkten innerhalb der Philosophie auch auf anderen Gebieten als der Wissenschaftstheorie; zu denken ist an die Realismusdebatte innerhalb der analytischen Philosophie (Hilary Putnams internen Realismus) sowie die Kontroverse um einen postmodernen Relativismus (Richard Rortys Plädoyer für einen pragmatischen Pluralismus). Galt K.s Werk, das auf eine weitgehend durch den logischen Empirismus und kritischen Rationalismus geprägte Diskussionslandschaft innerhalb der Wissenschaftstheorie traf, zunächst als subversiv, so gehört es heute zu den Klassikern der Wissenschaftsphilosophie. Innerhalb der

Geschichtsschreibung der Wissenschaften hat es einer Diskussion den Weg bereitet, welche sich mehr und mehr von K. entfernt hat und seine Überlegungen an Radikalität überbietet: die feministische Wissenschaftstheorie Evelyn Fox-Kellers, die wissenschaftssoziologischen und -anthropologischen Arbeiten B. Latours oder Hans-Jörg Rheinbergers dem Dekonstruktivismus verpflichtete Theorie der Experimentalsysteme.

Horwich, Paul (ed.): World Changes. Thomas Kuhn and the Nature of Science. Cambridge/Massachusetts 1993. – Hoyningen-Huene, Paul: Die Wissenschaftsphilosophie Thomas Kuhns. Rekonstruktion und Grundlagenprobleme. Braunschweig 1989. – Bayertz, Kurt: Wissenschaftstheorie und Paradigmabegriff. Stuttgart 1981.

Christoph Demmerling

Lacan, Jacques
Geb. 13. 4. 1901 in Paris; gest. 9. 9. 1981 in Neuilly

Wohl kein psychoanalytischer Fachgelehrter, Arzt und klinischer Psychiater hat so sehr die Zeitungsblätter zum Rauschen gebracht; selbst Sigmund Freud hat nicht in dem Maße erregte und entgegengesetzte Urteile, auch unter Fachkollegen und Schülern, provoziert: »L. der Meister«, »ein neuer Sokrates« – »ein Guru und Hexenmeister ohne Magie«, »großartiger und erbärmlicher Harlekin«, wie ihm 1980 ganz verzweifelt sein früherer Analysand Louis Althusser zuruft; und bestimmt hat keiner aus dieser Zunft nach Freud die Psychoanalyse derart verbreitet, auch in einer solchen Weise über seine Fachgrenzen hinausgewirkt, indem er die Psychoanalyse nicht so sehr als Therapie, sondern als eine neue philosophische Denkart bekannt gemacht hat: L. spielte seine – allerdings distanzierte – Rolle im Surrealismus, er näherte sich zeitweise der Phänomenologie, er nahm wie fast alle Intellektuellen Frankreichs nach 1945 den Hegelianismus à la Alexandre Kojève auf, der den Kampf um Anerkennung zwischen Herr und Knecht zum Zentrum des Hegelschen Denkens und zum Angelpunkt des Verständnisses des 20. Jahrhunderts machte, er prägte zusammen mit Claude Lévi-Strauss den französischen Strukturalismus maßgeblich, und er wirkte auf Soziologen, Ethnologen, Linguisten, Literaturwissenschaftler und eben Philosophen wie Lévi-Strauss, Émile Benvéniste, Maurice Merleau-Ponty, Jean Hippolyte, Alphonse de Waelhens, Paul Ricœur, Louis Althusser und die jüngeren wie Lucien Sebag, Roland Barthes, Michel Foucault, Gilles Deleuze, Jacques Derrida und Jean Baudrillard. Er veröffentlichte in philosophischen Zeitschriften und stand mehrmals im Mittelpunkt von Philosophiekongressen, wo seine Konzeption des Unbewußten als sprachliches System im Sinne Ferdinand de Saussures und Roman Jakobsons und seine Reformulierung des cartesianischen »cogito« als Begehren für Diskussionen sorgten. Wie Newton oder Darwin hat hier ein

Fachwissenschaftler die Grundlagen des Denkens und Erkennens so verändert, daß nach ihm eine neue Philosophie entstehen könnte oder müßte. In Frankreich hat durch ihn die Psychoanalyse philosophisches Gewicht bekommen, und er hat entscheidend auf die Philosophie des sogenannten Poststrukturalismus gewirkt. In Deutschland merkt man davon nur wenig. Die skeptischen Urteile Freuds über die Philosophie, sein vermeintlicher »Szientismus« (Jürgen Habermas), der bei dem Strukturalisten L. noch gesteigert scheint, dessen schwieriger Stil, der dem unzugänglich ist, der sich nicht »fangen lassen« will, dazu ein wissenschaftliches Klima, das Disziplinen säuberlich trennt, sowie der Rückzug der Philosophie vom wirklichen Geschehen auf ihre Geschichte lassen bei uns eine Rezeption der L.schen philosophischen Psychoanalyse nur sehr langsam zu. Die Psychoanalyse ist hier von den Positionen der amerikanischen Ich-Psychologie besetzt, denen die Polemik L.s seit 1953 galt; in der Philosophie ist er bis auf gelegentliche Seminare tabu; in der Literaturwissenschaft hat er eine gewisse Anerkennung gefunden, wie der VII. Internationale Germanisten-Kongreß 1985 in Göttingen zeigte, was aber Anfeindungen nicht minderte.

Anders in Frankreich: Als 1986 die erste große Biographie über ihn erscheint (Elisabeth Roudinesco: *La bataille de cent ans. Histoire de la psychanalyse en France*), beschwören die Zeitungen eine Epoche, als Barthes, Derrida, Foucault, Lévi-Strauss, Althusser und eben L. Frankreich zum intellektuellen Mittelpunkt der Welt machten und im Seminar von L. »das Begehren zu verstehen sich mischte mit der Gewißheit, einem unerhörten Ereignis beizuwohnen«. Inzwischen hat dieselbe Verfasserin eine Biographie L.s im engeren Sinn publiziert, recht romanhaft mit pikanten Details, was entsprechendes Aufsehen und den Widerspruch der Familie erregte (*Jacques Lacan*, 1993).

1953, 1963 und 1980 haben die Trennung mit Daniel Lagache, Juliette Favez-Boutonier und Françoise Dolto von der anerkannten Gesellschaft der Psychoanalyse in Frankreich (Société psychanalytique de Paris), der Ausschluß L.s aus der neu entstandenen »Société française de psychanalyse« auf Betreiben der »International Psychoanalytical Association« (IPA) und die Auflösung der eigenen florierenden Schule, der »École freudienne de Paris«, für öffentliches Aufsehen gesorgt und den Lacanismus als psychoanalytische Theorie und als intellektuelle Strömung durchgesetzt. Vor allem die Auflösung der »École freudienne« im Jahr 1980, verbunden mit der Neugründung der »École de la cause freudienne« unter seinem Schwiegersohn Jacques-Alain Miller, macht deutlich, daß es ihm neben der Einrichtung einer streng psychoanalytischen Ausbildung um die Darstellung und Verbreitung einer Theorie des Unbewußten geht, die weit über psychoanalytische Fachbelange hinausreicht und die daher aus Schulabhängigkeiten befreit werden mußte.

Diese Einflüsse auf das Denken Frankreichs verdanken sich einem Mann, der eigentlich nur seine medizinische Doktorarbeit von 1932, worin er den Fall einer paranoischen Identifikation beschreibt, als Buch veröffentlicht hat, dessen wichtigste Aufsätze von 1953 bis 1964, die als Vorträge vor einer schon mit ihm vertrauten Hörerschaft gehalten und sonst nach eigenem Urteil »unlesbar« sind, erst 1966 in einem Buch mit dem unscheinbaren Titel *Écrits* (*Schriften I-III*) einer größeren Öffentlichkeit bekannt gemacht wurden, der aber seit 1953 bis kurz vor seinem Tod ein jährliches Seminar hielt, das allgemein zugänglich war, zuerst in der Klinik Sainte Anne, dann nach seinem Ausschluß aus der psychoanalytischen Vereinigung seit 1964 an der »École Normale Supérieure« vor einem größeren Publikum, nach seiner Vertreibung auch dort, in der Folge der Mai-Ereignisse von 1968, ab 1969 an der Université du Panthéon. Von diesen insgesmat 26 Seminaren, in denen L. seine Neufassung und Ausweitung der psychoanalytischen Theorie – immer in der Berufung auf Freud – durchführt, doch in einseitiger Perspektive zur Unterstützung des eigenen Ansatzes die frühen Schriften, die erste Topik und die Sprachlichkeit des Unbewußten betonend im Gegensatz zur zweiten Topik von Es, Ich und Überich und zur therapeutisch-medizinischen Auffassung der Psychoanalyse, sind zur Zeit neun veröffentlicht und bilden auf diese Weise den Grundstock einer – allerdings unkritischen und den Textbestand verändernden – Werkausgabe unter der Leitung von Jacques-Alain Miller: Das 11. Seminar von 1964, *Les quatres concepts fondamentaux de la psychanalyse (Die vier Grundbegriffe der Psychoanalyse)* – über das Unbewußte, die Wiederholung, die Übertragung und den Trieb mit einem Einschub über den Blick –, mit dem er seine eigene Schulgründung einleitet; die ersten beiden von 1953/54 und 1954/55, die seine Theorie des Symbolischen und Imaginären im Ausgang von Freud darstellen; das 20. Seminar von 1972/73, *Encore* (dt. 1986), das über Liebe, Genuß und Frauen handelt; das 3. Seminar von 1955/56 über Psychosen (*Les psychoses*), das seine Sprachtheorie entfaltet; 1986 das 7. Seminar über *L'éthique de la psychanalyse* von 1959/60, in dem er die Psychoanalyse an der Tragödie des Sophokles orientiert; 1991 das 8. Seminar über die Übertragung (*Le transfert*) von 1960/61, in dem er das Geschehen der Übertragung hauptsächlich an Platons *Gastmahl* verdeutlicht; ebenfalls 1991 das 17. Seminar von 1969/70, *L'envers de la psychanalyse*, das die berühmte Formulierung der vier Diskurse des Herrn, der Hysterikerin, der Universität und des Analytikers enthält; 1994 das 4. Seminar über die Objektbeziehung (*La relation d'objet*) von 1956/57, in welchem L. seine Konzepte von Sexualität und Liebe entwickelt. Daneben ist noch ein Artikel von 1938 über die Familie und eine Fernsehsendung mit ihm, *Télévision*, 1973 publiziert. Das übrige existiert in Zeitschriften, vor allem *Scilicet*, von 1968 bis 1976, und *Ornicar?*, von 1975 bis 1989, sowie in Raubdrucken und Archiven. In deutscher Übersetzung gibt es davon wenig: Neben den *Schriften I-III*, die nicht alles aus den *Écrits* und teilweise anderes enthalten, die beiden ersten Seminare, das dritte erscheint gerade, das 11. und das 20. Seminar sowie die Sendungen *Télévision* und *Radiophonie.*

L.s Leben versteckt sich – vor allem in späteren Jahren – fast ganz hinter seinem Werk. Wie bei Freud, wo dieses Zurücktreten hinter der Aufgabe allerdings im Gegensatz zu L. zu extremer persönlicher Zurückhaltung führte, hat man den Eindruck einer Inszenierung der eigenen Biographie, was die oft eitel erscheinende ästhetische Stilisierung der eigenen Person und seines öffentlichen Auftretens erklärt.

Jacques-Marie Émile L. stammt aus einer dem mittleren Bürgertum zuzurechnenden, streng katholischen Familie (sein Bruder Marc-François wurde Ordenspriester) und empfängt seine klassische Bildung auf einem angesehenen Pariser Jesuiten-Gymnasium, dem Collège Stanislas. Er studiert Medizin und durchläuft eine Karriere als Arzt für Neurologie und Psychiatrie in den besten Institutionen Frankreichs, vor allem an der Klinik Sainte Anne in Paris, wo er einer der Klinikchefs wird. Er ist beeinflußt von der deutschen und schweizerischen Psychiatrie, arbeitet 1930 an der berühmten Klinik Burghölzli von Zürich bei Eugen Bleuler und Carl Gustav Jung und engagiert sich seit 1926/27 mit seinen Freunden Henri Ey und Pierre Mâle in der »Évolution Psychiatrique«, die sich neuen Ideen in der Psychiatrie öffnet und deren Vizepräsident er 1936 wird. Seit Veröffentlichung seiner Dissertation von 1932 genießt er die Anerkennung der Surrealisten, vor allem Georges Batailles, Roger Caillois', Michel Leiris' und Salvador Dalis, und nimmt am Leben der intellektuellen Avantgarde in Kunst und Philosophie regen Anteil, ohne ihre Gruppenaktivitäten mitzumachen; abgesehen davon, daß er mit Raymond Queneau, Bataille, Jean Wahl, Merleau-Ponty, Raymond Aron, Eric Weil, Pierre Klossowski, Pater Fessard und anderen dem faszinierenden Ereignis von Kojèves Vorlesungen über die Hegelsche *Phänomenologie* von 1933 bis 1938 folgt, deren Interpretation der Dialektik von Herr und Knecht und Auffassung des Hegelschen Begriffs der »Begierde« (»désir«) sein Werk tief prägen sollte. Von 1932 bis 1938 unterzieht er sich einer Analyse bei dem russisch-polnischen Juden Rudolph Loewenstein, gegen dessen spätere (zusammen mit Heinz Hartmann und Ernst Kris) in den USA ausformulierte »Ich-Psychologie« er seine psychoanalytische Konzeption einer »Rückkehr zu Freud« mit der Bestimmung des Unbewußten durch die Sprache entwickeln wird. Seine Theorie des »Spiegelstadiums«, der Ich-Bildung in der vorgreifenden Identifizierung mit dem Bild (»imago«) eines anderen, entsteht in dieser Zeit. Dieser Aufsatz ist weithin aufgenommen und mit der Position L.s verknüpft worden, wobei seine spätere Weiterführung zur Theorie des Begehrens oft zu wenig beachtet wird. Auf L. richten sich die Hoffnungen führender französischer Analytiker der 30er Jahre wie Pichon und Angelo Hesnard für eine »psychanalyse à la française« – damals mit scharf antigermanischem, in den 50er und 60er Jahren mit ebenso antiamerikanischem Akzent.

1934 heiratet er Marie-Louise Blondin, Tochter eines angesehenen Mediziners, mit der er drei Kinder hat; 1941 wird die Ehe geschieden. Seit 1939 ist er mit der Schauspielerin Sylvia Maklès liiert, der vorherigen Frau von Georges Bataille. 1941 wird ihre Tochter Judith geboren, die später mit ihrem Mann Jacques-Alain Miller das institutionelle Erbe L.s übernimmt. Erst 1953 heiraten Sylvia und er.

Während der Besetzung Frankreichs veröffentlicht er nichts, er unterhält nur eine private Therapie-Praxis in Paris und bildet Analytiker aus. 1946 fragt er sich nach einem »gewissen Versagen« deswegen, er hätte sich der »Phantasie hingegeben, die Hand voller Wahrheiten zu haben, um sie umso besser über ihnen zu schließen«. Die große Kraft, mit der er in der Nachkriegszeit seine Theorie ausbildet und seinen Einfluß ausweitet, belegt die Intensität, mit der er gearbeitet haben muß. Seit 1946 beherrschen Sacha Nacht, Daniel Lagache und L.

die französische Psychoanalyse. Der Konflikt von 1953, der sich in dem von 1963 fortsetzt, entzündet sich an institutionellen Problemen und Machtfragen; als Vorwand dienen die psychoanalytischen »Kurzsitzungen« L.s, mit denen er an der Technik der Psychoanalyse experimentiert, sowie L.s Theorie der Übertragung, welche die sogenannte »negative Übertragung« nicht ernst genug nehme. Nach dem Bruch von 1953 wird er der profilierteste Denker der französischen Psychoanalyse, der diese mit der Linguistik, der Ethnologie, der Philosophie und später, ab den 70er Jahren, mit der mathematischen Topologie verbindet und auf diese Weise die alte Sehnsucht nach einer »psychanalyse à la française« erfüllt, wobei er allerdings die Kritik, die die französischen Psychoanalytiker der 30er Jahre am »Pansexualismus« Freuds übten, umkehrt in eine Betonung der unbewußten Bedeutung der Sexualität, die er als das versteht, was von der Sprache geformt wird, aber nur in den Lücken ihrer Ordnung existieren kann und daher eigentlich unmöglich ist. Seine Theorie läßt sich in der doppelten These zusammenfassen, daß das Unbewußte wie eine Sprache strukturiert und von ihr hervorgebracht ist. Das heißt, das Unbewußte entsteht durch die Sprache, die einen strukturellen Einschnitt schafft, der als symbolisch-kulturelle Ordnung mit ihrem Gegenstück, dem Begehren, das Subjekt in seinen signifikanten Abhängigkeiten entstehen läßt. Der berühmte »Rom-Vortrag« von 1953, *Funktion und Feld des Sprechens und der Sprache in der Psychoanalyse*, und der Vortrag über *Das Drängen des Buchstabens im Unbewußten oder die Vernunft seit Freud* von 1957 sowie die ersten drei Seminare entwickeln diese Position eines durch und als Sprache konstituierten Unbewußten. Durch die Ausweitung seiner Lehre an der »École Normale« ab 1964, auf dem Höhepunkt des französischen Strukturalismus (zusammen mit Lévi-Strauss, Althusser, Foucault, Barthes, Derrida), wird seine Theorie zu der intellektuellen Instanz, als die sie sich heute darstellt. Gleichzeitig nehmen ab 1967 die institutionellen Probleme seiner Schule alle Kräfte in Anspruch, so daß sich seine theoretische Arbeit fast ganz in seiner Lehre im Seminar erschöpft. Ab 1977 scheint er ermüdet. Offensichtlich im Hinblick auf seinen nahen Tod ordnet er 1980 die Institution neu; er stirbt an den Folgen einer Darmkrebs-Operation in einer Klinik in Neuilly, zur Vermeidung öffentlichen Aufsehens unter falschem Namen.

Bowie, Malcolm: Lacan. London 1991, dt. Göttingen 1994. – Widmer, Peter: Subversion des Begehrens. Jacques Lacan oder Die Zweite Revolution der Psychoanalyse. Frankfurt am Main 1990. – Weber, Samuel M.: Rückkehr zu Freud. Jacques Lacans Ent-stellung der Psychoanalyse. Frankfurt am Main/Berlin/Wien 1978, erw. 2. Aufl., Wien 1990.

Claus von Bormann

Lask, Emil
Geb. 25. 9. 1875 Wadowice bei Krakau; gefallen 26. 5. 1915 bei Turza Mata (Galizien)

L. entstammte dem Ostjudentum, studierte seit 1894 zunächst vor allem Rechtswissenschaft in Freiburg im Breisgau, wurde Schüler Heinrich Rickerts und Wilhelm Windelbands, promovierte bei Rickert mit der Arbeit *Fichtes Idealismus und die Geschichte* (1902), setzte das juristische Studium von 1901 bis 1904 in Berlin fort und habilitierte sich 1905 bei Windelband in Heidelberg. Er gehörte dort zum Kreis um Max Weber und wurde 1913 außerordentlicher Professor; schließlich meldete er sich 1914 als Kriegsfreiwilliger an die Front und fiel 1915 in den Karpaten. Im Nachruf auf seinen Freund schreibt Georg Lukács in den *Kant-Studien* (1922): »Heute ist ein sich Gegenwärtigmachen seines Werkes das ›Aktuellste‹, was sich nur denken läßt.« Dies war keine Einzelstimme, vielmehr der Tenor bis weit in die 20er Jahre: »Lask ist das philosophische Gewissen der Zeit: er ist Kritizist und Metaphysiker und beides nicht, da er beides ist« – so schreibt Ludwig Marcuse und nennt ihn »das philosophische Gegenstück zu August Strindberg«.

In keinem Verhältnis zu dieser frühen enthusiastischen Rezeption steht die bis heute währende Vergessenheit L.s. Worin gründete sein Ruhm (»die größte Hoffnung der deutschen Philosophie«), der vor allem nach seinem frühen Tod geradezu mythisch – er wird mit dem sich in den Ätna stürzenden Empedokles verglichen und »ein zweiter Fall Kleist« (Peter Wust) genannt – gesteigert wurde? L. wurde philosophisch in der südwestdeutschen, badischen Schule des Neukantianismus Windelbands und Rickerts ausgebildet: Hier wurde die Wert- und Geltungsphilosophie Hermann Lotzes mit dem Kritizismus Kants zu einer Philosophie der bürgerlichen Kultur verbunden. In den verschiedenen »Sphären« bzw. »Wertregionen« z.B. der Natur- und der Geisteswissenschaften, des Rechts, der Kunst und der Religion werden jeweils genuine Geltungsansprüche erhoben, deren interne Logik es zu erfassen gilt. So rückt aus systematischen Gründen denn auch die Logik selbst – im weiten Sinne, nämlich im Verbund mit der Erkenntnistheorie, vor allem der Kategorienlehre – bei den Südwestdeutschen zur philosophischen Kerndisziplin auf. Diese »Professorenphilosophie« – wie man sie abschätzig nannte – ist in sich solide, unbedroht vernünftig und gleichsam unaufgeregt. L. sprengte nun früh die eingefahrenen Geleise: in ihm kulminiert die verborgene Krisis des Neukantianismus. In seinem Denken erfährt diese bürgerliche Philosophie bereits in den 10er Jahren, vor dem Ersten Weltkrieg und den großen Umbrüchen der 20er Jahre eine gravierende Transformation. Und zwar so, daß sie deren wesentliche Voraussetzungen befragt und ihre Problemstellungen radikalisiert, zu Ende denkt und an Antworten heranführt, die systembedrohend wirksam werden. Diese Arbeit leistet L. in seiner *Rechtsphilosophie* (1905), im Hauptwerk *Die Logik der Philosophie und die Katego-*

rienlehre. Eine Studie über den Herrschaftsbereich der logischen Form (1911) und in der *Lehre vom Urteil* von 1912; schließlich in Aufzeichnungen, die in der Edition seiner *Gesammelten Schriften* von 1923/24 – besorgt durch seinen Schüler Eugen Herrigel – den umfangreichen Nachlaßband bilden.

Die extreme Schwierigkeit seiner Analysen, die Tatsache, daß sich L. aus systematischen Gründen zum Entwurf einer gänzlich originellen philosophischen Sprache mit neuen Sinn stiftenden Bildern zunehmend genötigt sah – sie gestatten es nicht, paradigmatisch eine Einzelanalyse zu isolieren und vorzuführen; stets ist das systematische Ganze vorausgesetzt. Statt dessen lassen sich die zentralen Konturen seines Denkens in (mindestens) sechs entscheidenden Gesichtspunkten nachzeichnen: Gegen einen ungeschichtlich-statischen, gleichsam zeitlosen Idealismus wird die Geschichtlichkeit der menschlichen Erkenntnis und ihrer Kategorien gesehen und akzentuiert. Gegen die abstrakte Allgemeinheit (etwa der Rechtsnormen) wird die irreduzible Irrationalität des Individuums und des Individuellen zum Problem erhoben. Gegen die systematische philosophische Erkenntnis wird das Leben und die Aufgabe seiner kategorialen Erfassung thematisch. Es wird gefragt, inwiefern das Sein dem Subjekt der Erkenntnis vorausgeht; ob von einer »Transzendenz des Gegenstandes« bzw. von einer »logischen Irreduzibilität des Materials« die Rede sein kann. Das subjektunabhängige Gelten der logischen Form wird von L. dermaßen radikalisiert, daß die transzendentale Logik tendenziell zu einer neuen Ontologie wird und ein »transzendentaler Platonismus« sich ausbildet, der neuplatonische Züge trägt (Anschluß an Plotin) und sich einer »logischen Mystik« der Urform des Urteils nähert. Damit nicht genug: L. unternimmt den Versuch der Entwicklung einer Kategorienlehre der Philosophie. Er fragt nach dem logischen Status der philosophischen Sprache und nach ihrem Geltungsgrund selbst. Daraus ergibt sich die selbstreflexive Aufstufung seines Systems im Fragen nach der »Form der Form« und der »Kategorie der Kategorie«.

L. eröffnet hier Problemhorizonte und versucht bereits eigenwillige Lösungen, die weit in die Zukunft weisen. In seiner pointierten Art nennt Ernst Bloch ihn »die lautlose Explosion des Kantianismus« und bemerkt: »Er war der Nikolaus, aber noch nicht der Weihnachtsmann«. In der Tat bündelt sich im Denken L.s ein systematisches Problemsyndrom, dem in der weiteren Entwicklung der Philosophie insbesondere der 20er Jahre die großen Antworten: die Hermeneutik der Geschichtlichkeit, die soziologische Methodologie, Fundamentalontologie, Existenzialanalytik und Seinsgeschichte, Neomarxismus und kritischer Materialismus, schließlich logischer Empirismus und sprachkritische Philosophie ihre Arbeit widmeten. L.s Betonung der Geschichtlichkeit vollzieht bereits eine Hegelianisierung des Neukantianismus (verbunden mit einer dezidiert progressiven Hegel-Interpretation, die er in seiner Antrittsvorlesung *Hegel in seinem Verhältnis zur Weltanschauung der Aufklärung* von 1905 entwickelte), wie sie später etwa Richard Kroner – ein wichtiger Rezensent L.s – durchführt; das geschichtliche Motiv bei L. ist aber systematisch stärker: Er beschließt sein Hauptwerk mit einer Darstellung der Geschichte der philosophischen Kategorien selbst, der Logik der philosophischen Spekulation und antizipiert damit die späteren seinsgeschichtlichen Reflexionen Heideggers wie auch die Radikalisierung der Hermeneutik des wirkungsgeschichtlichen Bewußtseins. Seine Erörterungen zum Irrationalitätsproblem werden gemäß neueren Forschungen wesentlich für die Methodologie vor allem Max Webers, mit dem er in enger Verbindung stand. Die Grundfrage: Wie kann das Individuelle deduktiv unter einen allgemeinen Wert subsumiert werden? zielt ins Zentrum der wissenschaftstheoretischen Probleme der Soziologie, der Geschichtswissenschaft und Rechtsphilosophie. Die Freundschaft L.s mit dem Rechtsphilosophen Gustav Radbruch ist ein weiterer Fall, an dem sich der Satz W. Szilasis bestätigt: Er hatte »nicht viele Hörer, aber um so mehr Schüler«. Der Bezug auf das menschliche Dasein, der L.s Denken mit der Lebensphilosophie vornehmlich Georg Simmels – gegen den Heinrich Rickert vehement polemisierte – verbindet, wird von ihm nicht spätromantisch-poetisierend ausgeformt, sondern erhält die Präzision einer systematischen Grundfrage: In der gesamten abendländischen Ontologie (mit der Ausnahme bestimmter Aspekte des Neuplatonismus vor allem Plotins) wurden – so L. – die Kategorien einzig und allein für die sinnliche Sphäre, nicht jedoch genuin für die »übersinnliche« – etwa die des menschlichen Lebens – ausgearbeitet. Die Aufgabenstellung einer Kategorienlehre des Übersinnlichen führt L. daher aus der Mitte des Kritizismus in die Dimension einer Rekonstruktion der Metaphysik. Seine Analysen antizipieren hier Heideggers Destruktion der abendländischen »Vorhandenheitsontologie« sowie dessen Entwicklung genuin der menschlichen Welt angemessener Kategorien – der »Existenzialien«, wie sie in *Sein und Zeit* exponiert werden. In Heideggers intellektueller Biographie *Mein Weg in die Phänomenologie* (1963) steht denn auch der Name L. neben dem Husserls und Brentanos obenan. Wenn L. ferner einen materialistischen Impuls insistierend verfolgt, die Irreduzibilität des »Materials« stets festzuhalten sucht, so weist dies in Richtung eines Umkippens der bürgerlichen Bewußtseinsphilosophie nicht in die Lebensphilosophie oder Existenzialontologie, sondern in den neo-marxistischen Materialismus. Diesen Weg hat L.s Freund der Heidelberger Jahre, Georg Lukács, beschritten – eine Schwester L.s, Berta, war bereits kommunistische Untergrundkämpferin und Verfasserin expressionistischer Agitpropdramen. Wenn L. den Geltungsbegriff radikalisiert, so verbindet er sich mit der Psychologismuskritik Freges und Husserls; seine enge Verbindung zur Husserlschen Phänomenologie stellt ohnehin einen Sonderfall im gesamten Neukantianismus dar. Soweit wir es heute bereits übersehen können, sind die Systemelemente einer »logischen Mystik«, die L. mit der Freilegung einer logischen Urform und ihrer erkenntnistheoretischen Fundierung in seiner »Lehre vom Urteil« verbindet, in der modernen Philosophie ähnlich nur in Ludwig Wittgensteins *Tractatus-logico-philosophicus* (1921) zu finden.

L., der sich kein Pathos gestattete, dessen Schriften die Radikalität der Reflexion einer zu Ende gehenden philosophischen Gedankenwelt unter sprödester logischer Analyse zu verbergen suchen, hat unter seinem Philosophieren schwer gelitten. Der Kulturphilosoph, Soziologe und Romancier Fedor Stepun schildert den typischen Beginn seiner Vorlesungen: »Wenn er das Katheder betrat, schwieg er zunächst eine ganze Weile; in diesen Minuten erstarrte sein Gesicht zu ägyptischer Reglosigkeit; dann lief ein gramvoller Schatten über seine Züge: Die Qual des Gedankens, der genötigt war, in Worten Gestalt zu werden.« Einsamkeit und Schwermut ließen ihn schließlich, so wird wohl zurecht vermutet, den Tod im Krieg suchen. Seine Schüler und Rezipienten nahmen seine bahnbrechenden Gedanken auf, oft ohne den Vergessenen zu erwähnen. Der von Juden wie L. maßgeblich geprägte Neukantianismus wurde mit der Heraufkunft des Nationalsozialismus vernichtet. Es ist eine erst zu leistende Forschungsaufgabe unserer Zeit, einen der faszinierendsten und genialsten Denker des frühen 20. Jahrhunderts zu entdecken.

Nachtsheim, Stefan: Emil Lasks Grundlehre. Tübingen 1992. – Ollig, Ludwig: Der Neukantianismus. Stuttgart 1979, S. 66–72. – Sommerhäuser, Hanspeter: Emil Lask 1875–1915. Zum neunzigsten Geburtstag des Denkers. In: Zeitschrift für philosophische Forschung 21 (1967), S. 136–145. – Herrigel, Eugen: Emil Lasks Wertsystem. Versuch einer Darstellung aus seinem Nachlaß. In: Logos 12 (1923/24), S. 100–122.

Thomas Rentsch

Lefebvre, Henri
Geb. 16. 6. 1905 in Hagetmau/Landes; gest. 29. 6. 1991 in Pau

Der in den bäuerlich geprägten südwestfranzösischen Landes als Sohn eines Voltaire anhängenden Beamten und einer eifrigen Katholikin geborene, gegen jede Art von Staatsräson rebellische und gegenüber jeglicher offiziellen Ideologie häretische Philosoph ist aktiv »in die meisten der großen ideologischen und politischen Auseinandersetzungen dieser Zeit« verwickelt gewesen: »Herausbildung und Auflösung des Surrealismus, Herausbildung und Auseinanderfallen des Existentialismus, Rehabilitierung Hegels, Debatten über das Wesen der marxistischen Philosophie und über die Bestimmung der Philosophie schlechthin, Überwindung des bürgerlichen Nationalismus und des formalen Individualismus und heute die Kritik und Bilanzierung dessen, was zusammenfassend als ›Stalinismus‹ bezeichnet wird.«

Nach einem Studium bei Maurice Blondel in Aix-en-Provence und bei Léon Brunschvicg in Paris, deren Konformismus bzw. Intellektualismus er ablehnte – so sehr ihn anscheinend auch ihre Konzentration auf »Aktion« bzw. »Methode« beeindruckt hat –, setzt L. sich innerhalb der Gruppe um die Zeitschrift *Philosophies* (u. a. Georges Politzer, Paul Nizan, Norbert Guterman) in den 20er Jahren polemisch mit der gegenüber dem wirklichen Leben verselbständigten religiös-scholastischen Philosophie auseinander, die Frankreich beherrscht. 1924 publiziert er die Einleitung zu einer Schelling-Auswahl. Für kurze Zeit dem kleinen Zirkel der Surrealisten nahestehend, wendet er sich bald gegen deren »klassizistische« Tendenzen, die »Entfremdung durch das Bild-Ding«. Er nimmt an der von Politzer initiierten ersten Auseinandersetzung mit der Psychoanalyse teil und stellt sich als »romantischer Revolutionär« der existentialistischen Frage nach ›dem Anderen‹. L. interessiert sich für das Verhältnis von Substanz und Leben, indem er – beeindruckt von den Vorlesungen Alexandre Kojèves – Hegel und Marx nach einer Theorie der Entfremdung durchforscht. Schon 1928 ist er, parallel zur Gründung der *Revue marxiste*, der Kommunistischen Partei Frankreichs beigetreten, um – ohne jeden Überlegenheitsanspruch aufgrund der parteilichen Organisierung, wie er in deutlicher Anspielung auf Stalins Wort von den »Kommunisten ... (als) Menschen besonderen Schlages« betont – als Marxist auch ganz praktisch mit anderen an der Lösung gesellschaftspolitischer Probleme zu arbeiten.

Seit 1929 Philosophielehrer, gehört L. de facto zu den Pionieren eines auf ernsthafter theoretischer Aneignung beruhenden französischen Marxismus (zu dessen negativer Vorgeschichte vgl. D. Lindenberg). Gegen den latenten Ökonomismus des offiziellen Marxismus kämpft er schon in den 30er Jahren (zusammen mit Guterman) mit stark selektiven, kommentierten Chrestomathien zu Hegel, Marx und Lenin – darunter der ersten französischen Ausgabe der *Ökonomisch-philosophischen Manuskripte* von Marx – dafür, innerhalb des Marxismus Raum für eine Praxis der Philosophie, für die Anerkennung wirklicher »philosophischer Probleme« zu schaffen. Er publiziert 1936 mit Guterman eine an Hegels Kategorie des »unglücklichen Bewußtseins« anknüpfende Untersuchung zur Mystifikationsproblematik, die bereits scharf gegen eine sogenannte »Klassenwahrheit« Stellung nimmt – »als ob die revolutionäre Wahrheit nicht einfach die Wahrheit wäre«. Nach einer kritischen Nietzsche-Einführung (1939) veröffentlicht L. 1939 eine Streitschrift *(Le matérialisme dialectique; Der dialektische Materialismus)* gegen den 1938 kanonisierten theoretischen Stalinismus, deren Grundgedanke die Betonung der umfassenden Einheit menschlicher Praxis gegen den einseitigen Objektivismus der II. und III. Internationale bildet: »Die Praxis wird als Anfang und Ende begriffen.« Diese Schrift wird von der NS-Besatzungsmacht verboten: L. wird vom Vichy-Regime sanktioniert und nimmt aktiv an der Résistance teil. Im Rahmen des »höflichen Dialogs mit den Nicht-Marxisten«, wie ihn die Kommunistische Partei Frankreichs und ihre Intellektuellen dann zunächst nach der Befreiung betrieben, skizziert L. eine marxistische Kritik des Existentialismus *(L'existentialisme*, 1946).

Der erste Band der logischen Untersuchungen *(Logique formelle, logique dialectique; Formale und dialektische Logik)* zu den Grundlagen des Marxismus, die allerdings sichtlich darum bemüht sind, ihre Kritik auf dem Boden des Marxismus-Leninismus als »wissenschaftlicher Weltanschauung« zu formulieren, konnte 1947 noch kurz vor der Wende zur Kalten-Kriegs-Konstellation innerhalb der Kommunistischen Partei Frankreichs erscheinen. Der bereits gesetzte und druckfertige zweite Band fiel dann allerdings der sich verschärfenden Shdanowschen Parteizensur zum Opfer. Dazwischen erscheint eine stark didaktisch harmonisierende Darstellung des Marxismus *(Le Marxisme,* 1948) sowie eine popularisierende Marx-Chrestomathie *(Pour connaître la pensée de Karl Marx,* 1948). L.s Untersuchungen zu den Grundlagen eines jeder Dogmatisierung widerstehenden Marxismus, verstanden als eine Beurteilung des »Möglichen« und seiner historischen Entwicklung (im Hinblick auf dessen wissenschaftliche Aufarbeitung und den Willen zu dessen Veränderung durch die Aktion), sind durch diesen Parteieingriff auf Jahrzehnte unterbrochen worden; erst mit seinen späten Arbeiten zur »Metaphilosophie« sollte es ihm gelingen, wieder an sie anzuknüpfen.

Im ersten Band seiner *Critique de la vie quotidienne* (1947; *Kritik des Alltagslebens*) arbeitete L. seine gesellschaftstheoretischen Reflexionen über den Entfremdungsbegriff aus. Er versteht diesen im bewußten Gegensatz zur Verdinglichungskategorie von Georg Lukács als eine »konkrete, praktische und lebendige« Kategorie. Mit seinen Überlegungen entfernt er sich von der allgemeinen Aufbruchsstimmung der unmittelbaren Nachkriegszeit; er setzt sich vielmehr zwischen die Stühle der akademischen Philosophie, der solche Ausflüge in die »soziologische« Realität suspekt waren, und des sich einigelnden Marxismus-Leninismus, der die Problematik der »Entfremdung« ablehnte, ohne daß er eine inhaltliche Debatte darüber zuließ.

Die *Contribution à l'Esthéthique* (1953; *Beiträge zur Ästhetik*) brauchte vier Jahre, um schließlich durch eine List L.s die Parteizensur zu passieren. In dieser Situation sollte sich die Veröffentlichung des zweiten Bandes der *Critique de la vie quotidienne* bis 1962 verzögern. L. wird mit der Verfestigung der ideologischen Fronten im Zeichen des Kalten Krieges gleichsam auf das Feld der Soziologie abgedrängt: Er wird 1949 Forschungsdirektor am »Centre national de la recherche scientifique« und tritt mit kultursoziologischen Publikationen hervor (zu Pascal und vor allem zu Musset); 1961 übernimmt er eine Professur für Soziologie in Straßburg und schließlich in Nanterre (seit 1965), wo er zum Bezugspunkt und kritischen Zeitgenossen des Mai 1968 werden sollte.

Als sich unter Chruschtschow erste Möglichkeiten (und zugleich auch in der Unterdrückung der Arbeiteraufstände in Ungarn und Polen) die brutalen Grenzen einer radikalen marxistischen Selbstkritik abzeichnen, veröffentlicht L. nach einer Chrestomathie zu Lenin (1957) auch einen wichtigen Aufsatz zum »Sitz« des Marxismus in der französischen intellektuellen Tradition; insbesondere untersucht er die zerstörerische Auswirkung des theoretischen Stalinismus der Kommunistischen Partei Frankreichs seit 1947. In *Problèmes actuels du marxisme* (1957; *Probleme des Marxismus heute*) versucht L. eine marxistische Kritik des offiziellen Marxismus, die sich zentral gegen die Konzeption der »wissenschaftlichen Weltanschauung« richtet. Eine Neuauflage der *Critique de la vie quotidienne* (1958), mit einem langen politisch-philosophischen Vorwort, in dem er die »Theorie der Entfremdung« als ein unverzichtbares politisches Kampfinstrument gegen den Stalinismus, unter dem sie »auf Befehl von oben, aus Gründen der Staatsräson« hatte verschwinden müssen, herausstellt, folgt unmittelbar. Die Reaktion der KP-Führung läßt nicht lange auf sich warten: 1958 wird L. – zusammen mit fast der gesamten Redaktion der *Nouvelle Critique* – aus der Kommunistischen Partei ausgeschlossen, L. publiziert daraufhin zwei kämpferische Aufsätze (*L'exclu, s'inclut*, und *Réponse au camarade Besse*), in denen er darauf besteht, weiterhin Kommunist zu bleiben, sowie Ende 1958 eine schonungslos offene Abrechnung mit dem offiziellen Marxismus in Frankreich (*La somme et le reste*, 1958/59), die angesichts des gezielten Schweigens der parteigeschichtlichen Quellen autobiographisch-philosophisch argumentiert. Scharfe Kritik bleibt nicht aus: so verhängt 1960 Lucien Sève gegen ihn ein richtiggehendes Ketzerurteil.

Wie viele Marxisten seiner Generation – von Lukács über die Frankfurter Schule bis hin zu dem mit L. in respektvoller Gegnerschaft verbundenen »Klassizisten« Lucien Goldmann – hat auch L. in der Kunst einen Vorschein des ›neuen Lebens‹ gesucht, insbesondere in dem zentralen Gedanken der künstlerischen Avantgarde seit dem Jahrhundertbeginn: Die Kunst wird sich durch ihre »Selbstzerstörung« aus ihrer Hypostasierung gegenüber dem Alltagsleben, aus der »Prestigewelt der Formen« lösen, somit »in den Dienst des Alltags treten« und das Leben selbst »produzieren«. Ohne dabei den oft impressionistischen Charakter seiner kritischen Überlegungen überwinden zu können, führt L. vor allem in *Métaphilosophie. Prolégomènes* (1965) seine früheren Untersuchungen über die logischen Grundlagen der Philosophie unter der Perspektive einer erneuten Hinwendung zum Alltagsleben fort.

Gleichzeitig beginnt L. mit dem Zusammentragen schon vorhandener Arbeitsergebnisse in großflächigeren, schrittweise sich von der Verbindlichkeit des marxistischen Rahmens lösenden Darstellungen (*Marx*, 1964; *Sociologie de Marx*, 1966; *La survie du capitalisme*, 1973 – *Die Zukunft des Kapitalismus*; *Hegel-Marx-Nietzsche. Ou le royaume des ombres*, 1975) und in Arbeiten, die auf den Horizont der gesamten modernen Welt zielen: *Introduction à la modernité. Préludes* (1962; *Einführung in die Modernität. 12 Präludien*) und *La vie quotidienne dans le monde moderne* (1968; *Das Alltagsleben in der modernen Welt*).

L.s Spätwerk erhebt sich unter Aufnahme neuer Impulse aus dem Mai 1968 – an dessen Vorabend er noch einmal polemisch seine eigene Position markiert hatte (*Position: Contre les technocrates*, 1967) – über die Blockierungen durch die Tabus der akademischen Philosophie. Ebenso verhält sich L. hinsichtlich der Exkommunizierung durch den herrschenden Marxismus – allerdings nicht ohne den Preis einer stark ins Imaginäre spielenden Zeitgenossenschaft entrichten zu müssen (vgl. L.s *Manifeste différentialiste*, 1970, sowie sein *La fin de l'histoire*, 1970). So vermag er etwa in Roger Garaudys zunehmender Feuilletonisierung einer vage »humanistischen« Weltanschauung ebenso wie in Louis Althussers theoretischem Kampf für eine Überwindung des Marxismus-Leninismus von innen heraus gleichermaßen nur »zwei Produkte der Zersetzung des Dogmatismus« zu erkennen (*Au-delà du structuralisme*, 1971). Er bezichtigt Althusser – dessen philosophische Eingriffe allerdings erst in den späten 70er Jahren ihre Tragweite zu enthüllen beginnen – pauschal des Stalinismus und des Dogmatismus.

Im Zuge der erneuten Beschäftigung mit seinen Thesen zur Kritik des Alltagslebens überführt L. die Untersuchungen zur konkreten Entfremdung im Alltag in eine Kritik der urbanistischen Moderne (*Le droit à la ville*, 1968; *Du rural à l'urbain*, 1970; *La Révolution urbaine*, 1970 – *Die Revolution der Städte*; *La pensée marxiste et la ville*, 1972 – *Die Stadt im marxistischen Denken*; *La production de l'espace*, 1974) und in die semiologischen Grundlegung dieser Kritik *(Le langage et la société*, 1966; *Sprache und Gesellschaft*). Die Erde als geographisch wie gnoseologisch endlicher Raum erliegt unter dem unendlichen Expansionsdruck der kapitalistischen Akkumulation einem sprunghaft zunehmenden Aufzehrungsprozeß, dessen letzte Steigerung – die Entgrenzung von Stadt und Land – in Gestalt einer formlos wuchernden »Pseudo-Urbanisierung« zur Grundlage einer neuen Form der weltweiten Revolution werden muß.

L. arbeitet schließlich seinen zentralen Gedanken einer fortschreitenden »Verstaatlichung« des Alltagslebens in einem vierbändigen Alterswerk *Über den Staat* (*De l'Etat*, 1976–78) aus, das zugleich eine kritischen Darstellung des zeitgenössischen marxistischen und nicht-marxistischen Staatsdenkens unternimmt.

Einen – vorläufigen – Abschluß stellt die streitbare Unterredung mit Cathérine Regulier dar, über *La Révolution n'est plus ce qu'elle était (Die Revolution ist auch nicht mehr das, was sie einmal war)*, die L. 1978 veröffentlicht. Er zieht 1980 noch eine abschließende Bilanz des Marxismus *(Une pensée devenue monde. Faut-il abandonner Marx?)*, in der er seinen Anspruch artikuliert, hinter der »Ideologie«, zu der der Marxismus dadurch gemacht worden ist, daß er als ein für allemal etablierte Wahrheit dargestellt wurde, wieder der »Bewegung«, der »Untersuchung über das Mögliche und das Unmögliche« zum Durchbruch zu verhelfen. Diese soll jenseits von Dogmatisierung und Skeptizismus einen »aktuellen Gebrauch des marxistischen Denkens« ermöglichen.

Eine L.-Rezeption, die sich darum bemüht, »sine ira et studio« herauszuarbeiten, welche positiven Beiträge er für eine globale Theoretisierung der gegenwärtigen Lage geleistet hat, ohne dabei in der bloßen Reaktion auf seine Polemiken bzw. in deren Funktionalisierung für eigene Polemiken steckenzubleiben, steht weitgehend noch aus. Ein schlagendes Gegenbeispiel zu dieser notwendigen Rezeption eines der Pioniere eines entdogmatisierten Marxismus bietet bisher die bundesrepublikanische Diskussion, in der L. vor allem als Kronzeuge gegen Althusser in den Dienst der Frankfurter Schule gestellt worden ist.

Schoch, Bruno: Marxismus in Frankreich seit 1945. Frankfurt am Main 1980. – Kleinspehn, Thomas: Der verdrängte Alltag. Henri Lefebvres marxistische Kritik des Alltagslebens. Gießen 1975. – Lindenberg, Daniel: Le marxisme introuvable. Paris 1975. – Fetscher, Iring: Der Marxismus im Spiegel der französischen Philosophie. In: Marxismus-Studien. Tübingen 1954.

Frieder O. Wolf

Lenin, Wladimir Iljitsch (Uljanow)
Geb. 22. 4. 1870 in Simbirsk; gest. 21. 1. 1924 in Gorki

Nach dem Besuch des Gymnasiums in seiner Heimatstadt Simbirsk (seit 1879) begann L. 1887 das Studium an der juristischen Fakultät der Universität Kasan, das jedoch noch im selben Jahr durch Relegation und Verbannung unterbrochen wurde. 1890 zum externen Studium an der Universität Petersburg zugelassen, legte er dort dann das juristische Staatsexamen ab. Seit 1893 organisierte er marxistische revolutionäre Arbeit in Petersburg, wurde 1895 verhaftet und lebte in den Jahren von 1897 bis 1900 in der Verbannung in Schuschenskoje (Sibirien). 1900 verbrachte er sein erstes Exil in der Schweiz. In dieser Zeit erfolgte die Gründung der Zeitung *Iskra* und der Aufbau der Sozialdemokratischen Arbeiterpartei Rußlands, deren 2. Parteitag 1903 in Brüssel und London das Parteiprogramm verabschiedete. Die Partei spaltete sich in die Flügel der Bolschewiki (Mehrheitsfraktion) unter L.s Führung und der Menschewiki (Minderheitsfraktion). Von 1907 bis 1917 folgte L.s zweites Exil in der Schweiz und Paris (1912 bis 1914 in Krakau). In diese Zeit fällt 1909 die Veröffentlichung von *Materialismus und Empiriokritizismus*, es folgen die Studien zu einem Werk über materialistische Dialektik, die in den *Philosophischen Heften* aus dem Nachlaß herausgegeben wurden. 1917 kehrte L. nach dem Ausbruch der Revolution nach Rußland zurück. Im November wurde er Vorsitzender des Rats der Volkskommissare und widmete sich ganz dem Aufbau der Sowjetunion. Zahlreiche theoretische Arbeiten reflektieren die Probleme dieser Periode. 1921 leitete er den Übergang zur 109. Neuen Ökonomischen Politik ein. Schwer erkrankt verbrachte L. die letzten neun Lebensmonate in einem Landhaus in Gorki bei Moskau, wo er am 21. Januar 1924 starb.

Im weiteren Sinne sind seine Beiträge zur Theorie des Politischen (Theorie der revolutionären Partei, Begriff des Klassenbewußtseins, Kritik des Sozialdemokratismus, die Schrift *Staat und Revolution* von 1918 u. a.) sicher als philosophisch zu betrachten, weil ihre Argumente in erkenntnistheoretischen und geschichtsphilosophischen Konzepten fundiert sind und ihre Struktur aus einer allgemeinen Theorie der Dialektik herleiten. Dieser Zusammenhang läßt sich bis in die unmittelbar situationsbezogenen politischen Schriften verfolgen; diese innige und prinzipielle Verschmelzung theoretischer Einsichten mit praktischem politischen Handeln macht den Rang des Politikers L. aus. In diesem Sinne ist sein ganzes Werk philosophisch, d. h., es kann mit Blick auf die Freilegung philosophischer Konzepte und Kategorien gelesen werden. Im engeren Sinne philosophisch sind eine Reihe von Aufsätzen zum Marxismus, die Auseinandersetzung mit dem Positivismus (*Materialismus und Empiriokritizismus*) und die Notizen der *Philosophischen Hefte*, deren Schwerpunkt bei der kritischen Aneignung Hegels liegt.

Friedrich Engels hatte seine Schrift *Ludwig Feuerbach und der Ausgang der klassischen deutschen Philosophie* (1888) mit dem programmatischen Satz geschlossen: »Die deutsche Arbeiterbewegung ist die Erbin der klassischen deutschen Philosophie.« L. hat, mit Blick auf die theoretischen Gehalte des Marxismus, den weiten Begriff des Erbes in dreifacher Weise zugespitzt; er schreibt: Die Lehre von Marx »entstand als direkte und unmittelbare Fortsetzung der Lehren der größten Vertreter der Philosophie, der politischen Ökonomie und des Sozialismus«. Er nennt dann präzise als die »drei Quellen und gleichzeitig Bestandteile des Marxismus« die deutsche Philosophie, die englische politische Ökonomie und den französischen Sozialismus. In dieser Formulierung ist ein philosophisches Kontinuum konzipiert, in dem der Marxismus nicht nur die rezente Phase der Philosophiegeschichte darstellt, sondern deren Gehalte in sich aufnimmt (vgl. den Kulturbegriff Antonio Gramscis). Die Verarbeitung der kategorialen Widerspiegelung der gesamten geschichtlichen und geschichtlich erfahrenen Wirklichkeit wird zum konstitutiven Moment der marxistischen Theorie – und in der Weise, wie dieser Verarbeitungsprozeß bei Hegel System geworden ist, kann er, in materialistischer Umkehrung, Bestandteil des Marxismus sein. Es gibt Quellen, aus denen der Marxismus schöpft, und es gibt Systemmodelle, die in der spezifischen Transformation, die durch das Marx-Engelssche Programm der Aufhebung und Verwirklichung der Philosophie angegeben ist, zu Bestandteilen des Marxismus werden können.

Ein solches Konzept vom Kontinuum der Philosophie impliziert einen Kontext von weiteren philosophischen Theoremen. Über deren Prinzipien hat L. sich in der Auseinandersetzung mit dem Positivismus und subjektiven Idealismus einerseits, mit Hegel andererseits Rechenschaft abgelegt. Der Begriff einer zugleich historisch bestimmten und objektiven Wahrheit (als Wissen von der Sache selbst) führt auf die Differenzierung von absoluter und relativer Wahrheit sowie auf die Bestimmung des Objektivitätsgehalts von Irrtum und ideologischem Schein gemäß Spinozas Einsicht: »Das Wahre ist der Gattungsbegriff seiner selbst und des Falschen.« Der Relativitätsgrad der Wahrheit erfordert die Herausarbeitung der geschichtlichen Gesellschaftsstufen und damit der Kriterien für die Fortschrittlichkeit einer Theorie, woraus sich wiederum die Lehre von der Parteilichkeit der Wahrheit (nämlich für den Fortschritt der Menschheit und damit ihren eigenen) und das Postulat der Parteinahme ergibt. Ein dezisionistisches oder opportunistisch relativistisches Verständnis von Parteilichkeit wird ausgeschlossen durch deren geschichtsontologische Fundierung in der Lehre von den Gesellschaftsformationen (d.h. letztlich in der Lehre von der Dialektik von Produktivkräften und Produktionsverhältnissen). Die reflektierte politische Praxis der Veränderung gesellschaftlicher Zustände und Strukturen entspringt aus und orientiert sich an dem philosophischen Begreifen der wirklichen Verhältnisse. Insofern diese durch die Klassenstruktur der Gesellschaft charakterisiert sind, gehört zur Parteinahme in der Wahrheitsfindung ebenso wie in der politischen Aktivität Klassenbewußtsein, in dem sich die nicht nur formale, sondern inhaltliche Einheit von Theorie und Praxis herstellt. Es liegt auf der Hand, daß ein solcher Wahrheitsbegriff nicht transzendentalphilosophisch begründet werden kann. L.s häufige Kritik an Kant in den Konspekten zu Hegels

Wissenschaft der Logik ist von daher motiviert. Wahrheit als Wissen von der Sache selbst einschließlich ihrer Vermittlungen mit dem Subjekt des Wissens (d. h. nicht nur und nicht hauptsächlich wissenden Individuen, sondern das real-allgemeine Corpus des Alltagswissens und der Wissenschaft) muß im Modell einer selbstbezüglichen Abbildungsrelation – Erkenntnis als Widerspiegelung und Widerspiegelung der Widerspiegelung – beschrieben werden. Angesichts der Historizität des Wissens kann der allgemeine Gegenstand der Erkenntnis philosophisch nicht mehr auf einen solchen Inhalt festgelegt werden, der durch die jeweilige – wissenschaftsgeschichtlich bedingte – Stufe der Erfassung und Deutung der Objektwelt gegeben ist. Er ist vielmehr in höchster Allgemeinheit zu bestimmen als die objektive Realität, die außerhalb des Bewußtseins und unabhängig von ihm existiert und die gemäß dem Entwicklungsstand des Wissens im Bewußtsein abgebildet wird. Diese objektive Realität wird durch die Kategorie Materie bezeichnet. »Die einzige ›Eigenschaft‹ der Materie, an deren Anerkennung der philosophische Materialismus gebunden ist, ist die Eigenschaft, objektive Realität zu sein, außerhalb unseres Bewußtseins zu existieren.«

Eine erkenntnistheoretische Position dieser Art hat selbst einen ontologischen Gehalt. Sie setzt die übergreifende Einheit einer Welt-Wirklichkeit, von der das erkennende Subjekt ein dem Substrat nach homogener, aber dem Modus nach unterschiedener Teil ist. Die Selbsterfahrung unserer Unterschiedenheit als Subjekte wird durch die Erfahrung unserer gegenständlichen Vermitteltheit in der Praxis übergriffen (Kriterium der Praxis). Das Arbeitsverhältnis wie auch das Zeitbewußtsein erfordern die Ausarbeitung logischer Figuren, die die Einheit der Gegensätze, den Selbstunterschied des Einen, die Beziehung von Einheit und Vielheit und die Idee des Ganzen ausdrücken können. Dies leistet die Dialektik, deren erstes ausgearbeitetes System in Hegels Philosophie vorliegt, an die der Marxismus anzuknüpfen hat; dabei ist es das Problem einer materialistischen Philosophie, die geschlossene Systemgestalt des absoluten Idealismus – die Darstellung der Einheit der mannigfaltigen Welt als Geist – auf das offene System der materiellen Wirklichkeit zu projizieren. L. hat in seinen Konspekten zu Hegels *Wissenschaft der Logik* dieses Verfahren in Form der Umkehrung Hegels skizziert: »Ich bemühe mich im allgemeinen, Hegel materialistisch zu lesen: Hegel ist auf den Kopf gestellter Materialismus (nach Engels).«

Es läßt sich zeigen, daß L.s Wirken als Politiker und Staatsmann wie auch seine Ausarbeitung der politischen Theorie stets auf das Zentrum seiner philosophischen Weltanschauung bezogen sind und von diesem Kern her ihre innere Konsistenz erhalten. Mit Recht ist sein Name darum auch in den Namen eben jener wissenschaftlichen Lehre aufgenommen worden, die diese Einheit von Philosophie, politischer Ökonomie, Wissenschaften und politischer Praxis zum Inhalt hat: Marxismus-Leninismus.

Holz, Hans Heinz: Hegel – vom Kopf auf die Füße gestellt. Lenins Kritik der Hegelschen »Wissenschaft der Logik«. In: Buhr, Manfred/Oiserman, T.J. (Hg.): Vom Mute des Erkennens. Berlin 1981, S. 46 ff. – Gramsci, Antonio: Das Werk Lenins. In: Ders.: Zu Politik,

Geschichte und Kultur. Frankfurt am Main 1980, S. 24 ff. – Kumpf, Fritz: Probleme der Dialektik in Lenins Imperialismus-Analyse. Berlin 1968.

Hans Heinz Holz

Lévinas, Emmanuel
Geb. 12. 1. 1912 in Kaunas (Litauen); gest. 25. 12. 1995 in Paris

Wenn es seit einiger Zeit innerhalb der Philosophie des späten 20. Jahrhunderts eine Bewegung gibt, jüdische Inhalte, jüdische Begriffe und jüdische Paradoxa in die sonst weitgehend anders geprägte philosophische Tradition einzuführen, und wenn diese Bewegung so etwas wie eine Mode zu werden beginnt, dann gehört der in Frankreich lebende jüdische Philosoph L. in diese Mode jedenfalls nicht hinein. Er liegt ihr voraus und er befindet sich jenseits von ihr. Die gedankliche und sprachliche Anstrengung, die sein Werk auf jeder Seite, in jedem Satz, in jedem Atemzug charakterisiert, ist nicht die eines voraussehbaren Ganges, sie ist die des Ausbrechens, des Zerreißens eingeübter, eingefleischter Gedanken, die freilich mehr sind als Gedanken: Gedachtes, das auf dem Grunde alles dann wieder Gedachten und zu Denkenden liegt und es bestimmt – daraus ist es ein ständiger und ständig schmerzlicher Auszug.

L. schreibt in französischer Sprache. Er ist jedoch in Litauen geboren, mit dem Russischen und Hebräischen aufgewachsen, wie er selbst schrieb: mit der hebräischen Bibel, mit Puschkin und Tolstoi. Er studierte seit 1923 in Straßburg, ab 1930 in Paris, dazwischen (1928–1929) in Freiburg im Breisgau bei Edmund Husserl und Martin Heidegger, der eben im Wintersemester 1928/29 die Nachfolge Husserls antrat.

Im Zweiten Weltkrieg, während mehrerer Jahre in deutscher Kriegsgefangenschaft, schwor sich L., deutschen Boden nie mehr zu betreten, und er hat diesen Schwur gehalten. Die Shoah – über alle Erfahrung gehende und doch erfahrene Erfahrung des Unmenschlichen, Gegenmenschlichen – ist die unablässige Unruhe seines Denkens. Es ist geschult an der Husserlschen Phänomenologie, auf die es ständig Bezug nimmt, es ist beeindruckt durch Heideggers Denken und doch durch eine äußerste, immer wieder neu hergestellte Distanz von ihm getrennt; eine Abstandnahme, die der gesamten abendländischen Ontologie gilt seit Parmenides. Nichtsdestotrotz steht L. auch selber in der Tradition dieses Philosophierens, die er zugleich kritisch und positiv aufnimmt und in unermüdlicher Weise uminterpretiert – wie etwa den Gedanken des »Jenseits des Seins« bei Platon oder die »Idee des Unendlichen in uns« bei Descartes. Aber diese Tradition ist nicht seine einzige. Nicht weniger bedeutend ist für L. die jüdische Überlieferung: der Bibel und des Talmud – und die Geschichte des jüdischen Volkes. Das Denken L.' ist der Punkt des bewußten Zusammentreffens dieser beiden Traditionen. Es gab vor L. solche »Punkte«: Maimonides, Moses Mendelssohn, Franz Rosenzweig. Gerade letzterer ist an entscheidender Stelle zu nennen – und von L. auch genannt, wenn es darum geht, den Umkreis und das Niveau zu bezeichnen, in die das L.sche Denken gehört.

Die Werke L.' lassen sich in zwei Gruppen gliedern: einerseits die sich ausdrücklich als philosophisch verstehenden Werke und andrerseits die seit 1957 von L. mündlich vorgetragenen Talmudinterpretationen und weitere Arbeiten zu Themen des Judentums. Zur ersten Gruppe gehören (in Auswahl): *La théorie de l'intuition dans la phénoménologie de Husserl* (1930); *De l'existence à l'existant* (1947, erweitert 1967), deutsche Teilübersetzung: *Die Spur des Anderen. Untersuchungen zur Phänomenologie und Sozialphilosophie*; *Le temps et l'autre* (1948; *Die Zeit und der Andere*); *Totalité et infini. Essai sur l'extériorité* (1961; *Totalität und Unendlichkeit. Versuch über die Exteriorität*); *Humanisme de l'autre homme* (1973; *Humanismus des anderen Menschen*); *Autrement qu'être, ou au-delà de l'essence* (1974; *Jenseits des Seins oder anders als Sein geschieht*); *De Dieu qui vient à l'idée* (1982; *Wenn Gott ins Denken einfällt*). Zur zweiten Gruppe gehören (in Auswahl): *Difficile liberté. Essais sur le judaïsme* (1963, erweitert 1976; *Schwierige Freiheit. Versuche über das Judentum*); *Quatre lectures talmudiques* (1968; *Vier Talmud-Lesungen*); *Du sacré au saint. Cinq nouvelles lectures talmudiques* (1977); *L'au-delà du verset* (1982).

Eine genauere Verhältnisbestimmung dieser beiden Typen von Arbeiten zueinander – nicht nur was einzelne Themen angeht (wie das des Antlitzes, der Nächstenliebe, des Fremden, der Gastlichkeit, des Gebots, des Gottesnamens usw.), auch nicht nur was allgemein das Verhältnis philosophischen Denkens zur nicht- oder vorphilosophischen Erfahrung betrifft, sondern ebenso was L.' Denkbewegung und Sprachstil ausmacht – wird zu den entscheidenden Aufgaben einer künftigen Beschäftigung mit dem Werk L.' gehören.

Man hat in bezug auf die philosophische Entwicklung L.' im Anschluß an einen seiner wichtigsten Interpreten, Stephan Strasser, drei Phasen unterschieden: eine erste, die die frühen Werke umfaßt bis ausschließlich *Totalität und Unendlichkeit*, eine zweite, die eben in *Totalität und Unendlichkeit* ihr Hauptwerk hat und eine dritte Phase, die durch das zweite Hauptwerk *Jenseits des Seins oder anders als Sein geschieht* und die es vorbereitenden bzw. auf es folgenden Aufsätze gebildet wird. L. selbst hebt hervor, wie *Jenseits des Seins* sich von *Totalität und Unendlichkeit* dadurch unterscheidet, daß es sich von der Sprache der klassischen Ontologie, der *Totalität und Unendlichkeit* noch verhaftet blieb, so sehr es doch gegen diese andachte, gelöst habe. Dieses Unternehmen der Loslösung, der Vermeidung traditioneller ontologischer Begrifflichkeit macht die ungewöhnliche Sprach- und Denkform der späten Texte von L. aus, die sich im Titel *Autrement qu'être, ou au-delà de l'essence* bereits ankündigt und auf ihre Weise konzentriert.

Trotz der deutlich erkennbaren Fortentwicklung des L.schen Denkens ist ein Grundanliegen von den frühesten Werken bis zu den spätesten deutlich erkennbar, ein Anliegen, das immer präziser – gerade in einer immer gewagteren Sprache immer präziser, seiner eigenen Konsequenzen und Implikationen immer bewußter – zur Formulierung gelangt. Dies Grundanliegen L.' besteht darin, *die Bedeutung des Anderen zu denken*. Die Begegnung mit dem Anderen geht in einer »an-archischen«, nicht nur ursprünglichen, sondern »vor-ursprünglichen«, dementsprechend das formal-logische Denken fundamental in Frage stellenden Weise jedem Welt- und Selbstverhältnis voraus. Sie ereignet sich als »Beziehung« (L. selber setzt dies Wort in Anführungszeichen) einer unaufhebbaren, uneinlösbaren Asymmetrie zwischen dem Anderen und mir. »Beziehung«, in der der Andere mir immer zuvorkommt, mir immer überlegen ist einfach in seiner »Ander-heit«, mich anruft und angeht – und so mich überhaupt erst zu einem Ich macht: »me voici«, »hier bin ich«: ich zunächst als »mich«, als Akkusativ, als Angeklagter vor der Anderheit des Anderen, die Armut und Erhabenheit ineins ist und die in ihrer Anderheit radikal unvergleichlich ist, immer mehr Anderheit wird, in ihrem ander(s) ins Unendliche rast.

Diesen Gedanken profiliert L. gegenüber der philosophischen Tradition, vornehmlich gegenüber jenen Denkern, denen er besonders nahe ist: Husserl und Heidegger. Er zeigt auf, wie die Husserlsche »Intentionalität«, wie die Relation von »Noesis und Noema«, ebenso wie die Heideggersche Fundamentalontologie (das »Dasein..., dem es in seinem Sein um dies Sein selbst geht«, »die Sorge«, das »Mit-sein«; aber auch der Seinsbegriff des späten Heidegger) den Anderen seiner radikalen Andersheit berauben, und darum umgekehrt von der tatsächlichen *Erfahrung* des Anderen (die vorphilosophisch ist, aber alle Philosophie ist auf vorphilosophische Erfahrung angewiesen und bezogen) in Frage gestellt werden. Diese Infragestellung betrifft die abendländische Ontologie in grundsätzlicher Weise.

Gegen sie versucht L. die Ethik als prima philosophia zu denken; wie er selbst sein philosophisches Anliegen zusammenfaßt: Ethik, die der Ontologie vorausgeht. Die Begegnung mit dem Anderen, der mich in eine nicht endende Verantwortung herausruft, in der ich immer schuldig bin und je mehr ich mich meiner Verantwortung stelle, immer schuldiger werde, ist nicht ein Spezialfall von Beziehung, von Verhältnis zur Welt, sie ist jener Grundfall eines Verhältnisses, von dem alle andern Verhältnisse: zu mir selbst, zur Welt, zu den Gegenständen in der Welt, zur Gesellschaft immer nur abgeleitet, demgegenüber sie nachträglich sind.

Das philosophische Denken, das sich traditionell im Bereich dieser Nachträglichkeit bewegte, hat nun die Aufgabe, jene Erfahrung zu ent-decken, zu ihr zurückzuführen, die früher und uneinholbar anders ist, als das »Sein des Seienden«, aber auch als das »Ereignis des Seins«, von dem der späte Heidegger spricht, nämlich eben: »Jenseits des Seins oder anders als Sein geschieht«. Dies »jenseits des Seins« meint nicht nur eine andere (vielleicht bisher nicht berücksichtigte) Seinsweise eines Seienden, es meint auch nicht nur als Alternative zum Sein das Nicht-Sein, es meint gegenüber der Alternative von Sein und Nicht-Sein ein Drittes, das diese Alternative schlechtin transzendiert. Was ist dies Dritte, das über den scheinbar alles umfassenden, den umfassendsten Gegensatz hinausgeht? Was kann es geben jenseits von Sein und Nicht-Sein? Dies transzendierende Dritte, die Transzendenz schlechthin, ist nach L. das Antlitz oder auch das Bedeuten, die Sprache, die Spur.

Das Begegnen des Anderen (in seiner Hilflosigkeit, Nacktheit und Erhabenheit), sein Bedeuten, das gar nicht etwas Bestimmtes bedeutet, nur das Begegnen, das Bedeuten selber, sein Mich-Anrufen (ohne Worte und ohne Verfolgen eines Ziels oder Zwecks), sein Zerreißen meiner Gegenwart als Eröffnung von Zeit, seine Nähe in einer zugleich unüberbrückbaren »grundsätzlichen« Trennung – das ist nach L. *Sprache.* »Dire«, Sagen vor allem Gesagten. Alles Gesagte (»dit«), aller einzelne Ausdruck: Sprache als Kommunikation, Grammatik, Wortschatz, als Mitteilung, ist immer nur Aktualisierung – und auch schon Desavouierung – des (demgegenüber) immer ursprünglicheren Sagens. Aber dies »immer ursprünglicher« ist eben nicht nur *ursprünglicher,* es ist *vor-ursprünglich*: es ist *vor* Allem, uneinholbar in seinem Vor, und unbeantwortbar in jeder immer neu gegebenen und zu gebenden Antwort. – Antwort, die ich selber bin. Antwort auf ein Bedeuten jenseits von Sinn; Gegenüber – einem Antlitz.

Die Begegnung mit dem Anderen begreift L. als Ereignis. Es ist nicht ableitbar – weder aus dem Horizont eines Weltverständnisses, noch aus dem Gang der Geschichte, in der wir immer schon stehen, die uns immer schon bedingt; es ist im Gegenteil die Transzendenz, die einbricht in diese Geschichte: die Sprengung der logischen, ontologischen, aber auch historischen Ganzheit – und als solche Möglichkeit eines Urteils *über* die Geschichte jenseits ihres Ausgangs; Idee des Guten und der Güte verstanden als Ethik, als Herausgerufensein, als Einsetzung in die Freiheit, *für den anderen zu sein.* »Investitur«, wie L. sagt, »Bekleidung mit der Freiheit« – bis hin zum Geisel-Sein, bis hin zur Stellvertretung.

Die L.schen Formulierungen wirken hier oft äußerst radikal, geradezu übertrieben. Es wäre jedoch ein fundamentales Mißverständnis, die Exzessivität der Sprache und der Gedanken als dem hier Gedachten äußerlich anzusehen, als vermeidbar oder auf ein »erträgliches« Maß reduzierbar. Das Denken L.' ist nichts anderes als das Denken dieser Exzessivität, es ist kein Denken des Normalen, Alltäglichen, Ausgeglichenen, es ist vielmehr das Nach-Denken der Erfahrung des Anderen, der in das Normale und Alltägliche einfällt, als in den Ort des Nicht-mehr-Normalen (und noch nie Normalen!), Un-Alltäglichen und *bleibend Unausgeglichenen.*

Jacques Derrida hat in seinem 1964 erstmals erschienenen Aufsatz *Gewalt und Metaphysik* das L.sche Vorhaben untersucht und daraufhin befragt, ob es denn möglich sei, dem griechischen Logos in so grundsätzlicher Weise zu entkommen, wie L. es beansprucht, ob nicht immer aller Ausbruch aus diesem Denken ihm immer noch angehöre durch die Sprache, in der es gedacht wird und in der es vor allem einzelnen Gedanken immer schon steht. Auf diese Anfrage ist, wenn man so will, das späte Hauptwerk *Autrement qu'être, ou au-delà de l'essence* die L.sche Erwiderung. Aber nicht nur dies späte Werk, auch schon die früheren Texte – und an ihrer Spitze *Totalität und Unendlichkeit* – sind nicht nur der *Versuch,* gegen eine »griechisch« bestimmte Tradition des Denkens anzudenken, sie sind auch das *Zeugnis einer Erfahrung,* die ihrem eigenen Selbstverständnis nach – und zwar unwiderlegbar dem griechischen Logos widerspricht.

Es ist die Pluralität, die *Zweiheit*, die sich nicht auf eine ihr zugrundeliegende Einheit zurückführen läßt (aus der alle Pluralität dann erst wieder abzuleiten wäre), die den Ausgangspunkt und die ständige Herausforderung des L.schen Denkens ausmacht, und von der es nichts nachgeben kann.

»... alles, was ich versucht habe, ist, ein Verhältnis zu finden«, sagt L., »das nicht Addition ist. Wir sind so an den Begriff der Addition gebunden, daß es uns oftmals erscheint, als sei eigentlich die Zweiheit des Menschen ein Verfallen...«

Chalier, Catherine: L'utopie de l'humain. Paris 1993. – Wiemer, Thomas: Die Passion des Sagens. Zur Deutung der Sprache bei Emmanuel Lévinas und ihrer Realisierung im philosophischen Diskurs. Freiburg/München 1988. – Wenzler, Ludwig: Zeit als Nähe des Abwesenden. Diachronie der Ethik und Diachronie der Sinnlichkeit nach Emmanuel Lévinas. Nachwort zu E. Lévinas: Die Zeit und der Andere. Hamburg 1984. – Strasser, Stephan: Jenseits von Sein und Zeit. Eine Einführung in Emmanuel Lévinas' Philosophie. Den Haag 1978. – Derrida, Jacques: Gewalt und Metaphysik. Essay über das Denken Emmanuel Lévinas'. In: Ders.: Die Schrift und die Differenz. Frankfurt am Main 1976. – Blanchot, Maurice: L'entretien infini. Paris 1969.

Hans-Christoph Askani

Lévi-Strauss, Claude Gustave
Geb. 28. 11. 1908 in Brüssel

1949 erschien das Buch, das den französischen Strukturalismus begründen sollte: *Les structures élémentaires de la parenté* (*Die elementaren Strukturen der Verwandtschaft*), ein gelehrter Wälzer »von verzweifelter Langeweile«, wie Georges Bataille feststellt, und dennoch ein Buch, das nicht nur die Ethnologie auf den Kopf stellt, indem es eines ihrer verzwicktesten Probleme löst, sondern auch den Übergang des Menschen von der Natur zur Kultur aus der universalen Regel des Inzestverbotes erklären will: Alle komplizierten Heiratsregeln dienen dem Zweck, ein Tauschsystem von wenigen elementaren Strukturen einzurichten, das an die Stelle von natürlichen Verwandtschaften die kulturelle Tatsache der Allianz setzt und damit Kommunikation auf vielfältigen sozialen Bahnen ermöglicht. Struktur heißt dabei, wie L.-St. später erläutert, ein systematischer Zusammenhang, der nicht aus seinen Elementen erkennbar wird, sondern sich bei seiner Übertragung auf andere Inhaltsbereiche offenbart, ähnlich einer Sprache, deren Wesen darin besteht, in eine andere übersetzbar zu sein; letztlich bedeutet Struktur also eine Analogie und gerade keine Identität. 1955 brachte der autobiographische Reisebericht der *Tristes tropiques* (*Traurige Tropen*), der zugleich eine dichterische und intellektuelle Rechenschaftslegung der Ethnologie ist, den literarischen Ruhm, den es in Frankreich für die Durchsetzung einer Theorie braucht und den das trockene

Aufrechnen der verschiedenen Arten von Inzesttabus nicht erwerben konnte; ein poetisches Buch, das eine Zivilisationskritik der westlichen Welt vom Standpunkt der Wilden – unter ausdrücklicher Berufung auf Jean Jacques Rousseau – enthält und ebenso den Reiz fremder Kulturen schildert wie Trauer angesichts der Gewißheit ausdrückt, »daß zwanzigtausend Jahre Geschichte verspielt sind«: Unsere Zivilisation nivelliert alles Fremde und nimmt ihm damit die Möglichkeit, auf eigene Weise existieren zu können. In den 60er Jahren wurde *Traurige Tropen* zum Bestseller des Strukturalismus. Weitere Bücher folgten, deren Titel Programm waren: *Anthropologie Structurale* (1958; *Strukturale Anthropologie*), eine Sammlung von Aufsätzen, in denen das Wesen menschlicher Gesellschaften und der Individuen in ihnen aus dem Zusammenspiel von einigen Regeln allgemeiner Art, beispielsweise von bestimmten Tauschstrukturen, die vergleichbar sind, auch wenn die Elemente (Gesellschaften und Menschen) ganz verschieden erscheinen, bestimmt wird; nicht anders wie in der strukturalistischen Sprachwissenschaft, vor allem der Phonologie von Roman Jakobson, das System den Sinn der in sich sinnleeren Elemente bestimmt. Durch diesen methodischen Bezug gliedert sich L.-St. der in den 60er Jahren in Frankreich üblich gewordenen Rede vom Verschwinden des Menschen (gemeint ist: als Individuum) ein. 1962 erschien *La pensée sauvage* (*Das wilde Denken*), ebenfalls ein Programm: Es behauptet, daß unser begriffliches Denken nicht qualitativ vom Denken der sogenannten Primitiven unterschieden ist, sondern daß beide Teile des »wilden Denkens« und daher ineinander übersetzbar sind, wenn auch das mythische Denken mit konkreten Mitteln in der Art eines Bastlers arbeitet und daher begrenztere Ausdrucksmöglichkeiten hat. Der Wilde denkt nicht »primitiver« als wir, als sei er nur an Grundbedürfnissen orientiert, wie Bronislaw Malinowski meinte, oder als sei er nur von Gefühlen und Affekten bestimmt, wie Lucien Lévy-Bruhl behauptete, sondern ebenso spekulativ-theoretisch und intellektuell-komplex wie die Europäer, nur eben an konkretem Material, das die Natur und die Gesellschaftsbeziehungen ihm bieten und das er in Mythen transformiert. Dieser Denkweise hat sich ab 1964 das große Werk der *Mythologiques* (*Mythologica*) in vier Bänden (*Le cru et le cuit*, 1964 – *Das Rohe und das Gekochte*; *Du miel aux cendres*, 1967 – *Vom Honig zur Asche*; *L'origine des manières de table*, 1968 – *Der Ursprung von Tischsitten*; *L'homme nu*, 1971 – *Der nackte Mensch*) gewidmet, mit dem Anspruch zu bestimmen, nach welchen Gesetzen der menschliche Geist funktioniert. Daher die berühmt gewordene Behauptung in der Einleitung der *Mythologica*: nicht zu zeigen, »wie die Menschen in Mythen denken, sondern wie sich die Mythen in den Menschen ohne deren Wissen denken«, ja »daß sich die Mythen auf gewisse Weise untereinander denken«, unter Abstraktion von jedem Subjekt. Sein Alterswerk – wie *Le regard éloigné* (1983; *Der Blick aus der Ferne*), *Paroles données* (1984; *Eingelöste Versprechen*), *La potière jalouse* (1985; *Die eifersüchtige Töpferin*), die *Histoire de lynx* (1991; *Luchsgeschichte*) – faßt sein Denken in gelegentlich amüsanten Beispielen strukturaler Mythenanalyse zusammen oder wendet es wie *Regarder, écouter, lire* (1993; *Sehen Hören Lesen*) auf Beispiele der Musik und Kunst an.

L.-St. ist also zum einen Anthropologe der schriftlosen Völker, der »größte Anthropologe der Welt«, wie ihn etwas schwärmerisch seine Biographin Catherine Clément nennt, zum anderen Theoretiker eines anderen Denkens, des wilden oder mythischen Denkens, und dadurch Methodologe des Strukturalismus, wie Jacques Lacan und Michel Foucault einerseits Fachwissenschaftler, andererseits dadurch Philosoph. Die beiden Themenkomplexe, mit denen er sich beschäftigt hat, belegen diese Doppelheit: einerseits die ethnologische Untersuchung der Heiratsregeln, andererseits das spekulative Spiel der Mythen. Er hat mit seinem Werk eine überraschend große Anerkennung gefunden, die aber vielleicht auch der exzentrischen Stellung des Ethnologen und dem Standort zwischen den Kulturen Frankreichs und Amerikas zu verdanken ist.

Seine Biographie spiegelt die Position zwischen den Kulturen wider: L.-St. wurde als Sohn französisch-jüdischer Eltern in Brüssel geboren. Sein Vater war Portraitmaler, sein Großvater Rabbiner in Versailles; bei ihm verbrachte er die Jahre des Ersten Weltkrieges, bis seine Eltern nach Paris zogen, wo er das Lycée Janson-de-Sailly besuchte. In Paris studiert er Jura und Philosophie und schließt sein Studium 1931 mit der Agrégation in Philosophie, dem Licentiat in Jura und als Docteur des lettres ab. 1932/33 unterrichtet er am Gymnasium in Mont-de-Marsan, 1933/34 in Laon. 1935 wird er Professor für Soziologie an der unter Mithilfe Frankreichs gegründeten Universität von São Paulo, eine Stellung, die er bis 1938 behält. Während dieser Zeit, und bis 1939, unternimmt er mehrere ausgedehnte ethnologische Expeditionen nach Zentralbrasilien, die in *Traurige Tropen* beschrieben sind. 1939 und 1940 wird er Soldat; als Jude kann er nach der Besetzung Frankreichs aufgrund einer Intervention der Rockefeller-Stiftung zur Rettung europäischer Gelehrter 1941 unter Zurücklassung der Familie in die USA flüchten, wo er von 1942 bis 1945 an der »New School for Social Research« in New York lehrt. 1946/47 übernimmt er das Amt des Kulturattachés an der französischen Botschaft in den USA. Er lernt Roman Jakobson kennen und schätzen, für seine theoretische Entwicklung von großer Bedeutung. Nach der Rückkehr nach Frankreich 1948 wird er zum Subdirektor am »Musée de l'Homme« ernannt und fährt in dieser Funktion 1949 auf eine größere Mission nach Ost-Pakistan. 1950 kehrt er an die Universität zurück, indem er an der »École Pratique des Hautes Études« den Lehrstuhl für vergleichende Religionswissenschaften der schriftlosen Völker erhält; bis 1974 bleibt er dort Direktor. 1959 übergibt ihm das Collège de France den Lehrstuhl für Sozialanthropologie, den er bis 1982 innehat. Am 24. 5. 1973 wird er zum Mitglied der »Académie française« gewählt. L.-St. ist korrespondierendes Mitglied mehrerer Akademien der Wissenschaften in Europa und den USA, Kommandeur der Ehrenlegion und Inhaber von Ehrendoktorwürden in aller Welt. 1973 erhielt er den Erasmus-Preis. Auch privat zeigt sein Leben den Zug von Trauer und hoffnungsvoller Resignation, der sein Werk überstrahlt. Er ist seit 1954 zum dritten Mal verheiratet und hat zwei Söhne aus den letzten beiden Ehen. Heute lebt er in Paris, anerkannt als einer der ganz großen Gelehrten und Kulturphilosophen der Gegenwart, der sich doch als »Schüler und Zeuge« jener Wilden bezeichnet, denen gegenüber er die Schuld des europäischen Ethnologen nie abzutragen vermag.

Ruijter, Arie de: Claude Lévi-Strauss. Frankfurt am Main 1991. – Lévi-Strauss, Claude/ Eribon, Didier: Das Nahe und das Ferne. Eine Autobiographie in Gesprächen. Frankfurt am Main 1989. – Claude Lévi-Strauss, Mythos und Bedeutung. Vorträge und Gespräche mit Claude Lévi-Strauss. Frankfurt am Main 1980. – Lepenies, Wolf/Ritter, Henning (Hg.): Orte des wilden Denkens. Zur Anthropologie von Claude Lévi-Strauss. Frankfurt am Main 1970.

Claus von Bormann

Löwith, Karl
Geb. 9. 1. 1897 in München; gest. 24. 5. 1973 in Heidelberg

»Die Auslieferung (des Menschen) an das geschichtliche Denken ist nicht nur dem historischen Materialismus und in anderer Weise dem metaphysischen Historismus von Hegel eigentümlich, sie kennzeichnet auch alles nachhegelsche und nachmarxistische Denken. Man glaubt auch im bürgerlich-kapitalistischen Westen, dessen Produkt der Marxismus ist, weder an eine natürliche Weltordnung, an die Vernunft des physischen Kosmos, noch an ein Reich Gottes. Man glaubt nur noch an den Geist der Zeit, an den Zeitgeist, ›the wave of future‹, das Geschick der Geschichte, vulgär verstanden oder sublim. Wenn uns die Zeitgeschichte aber irgend etwas lehrt, dann offenbar dies, daß sie nichts ist, woran man sich halten und woran man sein Leben orientieren könnte. Sich inmitten der Geschichte an ihr orientieren wollen, das wäre so, wie wenn man sich bei einem Schiffbruch an den Wogen festhalten wollte.« L. hat diese Warnung in *Marxismus und Geschichte* (1957/58) ausgesprochen und damit nicht nur auf Jacob Burckhardt angespielt, dessen Beharrlichkeit angesichts eines vom Fortschrittsoptimismus ergriffenen 19. Jahrhunderts er ein frühes, fasziniertes Buch gewidmet hat (*Jacob Burckhardt. Der Mensch inmitten der Geschichte*, 1936). L. hat diesen Akzent gegen den Zeitgeist gesetzt, weil ihn eine Kluft von den politischen, philosophischen oder theologischen Versuchen trennte, aus der mit Marx, Nietzsche und Kierkegaard empfundenen Krise der Moderne herauszukommen. In einem Zeitalter, in dem, vermutlich wie in keinem zweiten, der Mensch an die Geschichte ausgeliefert worden ist, erscheint L.s Skepsis bemerkenswert unzeitgemäß. Doch handelt es sich nicht um die Unzeitgemäßheit, auf die man gewöhnlich trifft, wenn davon die Rede ist, sondern um jene, die sich mit Nietzsche außerhalb der christlichen Zeitrechnung und Heilsgewißheit weiß.

L. wuchs wohlbehütet als einziger Sohn eines hochgeachteten und sehr erfolgreichen Kunstmalers auf. Nach außen herrschte bürgerliche Ruhe und Saturiertheit – man bewohnte eine großzügige Stadtwohnung und eine Sommervilla am Starnberger See – nach innen herrschte angespannte Wachheit: Im Alter von 13 Jahren las L. Kant, Schleiermacher und Fichte, aber auch Nietzsches *Zarathustra* als emotionsgeladenen Schlüsseltext der Moderne, der ihn nicht nur – nach dem von Nietzsche diagnostizierten Zusammenbruch der christlichen Metaphysik – für die erneut zu stellende Frage empfänglich machte, warum etwas und vielmehr nicht nichts ist, sondern auch für die Folgen, die sich aus der mit Nietzsche greifbar gewordenen Säkularisation des Verhältnisses von Mensch und Welt ergaben. Zunächst zog L. – als Freiwilliger – in den Ersten Weltkrieg, wurde 1915 an der österreichisch-italienischen Front bei einem nächtlichen Spähtruppunternehmen schwer verwundet und Ende 1917 entlassen. Er begann, Biologie und Philosophie zu studieren – bei Alexander Pfänder und Moritz Geiger, dem »Münchner Kreis« der Phänomenologie; zur Zeit der Räterepublik wurde es ihm in München »zu laut«; er zog nach Freiburg, hörte bei Edmund Husserl und lernte dessen Assistenten Martin Heidegger kennen, »der uns in Husserls *Logische Untersuchungen* einführte, aber auch in Dilthey, Bergson und Simmel. Die spürbare Intensität und der undurchsichtige Tiefgang von Heideggers geistigem Antrieb ließ alles andere verblassen und machte uns Husserls naiven Glauben an eine endgültige philosophische Methode abspenstig. Diese ersten Freiburger Studienjahre von 1919 bis 1922 waren eine unvergleichlich reiche und fruchtbare Zeit. Alles, wovon meine Generation auch heute noch geistig zehrt, wurde damals hervorgebracht, nicht obwohl, sondern weil alles im Zeichen der Auflösung stand und auf eine kritische Erneuerung aus war. Auch Heideggers Anziehungskraft beruhte auf einem produktiven Abbau, der ›Destruktion‹ der überlieferten Metaphysik auf ihre fragwürdig gewordenen Fundamente hin« (*Curriculum vitae*, 1959). Nach dem Abschluß der Dissertation bei Moritz Geiger (*Auslegung von Nietzsches Selbstinterpretation und von Nietzsches Interpretationen*, 1923) folgte L. Heidegger nach Marburg: »In diesen entscheidenden Jahren nach dem Zusammenbruch von 1918 wurde ich durch die Freundschaft mit P. Gothein vor die Wahl gestellt: sollte ich mich dem Kreis um St. George und Gundolf anschließen, oder als Einzelgänger Heidegger folgen, der auf ganz andere Weise eine nicht minder diktatorische Macht über die jungen Gemüter ausübte, obwohl niemand von seinen Hörern verstand, worauf er eigentlich abzielte. In Zeiten der Auflösung gibt es verschiedene Arten von ›Führern‹, die sich nur darin gleichen, daß sie das Bestehende radikal verneinen und entschlossen sind, einen Weg zu dem ›Einen was not tut‹ zu weisen. Ich entschied mich für Heidegger.« Freilich nicht mit dem Gewicht, das Heidegger, Carl Schmitt, Ernst Jünger u. a. dem Begriff der Entscheidung zumaßen – »Das Pathos der praktisch-existentiellen Entscheidung, welches Kierkegaard und Marx gegen die bestehende Christenheit und gegen die bestehende Gesellschaft inspiriert hatte, erwachte in den 20er Jahren zu einer neuen Aktualität, um zu einem theologischen, philosophischen und politischen Dezisionismus zu führen – und zu verführen«. Davon handelt eine 1935 pseudonym erschienene Polemik gegen den *Politischen Dezisionismus von C. Schmitt* und ein in Frankreich 1946 erschienener Aufsatz über *Die politischen Implikationen von Heideggers Philosophie der Existenz* – in Sartres *Les Temps Modernes*.

In jenen Marburger Tagen zählten Hans-Georg Gadamer, Gerhard Krüger und Leo Strauss zu L.s persönlichen Freunden. 1928 habilitierte sich L. bei seinem Lehrer Heidegger mit der Untersuchung *Das Individuum in der Rolle des Mitmenschen*; die phänomenologische Methode, mit der er in diesem Buch die formale Struktur des Miteinanderseins beschrieb, setzte er deutlich gegen Heideggers Verfahren ab; L. beabsichtigte eine philosophische Anthropologie, nicht aber eine universale Fundamentalontologie, wie sie Heidegger mit *Sein und Zeit* ein Jahr zuvor vorgelegt hatte. 1930 widmete er dessen methodischem Anspruch eine erste kritische Studie: *Phänomenologische Ontologie und protestantische Theologie*.

Seit dem Habilitationsvortrag *L. Feuerbach und der Ausgang der klassischen deutschen Philosophie* (1928) hat der im Laufe der 30er Jahre ungemein produktive L. zahlreiche größere Arbeiten zur philosophischen Entwicklung im 19. Jahrhundert vorgelegt (*Hegel und Hegelianismus*, 1931; *Theorie und Praxis als philosophisches Problem*, 1931; *Max Weber und Karl Marx*, 1932; *Die philosophische Kritik der christlichen Religion im 19. Jahrhundert*, 1933; *Kierkegaard und Nietzsche oder philosophische und theologische Überwindung des Nihilismus*, 1933; *Kierkegaard und Nietzsche*, 1933 u. a. m.). Von einer intensiven Beschäftigung mit den gerade erschienenen Frühschriften von Marx ausgehend, versuchte er einen ersten synthetischen Blick für die philosophisch ungewiß gewordene Stellung des Menschen zu entwickeln. Er bemerkte bei Feuerbach den anthropologisch-theologisch begründeten Rückschritt hinter Hegels Philosophie des absoluten Geistes, bei Marx den Umschlag von Philosophie in Marxismus, bei Kierkegaard den verzweifelten Aufstand des gewissenhaften Einzelnen gegen die christliche Kirche, bei Max Weber – zunächst – eine unzulängliche Wertethik subjektiven Zuschnitts. Gemessen an Hegels Vollendung der klassisch-idealistischen Philosophie waren dies Stadien eines »vorläufigen Philosophierens«, das am prägnantesten in Nietzsches »Philosophie der Zukunft« zum Ausdruck kam. Es ist kein Zufall, sondern in der Aufbruchstimmung der 20er und 30er Jahre begründet, daß L. mit *Nietzsches Philosophie der ewigen Wiederkehr des Gleichen* (1935) eine Studie vorlegte, mit der er Nietzsche philosophisch vor seinen Verkündern und Vollendern (Simmel, Bertram, Andler, Klages, Baeumler, Jaspers, Heidegger) zu retten suchte. An anderer Stelle hat er in einer biographischen Reflexion den zeitgenössischen Bezug der Auseinandersetzung um Nietzsche dargelegt: »Auch heute, nach 27 Jahren seit meiner ersten Zarathustralektüre, wüßte ich die Geschichte des deutschen Geistes mit niemand anderem zu beschließen, obgleich ich der deutschen Revolution die Einsicht in die Gefährlichkeit des ›gefährlich Leben‹ verdanke. Nietzsche ist und bleibt ein Kompendium der deutschen Widervernunft oder des deutschen Geistes. Ein Abgrund trennt ihn von seinen gewissenlosen Verkündern, und doch hat er ihnen den Weg bereitet, den er selber nicht ging. Auch ich kann nicht leugnen, daß der Wahlspruch, den ich in mein Kriegstagebuch schrieb: ›navigare necesse est, vivere non est‹, auf vielen Umwegen und doch direkt zu Goebbels' heroischen Phrasen führt.« Gerade wegen des scheinbar eindeutigen Charakters, den Nietzsches Denken seit seinen ersten Interpreten – Gabriele d'Annunzio war einer der frühesten – angenommen hatte, kam es L. darauf an, Nietzsche als eine »Frühgeburt des kommenden Jahrhunderts«, als »Philosophen einer noch unbewiesenen Zukunft« zu zeigen: »Er ließ deshalb im *Zarathustra* die Frage offen, was er nun eigentlich sei: ein Versprecher oder ein Erfüller, ein Erobernder oder ein Erbender, ein Herbst oder eine Pflugschar, ein Dichter oder ein Wahrhaftiger, ein Befreier oder ein Bändiger – weil er wußte, daß er weder das eine noch das andere, sondern beides ineins war.«

Während dieses Buch – mit geringfügigen Änderungen versehen – noch in Deutschland erscheinen konnte, mußte L. sein Burckhardt-Buch ein Jahr später in einem Schweizer Verlag veröffentlichen. L.s persönliches Schicksal, das sich aus der Machtergreifung der Nationalsozialisten ergab – seit 1935 fiel er unter die Nürnberger Gesetze –, hat er in einem 1940 geschriebenen, aber erst 1986 herausgegebenen Bericht *Mein Leben in Deutschland vor und nach 1933* geschildert. Unter dem Aspekt der mit dem Ende des Ersten Weltkriegs herandrängenden »Aufgabe« einer philosophisch begründeten und politisch zu verwirklichenden »neuen« Identität der Deutschen enthält dieses Buch, geschrieben mit dem Zug eines »großen Moralisten« (Reinhart Koselleck), ebenso scharfe wie beklemmende Momentaufnahmen einer öffentlichen, akademisch mitgetragenen Radikalisierung, aber auch eindringliche Porträts von Max Weber, Albert Schweitzer, Edmund Husserl, Karl Barth und Martin Heidegger. Dessen Stranden im Fahrwasser der Nationalsozialisten erläutert L. als ein theoretisches Scheitern, als ein unverständliches und nicht ausdrückliches Zögern zwischen der »reichsdeutschen« und der »alemannischen« Lösung der existentiellen bzw. politischen Konflikte der Zeit: »Die Möglichkeit von Heideggers philosophischer Politik entspringt nicht einer Entgleisung, die man bedauern könnte, sondern dem Prinzip seiner Existenzauffassung, welche den Geist der Zeit im doppelten Sinn bestreitet.« L. hat dieses Argument im gleichen Jahr in *Der europäische Nihilismus. Betrachtungen zur Vorgeschichte des europäischen Krieges* weiter ausgeführt.

L.s erzwungene Flucht vor den Folgen einer geistig-politischen Erneuerung Deutschlands durch die Nationalsozialisten reicht – begleitet von einer denkwürdigen Kontroverse zwischen Leo Strauss und Carl Schmitt über die Differenz von politischer Philosophie und politischer Theologie – rund um den Erdball. Zunächst seit 1934 in Italien beheimatet, emigriert er 1938 nach Sendai in Japan und 1941 nach den Vereinigten Staaten – kurz vor dem Überfall der Japaner auf den amerikanischen Flottenstützpunkt Pearl Harbour. L. hat mit Gleichmut auf diese Ereignisse reagiert. In lakonischer Kürze hat er in das Handexemplar seines gerade erschienenen Buchs *Von Hegel zu Nietzsche. Der revolutionäre Bruch im Denken des 19. Jahrhunderts* eingetragen: »Erhalten am 18. 1. 1941 in Sendai, unmittelbar nach der Rückkehr von Peking und vor der Übersiedlung nach New York.« Die Bedeutung dieses Buchs, das ins Italienische, Japanische, Englische und Französische übersetzt wurde und seit seiner – mit beachtlichen Veränderungen und Kürzungen versehenen – deutschen Neuausgabe (1949) zu einem internationalen Standardwerk wurde, hat der befreundete Leo Strauss unmittelbar nach dem ersten Erscheinen beschrieben: »Dieses Buch sollte alle interessieren, die das Aufkommen des europäischen und insbesondere des deutschen Nihilismus verstehen wollen. Als sein Thema kann man die Verwandlung des europäischen Humanismus, vertreten durch Goethe und Hegel, in den deutschen Nihilismus, vertreten durch Ernst Jünger, bezeichnen. Seine These lautet, daß die philosophiegeschichtliche Entwicklung, die von ›tödlicher Konsequenz‹ war, den Schlüssel zum gegenwärtigen Geschehen in Deutschland bietet.« L. selbst hat aus dem Geist des 19. Jahrhunderts, auf den er sich angewiesen wußte, eine weitergehende Begründung für dieses Buch gegeben: »(Dieses Jahrhundert) ist die Zeit der großen historischen Werke von Ranke und Mommsen, Droysen und Treitschke, Taine und Burckhardt und einer phantastischen Entwicklung der Naturwissenschaften. Es ist nicht zuletzt Napoleon und Metternich, Mazzini und Cavour, Lassalle und Bismarck, Ludendorff und Clémenceau. Es erstreckt sich von der großen Französischen Revolution bis 1830 und von da bis zum Ersten Weltkrieg. Es hat Schlag auf Schlag zum Heil und Unheil der Menschen die gesamte technische Zivilisation geschaffen und Erfindungen über die ganze Erde verbreitet, ohne die wir uns unser alltägliches Leben überhaupt nicht mehr vorstellen können. Wer von uns könnte leugnen, daß wir noch durchaus von diesem Jahrhundert leben und eben darum Renans Frage – es ist auch die Frage von Burckhardt, Nietzsche und Tolstoi – verstehen: ›de quoi vivra-t-on après nous?‹. Gäbe es darauf eine Antwort nur aus dem Geist der Zeit, so wäre dies das letzte, ehrliche Wort unserer noch vor 1900 geborenen und im Ersten Weltkrieg gereiften Generation die entschiedene Resignation, und zwar einer, die ohne Verdienst ist, denn die Entsagung ist leicht, wenn sich das meiste versagt.«

Als der Druck der Deutschen Botschaft in Tokio zu stark wurde, hat L. Japan verlassen, um auf Vermittlung der beiden Theologen Reinhold Niebuhr und Paul Tillich eine Stellung am theologischen Seminar in Hartford (Conn.) anzutreten. L. begann im Zuge dieser neuen Tätigkeit, sich mit der frühkirchlichen Patristik zu beschäftigen; er faßte den Plan, die endzeitlichen, d.h. eschatologischen Strukturen christlicher Heilserwartung und Heilsgewißheit auf deren »Nach«-Geschichte in der bürgerlichen Geschichtsphilosophie bis Hegel, Comte und Marx zu übertragen und deren Mythologisierung des Fortschritts als endzeitliches, theologisches Residuum zu entlarven. Das Buch, in dem L. diese These vortrug, ist zuerst 1950 unter dem Titel *Meaning in History*, in deutscher Übersetzung treffender als *Weltgeschichte und Heilsgeschehen. Die theologischen Voraussetzungen der Geschichtsphilosophie* (1953), erschienen. Zuvor (1950) hat L. dessen »verschärfte Leitgedanken« unter demselben Titel in der Festschrift veröffentlicht, die Martin Heidegger zum 60. Geburtstag gewidmet war. L. vertrat die Auffassung, daß Heideggers Erneuerung der Philosophie trotz ihrer waghalsigen Annäherung an die vorsokratische Überlieferung nie den christlichen Horizont heilsgeschichtlicher Erwartung verlassen hat. Dieses Faktum verkennend, bewege sich Heideggers Denken in einem unmerklichen Zirkel zwischen endlichem »In-der-Welt-sein« und eigentlichem »Sein«, in der Hoffnung auf den »weltgeschichtlichen Augenblick«, in dem sich ein »Erlöser« zu erkennen gibt. Die Defizite einer solchen Ontologie ohne Sein, die einen Unterschied zwischen vulgärer und sublimer Geschichte offen läßt, hat Heidegger mit einer geschichtsphilosophischen Radikalisierung von Nietzsches Lehre der ewigen Wiederkehr des Gleichen kompensiert; er reduziert sie auf den Willen zur Macht und erhebt damit im Namen »zukünftiger« Entwürfe und Lösungen pathetisch gegen sein eigenes Zeitalter Einspruch. Heideggers ebenso zweideutige wie zweifelhafte Fahrt in eine neuerliche »Hinter-Welt« – Nietzsches polemische Übersetzung von Metaphysik – beruht auf einem Begriff von Weltgeschichte und weltgeschichtlichem Ereignis, wie er erst im christlichen Äon bekannt geworden ist. So sehr Heidegger einen »ursprünglichen« Weltbegriff betont, er verfällt einer unbestimmten Endzeiterwartung, die religiöser, philosophischer, aber auch politischer Natur oder alles zugleich sein kann.

1949 wurde L. an die »New School for Social Research« in New York berufen, ein Sammelbecken exilierter Intellektueller. Hans-Georg Gadamer bewirkte schließlich, daß L. 1952 einen Ruf nach Heidelberg erhielt. L. fand die Universitätsverhältnisse »merkwürdig unverändert« vor. Er veröffentlichte 1953 *Heidegger – Denker in dürftiger Zeit*, eine umfassende kritische Studie, geschrieben, um »den Bann eines betretenen Schweigens und eines sterilen Nachredens von seiten einer gefesselten Anhängerschaft zu brechen«. Heidegger stellte zwar eine radikale Herausforderung dar, erst recht in einer nach dem Ende des Zweiten Weltkriegs deutungsbedürftigen Welt, aber so schwankend seine Haltung in der Frage nach dem Unterschied von vulgärer und eigentlicher Geschichte gewesen war, so vieldeutig war seine Antwort auf die Frage, in welcher Sprache das Sein zum »In-der-Welt-Sein« spricht, ob als Welt, als Gott oder als Dichter. Als weitere Buchveröffentlichung folgte 1956 *Wissen, Glaube und Skepsis*, in der L. durch die Auseinandersetzung mit christlichen Denkern wie Augustinus, Sextus Empiricus, Pascal und Kierkegaard eine Klärung des Verhältnisses von christlichem Glauben und Philosophie herbeizuführen suchte.

L. hat sein umfangreiches Werk – es umfaßt nahezu dreihundert Titel – mit zwei Büchern beschlossen. *Gott, Mensch und Welt in der Metaphysik von Descartes bis zu Nietzsche* (1967) war als Einführung in die theologischen Implikationen der neuzeitlichen, bürgerlich-rationalistischen Metaphysik gedacht und verfolgte eine mit *Von Hegel zu Nietzsche* und mit *Weltgeschichte und Heilsgeschehen* verwandte Thematik; sie gipfelte in Nietzsches Säkularisation des dreieinigen Verhältnisses von Gott, Mensch und Welt und der Wiedereinsetzung eines natürlichen Gegenüber von Mensch und Welt. Die letzten Jahre L.s galten der Beschäftigung mit Paul Valéry, in dem er, wie in der Gestalt Jacob Burckhardts, einen Geistesverwandten, einen »solitaire«, entdeckt hatte (*Paul Valéry. Grundzüge seines philosophischen Denkens*, 1970). In dessen Werk schien sich L., nach einer langen, disziplinierten Beschäftigung mit den historischen Verläufen, den Ursachen und den Folgen des abendländischen Denkens die »Möglichkeit authentischer Philosophie« (Henning Ritter) zu eröffnen.

L. hat – auch dies ungewöhnlich im Verlauf der Philosophiegeschichte des 20. Jahrhunderts – seine durch die japanischen Exiljahre bedingten Erfahrungen im Umgang mit dem fernöstlichen Denken auf Geschichtsphilosophie und Weltbegriff der westeuropäischen Neuzeit bezogen (*Natur und Geschichte*, 1951;

Bemerkungen zum Unterschied von Orient und Okzident, 1960). Wie weit ihn diese Erfahrungen von einer bis in die Frühscholastik zurückreichenden ontotheologischen Tradition entfernten, mag das Fazit belegen, das L. in seinem *Curriculum vitae* gezogen hat: »Wie weit es immer dem Menschen gelingen mag, sich die Natur durch Bearbeitung anzueignen und seine Herrschaft über sie auszudehnen, sie wird niemals zu unserer Umwelt, sie bleibt immer sie selbst, so wie in Heideggers ontologischer Rede das Sein sich darin erweist, daß es sich selbst ist. Von dieser Welt, die nicht eine Welt unter andern und keine bloße ›Idee‹ (Kant) oder ein ›Horizont‹ (Husserl) oder ›Entwurf‹ (Heidegger) ist, sondern die eine und ganze wirkliche Welt, ließe sich sagen, was die Theologie in ihren Gottesbeweisen von Gott gesagt hat: daß über sie hinaus nichts noch Größeres denkbar ist. Sie braucht aber auch gar nicht als existierend bewiesen zu werden, denn sie weist sich alltäglich und fortwährend selber aus, obwohl wir von unserer Weltgemäßheit zumeist so wenig wissen, wie die Zugvögel, die sich auf ihrem Flug am Stand der Sonne orientieren. Wir können keinen Augenblick existieren ohne die Welt, aber diese kann auch ohne uns sein.«

Ries, Wiebrecht: Karl Löwith. Stuttgart 1991. – Habermas, Jürgen: Karl Löwith. Stoischer Rückzug vom historischen Bewußtsein (zuerst 1963). In: Ders.: Philosophisch-politische Profile. Wozu noch Philosophie? Frankfurt am Main 1981. – Gadamer, Hans-Georg: Karl Löwith. In: Ders.: Philosophische Lehrjahre. Eine Rückschau. Frankfurt am Main 1977. – Timm, Hermann: Amor fati? Karl Löwith über Christentum und Heidentum. In: Neue Zeitschrift für systematische Theologie und Religionsphilosophie 19/1977, S. 78–94. – Riedel, Manfred: Karl Löwiths philosophischer Weg. In: Heidelberger Jahrbücher 14/1977, S. 120–133. – Anz, Wilhelm: Rationalität und Humanität. Zur Philosophie von Karl Löwith. In: Theologische Rundschau 36/1971, S. 62–84.

Bernd Lutz

Luhmann, Niklas
Geb. 8. 12. 1927 in Lüneburg; gest. 6. 11. 1998 in Bielefeld

Bekannt wurde L. einer nicht nur wissenschaftlichen Öffentlichkeit durch seine Auseinandersetzung mit Jürgen Habermas, die 1971 unter dem für die Rezeption von L.s Theorie unvorteilhaften Titel *Theorie der Gesellschaft oder Sozialtechnologie* publiziert wurde. Der Titel suggeriert, daß die Systemtheorie L.s eine reine Sozialtechnologie sei, und die deshalb konservativ sei, weil sie nur die Wirklichkeit beschreiben wolle und keine regulative Idee von einer zukünftigen Gesellschaft habe. Dieses Vorurteil hielt sich, obwohl sich L. 1967 in seiner Antrittsvorlesung an der Universität Münster ausdrücklich zur Aufklärung bekannte. An dieser Universität promovierte und habilitierte er sich 1966 bei Helmut Schelsky, der L.s Begabung früh erkannte und ihn darum schon 1965 als Abteilungsleiter an die Sozialforschungsstelle in Dortmund holte, nachdem er nach dem rechtswissenschaftlichen Studium nacheinander Verwaltungsbeamter am Oberverwaltungsgericht Lüneburg, Landtagsreferent im niedersächsischen Kultusministerium und Referent am Forschungsinstitut der Hochschule für Verwaltungswissenschaften in Speyer war. Zwischenzeitlich war er zum Studium bei Talcott Parsons an der Harvard-Universität beurlaubt. 1968 wurde er an die Reformuniversität Bielefeld berufen, wo er bis zu seiner Emeritierung im Jahr 1993 lehrte. Da er keinem Fachbereich eindeutig zuzuordnen war, wählte er die Soziologie, »weil man als Soziologe alles machen kann, ohne auf einen bestimmten Themenbereich festgelegt zu sein«.

Fühlt sich L. auch der Aufklärung verpflichtet, so allerdings nicht der »naiven« Aufklärung alten Stils, denn »vor allem zwei zentrale Prämissen der Vernunftaufklärung sind der Soziologie verdächtig geworden: Die gleiche Beteiligung aller Menschen an einer gemeinsamen Vernunft, die sie ohne weitere institutionelle Vermittlung besitzen, und der erfolgssichere Optimismus in bezug auf die Herstellbarkeit richtiger Zustände.« Für L. kann Aufklärung also nicht naive Vernunftgläubigkeit und Machbarkeitsgewißheit bedeuten. Soziologie müsse Aufklärung über Aufklärung bewirken. L. nennt das in seiner Antrittsvorlesung »Abklärung über Aufklärung« und mit diesem Titel könnte man sein gesamtes Schaffen überschreiben. L. erläutert: »Nicht mehr Belehrung und Ermahnung, nicht mehr die Ausbreitung von Tugend und Vernunft, sondern die Entlarvung und Diskreditierung offizieller Fassaden, herrschender Moralen und dargestellter Selbstüberzeugungen wird zum dominanten Motiv.« Dies wurde für L. in den folgenden 30 Jahren der leitende Gedanke seiner Arbeiten, umso mehr als diese Ideale eine Bewältigung der Probleme moderner komplexer Gesellschaften behindern.

L. hatte von Anbeginn seiner Tätigkeit das Interesse, eine Theorie der komplexen Gegenwartsgesellschaft zu schreiben. Als Instrumentarium arbeitete er seine Systemtheorie aus, mit der er die Struktur der in der Gesellschaft sich bildenden Systeme erforschen wollte. So betrachtet L. heute alles, was er bis 1984 zu einer Gesellschaftstheorie beitrug, als »Nullserie«, denn erst 1984 erschien als »Einleitungskapitel« zur anvisierten umfassenden Gesellschaftstheorie die 675 Seiten starke Schrift *Soziale Systeme*, worin er erstmals seine Systemtheorie ausgearbeitet hat. In den Jahren darauf folgten die nicht weniger voluminösen »einzelnen Kapitel« seiner Theorie der Gesellschaft: *Die Wirtschaft der Gesellschaft* (1988); *Die Wissenschaft der Gesellschaft* (1990); *Das Recht der Gesellschaft* (1993). Weitere Kapitel über die Systeme Kunst, Politik und Religion werden in den kommenden Jahren folgen. Im Abschlußband »Die Gesellschaft der Gesellschaft« wird L., wie in einem Mosaik, dann das zusammenfügen, was er vorher bei der Betrachtung der einzelnen sozialen Systeme analytisch getrennt hatte. In diesem Buch will er die Interdependenzen zwischen den zuvor untersuchten einzelnen Systemen zeigen.

Die Theorie der Gesellschaft ist nur ein Teil von L.s gesamter Theorie, insgesamt hat sie vier Säulen. Einen weiteren Teil bilden seine historisch-semantischen Analysen, die unter dem Titel *Gesellschaftsstruktur und Semantik* in bislang vier Bänden zwischen 1980 und 1995 und in dem Buch *Liebe als Passion* (1982) erschienen sind. L. untersucht darin die Wechselwirkung zwischen Wandlungen in der Semantik und Gesellschaftsveränderungen. Der dritte Teil seiner Theorie ist die Organisationssoziologie. Sie wurde 1964 unter dem Titel *Funktion und Folgen formaler Organisation* publiziert. Und der vierte Teil besteht schließlich aus seinen politischen Interventionen in aktuellen Zeitungs- und Zeitschriftenbeiträgen und in den Buchpublikationen *Politische Theorie im Wohlfahrtsstaat* (1981), *Ökologische Kommunikation* (1985), *Soziologie des Risikos* (1991), *Beobachtungen der Moderne* (1992). – Mit dieser Einteilung wird die für unüberschaubar gehaltene, bislang bereits 10000 Seiten starke »Supertheorie«, wie L. sie selbst nennt, übersichtlich. Es werden sicherlich noch einige tausend Seiten folgen, denn wenn L. beim Schreiben eines Buches ins Stocken gerät, macht er etwas anderes; nämlich: »Andere Bücher schreiben.«

Grundlegender Mittelpunkt von L.s Sozialphilosophie ist seine Allgemeine Systemtheorie, die er in dem Band *Soziale Systeme* dargelegt hat. Dieses Werk wird oft als sein Hauptwerk bezeichnet. L.s zentrale Einsicht, die die Ausarbeitung seiner Systemtheorie motiviert hat, besteht darin, daß die Welt komplex sei, die aktuelle Aufmerksamkeitsspanne eines Forschers hingegen sehr gering. Hierin liegt die Spannung, die die L.sche Systemtheorie zu lösen sucht. Sie will einerseits nicht unterkomplex werden, sondern die Welt in ihrer ganzen Fülle kognitiv erfassen. Andererseits will sie dem begrenzten Erkenntnisvermögen des Menschen gerecht werden. Um diese Spannung zu lösen, stützt sich L. auf Einsichten von Edmund Husserl.

Um ein System, das der Sozialwissenschaftler gerade beobachtet, von anderen Systemen, die für das betrachtete System Umwelt sind, abzugrenzen, verwenden L. wie Husserl das Instrumentarium »Sinn«, das in der Systemtheorie eine zentrale Kategorie ist. Der Sinn des Sinns ist es laut Husserl, für das Bewußtsein Erlebnisse zu aktualisieren, weil der »Erlebnisstrom ... nie aus lauter Aktualitäten bestehen« könne. An diesen Gedanken knüpft L. an: »Sinn ist laufendes Aktualisieren von Möglichkeiten. Da Sinn aber nur als Differenz von gerade Aktuellem und Möglichkeitshorizont Sinn sein kann, führt jede Aktualisierung immer auch zu einer Virtualisierung der daraufhin anschließbaren Möglichkeiten.« Sinn ist also das Instrumentarium, das *energeia* und *dynamis* oder *actus* und *potentia* im Bewußtseinsstrom unterscheiden läßt, wobei die Möglichkeiten »bei weitem das überschreiten, was handlungsmäßig erreicht und erlebnismäßig aktualisiert werden kann«. Unsere Wahrnehmung, sagt Husserl weiter, könne an einzelne Gegenstände der Umgebung nur dadurch herankommen, daß der Sinn die Funktion übernimmt, andere Dinge »abzuschatten«. Dadurch entsteht der redundante Sachverhalt, daß wir nicht sehen, was wir nicht sehen, weil wir sehen, was wir sehen, sagt L. mit der ihm eigenen Formulierungsfreude. Das Abschatten anderer Gegenstände setze – wie Husserl meint – ein »sinngebendes Bewußtsein« voraus. In L.s Worten heißt das: »Erst wenn Sinngrenzen die Differenz von System und Umwelt verfügbar halten, kann es *Welt* geben.«

Jeder Sozialwissenschaftler, der selbst wiederum ein System ist, nimmt sich aus dem Ganzen, aus dem »unmarked space« – wie L. gern mit George Spencer

Brown sagt – für seine Beobachtung etwas heraus und läßt damit anderes unbeobachtet, was aber als Unbeobachtetes da bleibt und nur abgeschattet wird. Husserl spricht von der »Umgebung, die immer da ist«, wenn wir einen Gegenstand oder – mit L. – ein System aus dem Ganzen erfassen. Der Beobachter setzt Grenzen. »Grenzen«, sagt L., »sind insofern eine evolutionäre Errungenschaft par excellence; alle höhere Systementwicklung ... setzt Grenzen voraus.« Obwohl die Wahrnehmung des Bewußtseins in »Sinneseinheiten« geschieht, gehen für Husserl wie für L. die Möglichkeiten anderer Erfahrungen nicht verloren, sondern bleiben erhalten, da einzelne Erfahrungen lediglich herausgehoben sind. Hier handelt es sich also um den auch von Martin Heidegger verwendeten Begriff des Verweisungszusammenhangs. Husserl, Heidegger und auch L. verwenden den Begriff Verweisungszusammenhang und auch den Begriff Sinn analog.

Damit ist das Verhältnis eines Systems zu seiner Umwelt thematisiert. Das System grenzt sich von der Umwelt ab. Das gesamtgesellschaftliche System bildet einzelne Teilsysteme, die sich von anderen Teilsystemen abgrenzen, die für das eine Teilsystem die Umwelt bilden. »So ist das moderne Sozialsystem Gesellschaft zugleich: politisches Funktionssystem und dessen gesellschaftsinterne Umwelt; wirtschaftliches Funktionssystem und dessen gesellschaftsinterne Umwelt; wissenschaftliches Funktionssystem und dessen gesellschaftsinterne Umwelt; religiöses Funktionssystem und dessen gesellschaftsinterne Umwelt; und so weiter.« L. unterscheidet also die gesellschaftlichen Teilsysteme nach ihren Funktionen. Man kann im historischen Rückblick Gesellschaften nach stratifikatorischen Gesichtspunkten differenzieren, also nach Ranggesichtspunkten, wie Könige, Fürsten, Geistliche, Bürger, Bauern; oder nach segmentären Gesichtspunkten, nach Familien, Dorfgemeinschaften oder nach Stämmen in einem Volk. Die Beschreibung gegenwärtiger Gesellschaft verlangt dagegen funktionale Differenzierung und erfolgt hinsichtlich wichtiger gesellschaftlicher Funktionen wie Wissenschaft, Kunst, Religion, Wirtschaft, Politik, Gesundheitssystem, Liebe, Recht, Erziehung und so fort.

Durch diese Abgrenzungen verschiedener Teilsysteme vom Gesamtsystem, das für ein Teilsystem ebenfalls Umwelt ist, ist es möglich, daß sich ein System selbst in den Blick nimmt und beschreibt, indem es sich »gegenüber einer letztlich unkontrollierbaren Umwelt« abgrenzt. Das System bildet durch Selbstbeschreibung seine eigenen Grenzen: »Die Theorie selbstreferentieller Systeme behauptet, daß eine Ausdifferenzierung von Systemen nur durch Selbstreferenz zustandekommen kann, das heißt dadurch, daß die Systeme in der Konstitution ihrer Elemente und ihrer elementaren Operationen auf sich selbst ... Bezug nehmen. Systeme müssen, um dies zu ermöglichen, eine Beschreibung ihres Selbst erzeugen und benutzen; sie müssen mindestens die Differenz von System und Umwelt systemintern als Orientierung und als Prinzip der Erzeugung von Informationen verwenden können.« Unterschieden von den jeweils eigenen Grenzen eines solchen autopoietischen Systems sind die Grenzen, die ein fremder Beobachter zwischen System und Umwelt zieht. Es gibt keine absoluten, für alle in gleicher Weise festliegenden Grenzen. Jeder Beobachter flaggt mental dem anderen immer zu: »Ich sehe was, was Du nicht siehst!« Das heißt, »daß man auf eine einzig-richtige Repräsentation ... verzichten« und die erkenntniskritische Frage aufwerfen muß, wie wirklich die Wirklichkeit wohl ist. Eine Einsicht, die L. aufgrund seiner Orientierung an der konstruktivistischen Theorie von Heinz von Foerster gewinnt.

Bisher war von der Unterscheidung von System und Umwelt die Rede. L. behandelt aber auch ihre Verbindung, und dies ausführlich am Beispiel des Verhältnisses von psychischen Systemen und sozialem System. Psychische Systeme, wie L. die Individuen nennt, sind für ihn nicht Bestandteil des sozialen Systems. Für L. ist die Auslagerung der Individuen in die Umwelt der Gesellschaft ein sozialwissenschaftliches Erkenntnismittel von höchster Präzision; denn fasse man, wie der chilenische Biologe Humberto Maturana, der auf die Entwicklung der L.schen Systemtheorie mit seinem Konzept autopoietischer oder selbsterzeugender Systeme Einfluß nahm, die Individuen als Bestandteil der Gesellschaft auf, dann sei es nicht möglich zu unterscheiden, was in ihnen ihr Eigenes und was gesellschaftlich sei; Emile Durkheim noch hatte über den Begriff »conscience collective« erfolglos versucht, die Kollektivbestandteile in jedem einzelnen Bewußtsein zu fassen. Anders sieht es dagegen in L.s Theorie aus. Für L. sind das psychische und das soziale zwei verschiedene Systeme mit unterschiedlicher innerer Struktur und mit je anderen Operationsweisen. Das psychische System des Menschen hat die Operationsweise Bewußtsein und das gesellschaftliche System hat die Operationsweise Kommunikation. Alles Soziale ist Kommunikation. »Ohne Kommunikation bilden sich ... keine sozialen Systeme.« L. bezieht sich auf den Kommunikationsbegriff von Paul Watzlawick, der der Auffassung ist, daß man nicht nicht kommunizieren könne, denn auch gestisches Verhalten, Weglassen oder Verschweigen sei Kommunikation.

Ein psychisches System hingegen hat die Operationsweise Bewußtsein. »In ihm kommen offenkundig nur Gedanken vor, sonst nichts, und es scheint so zu sein, daß irgendwie diese Gedanken weitere Gedanken produzieren müssen, sonst käme es zum Stillstand.« Kommunikation, die Operationsweise des sozialen Systems, gibt es nur, wenn es ein Bewußtsein gibt, das die Kommunikation in Gang hält und reproduziert. Dafür müssen die beiden Systeme miteinander in Verbindung treten können, also Anschlußmöglichkeiten finden. Die Informationen müssen sich sozusagen einfädeln, während der Bewußtseinsstrom in dem autopoietischen psychischen System weiterläuft. Das psychische System adaptiert nur das aus der Umwelt – wobei die anderen psychischen Systeme (beispielsweise Bezugspersonen) für es Umwelt sind –, was sich ihm anpaßt, was sich ihm anverwandeln und als Wahrgenommenes integrieren läßt. Was das ist, bestimmt sich aufgrund der Selbstreferenz des Systems. »Ein selbstreferentielles System operiert stets in der Form des Selbstkontaktes. Es nimmt Wirkungen aus der Umwelt auf und gibt Wirkungen an die Umwelt ab in der Form von Aktivitäten, die sich jeweils intern abstimmen und insofern stets strukturell Selektivität aufweisen.« Niemand sagt dem System, was es aufnehmen soll. Das System entscheidet auf der Basis seiner Selbstinterpretation, ob sich etwas aus der Umwelt assimilieren läßt oder ob es sich selbst akkomodieren will. Wir können auch sagen, daß das System entscheidet, ob die Aufnahme von Informationen aus der Umwelt für es selbst sinnvoll ist, ob es Informationen sind oder nur Rauschen. Jedes Ereignis aber enthält für jedes psychische System immer Rauschen und Information zugleich. Entscheidet sich das System für Information, dann ist der Anschluß zwischen psychischem und sozialem System hergestellt.

Ein weiterer zentraler Begriff in L.s Systemtheorie ist »Struktur«, der den inneren Aufbau eines Systems beschreibt. Erwartungen und Erwartungserwartungen werden stabilisiert durch Struktur. Im sozialen Bereich heißt Struktur Stabilisierung von objektiv gültigen Erwartungen, nach denen ›man‹ sich richtet. Entscheidend ist, daß die Regel generalisiert ist. Das gilt natürlich für eine Vielzahl von Erwartungen in unserer Gesellschaft. L. erläutert das, wie so oft, an einem Beispiel. Auch das Einstreuen erhellender, meist amüsanter Beispiele ist ein Kennzeichen seiner Schriften. Man fragt also auf ›guten Morgen‹ hin nicht zurück: welchen Morgen, bis wie lange, wie gut, in welcher Hinsicht? Strukturen sind demnach notwendig, damit ein Sozialsystem überhaupt funktionsfähig ist. Ein Sozialsystem könnte ohne Struktur nicht existieren. »Unstrukturierte Komplexität wäre entropische Komplexität, sie würde jederzeit ins Unzusammenhängende zerfallen.« Soziale Strukturen sind also nichts anderes als Erwartungen und Erwartungserwartungen.

Daß aber auch Strukturänderungen in einem solchen System erfolgen, ist eine Forderung des Selbsterhaltungswillens dieses Systems. Diese Forderung muß aber von innen kommen. »Gerade *Struktur*änderungen müssen *situativ* überzeugen. Zunächst muß ein Weiterhandeln überhaupt ermöglicht werden; erst dann kann man sehen, ob es Strukturwert gewinnt, ob es sich also eignet, Erwartungen zu formen. Dies bedeutet auch, daß Strukturänderungen laufend passieren, ohne als solche angekündigt, gewollt, verantwortet zu sein. ... Und es ist nicht selten so, daß Strukturen erst bewußt und kommunikationsfähig werden, wenn sie geändert werden müssen. ... Alle Strukturänderung, sei sie nun Anpassung an die Umwelt oder nicht, ist Selbständerung.« Also Strukturen ändern sich nicht nur, wenn Bedarf besteht, sondern es gibt auch unmerkliche Strukturänderungen. Strukturänderungen geschehen laufend im Prozeß der »Selbstorganisation« und werden bemerkt, wenn man sich umsieht und die zurückliegende Entwicklung betrachtet. Hieran sieht man, daß unser Gehirn zu langsam ist, die schnelleren Entwicklungen unserer Umwelt *gleichzeitig* mit der Veränderung wahrnehmen zu können.

Letztere Einsicht war 1967 in L.s Antrittsvorlesung das Motiv, seine Systemtheorie zu entwickeln. Sie stand am Beginn einer langen Theorieentwicklung, an deren Ende sich auch die anfänglichen Vorbehalte gegen die Systemtheorie aus der sogenannten Habermas-Luhmann-Debatte von 1971 beseitigen ließen.

Fuchs, Peter: Niklas Luhmann – Beobachtet. Eine Einführung in die Systemtheorie. Opladen 1992. – Krawietz, Werner/Welker, Michael (Hg.): Kritik der Theorie sozialer Systeme. Frankfurt am Main 1992. – Reese-Schäfer, Walter: Luhmann zur Einführung. Hamburg 1992. – Spaemann, Robert: Laudatio. Niklas Luhmanns Herausforderung der Philosophie. In: Luhmann, Niklas: Paradigm lost: Über die ethische Reflexion der Moral.

Frankfurt am Main 1990, S. 47–73. – Baecker, Dirk u. a. (Hg.): Theorie als Passion. Niklas Luhmann zum 60. Geburtstag. Frankfurt am Main 1987.

Detlef Horster

Lukács, Georg
Geb. 13. 4. 1885 in Budapest; gest. 4. 6. 1971 in Budapest

»Die Beziehung zu Marx ist der wirkliche Prüfstein für jeden Intellektuellen, der die Klärung seiner eigenen Weltanschauung, die gesellschaftliche Entwicklung,... seine eigene Stellung in ihr... ernst nimmt.« So schrieb Georg L., beinahe 50jährig, in seiner autobiographischen Skizze *Mein Weg zu Marx* (1933). Dieser Weg war freilich voller Hindernisse, und noch 1971, als L. – 86jährig – starb, nicht abgeschlossen, weil die Lehre von Marx »täglich und stündlich neu an der Hand der Praxis erarbeitet, angeeignet werden« muß. L., Sohn eines jüdischen, in den Adelsstand erhobenen Bankdirektors, studierte zunächst in Budapest und promovierte dort 1906 in Staatswissenschaften und 1909 in Philosophie. Er hielt sich in Berlin, Florenz und Heidelberg auf, lernte Emil Lask und Ernst Bloch kennen und nahm die im deutschen Geistesleben vorherrschenden Ideen, besonders den Neukantianismus von Heinrich Rickert und Wilhelm Windelband, die Lebensphilosophie und die zeitgenössische Soziologie auf, befaßte sich aber auch schon mit Hegel und Marx. Seine Veröffentlichungen dieser Periode, die *Entwicklungsgeschichte des modernen Dramas* (1911), *Die Seele und die Formen* (1911) und *Die Theorie des Romans* (1916) lassen den »Übergang vom subjektiven Idealismus zum objektiven«, zu Hegel, erkennen – und dazu gehört bereits die Historisierung der ästhetischen Kategorien. »Die ›Philosophie des Geldes‹ von Georg Simmel und die Protestantismusschriften von Max Weber waren meine Vorbilder zu einer ›Literatursoziologie‹.« Und bei Marx war er auf die Frage gestoßen, wie es zu erklären sei, daß die Kunst der griechischen Antike uns noch Genuß gewähren und sogar als Norm gelten könne.

Seit dem Ende des 19. Jahrhunderts waren wachsende Teile der Intelligenz von einem weitgreifenden Krisenbewußtsein ergriffen worden. Die herkömmlichen europäischen gesellschaftlichen Ordnungen und Normensysteme erschienen als schwankend und unsicher; Marxismus und Arbeiterbewegung wurden als Herausforderung empfunden – als Bedrohung von den einen, als Hoffnung von den anderen. Das Erlebnis des Ersten Weltkrieges mit seinen bis dahin für unvorstellbar gehaltenen Massakern trieb diese Polarisierung mächtig voran. Während die eine Strömung auch diese Massaker noch als höchste Erfüllung des Lebenskampfes pries, nahm die andere entschlossen den Kampf auf gegen die Gesellschaftsordnung, die diesen Krieg hervorgebracht, und die Geisteshaltung, die ihn vorbereitet und gerechtfertigt hatte. »In einer solchen ideologischen Gärung trafen mich die Revolutionen von 1917 und 1918.« Erst diese Welle von Revolutionen, welche die bürgerliche Ordnung in ganz Europa erschütterte, führte L. endgültig auf die Seite der revolutionären Linken. Jetzt, nach den Erfahrungen dieses Krieges, wurde die Arbeiterbewegung auch bei vielen Menschen bürgerlicher Herkunft zum Hoffnungsträger. Wie Ernst Bloch, Karl Korsch, Käthe Kollwitz, Anna Seghers, Bert Brecht und viele andere Intellektuelle und Künstler wandte sich auch L. dem Marxismus und der kommunistischen Arbeiterbewegung zu. Als Mitglied der Kommunistischen Partei und Volkskommissar für kulturelle Angelegenheiten, dann als Kommissar der Roten Armee kämpfte er auf der Seite der ungarischen Revolution und Räterepublik, floh nach deren Niederwerfung 1919 nach Wien, wurde in Abwesenheit zum Tode verurteilt, konnte aber der Auslieferung durch den Druck der internationalen Öffentlichkeit entgehen. Schon in dieser Zeit – so berichtet Anna Seghers – erhielt der Name Georg L. bei den linken Intellektuellen in Mitteleuropa den Status einer »Legende«: »Mutig und klug ... Ein Intellektueller. Einer, der unsere Gedankenwelt leidenschaftlich verteidigt, mit dem Einsatz seiner physischen Existenz« *(Georg Lukács*, 1955).

In seiner während der Revolution geschriebenen Studie *Taktik und Ethik* (1919) suchte L. nach einer Vermittlung zwischen den moralischen Prinzipien seiner bisherigen Schriften und den Notwendigkeiten politischer Praxis. Und in seinem Buch *Geschichte und Klassenbewußtsein* (1923) unternahm er den Versuch, die marxistische Gesellschaftsphilosophie im Licht der Notwendigkeiten revolutionärer Praxis neu zu formulieren. Theoretisch stellte sich für alle diese nach links gehenden Intellektuellen das Problem so: Wie war die Beziehung zu bestimmen zwischen dem bürgerlichen Humanismus, mit dem sie aufgewachsen waren, der von den herrschenden Klassen aber über Bord geworfen worden war, und den Notwendigkeiten der Revolution. Und wie konnte zugleich der »Marxismus« der Sozialdemokratie, der vor allem in Deutschland gegenüber dem Krieg so kläglich versagt hatte, so gefaßt werden, daß er für die Erkenntnis der Wirklichkeit und für den Kampf um Sozialismus ein effektives Werkzeug darstellte? L. begreift den Marxismus als Weiterführung der deutschen idealistischen Philosophie. Von den Marxschen Kategorien der »Verdinglichung« und des »Warenfetischismus« aus entwickelt er eine Gesamtinterpretation des Bewußtseins- und Kulturprozesses der bürgerlichen Gesellschaft. Die Warenbeziehung verdecke die Wirklichkeit – daß diese nämlich ein von Menschen Geschaffenes sei – und verwandle den Menschen selbst in eine Ware. Die Rolle des Menschen als Subjekt der Geschichte könne durch die Aufdeckung dieses Scheins bewußt gemacht werden. Neben der Wissenschaft maß L. später auch der Kunst diese Funktion zu. In der Wirklichkeit aber könne die Entfremdung nur durch die reale geschichtliche Bewegung, durch die sozialistische Revolution, könne die gesellschaftliche Subjekt-Objekt-Beziehung nur durch revolutionäre Praxis, durch das identische Subjekt-Objekt, das Proletariat, aufgehoben werden. L. geht nun der Frage nach, wie sich Arbeiterklasse, Klassenbewußtsein und revolutionäre Partei zueinander verhalten. Das Proletariat könne sich als Klasse nicht befreien, ohne die Klassengesellschaft überhaupt abzuschaffen. Die subjektive Voraussetzung, das Klassenbewußtsein, müsse also zusammenfallen »mit der Enthüllung des Wesens der Gesellschaft«. Der Opportunismus passe seine Strategie dem jeweiligen psychologischen Bewußtsein der Mehrheit der Arbeiter an. Doch »das Klassenbewußtsein ist nicht das psychologische Bewußtsein einzelner Proletarier oder das (massenpsychologische) Bewußtsein ihrer Gesamtheit ..., sondern der bewußt gewordene Sinn der geschichtlichen Lage der Klasse«. »Richtiges« Klassenbewußtsein liegt also nur dann vor, wenn »das Bewußtsein auf das Ganze der Gesellschaft bezogen wird«, jenes Bewußtsein, »das die Menschen haben würden«, wenn sie ihre Lebenslage und ihre aus ihr sich ergebenden Interessen »vollkommen zu erfassen fähig wären«. Eben diesen Begriff der Totalität entfaltet L. als eine zentrale Kategorie marxistischer Analyse. Die Partei fungiert in diesem Prozeß als das »Gewissen der gesellschaftlichen Sendung des Proletariats«; ihre Rolle sei eine aktive, ihre Kraft »ist eine moralische«. Sie sei zugleich Produkt wie Produzent der realen revolutionären Massenbewegungen. Damit nahm L. gewissermaßen eine vermittelnde Position ein: Rosa Luxemburg hatte die Spontaneität der Massenbewegungen betont, während Wladimir Iljitsch Lenin die Führungsrolle der Partei und die Notwendigkeit hervorgehoben hatte, die revolutionären Kämpfe strikt zu organisieren. Die »Hinfälligkeit jeder syndikalistischen Theorie«, die glaubt, ohne eine organisierende Kraft auskommen zu können, hatte L. der Verlauf der ungarischen Revolution allerdings drastisch gezeigt. Seine Bestimmung des Klassenbewußtseins formulierte in der Tat eine Alternative gegenüber dem Opportunismus der II. Internationale, deren Parteien ihre Strategie dem jeweils vorhandenen Massenbewußtsein anzupassen suchten und mit dem Verweis auf dieses real vorhandene Bewußtsein ihre Politik legitimierten. Marxismus als Methode zur Analyse der Gesellschaft, die der Logik des realen geschichtlichen Prozesses folgt – das ist theoretisch das Leitmotiv von *Geschichte und Klassenbewußtsein*. Eine wirkliche Vermittlung zwischen realer Klassenlage, den Bedingungen der Herausbildung von Klassenbewußtsein und der Rolle der revolutionären Partei gelang allerdings nicht. Es blieben starke Elemente einer bloßen Postulierung von »richtigem« Bewußtsein, einer bloßen »Zurechnung« des Bewußtseins zur sozialen Lage – eine Methode, die L. der bürgerlichen Soziologie seiner Zeit entnommen hatte.

Die gewaltige Wirkung, die dieses Buch erzielte, beruhte nicht nur auf seinen Qualitäten, sondern auch auf seinen Schwächen: Einerseits faszinierte die Kombination aus philosophischer Brillanz und revolutionärer Politik, die dieser Intelligenz ein Verständnis der bürgerlichen Gesellschaft und eine radikale Alternative lieferte. Andererseits wurde der Eindruck des Buchs dadurch verstärkt, daß L. erstens die politische Ökonomie beiseite ließ und daß er zweitens sich nur mit jenem Teil der Wirklichkeit befaßte, der bewußter Umgestaltung offensichtlich zugänglich war, nämlich dem der Gesellschaft. Nur hier herrsche die Dialektik, nicht aber im Bereich der Natur. Friedrich Engels hatte in seiner (allerdings erst 1925 veröffentlichten) Schrift *Dialektik der Natur* die gegenteilige Position bezogen. Für diese meist erst durch Weltkrieg und Revolution nach links in Bewegung geratenen, weltanschaulichen von einer Klasse zur anderen übergegangenen Intellektuellen war die Ökonomie ein Bereich, der gänzlich außerhalb ihrer Erfahrungswelt lag. Gerade also weil L. sich auf Hegel und »die philosophischen Schriften der Jugendzeit« von Marx stützte, wie er 1933 selbst feststellte, ohne den Marx des *Kapitals* einzubeziehen, konnte das Buch so breit wirken – bis heute macht das einen Teil seiner Faszination aus. Und das Interesse dieser Intellektuellen war auch primär auf die Frage gerichtet, wie Bewußtseinsprozesse sich entwickeln und gesellschaftliche Veränderungen erreichbar sind; gegenüber der These, daß auch die gesellschaftliche Entwicklung – wenn auch auf höherem Niveau – ebenso von dialektischen Gesetzmäßigkeiten bestimmt sei wie die Welt der toten Materie, waren – und sind – sie eher mißtrauisch. Schon *Geschichte und Klassenbewußtsein* war nicht nur von sozialdemokratischen Parteitheoretikern (wie Karl Kautsky), sondern auch von kommunistischen (wie Abram Deborin) scharf kritisiert worden. 1925 sah sich L. genötigt, das Buch zurückzuziehen. Die Kritik, die in der Kommunistischen Internationale dann an seinen »Blum-Thesen« geübt wurde, stand im Kontext jenes linksradikalen Kurses, den sie seit 1928 verfolgte und der den Aufbau einer breiten antifaschistischen Abwehrfront wesentlich behinderte.

L. lebte bis 1929 in Wien, wurde dann aus Österreich ausgewiesen, hielt sich drei Monate illegal in Ungarn auf, arbeitete ein Jahr im Moskauer Marx-Engels-Institut, ging nach Berlin und kehrte nach der Machtübertragung an die Nationalsozialisten nach Moskau zurück. Politische Funktionen nahm er in dieser Periode nicht wahr. Seine Wirkung als Theoretiker aber war bedeutend. In den *Thesen*, die er unter dem Pseudonym »Blum« 1928 publizierte, versuchte er, die politisch-strategischen Konsequenzen aus der Niederlage der Revolution zu ziehen. Er hielt nun »entgegen dem Utopismus der Revolutionszeit« eine längere Übergangsperiode für notwendig, um in Gestalt einer »demokratischen Diktatur des Proletariats und der Bauernschaft« die Voraussetzungen für eine sozialistische Revolution zu schaffen. In Berlin und im Moskauer Exil befaßte er sich besonders mit literaturwissenschaftlichen und literaturkritischen Arbeiten. Er war der erste, der die marxistische Theorie systematisch auf Kunst und Literatur anwandte, und er zeigte damit jener Generation von Künstlern und Schriftstellern, die nach einer neuen Gesellschaft suchten und zugleich der faschistischen Barbarei entgegentraten, Wege, sich selbst besser zu verstehen. Am Beispiel der klassischen bürgerlichen Literatur, der Werke von Lessing, Goethe, Balzac, Stendhal und Thomas Mann, von Tolstoi, Gogol und anderen russischen Schriftstellern zeigte er, wie sie die Widersprüche ihrer Zeit spiegeln. Von hier aus entwickelte er seinen Begriff des Realismus. Er wies nach, daß sich Kunst nicht durch den »richtigen« politischen Standort definiert, sondern durch die realistische Gestaltung der großen Tendenzen der Zeit, verdichtet in Einzelschicksalen und -persönlichkeiten. Diese Gestaltung könne sich sogar gegen die weltanschauliche Position des Künstlers durchsetzen – wie L. an Balzac und Thomas Mann und anderen Autoren zeigte. Jüngere wie Bert Brecht und Anna Seghers hielten ihm vor, er werde dem Neuen in Vergangenheit und Gegenwart, er werde Kleist und der Romantik, Kafka und dem Expressionismus mit dieser Verabsolutierung klassischer Werke nicht gerecht. Das mag nicht ganz falsch sein. Doch gerade in der Zeit der faschistischen Herrschaft lieferten die Interpretationen von L. eine Orientierung für die antifaschistischen Intellektuellen in der Frage, von welchen geistigen Fundamenten aus dieser Kampf effektiv geführt werden könne.

1933/34 sah sich L. zur Selbstkritik genötigt, die sich zwar partiell auf tatsächliche Mängel seiner Schriften bezog, partiell aber einfach der Durchsetzung des stalinistischen Dogmatismus diente. Die weitere Entwicklung hat ihm allerdings gerade in seinen »Blum-Thesen« Recht gegeben. 1935 mußte die Kommunistische Internationale – angesichts der schweren Niederlage der Arbeiterbewegung gegen den Faschismus – das Volksfrontkonzept akzeptieren, für das L. hier schon die Basis geschaffen hatte. Unter dem Dogmatismus der Stalin-Ära hat L. sehr gelitten. Er begriff seine wissenschaftliche Arbeit nun als »eine Art Partisanenkampf«, sah aber die Notwendigkeit, »von der welthistorischen Lage auszugehen« und die Sowjetunion zu unterstützen in ihrem Abwehrkampf gegen den »Vernichtungskrieg«, den der Faschismus gegen den Sozialismus vorbereitete und nach 1941 dann auch führte (so L. in seinem *Postskriptum* von 1967).

Auch in der Zeit nach dem Zweiten Weltkrieg wurden Leben und Werk L.' von den allgemeinen Bedingungen der internationalen Politik und der inneren Verfassung des Sozialismus wesentlich – und für L. oft sehr schmerzhaft – geprägt. 1945 kehrte er von Moskau aus in sein Heimatland zurück, nahm eine Professur für Ästhetik und Kulturphilosophie in Budapest an und versuchte zugleich, als Abgeordneter direkt in die Politik seines Landes einzugreifen. Doch schon bald attackierten Parteipolitiker ihn erneut heftig: Es ging nun in Ungarn wie in den anderen Ländern Osteuropas um die Umgestaltung des Kapitalismus zum Sozialismus und zugleich, international, um die Abwehr der offensichtlich neu anwachsenden Kriegsgefahren. L. setzte sich auch jetzt für »ein Bündnis der demokratischen Kräfte der Welt, ob sozialistisch oder bürgerlich, gegen die Reaktion« ein (*Postskriptum*, 1967). Das hieß für sein eigenes Land: für eine längere Übergangsperiode, um den »Sozialismus in einer neuen, allmählichen, auf Überzeugung fundierten Weise durchzusetzen«. Die theoretische Legitimation dieser Position ergab sich aus einer Analyse des deutschen Faschismus, die er in seinem Buch *Die Zerstörung der Vernunft* lieferte. Schon während der faschistischen Herrschaft hatte er daran gearbeitet, 1954 wurde es publiziert. Es ist dies eine umfassende Analyse der geistigen Voraussetzungen des deutschen Faschismus und zugleich der theoretische Ertrag seiner bisherigen gesellschaftswissenschaftlichen Analysen. L. zeigt, wie die bürgerliche Philosophie, Geisteswissenschaft und Soziologie im Laufe des 19. Jahrhunderts – in der Folge der wachsenden Klassengegensätze und imperialistischen Interessen – den Humanismus allmählich preisgab, wie sie insbesondere vom Vernunftbegriff der Aufklärung abrückte und ihn schließlich als lebensfeindlich denunzierte, wie diese Tendenzen in Deutschland seit Arthur Schopenhauer und Friedrich Nietzsche ideologisch die Hegemonie erlangten und wie Arnold Gehlen, Carl Schmitt und Martin Heidegger, Oswald Spengler und Alfred Rosenberg dann auch die direkten politischen Konsequenzen aus dieser »Zerstörung der Vernunft« zogen.

Mit diesem Werk war nicht nur der deutsche Faschismus in seiner geistesgeschichtlichen Genese begriffen, sondern auch das philosophische Prinzip einer politischen Strategie gegen Faschismus und Kriegsgefahr entwickelt – eben jenes Prinzip, das in den 80er Jahren »Koalition der Vernunft« hieß. Denn schon in seinem 1953 geschriebenen Nachwort sah L. klar, »daß das Ende des Krieges die Vorbereitung eines neuen Krieges gegen die Sowjetunion bedeutete, daß die ideologische Bearbeitung der Massen für diesen Krieg ein Zentralproblem der imperialistischen Welt bildet«. Es war deshalb auch kein Zufall, daß die Autoren, die L. als präfaschistisch erwiesen hatte, von der herrschenden Ideologie alsbald wieder propagiert wurden.

Nach dem Tode Josef Stalins (1953) hatten sich die Bedingungen für wissenschaftliche Arbeit verbessert, doch schon 1956 entstand ein neuer schwerer Konflikt: L. trat – als Kultusminister – der Regierung Imre Nagy bei, die als antistalinistische Reformregierung begann, dann unter den Einfluß antisowjetischer Kräfte geriet und durch die Intervention sowjetischer Truppen abgesetzt wurde. L. hatte zwar, nachdem Nagy den Austritt aus dem Warschauer Pakt erklärt hatte, die Regierung verlassen; dennoch wurde er für einige Monate nach Rumänien verbannt, sein Lehrstuhl aufgelöst, seine Schriften in den sozialistischen Ländern als »revisionistisch« verurteilt. Dies waren die Jahre, in denen auch Ernst Bloch und Hans Mayer in ähnlicher Weise angegriffen wurden und die DDR verließen. Im Verlauf der 60er Jahre bis zu seinem Tode 1971 nahmen seine Wirksamkeit und seine Anerkennung auch innerhalb der sozialistischen Länder wieder zu – in den kapitalistischen Ländern hatte L. ohnehin seit Jahrzehnten schon den Rang eines Monuments.

Die letzten Jahre seines Lebens widmete er einer umfangreichen *Ontologie des gesellschaftlichen Seins*, in der sein geschichtsphilosophischer Optimismus stark zurückgenommen erscheint. Von Klassen und Klassenkampf als dem vorwärtstreibenden Element von Geschichte ist nicht mehr die Rede; und die Determinationen, die – angesichts der modernen Produktiv- und Destruktivkräfte – von einmal getroffenen Entscheidungen auf die weitere gesellschaftliche Entwicklung ausgehen, engen die Alternativstruktur von Geschichte stark ein – ohne sie freilich gänzlich aufzuheben. Danach wollte er eine »Ethik« verfassen, also jenes Thema systematisch aufnehmen, das sein gesamtes wissenschaftliches und politisches Leben und Wirken durchdrungen hatte. Im ersten Band einer auf drei Bände angelegten Ästhetik, *Über die Besonderheit als Kategorie der Ästhetik* (1967), hatte er die Geschichte der künstlerischen Formen als Produktivkraftentwicklung und Kunst als Selbstbewußtsein der Menschheitsentwicklung interpretiert. So stellt sein Alterswerk eine durchaus eigenwillige Fassung marxistischer Philosophie dar.

L. hat das Geistesleben des 20. Jahrhunderts tiefgreifend beeinflußt. Dies gilt für die Literatur- und im weiteren Sinne für die Kunsttheorie ebenso wie für Philosophie und Gesellschaftswissenschaften, insbesondere für Ideologie- und Faschismustheorie. Seine souveräne Verfügung sowohl über die bürgerliche Philosophie und Soziologie wie über die marxistische Theorie, sowohl über die klassische bürgerliche Literatur wie über die moderne und proletarische ermöglichte ihm einen weiten Blick und eine Annäherung an das Ganze des gesellschaftlichen Seins und Werdens. Jener Universalismus, wie ihn zu ihrer Zeit Leibniz, die französischen Enzyklopädisten und dann Marx und Engels in hohem Maße repräsentiert hatten, wird von L. noch einmal angestrebt. Ganz erreicht wird er freilich nicht mehr: Mit der politischen Ökonomie – nach Marx die Anatomie der bürgerlichen Gesellschaft – hat er (wie auch Bloch, Korsch, Gramsci und andere vom Bürgertum herkommende Intellektuelle) sich nicht intensiver befaßt, und das mag einige »idealistische« Momente in seiner Gesellschaftstheorie erklären. Gravierender ist vielleicht, daß er sich für die Naturwissenschaften kaum interessierte. Tatsächlich aber ist ein umfassendes Bild von der Wirklichkeit, eine Theorie des Seins und Werdens im Ganzen nur zu gewinnen, wenn die Resultate der naturwissenschaftlichen Forschung einbezogen und philosophisch verallgemeinert werden. Die Beschränkung der Dialektik auf gesellschaftliche Prozesse, die L. in *Geschichte und Klassenbewußtsein* behauptet – und nie ausdrücklich revidiert – hat, mag hier ihre Ursache haben.

Vor allem die Beziehung zwischen bürgerlicher Gesellschaft und Sozialismus konnte L. genauer fassen, als dies Marx oder Engels zu ihrer Zeit möglich gewesen war. Das dialektische Prinzip der Negation, d.h. das Aufheben der vorhergehenden Gesellschaftsformation in der höheren im doppelten Sinne des Bewahrens und des Überwindens, konkretisierte L. sowohl für die Kultur wie für die Politik: Die Aneignung des kulturellen Erbes, besonders der Werke der klassischen bürgerlichen Literatur, des Vernunft- und des Fortschrittsbegriffs, stellt die Voraussetzung nicht nur für die Formierung eines breiten Bündnisses gegen Faschismus und Kriegsgefahr dar, sondern, in der nächsten Stufe, eine geschichtliche Errungenschaft, die in der sozialistischen Gesellschaft und Kultur »aufgehoben« und vollendet wird.

Die Bedingungen einer solchen sozialistischen Revolution herauszuarbeiten, war sein zweites großes Anliegen. Da diese Revolution an die Stärke und Handlungsfähigkeit der realen revolutionären Bewegung gebunden ist, blieb seine wissenschaftliche Arbeit auf die internationale kommunistische Arbeiterbewegung bezogen. Unter deren Deformationen besonders im Zeichen des Stalinismus hat L. sehr gelitten – wissenschaftlich und persönlich. Er ging jedoch nicht den Weg der Trennung, sondern den der beharrlichen und beschwerlichen Mitgestaltung dieser Bewegung. Die »Selbstkritik«, zu der er sich mehrfach gezwungen sah, erscheint von hier aus nicht als Preisgabe der eigenen Position – er hat diese, wie seine Werke zeigen, niemals aus solchen Gründen preisgegeben –, sondern als vorübergehendes, aber notwendiges Zurückweichen, um die Möglichkeit für ein erneutes Vordringen zu bewahren (so wie das auch Bert Brecht, Anna Seghers u.a. in kritischen Situationen getan haben).

1968 untersuchte L. die Ursachen des Stalinismus und die Bedingungen einer umfassenden Demokratisierung. 1985 erschienen diese Analysen in dem Nachlaßband *Demokratisierung heute und morgen*. Er verweist auf die ökonomische und politische Rückständigkeit Rußlands und auf die Bedrohung von außen von den Interventionskriegen über den Faschismus bis zum kalten Krieg nach 1945.

Unter diesen Bedingungen sei die marxistische Theorie zum Dogma verfestigt und den jeweiligen politischen Bedürfnissen unterworfen worden. Sozialistische Demokratie aber verlange, daß die Werktätigen die Wirtschaft aktiv gestalten, verlange also freie Diskussion, innerparteiliche Demokratie und eine Umgestaltung des gesamten Alltagslebens; das Rätemodell könne dabei durchaus als Grundlage dienen.

Jung, Werner: Georg Lukács. Stuttgart 1989. – Bermbach, Udo/Trautmann, Günter (Hg.): Georg Lukács. Philosophie – Politik – Kultur. Opladen 1987. – Fekete, Éva/Karádi, Éva (Hg.): Georg Lukács – Sein Leben in Bildern, Selbstzeugnissen und Dokumenten. Stuttgart 1981. – Hermann, István: Die Gedankenwelt von Georg Lukács. Budapest 1978. – Mittenzwei, Werner (Hg.): Dialog und Kontroverse mit Georg Lukács. Der Methodenstreit deutscher sozialistischer Schriftsteller. Leipzig 1975.

Reinhard Kühnl

Luxemburg, Rosa
Geb. 5. 3. 1871 in Zamoćś (bei Lublin); ermordet 15. 1. 1919 in Berlin

Die Frau, deren Nachruhm als Märtyrerin des Sozialismus, als frühe Kritikerin Lenins und als faszinierende Persönlichkeit das Andenken fast aller ihrer Mitstreiter überstrahlt, sah sich selbst viel nüchterner, ja zweckbezogener: als marxistische Revolutionärin und als Theoretikerin der Politischen Ökonomie des Kapitalismus. Ihr wissenschaftliches Engagement begriff sie als unabdingbare Voraussetzung ihres politischen. Sie war mathematik-begeisterte Rationalistin und nicht Gefühls-Sozialistin. Von den meisten ihrer Genossen in der deutschen Sozialdemokratie – auch den Marxisten in ihr – unterschied sie sich durch ihr Postulat von der Möglichkeit und Notwendigkeit einer aktuellen sozialistischen Revolution.

Geboren wurde L. als Tochter einer relativ wohlhabenden jüdischen Holzhändler-Familie. Ihr wissenschaftliches und politisches Werk ist zweisprachig: polnisch und deutsch. Politischer Verfolgung und einer drohenden Verhaftung konnte sie sich 1889 durch die Flucht nach Zürich entziehen. Nach der juristischen Promotion 1897 über *Die industrielle Entwicklung Polens* ging sie nach Deutschland und arbeitete dort in der sozialdemokratischen Presse sowie an der 1906 gegründeten Parteischule. Sofort nach ihrer Ankunft in Deutschland beteiligte sich L. an der Auseinandersetzung mit dem Revisionismus Eduard Bernsteins mit ihrer Schrift *Sozialreform oder Revolution?* (als Buch 1899). Bernsteins These von einer Dämpfung der innerkapitalistischen Widersprüche durch Aktiengesellschaften, Kartelle und Trusts stellte sie die Auffassung entgegen, diese müßten die krisenhafte Dynamik letztlich noch verschärfen. In der Begegnung mit dem Revisionismus geriet L. sofort in die Konfrontation, welche ihre gesamte politische Arbeit bestimmen sollte. Die Aufhebung des Kapitalismus mit Hilfe der institutionellen Verankerung der Arbeiterorganisationen im System, wie sie von den Reformisten verfochten wurde, erschien ihr als illusionär. Die entscheidende historische Tendenz sei stattdessen die systemsprengende Dialektik von Produktivkräften und Produktionsverhältnissen, welche allerdings von einer klassenbewußten Arbeiterbewegung aktiv genutzt werden müsse. Gewerkschaftliche Erfolge, welche nicht am Ziel der Revolution orientiert seien, blieben reversibel, seien somit das Resultat von Sisyphusarbeit. Dabei konnte L. auf die Dauer nicht ignorieren, daß der gesamte Aufbau der Gewerkschaften und der deutschen Sozialdemokratie auf die Reformarbeit abgestellt war. Dies führte sie in den folgenden Jahren zu Überlegungen zum Verhältnis von ökonomischer Entwicklung, Bewußtsein der Arbeitermassen und Organisation. Die revolutionären Aufgaben des Proletariats ergeben sich für sie aus den historischen Gesetzmäßigkeiten der Akkumulation des Kapitals, das Klassenhandeln ist also nur scheinbar spontan. Partei und Gewerkschaften haben der Durchsetzung dieser geschichtlichen Dynamik zu dienen, sind insofern in ihrer jeweiligen konkreten Ausformung nur Übergangserscheinungen. Wo Organisation sich dagegen als Priorität setzt, welcher Massenverhalten untergeordnet sein müsse, wirkt sie hemmend. Dies war der Kern von L.s Kritik an Lenins Parteitheorie. Ihre Einwände trug sie in der Schrift *Organisationsfragen der russischen Sozialdemokratie* (1904) vor. In Deutschland war sie eine aktive Befürworterin des politischen Massenstreiks. Die Gewerkschaftsführer fürchteten von der Anwendung dieser Waffe eine Gefährdung der Organisation. L. antwortete in ihrer Schrift *Massenstreik, Partei und Gewerkschaften* (1906), in der sie ihre eigenen Erfahrungen während der ersten russischen Revolution, an der sie teilgenommen hatte (1906 geriet sie in Russisch-Polen in Haft), auswerten konnte. Sie wies darauf hin, daß in Rußland und Polen während der revolutionären Kämpfe Gewerkschaften nicht zerstört, sondern häufig erst aufgebaut worden seien.

Innerhalb der Arbeiterbewegung war sie vor allem als Rednerin und Publizistin bekannt. Doch das theoretische Fundament, auf dem sie ihre politische Arbeit aufbaute, blieb die Kritik der Politischen Ökonomie. Hier gewann sie auch ihre Einsichten über die krisenhafte Zuspitzung der gesellschaftlichen Situation und das Herannahen eines Weltkriegs. 1913 erschien ihr wissenschaftliches Hauptwerk: *Die Akkumulation des Kapitals. Ein Beitrag zur ökonomischen Erklärung des Imperialismus.* Ausgangspunkt ist die Kritik an Marx' Schema der erweiterten Reproduktion im zweiten Band des *Kapital*. Hier werde nicht geklärt, wie der neu erzeugte Mehrwert angesichts beschränkter Konsumtionsmöglichkeit der Massen realisiert werden könne. Diese Schwierigkeit überwinde der Kapitalismus durch ständige Ausdehnung in vorkapitalistische Bereiche hinein – als Imperialismus, den L. so definiert: »Der Imperialismus ist der politische Ausdruck des Prozesses der Kapitalakkumulation in ihrem Konkurrenzkampf um die Reste des noch nicht mit Beschlag belegten nichtkapitalistischen Weltmilieus«. Das letzte Kapitel trägt die Überschrift: »Der Militarismus als Gebiet der Kapitalakkumulation«. Damit hatte L. auch die in der Kritik der Politischen Ökonomie begründete Voraussetzung für ihre Prognose wachsender Kriegsgefahr und für ihren Kampf um den Frieden geschaffen. Diesem widmete sie einen wachsenden Teil ihrer Agitation am Vorabend des Ersten Weltkriegs. Justiz und Militärapparat in Deutschland beantworteten L.s Kampf gegen den Militarismus und für eine Reorganisation der Linken (u. a. Gründung der Spartakus-Gruppe) mit mehrjähriger Haft (1915 bis 1916, nach einigen Monaten Freiheit nochmals 1916 bis 1918).

Die russische Oktoberrevolution 1917 hat sie – in einem aus ihrem Nachlaß veröffentlichten Text: *Die russische Revolution* (geschrieben 1918, publiziert 1922) – grundsätzlich begrüßt und in Einzelheiten kritisiert. Ihr Einwand gegen die Beschränkung der Meinungsfreiheit: »Freiheit ist immer nur Freiheit des anders Denkenden« – war nicht liberal-parlamentarisch, sondern revolutionär-sozialistisch: L. ging davon aus, daß Erkämpfung und Verteidigung des Sozialismus der vollen Entfaltung aller Kräfte und Positionen – auch derjenigen der Dissidenz, die von den Revolutionären nur in offener politischer Auseinandersetzung überwunden werden sollten – bedürften. An der Jahreswende 1918/19 beteiligte sie sich an der Gründung der Kommunistischen Partei Deutschlands. Nach der Niederschlagung des Januar-Aufstandes wurde L. von Freikorps-Mitgliedern am 15. Januar 1919 ermordet.

Nettl, Peter: Rosa Luxemburg. Köln und Berlin ²1986. – Laschitza, Annelies/Radczun, Günter: Rosa Luxemburg. Ihr Wirken in der deutschen Arbeiterbewegung. Frankfurt am Main 1971.

Georg Fülberth

Lyotard, Jean-François
Geb. 10. 8. 1924 in Versailles; gest. 21. 4. 1998 in Paris

Allgemein bekannt wurde L. dadurch, daß er das Schlagwort von der »Postmoderne« in die philosophische Debatte einführte (*La condition postmoderne*, 1979; *Das postmoderne Wissen*). Dessen Rezeption lief seinen eigentlichen Intentionen jedoch derart zuwider, daß er sich gezwungen sah, in weiteren Publikationen korrigierend Stellung zu beziehen (vor allem *Le postmoderne expliqué aux enfants*, 1986; *Postmoderne für Kinder*). L. hatte nicht eine neue Epoche ausrufen, sondern ein Grundproblem der Gegenwart – das des Widerstreits heterogener Diskursgenres, Wissensarten, Lebensformen – philosophisch artikulieren wollen.

In *Le différend* (1983; *Der Widerstreit*) – eigenem Bekunden zufolge »sein philosophisches Buch« – geht es darum, wie man (nach Auschwitz) »die Ehre des Denkens retten« könne. Schon seit *Au juste* (1979) vertritt L. die Auffassung, daß es die Frage der Gerechtigkeit nach dem Ende der »großen (modernen) Metaerzählungen« neu zu stellen gilt, denn diese Erzählungen haben sich selbst diskreditiert. Indem sie je ein Modell über alle anderen herrschen ließen, haben sie letztendlich den realen Terror solcher Überherrschung legitimiert. L.s Analyse des »Widerstreits«, die auf sprachphilosophischer Basis erfolgt, dient generell der kritischen Aufdeckung und Vermeidung solcher Überherrschung. Ein »Widerstreit« ist ein Streit »zwischen (wenigstens) zwei Parteien, der nicht angemessen entschieden werden kann, weil eine auf beide Argumentationen anwendbare Urteilsregel fehlt«. Wird ein solcher Widerstreit – der bereits zwischen zwei einfachen Sätzen bestehen kann, die unterschiedlichen Diskursgenres angehören – wie ein gewöhnlicher Rechtsstreit behandelt (wo aufgrund einer »Meta-Regel« entschieden werden kann), so geschieht dabei mindestens einem der Beteiligten Unrecht. Dagegen kommt es darauf an, ein Idiom zu finden, das den Widerstreit bezeugt, sowie eine Verknüpfungsform von Sätzen, die kein Unrecht hervorruft. Da einerseits »eine universale Urteilsregel im allgemeinen fehlt«, es andererseits aber unmöglich ist, einfach zu schweigen (wenn man philosophieren will), versucht L., eine dem Dissens verpflichtete Philosophie zu entwickeln, die dem Widerstreit eher gerecht wird als jede konsensorientierte Theorie, die den Terror strukturell in sich trägt.

Vergleicht man diesen späten, an Kant und Wittgenstein »als Vorläufern einer ehrbaren Postmoderne« orientierten Entwurf, der mit genauesten Differenzierungen arbeitet und dabei hyperrational wirken kann (wenngleich die Nähe zur Ästhetik unübersehbar ist), mit früheren, sich eher mit Marx und Freud auseinandersetzenden Publikationen über die libidinösen Triebstrukturen (insbesondere *Économie libidinale*, 1973; *Ökonomie des Wunsches*), die L. vor allem im deutschen Sprachraum den Vorwurf des Irrationalismus eingetragen haben, so könnte man meinen, in seinem Denken sei im Laufe der 70er Jahre ein Bruch eingetreten. Doch seine Philosophie ist nicht so disparat, wie es scheint. Die *Économie libidinale*, Dokument einer Verzweiflung und Befreiung – es galt endgültig einzusehen, daß man die Politik keinen moralischen Kriterien unterwerfen darf –, ist wie alle Schriften L.s ein auf Abweichung zielendes Buch. Nur der Ton hat sich geändert: L. ist mittlerweile zu einem Stil übergegangen, der an die klassischen Formen der Philosophie erinnert.

L. mißtraute schon früh den modernen Fortschritts-Ideologien, die er später »große Erzählungen« nannte. Diese kritische Haltung, die er mit manchen engagierten Linken der ersten Nachkriegsgeneration teilte und die ihn vor dem Anschluß an eine neue Ideologie – wie sie z. B. der Existentialismus bot – bewahrte, wurde durch seine Erfahrungen im algerischen Widerstand noch verstärkt (von 1950 bis 1952 war er Gymnasiallehrer in Constantine) und sollte für sein ganzes Werk bestimmend bleiben (Vgl. dazu: *La guerre des Algériens, 1989)*. Philosophie ist für L. immer zugleich politisches Engagement. Beide dürfen aber niemals zur Doktrin erstarren, und ihre heterogenen Bestandteile müssen sorgsam unterschieden bzw. in dem Bewußtsein verknüpft werden, daß dieser »Übergang« selbst schon ein politischer Akt ist. Den politisch engagierten Intellektuellen konventioneller Art wie Jean-Paul Sartre, die sich in den Dienst der Realisierung einer allumfassenden (modernen) Idee, z. B. der Emanzipation, stellten, schrieb L. 1984 ihr »Grabmal« *(Tombeau de l'intellectuel; Grabmal des*

Intellektuellen). Seine Absicht war es, eine »philosophische Politik abseits derer der ›Intellektuellen‹ und Politiker aufzubauen«.

Während seiner Assistentenzeit an der Sorbonne (von 1959 bis 1966) gehörte L. der extrem-marxistischen Gruppe »Socialisme ou Barbarie« um Cornélius Castoriadis und Claude Lefort an, die er aber Anfang der 60er Jahre verließ, weil sie begann, eine dogmatische Linie zu verfolgen. Seine Lehrtätigkeit an den durch den Mai 68 hochpolitisierten und der etablierten Sorbonne fernen Universitäten von Nanterre (von 1966 bis 1970), Vincennes (von 1970 bis 1972) bzw. St. Denis (von 1972 bis 1987) und seine Forschungstätigkeit am CNRS (Nationales Forschungszentrum) sind ebenso als politische Aktivitäten zu verstehen wie sein Engagement für das von ihm mitbegründete und zeitweilig geleitete interdisziplinäre »Collège International de Philosophie«.

Seine undogmatische Haltung macht L. nicht nur zu einem brillanten Pädagogen, sie zeichnet auch seine philosophischen Schriften aus. Es handelt sich fast ausnahmslos um »Relektüren« der großen modernen Autoren, die L. durcharbeitet, um ihnen neue und eigene Impulse abzugewinnen (Vgl. *Leçons sur L'Analytique du sublime,* 1991; *Die Analytik des Erhabenen).* Dieses »Redigieren« *(»ré-écrire«)* der Philosophiegeschichte nennt L. in Anlehnung an Freud »Anamnese«. In diesem Sinn ist auch seine Konzeption von »Postmoderne« zu verstehen: keine Verabschiedung der Moderne, sondern deren Radikalisierung in Form eines kritischen Durcharbeitens, ohne ihre widerstreitenden Elemente durch eine allumfassende Idee zu versöhnen. Philosophieren heißt für L. reflektieren und kritisch (wie Kant) nach den Bedingungen ihrer Möglichkeit fragen, gerade auch der Möglichkeit eines kritischen Standpunktes heute, wo keine Metatheorie mehr zur Verfügung steht. Die Philosophie ist durch die Suche nach der »Regel des Denkens« charakterisiert. Diese bleibt reflektierend und regulativ.

L. sieht solch eine kritische Reflexion (die schon bei Kant Aufgabe der ästhetisch-reflektierenden Urteilskraft war) in den Unternehmungen der Avantgarden dieses Jahrhunderts vorgezeichnet, die stets zugleich die Bedingungen ihrer Arbeit mitreflektierten und sozusagen permanent auf der Suche nach ihren Regeln waren. Ihre Produktionen hatten von daher eher den Charakter von Ereignissen, in denen Unvorhergesehenes geschieht, als von Werken nach den Regeln der Kunst.

L.s Interesse an der Ästhetik zieht sich durch sein gesamtes Werk. Ästhetik ist dabei sowohl im weiteren, wahrnehmungsorientierten als auch im engeren, kunstbezogenen Sinn zu verstehen (vgl. zum ersteren die Auseinandersetzung mit Edmund Husserl und Maurice Merleau-Ponty in der Erstlingsschrift *La Phénoménologie* (1954; *Die Phänomenologie),* zum letzteren die Habilitationsschrift *Discours, figure* (1971), *Que peindre?* (1987) und mehrere kleinere Gemeinschaftsproduktionen mit Künstlern, so z. B. *Récits tremblants* (1977) mit Jacques Monory). In diesem Zusammenhang stand auch die Ausstellung *Les immatériaux* (1985) im Pariser Centre Georges Pompidou, deren Hauptorganisator L. war. Sie befaßte sich mit den Auswirkungen der Neuen Technologien auf Kunst und menschliche Wahrnehmung insgesamt. Wie schon in *La condition postmoderne* deutlich wurde, sucht L. die Herausforderung der Neuen Technologien anzunehmen, ohne ihr blinder Apologet zu sein. In dem Bewußtsein, daß der Technisierungsprozeß nicht rückgängig zu machen ist – denn er wurde nicht von Menschen erfunden, sondern ist Manifestation eines überall auf der Erde stattfindenden »Komplexifizierungsprozesses« –, kommt es L. darauf an, die Menschen zu einem angemessenen Umgang mit ihm zu befähigen. Dafür gilt es, die Möglichkeiten der neuen Technologien zu erproben sowie ihre Eigenheiten und Wirkungen für den begrenzten Wahrnehmungsapparat der Menschen überhaupt erst einmal fühlbar zu machen (Vgl. die Aufsatzsammlung *L'Inhumain,* 1988; *Das Inhumane).*

Dieser ästhetische Zugang L.s und sein politisches Interesse kulminieren philosophisch in der bislang noch unabgeschlossenen Arbeit über den Begriff des Erhabenen. In seinem Buch über die kleinen (geschichtsphilosophischen) Schriften Kants (*L'enthousiasme,* 1986; *Der Enthusiasmus*) macht er deutlich, in welchem Maß das (schon bei Kant) ästhetische und politische Gefühl des Erhabenen an den Nahtstellen zwischen den abgrundtief getrennten, heterogenen Diskursgenres auftaucht und vielleicht das einzige Kriterium ist, um deren Widerstreit aufzudecken. Die Suche nach den nötigen legitimen Übergängen ist mühsam und langwierig, denn man muß Heterogenes verknüpfen, ohne der Heterogenität Abbruch zu tun. Das kann nur durch nachhaltiges Reflektieren gelingen, d.h. durch eine große Anstrengung der Einbildungskraft und eine enorme Schärfung des Wahrnehmungs- und Urteilsvermögens; nur so läßt sich eine »Geschmeidigkeit« im Umgang mit den heterogenen Diskursgenres erlangen. Wie sich bereits die künstlerische Avantgarde durch Anspielungen auf das Undarstellbare dem Erhabenen näherte, so muß auch eine kritische Philosophie ihr Augenmerk auf das (erhabene) Ereignis richten, wenn sie um Gerechtigkeit bemüht sein und vom Widerstreit Zeugnis ablegen will (vgl. *Heidegger et »les juifs«,* 1988; *Heidegger und »die Juden«).*

Welsch, Wolfgang/Pries, Christine (Hg.): Ästhetik im Widerstreit. Interventionen zum Werk von Jean-François Lyotard. Weinheim 1991. – Lyotard, Jean-François: Streifzüge, Gesetz, Form, Ereignis. Wien 1989. – Reese-Schäfer, Walter/Taureck, Bernhard H. F. (Hg.): Jean-François Lyotard. Cuxhaven 1989. – Reese-Schäfer, Walter: Lyotard zur Einführung. Hamburg 1988, ³1995. – Welsch, Wolfgang: Unsere postmoderne Moderne. Weinheim 1987, Berlin ⁴1994. – Wellmer, Albrecht: Zur Dialektik von Moderne und Postmoderne. Vernunftkritik nach Adorno. Frankfurt am Main 1985.

Christine Pries / Wolfgang Welsch

Mannheim, Karl
Geb. 27. 3. 1893 in Budapest; gest. 9. 1. 1947 in London

Als ein »nach Deutschland verschlagener Scherben« fühlte sich M. in Heidelberg noch 1921, obwohl Deutschland und die deutsche Kultur ihm nicht fremd waren – seine Mutter war Deutsche, und von 1912 bis 1913 hatte M. bei Georg Simmel in Berlin Philosophie studiert. Doch seine Identität war stark vom intellektuellen Klima in Budapest geprägt, das sich vor allem in der jüdischen Mittelklasse konzentrierte, zu der auch M. gehörte, und das seit der Jahrhundertwende von einer Vielzahl moderner Einflüsse gekennzeichnet war. Nach Abschluß seiner Schulzeit geriet M. zunächst in die Nähe jener Budapester Intellektuellen, die sich um die »Sozialwissenschaftliche Gesellschaft« gruppierten und »progressive« reformerische Ideen und Autoren aus dem westlichen Ausland zu rezipieren suchten, wie z.B. Herbert Spencer, Lester Ward und Karl Kautsky. In seinem Denken und in seinen Emotionen stärker beeinflußt hat ihn freilich ein anderer informeller Zirkel sozial freischwebender und relativ marginaler Intellektueller: der »Sonntagskreis«, zu dem er nach seiner Rückkehr aus Deutschland fand. Auf Initiative von Georg Lukács und dem Dichter Béla Balázs trafen sich ab Herbst 1915 jeden Sonntag Philosophen, Wissenschaftler und Schriftsteller zu langen Diskussionen über philosophische, kulturelle und politische Fragen. Es war vor allem die verwandte Anschauungs- und Denkweise dieser intellektuellen Gemeinschaft, die M. in Heidelberg vermißte und deren Fehlen ihm das Gefühl gab, ein ungarischer »Scherben« zu sein. In seiner Studie *Das Problem der Generationen* (1928) hat er später sein Erlebnis des Sonntagskreises aufgenommen und über gemeinsame Einstellungen und verwandte Themen und Fragestellungen geschrieben, die für die Entwicklung einer in Denkhaltung und Lebensausrichtung verwandten Generation charakteristisch sind.

Kennzeichnend für die Diskussionen im Sonntagskreis, an dem neben Lukács, Balázs und M. u. a. auch Lajos Fülep, Béla Fogarasi, Arnold Hauser, Frigyes Antal und Anna Lesznai teilnahmen, war eine Vielfalt von Themen und Perspektiven, die einen gemeinsamen Nenner lediglich in dem Bestreben fanden, die Autonomie der Geisteswissenschaften gegenüber der Vorherrschaft der naturwissenschaftlichen Methoden zu verteidigen und von der Position eines methodologischen Pluralismus aus die einzelnen Kultursphären als selbständige Entitäten in ihrer je objektiven Bedeutung zu interpretieren. 1917/18 begann der Sonntagskreis, dieses Programm öffentlich in der »Freien Schule der Geisteswissenschaften« in verschiedenen Vorträgen vorzustellen: In seinem einleitenden Beitrag über *Seele und Kultur* (1917) thematisierte M. das Verhältnis zwischen Individuum und »objektiver Kultur« und diagnostizierte – noch ganz unter dem Einfluß Georg Simmels – für die damalige Zeit eine Phase »fremdgewordener Kulturobjektivationen«, die nur vermittels einer wissenschaftlichen Strukturanalyse subjektiv – wie auch immer unangemessen – angeeignet werden könnten. Das Interesse an der Strukturanalyse von »Denkstilen« hat M. sowohl in seiner philosophischen Dissertation *Die Strukturanalyse der Erkenntnistheorie* (1922) als auch in seinen späteren wissenssoziologischen Arbeiten bewahrt. Nach der Revolution im Oktober 1917 und erst Recht nach Lukács' überraschendem Eintritt in die ungarische KP politisierte sich der bis dahin nur theoretisierende Sonntagskreis, wenngleich einige Mitglieder, darunter M., dem kommunistischen Anliegen gegenüber eher zweifelnd-distanziert blieben. Bei der von Lukács vorgenommenen Reorganisation der Universität erhielten viele »Sonntägler« einflußreiche Lehrpositionen: M. lehrte Philosophie bis zum Zusammenbruch der Revolutionsregierung im Juli 1919. Wie viele andere ungarische Intellektuelle wählte er danach die äußere Emigration.

In Deutschland, zunächst in Freiburg bei Heidegger, danach in Heidelberg vor allem bei Alfred Weber widmete er sich, von seinen Eltern finanziell unterstützt, erneut ganz seinem Studium und absorbierte eine Vielzahl von theoretischen Strömungen – u. a. den Neo-Kantianismus Heinrich Rickerts, Husserls Phänomenologie, die Lebensphilosophie –, die er zunächst noch philosophisch, bald jedoch zunehmend im Rahmen der von ihm begründeten Wissenssoziologie zu synthetisieren trachtete. Im Zentrum seiner ersten Veröffentlichungen auf Deutsch standen theoretische Fragen der Interpretation »geistiger Gebilde« (*Beiträge zur Theorie der Weltanschauungs-Interpretation*, 1921–22; *Ideologische und soziologische Interpretation der geistigen Gebilde*, 1926), bei denen er – ausgehend von Fogarasis Unterscheidung von intentionellem, objektivem und transzendentem Sinn – jeden einfachen Reduktionismus bei der Betrachtung von Ideen zu vermeiden suchte, selbst wenn er sich diesen zunehmend aus soziologischer Perspektive näherte. Seine Konzeption einer soziologischen Interpretation oder Wissenssoziologie entwickelte er in Kontrapunktierung zu Max Schelers »statischer« Position, von der er seinen eigenen »dynamischen«, vom Historismus ausgehenden Ansatz scharf abhob (*Historismus*, 1924; *Das Problem einer Soziologie des Wissens*, 1925), obwohl ihn mit Scheler wichtige politisch-weltanschauliche Intentionen verbanden: Beide suchten nach geeigneten Mitteln, um die als Weltanschauungschaos diagnostizierte Krise ihrer Gegenwart zu überwinden, und fanden diese in Ideologiekritik, Kultursynthese und Bildungselite, die darum – zusammen mit der Abwehr des (Vulgär-)Marxismus – gemeinsame Programmpunkte ihrer jeweiligen Wissenssoziologie darstellten. Im Gegensatz zu Scheler lehnt M. jedoch die Vorstellung eines völlig sinnfremden Unterbaus ab und geht von dem Postulat einer dynamischen Einheit von Geist und Leben aus, wobei er jedoch den sog. seinsmäßigen Fakten eine »Massivität« zuerkennt, obwohl auch sie einen je verschiedenen Sinn haben, je nachdem, in welche der verschiedenen Rekonstruktionen von Geschichte sie als Teile eingefügt werden. Geschichte ist dabei für M. ein Lebens- und Erlebensstrom, der sich durch das erlebende Subjekt und das von ihm Erlebte hindurch vollzieht. M.s lebensphilosophische Uminterpretation des Hegelschen Geschichtsbegriffes sowie sein Interesse an einer »geschichtsphilosophisch-soziologische(n) Totalitätsrekonstruktion« zielen letztlich auf einen metaphysischen Sinn von Geschichte, der den negativen Auswirkungen eines radikal zu Ende gedachten Historismus einschließlich seiner Relativismusproblematik in der ideologisch zerrissenen Weimarer Republik Einhalt gebieten sollte. Auf der Ebene der Totalitätserfassung erscheinen »Sein« und »Sinn« als »hypostasierte Teilsphären, die letzten Endes ›Ausstrahlungen‹ ein und desselben Lebens sind«. Auf der Ebene der soziologischen Zurechnung geistiger Gebilde zum sozialen Sein hält er andererseits an der phänomenologischen Differenz zwischen Geist und Sein fest, sucht aber auch hier eine unmittelbare Reduktion geistiger Standorte auf soziale Schichten zu vermeiden, indem er »geistige Schichten« als Vermittlungsinstanz einführt.

Bei der Ausarbeitung seiner Wissenssoziologie wendet sich M. einer kritischen Analyse der verschiedenen Versionen des Ideologiebegriffs zu (*Ideologie und Utopie*, 1929). Durch die Einführung eines wertfreien, totalen und allgemeinen Ideologiebegriffs will er eine unparteiische, soziologisch orientierte Geistesgeschichte ermöglichen, die methodisch eine richtige Zuordnung zum sozialen Substrat erlaubt. Die Analyse des »seinsgebundenen Denkens« führt nun aber »unversehens« zu einem wertenden Ideologiebegriff, mit dessen Hilfe »unter den Normen, Denkweisen, Orientierungsschemen *ein und derselben* Zeit wahre und unwahre, echte und unechte« zu unterscheiden sind, wobei M. als Wahrheitskriterium die Brauchbarkeit der Ideen in der Lebenspraxis ansieht. Das Ineinander-Übergehen von wertfreier in wertende Analyse und von Soziologie in Geschichtsmetaphysik wird besonders deutlich bei M.s Theorie der »dynamischen Synthese«, bei der die relativ sozial freischwebende Intelligenz Partialaspekte des Wissens immer wieder synthetisiert und so einer Totalorientierung immer näher kommt, in der sich der Geschichtssinn schließlich offenbart. M.s Wissenssoziologie, insbesondere sein *Ideologie und Utopie* ist in den 20er und Anfang der 30er Jahre heftig diskutiert und in verschiedenster Hinsicht von Marxisten und Nicht-Marxisten kritisiert worden. M. selbst hat durch die bewußte Offenheit seines Denkens, die wechselnde, unscharfe, z. T. widersprüchliche Begriffsbildungen einschloß, zu der kontroversen Rezeption seiner Wissenssoziologie beigetragen, wenngleich sein Werk auch eine Fülle von produktiven Einsichten in die Struktur eines bestimmten Denkens (*Das konservative Denken*, 1927) sowie in die sozialen Prozesse enthält, die einer bestimmten Denkhaltung zugrundeliegen (*Das Problem der Generationen*, 1928; *Die Bedeutung der Konkurrenz im Gebiete des Geistigen*, 1928/29).

M. war 1929 als Professor der Soziologie und Nationalökonomie nach Frankfurt am Main berufen worden, nachdem er seit 1925 Privatdozent in Heidelberg gewesen war. 1933 wurde er – zusammen mit seiner Frau, der ungarischen Psychologin Juliska Láng – von den Nationalsozialisten zur Emigration nach England gezwungen, wo er zunächst bis 1941 als Lecturer an der »London School of Economics« tätig war. Vor dem Hintergrund der Erfahrungen mit dem Nationalsozialismus galt M.s Sorge jetzt vor allem den gesellschaftlichen Krisenerscheinungen der modernen ungeplanten Massengesellschaft. Sein politisches Engagement richtete sich auf die Planung der Massendemokratie, bei der soziologische Erkenntnisse und Sozialtechniken als die wichtigsten

Mittel der Planung fungieren sollten. Er rezipierte die Methoden der empirischen Sozialforschung und der Sozialpsychologie, die Psychoanalyse und den Behaviorismus, um sie in sein Programm einer Umgestaltung von Mensch und Gesellschaft produktiv einzubringen (*Man and Society in an Age of Reconstruction*, 1951 – *Mensch und Gesellschaft im Zeitalter des Umbaus*; *Freedom, Power and Democratic Planning*, 1950). Freiheit scheint ihm auf Dauer nur in einer stabilen Gesellschaft gewährleistet zu sein, in der die gesellschaftliche Integration in gemeinsamen Wert- und Moralvorstellungen gründet. Es erscheint nicht verwunderlich, daß M. mit dieser Auffassung, die an Emile Durkheim oder sogar Auguste Comte erinnert, unter den Einfluß einer religiös motivierten Gruppe namens Moot geriet, die in regelmäßigen Abständen zusammenkam, um die Rolle der Religion in einer geplanten Gesellschaft zu diskutieren. Auch in seiner Planungssoziologie kommt der Intelligenz als Teil der planenden Elite eine Schlüsselfunktion zu. Je mehr M. sich mit der Rekonstruktion der krisenhaften Massengesellschaft befaßte, desto mehr entwickelte er ein Interesse an Erziehung und an Kontakten mit Bildungsreformern. Gleichzeitig suchte er durch eine Vielzahl von öffentlichen Vorträgen eine interessierte Zuhörerschaft für seine Idee von einer geplanten freiheitlichen, massendemokratischen Gesellschaft zu gewinnen sowie von dem wichtigen Beitrag, den die Sozialwissenschaften dazu leisten könnten, zu überzeugen (*Diagnosis of our Time*, 1943; *Diagnose unserer Zeit*). Er strebte danach, seine Ideen über den engen akademischen Kontext hinaus bekannt zu machen. In diesem Sinne begründete er die »International Library of Sociology and Social Reconstruction«, in der eine Reihe von wichtigen sozialwissenschaftlichen Büchern über aktuelle Zeitprobleme publiziert wurde. Ganz im Sinne seines zunehmenden Interesses an Erziehungsfragen wurde M. 1941 an das »Institute of Education« an der University of London berufen, wo er 1946 zum Professor befördert wurde. Kurz vor seinem Tode im Januar 1947 wurde er als Direktor der Unesco nominiert; diese Position konnte er jedoch nicht mehr antreten.

Karádi, Éva/Vezér, Erzsébet (Hg.): Georg Lukács, Karl Mannheim und der Sonntagskreis. Frankfurt am Main 1985. – Remmling, Gunter W.: The Sociology of Karl Mannheim. London 1975.

Marlis Krüger

Marcel, Gabriel
Geb. 7. 12. 1889 in Paris; gest. 8. 10. 1973 in Paris

M. wird als Begründer des katholischen Existentialismus betrachtet, hat aber selbst diese Bezeichnung abgelehnt, weil er seine Philosophie nicht als ein System verstanden wissen wollte; er bezeichnete sie als »Neosokratismus« oder auch »christlichen Sokratismus«, da für ihn das Wesentliche in beständigem Fragen lag. So wollte er den Mitmenschen keine Überzeugungen aufzwingen, sie vielmehr zu Fragen hinführen bzw. diese in ihnen erwecken. Die Seele verstand er als eine Wandererin, die nie aufhört, unterwegs zu sein (›Homo Viator‹. *Prolégomènes à une métaphysique de l'espérance*, 1944; ›Homo Viator‹. *Prolegomena zu einer Metaphysik der Hoffnung* – *En chemin, vers quel éveil?*, 1971; *Unterwegs – zu welchem Erwachen?*). Bergson hat auf den jungen Philosophielehrer großen Einfluß ausgeübt: »Bergson habe ich zu verdanken, von einem Abstraktionsgeist losgekommen zu sein, dessen Schäden ich erst sehr viel später brandmarken sollte.« Der zum Katholizismus übergetretene Jude M., der auch Dramatiker und Musik- und Theaterkritiker war, empfand, wie er sagte, eine »soziologische« Verwandtschaft zu Proust: »Seine Mutter war, wie meine, Jüdin und sein Vater, wie mein Vater, Katholik.«

In einem seiner grundlegenden Werke, *Être et avoir* (1934; *Sein und Haben*), zog er eine strenge Trennungslinie zwischen der Welt der Objektivation und derjenigen der persönlichen Existenz; der Dualismus zwischen Subjekt und Objekt wird überwunden, indem jeder Bezug zur Welt als ein persönlicher empfunden wird. Die Wirklichkeit stellt sich als zerspalten dar zwischen der authentischen Welt des »Seins« und der unauthentischen Welt des »Habens«. Wie er in einem seiner Theaterstücke darlegte (*Le monde cassé*, 1933; *Die zerbrochene Welt*), lebt der Mensch des 20. Jahrhunderts M. zufolge in einer Welt, in welcher der Sinn des Sakralen (»le sacré«) abhanden gekommen und die Einheit des Menschen zerrissen ist. Zwar gibt die Technik die Illusion der Macht, letztlich aber ist sie nur der Verlust alles Menschlichen (*Les hommes contre l'humain*, 1951; *Die Menschen gegen das Menschliche*).

Wie andere französische Existentialisten (Jean-Paul Sartre, Albert Camus) begriff er die Kommunikation der Individuen untereinander, die sich in einer Sphäre der Vergegenständlichung verwirklicht, als entfremdend, da sie nur auf die Einsamkeit jedes Menschen zurückweist. Die Absonderung der einzelnen Existenzen wird dadurch verursacht, daß das objektiv Seiende als einzig mögliches Sein aufgefaßt wird. Echtes Sein ist aber transzendent; es ist persönlich. Der wahre Bezug zum Sein beruht auf einem Dialog mit ihm. Es ist kein »Es«, sondern nur ein »Du«. So sah M. in dem vor Gottes Antlitz realisierten Verhältnis einer Person zur anderen das Vorbild für jedes Verhältnis des Menschen zum Sein. Liebe heißt, so gesehen, stetiges Transzendieren; sie ist der

Durchbruch zum Anderen, sei es zu einer menschlichen Person, sei es zu Gott. Die Vernunft vermag einen solchen Durchbruch nicht zu begreifen.

M. verwarf dementsprechend die cartesianische Selbstbehauptung, da sie in seinen Augen die Isolierung, die »Insularisierung« des Subjekts vorantreibt: »Das *cogito* führt nur in eine Welt, in welcher die eigentlichen Existenzurteile jede Bedeutung verlieren« (*Journal métaphysique*, 1927; *Metaphysisches Tagebuch*). Nur in der Begegnung zweier »Du« erfüllt sich der Mensch, bejaht er sich als Person: Du bist, also existiere ich – so könnte man die religiöse Philosophie M.s zusammenfassen. Der Vollzug dieses Prozesses bleibt ein Geheimnis (*Le mystère de l'être*, 1951; *Geheimnis des Seins*). Das Dasein stellt an sich kein »Problem« dar, es ist »metaproblematisch«, es ist ein Geschehen: »Das Problem ist etwas, dem man begegnet, das sich einem in den Weg stellt.... Im Gegensatz dazu ist das Geheimnis etwas, in das ich eingebunden bin, dessen Wesen folglich darin besteht, nicht völlig außerhalb meiner zu sein« (*Être et avoir*).

Auch Gott ist in diesem Sinne kein »Problem«. Seine Existenz kann man nicht beweisen. Der Mensch aber erlebt Gott als geheimnisvolle Präsenz, er vermag sich der existentiellen Anwesenheit Gottes anzunähern. Der Ruf Gottes wird im Herzen des ontologischen Geheimnisses hörbar (»Beten ist die einzige Art, an Gott zu denken, bei ihm zu sein«). Der Glaube an Gott ist aber nicht mit einer »Meinung«, einer »Weltanschauung« zu vergleichen. Gott ist das »absolute Du«: »Diese Realität, welcher ich mich öffne, indem ich sie anrufe, gibt *mich* mir selbst, insofern ich mich ihr ergebe. Durch die Vermittlung des Tuns, durch welches ich mich auf sie zentriere, werde ich wirklich zum Subjekt.«

Foelz, Siegfried: Gewißheit im Suchen. Gabriel Marcels konkretes Philosophieren auf der Schwelle zwischen Philosophie und Theologie. Leipzig 1979, Bonn 1980. – Berning, Vincent: Das Wagnis der Treue. Gabriel Marcels Weg zu einer konkreten Philosophie des Schöpferischen. Freiburg 1973. – Ricœur, Paul/Marcel, Gabriel: Gespräche. Frankfurt am Main 1970.

Reinold Werner

Marcuse, Herbert
Geb. 19. 7. 1898 in Berlin; gest. 29. 7. 1979 in Starnberg

»Wozu brauchen wir eine Revolution, wenn wir keinen neuen Menschen kriegen?« Diese rhetorische Frage M.s führt direkt ins Zentrum seiner Philosophie. Um die Notwendigkeit einer Revolution und deren subjektive und objektive Voraussetzungen kreist sein Denken, wobei insbesondere das Ästhetische dialektisch sowohl die Möglichkeit eines neuen Menschen als auch die Notwendigkeit der Revolutionierung des Bestehenden aufweist. – Schon in seiner 1923 verfaßten Dissertation *Der deutsche Künstlerroman* beschäftigt M. sich mit einer ästhetischen Fragestellung, der Subjektivität des Künstlers, die er als zerrissen und eingeschränkt beschreibt; dadurch kritisiert M. »die empirische Wirklichkeit als das Gefängnis der gefesselten ideellen Kräfte und Wesenheiten«. Das Ästhetische als kritisches Moment innerhalb der Wirklichkeit stellte aber für M. nie einen Ersatz, weder für Theorie noch für Praxis, dar. Immer betonte er die Notwendigkeit der Reflexion des Ästhetischen und der theoretischen Analyse von Gesellschaft wie auch – als eigentliches Ziel – ihre praktische Veränderung.

Von 1917 bis 1919 war M. Mitglied in der Sozialdemokratischen Partei und 1918 auch in einem Soldatenrat in Berlin, aus dem er allerdings wieder austrat, als dort ehemalige Offiziere hineingewählt wurden. Seine radikale Ablehnung der bestehenden Gesellschaft – und indirekt auch seine Abneigung gegen eine Mitarbeit in etablierten politischen Organisationen – war nach M.s eigener Aussage durch sein »unmittelbares Erlebnis der deutschen Revolution von 1918« begründet. Die Frage, »wie unter diesen Bedingungen, als wirklich revolutionäre Massen vorhanden waren, die Revolution zerschlagen werden konnte«, bildete den Antrieb für M.s Beschäftigung mit Philosophie und Psychoanalyse. Ein Grund für seine radikale Kritik am Bestehenden könnte auch in der Außenseiterrolle gesehen werden, die seine jüdische Herkunft mit sich brachte. M. wuchs in Berlin auf und studierte von 1919 bis 1923 in Freiburg, wo er mit der oben erwähnten Arbeit über den Künstlerroman promovierte. Danach ging er nach Berlin zurück und arbeitete im Verlagswesen. Erst 1928 begann er wieder mit wissenschaftlicher Arbeit; bis 1932 studierte er erneut in Freiburg bei Edmund Husserl und Martin Heidegger. M.s während dieser Zeit publizierte Aufsätze sind von phänomenologischen Kategorien geprägt und argumentieren existenzialontologisch. M. versteht zu diesem Zeitpunkt Phänomenologie und Marxismus als komplementär: Das eigentlich Sein, zu dem der Mensch bei Heidegger durch Entschlossenheit gelangen kann, interpretiert M. marxistisch als »radikale Tat« des Proletariats, als Revolution. M.s Differenz zum Marxismus wird mit der Akzeptanz der Hegelschen Identitätsthese auch noch in der 1932 publizierten Arbeit *Hegels Ontologie und die Grundlegung einer Theorie der Geschichtlichkeit* deutlich, mit der er sich ursprünglich bei Heidegger habilitieren wollte. Die äußeren Umstände – das Erstarken des Nationalsozialismus – vereitelten dieses Vorhaben jedoch. Gleichzeitig macht M. für das Jahr 1932 eine innere Kehre geltend. Er bezeichnet das Erscheinen von Marx' *Ökonomisch-philosophischen Manuskripten*, die er in *Neue Quellen zur Grundlegung des Historischen Materialismus* (1932) kommentierte, als Wendepunkt seines wissenschaftlichen Werdegangs: »Hier war in einem Sinne ein neuer Marx, der wirklich konkret war und gleichzeitig über den erstarrten praktischen und theoretischen Marxismus der Parteien hinausging. Und von da ab war das Problem Heidegger versus Marx für mich eigentlich kein Problem mehr.«

Deutlicher noch erzwangen die äußeren Umstände den Bruch mit Heidegger. M. kam 1932 in Kontakt mit dem »Institut für Sozialforschung«, einem Kreis kritischer, unabhängig-marxistisch orientierter Sozialwissenschaftler an der Universität Frankfurt am Main. Das Institut, dem in den 30er Jahren unter der Leitung von Max Horkheimer unter anderem Theodor W. Adorno, Erich

Fromm, Leo Löwenthal und Friedrich Pollock angehörten, mußte 1933 nach Genf übersiedeln. M. nahm im selben Jahr ein Angebot zur Mitarbeit an und ging 1934 nach New York, wo dem Institut von der Columbia University ein Haus zur Verfügung gestellt worden war. Nach seiner eigenen Einschätzung gehörte M. zwar lediglich zu den »marginalen Erscheinungen im Institut«; er publizierte aber regelmäßig im Organ dieses Kreises, der *Zeitschrift für Sozialforschung*. Ziel der Arbeit des Instituts war eine umfassende und interdisziplinär ausgerichtete »Kritische Theorie« der zeitgenössischen Gesellschaft. Durch die interdisziplinäre Anlage wurde – trotz des grundsätzlich marxistischen Ansatzes – eine vulgärmaterialistische Überbetonung der Rolle der Ökonomie von vornherein ausgeschlossen. M.s Beiträge bestanden aus ideologiekritischen Arbeiten (*Über den affirmativen Charakter der Kultur*, 1937), methodischen Überlegungen (*Zum Begriff des Wesens*, 1936) sowie Versuchen zur Klärung der Zielsetzungen der so genannten Kritischen Theorie wie auch der avisierten Revolution, deren Notwendigkeit angesichts des Faschismus evident zu sein schien. M. reklamierte für die Kritische Theorie eine Stellung zwischen Philosophie und Ökonomie, die Entwicklung der philosophischen Sachverhalte aus dem ökonomischen Zusammenhang. Ziel war nicht nur die Ersetzung des Kapitalismus durch eine geplante Wirtschaft, sondern das – sinnlich-materialistisch verstandene – Glück der Menschen, erreichbar durch eine Veränderung der materiellen Daseinsverhältnisse (*Philosophie und kritische Theorie*, 1937; *Zur Kritik des Hedonismus*, 1938). In dieser Periode seines Schaffens entstand auch M.s große Hegel-Studie *Reason and Revolution* (1941; *Vernunft und Revolution*), die im Gegensatz zu seinem früheren Hegel-Buch die Macht des Negativen bei Hegel hervorhebt.

Ende der 30er Jahre geriet das Institut in finanzielle Schwierigkeiten; M. nahm deshalb eine Tätigkeit für die US-Regierung auf. Er war zunächst Sektionschef in der Politischen Abteilung des »Office of Strategic Services« und danach – bis 1950 – in der »Division of Research and Intelligence« des State Department. Trotz seiner antikapitalistischen Einstellung hielt M. diese Tätigkeiten für legitim, weil er für ein demokratisches Land und gegen die Hitler-Diktatur arbeitete. Erst ab 1950 ging er wieder wissenschaftlicher Arbeit nach. Zunächst war er Mitarbeiter am »Russian Institute« der Columbia University und ab 1953 am »Russian Research Center« der Harvard University, wo er seine 1958 publizierte Studie *Die Gesellschaftslehre des sowjetischen Marxismus* erarbeitete. Von 1954 bis 1965 war M. Professor für Politikwissenschaft in Brandeis. Während dieser Zeit veröffentlichte er die beiden Bücher, durch die er bekannt wurde, die positive Utopie *Triebstruktur und Gesellschaft* (1955) und die negative Utopie *Der eindimensionale Mensch* (1964).

Triebstruktur und Gesellschaft ist stärker durch Freudsche als durch Marxsche Motive geprägt. M. formuliert hier eine psychoanalytisch fundierte Kulturtheorie, die davon ausgeht, daß die mit dem Eintritt des Menschen in die Kultur notwendige Ersetzung des Lustprinzips durch das Realitätsprinzip auf einer bestimmten Stufe der technisch-ökonomischen Entwicklung wieder rückgängig gemacht werden könnte: Wäre die Lebensnot (»ananke«) – auf einer hohen Stufe der Produktivkraftentwicklung – gebannt, könnte der Eros, d.h. Sexualität, die der aggressiv-destruktiven Komponente ledig ist, seine Kräfte entwickeln und »höchst kultivierte menschliche Beziehungen begründen«. In diesem Buch wie in den später publizierten Schriften *Versuch über die Befreiung* (1969) und *Konterrevolution und Revolte* (1972) greift M. wieder auf seine frühen ontologischen Überlegungen zurück – wobei er statt ontologischer psychoanalytische Begriffe verwendet – und spekuliert auf eine der menschlichen Natur, den Trieben innewohnende Vernünftigkeit. Ein Indiz hierfür findet M. im Ästhetischen und in der Kunst.

Kunst ist Ausdruck der Phantasie, einer Denkaktivität, die – auch nach Freud – frei ist von den Beschränkungen des Realitätsprinzips. Das Subjekt vermittelt in der Phantasie-Aktivität zwanglos die Anforderungen der Realität mit seinen Triebbedürfnissen. Das Produkt dieser zwanglosen Vermittlung ist die ästhetische Form des Kunstwerks. Sie zeichnet sich aus durch eine gewaltlose Strukturierung des Materials; das Kunstwerk als Ausdruck zwangloser Herrschaft ist zugleich ein Beispiel für eine rationale Hierarchie, die vielleicht – hier äußert sich M. nicht eindeutig – auch in der befreiten Gesellschaft notwendig wäre.

So wie die künstlerische Form M. als Modell einer (weitgehend) herrschaftsfreien realen gesellschaftlichen Organisation dient, versteht er künstlerische Arbeit als Modell realgesellschaftlicher Arbeit. Die Arbeit des Künstlers entwächst nach M. einer »verdrängungslosen Triebkonstellation«. Reale Arbeit und Technik könnten eine derartige spielerische Qualität annehmen, wenn das Leistungsprinzip abgeschafft würde – was aufgrund des erreichten hohen Niveaus der Produktivkräfte möglich wäre. Dann wäre auch die Um-Welt des Menschen wieder libidinös besetzbar – die Natur könnte befreit werden durch »Wiederentdeckung ihrer lebenssteigernden Kräfte«, ihrer »sinnlich-ästhetischen Qualitäten«. Natur ist für M. »Träger objektiver Werte«, die ein ästhetisches, also repressionsfreies Natur- und Weltverhältnis des Menschen, eine zwanglose Reproduktion der menschlichen Gattung möglich machen. Allerdings hat M. diese radikal-spekulative Konzeption eines ästhetischen Universums, in der Arbeit zu spielerischer Tätigkeit würde und die Menschen in einer herrschaftsfreien Gesellschaft ihre trieb- wie vernunftbestimmten Bedürfnisse zugleich befriedigen könnten, in vielen Teilen seines Werkes, ja in seinem Hauptdenkstrang, wieder zurückgenommen. Hier dient ihm das Ästhetische lediglich als eine »regulative Idee« im Kantischen Sinne. Das »Reich der Notwendigkeit« könnte letztlich nicht in ein »Reich der Freiheit« (Marx) verwandelt werden, aber die immer notwendige unfreie (Zwangs-)Arbeit würde aufgrund des hohen Standes der Produktivkräfte (Automation) quantitativ so weit zurückgedrängt, daß es zu einem qualitativen Umschlag käme. Obzwar Arbeit genauso wenig wie gesellschaftliche Herrschaft oder die Vertilgung von Natur zum Zweck menschlicher Reproduktion völlig abzuschaffen wäre, könnten diese Momente doch so weit zurückgedrängt werden, daß bei einer weitgehend automatisierten Arbeitswelt, einer nur durch objektive Erfordernisse bestimmten rationalen gesellschaftlichen Hierarchie und einem möglichst schonenden Umgang mit der Natur das Ästhetische zum Grundcharakteristikum der Wirklichkeit überhaupt würde.

Der eindimensionale Mensch argumentiert mehr von der marxistischen Denktradition her. Im Zentrum der Kritik stehen allerdings nicht mehr die Ungleichheiten, die der Kapitalismus durch die private Aneignung von Mehrwert erzeugt, sondern die vollständige Ideologisierung, die zu einer eindimensionalen Gesellschaft ohne jede Opposition geführt habe. Zur Erklärung dieses Zustands – den M. in den USA um 1960 gewärtigte – greift er zum einen auf Marx und seine Analyse der Verdinglichung und des Warenfetischismus zurück. Zum anderen aber behauptet M., Technik und Wissenschaft seien ideologisch geworden, insofern als sie scheinbare Sachzwänge erzeugten. Darüber hinaus mache der technische Fortschritt einen steigenden Lebensstandard möglich, erzeuge und befriedige dabei aber lediglich falsche Bedürfnisse, die den einzelnen immer abhängiger vom Bestehenden machten und sein Dasein als mühevolle Arbeit verlängerten. Im Gegensatz zur Marxschen Auffassung stabilisiert Technik (Produktivkräfte) für M. die Gesellschaft (Produktionsverhältnisse).

Fast paradoxerweise avancierte M. gerade durch diese pessimistische – aber auch radikale – Kritik an der westlichen Industriegesellschaft zum Vordenker der politischen studentischen Opposition in den 60er Jahren. Er übersiedelte 1965 nach Kalifornien, das in jenen Jahren ein Zentrum des SDS (Students for a Democratic Society) und insbesondere des Widerstands gegen den Vietnam-Krieg war. M. war von 1965 bis 1969 Professor an der University of California in San Diego, 1964 Gastprofessor in Frankfurt am Main, 1965 Honorarprofessor in Berlin. Seine seit Mitte der 60er Jahre veröffentlichten Schriften – zumeist Aufsätze – kreisen um die Frage, wie die totale Ideologisierung zu brechen sei; sie reichen von grundsätzlichen Überlegungen zu den inneren Widersprüchen des Kapitalismus bis zu strategischen und taktischen Erwägungen. Immer wieder stößt M. dabei auf den Zirkel, daß ein neues Subjekt einerseits die »Vorbedingung radikaler Veränderung, des qualitativen Sprungs« darstellt, andererseits dieses in der total ideologisierten Gesellschaft kaum entstehen kann. Auf einige oppositionelle Phänomene glaubte M. allerdings bereits verweisen zu können: die Jugend- und Studentenbewegung, ein möglicher »Katalysator« einer Revolution, aber auch die »Neue Sensibilität«, d. h. neue ästhetisierte Verkehrsformen, deren Entwicklung er zuerst in den Kommunen und später in der Frauenbewegung wahrnahm.

M. war Ende der 60er Jahre zum Mentor der Jugend- und Studentenbewegung geworden, von manchen Kommentatoren als einer der »3M« (Marx, Mao, Marcuse) apostrophiert. Er hatte sich derart engagiert und exponiert, daß die 1969 erforderliche Verlängerung seines Vertrages an der University of California unmöglich geworden war. Er blieb jedoch weiterhin in Kalifornien und unternahm viele Vortragsreisen. Auch in den 70er Jahren veröffentlichte er noch mehrere Aufsätze zum Ästhetischen und dessen negativer wie in die Zukunft weisender Kraft (am umfassendsten in *Die Permanenz der Kunst*, 1977) wie auch zur Möglichkeit einer »totalen Revolution«, an deren Notwendigkeit er immer festhielt. Im Gegensatz zum orthodoxen Marxismus war ihm aber zu keinem Zeitpunkt deren Zustandekommen durch »historische Gesetze« verbürgt, noch war er sich über deren Ausgang sicher, denn – wie er in einem Interview 1969 sagte – »die Geschichte ist keine Versicherungsanstalt«.

Brunkhorst, Hauke/Koch, Gertrud: Herbert Marcuse zur Einführung. Hamburg 1987. – Gmünder, Ulrich: Kritische Theorie. Horkheimer, Adorno, Marcuse, Habermas. Stuttgart 1985.

Ulrich Gmünder

Mead, George Herbert
Geb. 27. 2. 1863 in South Hadley/Massachusetts; gest. 26. 4. 1931 in Chicago

In ihren Grundzügen ist die Philosophie M.s dem Pragmatismus von William James und John Dewey verpflichtet. Möglicherweise ist in dieser Verbindung begründet, daß er lange Zeit in deren Schatten stand und in seiner eigenständigen Position nicht gesehen wurde. Ein anderer Grund dafür ist, daß M. zu Lebzeiten zwar zahlreiche Artikel verfaßt hat, die sich kritisch mit Entwürfen anderer Denker auseinandersetzen, selbst aber nie den Weg zu einer umfassenden systematischen und programmatischen Veröffentlichung gefunden hat. Seinem Schülerkreis (vor allem Charles William Morris) ist es zu verdanken, daß posthum sein Denken zumindest in Form von Vorlesungsmanuskripten und anderen Texten aus dem Nachlaß der Öffentlichkeit bekannt wurde. Die Gemeinsamkeiten M.s mit James und Dewey liegen in den engen, auch freundschaftlichen Kontakten zu beiden begründet. Als M. 1887 in Harvard sein Studium der Philosophie und physiologischen Psychologie aufnahm, lehrte dort James. Zwischenzeitlich betreute er auch als Hauslehrer dessen Kinder. M.s erste Lehrtätigkeit begann 1891 an der Universität von Michigan, wo er Dewey begegnete. Durch seine Vermittlung fand er intensiveren Zugang zur Philosophie des Pragmatismus und dessen Umsetzung in eine funktionalistische Psychologie. Diese ging von der Annahme aus, daß Erfahrung und Verhalten ein kontinuierliches Ganzes darstellen und die psychologischen Funktionen nur aus dem Verhältnis von Mensch und Umwelt zu verstehen sind. Der Mensch-Umwelt-Bezug wird als Handlungsaktivität gefaßt, an die die unmittelbare Erfahrung als das grundlegende Fundament der realen Erkenntnis rückgebunden ist. Von diesem theoretischen Rahmen ging M. aus, als er in den zwei umfangreicheren Artikeln *Suggestion Toward of a Theory of the Philosophical Disciplines* (1900) und *The Definition of the Psychical* (1903) einen komprimierten systematischen Abriß zur Philosophie und Psychologie bot. Ausgehend vom Pragmatismus legt er folgende Annahmen zugrunde: Menschliches Denken setzt an dem Vorhandensein von Problemen und am Konflikt zwischen verschiedenen Arten des Handelns an; jedes reflexive Denken entsteht aus wirklichen Problemen in der unmittelbaren Erfahrung und ist uneingeschränkt mit der Lösung dieser Probleme befaßt; die Wiederherstellung der Handlungsfähigkeit dient als Kriterium dafür, ob eine Lösung gefunden ist. Handlungsfähigkeit kann auf zwei Arten wiedererlangt werden: Wird sie dadurch erreicht, daß die problematisch gewordene Bedeutung von Objekten in den Begriffen vergangener Erfahrung bzw. alter Handlungsschemata thematisiert und in schon bestehende Allgemeinbegriffe integriert wird, dann bewegt sich das reflexive Denken im Rahmen einer deduktiven Logik. Im Sinne einer induktiven Logik verfährt das Denken, wenn es zu neuen Allgemeinheitsbegriffen und Handlungsmustern findet. Das Objekt und das Handlungsmuster sind immer in ihrem Verhältnis zueinander zu sehen: Ein Objekt oder ein Reiz ist dann destruiert, d. h. hat seine eindeutige Geltung verloren, wenn konfligierende Handlungsantriebe das selbstverständliche Handeln außer Kraft gesetzt haben. Wenn wir die alten Interpretationen, mittels derer wir die Objekte konstruiert haben, aufgeben, um nach einer neuen Interpretation zu suchen, dann kann die unmittelbare Erfahrung nur eine subjektive Gültigkeit für sich beanspruchen. An diesem Punkt der Argumentation verbindet M. den Erkenntnisprozeß mit dem Moment des Psychischen. Aktuell wird das Psychische dann, wenn die Handlungsfähigkeit unterbrochen und eine Reflexion über die Wiederherstellbarkeit an ihre Stelle getreten ist. In dieser Phase sind die Willensäußerungen in einem psychischen Sinn subjektiv. Für M.s Theorie bedeutsam ist, welchen Stellenwert er dem Individuum innerhalb des Erkenntnisprozesses einräumt. Elemente seiner Sozialpsychologie finden hier schon ihre Anwendung. Dem Individuum (»I«) obliegt es, in Eigenaktivität ein neues Reiz-Objekt entstehen zu lassen bzw. eine passende Interpretation zu entwerfen. Das »I« stellt eine Ich-Identität dar, in dem die restlichen, nicht fragwürdig gewordenen Teile der Wirklichkeit mit neuen Interpretationen zu einem neuen Wirklichkeitsbild rekonstruiert werden. Es repräsentiert den subjektiven Handlungsantrieb mit freier Wahlmöglichkeit von Interpretationen und symbolischen Vorstellungen, losgelöst von jeder mechanistischen Reiz-Reaktion-Auffassung des Menschen. Die Einführung der symbolischen bzw. bildlichen Vorstellungsfähigkeit des Individuums bildet den ersten Schritt zu seiner Theorie des »Symbolischen Interaktionismus«.

In mehreren Texten um 1910 entwickelt er die Grundlagen dafür: *Social Psychology as Counterpart to Physiological Psychology* (1909), *Social Consciousness and the Consciousness of Meaning* (1910), *What Social Objects Must Psychology Presuppose* (1910). Seine Überlegungen gehen aus von der Frage: Wie kann symbolisches Vorstellen, d. h., wie kann Bedeutung erklärt werden? Aus dem passenden Reiz-Reaktions-Schema kann dies nicht gelingen, da uns unsere Reaktionen um so weniger bewußt sind, je perfekter Reiz und Reaktion aufeinander abgestimmt sind. Für die Fähigkeit zu alternativen Handlungsentwürfen bedarf es aber der bewußten Bedeutungshaftigkeit. Eine Anleihe bei Wilhelm Wundt verhalf M. zu der nötigen Einsicht, daß nicht nur die Bedeutung der Gebärden, sondern auch die Bedeutung einer Handlung erst bewußt werden durch die Reaktionen, die ich auf mein Verhalten erfahre. Wir können uns unserer Haltungen nur dann bewußt werden, weil und insofern sie für Veränderungen im Verhalten anderer Individuen verantwortlich sind. Diese Reaktionen haben wiederum das Bewußtsein einer anderen Person zur Voraussetzung. Erst in diesen gegenseitigen Verhaltensbezügen entsteht der Sinn für Bedeutung. Bedeutungsbewußtsein ist also seinem Ursprung nach sozialer Natur.

Bei der Ausarbeitung dieses Aspekts kamen M. seine Studiensemester in Deutschland zugute. Er hatte nicht nur Wilhelm Wundt in Leipzig gehört, sondern konnte auch in Berlin die Kontroverse zwischen Wilhelm Dilthey und Julius Ebbinghaus mitverfolgen, die sich um Erklärungsweise und Verstehensmomente als methodische Mittel der Psychologie drehte. An die Entwicklung des Bedeutungsbewußtseins schließt unmittelbar seine Sozialpsychologie an. Die pragmatische Grundannahme der Mensch-Umwelt-Beziehung wird jetzt thematisiert als Prozeß sozialer Handlungen. Das Konzept des »Symbolischen Interaktionismus« besagt: – Individualität bzw. individuelle Handlungen sind nur im sozialen Handlungszusammenhang zu begreifen; – Der einzelne ist Mitglied einer sozialen Gruppe, insofern aufeinander bezogene Handlungsmuster und Handlungserwartungen die Interaktion bestimmen; – die Bedeutungsgleichheit der für die Kommunikation relevanten Symbole ist durch die wechselseitige Einnahme der Perspektiven anderer Beteiligter begründet. Dieser soziale Zusammenhang ist bei M. strukturiert durch verschiedene Instanzen: Vor jeder eigenen Handlung findet eine Antizipation der Perspektive des anderen statt. Die vermeinte Verhaltenserwartung schlägt sich nieder als Bewertungsinstanz und als Selbstbild aus der Perspektive des anderen (»me«). Da das Individuum immer in Beziehung mit mehreren Personen steht, muß es deren Erwartungen zu einem einheitlichen Selbstbild (»self«) integrieren. So entstehen Ich-Identität und Persönlichkeitsstruktur des Individuums. Das Prinzip der Spontaneität und Kreativität des Individuums, ebenso seine biologische Triebausstattung werden unter dem Begriff des »I« gefaßt.

Aufgrund seines sozialpsychologischen Werks *Mind, Self and Society. From the Standpoint of a Social Behaviorist* (*Geist, Identität und Gesellschaft. Vom Standpunkt eines Sozial-Behavioristen*), das sein Schüler Morris aufgrund seiner Vorlesungsmitschriften 1934 veröffentlichte, gilt M. als Begründer des »Symbolischen Interaktionismus«. Die Anerkennung stellte sich jedoch auch hier wieder erst auf Umwegen ein. Der Soziologe Herbert Blumer initiierte die soziologische Wirkungsgeschichte. Er knüpfte zwar an zentralen Argumenten M.s an, trägt dabei aber nur einem Motiv von M.s Denken Rechnung, nämlich dem sozialen Individuum einen deutlicheren Stellenwert im Mensch-Umwelt-Bezug einzuräumen, als es der pragmatische Funktionalismus getan hatte. Sein anderes Motiv, das man als Widerstand gegen die rein individualistischen Traditionen der amerikanischen Soziologie fassen kann, wurde dabei verdeckt.

In Deutschland fand M.s Werk zunächst vorwiegend in den philosophischen Anthropologien von Arnold Gehlen und Helmuth Plessner Eingang, bevor die soziologisch-philosophischen Arbeiten von Jürgen Habermas für eine größere Verbreitung sorgten. Unter anthropologischen Gesichtspunkten orientierte man sich zum großen Teil an seinem späteren Denken. *The Philosophy of the Present* (1932) thematisiert die Konsequenzen der unterbrochenen Handlungsfähigkeit. Das Individuum, das durch diesen Bruch aus dem unmittelbaren Umweltbezug herausgerückt und zum Abwägen alternativer Handlungsmöglichkeiten genötigt ist, vermag dies nur zu leisten, wenn es die Zukünftigkeit seines Handelns ebenso wie die relevanten Erfahrungen der Vergangenheit vergegenwärtigen kann. Verschiedene Zeitsysteme, Vergangenheit und Zukunft, vereinigen sich in einer Handlungsgegenwart.

Zwischen Dewey und M. bestand Gemeinsamkeit nicht nur im Hinblick auf ihre philosophischen Ansichten, sondern auch bezüglich ihres Interesses, diese im pädagogischen Bereich wirksam werden zu lassen. Ihrem praxisbezogenen Verständnis von Wissenschaft entsprach das Selbstverständnis der neugegründeten Universität von Chicago, an die beide 1894 berufen wurden, wonach die wissenschaftlichen Forschungen praktischen Fragen der Sozialpolitik Rechnung tragen sollten.

Die aus M.s Philosophie und Sozialpsychologie resultierende pädagogische Grundintention war, daß in Schule und Erziehung nicht nur Wissen vermittelt werden sollte, sondern mit dem Wissen auch immer das Bewußtsein und die Fähigkeit, sich durch Veränderungen der eingeübten Fertigkeiten neuen Situationen anpassen zu können. Auch das soziale Lernen unterstellte M. der ethischen Maxime, daß bei konfligierenden Handlungsinteressen zweier Personen eine Umstrukturierung der Erwartungen und Triebimpulse erreicht werden müsse, damit ein situationsangemessenes Verhalten für alle Beteiligten möglich ist. Dadurch wird eine Reintegration auf einer »höheren Stufe« erreicht. Die Stufen der Identitätsbildung und der moralischen Entwicklung fließen dabei ineinander.

Heuberger, Frank: Problemlösendes Handeln. Zur Handlungs- und Erkenntnistheorie von G. H. Mead, A. Schütz und Ch. S. Peirce. Frankfurt am Main 1991. – Joas, Hans: Praktische Intersubjektivität. Die Entwicklung des Werkes von George Herbert Mead. Frankfurt am Main 1989. – Kellner, Hansfried: Einleitung. In: Mead, George Herbert: Philosophie der Sozialität. Frankfurt am Main 1969.

Peter Prechtl

Mead, Margaret
Geb. 16. 12. 1901 in Philadelphia; gest. 15. 11. 1978 in New York

Zu den bekanntesten Anthropologen und Ethnologen unserer Zeit gehört die Amerikanerin M. Sie zählt wie Alfred L. Kroeber, Edward Sapir und Ruth Benedict zu den Schülern des deutsch-amerikanischen Ethnologen Franz Boas, einem der Begründer der amerikanischen »cultural anthropology«. Hiermit wird – in der Tradition von Boas – jene für die USA typische Disziplin bezeichnet, die den Menschen in all seinen Lebensbezügen zu erfassen sucht. Kultur ist dabei im wissenschaftlich-wertneutralen und umfassenden Sinne zu verstehen. Die schon bei Boas angedeutete und Mitte der 20er Jahre von M. und Benedict pointiert ausgearbeitete Theorie der Kultur besagt, daß die Menschen bedeutsame intrakulturelle Ähnlichkeiten und interkulturelle Unterschiede zeigen, die erklärt werden durch bereits bei der Geburt beginnende Einflüsse des jeweiligen kulturellen Milieus (Anschauung und Erfahrung, Erziehung, Lernen), das auf eine als außerordentlich formbar angenommene menschliche Psyche einwirkt. Dies hat eine kulturelle Standardisierung grundlegender Züge der gesamten Gefühls-, Gedanken- und Vorstellungswelt zur Folge, worunter auch die Wertvorstellungen fallen. Diese bald als »kultureller Relativismus« bezeichnete Hypothese wurde in der Folgezeit zum Teil in Zusammenarbeit mit psychologischen und sozialpsychologischen Richtungen differenziert und spezifiziert.

Nach einem Studium der Anthropologie, Ethnologie und Psychologie an der Columbia Universität begann M. 1925 mit Feldforschungen bei den Südseevölkern. Sie beschäftigte sich besonders mit Kindheit und Jugendalter sowie mit der weiblichen Lebenssphäre. Ihre Arbeiten haben eine für wissenschaftliche Werke außerordentlich große Resonanz auch außerhalb von Fachkreisen gefunden, insbesondere wegen der bewußt hergestellten, auf mögliche Nutzanwendung ausgericheten Bezüge zu Problemen ihrer Gesellschaft. Mit Hilfe von Erfahrungen andersartiger Lebensformen will sie neue Gesichtspunkte für die Betrachtung der eigenen Lebenswelt beisteuern. Bei ihren Forschungen wendet sich M. mehr den psychischen, oft unbewußten Hintergründen menschlichen Verhaltens in den jeweiligen kulturellen Bindungen zu als den unmittelbar registrierbaren Objektivationen von Kulturen. Ferner räumt M. neben der objektiv-wissenschaftlichen Beweisführung auch der intuitiven Einfühlung in Situationen, denen sie in fremden Kulturen begegnet, einen Spielraum ein.

Die Wahl von Naturvölkern für ihre Forschungen begründet sie in *Male and female* (1949; *Mann und Weib*) damit, daß diese »wegen ihrer geographischen und historischen Isolierung außerhalb des großen Stromes der Geschichte verblieben sind und spezielle Eigentümlichkeiten bewahrt haben, die sich außerordentlich von dem Verhalten größerer Gesellschaften abheben«, und somit günstigere Untersuchungsbedingungen bieten als komplexe Gesellschaften. Aufgrund bestimmter Beobachtungskriterien, die aus der psychoanalytischen Entwicklungslehre stammen, war M. in der Lage, sich der Untersuchung von Verhaltensweisen der Mädchen auf Samoa, Neuguinea oder Bali weit intensiver zuzuwenden, als dies früher in der Ethnologie versucht wurde. Sie bemühte sich darum, die komplexen kulturellen, sozialen und psychischen Gegebenheiten des menschlichen Daseins in angemessener Weise in Rechnung zu stellen. M.s wichtigste Arbeiten weichen von der ethnologischen Tradition bewußt dadurch ab, daß sie das psychologische Moment in die Ethnologie einholt. Man kann ihre Forschungen somit mehr einer Ethno-Psychologie bzw. Kulturpsychologie zurechnen als der eigentlichen, enger definierten Ethnologie.

In ihren Hauptwerken (*Coming of Age in Samoa*, 1928; *Growing up in New-Guinea*, 1930; *Sex and Temperament in Three Primitive Societies*, 1935; zusammen in: *Leben in der Südsee. Jugend und Sexualität in primitiven Gesellschaften*) wendet sich M. in jedem der drei Untersuchungsgebiete einem besonderen Problem zu: In Samoa untersucht sie Möglichkeiten biologischer Bedingtheit von Pubertätskrisen; auf den Admiralitätsinseln die Hypothese, daß geistig noch nicht entwickelte Personen, insbesondere Kinder unter sechs Jahren, spontan in animistischen Kategorien denken; auf Neuguinea die Behauptung einer weitgehenden Determination von Psyche und Verhalten durch die Zugehörigkeit zu einem der beiden Geschlechter.

Für die in verschiedenen Kulturen vorhandenen Verhaltensmuster versucht M. bestimmte individuelle Differenzierungen herauszuarbeiten. Sie kommt dabei in *Sex and Temperament* zu folgendem allgemeinen Urteil: »Wir werden zu der Folgerung gezwungen, daß die menschliche Natur außerordentlich formbar ist und auf verschiedene Kulturbedingungen entsprechend reagiert. Individuelle Unterschiede zwischen Menschen verschiedener Kulturmilieus beruhen fast ausschließlich auf verschiedenen Umweltbedingungen, vor allem auch der frühesten Kindheit, und die Beschaffenheit dieser Umwelt wird durch die Kultur bestimmt. Hierzu gehören die zur Norm erhobenen Persönlichkeitsunterschiede zwischen den Geschlechtern sowie die kulturellen Errungenschaften, denen sich jede Generation – männlich oder weiblich – anpassen soll.«

Die Arbeiten von M., Erik H. Erikson u. a. gehen davon aus, daß jede Kultur durch die Vorschriften, die die Kindererziehung betreffen, den Entstehungsrahmen für Register typischer Persönlichkeitseigenarten innerhalb jeder Gesellschaft zur Verfügung stellt. Dieses Register von Denkweisen, aber auch von affektiv-emotionalen Haltungen wird dann bei den Angehörigen der jeweiligen Kultur als Norm erwartet. In den Berichten über ihre Forschungsreisen zu den Südseeinseln schildert M. anhand außerordentlich plastischer Beispiele die kulturspezifische Bedingtheit der Sozialisation. Diese Befunde zeigen deutlich die Abhängigkeit des Sozialisationsprozesses von der Eigenart der Kulturen. In ihren Büchern findet man eine Fülle von Hinweisen darauf, wie pädagogische Phänomene – etwa die Erziehung zur Sexualität, zur Gemeinschaft oder zur Arbeit – in jeder Kultur höchst unterschiedlich gestaltet sind.

Bronislaw Malinowski, Benedict und M. haben uns den prägenden Einfluß des gesamten Kulturgefüges auf alle Verhaltensweisen, insbesondere auf die Rolle der Geschlechter und das sexuelle Verhalten, durch ihre Deutungen der Sozialstruktur z. B. der Südseevölker und Indianer aufgezeigt. M. hat die Hypothese entwickelt, daß die zunächst bei Mann und Frau gleichmäßig vorhandene Vielfalt der Anlagen im Zuge der Sozialisation geschlechtsspezifisch auf Rollenmuster eingeschränkt, d. h. institutionalisiert werde. Die Einsicht, daß jede Kultur in irgendeiner Weise die Rolle des Mannes und der Frau standardisiert, die inhaltlichen Festlegungen von männlichen und weiblichen Verhaltensformen und Eigenschaften in den Kulturen jedoch sehr verschieden sind, ja, in vielen Fällen durchaus gegensätzlich getroffen werden, hat M. an umfassendem ethnologischen Material zu belegen versucht. In *Sex and Temperament* schreibt sie: Ihrer Meinung nach legt dieses Material die Behauptung nahe, daß »Eigenschaften, die als maskulin oder feminin zu gelten pflegen ... demnach mit dem Geschlecht ebenso lose verbunden zu sein (scheinen) wie Kleidung, Kopfputz, äußeres Benehmen, die eine Gesellschaft im Lauf der Zeit jedem Geschlecht zuweist«. Das Verhalten von Mann und Frau hängt also entscheidend von soziokulturell geprägten Rollenmustern ab, Erziehung und die jeweiligen kulturell bedingten Ansichten über Weiblichkeit und Männlichkeit erzwingen bestimmte Verhaltensweisen.

Diese Erkenntnisse lassen sich nach M. für die eigene Kultur fruchtbar machen. An die Stelle geschlechtsspezifischer Verhaltenserwartungen will sie andere gesellschaftliche Differenzierungsprinzipien, vor allem die stärker betonte Anerkennung des Unterschieds individueller Begabungen und Anlagen gesetzt wissen. Denn ein Aufgeben von sozialen Differenzierungen bedeutet für sie ein Opfer an Komplexität des Verhaltens, damit ein Absinken des Kulturniveaus. Die Gesellschaft sollte die Entwicklung vieler individueller Gaben in beiden Geschlechtern zulassen und geistig auf die Auswahlmöglichkeiten der eigenen komplexen Kultur vorbereiten. »Eine solche Kultur würde nicht die im Laufe von Jahrtausenden erreichte Mannigfaltigkeit opfern. Der Gewinn bliebe erhalten, und jedes Kind fände Förderung seiner Begabungen. An die Stelle der Verhaltensvorschriften für beide Geschlechter würden die Interessen der vielseitig Begabten treten. Jede Begabung würde ihren ethischen Kodex und ihr gesellschaftliches Symbol, ihre Kunst und ihre Lebensform finden« (*Sex and Temperament*). Auffallend ist im Unterschied zu Boas und Benedict die größere Betonung der Individualität gegenüber einer zwar nicht völligen, doch unausweichlichen Determination des Lebens durch Kultur.

Dem bis zu einem gewissen Grad unvermeidlichen Ethnozentrismus wird interkulturelle Toleranz als global erstrebenswerte ethische Maxime entgegengestellt: Mit ihrer engagiert betriebenen Aufklärung will M. Verständnis für fremde Kulturen und Völker wecken. Teilhabe an den je eigenen (sanktionierten) Kulturformen und deren Anerkennung muß zur Einsicht führen, daß Angehörige anderer Kultursphären der Organisation ihres Lebensbereichs dieselbe Bedeutung zumessen.

Howard, Jane: Margaret Mead. A life. London 1984. – Mitscherlich-Nielsen, Margaret: Nachwort. In: Mead, Margaret: Brombeerblüten im Winter. Ein befreites Leben. Reinbek bei Hamburg 1978. – Rudolph, Wolfgang: Die amerikanische »Cultural Anthropology« und das Wertproblem. Berlin 1959. – Schelsky, Helmut: Soziologie der Sexualität. Hamburg 1955.

Martina Lunau

Merleau-Ponty, Maurice
Geb. 14. 3. 1908 in Rochefort-sur-Mer; gest. 3. 5. 1961 in Paris

M.-P. hat im französischen Kulturraum, in Westeuropa und in Nordamerika eine vielfältige und anhaltende Wirkung ausgeübt. Paul Ricœur hat ihn als den bedeutendsten Phänomenologen Frankreichs bezeichnet; hierzulande dagegen wird er eher zögernd wahrgenommen, obwohl zahlreiche seiner Arbeiten inzwischen übersetzt vorliegen. – Bis in die 30er Jahre herrschte in der französischen Universitätsphilosophie ein von Descartes, Spinoza und Kant geprägter kritizistischer Rationalismus vor. Einer seiner profiliertesten Vertreter war Léon Brunschvicg, für M.-P. und viele andere der heranwachsenden Philosophengeneration der wichtigste akademische Lehrer. In diesen Jahren begann die Philosophie in Frankreich – nicht zuletzt auch Brunschvicg selbst – die Bahnen dieser rationalistischen Tradition zu verlassen. Der Titel des Buchs von Jean Wahl, *Vers le concret* (1932), wurde zum Losungswort dieses Aufbruchs. M.-P. hatte sein Studium der Philosophie 1930 mit der Agrégation abgeschlossen; er gehörte zu denjenigen, die diese neue Entwicklung entscheidend mittrugen. Er schloß sich der Gruppe um Emmanuel Mounier, der dem christlichen Existenzialismus nahestand und die Zeitschrift *Esprit* herausgab, an; diese Gruppe bemühte sich, die Verkrustungen von Klerikalismus und Etatismus im Frankreich der Dritten Republik aufzubrechen. M.-P. setzte sich 1936 ausführlich mit dem Buch *Être et avoir* von Gabriel Marcel auseinander und betonte darin erstmals die zentrale Bedeutung der Leibproblematik für ein neues, von intellektualistischen Konzeptionen der philosophischen Anthropologie abrückendes Denken. Spürbar werdende Einflüsse aus dem Ausland kamen dabei zu Hilfe. Als Edmund Husserl 1929 an der Sorbonne seine Vorlesungen zur Einleitung in die transzendentale Phänomenologie hielt, gehörte auch M.-P. zu seinen Zuhörern, wie er sich später in einer Rezension intensiv mit der französischen Übersetzung von Max Schelers *Das Ressentiment im Aufbau der Moralen* beschäftigte. Entscheidende Anstöße aber für seinen eigenen Denkweg erhielt er von Emigranten aus Deutschland und aus Osteuropa. So war Alexandre Kojève dabei, Hegels Philosophie des Geistes ins Anthropologische zu wenden und sie in das Geschichtsdenken von Marx und in die existentiale Analytik des Daseins durch Heidegger zu integrieren. Dabei sah er keinen wesentlichen Unterschied zwischen der dialektischen Methode Hegels und der phänomenologischen Deskription Husserls. Zur selben Zeit machte Aron Gurvitch in Frankreich die sinnesphysiologischen Arbeiten von Adhémar Gelb und Curt Goldstein, die Phänomenologie von Husserl und die Gestalttheorie in größerem Umfang bekannt. Mit seinem Versuch einer Synthese von Husserls Phänomenologie und der Gestaltpsychologie hat er der Grundlegung der Phänomenologie durch M.-P. wesentlich vorgearbeitet.

Mitte der 30er Jahre setzt die produktive Phase der französischen Phänomenologie ein. Seine erste große Arbeit, *La Structure du Comportement* (1942; *Die Struktur des Verhaltens*), schließt M.-P. 1938 ab. Diese Untersuchungen setzen mit der Analyse des menschlichen und des tierischen Verhaltens ein. »Verhalten« wurde traditionell als Vollzug bloßer Vorstellungen durch ein »Psychisches« verstanden oder aber als das Funktionieren eines Körperdings im Sinne des Reiz-Reaktions-Schemas, wenn man an den Behaviorismus John B. Watsons oder an Iwan P. Pawlows Theorie des bedingten Reflexes denkt. M.-P. weist jetzt die Unhaltbarkeit dieser Positionen nach, indem er sich auf eine Fülle von widersprechenden Befunden aus den Forschungen von Frederik J. Buytendijk, Gelb, Goldstein, Victor von Weizsäcker u. a. beruft. »Verhalten« ist weder Ding noch Idee, seine nähere Bestimmung liegt »diesseits« einer materialen oder idealen Konzeption. »Verhalten« besteht für M.-P. in der »dialektischen« Auseinandersetzung eines gestalthaft-strukturellen Organismus mit seiner Umwelt. »Gestalt« und »Struktur« sind Begriffe, die uns auf die Welt der Wahrnehmung verweisen, mithin auf die Weise des menschlichen Lebensvollzugs, die den Ursprung aller anderen Vollzüge darstellt.

Dieses Lebensweltlich-Fundamentale ist Gegenstand der Untersuchungen in M.-P.s Hauptwerk *Phénoménologie de la perception* (1945; *Phänomenologie der Wahrnehmung*). Er zeigt, daß das »phänomenale Feld« uns nicht einfach »unmittelbar« vor Augen liegt; vielmehr verleitet uns ein Kryptomechanismus unseres Bewußtseins dazu, dieses Feld zur Objektwelt hin zu überspringen. Aufgabe der phänomenologischen Psychologie ist es daher, diesen Mechanismus zu durchschauen und das phänomenale Feld freizulegen. M.-P. versucht, eine Reflexionsebene zu gewinnen, die dem Gegensatz von Intellektualismus und Empirismus vorausliegt. Eine Reflexion zweiten Grades wendet das phänomenale Feld transzendental-philosophisch, um der Organisationsstruktur des Psychischen in vollem Umfang gerecht zu werden. Bei der Analyse des phänomenalen Leibes mißt M.-P. den gehirnpathologischen Untersuchungen von Gelb und Goldstein eine Leitfunktion zu. Er weist nach, daß das entscheidende Defizit des Kranken im Unterschied zum Gesunden nicht in einer Schwächung der »Repräsentationsfunktion«, sondern in einer Lockerung des »intentionalen Bogens« besteht, der das Funktionieren sinnlicher Wahrnehmung, Sinnlichkeit und Verstand sowie Sinnlichkeit und Körpermotorik organisiert und darüber hinaus unser Empfinden für Zeitlichkeit: Vergangenes, Gegenwärtiges, Zukünftiges und das Empfinden für unsere natürliche und kulturelle Umwelt entwirft. »Empfinden« besteht nicht in der Rezeption eines leblosen »Eindrucks«, sondern bedeutet eine »virtuelle Bewegung«, welche die Einheit der sinnlichen Erfahrung begründet. In der *Phänomenologie* hat M.-P. darüber hinaus in knappen Zügen seine Ansicht von der Erfahrung des anderen dargestellt; diesem gewichtigen Thema hat er in späteren Jahren eine Reihe von Vorlesungen gewidmet, die er an der Sorbonne und am »Collège de France« gehalten hat. Von 1952 an bis zu seinem Tod hat er an diesem Institut eine Professur für Philosophie bekleidet.

Mit Jean-Paul Sartre, dem intellektuellen Wortführer der Linken im Nachkriegsfrankreich, einte M.-P. nicht nur die geistige Herkunft aus der Phänomenologie Husserls und der Existentialanalytik Heideggers, sondern auch die gemeinsame politische Erfahrung der Résistance. 1945 gründeten die beiden die Zeitschrift *Les Temps Modernes*, philosophisch-literarisches Sammelbecken der europäischen Linken nach der Erfahrung des Faschismus. Im Zuge der Redaktion dieser einflußreichen Zeitschrift wurden zwangsläufig auch Grundfragen der philosophischen Anthropologie berührt; Spannungen zwischen Sartre und M.-P. waren die Folge. Unter dem Titel *Humanisme et terreur* (1947; *Humanismus und Terror*) veröffentlichte M.-P. eine Reihe von Aufsätzen, in denen er gegenüber dem Stalinismus und der führenden Rolle der Kommunistischen Partei eine vorsichtig abwartende Haltung einnahm. Seine in diesem Buch geäußerten Ansichten revidierte er zum Teil in *Les aventures de la dialectique* (1955; *Die Abenteuer der Dialektik*), deren letztes Kapitel eine vehemente Attacke auf Sartre enthielt – zwischen beiden kam es zum unvermeidlichen Bruch. In seinen letzten Lebensjahren versuchte M.-P., den theoretischen Ansatz seiner früheren Arbeiten weiterzuführen. Zunehmend fragwürdig wurden ihm dabei seine Auffassungen vom Primat der Wahrnehmung und vom Bewußtseinsbegriff. Leitfaden seiner Neubesinnung wurde vor allem die Zeichentheorie Ferdinand de Saussures. Von bleibender Bedeutung ist jedoch die phänomenologische Erweiterung der materialistischen Subjektivitätsauffassung.

Johnson, Galen A./Smith, Michael B. (eds.): Ontology and alterity in Merleau-Ponty. Evanston 1990. – Actualités de Merleau-Ponty. Cahiers Philosophiques, 7/1989. – Waldenfels, Bernhard: Maurice Merleau-Ponty. Inkarnierter Sinn. In: Ders.: Phänomenologie in Frankreich. Frankfurt am Main 1987, S. 142–217. – Métraux, Alexandre/Waldenfels, Bernhard (Hg.): Leibhaftige Vernunft. Spuren von Merleau-Pontys Denken. München 1986.

Friedrich Hogemann

Moore, George Edward
Geb. 4. 11. 1873 in Upper Norwood; gest. 24. 10. 1958 in Cambridge

Bezeichnend für M.s Persönlichkeit wie für sein gesamtes Schaffen ist eine Episode aus seinen ersten Studienjahren in Cambridge. Von Bertrand Russell war er zu einer Unterhaltung mit dem bekannten Philosophen John M. E. McTaggart eingeladen worden. Im Laufe des Gesprächs trug dieser seine These von der Unwirklichkeit der Zeit vor. Diese These war für M. jedoch nicht mehr als eine »monströse Behauptung«, und er legte alles darauf an, sie zu widerlegen. »Ich glaube nicht«, fährt M. fort, »daß ich sehr gut argumentierte, aber ich glaube, daß ich ziemlich hartnäckig war und eine ganze Anzahl strittiger Punkte fand, um McTaggart zu antworten.« Jedenfalls sollten Direktheit und Einfachheit der Fragen sowie Hartnäckigkeit in der Untersuchung künftig die Markenzeichen seines Philosophierens sein. – Als drittes von acht Kindern des Arztes D. Moore und seiner aus einer vornehmen Quäkerfamilie stammenden Frau Henrietta besuchte er vom achten Lebensjahr an das benachbarte Dulwich College, bevor er 1892 das Studium der alten Sprachen am Trinity College in Cambridge aufnahm. Bereits nach wenigen Jahren wechselte er auf Anraten Russells zur Philosophie über und wurde 1898 aufgrund seiner Dissertation über Kants Ethik für sechs Jahre »Fellow« des Trinity College. In diese Zeit (von 1898 bis 1904) fällt M.s wohl fruchtbarste Periode. Intensive Diskussionen mit Russell, die Gründung der »Aristotelian Society«, mannigfaltige Artikel und Rezensionen sowie die Niederschrift der *Refutation of Idealism* (1903; *Widerlegung des Idealismus*) und des Hauptwerks, der *Principia Ethica* (1903), sind hier zu nennen. Nach einem längeren Aufenthalt als Privatgelehrter in Edinburgh (von 1904 bis 1911) kehrte M. wieder nach Cambridge zurück, wo er 1925 schließlich als Nachfolger von James Ward Professor für »Mental Philosophy and Logic« wurde. Von 1921 bis 1947 gab er die Zeitschrift *Mind* heraus und war bis zu seinem Tode als Lehrer und Kritiker sehr aktiv.

Während M. in seiner ersten Schaffensperiode (von 1897 bis 1902) die verschiedensten philosophischen Positionen rasch wechselt, findet er doch ab 1903 einen eigenständigen erkenntnistheoretischen und moralphilosophischen Standort, vor allem aber einen eigenen Stil des Philosophierens. In der Auseinandersetzung mit dem Neo-Hegelianismus seiner Zeit (John Stuart Mackenzie, Thomas Hill Green) verwirft M. Systemzwang und Identitätsdenken in jeder Form. So gibt es für ihn beispielsweise keine Identität von Empfindung und Gegenstand der Empfindung. »Die Suche nach ›Einheit‹ und ›System‹ auf Kosten der Wahrheit ist ... nicht die eigentliche Aufgabe der Philosophie, mag dies auch noch so sehr allgemeine Praxis unter Philosophen gewesen sein.« Hauptaufgabe der Philosophie ist die richtige Fragestellung, welche der Klärung, wenn auch nicht unbedingt der letztendlichen Lösung der Probleme dient. M. versucht, detailliert zu beobachten und zu beschreiben, sprachliche und nichtsprachliche Gegenstände zu zerlegen sowie verworrene Theorien durch Rückgang auf den »common sense« und die Analyse der Alltagssprache zu klären. Ausgehend von einem erkenntnistheoretischen Empirismus (der allerdings auch die Wahrnehmung nichtsinnlicher Gegenstände – etwa moralischer Qualitäten – einschließt) nennt M. seine »Kunst der Scheidung, der Distinktion und der ›Isolierung‹« (Burkhard Wisser) »kritischen Rationalismus«. Die in den *Principia Ethica* entwickelte Fragemethode vermag dessen Eigenart vielleicht zu verdeutlichen. M. versucht hier, die »Grundfragen« der Ethik zu beantworten: Was bedeutet ›gut‹? Eine begründete Antwort hierauf wird verneint, weil ›gut‹ eine einfache, nicht weiter analysierbare Qualität ist. – Welche Dinge sind ›gut an sich‹, so daß sie ›um ihrer selbst willen‹ existieren sollten? Hier ist eine Antwort möglich, insofern wir mittels in sich evidenter, intuitiv einleuchtender Urteile erfassen können, welche Dinge an sich gut sind. – Welche Handlungen, als Mittel zum Guten, sollen wir tun? Diese Frage sucht M. mit äußerst akribischen Unterscheidungen von ›Werten‹ menschlichen Verhaltens zu beantworten.

Bedeutsam ist M.s Wirken, insofern er neben Bertrand Russell als Mitbegründer und Wegbereiter der sprachanalytischen Philosophie zu nennen ist. Lange vor Wittgenstein legt er bereits alles Gewicht der philosophischen Untersuchung auf die reine Problemanalyse, auf das Bemühen, »Irrtümer und Zweideutigkeiten aufzuspüren und bloßzulegen und Alternativen zu formulieren« (Charlie Dunbar Broad). Sein Einfluß auf die zeitgenössische angelsächsische Philosophie (Charlie Dunbar Broad, Harold A. Prichard, William David Ross), auf Ansätze insbesondere eines »ethischen Intuitionismus«, ist außerordentlich stark. Hier liegt allerdings auch ein Problem von M.s Philosophie. Das intuitive Erfassen der ganzheitlichen Gutheit eines Gegenstandes führt in neue philosophische Probleme. Zu nennen wären etwa der Subjektivismus (Problem der Entscheidungsfindung) und der Relativismus (Problem der Unterscheidung zwischen ›richtigen‹ Intuitionen und Scheinintuitionen).

Boldwin, Thomas: Geroge Edward Moore. London 1990. – Warnock, Geoffrey James: Englische Philosophie im 20. Jahrhundert. Stuttgart 1971. – Bubner, Rüdiger (Hg.): Sprache und Analysis. Texte zur englischen Philosophie der Gegenwart. Göttingen 1968. – Schilpp, Paul Arthur (ed.): The Philosophy of George Edward Moore. New York ²1952.

Axel Wüstehube

Morris, Charles William
Geb. 23. 5.1901 in Denver/Colorado; gest. 15. 1. 1979 in Gainesville/Florida

Die Entscheidung, sich der Wert- und Zeichentheorie zu widmen, traf M. Ende der 30er Jahre, als er eines Abends auf László Moholy-Nagy wartete. Moholy-Nagy, zusammen mit Walter Gropius am Bauhaus tätig, aber seit der Machtübernahme Hitlers 1933 in London lebend, wurde 1937 als Leiter an das »Neue Bauhaus« in Chicago berufen. Von der »Unity of Science«-Gruppe an der dortigen Universität holte er sich einige Professoren, darunter M., der mehrere Jahre unentgeltlich an der neuen Kunstschule unterrichtete. Bereits seit einigen Jahren arbeitete M. mit den ebenfalls im Exil lebenden Vertretern des Logischen Positivismus Rudolf Carnap, Otto Neurath und Philip Frank am »Unified Science«-Projekt zusammen. Diese doppelte Berührung mit der europäischen Kunst und Philosophie prägte zwei grundlegende Arbeiten von M.: die in der *International Encyclopedia of Unified Science* erschienenen *Foundations of the Theory of Signs* (1938; *Grundlagen der Zeichentheorie*) und die im *Journal of Unified Science* veröffentlichten *Aesthetics and the Theory of Signs* (1939; *Ästhetik und Zeichentheorie*). Beide Schriften tragen die Spuren dieser Berührung mit der sprachanalytischen Tradition des Logischen Positivismus sowie mit den theoretischen Reflexionen der europäischen Kunstszene. Die Wurzeln seiner Wendung zur Semiotik und Werttheorie liegen aber auch im amerikanischen Pragmatismus, der in Neuengland um die Mitte des 19. Jahrhunderts aus einer Mischung von Elementen des deutschen Idealismus, des englischen Empirismus und des amerikanischen Transzendentalismus entstanden war. Als Begründer dieser neuen Richtung innerhalb der Philosophie gilt vor allem Charles Sanders Peirce, dessen Arbeiten über Logik und Semiotik grundlegend für die Entwicklung der Semiotik als einer eigenständigen Disziplin wurden. Als dann John Dewey, der Peirce aus der Zeit an der Johns Hopkins University kannte, 1894 an die neue Universität von Chicago ging, brachte er George Herbert Mead und eine Reihe jüngerer, mit dem Pragmatismus vertrauter Wissenschaftler mit (A. W. Webster, James H. Tufts, Edward S. Ames). Mit der Begründung dieser »Chicagoer Schule« setzte die zweite Etappe des amerikanischen Pragmatismus ein.

M., der sein Grundstudium an der Universität von Wisconsin und der Northwestern Universität (Evanston) absolvierte, ging 1922 nach Chicago, um bei Mead zu studieren. Aus ihrer Zusammenarbeit ging die Studie *Symbolism and Reality* (1925; *Symbolik und Realität*) hervor, die vor allem auf der Arbeit von Peirce über symbolische Sprache und Meads Theorie des symbolischen Interaktionismus basiert. Bereits hier kommt der wissenschaftliche Behaviorismus, der auch die spätere Arbeit von M. über Semiotik kennzeichnen wird, zum Ausdruck. Nach der Promotion (1925) unterrichtete M. einige Jahre an der Rice University in Houston. In *Neopragmatism and the Possibility of Knowledge* (1928) setzt er sich mit der aus seiner Sicht idealistischen Reduktion des Pragmatismus durch William James auseinander. M. bemühte sich um eine Erneuerung des Pragmatismus durch das Weiterdenken der Theorien von Peirce, James, Dewey und Mead. Um der perspektivischen Betrachtung der Realität als der Relativität von wahrgenommenem Objekt und Beobachter gerecht zu werden, entwickelte er ein Modell, das die Relation symbolischer und nichtsymbolischer Ereignisse adäquat erfassen kann. Dabei stand vor allem die Erfahrung als Kategorie im Vordergrund: »1. Geist, Denken, Erkenntnis und Wahrheit sind Funktionen der Erfahrung und vollkommen mit Hilfe erfahrungsmäßiger Termini beschreibbar; 2. Der Reflektionsprozeß ist, wie er erfahren wird, immer verbunden mit und eine Funktion von Verhaltensproblemen; 3. Erfahrung selbst ist der endgültige Referent des Terminus ›real‹.«

Als M. 1931 an die Universität von Chicago zurückkehrte, zog er in das Büro des verstorbenen Mead, wo er eine große Zahl unveröffentlichter Manuskripte vorfand. Daraus entstanden zwei Sammelbände, die Meads Ruf begründeten: *Mind, Self and Society* (1934; *Geist, Identität und Gesellschaft*) und *The Philosophy of the Act* (1938). 1932 veröffentlichte M. *Six Theories of Mind*, die nicht nur die Vielfalt seines eigenen intellektuellen Hintergrunds, sondern auch die im Meadschen Sinn perspektivische Vielfalt der möglichen Relationen zwischen Beobachter und Objekt zu voller Geltung bringen. Er gilt inzwischen als Nachfolger Meads, doch löste er sich im Lauf der 30er Jahre allmählich von diesem Erbe. Auf dem ersten internationalen Kongreß über die Einheit der Wissenschaft, der 1935 an der Sorbonne stattfand, lernte M. die im Exil lebenden Mitglieder des Wiener Kreises, Rudolf Carnap, Otto Neurath und Philip Frank kennen. Er nahm jetzt regelmäßig an Kongressen in Europa teil. Beim dritten Kongreß 1937 wurde die *International Encyclopedia of Unified Science* mit Carnap, Neurath und M. als Herausgeber gegründet. Eine Sammlung von Vorträgen aus diesen Jahren *(Logical Positivism, Pragmatism and Scientific Empiricism*, 1937) dokumentiert deutlich die Berührung mit den Vertretern des Positivismus. Vor allem in den beiden Beiträgen *The Concept of Meaning in Pragmatism and logical Positivism* und *Semiotic and Scientific Empiricism* strebte er eine Synthese von logischem Positivismus, wissenschaftlichem Empirismus und Pragmatismus an. In *Scientific Empiricism* (1938), seinem Beitrag zum ersten Band der *Encyclopedia*, bezeichnet er diese drei Komponenten als »radikalen Empirismus«, »methodologischen Rationalismus« und »kritischen Pragmatismus«. Diese Arbeiten greifen besonders auf Peirce zurück, der die Wissenschaften neu zu konzipieren versucht hatte, indem er den logischen Charakter des wissenschaftlichen Denkens untersuchte. Vor allem die Logik und die Semiotik sollten die Einheit der Wissenschaft auf neuer Basis gewährleisten. Ausgehend von der Peirceschen Semiotikauffassung versuchte M. 1938 in der *Foundations*-Abhandlung, die Semiotik als übergreifende Wissenschaft der Zeichenverwendung zu etablieren. Der berühmteste, aber nicht gänzlich unproblematische Aspekt seiner Semiotik ist die Unterscheidung zwischen Syntax, Semantik und Pragmatik, die die Linguistik der letzten fünfzig Jahre entscheidend beeinflußt hat. Während die Syntax die Beziehung zwischen den Signifikanten und nicht im Saussureschen Sinne zwischen Zeichen behandelt, geht es bei der Semantik um »die Beziehung der Zeichen zu ihren Designaten und darum zu den Objekten, die sie notieren oder denotieren können«, jedoch ohne die Interpreten miteinzubeziehen. Als Pragmatik – der wohl wichtigste Teil des semiotischen Modells – bezeichnet M. »die Wissenschaft von der Beziehung der Zeichen zu ihren Interpreten«. Eine pragmatische Zeichenverwendung, die sowohl die Syntax (Beziehung der Zeichen untereinander) als auch die Semantik (Beziehung der Zeichen zu den Objekten) voraussetzt, bindet M. aber immer an Verhalten zurück. In *Aesthetics and the Theory of Signs* wendet M. die Semiotik auf die Kunst an als »ästhetische Semiotik«. Grundlegend ist seine Bestimmung des ästhetischen Zeichens als »ikonisch«: »Die semantische Regel für den Gebrauch eines ikonischen Zeichens besteht darin, daß es jeden Gegenstand denotiert, der dieselben Eigenschaften aufweist wie es selbst ...; mit anderen Worten, zu den Denotaten eines ikonischen Zeichens gehört der eigene Zeichenträger.« Die Kritik an dieser Auffassung des ästhetischen Zeichens als Ikon, wie sie beispielsweise durch Umberto Eco oder Wolfgang Iser geübt wird, bezieht sich auf seine Verwechslung des dargestellten Gegenstandes mit den Vorstellungs- und Wahrnehmungsmodellen des Gegenstands. Zu Recht behauptet M. aber, daß ästhetische Zeichen sowohl referentiell als auch selbstreferentiell sind.

In den 40er und 50er Jahren wird er zunehmend vom amerikanischen Behaviorismus (James Watson, Burrhus Frederic Skinner) geprägt. Auch in seiner Arbeit über Werttheorie (»Axiologie«) kommt dieser Einfluß deutlich zum Ausdruck. In *Paths of Light: Preface to a World Religion* (1942) interpretiert M. religiöse Ansichten und ethische Systeme, indem er drei Wertbereiche aufstellt und sieben mögliche Werttypen in Hinblick auf diese Wertbereiche analysiert. In *Varieties of Human Values* (1956) tritt die empiristische, behavioristische Grundlage einer fast sozialwissenschaftlichen Vorgehensweise noch stärker hervor. Sein zweiter wichtiger Beitrag zur Semiotik, *Signs, Language and Behavior* (1946; *Zeichen, Sprache und Verhalten*), den er selbst als »behavioristische Semiotik« bezeichnet, spiegelt diese Einstellung ebenfalls wider. Die Pragmatik beschreibt M. jetzt »als den Teil der Semiotik, der sich mit dem Ursprung, der Verwendung und den Wirkungen der Zeichen im jeweiligen Verhalten beschäftigt«. Diese Ausdehnung der Pragmatik und der Semiotik in Richtung einer behavioristisch orientierten Kommunikationswissenschaft geht über das Zeichen- und Semiotikverständnis von Peirce weit hinaus. Hier werden Begriffe wie »Diskurs« und »Diskurstyp« auf eine neue Weise verwendet, die es erlaubt, Denk- und Redeweisen als kommunikative, praxisbezogene Verhaltensweisen zu betrachten. M. nimmt so auf die spätere Entwicklung der Diskurslinguistik und der soziologisch orientierten Konversationsanalyse großen Einfluß. Was den poststrukturalistischen Diskursbegriff (Jacques Lacan, Michel Foucault, Jacques Derrida) anbelangt, sind zwar einige Ähnlichkeiten vorhanden; während es M. aber darum ging, den Diskurs nach bestimmten Kriterien in verschiedene Typen zu unterteilen, betonen etwa Lacan oder Foucault die Rolle des Unbewußten oder der Diskontinuität im Diskurs. Die pragmatisch orientierte Semiotik von M. wurde bald durch die »Philosophie der normalen Sprache« (George Edward Moore, dem späten Wittgenstein) und der Sprechakttheorie (John L. Austin, John R. Searle) theoretisch gestärkt. Im Anschluß an diese Theorien untersuchte man Zeichen zunehmend im Kontext ihres Gebrauchs, also in bezug auf ihre Wirkung und situationsabhängigen Faktoren.

In den 60er Jahren wechselte M. an die Universität von Florida in Gainsville, wo er sich hauptsächlich der Forschung widmete. Resümierend schreibt er in dieser Zeit über die Frühgeschichte des amerikanischen Pragmatismus: *The Pragmatic Movement in American Philosophy* (1970) bietet einen historischen Überblick über diese wichtige Phase der amerikanischen Philosophie. Die »handlungsmäßige Theorie von Zeichen« bezeichnet M. als »das zentrale, vereinigende Prinzip der pragmatischen Bewegung und einer ihrer ursprünglichsten Beiträge«. *Signification and Significance. A Study of the Relations of Signs and Values* (1964; *Bezeichnung und Bedeutung. Eine Untersuchung der Relationen von Zeichen und Werten*), seine dritte und letzte wichtige Arbeit über Semiotik, berücksichtigt neuere Entwicklungen auf mehreren Gebieten. Der Zeichenprozeß wird jetzt als »fünfstellige Relation« beschrieben, in der Zeichen, Interpreten, Interpretanten, Bezeichnungen und Kontexte eine Rolle spielen. Obwohl der Kontext-Begriff noch unspezifisch bleibt, betont er jetzt die wirkungsästhetische Dimension des Zeichenprozesses, die er durch Begriffe wie »Erwartung« und »Disposition« zu beschreiben versucht. M. will also Zeichen nicht definieren, sondern lediglich die Bedingungen für das Erkennen von Zeichen aufstellen.

Trabant, Jürgen: Elemente der Semiotik. München 1976. – Eschbach, Achim (Hg.): Zeichen, Wert, Ästhetik. Frankfurt am Main 1975. – Apel, Karl-Otto: Sprache und Wahrheit in der gegenwärtigen Situation der Philosophie. Eine Betrachtung anläßlich der Vollendung der neopositivistischen Sprachphilosophie in der Semiotik von Charles Morris.

In: Transformation der Philosophie I (Sprachanalytik, Semiotik, Hermeneutik). Frankfurt am Main 1973.

Steven Gillies

Natorp, Paul
Geb. 24. 1. 1854 in Düsseldorf; gest. 17. 8. 1924 in Marburg

N. wurde als Sohn eines protestantischen Pfarrers geboren. Nach Studien der Geschichte und der alten Sprachen, aber auch der Philosophie, der Mathematik und der Naturwissenschaften in Berlin, Bonn und Straßburg, die er 1876 mit einer lateinisch geschriebenen Dissertation über ein historisches Thema abschloß, war er zunächst für kurze Zeit als Hauslehrer u. a. in Worms tätig. Von der Kantinterpretation Hermann Cohens angezogen, übersiedelte er zu Beginn der 80er Jahre nach Marburg, wo er trotz mehrerer Berufungen an andere Universitäten bis zu seinem Tode 1924 blieb. Nachdem er sich 1881 über Descartes' Erkenntnistheorie habilitiert hatte, wurde N. 1885 zum Extraordinarius und schließlich 1893 zum Ordinarius für Philosophie und Pädagogik ernannt. Dadurch traten neben erkenntnistheoretischen Fragen stärker Fragen der praktischen Philosophie in seinen Blick. So legte er 1899 den Entwurf einer *Sozialpädagogik* vor. Wie deren Untertitel *Theorie der Willenserziehung auf der Grundlage der Gemeinschaft* deutlich macht, sieht er die wichtigste Aufgabe der Erziehung in der Willenserziehung, soweit diese durch das Leben der Gemeinschaft bedingt ist und gleichzeitig auf die Gemeinschaft zurückwirkt. Außerdem griff N. mit einer Fülle von Beiträgen in die aktuellen pädagogischen und politischen Auseinandersetzungen seiner Zeit ein.

1903 erschien nach 15jähriger Vorarbeit N.s philosophiegeschichtliches Hauptwerk über *Platons Ideenlehre*, in dem er die These vertrat, die platonische Idee müsse vom Gesetzesbegriff der neuzeitlichen Naturwissenschaft her verstanden werden. 1910 schließen sich *Die logischen Grundlagen der exakten Wissenschaften* an, eine »auf der transzendentalen Logik Kants fußende, gegen die formallogische Rekonstruktion der Mathematik abgehobene Theorie des erkennenden Denkens« (Helmut Holzhey). 1911 folgte die Schrift *Die Philosophie. Ihr Problem und ihre Probleme*, eine leicht faßliche Darstellung der Grundpositionen des Marburger Neukantianismus, die allerdings innerhalb der Denkentwicklung N.s den Charakter einer Übergangsschrift hat. Denn bereits in *Allgemeine Psychologie nach kritischer Methode* aus dem Jahre 1912 betont N., die Aufgabe der Philosophie könne sich nicht darin erschöpfen, die transzendentale Konstitution der Objektwissenschaften aufzuhellen. Neben dieser Objektivierungsrichtung gelte es, auch die Subjektivierungsrichtung zu verfolgen, um die Unmittelbarkeit des Erlebens rekonstruktiv freizulegen.

Im Zentrum seiner Spätphilosophie, für die vor allem die *Vorlesungen über praktische Philosophie* (1925) und die posthum erschienene *Philosophische Systematik* (1958) einschlägig sind, steht das Bemühen um eine Neukonzeption der Kategorienlehre. N. geht konkret von einem geschlossenen System von Grundkategorien aus, das als Fundament für den Aufbau eines offenen Systems der Kategorien dienen soll. Abweichend von Kant ist N.s System der Grundkategorien insofern aufgebaut, als er mit den Modalitätskategorien Möglichkeit, Wirklichkeit und Notwendigkeit beginnt und in der dritten Kategoriengruppe Quantität, Qualität und die Anschauungsformen von Raum und Zeit unterbringt, während die zweite Kategoriengruppe (Substanz, Kausation und Wechselwirkung) der ursprünglichen Kantischen Disposition entspricht. Die Abfolge der Kategorien im Bereich der einzelnen Kategoriengruppen erfolgt jeweils nach dem Schema Allgemeinheit, Verbesonderung und Individualität. Dieses Schema gilt gleichermaßen für die Gegenstandskonstitution in der theoretischen, praktischen und poietischen Sphäre. Entscheidend für N.s Spätphilosophie ist die Einsicht, daß der Prozeß kategorialer Bestimmung die Hinnahme des noch gänzlich unbestimmten Urfaktums des ›Es ist‹ voraussetzt und in der Bestimmung des Individuellen als des konkreten gegenständlichen Seienden terminiert.

Lembeck, Karl H.: Platon in Marburg. Würzburg 1994. – Jegelka, Norbert: Paul Natorp. Würzburg 1992. – Holzhey, Helmut: Cohen und Natorp. Basel 1986

Hans-Ludwig Ollig

Needham, Noël Joseph
Geb. 9. 12. 1900 in London; gest. 24. 3. 1995 in Cambridge

Wie kein anderer hat sich N. um die Entdeckung der Geschichte chinesischer Wissenschaft und Technik verdient gemacht. Angeregt durch seinen Kontakt mit chinesischen Wissenschaftlern begann der studierte Biochemiker 1936, sich mit der chinesischen Kultur zu beschäftigen. Dieses Interesse an einer fremden Kultur wurde zur Lebensaufgabe und mündete in dem mehrbändigen Hauptwerk *Science and Civilisation in China* (ab 1954; *Geschichte und Zivilisation in China*), das er in Zusammenarbeit mit vor allem Wang Ling, Lu Gwei-Djen, Ho Ping-Yu schrieb. N.s Veröffentlichungen zu diesem Thema haben nicht nur dem westlichen Leser ein neues Bild der chinesischen Kulturgeschichte, sondern auch vielen Chinesen ein tieferes Verständnis ihrer eigenen Tradition vermittelt.

N., der in einer durch Wissenschaft und Musik geprägten Familie aufwuchs, studierte Biologie an der Universität Cambridge, wechselte aber nach einigen Jahren auf das noch junge Fach der Biochemie über. Er wurde Schüler von

Frederick G. Hopkins, der 1929 den Nobelpreis für Medizin erhielt. N.s wissenschaftliche Arbeiten galten anfangs vor allem der Biochemie und Embryologie: *Chemical Embryology* (1931) und *Biochemistry and Morphogenesis* (1942). Doch schlägt sich die Neigung zur Wissenschaftsgeschichte in seiner *A History of Embryologie* (1934) bereits sehr früh nieder. In seinen ersten wissenschaftsphilosophischen Veröffentlichungen vertritt N. eine mechanistische Auffassung der Biologie. Aus dem Streit zwischen Vitalisten und Mechanisten, der in den 20er Jahren besonders heftig ausgetragen wurde, ging N.s *Man a Machine* (1927) hervor. In den *Terry Vorlesungen*, die N. an der Yale University hielt und die als *Order and Life* (1935) erschienen, wird der Zusammenhang zwischen molekularen Strukturen und der Ordnung und Organisation des Lebens untersucht. So bedingt für ihn das biochemische Substrat die biologischen Strukturen und die komplexe Organisation der Lebewesen.

N.s größtes Verdienst beruht zweifellos auf seinem Studium der chinesischen Wissenschafts- und Technikgeschichte. In einem späten, in *The Great Titration* (1969) enthaltenen Aufsatz *Science and Society in East and West* beschreibt er die zwei Leitfragen seiner Beschäftigung mit der chinesischen Wissenschaftsgeschichte: »Warum hat sich die moderne Wissenschaft nur in Europa und nicht auch in China oder Indien entwickelt?«, und: »Warum ist die Zivilisation der Chinesen zwischen dem 1. Jahrhundert v.Chr. und dem 15. Jahrhundert n.Chr. in der Nutzung des menschlichen Wissens von der Natur für die praktischen menschlichen Bedürfnisse sehr viel erfolgreicher als der Westen gewesen?« Aus diesen Fragestellungen wird ersichtlich, inwieweit N. die Entwicklung der Wissenschaften im Westen als Vergleichsmaßstab bei seiner Untersuchung der chinesischen Wissenschaftsgeschichte heranzieht. Durch eine systematische Erforschung aller ihrer Bereiche gelang es ihm, das Entstehen einer modernen Wissenschaft auf traditionellem Boden zu schildern. Besonders intensiv hat sich N. mit dem Zeitbegriff bzw. der Zeitmessung in China und im Osten sowie mit der Geschichte der chinesischen Medizin (vor allem im Hinblick auf ihre kulturelle Verankerung) beschäftigt. Das erste Buch *Chinese Science* erscheint 1945. Ihm ging aber eine Reihe von Aufsätzen voraus, die viele Jahre später in Sammelbänden nochmals gedruckt wurden: *Clerks and Craftsmen in China and the West* (1969) und *Moulds of Understanding* (1976). Das Hauptwerk *Science and Civilization in China* spiegelt vollständig N.s Auffassung von universaler Wissenschaft wider. Nur auf der Grundlage einer gesamtkulturellen Sicht kann die Entwicklung der Wissenschaften und der Technik ausreichend erklärt werden. Zeitlebens am Caius College in Cambridge tätig, war N. zudem einer der ersten Unesco-Direktoren und engagierte sich als Teilnehmer an Friedensinitiativen.

Spengler, Tilman (Hg.): Einleitung zu Joseph Needham. Wissenschaftlicher Universalismus. Über Bedeutung und Besonderheit der chinesischen Wissenschaft. Frankfurt am Main 1977. – Holorenshaws, Henry: The Making of an Honorary Taoist. In: M. Teich und R. Young (Hg.): Changing Perspectives in the History of Science. London 1973.

Steven Gillies

Nelson, Leonard
Geb. 11. 7. 1882 in Berlin; gest. 29. 10. 1927 in Göttingen

Der Göttinger Philosoph und Mathematiker N. nimmt unter den Philosophen in Deutschland eine Sonderstellung ein. In gewisser Weise war er sogar ein Außenseiter. Er hat in einer Zeit an der wissenschaftlich exakten Grundlegung einer praktischen Philosophie gearbeitet, als dieses Projekt von der Fachphilosophie nahezu abgeschrieben war. Und er hat höchstpersönlich die politischen Organisationen gegründet, die er für geeignet hielt, die Ergebnisse seiner praktischen Philosophie in die Praxis umzusetzen. Das gesamte Leben, theoretische Wirken und politische Handeln N.s stand unter der Leitidee »Konsequenz«. Sowohl die Entwicklung seiner Philosophie von ihren ersten Anfängen bis zum reifen Werk wie die Wege und Schritte ihrer Umsetzung sind von einer einzigartigen Folgerichtigkeit und Geradlinigkeit, die ihresgleichen sucht. Dieser unbedingten Konsequenz im Denken und Handeln entstammen zugleich die Größe und die Grenze des Wirkens dieses herausragenden Philosophen.

N.s Vater war jüdischer Rechtsanwalt mit weitverzweigten Kontakten im Berliner Kultur- und Geistesleben jener Zeit. Noch vor der Aufnahme seines Studiums der Mathematik und Philosophie an den Universitäten Berlin, Heidelberg und Göttingen lernte N. die Arbeiten von Jakob Friedrich Fries und Ernst Friedrich Apelt kennen, welche die kritische Philosophie Kants als gültig vorausgesetzt und ihre Begründung auf der Basis einer psychologischen Deutung weiterentwickelt hatten. N. war von Anfang an vor allem an der praktischen Philosophie interessiert und wollte eine verbindliche Ethik wissenschaftlich erarbeiten und nach den strengen Maßstäben mathematisch-naturwissenschaftlicher Beweisführung begründen. Ihm ging es dabei gleichermaßen um die Überwindung der Beliebigkeit des moralischen Dogmatismus wie des ethischen Nihilismus in einer Zeit, die einer verläßlichen Orientierung des Handelns dringend bedurfte. In der Philosophie seiner Zeit konnte er dafür kein diskussionsfähiges Angebot entdecken. Den Vorsatz zur Erarbeitung einer wissenschaftlichen Ethik auf der Grundlage der in der Kantischen Tradition entwickelten kritischen Methode hat er bereits vor Beginn seine Studiums gefaßt. Er setzte ihn nun während des Studiums und in seiner Zeit als außerordentlicher Professor für Philosophie und Mathematik an der Universität Göttingen seit 1919 Zug um Zug in die Tat um.

Zunächst gründete er mit Schülern und Freunden die Jacob-Friedrich-Fries-Gesellschaft und gab eine »Neue Folge« der »Abhandlungen der Friesschen Schule« heraus, um diese Arbeiten für die beabsichtigte Neubegründung der Kritischen Philosophie fruchtbar zu machen. In drei großen Werken, die in einer bei deutschen Philosophen höchst raren klaren, strengen und schönen Sprache verfaßt sind, deren Einfachheit mit der Tiefe der Gedankenführung reizvoll kontrastiert, präsentiert er seine eigene Philosophie. 1917, inmitten des Chaos und der Unsicherheit des Ersten Weltkrieges, veröffentlicht N. seine *Kritik der praktischen Vernunft*. In ihr entfaltet er auf der Grundlage der kritischen Methode eine Ethik, deren Kern in der Abwägungsregel besteht: »Handle nie so, daß Du nicht auch in Deine Handlungsweise einwilligen könntest, wenn die Interessen der von Dir Betroffenen auch Deine eigenen wären.« Mit diesem Abwägungsgesetz, als universellem Sittengesetz, greift er der in der gegenwärtigen Ethik vorherrschenden Idee einer praktischen Beratung der Betroffenen als Lösungsweg für die ethischen Probleme bzw. der kommunikativen Ethik in bemerkenswerter Weise vor. Obgleich N. das Dialogprinzip durch seine Neubegründung der sokratischen Methode als Erkenntnisweg unter anderem praktischer Wahrheiten eingeführt hat, hat er als verbindliches Begründungsprinzip der mit der kritischen Methode gewonnenen ethischen Erkenntnisse doch einem anderen Verfahren den Vorzug gegeben. Er nahm an, daß die kritische Methode auf ethische Grunderkenntnisse als ursprünglich dunklen unmittelbaren Erkenntnissen im menschlichen Bewußtsein zurückführt, deren Gewißheit durch ein empirisch-psychologisches Begründungsverfahren aufgewiesen werden kann. Dieses Verfahren hat zu N.s philosophiegeschichtlicher Einordnung in den »Psychologismus« geführt. Auch wenn N. selbst auf dieses Spezifikum seiner Ethik hohen Wert legte, würden doch die kritische Methode, das sokratische Gespräch und das Abwägungsgesetz noch immer eine diskussionswürdige ethische Theorie bilden, wenn die psychologische Deduktion außer Betracht bliebe. Bemerkenswert an der N.schen Ethik ist nicht nur, daß er in seinem 1924 erschienenen zweiten Hauptwerk, *System der philosophischen Rechtslehre und Politik*, die politischen Konsequenzen zog und die Grundsätze eines liberalen Sozialismus entwickelte, der das Sittengesetz zum verbindlichen Recht für jedermann machen sollte. N. hat auch eine in jüngster Zeit wieder zu theoretischen Ehren gekommene Theorie vom Recht der Tiere entwickelt, der zufolge die Tiere, weil sie wie der Mensch leidensfähig sind, gleichberechtigte Rechtssubjekte sind, auch wenn sie niemals ihrerseits Pflichtsubjekte sein können. Auch in dieser Frage war N. höchst konsequent. Mitglied in der später von ihm gegründeten sozialistischen Partei konnte nur werden, wer neben anderen in dieser Ethik begründeten Einschränkungen in der privaten Lebensführung auch die Selbstverpflichtung zu einer strikt vegetarischen Ernährung auf sich nahm.

N.s politische Theorie zielte auf eine Herrschaft des Rechts, die Staat, Wirtschaft und Gesellschaft so organisiert, daß die gleiche Freiheit aller umfassend garantiert ist. Seine Ethik verstand sich nicht als ein Rigorismus, weil der Formalismus des Abwägungsgesetzes ja gerade voraussetzt, daß die materiellen Ziele des Handelns aus der Fülle des gelebten Lebens, den individuellen Glücksansprüchen des Einzelnen kommen. Der Ethik und der politischen Organisation der Gesellschaft obliegt es, für den Fall des Widerstreits der Interessen und Glücksansprüche der Einzelnen eine gerechte Regel des Ausgleichs zur Verfügung zu stellen.

Schließlich hat N. in seinem dritten Hauptwerk, dem *System der philo-*

sophischen Ethik und Pädagogik (1932), die Grundlagen einer Pädagogik vorgelegt, die Menschen zu einem Handeln im Sinne des Sittengesetzes aus eigener Einsicht und eigenem Verantwortungsbewußtsein befähigen soll. Ihm ging es um ein vernünftig selbstbestimmtes Leben und um eine Pädagogik, die den Respekt vor der Würde des anderen durch die Chance der Erfahrung der eigenen Würde vermitteln sollte. N. folgte bei alldem seiner grundlegenden Idee, daß eine gerechte Gesellschaft ohne Menschen, die in ihrem eigenen Handeln die Einsicht in das Sittengesetz und das Interesse an gerechten Lebensverhältnissen verkörpern, nicht möglich wäre.

Bereits am Ende des Ersten Weltkrieges hat N. eine politische Organisation, den Internationalen Jugendbund (IJB), gegründet, um die praktischen Wahrheiten, auf deren Begründung er Anspruch erhob, konsequent in die Praxis umzusetzen. Der IJB war den beiden Zielen gewidmet, Menschen, damals vor allem Mitglieder der Jugendbewegung, im Geiste der praktischen Ethik und des Sozialismus zu erziehen und sie zur politischen Mitarbeit in den Organisationen der Arbeiterbewegung zu veranlassen. N., ursprünglich mit liberalen Kreisen verbunden, war zu dieser Zeit zur Überzeugung gekommen, daß eine Gesellschaft des Rechts nur von der Sozialistischen Arbeiterbewegung erkämpft werden könne. Deshalb verband er die Realisierung seines philosophischen Projektes mit den Kämpfen der tatsächlichen Organisationen der Arbeiterbewegung. Anfänglich arbeiteten die Mitglieder der IJB je nach eigener Entscheidung in der MSPD, USPD und KPD mit. Nach der Wiedervereinigung der beiden sozialistischen Parteien 1922 konzentrierte sich die Arbeit auf die SPD. Wegen ihrer radikal antiklerikalen Haltung kam die Gruppe bald mit der kirchenfreundlicheren Politik der SPD in Konflikt. Die IJB-Mitglieder wurden 1925 mit einer Begründung, die auf die hierarchischen Strukturen der Organisation zielte, aus der SPD ausgeschlossen. Tatsächlich hatte N. seinen Bund nach dem Führer-Prinzip organisiert, das eigentlich aus seiner praktischen Philosophie kaum folgte. Er hatte es aus Begeisterung über die Selbstlosigkeit und Konsequenz der Partei Lenins übernommen. Er wollte auch das für Recht erkannte nicht wieder zur Disposition eines opportunistischen Pluralismus stellen. Nach dem Ausschluß aus der SPD begründete N. mit seinen Anhängern eine eigene sozialistische Partei, den Internationalen Sozialistischen Kampfbund (ISK). Auch seine pädagogischen Gedanken hat N. nach eigenem Anspruch konsequent in die Praxis umgesetzt. Er gründete eine eigene Reformschule, das Landerziehungsheim »Walkemühle« in der Nähe von Kassel, das von Minna Specht geleitet wurde. Pädagogen, die seiner Theorie treu ergeben waren, erzogen Kinder im Geiste der kritischen Pädagogik und Erwachsene, um sie zur Übernahme von Führungsfunktionen im politischen Leben zu befähigen. Die Gründung einer »Philosophisch-Politischen Akademie« zur gleichen Zeit diente der Heranbildung von Erziehern und Politikern im Sinne der Prinzipien und Ziele der kritischen Philosophie, aber ebenso zur Weiterentwicklung der kritischen Philosophie und der Sicherstellung einer wissenschaftlich fundierten theoretischen Basis für das praktische Handeln der politischen Partei. Im Rückblick erscheinen das theoretische Werk, die praktisch-pädagogische und politische

Leistung dieses Philosophen angesichts der kurzen Lebensspanne, die ihm vergönnt war, erstaunenswürdig. Vielleicht sagt die Tatsache, daß nach seinem Tod die Mitglieder der von ihm gegründeten Partei zusammen geblieben sind und in der Abwehr des heraufziehenden Nationalsozialismus und später im leidenschaftlichen Kampf gegen die faschistische Barbarei fast geschlossen ihr Leben eingesetzt haben, mehr über die Leistung N.s aus als irgendein Ereignis seines Lebens. Über einige seiner Schüler, unter ihnen vor allem Willi Eichler, ist die Lehre N.s und auch ein Teil des Geistes des von ihm begründeten ethischen Sozialismus in die Sozialdemokratische Partei eingedrungen und hat im Godesberger Programm der SPD von 1959 einen unübersehbaren Niederschlag gefunden.

Kleinknecht, Reinhard/Neisser, Barbara (Hg.): Leonard Nelson in der Diskussion. Frankfurt am Main 1994. – Leonard Nelson, Ein Bild seines Lebens und Wirkens. Aus seinen Werken zusammengefügt und erläutert von Willi Eichler und Martin Hart in Gemeinschaft mit anderen seiner Freunde. Paris 1938.

Thomas Meyer

Ortega y Gasset, José
Geb. 9. 5. 1883 in Madrid; gest. 18. 10. 1955 in Madrid

Er sei wie die Elster, welche niemals an derselben Stelle einen Schrei ausstoße, wo sie ihre Eier legt. Kaum einer hat die schillernde Persönlichkeit des spanischen Philosophen O. treffender gefaßt als der falangistische Schriftsteller E. G. Caballero. Wenn noch heute, mehr als 30 Jahre nach seinem Tod, O.s ideologische Haltung umstritten ist, so gilt dies nicht minder auch für seine philosophische Bedeutung. Während O.s Schüler zumeist überzeugt sind, die moderne Philosophie verdanke ihrem Meister neben der endgültigen Lösung des Dilemmas von Idealismus und Skeptizismus (im ›Perspektivismus‹) sowie von Rationalismus und Lebensphilosophie (im ›Ratiovitalismus‹) zugleich auch die Vorwegnahme des Existenzialismus (13 Jahre vor Heidegger), wollen kritischere Stimmen zwar die überragende Bedeutung des Lehrers, Vermittlers und Popularisierers O., nicht aber seine grundsätzliche philosophische Originalität anerkennen. – Die berechtigte Warnung, man solle die Persönlichkeit O.s nicht mit seiner Philosophie verwechseln, ist freilich bei einem Autor nur schwer zu befolgen, der das Denken als notwendige Vitalfunktion, als Form der Aneignung und Beeinflussung seiner unmittelbaren spanischen Lebenswelt (»circunstancia«) und nicht als Beitrag zu einer abstrakten philosophischen Kultur auffaßte. Die Bandbreite seines Denkens reicht, neben rein politischen Aufsätzen und Reden, von der Erkenntnistheorie über Ethik, Sozialphilosophie, Soziologie, Geschichtsschreibung und Völkerpsychologie bis hin zu Kunst-, Musik- und Literaturkritik. Oft aus

Gelegenheitsarbeiten hervorgegangen, sind die meisten Schriften O.s von dem Widerspruch zwischen journalistischer Leichtigkeit und dem unverkennbaren Drang zum vereinheitlichenden System geprägt. Die von ihm, ganz im sokratischen Sinne, zum Programm erhobene »Rückführung des Buchs auf den Dialog« steht im Dienst einer pädagogischen Intention, welche nicht selten die plastische Darstellung des Gegenstandes mit dessen unzulässiger Simplifikation, die Vermittlung eines Gedankens mit dem Verzicht auf seine vertiefte Weiterentwicklung bezahlt und die Brillanz seines dynamischen Stils durch den Unterton der Belehrung zerstört. Denn seine eigentliche historische Funktion sah O. in der Herausführung der spanischen Kultur aus Isolation und Geschichtslosigkeit und in ihrer Anreicherung durch die europäische, zumal deutsche Philosophie. Diese Kulturvermittlung betrieb er mit größerer Sachkenntnis und Systematik als vor ihm die ebenfalls antitraditionalistisch und ›europäisch‹ orientierten Vertreter des ›Krausismus‹ und der ›Generation von 1898‹. Sie gehörte zu einem nationalpädagogischen Programm, in dessen Dienst er seine beiden größten Leidenschaften zu stellen entschlossen war: die Philosophie und die Politik.

Der Verlegerdynastie der Gassets entstammend, studierte O. nach dem Besuch verschiedener Jesuitenschulen Philosophie an der Universität Madrid. Die entscheidende Weichenstellung in seinem Leben sollte ein mehrjähriger Studienaufenthalt in Deutschland werden, den er nach der Doktorprüfung 1904 antrat. Ein Semester in Leipzig bei Wilhelm Wundt, ein Semester in Berlin bei Georg Simmel und ein Jahr in Marburg, der »Zitadelle des Neukantianismus« mit ihrem »Kommandanten« Hermann Cohen, genügten dem jungen »Keltiberer«, um Deutschland zu seiner geistigen Heimat zu erklären. Die gründliche Erarbeitung der Kantschen Philosophie und zugleich die Skepsis gegenüber dem Versuch ihrer dogmatischen Wiederbelebung, die lebensphilosophischen und phänomenologischen Ansätze als mögliche Auswege waren die Themen, denen O. und seine Studienkollegen – Nicolai Hartmann, Heinz Heimsoeth – sich in ihren Marburger Diskussionen widmeten.

In seine Heimat kehrte er zunächst mit dem festen Entschluß zurück, von der deutschen Philosophie wohl systematische Strenge und Klarheit, nicht aber Abstraktheit und Utopismus zu übernehmen und – was er für die Bestimmung seiner Generation hielt – den philosophischen »Kontinent des Idealismus« für immer zu verlassen. Das Spannungsverhältnis zwischen deutscher idealistischer und spanischer scholastischer Tradition ist Gegenstand des ersten bedeutenden Werkes, das O., seit drei Jahren Inhaber des Lehrstuhls für Metaphysik an der Universität Madrid, im Jahre 1914 veröffentlichte. Die *Meditaciones del Quijote* (*Meditationen des Don Quijote*) sind poetisch gefärbte Fragmente, die ausgehend von unscheinbaren Phänomenen zu den zentralen Fragen der Erkenntnis vorstoßen und gleichsam nebenbei einige Grundthemen der O.schen Philosophie entwickeln. Der vielzitierte Satz: »Yo soy yo y mi circunstancia« (Ich bin ich und meine Umwelt), der die ›existentialistische‹ Auffassung vom Leben als Auftrag ans Ich, sich selbst zu formen, indem es die Umwelt formt, im Kern enthält, wird wie viele andere Gedanken dieses Frühwerks in der Schrift *El tema de nuestro tiempo* (*Die Aufgabe unserer Zeit*) von 1923 weiterentwickelt. Dieser anspruchsvolle Titel ist von der Überzeugung diktiert, mit dem ›Perspektivismus‹, der alle individuellen Blickrichtungen auf die Wahrheit als gleichermaßen gültig und einander komplementär betrachtet, den philosophischen Rahmen der Einsteinschen Relativitätstheorie geliefert zu haben. Durch die Prägung der »razón vital« sollte der Vernunftbegriff von Abstraktheit, der des Lebens von Irrationalität befreit werden. Die prinzipielle Schwäche dieser Schrift, durch die Darstellung eines Problems schon dessen Lösung zu suggerieren, haftet auch der umfangreicheren und systematischer aufgebauten Vorlesungsreihe *Qué es filosofía?* (1929; *Was ist Philosophie?*) an. Hier werden die Antagonismen der Philosophiegeschichte mit dramatischer Lebendigkeit evoziert und die Widerlegung des Idealismus als chirurgischer Operation vorgeführt; der konstruktive Aspekt geht jedoch nicht wesentlich über die früheren Schriften hinaus. Die philosophischen Arbeiten der 30er Jahre spiegeln dann die zunächst von Wilhelm Dilthey, dem für O. bedeutendsten Denker der zweiten Hälfte des 19. Jahrhunderts, angeregte Hinwendung zur historischen Hermeneutik, die zur geschichtlichen Umformulierung seiner Anthropologie – statt »razón vital« lesen wir jetzt »razón histórica« – und zur Befassung mit geschichtsphilosophischen Entwürfen wie etwa demjenigen Arnold Toynbees führte. Die späteren, oft umfassenden historischen Studien gewidmeten Werke des Philosophen waren bereits vom Weltruhm des Zeitdiagnostikers und politischen Ideologen überschattet, als welcher O. noch heute in erster Linie gilt. Schon als junger Mann beanspruchte er eine bevorzugte Stellung als Intellektueller in der spanischen Politik, welche er sowohl parteipolitisch als auch durch theoretische Reflexion entscheidend beeinflußte. Seine Appelle – mochten sie nun auf die Überwindung der Restauration durch einen liberalen Sozialismus (*Vieja y nueva política*, 1914; *Alte und neue Politik*) oder auf die von ihm aktiv betriebene Republikgründung zielen – waren immer an die intellektuelle Elite des Landes gerichtet. Mit einem empörten: »Eso no es, eso no es!« (Das ist es nicht, das ist es nicht!) kommentierte der Cortes-Abgeordnete die zunehmende Einmischung der Massen in die von ihm »aristokratisch« intendierte Republik. Wer die historisch-politische Kampfschrift *España invertebrada* (*Spanien ohne Rückgrat*) von 1921 gelesen hatte, in welcher der ›Gesundheitszustand‹ einer Nation an ihrem Willen, einer Elite zu folgen und Krieg zu führen, abgelesen wird, der konnte sich nicht wundern, als O. 1930, auf dem Höhepunkt seines republikanischen Engagements, die Bibel der antidemokratischen Rechten vorlegte: *La rebelión de las masas* (*Der Aufstand der Massen*) beabsichtigte die Abrechnung mit dem modernen »Massenmenschen«, der durch seine Charaktereigenschaften – Egoismus, Trägheit, Fremdbestimmtheit – alle Lebensbereiche zu nivellieren drohe. Scheinbar moralisch-ästhetisch und nicht sozial definiert, erhält der »neue Typus« doch eindeutigen Klassencharakter. Einige fast prophetische Erkenntnisse über Tendenzen der spätkapitalistischen Gesellschaft, die jedoch allesamt dem »Massenmenschen« angelastet wurden, machten die Schrift zum Welterfolg und zum politischen Katechismus im Deutschland Adenauers. – Nach den Jahren des freiwilligen Exils, in denen er ein ›drittes‹, neutrales Spanien repräsentiert und damit die westliche Politik der Nicht-Intervention legitimiert hatte, kehrte O. 1946 ins frankistische Madrid zurück, wo er seine Lehrtätigkeit wieder aufnahm und bis zu seinem Tod fortführte. Von einigen katholischen Integralisten als ›mondäner‹ Philosoph angefeindet, wurde er doch insgesamt als Brückenkopf nach außen gern gesehen. Spanische Philosophie und Geisteswissenschaften verdankten ihm den Anschluß an Europa, spanische Literatur und Journalismus waren durch seinen sprachlichen Stil geprägt, die Machthaber aber teilten, wenn auch nicht in allen Aspekten, seine Vision des historischen Augenblicks.

Gray, Rockwell: The imparitive of modernity. An intellectual biography of José Ortega y Gasset. Berkeley 1989. – Garagorri, Paolino: Introducción a Ortega. Madrid 1970. – Niedermayer, Franz: José Ortega y Gasset. Berlin 1959.

Hermann Dorowin

Parsons, Talcott
Geb. 13. 12. 1902 bei Colorado Springs; gest. 8. 5. 1979 in München

Das Denken von P. kreiste um die ordnende Erfassung der sozialen Mannigfaltigkeit und die Entwicklung eines dafür geeigneten analytischen Rahmens in der Soziologie. Beides zusammengenommen sollte in der ersten systematisch entfalteten soziologischen Theorie in den USA resultieren und die vergleichsweise junge Disziplin der Soziologie als unabhängige Einzelwissenschaft etablieren. Das Ergebnis dieses Forschungsprogramms – die strukturell-funktionale Theorie und systemtheoretische Konzeptionalisierung von Gesellschaft – hat die amerikanische sowie Teile der europäischen Soziologie bis in die 60er Jahre beherrscht und erfreut sich gegenwärtig eines erneuten Interesses.

P.' über 40jährige Lehrtätigkeit als Soziologe an der angesehenen Harvard-Universität, an der er später ebenfalls einflußreiche Schüler wie Robert K. Merton heranzog, hat stark zum institutionellen Einfluß seines Ansatzes beigetragen. Bei der Ausarbeitung seines Forschungsprogramms griff P. auf die europäische Soziologie-Tradition und die methodologischen Prämissen der »erfolgreichsten« Sozialwissenschaft, der Ökonomie zurück. »Die Wichtigkeit der Ökonomie in dem ganzen Bild« nicht gewürdigt zu haben, warf P. gegen Ende seines Lebens den Kommentatoren seines Werkes vor. Bereits als Biologiestudent in Amherst (1920 bis 1924) war er unter den Einfluß von Walton Hamilton und Clarence Ayres geraten, die als Vertreter der institutionellen Schule der Ökonomie die historisch-gesellschaftlichen Bedingungen wirtschaftlichen Handelns als Gegenstand der Wirtschaftswissenschaft durchzusetzen suchten. Ein Studienjahr an der »London School of Economics« (1924 bis 1925) nach der Graduierung verstärkte für ihn diesen Standpunkt und brachte ihn außerdem durch den Anthropologen Bronislaw Malinowski mit dem Funktionalismus in Berührung, den er später als herrschendes methodisches Prinzip auch in der Wirtschaftstheorie vorfand. Er setzte sein Studium von 1925 bis 1926 in Heidelberg fort, wo er sich mit den Arbeiten von Max Weber und Werner Sombart auseinandersetzte und eine Dissertation über ihre Kapitalismusvorstellungen schrieb (1928/29). Derart für einen Ökonomen relativ unorthodox ausgebildet, reihte sich P. 1927 in die Schar junger Instructors im damals führenden Ökonomie-Department Amerikas in Harvard ein, wo er sich intensiv mit der dort herrschenden neo-klassischen Ökonomie beschäftigte. Neo-Klassiker wie Josef Schumpeter und Frank Taussig polemisierten gegen den »Trugschluß unangebrachter Konkretheit« (Whitehead) der institutionellen Schule und propagierten Ökonomie als spezialisierte Wissenschaft, die ökonomische Gesetze über theoretisch konstituierte Ausschnitte aus der sozialen Wirklichkeit formulierte. P. übernahm die wissenschaftstheoretischen Prinzipien der Neo-Klassiker, die er in Harvard auch in dem Pareto-Zirkel des Biochemikers J. L. Henderson und bei Alfred N. Whitehead nachhaltig akzeptiert fand; zugleich sah er aber auch die Kritik der Institutionalisten an den abstrakten rationalistischen Modellen der neo-klassischen Ökonomie als berechtigt an.

Indem er die institutionellen Faktoren wirtschaftlichen Handelns dem Gebiet der Soziologie zuwies und zugleich die Soziologie nach dem methodologischen Vorbild der neo-klassischen Ökonomie entwickeln wollte, fand er eine Lösung des Schulenstreits in der Ökonomie, die von da an die Soziologie als sein Hauptarbeitsfeld etablierte (*The Structure of Social Action*, 1937) – zumal er 1931 in das neueröffnete Soziologie-Department gewechselt war, da er realisiert hatte, daß er »auf eine Zukunft in Ökonomie an der Harvard-Universität nicht rechnen« könne. Bei einer systematischen Inspektion der europäischen Klassiker Emile Durkheim, Vilfredo Pareto, M. Weber und Alfred Marshall (1937) hatte er das »soziale Handeln« als die soziologische Grundkategorie ausgemacht, in der deren Werke konvergierten. Sein Interesse richtete sich darauf, daß zweckgerichtete soziale Handlungen wiederkehrende regelmäßige Strukturen aufweisen, die ihrerseits in unabhängigen Beziehungen zueinander stehen. Ihn faszinierte die Idee von »Struktur« in der scheinbar unendlich mannigfaltigen sozialen Wirklichkeit. Die Implikationen dieser Idee versuchte er über vierzig Jahre bis zu seiner letzten Essay-Sammlung *Action Theory and the Human Condition* (1978) im Rahmen einer Theorie des sozialen Handelns auszuarbeiten, zu der ihm der Begriff des Systems einen Zugang eröffnete. Handlungen als »die immer wiederholte Auflösung einer endlosen Folge von Selektionsproblemen, denen sich Aktoren gegenübersehen«, resultieren in differenzierten Systembildungen, die nach ihren Konstitutionsbedingungen hinsichtlich ihrer biologischen, psychischen, normativen und Interaktionsbedingungen betrachtet und in den Verhaltenssystemen, Persönlichkeitssystemen, Kultursystemen und Sozialsystemen sowie weiteren Subsystemen analytisch getrennt untersucht werden. Der Begriff des Systems schreibt einem Gegenstand die Eigenschaft der selektiven Verbundenheit bestimmter Aspekte zu. P. begreift Handlungen als systembildend im Sinne teleologischer und offener Systeme, die eine zielgerichtete Organisation aufweisen und mit ihrer Umwelt in beständigen Austausch- und fließenden Anpassungsprozessen stehen, wobei die ausdifferenzierten Handlungssysteme jeweils spezifische Umwelten füreinander darstellen (*The Social System*, 1951; *Societies*, 1966).

Seine Soziologie besteht im wesentlichen aus mehreren Versuchen, geeignete Begriffsschemata zu entwickeln, mit denen die verschiedenen Handlungssysteme hinsichtlich ihrer Strukturbildungen, Systemprobleme, Funktionen und gegenseitigen Beziehungen analytisch gefaßt werden können. Dabei fand die Kybernetik seit den 60er Jahren zunehmend Eingang in seine Formulierungen. Obwohl sich P. einen »unheilbaren Theoretiker« genannt hat, enthalten seine Arbeiten vielfältige Bezüge zu empirischen Phänomenen wie der Familie, der Medizin, der Religion und der amerikanischen Universität, die er im Sinne seines »analytischen Realismus« begrifflich darzustellen suchte. Obwohl P. darum bemüht war, eine allgemeine Theorie des Handelns und aller seiner Systembildungen zu entwickeln, konzentrierte sich seine Hauptarbeit auf eine Analyse des Sozialsystems, bei dem die motiv- und verhaltensbezogenen Elemente des Handelns sowie die soziale Interaktion normativ geprägt sind. Die Verknüpfung der ausdifferenzierten Subsysteme des Handelns ergibt sich dabei durch die Verpflichtung des einzelnen auf die kulturellen Werte (zumeist geleistet durch die Familie im Sozialisationsprozeß) sowie die Institutionalisierung der kulturellen Werte als soziale Normen (zumeist vermittelt über die Religion). Obwohl er anfangs dem Evolutionsgedanken skeptisch gegenübergestanden hatte, entwickelte P. auch eine Theorie der Evolution von Gesellschaften. Evolution faßte er analytisch als Differenzierung (*Societies*) und als Resultat spezifischer integrativer Mechanismen (sog. Medien wie Geld, Macht, Einfluß, »commitments«), ohne daß er die Theorie der Interaktionsmedien jedoch voll ausgearbeitet hätte (*Social Systems and the Evolution of Action Theory*, 1977).

P.' Gesamtwerk erscheint als Ausdruck einer biographischen Verpflichtung, das einmal aus vielen europäischen und amerikanischen Quellen destillierte Thema der Struktur von Handlungen in seinen vielfältigen Verzweigungen systematisch zu entfalten. Die akademische Umgebung der bedeutendsten amerikanischen Universität, Anregungen durch Kooperationen mit Kollegen wie Robert F. Bales, Neil J. Smelser, Edward A. Shils, Samuel A. Stouffer, Gerald Platt sowie nicht zuletzt auch eine persönliche Welterfahrung, die sich – unbeeinflußt vom Ersten Weltkrieg und der Wirtschaftskrise 1929 – früh an Stabilität und Erfolg im Berufsleben orientierte, wirkten sich sicherlich fördernd auf P.' wissenschaftliche Leistung aus. In der normativen Akzentuierung seines Gesellschaftsbegriffs kommt nicht nur eine in Harvard zu Beginn der 30er Jahre stark ausgeprägte ideologisch-politische Abwehrhaltung gegenüber dem Marxismus zum Ausdruck, sondern auch eine spezifisch amerikanische Form von Vergesellschaftung, die P. seit seiner Kindheit als Sohn eines kongregationalistischen Pfarrers (und College-Professors für Englisch) in Colorado Springs nachhaltig erlebt hat: das gemeinschaftliche Handeln einer Religionsgemeinschaft, die sich in der Tradition des Social Gospel am normativen Ideal eines »institutionalisierten Individualismus« orientierte.

Alexander, Jeffrey C.: The Modern Reconstruction of Classical Thought: Talcott Parsons. Berkeley 1983. – Jensen, Stefan: Talcott Parsons. Eine Einführung. Stuttgart 1980.

Marlis Krüger

Pauli, Wolfgang
Geb. 25. 4. 1900 in Wien; gest. 15. 12. 1958 in Zürich

»Wer dieses reife und groß angelegte Werk studiert, möchte nicht glauben, daß der Verfasser ein Mann von einundzwanzig Jahren ist. Man weiß nicht, was man am meisten bewundern soll, das psychologische Verständnis für die Ideenentwicklung, die Sicherheit der mathematischen Deduktion, den tiefen physikalischen Blick, das Vermögen übersichtlicher mathematischer Darstellung, die Literaturkenntnis, die sachliche Vollständigkeit, die Sicherheit der Kritik. P.s Bearbeitung sollte jeder zu Rate ziehen, der auf dem Gebiet der Relativität schöpferisch arbeitet, ebenso jeder, der sich in prinzipiellen Fragen authentisch orientieren will.« Mit diesen Worten lobte Albert Einstein im Dezember 1921 einen Artikel über Relativitätstheorie in der *Encyklopädie der Mathematischen Wissenschaften,* den der junge P. geschrieben hatte, der daraufhin als eine Art Wunderkind der Physik betrachtet wurde. P. ist von Anfang an nicht nur durch seine hohen mathematischen Fähigkeiten, sondern auch durch sein philosophisches Verständnis der physikalischen Grundfragen aufgefallen. So machte er als 19jähriger Student den später von Werner Heisenberg genutzten Vorschlag, »in der Physik nur prinzipiell beobachtbare Größen einzuführen« und zum Beispiel den Begriff einer Teilchenbahn im atomaren Bereich oder den der elektrischen Feldstärke im Inneren eines Elektrons aufzugeben.

P. hat 1945 den Nobelpreis für Physik erhalten für die Entdeckung des heute nach ihm benannten Ausschließungsprinzip, das sich einfach durch die Vorschrift ausdrücken läßt, daß zwei Elektronen unmöglich in allen ihren Quantenzahlen übereinstimmen können (von denen er eine neu eingeführt hatte). Die Aufstellung dieses wichtigen Postulats war ihm bereits zwanzig Jahre vorher (1924) gelungen. P. hatte seine Behauptung mit mathematischen Symmetrieargumenten begründet und auf diese Weise den Weg bereitet für die Erklärung des Atomaufbaus und der chemischen Bindung. Berühmt ist P. weiterhin wegen seiner 1931 aufgestellten (und längst bestätigten) Hypothese, daß es neben den damals bekannten Elektronen und Protonen noch andere (neutrale) Teilchen gibt, die bei bestimmten radioaktiven Zerfallsprozessen auftreten. Er hatte diesen Vorschlag gemacht, um dem Gesetz der Energieerhaltung bei diesen Vorgängen weiter Gültigkeit zu verschaffen.

P.s äußeres Leben ist relativ ereignislos verlaufen. Nach dem Studium in München und einem kurzen Aufenthalt in Hamburg wurde er 1928 Professor in Zürich, wo er bis zum Ende seines Lebens geblieben ist, wenn man von einigen USA Aufenthalten absieht, wobei der Hinweis von Bedeutung ist, daß P. der einzige große Physiker seiner Zeit war, der sich nicht am Bau der Atombombe beteiligt hat. Um so mehr verwundert die Tatsache, daß er auch der einzige große Physiker seiner Zeit ist, von dem keine Biographie vorliegt. Der Grund dafür ist erst in den letzten Jahren deutlich geworden, seit seine Briefe publiziert werden, und zwar neben dem *Wissenschaftlichen Briefwechsel* (1979/1985) vor allem sein *Briefwechsel* (1992) mit dem Psychologen Carl Gustav Jung. P., der sich in seinen zu Lebzeiten publizierten physikalischen Arbeiten und Aufsätzen (*Physik und Erkenntnistheorie*, 1961) eher zurückhaltend über die philosophische Bedeutung der modernen Physik geäußert hat, gibt sich in den jetzt vorliegenden Briefen als ein überragend gebildeter Mensch zu erkennen, der nicht nur das gesamte abendländische Denken, sondern auch die »Eigentätigkeit der Seele« und seine sich ihm offenbarenden Traumbilder bemüht, um zu einer neuen, ganzheitlichen Sicht der Welt zu kommen. P. hat schon früh die Ansicht vertreten, daß es die von René Descartes im 17. Jahrhundert eingeleitete Verbannung des Geistes aus der Materie und der Seele aus der Natur war, die jene seelen- und gefühllose Wissenschaft ermöglicht hat, die in Hiroshima auf der einen und in der Umweltzerstörung auf der anderen Seite ihre welthistorischen Höhepunkt erreicht hat. Er schreibt 1956 an C. G. Jung: »In dieser schwankenden Notlage, wo alles zerstört werden kann – der Einzelne durch Psychose, die Kultur durch Atomkriege – wächst das Rettende auch, die Pole der Gegensatzpaare rücken wieder zusammen und der *Archetypus der coniunctio* [Gegensatzvereinigung] ist konstelliert. Die zukünftige Entwicklung muß eine solche *Erweiterung der Physik*, vielleicht zusammen mit der Biologie, mit sich bringen, daß die Psychologie des Unbewußten in ihr aufgenommen werden kann. Dagegen ist diese aus eigener Kraft, allein aus sich selbst nicht entwicklungsfähig.«

In den heute immer noch längst nicht vollständig publizierten Briefen tritt uns ein Wissenschaftler entgegen, dessen Denken – vom Umsturz im Weltbild der Physik ausgehend – um die Konzeptionen Komplementarität und Archetypus kreist, der »die Idee von der Wirklichkeit des Symbols« erörtert, der alchemistische Traditionen aufzunehmen empfiehlt und der vor allem sicher ist, daß sich unsere Philosophen ein falsches Bild von der Wissenschaft machen. P. schreibt 1954: »Ich hoffe, daß niemand mehr der Meinung ist, daß Theorien durch zwingende logische Schlüsse aus Protokollbüchern abgeleitet werden, eine Ansicht, die in meinen Studententagen noch sehr in Mode war. Theorien kommen zustande durch ein vom empirischen Material inspiriertes *Verstehen*, welches am besten im Anschluß an Platon als zur Deckung kommen von inneren Bildern mit äußeren Objekten und ihrem Verhalten zu deuten ist.«

Seine Analyse der Wissenschaftsgeschichte und seine eigenen Erfahrungen als theoretischer Physiker lassen ihn zu folgendem Schluß kommen: »Wenn man die vorbewußte Stufe der Begriffe analysiert, findet man immer Vorstellungen, die aus ›symbolischen‹ Bildern mit allgemeinem starken emotionalen Gehalt bestehen. Die Vorstufe des Denkens ist ein *malendes Schauen* dieser inneren Bilder, deren Ursprung nicht allgemein und nicht in erster Linie auf Sinneswahrnehmungen zurückgeführt werden kann. Die archaische Einstellung ist aber auch die notwendige Voraussetzung *und die Quelle* der wissenschaftlichen Einstellung. Zu einer vollständigen Erkenntnis gehören auch diejenigen der Bilder, aus denen die rationalen Begriffe gewachsen sind. *Das Ordnende und Regulierende muß jenseits der Unterscheidung von ›physisch‹ und ›psychisch‹ gestellt werden* - so wie Platons ›Ideen‹ etwas von Begriffen und auch etwas von ›Naturkräften‹ haben (sie erzeugen von sich aus Wirkungen). Ich bin sehr dafür, dieses ›Ordnende und Regulierende‹ ›Archetypen‹ zu nennen; es wäre aber dann unzulässig, diese als *psychische* Inhalte zu *definieren*. Vielmehr sind die erwähnten inneren Bilder (›Dominanten des kollektiven Unbewußten‹ nach Jung) die *psychische* Manifestation der Archetypen, die aber *auch alles* Naturgesetzliche im Verhalten der Körperwelt hervorbringen, erzeugen, bedingen müßten. Die Naturgesetze der Körperwelt wären dann die *physikalische Manifestation der Archetypen.* Es sollte dann *jedes* Naturgesetz eine Entsprechung innen haben und umgekehrt, wenn man auch heute das nicht immer unmittelbar sehen kann.«

P.s Ideen für eine neue Naturwissenschaft sprengten sicher das Verständnis seiner Zeitgenossen. Sie fallen vielen selbst heute noch schwer. Der Philosoph P. ist erst noch zu entdecken, und er weist uns auf neue Perspektiven hin. In seinem Vortrag *Die Wissenschaft und das abendländische Denken* heißt es 1954: »Ich glaube, daß es das Schicksal des Abendlandes ist, diese beiden Grundhaltungen, die kritisch rationale, verstehen wollende auf der einen und die mystisch irrationale, das erlösende Einheitserlebnis suchende auf der anderen Seite, immer wieder in Verbindung miteinander zu bringen. In der Seele des Menschen werden immer *beide* Haltungen wohnen und die eine wird stets die andere als Keim ihres Gegenteils in sich tragen. Dadurch entsteht eine Art dialektischer Prozeß, von dem wir nicht wissen, wohin er uns führt. Ich glaube, als Abendländer müssen wir uns diesem Prozeß anvertrauen und das Gegensatzpaar als komplementär anerkennen.«

Atmanspacher, Harald et al.: Der Pauli-Jung-Dialog. Berlin 1995. – Meier, Carl A.: Wolfgang Pauli und C. G. Jung – Ein Briefwechsel 1932–1958. Berlin 1992. – Laurikainen, Kalervo: Beyond the Atom – The Philosophical Thought of Wolfgang Pauli. Berlin 1985.

Ernst Peter Fischer

Piaget, Jean
Geb. 9. 8. 1896 in Neuenburg (Neuchâtel); gest. 16. 9. 1980 in Genf

»Nur das Kind denkt wirklich kreativ«, hat P. geschrieben, und dieser Satz trifft in zweifacher Hinsicht auf ihn selbst zu. Zum einen war er durch seine eigenen Untersuchungen davon überzeugt, daß Kinder die Möglichkeit zu einer Kreativität haben, um die Erwachsene sie nur beneiden können. Zum anderen war er selbst ein hochbegabter Junge, dem schon im Alter von 15 Jahren aufgrund früher wissenschaftlicher Veröffentlichungen (über Malakologie) die Stelle als Konservator am Genfer Naturgeschichtlichen Museum angeboten wurde. P. studierte zuerst Zoologie und promovierte 1918 mit einer Arbeit über die Verteilung von Mollusken-Arten in den Walliser Alpen. Während dieser Zeit schrieb er auch einen wissenschaftlichen Roman, der einige seiner späteren erkenntnistheoretischen Ansichten vorwegnahm.

Nach der Biologie wandte sich P. der Psychologie zu, die er in Zürich und Paris studierte. Er arbeitete anschließend im Laboratorium des französischen Psychologen Alfred Binet und erhielt dort die Aufgabe, die von dem Engländer Cyril Burt entwickelten Intelligenztests zu standardisieren. Bei dieser Arbeit fiel P. auf, daß die von den Kindern gegebenen falschen Antworten nicht zufällig daneben lagen. Vielmehr traten in verschiedenen Altersstufen typische Fehler auf. Durch die Publikation dieser Beobachtung wurde P. zum Kinderpsychologen. Er wurde an das »Institut Jean-Jacques Rousseau« in Genf berufen, und hier verfaßte er in den kommenden Jahren seine Untersuchungen zur Entwicklungspsychologie, die weltweit Aufsehen erregten.

Zwar hatte Rousseau bereits im 18. Jahrhundert die Idee ausgesprochen, daß die Kindheit ihr eigenes Sehen, Denken und Fühlen hat, doch erst zu Beginn des 20. Jahrhunderts fingen die Psychologen systematisch damit an, kognitive Fähigkeiten des kindlichen Verstandes zu bestimmen. Doch erst nachdem P. seinen Forschungsweg eingeschlagen hatte, zeigten diese Beobachtungen Wirkungen im erkenntnistheoretischen Denken. Noch zu seinen Lebzeiten erschienen mehr als zweihundert Doktorarbeiten über P.s Werk, und bereits 1978 widmete sich der Band 7 der Kindler-Enzyklopädie über die Psychologie des 20. Jahrhunderts dem Thema *Piaget und die Folgen*.

P. hat in mehr als fünfzig Büchern das Epos vom *Erwachen der Intelligenz (La naissance de l'intelligence chez l'enfant*, 1936) geschrieben und darin ein zusammenhängendes Bild vom Werden des menschlichen Erkennens gezeichnet. Als exemplarische Titel seien weiter genannt: *La construction du réel chez l'enfant* (1937; *Aufbau der Wirklichkeit*), *La psychologie de l'intelligence* (1941; *Die Psychologie der Intelligenz*), *Biologie et connaissance* (1967; *Biologie und Erkenntnis*), *La représentation de l'espace chez l'enfant* (1948; *Die Entwicklung des räumlichen Denkens beim Kinde*) und *Die natürliche Geometrie des Kindes* (1948). Die beiden zuletzt genannten Bücher hat P. gemeinsam mit seiner langjährigen Mitarbeiterin Bärbel Inhelder verfaßt.

In P.s Ansatz dient die menschliche Intelligenz nicht als passiver Empfänger und Verarbeiter von Informationen aus der Umwelt. Sie wird vielmehr als eine Strategie betrachtet, mit deren Hilfe die Wirklichkeit aktiv konstruiert wird. Für P. sind die Handlungen der Kinder praktische Vorläufer ihres Denkens. Ihre geistige Entwicklung ist weder eine Entfaltung angeborener Anlagen noch eine Prägung durch die Umwelt. Sie wird vielmehr durch den Tätigkeitsdrang des Kindes ausgelöst, in die Welt einzugreifen und sie zu erobern. Angeborene Wahrnehmungsstrukturen und Handlungsabläufe werden immer wieder auf die Wirklichkeit angewendet. Dabei entstehen stufenweise Denkformen. Das ausgereifte Denken ist schließlich das verinnerlichte und systematische Handeln, und die Begriffe sind verfestigte Denkoperationen.

Mit der These, daß Denken aus Handeln hervorgeht, stellte sich P. auf eine erkenntnistheoretische Position, die er selbst mit dem Stichwort »Konstruktivismus« bezeichnet hat. P. nimmt nämlich an, daß der Mensch seine Begriffe so konstruiert, wie er Handlungen plant. Da in einer Handlung schon die Idee (die Struktur) steckt, betrachtete P. sich auch als Strukturalist, und er versuchte von dieser Position aus, die Gräben zwischen den Wissenschaften zu überbrücken.

Einen besonders tiefen Konflikt sah er zwischen empirischen Wissenschaften und philosophischen Bemühungen. Philosophie kann seiner Ansicht nach ohne Instrumente und also ohne experimentelle Eingriffe kein Wissen und keine Kenntnisse erwerben. Die Philosophen – so schrieb P. in seinem Buch über *Sagesse et illusions de la philosophie* (1965; *Weisheit und Illusion der Philosophie*) – haben Probleme nur formuliert, nie aber gelöst. P. zieht den grundlegenden Schluß: »Die Intention, die Lücken der Wissenschaft durch die Metaphysik aufzufüllen, zunächst nur eine Illusion, ist in manchen Fällen zum Betrug geworden.« In diesem autobiographischen Text formuliert P., wie unbefriedigend das Angebot der Philosophie für ihn war und warum er stattdessen (nach seinem eigenen Ausdruck) ein »wissenschaftlicher Epistemologe« geworden ist.

P.s Arbeiten und Schlußfolgerungen zur kognitiven Psychologie werden oft als »genetische Epistemologie« bezeichnet, die von ihm als Wissenschaft und nicht als Philosophie verstanden wird. Die Frage: »Was ist Erkenntnis?« wird nämlich in die Frage: »Wie wird Erkenntnis?« umgewandelt und damit einer empirisch-analytischen Behandlung zugänglich. In seiner Vorlesung über die *Genetic Epistemology* (1970; *Einführung in die genetische Erkenntnistheorie*) schreibt P., daß hiermit versucht wird, »Erkennen, insbesondere wissenschaftliches Erkennen, durch seine Geschichte, seine Soziogenese und vor allem die psychologischen Ursprünge der Begriffe und Operationen, auf denen es beruht, zu erklären.« Als letztes Ziel der genetischen Epistemologie sieht P. eine damit selbst wieder wissenschaftliche Erklärung für das Werden der Wissenschaft. Die Entwicklung der kindlichen Intelligenz ist dabei das von P. entdeckte Glied, das die biologische Organisation des Lebens mit dem wissenschaftlichen Denken zusammenbringt.

Kesselring, Thomas: Entwicklung und Widerspruch − Ein Vergleich zwischen Piagets genetischer Erkenntnistheorie und Hegels Dialektik. Frankfurt am Main 1981. − Furth, Hans G.: Intelligenz und Erkennen. Frankfurt am Main 1976. − Ginsburg, Herbert/Opper, Sylvia: Piagets Theorie der geistigen Entwicklung. Stuttgart 1975.

Ernst Peter Fischer

Planck, Max
Geb. 23. 4. 1858 in Kiel; gest. 4. 10. 1947 in Göttingen

»Das einzige, was wir mit Sicherheit als unser Eigentum beanspruchen dürfen, das höchste Gut, was uns keine Macht der Welt rauben kann, und was uns wie kein anderes auf die Dauer zu beglücken vermag, das ist die reine Gesinnung, die ihren Ausdruck findet in gewissenhafter Pflichterfüllung. Und wem es vergönnt ist, an dem Aufbau der exakten Wissenschaft mitzuarbeiten, der wird mit dem achtzigjährigen Dichter, dessen Name diesen Saal schmückt, sein Genügen und sein Glück finden in dem Bewußtsein, das Erforschliche erforscht zu haben und das Unerforschliche ruhig zu verehren.« Mit diesen Worten beendete P. einen Vortrag über *Sinn und Grenzen der exakten Wissenschaft*, den er im November 1941 in Berlin gehalten hat, und zwar im Goethe-Saal des Harnack-Hauses der Kaiser-Wilhelm-Gesellschaft. P. müssen die zuletzt zitierten Worte sehr am Herzen gelegen haben, denn er verwendete sie häufig, zum Beispiel auch zum Abschluß des »Geleitworts«, das er im Februar 1933 für eine Sammlung seiner Reden unter dem Titel *Vorträge und Erinnerungen* verfaßt. In den hier versammelten Beiträgen äußert sich P. über Themen wie *Kausalität und Willensfreiheit*, *Wissenschaft und Glaube*, *Positivismus und reale Außenwelt*, *Die Einheit der physikalischen Erkenntnis*, um nur einige Themen zu nennen. Und in dem erwähnten Geleitwort faßt er sein Denken zusammen: »Der Grundgedanke und Ausgangspunkt aller Darlegungen ist außerordentlich einfach, er faßt die Aufgabe aller Physik als die Erforschung der realen Außenwelt. Das Anfechtbare dieser Formulierung liegt darin, daß die reale Außenwelt etwas ist, was auf keinerlei Weise direkt aufgezeigt werden kann − ein Umstand, der von jeher grundsätzlich Bedenken erregt hat und der auch gegenwärtig eine Reihe namhafter Physiker und Philosophen zu der Schlußfolgerung veranlaßt, daß es gar keinen Sinn habe, von einer realen Außenwelt im Gegensatz zu der uns unmittelbar gegebenen Sinneswelt zu reden. Ich halte diese Auffassung, so einleuchtend sie auf den ersten Blick scheint und so unanfechtbar vom rein logischen Standpunkt aus ist, dennoch für kurzsichtig und unfruchtbar. Denn die Forschung verfährt nun einmal gerade auf neu zu erschließenden Gebieten niemals so, daß die zu behandelnden Fragen genau definiert und dann erst in Angriff genommen werden. Im Gegenteil: ein jeder, der einmal an einem wirklich neuen Problem der Wissenschaft gearbeitet hat, weiß aus eigener Erfahrung, daß es in der Regel nicht minder schwierig ist, ein Problem zu formulieren, als es zu lösen, ja, daß die genaue endgültige Formulierung oft erst zugleich mit der Lösung gefunden wird. So verhält es sich auch mit der realen Außenwelt. Sie steht im Grunde nicht am Anfang, sondern am Ziel der physikalischen Forschung, und zwar an einem Ziel, das niemals vollkommen erreicht werden wird, das aber doch fortwährend im Auge behalten werden muß, wenn man vorwärtskommen will. Hier zeigt sich wieder, daß die Physik, wie überhaupt jede Wissenschaft, einen gewissen irrationalen Kern enthält, den man nicht wegdefinieren kann, ohne der Forschung ihre eigentliche Triebkraft zu rauben, der aber auch andrerseits niemals restlos aufgeklärt werden wird. Der innere Grund für diese Irrationalität liegt, wie die Entwicklung der neueren Physik immer deutlicher zu zeigen beginnt, in dem Umstand, daß der forschende Mensch selbst ein Stück Natur ist, und daß er daher niemals diejenige Distanz von der Natur zu gewinnen vermag, die notwendig wäre, um zu einer vollkommen objektiven Naturbetrachtung zu gelangen. Mit dieser unabänderlichen Tatsache müssen wir uns wohl oder übel abfinden und können im besten Fall Befriedigung nur suchen in dem Bewußtsein, welches dem achtzigjährigen Goethe das schönste Glück des denkenden Menschen bedeutete, dem Bewußtsein, das Erforschliche erforscht zu haben und das Unerforschliche ruhig zu verehren.«

P. hatte im Laufe seines Lebens häufig erfahren, was es heißt, an einem »wirklich neuen Problem der Wissenschaft« zu arbeiten. Erst mit seinen Beiträgen zur Thermodynamik, die er allesamt im 19. Jahrhundert lieferte und in denen er sich unter anderem bemühte, die zentrale Rolle des Entropiebegriffs und seine Bedeutung für das chemische Gleichgewicht zu verstehen. Und dann zu Beginn des 20. Jahrhunderts mit seiner revolutionären Erklärung der Strahlung, die ein schwarzer Körper abgibt, wenn seine Temperatur steigt. P. war damals (seit 1889) Professor in Berlin, nachdem er in München studiert und dort auch eine erste Professur bekommen hatte. Um das dazugehörige P.sche Strahlungsgesetz ableiten zu können, mußte P. eine neue Naturkonstante einführen, das ›P.sche Wirkungsquantum h‹, das bald zum Ende der klassischen Physik führte und eine grundlegende Revolution dieser Wissenschaft auslöste. Die Naturkonstante h mit der Dimension einer Wirkung (Energie mal Zeit) drückt aus, daß Energieänderungen im atomaren Bereich nicht kontinuierlich vor sich gehen können. Sie sind vielmehr unstetig und diskret.

Als P. diese kühne Annahme von Quantensprüngen 1900 machte, für die ihm 1918 der Nobelpreis für Physik verliehen wurde, ahnte niemand, wie entscheidend seine Hypothese für den weiteren Verlauf der Physik werden sollte. Nur mit ihrer Hilfe konnte der Aufbau der Atome und die Stabilität der Materie verstanden werden. Allerdings mußte dieser Gewinn mit einem Verzicht auf die deterministische Form der klassischen Physik bezahlt werden. Die neue Quantenphysik beschrieb eine atomare Wirklichkeit, in der Aufenthaltswahrscheinlichkeiten an die Stelle von Bahnen traten und in der es unaufhebbare Unbestimmtheiten gab. P. hat sich niemals richtig mit den (philosophischen) Konsequenzen seiner Entdeckung abfinden können, die vor allem Niels Bohr und

Werner Heisenberg in der sogenannten Kopenhagener Deutung zusammengestellt haben. Die damit verbundene Relativierung der Kausalität widerstrebte P.s Überzeugung von absoluten Werten in Wissenschaft und Religion wie etwa Einfachheit und Ehrfurcht.

Am Ende seines Vortrags *Die Kausalität in der Natur* heißt es (1932): »Allerdings läßt sich das Kausalgesetz ebensowenig beweisen wie logisch widerlegen, es ist also weder richtig noch falsch; aber es ist ein heuristisches Prinzip, ein Wegweiser, und zwar nach meiner Meinung der wertvollste Wegweiser, den wir besitzen, um uns in dem bunten Wirrwarr der Ereignisse zurechtzufinden, und die Richtung anzuzeigen, in der die wissenschaftliche Forschung vorangehen muß, um zu fruchtbaren Ergebnissen zu gelangen. Wie das Kausalgesetz schon die erwachende Seele des Kindes sogleich in Beschlag nimmt und ihm die unermüdliche Frage ›Warum?‹ in den Mund legt, so begleitet es den Forscher durch sein ganzes Leben und stellt ihm unaufhörlich neue Probleme. Denn die Wissenschaft bedeutet nicht beschauliches Ausruhen im Besitz gewonnener sicherer Erkenntnis, sondern sie bedeutet rastlose Arbeit und stets vorwärtsschreitende Entwicklung, nach einem Ziel, das wir wohl dichterisch zu ahnen, aber niemals verstandesmäßig voll zu erfassen vermögen.«

Nach dem großen Triumph wider Willen im Jahre 1900 hat sich P. in seiner zweiten Lebenshälfte zunehmend mit weltanschaulichen Fragen beschäftigt und unter anderem engagiert die Relativitätstheorie Albert Einsteins gegen ihre Gegner verteidigt. P.s Bedeutung als Wissenschaftler und sein bescheidenes und unbestechliches Auftreten verhalfen ihm bereits zu Lebzeiten zu einem legendären Ruf unter Fachkollegen. Man übertrug ihm viele Funktionen im damaligen Wissenschaftsbetrieb, die er alle mit extremem Pflichtgefühl ausfüllte. Als ständiger Sekretär der Berliner Akademie (1912–1938), als Rektor der Universität Berlin (1913/14) und als Präsident der später (nach 1949) seinen Namen tragenden Kaiser-Wilhelm-Gesellschaft (1930–1936) hat P. sich um die deutsche Wissenschaft so verdient gemacht wie keiner mehr nach ihm.

Heilbronn, John: Max Planck – The Dilemma of an Upright Man. Berkeley 1986. – Hermann, Armin: Max Planck. Hamburg 1973. – Hartmann, Max: Max Planck als Mensch und Denker. Berlin 1964.

Ernst Peter Fischer

Plessner, Helmuth
Geb. 4. 9. 1892 in Wiesbaden; gest. 12. 6. 1985 in Göttingen

P. wurde 1892 als Sohn eines Arztes in Wiesbaden geboren, studierte zwei Semester Medizin, um sich dann der Zoologie zuzuwenden, die er bis zu den Vorstadien einer experimentell angelegten Dissertation betrieb. In Heidelberg und Göttingen zog es ihn bei Wilhelm Windelband und Edmund Husserl jedoch zur Philosophie, in der er 1916 promovierte. Seine ersten Publikationen, bereits 1913, zeigen den Doppelweg, den er nie ganz verließ: *Die wissenschaftliche Idee. Ein Entwurf über ihre Form* war der philosophische Erstling; parallel erschienen *Untersuchungen über die Physiologie der Seesterne* in den *Zoologischen Jahrbüchern*.
1917 wurde P. über seine Bekanntschaft mit dem Erlanger Oberbürgermeister im Rahmen des Zivildienstes nicht der Erlanger Milchversorgung zugeteilt, wie vorgesehen, sondern als Volontärassistent dem Germanischen Museum in Nürnberg, wo er Münzen sortierte und anderen nichtphilosophischen Tätigkeiten nachging. 1920 habilitierte er sich an der Universität Köln für Philosophie und blieb dort als Privatdozent bis zum Ende des Wintersemesters 1932/33: »Das Hitlerregime hatte den Professoren, die von den Bestimmungen für die sogenannten Nichtarier betroffen waren, liebenswürdigerweise empfohlen, für das Sommersemester nicht anzukündigen.«

P.s akademische Karriere und öffentliche Wirksamkeit in Deutschland war zunächst beendet. Nach einem fruchtlosen Intermezzo in Istanbul konnte er durch Vermittlung des Zoologen Frederik Buytendijk an der Universität Groningen Fuß fassen, mußte aber nach der deutschen Okkupation seine Stellung wieder räumen und tauchte in Utrecht, dann in Amsterdam unter. Mit knapper Not entkam er einer Gestapo-Falle. 1946 wurde er Ordinarius für Philosophie in Groningen, Nachfolger eines Mannes, der in Sachsenhausen umgebracht worden war. 1952 nahm er einen Ruf auf den neugegründeten Lehrstuhl für Soziologie in Göttingen an, behielt sich aber das Recht vor, auch Philosophie vertreten zu können. Nach seiner Emeritierung hat P. in New York unterrichtet (Theodor-Heuss-Lehrstuhl) und in Zürich, wohin er schließlich gezogen war. In hohem Alter kehrte er nach Göttingen zurück, wo er auch gestorben ist.

P.s Bücher standen nie im Rampenlicht, so wenig wie er selber. Ein äußerer Grund liegt natürlich in der erzwungenen Emigration, mit der auch seine Bücher in Deutschland zu existieren aufhörten. Aber keineswegs haben sich deutsche Verlage beeilt, sie nach dem Krieg neu zu edieren. P.s frühere philosophische Schriften waren zum Teil unveröffentlicht, zum Teil schulphilosophische Auseinandersetzungen mit der Tradition. 1923 kam jedoch sein erstes »originelles« Buch heraus: *Die Einheit der Sinne. Grundlinien einer Aesthesiologie des Geistes*, das »nie eine ernsthafte Besprechung bekam«, wie er selbst feststellte. Es paßte nicht in die Raster der Schulphilosophie und der Biologie. Wir wissen heute, daß es eine wichtige Vorstufe zu P.s eigentlicher philosophischer Leistung war, der Begründung einer philosophischen Anthropologie: der Untersuchung der Einheit von Körper und Geist. Gerade auf dem Gebiet der philosophischen Anthropologie hatte P. es jedoch bald mit zwei Konkurrenten zu tun, die seine Mitwirkung überhaupt nicht schätzten: Max Scheler und Arnold Gehlen. 1924, um doch auch einem größeren Publikum etwas zu bieten, tat P. seinen ersten Schritt in Richtung Sozialphilosophie und Soziologie mit dem kleinen Buch *Grenzen der Gemeinschaft. Eine Kritik des sozialen Radikalismus*, das von der Zunft vermutlich nur einmal erwähnt wurde, von Helmut Schelsky.

P.s soziologisches Wirken nach dem Zweiten Weltkrieg stand im Schatten der eher weltanschaulich geprägten deutschen Nachkriegssoziologie. Auch sein bedeutendes Buch *Die verspätete Nation* (zuerst 1935) – »1946 hätte es eine unmittelbare Wirkung gehabt« – erschien erst 1959 wieder. Das Hauptwerk P.s teilte das Schicksal der anderen Werke. *Die Stufen des Organischen und der Mensch. Einleitung in die philosophische Anthropologie* erschien 1928. P. hat in einem Rückblick geschildert, daß die Umstände mehr als ungünstig waren. Der Kölner Kollege Max Scheler schwankte zwischen Ignoranz und Plagiatsverdacht (den erst Nicolai Hartmann ausräumen konnte), schlimmer aber war der Ruhm des neuen philosophischen Stars: »Heideggers Wirkung überstrahlte alles.« Die Sächsische Akademie der Wissenschaften verlieh 1931 ihren Avenariuspreis an P., aber das half auch nichts. Das Bedürfnis nach Weltanschauung war größer, und da war, innerhalb und außerhalb der philosophischen Anthropologie, der Markt schon besetzt.

Was war sie eigentlich, diese merkwürdige philosophische Anthropologie, die es damals in Deutschland gab? Eine philosophische Lehre vom Menschen – aber wieso so spät, noch 1928? Die Einzelwissenschaften vom Menschen hatten sich ja längst von der Philosophie gelöst, und die Philosophie selber war akademische Einzeldisziplin geworden, keineswegs mehr eine Königin der Wissenschaften. Gerade an Schelers Versuch wird die weltanschauliche Komponente der philosophischen Anthropologie sichtbar: Sein Darmstädter Vortrag *Die Stellung des Menschen im Kosmos* (1927) beschwört schon im Titel die Rückbindung des Menschen an eine metaphysisch begründete Weltordnung, an die er als Triebwesen zwar gefesselt ist, die er aber als Geistwesen auch transzendiert. Die philosophische Anthropologie wurde von Arnold Gehlen weitergeführt, zuerst in einigen Aufsätzen der 30er Jahre, die in dem Hauptwerk *Der Mensch* (1940) gipfelten. Gehlen kannte die Fallstricke der altgewordenen Metaphysik sehr genau und desavouierte in seinem Buch mit Recht den Schelerschen Versuch ihrer Restauration. Gehlen ging »pragmatisch« vor, d. h. er konnte aus einer Fülle von Funktionsanalysen menschlicher Handlungen – und dadurch ohne zuviel Philosophie – ein Bild des Menschen und seiner Stellung »in der Welt« zeichnen. Biologen – wie jüngst Norbert Bischof in seinem Buch *Das Rätsel Ödipus* – haben jedoch darauf hingewiesen, daß Gehlens zentraler Begriff des »Mängelwesens« nicht ganz konsequent ist. Mit so vielen Mängeln, wie sie der Mensch in Gehlens anthropologischer Konstruktion hat, hätte er es schwerlich in der Welt zu etwas bringen können. In die Lücke, die das Mängelwesen in der

Konstruktion ließ, setzte Gehlen jedoch die Institutionen, und hier konnte nun auch ein weltanschauliches Bedürfnis befriedigt werden. Gehlens philosophische Anthropologie verhieß, wenn schon nicht Orientierung, so doch wenigstens Ordnung. Und damit war er, wenn auch umstritten, ein brauchbarer Mann – von Scheler, aber auch von P. sprach nun niemand mehr.

Man muß diesen Hintergrund sehen, um sowohl die Leistung wie auch die Nichtbeachtung von P.s philosophischer Anthropologie genauer zu erkennen. Das Buch *Die Stufen des Organischen und der Mensch* ist freilich nicht auf Breitenwirkung hin geschrieben, im Grunde überhaupt nicht auf Wirkung. Der Titel ist nicht gerade verlockend, und der geneigte Leser erfährt das Geheimnis des Buches ziemlich spät. Erst im Schlußkapitel ist überhaupt vom Menschen die Rede. Der Witz des Buches besteht natürlich darin, wie der Autor überhaupt zu diesem Schlußkapitel kommt und welche Stufen des Organischen dem Menschen sozusagen vorausgehen. P. entwickelt in diesem Kapitel seinen inzwischen berühmten Gedanken von der »exzentrischen Position« des Menschen. Tiere, das weiß heute jeder Konrad-Lorenz-Leser, haben eine fest geordnete Position im Leben: Sie sind durch angeborene Triebe und Wahrnehmungen auf eine für sie spezifische Umwelt hin orientiert, und sie bleiben im fest geschlossenen System von Trieb, Wahrnehmung und Triebhandlung ihr ganzes Leben lang – sie können daran nichts ändern. Bei den Haustieren ist diese Zuordnung bereits gelockert, viel weitergehend ist sie es beim Menschen – wobei die Fachleute (wie etwa Norbert Bischof) über Einzelheiten und Grenzen dieser Betrachtungsweise durchaus streiten. P. betont gegenüber der Umweltfixiertheit des Tieres die Welt-Offenheit des Menschen als den unterscheidenden Außenaspekt. Es gibt aber auch einen Innenaspekt von großer Bedeutung: der Mensch lebt mit sich selbst nicht in natürlichem Einklang (er hat keine natürliche, fest geprägte Identität); er kann und muß zu sich selbst Stellung beziehen. Der Mensch ist das Wesen, das nicht im Zentrum seiner Welt oder Umwelt oder Existenz steht – er ist von Natur aus in eine exzentrische Position gestellt, sozusagen ohne Mitte. P. hat seinen Zentralgedanken von der exzentrischen Position des Menschen später aus der etwas umständlichen Verpackung des *Stufen*-Buches herausgelöst und in zahlreichen Texten dargestellt, so etwa im Einleitungskapitel zur *Propyläen-Weltgeschichte*. Was »bedeutet« nun diese exzentrische Position? Ist sie doch – wie Scheler will – Anweisung für eine metaphysische Spitzenstellung des Menschen? Ist sie Beweis für die »Krone der Schöpfung«? P. warnt vor der »Metaphysizierung« des Homo sapiens: »Wir wissen nichts über die Zielkräfte der Evolution, nichts darüber, ob es so etwas wie Zielkräfte überhaupt gibt, die in der Gattung Mensch an ihr Ende gekommen sind und sich in ihr erschöpft haben.« P. spricht am Schluß der *Stufen* konsequent nicht irgendeine anthropologische »Wahrheit« aus, er formuliert, spröde genug, drei anthropologische Grundgesetze: das der vermittelten Unmittelbarkeit, das der natürlichen Künstlichkeit und das des utopischen Standortes. In seinen sozialphilosophischen und soziologischen Arbeiten hat er diese Begriffe genauer erläutert. Gerade diese Arbeiten zeigen, daß er nicht von einer Weltanschauung herkommt – wie Scheler – oder in einer endet – wie Gehlen –, sondern, getreu seiner anthropologischen Grundeinsicht, den Bereich von Geschichte und Gesellschaft prinzipiell offenhält. Mit der exzentrischen Position ist in der Tat das schützende Dach einer Ideologie oder einer ideologischen Gemeinschaft schlecht zu erreichen — der Begriff gibt ideologisch ein bißchen zu wenig her (vgl. das Alterswerk *Diesseits der Utopie*, 1966). P. hat bereits 1924, in einer Hoch-Zeit ideologischer Sinnsuche, mit seinem Buch *Grenzen der Gemeinschaft* die Gefahren der Gemeinschaftshuberei analysiert, die Illusion der distanzlosen sozialen Beziehung ohne Macht und ohne Differenzierung. Elf Jahre später, bereits im Exil, schrieb er sein Buch über die politische Verführbarkeit bürgerlichen Geistes, das später den Titel *Die verspätete Nation* bekam. 1935 war es schon zu spät — die große »Gemeinschaft« hatte sich bereits zusammengeschlossen und wartete darauf, auch das übrige Europa »anzuschließen«.

Über vermittelte Unmittelbarkeit hat P. in einigen Studien über Entfremdung, soziale Rolle und Öffentlichkeit geschrieben. Er greift die klassische (eigentlich romantische) Dichotomie des »wahren« und des »bloß vermittelten« Selbst auf, an der sich alle Entfremdungstheorien gerieben haben. Exzentrische Position bedeutet jedoch, daß wir »unvermittelt« gar nicht bei uns selbst sein können, ein Gedanke, der bei Hegel und, interessant zugespitzt, auch bei Gehlen vorkommt. Heidegger (und viele andere »ursprüngliche Denker«) hatten gerade mit dem unmittelbaren »Sein« gelockt. Es ist aber, wie P. fast erbarmend zugibt, den Menschen nicht immer leicht, bei der »natürlichen Künstlichkeit« ihres Tuns zu verharren, das oft bloß in künstliche Künstlichkeit mündet. So landen sie denn, exzentrisch wie sie sind, beim dritten Gesetz ihres Wesens, dem utopischen Standort: »Nach dem Gesetz des utopischen Standorts ist der Mensch der Frage nach dem Sein ausgeliefert, das heißt, warum etwas ist und nicht lieber nichts. Diese Bodenlosigkeit, die schlechthin alles transzendiert, kann nur religiös beantwortet werden, weshalb keine Form von Menschsein ohne religiöses Verhalten zu finden ist,... ob das der Anthropologie ohne eine sinnhafte Direktion paßt oder nicht.«

Es wird deutlich, warum man sich auf P.s Anthropologie nicht gerade gestürzt hat. An all die liebgewordenen Ausgänge aus dem irdischen Jammertal hat er »Verboten!« geschrieben. P. aber, offenbar von der eigenen Philosophie auch belehrt (was selten ist), läßt keinen Raum für Melancholie. Wenn wir denn schon exzentrische Positionisten sind, so scheint seine Weisheit zu lauten, dann muß man das eben genießen. In vielen Arbeiten hat er beschrieben, wie gerade die exzentrische Position zu den raffiniertesten Kulturleistungen führt. Schon der hereingeschneite Volontärassistent des Germanischen Nationalmuseums schrieb 1918 über die Geschichtsphilosophie der bildenden Kunst seit Renaissance und Reformation, kein Meisterschuß zwar, aber Zukünftiges anzeigend. In Köln denkt P. bereits *Über die Möglichkeiten einer Ästhetik* nach — hat aber selber keine geschrieben. Man lese statt dessen seine Rezensionen von Adornos Ästhetik (und der *Negativen Dialektik*), die leider in der Ausgabe der *Gesammelten Schriften* fehlen. Ebenfalls in Köln schreibt P. über die Phänomenologie der Musik. Die Deutung des mimischen Ausdrucks ist schließlich ein drittes Thema P.s in der frühen Kölner Zeit und auch dieses wegweisend. Gerade an der *Anthropologie des Schauspielers* (1948) konnte er das Exzentrische der exzentrischen Position besonders gut demonstrieren. Aufsätze über Spiel und Sport setzten das Thema fort, und eine seiner letzten Arbeiten hieß *Die Musikalisierung der Sinne*.

P.s bekanntestes Buch war wohl *Lachen und Weinen* (1941), mehrfach aufgelegt und für seine Verhältnisse fast ein Hit. Lachen und Weinen sind Extremsituationen des menschlichen Verhaltens, sozusagen extreme exzentrische Verhaltensweisen, die sich immer dann einstellen, wenn die normale Verhaltensregulation nicht ausreicht. Vielleicht ist das die wirklich utopische Situation, aber P.s Sprödigkeit läßt es zu dieser Deutung nicht kommen. Später hat er noch über das Lächeln geschrieben, die »vieldeutigere Form«, bei der man nie weiß, »was oder was nicht dahintersteht«. Keine schlechte Formel auch für die »conditio humana«, deren Rätsel hinter aller Philosophie und Wissenschaft P. stets gesehen hat.

Redeker, Hans: Helmuth Plessner oder die verkörperte Philosophie. Berlin 1993. – Pietrowicz, Stephan: Helmuth Plessner. Genese und System seines philosophisch-anthropologischen Denkens. Freiburg i.Br./München 1992. – Hammer, Felix: Die exzentrische Position des Menschen. Methode und Grundlinien der philosophischen Anthropologie Helmuth Plessners. Bonn 1967.

Werner Brede †

Popper, Karl Raimund
Geb. 28.7. 1902 in Wien; gest. 17. 9. 1994 in Croydon bei London

»Aber ich warne Sie: Ich weiß nichts; oder fast nichts.« Koketterie hatte P. sicher nicht mehr nötig, als er 1985 in einem in Zürich gehaltenen Vortrag so zu seiner Zuhörerschaft sprach. Vielmehr zeugte diese »Warnung« von der grundlegenden philosophischen Haltung, die P.s gesamtes Werk prägt; von der sokratischen Einsicht »Ich weiß, daß ich nichts weiß«, die schon sehr früh zum intellektuellen Leitfaden des jungen Mannes wurde und die sich in der tiefen Überzeugung verwirklichte, daß alles Wissen von der Welt nur begrenzte Gültigkeit besitzt. Bezeichnenderweise kam P. mit dieser Weisheit zum ersten Mal nicht durch einen philosophischen Lehrer an der Universität in Berührung, sondern durch einen Wiener Tischlermeister, bei dem P. in die Lehre ging und dem es nötig schien, das Selbstbewußtsein seines studierten Stifts auf das rechte Maß zurechtzustutzen. So sehr hat P. sich das gemerkt, daß er seine Autobiographie *Unended quest* (1976; *Ausgangspunkte*) mit dem Satz beginnen ließ: »Es war einmal ein Tischlermeister, der hieß Adalbert Pösch.«

Dabei hatte P. schon früh in seinem Elternhaus gelernt, sich mit den Theorien seiner Zeit auseinanderzusetzen. Zehn Jahre war er alt, als ihn ein viel älterer Freund in das sozialistische Gedankengut einführte und mit wissenschaftlichen Kreisen in Berührung brachte. Der intellektuelle Einfluß dieses Freundes, die Armut in Wien nach dem Ersten Weltkrieg und Unzufriedenheit mit der Schule führten freilich dazu, daß P. Ende 1918 noch vor der Matura aus dem Wiener Realgymnasium austrat. Er engagierte sich daraufhin politisch und verstand sich für kurze Zeit als Kommunist, bis er miterlebte, wie mehrere junge sozialistische Arbeiter von der Polizei niedergeschossen wurden. Dies gehörte, wie er später sagte, »zu den wichtigsten Ereignissen meines Lebens«. Er machte die sozialistische Theorie für das Massaker mitverantwortlich, die, so sah er es, die Menschen in Gefahr bringe, indem sie zur Verschärfung des Klassenkampfes auffordere. »Nur mit knapper Not entging ich der marxistischen ideologischen Mausefalle«, schrieb er noch 1992. P. lernte Sigmund Freuds psychoanalytische Theorie und Albert Einsteins Relativitätstheorie kennen. Die Relativitätstheorie einerseits sowie marxistische und freudianische Theorie andererseits wurden ihm bald zu Paradigmen für die Abgrenzung von Wissenschaft und Pseudowissenschaft. Wie sehr P. damals nach einer für ihn sinnvollen Aufgabe suchte, zeigen die vielen verschiedenen Tätigkeiten nach dem Schulaustritt. Er arbeitete in Alfred Adlers Erziehungsberatungsstellen, holte 1922 die Matura nach und studierte in Wien Mathematik und Physik. Zwischendurch erlernte er das Tischlerhandwerk bei jenem Adalbert Pösch.

Mit seiner Anstellung als Lehrer an einer höheren Schule im Jahr 1930 entschloß sich P. dann, seine wissenschaftlichen Überlegungen, zu denen er durch die Gegenüberstellung von Einstein, Marx und Freud angeregt worden war, zu veröffentlichen. Das Problem der Induktion sowie das der Abgrenzung von Wissenschaft und Pseudowissenschaft wurden zu den beiden Hauptthemen seines ersten veröffentlichten Buches *Logik der Forschung* (1935). Die darin vertretenen Thesen richtete der Autor erklärtermaßen gegen den »Wiener Kreis«, eine Gruppe von Philosophen, Naturwissenschaftlern und Mathematikern, die sich mit wissenschaftstheoretischen Fragestellungen beschäftigten. Den Mittelpunkt dieser Gesellschaft bildete Moritz Schlick, der P. 1928 die Doktorprüfung abgenommen hatte. Nach dem Grundgedanken in *Logik der Forschung* wird eine empirisch-wissenschaftliche Theorie nicht, wie die Philosophie des Wiener Kreises behauptet, induktiv, durch sukzessive Anhäufung ähnlicher Beobachtungen aufgestellt. Sie kann aus logischen Gründen so auch nicht bewiesen werden, sondern ist Ergebnis eines kreativen Aktes, eine Hypothese. Und: Eine Theorie kann überhaupt nicht bewiesen, im Sinne von empirisch verifiziert werden, sondern gilt in dem Maße und nur so lange als wissenschaftlich begründet, wie sie sich für mögliche Falsifikationen anbietet und diese abzuwehren vermag. Pseudowissenschaftliche Theorien sind daran zu erkennen, daß ihnen das Kriterium der empirischen Widerlegbarkeit fehlt. P. hat eine Asymmetrie zwischen Verifikation und Falsifikation entdeckt: Eine Theorie, in der Allsätze wie »Alle Schwäne sind weiß« vorkommen, ist über Erfahrung nie als wahr zu begründen, da immer nur eine begrenzte Anzahl von Fällen überprüfbar ist. Dagegen ist es möglich, durch Beobachtung auch nur eines einzigen schwarzen Schwans diesen Allsatz als falsch auszuweisen. Tatsächlich kann so nach P. eine Theorie nicht die Schlußfolgerung aus vielen Einzelbeobachtungen sein, sondern muß als Hypothese verstanden werden, die zuerst steht und aus der sich spezielle Beobachtungssätze folgern lassen. Und genau diese Sätze sind es, die in der Erfahrung – und das ist P.s neuer Ansatz – nicht Verifikationsbemühungen, sondern Falsifikationsversuchen unterworfen sind. Diese Form der Begründung von Theorien steht unter der Bezeichnung des »Kritischen Rationalismus«.

Während P. an seiner Falsifikationstheorie arbeitete, wurde die politische Lage in Wien zusehens unsicherer. Die Annexion Österreichs durch das nationalsozialistische Deutschland drohte, der Wiener Kreis wurde zerschlagen, und P. hatte offensichtlich immer weniger Lust auf seine Lehrertätigkeit. So kam es, daß er eine Dozentenstelle für Philosophie am Canterbury College in Christchurch in Neuseeland annahm. 1937 siedelte P. mit seiner Frau Josefine Anna, geb. Henninger über. In Neuseeland begann er, die Wissenschaftstheorie der *Logik der Forschung*, die in erster Linie die Naturwissenschaften im Auge hat, auf die Sozialwissenschaften zu übertragen. Diese Überlegungen führten P. zur erneuten Kritik sozialistischer Theorien, weshalb er mit einer Veröffentlichung zögerte. Die sozialistischen Parteien Europas in ihrem Kampf gegen den Faschismus zu schwächen, konnte nicht seine Absicht sein – trotz seiner auch in späteren Jahren nie erlahmenden anti-sozialistischen und anti-marxistischen Überzeugung. Schließlich erschien 1945 doch als späte Reaktion auf Hitlers Einmarsch in Österreich *The Open Society and Its Enemies* (1945; *Die offene Gesellschaft und ihre Feinde*), eine Arbeit, die sich – später in elf Sprachen übersetzt – neben der Kritik an Marx hauptsächlich mit Platons autoritären Herrschaftsgedanken in dessen Werk *Der Staat* auseinandersetzt, und *The Poverty of Historicism* (1957; *Das Elend des Historizismus*). Diese beiden Arbeiten waren »als Verteidigung der Freiheit gedacht – eine Verteidigung gegen totalitäre und autoritäre Ideen – als eine Warnung vor den Gefahren des historizistischen Aberglaubens«. Historizistischer Aberglaube nannte P. den Versuch, allgemeine Entwicklungsgesetze aufzustellen, die den Verlauf der Geschichte als unvermeidbar und voraussagbar darstellen. Endgültige Theorien läßt P.s Denken also auch im Bereich der Geschichte nicht zu. Freilich sind Fehler dazu da, um aus ihnen zu lernen, was in P.s Philosophie das eigentliche Fortschrittspotential darstellt. Das sokratische »Ich weiß, daß ich nichts weiß« bildet somit gleichfalls den gedanklichen Hintergrund, wenn sich P. gegen revolutionäre Erneuerung und in seiner »Stückwerk-Sozialtechnik« für sukzessive soziale Reformen ausspricht. Die Demokratie beurteilte er noch als die geeignetste Staatsform für eine Politik der Fehlerkorrektur, was ihm, unter anderem, später viel Kritik im Positivismusstreit eingetragen hat; freilich auch die Verehrung des ehemaligen Bundeskanzlers Helmut Schmidt. Trotz dieser fruchtbaren Arbeit fühlte sich das Ehepaar P. in Neuseeland jedoch nicht wohl, was sich änderte, als man 1946 nach Europa zurückkehrte. P. folgte einem Ruf als außerordentlicher Professor an die »London School of Economics and Political Science«, wo er bis zu seiner Emeritierung 1969 tätig war. Gleich zu Anfang kam es zur legendären Begegnung zwischen ihm und Ludwig Wittgenstein, von der es später, allerdings zu Unrecht, hieß, beide seien mit Schürhaken aufeinander losgegangen. 1949 schließlich wurde P. ordentlicher Professor für Logik und wissenschaftliche Methode. Seine Verehrung für die englische Lebens- und Denkweise erfuhr 1965 eine offizielle Erwiderung. Der Philosoph wurde in den Adelsstand erhoben und durfte sich ab sofort Sir Karl P. nennen.

P.s Wirken endete freilich nicht mit seinem Ausscheiden aus dem Universitätsbetrieb, sondern galt bis zuletzt der Auswertung und Vertiefung des Kritischen Rationalismus. So wird in Veröffentlichungen wie *Objective Knowledge* (1972; *Objektive Erkenntnis*) und *The Self and Its Brain* (1977; *Das Ich und sein Gehirn*), das P. mit dem Neurophysiologen John C. Eccles schrieb, der Gedanke weitergeführt, daß es die Theorien zum Zweck des Problemlösens gibt, wobei die Probleme von einer bestehenden fehlerhaften Theorie vorgegeben werden. Theorien lassen sich so immer als objektive Manifestationen einer Entwicklung verstehen, die überindividuell verläuft und hinter die man nicht zurück kann. Sie stellen auf diese Weise, obwohl Hypothesen, objektive Erkenntnisse dar, von denen immer auszugehen ist, die aber letztlich auch immer wieder aufgegeben und durch bessere ersetzt werden. Verfolgt man diesen Prozeß der theoretischen Vorgaben zurück, so wird man irgendwann bei grundlegenden, durch die Organisation des Organismus bedingten »Erwartungen« angelangen, die die Rolle theoretischer Hypothesen spielen. Der evolutionäre Charakter von P.s Erkenntnistheorie zeigt sich nicht zuletzt im Bestreben, selbst die Organe als Hypothesen zu betrachten.

Leben in seiner Gesamtheit bedeutet für P. also »Problemlösen«, und das gilt bis hinunter zu den Einzellern. Doch: »Der Hauptunterschied zwischen Einstein und einer Amöbe ist der, daß Einstein bewußt auf Fehlerbeseitigung aus ist.« Und dies hängt mit P.s sogenannter »Welt 3« zusammen. Der Mensch allein hat Zugang zu dieser Welt der Gedanken, wissenschaftlicher Probleme oder Kunstwerke, kurz: der geistigen Produkte, während die Amöbe wohl mit der Welt 1 der physikalischen Dinge, aber schon nicht mehr mit der 2. Welt der subjektiven Bewußtseinszustände in Verbindung steht. Mit dieser Theorie der drei Welten ging P. noch in den späten Jahren seines Schaffens das Leib-Seele-Problem an, das er als psycho-physische Wechselwirkungsbeziehung verstand.

»Optimismus ist Pflicht« – dieser Satz kommt in der Danksagung P.s anläßlich der Verleihung der Otto-Hahn-Friedensmedaille vor, die P. neben vielen anderen Auszeichnungen 1993 erhielt. Der bejahrte Philosoph war überzeugt davon, »daß wir im Westen gegenwärtig in der besten sozialen Welt leben, die es je gegeben hat«. Optimismus ist für P.s Kritischen Rationalismus kein Problem. Für ihn ist die Zukunft unbestimmt und deshalb offen für den menschlichen Gestaltungswillen. In seinem Aufsatzband *Alles Leben ist Problemlösen* (1984), den P. gerade noch fertigstellen konnte, bevor er an einem langen Krebsleiden starb, läßt er keinen Zweifel daran, daß dies als die große Chance des Menschen verstanden werden muß.

Geier, Manfred: Karl Popper. Reinbek bei Hamburg 1994. – Leser, Norbert (Hg.): Die Gedankenwelt Sir Karl Poppers: Kritischer Rationalismus im Dialog. Heidelberg 1991. –

Döring, Eberhard: Karl R. Popper. Einführung in Leben und Werk. Hamburg 1987. – Der Positivismusstreit in der deutschen Soziologie. Beiträge von Adorno, Theodor W./Dahrendorf, Ralf/Pilot, Harald/Albert, Hans/Habermas, Jürgen/Popper, Karl R. Darmstadt/Neuwied 1987. – Weinheimer, Heinz: Rationalität und Begründung. Das Grundlagenproblem in der Philosophie Karl Poppers. Bonn 1986.

Maria Schorpp

Putnam, Hilary
Geboren 31. 7. 1926 in Chicago/Illinois

»Was in unserem Leben Gewicht hat«, so formuliert P. die zentrale Einsicht des Pragmatismus, »das sollte auch in der Philosophie Gewicht haben«. Und was für das Verhältnis von Philosophie und Leben im allgemeinen gilt, das gilt auch für spezielle philosophische Fragen, etwa nach der Beziehung zwischen Denken und Welt, nach der Interpretation physikalischer Theorien, nach der Bedeutung von »Bedeutung«, dem Begriff des Geistes oder nach der Objektivität moralischer Werte. Zur Beantwortung dieser und vieler anderer Fragen hat P. wichtige, häufig diskussionsbestimmende Beiträge geleistet. Trotz der ungewöhnlichen Vielfalt der Themen und trotz mancher spektakulären Kurskorrektur zieht sich durch P.s verschiedene Arbeiten die Betonung dessen, »was im Leben Gewicht hat«: Schon wenn es um spezielle Lebensbereiche geht (z. B. Wissenschaft, Alltagssprache, Moral), muß die Philosophie die interne Perspektive eines Teilnehmers ernstnehmen; umso weniger läßt sich unsere gesamte Lebenspraxis »von außen« in den Blick bekommen. Einen »externen Standpunkt«, von dem aus man die Welt als ganze gleichsam »von außen« betrachten könnte, gibt es nicht.

P. promovierte 1951 bei Hans Reichenbach in Los Angeles mit einer Arbeit über den Wahrscheinlichkeitsbegriff und lehrte u. a. in Princeton, wo er mit Rudolf Carnap zusammenarbeitete, und am Massachusetts Institute of Technology. Seit 1965 ist er Professor für Philosophie an der Harvard-Universität in Cambridge, Massachusetts. In den 50er Jahren wirkte er an der Lösung des 10. Hilbertschen Problems mit, bei dem es um die Entscheidbarkeit diophantischer Gleichungen geht. Seine eigene philosophische Position definierte P. – oft in kritischer Auseinandersetzung mit dem Logischen Positivismus – zuerst in den 60er und 70er Jahren mit einer Reihe von einflußreichen Aufsätzen zur Sprachphilosophie, Wissenschaftstheorie und zur Philosophie des Geistes. Diese Arbeiten sind gesammelt in den Bänden *Mathematics, Matter, and Method* (1975) und *Mind, Language, and Reality* (1975).

Im Mittelpunkt der sprachphilosophischen Überlegungen P.s steht der Begriff der Bedeutung. Wie Willard Van Orman Quine kritisiert P. die traditionelle

Unterscheidung zwischen analytischen Sätzen (z. B. »Alle Junggesellen sind unverheiratet«), deren Wahrheit allein von ihrer Bedeutung und den Regeln der Logik abhängt, und synthetischen Sätzen (z. B. »Peter ist ein Junggeselle«), mit denen empirische Tatsachen behauptet werden. Dabei stützt sich P. auf die praxisinternen Standards für Bedeutungsgleichheit und -verschiedenheit und kann so, anders als Quine, die traditionelle Unterscheidung in eingeschränkter Form rechtfertigen: Mit »Ein-Kriterien«-Wörtern wie »Junggeselle« lassen sich durchaus Sätze bilden, deren Wahrheit von empirischen Entdeckungen unabhängig ist. Dies gilt aber nicht für »Gesetzesbündel«-Wörter, wie sie typischerweise in wissenschaftlichen Theorien vorkommen (z. B. »kinetische Energie«, »Elektron«, »multiple Sklerose«). Hier gibt es also keine klare Trennung zwischen analytischen und synthetischen Aussagen.

Wenn aber in die Bedeutung des Ausdrucks »Elektron« empirische Elemente eingehen, ändert sich dann seine Bedeutung mit unseren empirischen Kenntnissen? Diese Frage führt P. zu einer bedeutenden Entdeckung, die ihren klassisch gewordenen Ausdruck in dem Aufsatz *The Meaning of »Meaning«* (1975; *Die Bedeutung von »Bedeutung«*) gefunden hat: Wenn zwei Sprecher dasselbe Wort verwenden, um sich auf Gegenstände »natürlicher Arten« zu beziehen (z. B. »Elektron«, »Wasser«, »Buche«), dann kommt es bei der Frage, ob beide das Wort in derselben Bedeutung verwenden, nicht nur darauf an, welche charakteristischen Merkmale (»Stereotype«) sie mit der Verwendung des Wortes verbinden, sondern auch darauf, ob sie sich tatsächlich auf Gegenstände derselben Art beziehen. P. macht dies an einem berühmt gewordenen Gedankenexperiment deutlich: Man nehme an, es gebe irgendwo eine exakte Kopie der Erde mit allem, was darauf ist. Einen einzigen Unterschied gibt es allerdings: Während Wasser auf der Erde aus H_2O besteht, handelt es sich bei dem Stoff auf der Zwillings-Erde, der oberflächlich von Wasser nicht zu unterscheiden ist, um XYZ. Dann hat das Wort »Wasser« in meinem und im Munde meines Doppelgängers auf der Zwillings-Erde jeweils eine andere Bedeutung, selbst wenn wir dieselben Merkmale (»durchsichtige, geschmacklose Flüssigkeit«) damit verbinden. Dies ist so, weil zur Bedeutung von Ausdrücken für natürliche Arten auch der Hinweis auf paradigmatische Exemplare gehört, so daß nur solche Dinge unter diesen Ausdruck fallen, die dieselbe Beschaffenheit wie ein paradigmatisches Exemplar haben. Die Bedeutung eines Wortes ist also nicht, wie traditionell angenommen, ein psychisches oder abstrakt-geistiges Vorkommnis, das festlegt, welche Gegenstände das Wort bezeichnet. Vielmehr hängt die Bedeutung unter anderem von den bezeichneten Gegenständen ab. Bedeutungen, so P.s Slogan, sind nicht »im Kopf« (»semantischer Externalismus«). Dennoch muß nicht jeder, der kompetent einen Ausdruck wie »Wasser« verwendet, Wasser eindeutig von anderen Substanzen unterscheiden können, denn dies überlassen wir den Experten in unserer Sprachgemeinschaft (»linguistische Arbeitsteilung«).

Die These, daß die Bedeutung eines Wortes konstant bleiben kann, selbst wenn unsere Kenntnisse über seine Extension sich verändern, spielt auch in P.s wissenschaftstheoretischen Überlegungen eine wichtige Rolle. Nur diese Annahme erlaubt ein »realistisches« Verständnis der Wissenschaft, wonach konkurrierende wissenschaftliche Theorien sich auf dieselbe Wirklichkeit beziehen und eine Theorie umso besser ist, je näher sie der Wahrheit über die Wirklichkeit kommt. Dieser »scientific realism«, den P. als die implizite Wissenschaftstheorie der Wissenschaft selbst versteht, wendet sich sowohl gegen den Verifikationismus der Logischen Positivisten wie auch gegen den Falsifikationismus Karl Poppers und den wissenschaftstheoretischen Relativismus Thomas S. Kuhns und Paul Feyerabends. P.s Argumente für den wissenschaftlichen Realismus fanden weite Anerkennung und haben entscheidend zum Ende des Positivismus beigetragen. Darüber hinaus hat P. zahlreiche Arbeiten zur Philosophie der Mathematik und zur Interpretation der Quantenphysik veröffentlicht.

Besonders einflußreich war eine Reihe von Beiträgen zur Philosophie des Geistes, in denen P. die Position des »Funktionalismus« entwickelte. Wohl als erster hat er darin die Analogie zwischen einem menschlichen und einem elektronischen »Rechner« philosophisch nutzbar gemacht (*Minds and Machines*, 1960; *Geist und Maschine*). Grundlegend dafür ist der Begriff einer »universellen Turing-Maschine«, d. h. die abstrakte Beschreibung eines Apparats, der aufgrund eines veränderlichen Programms auf unterschiedliche Eingaben in bestimmter Weise reagiert. Jeder noch so komplizierte Computer läßt sich in seiner Funktionsweise (unabhängig davon, wie diese materiell umgesetzt ist) als eine Turing-Maschine darstellen. Die Grundthese des Funktionalismus ist nun, daß sich auch die geistigen Zustände eines Menschen als Zustände einer Turing-Maschine verstehen lassen. P. ging es dabei vor allem um die Überwindung des Behaviorismus: Es gibt tatsächlich geistige Vorgänge; sie sind eine Funktion von *input* (sensorischen Reizen), Programm (festgelegt vor allem durch den Aufbau des Gehirns) und *output* (Verhalten). Der Funktionalismus verspricht so eine elegante Lösung des Leib-Seele-Problems jenseits von Materialismus und Dualismus. Allerdings ist P. von dieser ursprünglichen Idee schon früh abgerückt, da sie auf unhaltbaren Vereinfachungen und Idealisierungen beruht. Inzwischen ist P. zu einem der schärfsten Kritiker des auf ihn zurückgehenden, heute weit verbreiteten Funktionalismus geworden, da dieser weder der Normativität des Geistigen noch der Offenheit und Flexibilität psychologischer und mentaler Begriffe gerecht wird (*Representation and Reality*, 1988; *Repräsentation und Realität*).

War die Betonung der Teilnehmerperspektive in den Schriften bis in die Mitte der 70er Jahre nur implizit (und nicht selten durch szientistische Reste verdeckt), so tritt der internalistische und pragmatistische Zug in P.s Denken seither immer deutlicher hervor (*Meaning and the Moral Sciences*, 1978; *Realism and Reason*, 1983). Oft in scharfer Abgrenzung von seinen früheren Auffassungen entwickelte P. seine neue Position des »internen Realismus«. In ihrer ursprünglichen Form, wie P. sie erstmals ausführlich in seinem Buch *Reason, Truth and History* (1981; *Vernunft, Wahrheit und Geschichte*) darlegte, ist sie vor allem durch folgende Punkte gekennzeichnet: Wahrheit wird nicht als Korrespondenz verstanden, sondern als idealisierte Form rationaler Akzeptierbarkeit; dabei ist der Begriff der Rationalität von historischen Bedingungen abhängig und nicht formalisierbar; die Wirklichkeit ist nicht von unseren Theorien und Auffassungen über sie unabhängig; es gibt keine klare Trennung zwischen Tatsachen und Werten; die Wissenschaften beschreiben nur einen von vielen Aspekten der Wirklichkeit; auch außerhalb der Wissenschaften und auch in Werturteilen gibt es objektive Wahrheit und Falschheit. Insgesamt versteht P. den internen Realismus als den Versuch, konsequent auf die Annahme eines externen Standpunkts, einer »Gottesperspektive« jenseits der begrenzten und kontingenten Sicht wirklicher Menschen, zu verzichten.

P.s »interner Realismus« beruht auf seiner Kritik am »metaphysischen Realismus« – der Auffassung, daß die Welt aus einer festen Gesamtheit von Gegenständen besteht, die sich vollständig und angemessen in einer Theorie beschreiben lassen, deren Wahrheit in einer Korrespondenzrelation besteht. Dagegen wendet sich P. mit verschiedenen Argumenten, die Auslöser umfangreicher Diskussionen waren: Sogenannte »modelltheoretische« Argumente sollen zeigen, daß dem metaphysischen Realismus zufolge der Bezug von Sprache und Denken zur Wirklichkeit völlig unbestimmt sein würde. Ein anderes Argument, das für P. zunehmend an Gewicht gewonnen hat, stützt sich auf das Phänomen der »begrifflichen Relativität«: Es gibt mitunter mehrere konkurrierende Beschreibungen desselben Bereichs der Wirklichkeit, die jeweils von unterschiedlichen Begriffen Gebrauch machen, ohne daß eine von diesen Beschreibungen als die einzig richtige gelten könnte. Für dieses Phänomen hat der metaphysische Realismus keinen Raum. Zugleich wendet sich P. jedoch gegen einen uneingeschränkten Relativismus: Auch wenn subjektive Momente in unser Weltbild eingehen, gibt es doch in vielen Fragen ein objektives Richtig und Falsch (*The Many Faces of Realism,* 1987). Ein drittes Argument stützt sich auf ein weiteres durch P. berühmt gewordenes Gedankenexperiment. Es stützt sich auf die These des semantischen Externalismus und soll zeigen, daß die skeptische Annahme, wir seien vielleicht nur Gehirne in einer Nährlösung, selbstwidersprüchlich ist. Der metaphysische Realismus aber kann eine solche skeptische Möglichkeit (eine moderne Variante des Cartesischen Dämons) nicht ausschließen.

Vor allem wegen der Anbindung des Begriffs der Wahrheit an den der rationalen Akzeptierbarkeit hatte der interne Realismus eine deutlich idealistische Tendenz, von der sich P. inzwischen distanziert hat. Zwar lehnt P. den »metaphysischen« Realismus weiterhin ab, doch betont er nun, daß die Philosophie unser alltägliches Wissen um die Geistunabhängigkeit der Welt anerkennen muß. Weil diese Selbstverständlichkeit heute philosophisch fragwürdig geworden ist, geht es P. um die Erlangung einer »zweiten Unschuld«. Dabei spielt in seinen neueren Arbeiten die Kritik an repräsentationalen Theorien des Geistes eine entscheidende Rolle: Wahrnehmung und Denken bestehen nicht in der Erzeugung und Verarbeitung von symbolartigen geistigen Gehalten (Repräsentationen), sondern sind ein direkter Zugang zu den wahrgenommenen oder gedachten Tatsachen und Gegenständen. Im Anschluß an den späten Ludwig Wittgenstein und William James sieht P. in diesem »direkten Realismus« weniger eine neue »Theorie« als vielmehr ein treffendes Bild, daß es uns erlaubt, unsere alltägliche Erfahrung anzuerkennen und philosophisch ernstzunehmen (*Realism with a Human Face*, 1990; *Renewing Philosophy*, 1992; *Words and Life*, 1994; »Sense, Nonsense, and the Senses«, 1994).

Die zunehmende Bedeutung des pragmatistischen Zugs in P.s Denken zeigt sich auch deutlich in seiner Auseinandersetzung mit ethischen, ästhetischen und religiösen Themen. Unter anderem geht es P. darum, eine universalistische und liberalistische Auffassung in Ethik und Gesellschaftstheorie mit der Tatsache zu vereinbaren, daß auch moralische Werte Teil historisch bedingter Lebensformen sind. Dabei betrachtet P. das Fehlen einer strengen Unterscheidung zwischen Werten und Tatsachen nicht als Indiz für die Subjektivität von Tatsachen, sondern umgekehrt für die Objektivität unserer Werte. Das Normative durchdringt alle Aspekte unseres Denkens; moralische, ästhetische und andere Werte spielen selbst noch in den strengsten Wissenschaften eine konstitutive Rolle. Ein Werte-Realismus, wonach auch Werturteile objektiv richtig oder falsch sein können, ergibt sich deshalb zwangsläufig, wenn wir unsere wirkliche Praxis ernstnehmen (*Realism with a Human Face*, *Renewing Philosophy*, *Words and Life*). Auch hier gilt also die pragmatistische Maxime, daß in der Philosophie Gewicht haben sollte, was im Leben Gewicht hat.

Die Einsicht in die Historizität der Vernunft hat P. auch zu einem stärker historisch orientierten Zugang zur Philosophie selbst geführt. So entwickelt er seine systematischen Thesen neuerdings häufig anhand der Interpretation der Werke Ludwig Wittgensteins, John Deweys, William James' und anderer Philosophen (zuletzt in *Pragmatism. An Open Question*, 1994; *Pragmatismus. Eine offene Frage*). Dabei ist P.s philosophische Position, bei aller im Rückblick erkennbaren Kontinuität, noch immer in Bewegung.

Burri, Axel: Hilary Putnam. Frankfurt am Main/New York 1994. – Clark, Peter/Hale, Bob (eds.): Reading Putnam. Oxford 1994. – Philosophical Topics, Vol. 20 (1992), No. 1: The Philosophy of Hilary Putnam.

Marcus Willaschek

Quine, Willard Van Orman
Geb. 25. 6. 1908 in Akron/Ohio

Von einem herausragenden Logiker erwartet man nicht, daß sein bekanntestes Argument um ein Kaninchen, einen Eingeborenen sowie einen Sprachforscher kreist. Und doch illustriert Q. eine fundamentale Erwägung seines Hauptwerks *Word and Object* (1960; *Wort und Gegenstand*) so: Die Übersetzung einer Dschungelsprache kann auf keinerlei sprachgeschichtliche Kontinuität zurückgreifen, sondern nur auf Beobachtungen, die zugleich sowohl dem Sprachforscher als auch dem »native speaker« zugänglich sind. Äußert der Eingeborene die Lautfolge »gavagai«, sobald sich ein Kaninchen zeigt, so kann man mit einiger Vorsicht die Sätze »gavagai« und »dort Kaninchen« gleichsetzen. Schwierig wird aber der nächste Schritt: bedeutet »gavagai« nun einfach »Kaninchen«? Der Eingeborene könnte ja auch ein Stück der Verschmelzung aller Kaninchen meinen – so wie wir das Wort »Wasser« verwenden. Vielleicht spricht der Eingeborene auch von Kaninchenteilen oder gar von einer platonischen »Kaninchenheit«! Dem Sprachforscher bleibt nichts übrig, als in der Dschungelsprache nach einer Unterscheidung zwischen Singular und Plural, nach Zahl- und Verweiswörtern zu suchen. Vermutet er etwa, »hork« bedeute »eins«, so kann er durch geschickte Fragen ermitteln, ob der Eingeborene auf ein einzelnes Kaninchen hinweist oder auf eine Ansammlung von Kaninchenteilen, ob er hier ein Kaninchen sieht und dort ein anderes – oder aber die Kaninchenheit meint. Verdächtigt der Forscher bestimmte Ausdrücke als Pronomina, so kann er über das Kaninchen eine Aussagenreihe formulieren, die der Eingeborene vielleicht ablehnen wird, sofern sie sich auf verschiedene Kaninchenstadien bezieht. So sind sprachliche Umschreibungen von Anzahl und Identität eng mit der Suche nach den Bausteinen der Sprache verknüpft. Zugespitzt: Ohne Mathematik und Logik dringt man in keine Sprache ein – nicht einmal in die Muttersprache, denn das Kleinkind ist in einer ähnlichen Lage wie der Sprachforscher.

Diese recht elegante Verankerung von Mathematik und Logik im alltäglichen Umgang mit der Sprache lenkt auf die akademischen Anfänge von Q. zurück. Der Oberschüler befaßt sich mit Sprachen und Geographie, vor allem aber mit Mathematik und Philosophie. Am College arbeitet er sich in die – noch weitgehend unbekannte – formale Logik ein und promoviert 1932 bei Alfred N. Whitehead, der zusammen mit Bertrand Russell die Mathematik auf die Logik zurückzuführen suchte. Allerdings strebt Q. von Anfang an danach, die Logik möglichst übersichtlich zu halten, also komplizierte durch einfache, aber gleichwertige Beweise zu ersetzen. Dies schlägt sich ab 1936 in seiner Lehrtätigkeit nieder – so in meisterhaft geschriebenen Lehrbüchern wie *Methods of Logic* (1964; *Grundzüge der Logik*) – und steckt letztlich auch hinter der eigentlich überraschenden Wendung der Geschichte vom Kaninchen: Die Annahmen des Sprachforschers sind nämlich dazu verurteilt, Hypothesen zu bleiben. Eindeutig ist nur die dem Forscher wie dem Eingeborenen zugängliche Beobachtung, welche dazu zwingt, »gavagaihork« entweder als »ein Kaninchen« oder als »eine Manifestation der Kaninchenheit« zu übersetzen, ohne eine definitive Entscheidung zu erlauben. Treibt man die Untersuchung weiter, so wird die Sachlage komplizierter, ohne sich zu ändern. Die Sprache ist als Ganzes in der Beobachtung verankert, doch wird sie nicht durch Beobachtungen allein geformt. Dies hat Konsequenzen für die Überprüfung von Sätzen. Q. geht von der konventionellen Unterscheidung zwischen wahr und falsch aus: Ein Satz ist wahr, wenn er die Welt widerspiegelt. Genauer: Ein Satz, geäußert zu bestimmter Zeit an einem bestimmten Ort, ist wahr, wenn er eine unmittelbare Erfahrung wiedergibt. Allerdings beziehen sich nur sehr wenige Äußerungen auf unmittelbare Erfahrungen. Ein Beispiel wäre: »Ich spüre eine glatte, harte, ebene Fläche und sehe ein braunes Viereck.« Grundlegender sind Sätze über physikalische Objekte

(»Da ist mein Schreibtisch«), über Dinge, die, anders als private Erfahrungen, in der Regel mehreren Beobachtern zugleich zugänglich sind und somit den gemeinsamen Nenner für die Sinneserfahrungen bilden. Deshalb fängt auch der Sprachforscher bei den Kaninchen an. Nun zeigt das Dschungelbeispiel, daß man sich in die Sprache nur eintasten kann, wenn man vielfältige Kombinationen von Äußerungen erprobt. Sätze über Gegenstände sind verflochten mit anderen Sätzen – über andere Gegenstände, über Sinneswahrnehmungen, über Naturgesetze. Das so gebildete Netz verknüpft Erfahrungen miteinander, es kann aber auch korrigiert werden durch Erfahrungen, die nicht zu ihm passen. Allerdings wird man solche Korrekturen bevorzugen, die das Netz möglichst wenig verändern, und man wird danach streben, das Netz übersichtlich zu halten. Es kann daher sein, daß eine widerspenstige Erfahrung als Sinnestäuschung zurückgewiesen wird. Denkbar wäre aber auch, daß logische oder mathematische Grundsätze revidiert werden – ein extremer Eingriff, der sich nur lohnt, wenn dadurch das Netz eleganter mit der Erfahrung abgestimmt werden kann.

Eine Entscheidung über die Gestalt der Logik muß bereits der Sprachforscher treffen, wenn er »gavagaihork« übersetzt: Läßt er Gegenstände wie die Kaninchenheit (d. h. nicht Kaninchen, sondern Lebewesen, denen Kaninchenheit zukommt) zu, so wird die Logik komplizierter. Man redet nicht mehr über eine Klasse gleichartiger Objekte, sondern über eine Eigenschaft. Was hier noch unproblematisch bleibt, führt zu Verwicklungen, sobald zwei Eigenschaften auf genau dieselben Objekte zutreffen. Das folgende (groteske) Beispiel kann dies verdeutlichen: Zufällig seien alle und nur die dreieckigen Flächen rot. Zweifellos bezeichnet »rot« eine andere Eigenschaft als »dreieckig«. Worin liegt aber der genaue Unterschied? Natürlich: »rot« betrifft die Farbe, »dreieckig« die Form. Es geht also um zwei Aspekte, die zusammen an ein und demselben Gegenstand wahrzunehmen sind. Will man den Aspekt der Form präziser fassen, so wird man auf die Klasse der Vielecke zurückgreifen. Der Bezug auf Eigenschaften stellt sich als überflüssige Komplikation heraus, und so entscheidet sich Q. um der Übersichtlichkeit der Logik willen dafür, mit physikalischen Objekten, Klassen von Objekten und Klassen von Klassen auszukommen. Hier gibt es eindeutige Identitätskriterien: Zwei Klassen sind identisch, wenn sie dieselben Objekte umfassen. Erneut spielen physikalische Objekte die entscheidende Rolle. Daß zwei Personen über Gegenstände, die ihnen gemeinsam zugänglich sind, sprechen können, gibt ihren privaten, unmittelbaren Sinneserfahrungen überhaupt erst Gestalt und Bestand. Deshalb wäre es nicht sinnvoll, auf diese Sinnesdaten zurückzugreifen, um von hier aus das Sprechen über Gegenstände ein für allemal und eindeutig zu klären. Ganz im Gegenteil: Neurophysiologische Theorien über die Sinneswahrnehmung sind komplizierter als unser Zugang zu alltäglichen Gegenständen, bleiben mithin darauf angewiesen. Freilich: Die Unbestimmtheit der Übersetzung und das Problem der Identität von Eigenschaften wären mit einem Schlag ausgeräumt, könnte man gleichsam hinter die Objekte zurückgehen. Daß dies möglich sei, hat der bedeutende Vertreter des logischen Positivismus Rudolf Carnap, mit dem sich Q. immer wieder auseinandersetzt, zu zeigen versucht: Zwei Eigenschaftswörter sind synonym, wenn man sie allein aufgrund ihrer Bedeutung in allen Zusammenhängen austauschen kann. Hier ist nicht mehr das bezeichnete Objekt das Kriterium – wie etwa Cicero, über den ein Satz auch dann wahr oder falsch bleibt, wenn man »Cicero« durch »Tullius« ersetzt. Da mit einem Eigenschaftswort gerade mehr erfaßt werden soll als die Klasse der Objekte, auf die sich das Wort anwenden läßt, richtet sich der Begriff »Bedeutung« auf Subtileres. Zwei Wörter sind austauschbar allein aufgrund ihrer Bedeutung, wenn sie nicht nur zufällig – wie im Beispiel der roten, dreieckigen Flächen –, sondern notwendig auf dieselben Objekte zutreffen, z. B. »Junggeselle« und »unverheirateter Mann«. Man kann allerdings nicht sagen, daß »notwendig« ein deutlicheres Kriterium liefert als »synonym«. Daher lehnt Q. solche Differenzierungen ab – seine Logik der Klassen ist nicht weniger präzise, aber weniger kompliziert. Es bleibt ein Wunschtraum, feiner zu unterscheiden als zwischen physikalischen Objekten (um Synonymien aufzufinden), das Übersetzungsproblem zu lösen und eine aller Erfahrung vorgeordnete Logik aufzubauen. Auch die Philosophie ist auf ihrer Suche nach einer geordneten Konzeption der Realität auf die Dinge angewiesen, sie muß gewissermaßen »in der Mitte anfangen« und bleibt daher labil. Diese Labilität unterstreicht Q., wenn er seinem Hauptwerk einen Satz des Wissenschaftsphilosophen Otto Neurath als Motto voranstellt: »Wie Schiffer sind wir, die ihr Schiff auf offener See umbauen müssen, ohne es jemals in einem Dock zerlegen und aus besten Bestandteilen neu errichten zu können.«

Stegmüller, Wolfgang: Hauptströmungen der Gegenwartsphilosophie, Bd. 2. Stuttgart ^{7}1986, S. 221–311.

Ernstpeter Maurer

Rahner, Karl
Geb. 5. 3. 1904 in Freiburg im Breisgau; gest. 30. 3. 1984 in Innsbruck

Es ist nicht selbstverständlich, daß ein Autor, dessen philosophische Dissertation vom Doktorvater abgelehnt wurde und der selbst als *Theologe* gearbeitet hat, schon zu Lebzeiten in maßgeblichen Philosophie-Lexika verzeichnet wird. Bei R. war dies der Fall. Erklären läßt es sich durch das ihm eigentümliche, auf konkrete Probleme bezogene Denken, das ihn – selbst abgesehen von seinen wenigen eigentlichen philosophischen Arbeiten – zumindest zu einem der wichtigsten katholischen *Religions*philosophen der Gegenwart macht.

Die Biographie bietet zunächst wenig Ungewöhnliches. R. trat 1922 in das Noviziat der oberdeutschen Provinz der Jesuiten ein und absolvierte die langen ordensüblichen Vorbereitungs- und Studienzeiten. Nach philosophisch-theologischen Studien in Feldkirch, Pullach und Valkenburg bis 1933 (Priesterweihe 1932), wurde er 1934 nach Freiburg im Breisgau geschickt, um dort in Philosophie zu promovieren, und dies bei dem Inhaber des Konkordatslehrstuhls Martin Honecker. Es war die Zeit, in der Martin Heidegger das philosophische Leben der Universität bestimmte. R. geriet – mit einer Reihe weiterer katholischer Philosophen wie J. B. Lotz, M. Müller und G. Siewerth – schnell in den Umkreis Heideggers. Seine philosophische Ausgangsposition hatte R. aber schon vorher gewonnen: in der transzendentalphilosophisch konzipierten Metaphysik des belgischen Jesuiten Joseph Maréchal.

Das später unter dem Titel *Geist in Welt. Zur Metaphysik der endlichen Erkenntnis bei Thomas von Aquin* (1939) veröffentlichte Projekt einer philosophischen Dissertation will keine historische Rekonstruktion der thomanischen Lehre bieten (hierin liegt der sachliche Grund für die Ablehnung durch den Doktorvater). R. will vielmehr von moderner Philosophie her (»von Kant bis Heidegger«) *mit* Thomas von Aquin denken. Die Fragestellung lautet, wie für ein Denken, das notwendig und dauernd auf die sinnliche Anschauung angewiesen bleibt, »Metaphysik« möglich ist. Die ursprüngliche thomanische Problematik ist aber verschärft durch die Erkenntniskritik Kants bzw. durch Heideggers Kantbuch (1929) mit seiner Betonung der Endlichkeit menschlichen Erkennens. Die subtile Sachinterpretation R.s sucht in der Analyse des Vollzugs der menschlichen Erkenntnis deren Möglichkeitsbedingungen aufzuweisen; insofern ist sie transzendentalphilosophisch orientiert. Dabei wird gezeigt, daß die dauernd an die Sinnlichkeit verwiesene menschliche Erkenntnis zugleich über den sich zeigenden Gegenstand und dessen Wahrheit urteilt, d. h., daß sie über das Datum der Sinneserfahrung hinausgeht, insofern sie allgemein und gegenständlich ist. Bedingung dafür aber ist ein »Vorgriff«, eine »dynamische Begierde des Geistes auf das Sein überhaupt« in jedem Erkenntnisakt. Es gilt zwar weiterhin, daß menschliches Erkennen solcherart auf die Sinnlichkeit verwiesen ist, daß es Metaphysik für den Menschen nur gibt, soweit er sich ihrer immer schon zu seiner »Physik«, zu seiner Weltorientierung bedient hat. Der darin gleichzeitig aber immer schon mitgesetzte »Vorgriff« auf das Sein überhaupt eröffnet jedoch prinzipiell die Möglichkeit von Metaphysik. Der Grundakt der Metaphysik ist nicht ein Kausalschluß – vom Endlichen auf das Absolute bzw. auf Gott –, sondern »die Öffnung des Erkennenden auf das Sein überhaupt als den Grund des Seienden und seiner Erkenntnis«. Damit führt die Frage nach der Metaphysik der Erkenntnis zu einer Besinnung auf den fragenden Menschen und seine wesenhafte Zweideutigkeit: Er ist immer in die Welt verwiesen und immer schon über sie hinaus, »schwebende Mitte zwischen der Welt und Gott, zwischen Zeit und Ewigkeit«. In seinem folgenden religionsphilosophischen Werk *Hörer des Wortes* (1941) sucht R. die in jedem Erkenntnisakt vorausgesetzte Transzendenzbewegung des menschlichen Geistes nun auf eine mögliche Offenbarung Gottes in der Geschichte des Menschen hin zu interpretieren, metaphysische Anthropologie als Ontologie des Hörenkönnens auf eine freie Offenbarung zu lesen.

Der Lebensweg hat R. nach diesen Werken von der Fachphilosophie weggeführt: 1936/37 folgen die theologische Dissertation und Habilitation in Innsbruck, wo er nach einer durch Nationalsozialismus, Krieg und Zusammenbruch bedingten Unterbrechung schließlich bis 1964 Dogmatik lehrte. Von 1964 bis 1967 wurde er Nachfolger Romano Guardinis als Professor für »Christliche Weltanschauung und Religionsphilosophie« in München. Von 1967 bis 1971 lehrte er wieder Dogmatik in Münster. In diese Jahre fallen Tätigkeiten außerhalb der Universität, und zwar vielfach auf innerkirchlich umstrittenen Gebieten und gegen viele Widerstände: wissenschaftsorganisatorische Leistungen wie etwa die Herausgabe des *Lexikons für Theologie und Kirche*, das nicht nur ein Nachschlagewerk, sondern einen Durchbruch moderner Theologie im katholischen Raum darstellte; eine intensive Beteiligung am ökumenischen Gespräch (Jaeger-Stählin-Kreis) wie am Dialog zwischen Theologie und Naturwissenschaften im Rahmen der »Paulusgesellschaft« (Fragen der Evolution usw.), die Ende der 60er Jahre auch das Gespräch mit dem Neomarxismus aufnahm; Tätigkeit als Berater der Kardinäle König und Döpfner beim Zweiten Vatikanischen Konzil; Mitarbeit in vielen kirchlichen Gremien; dazu eine umfangreiche Vortrags- und Publikationstätigkeit, die er auch nach seiner Emeritierung fortsetzte. Die Entwicklung des philosophischen Denkens R.s ist nur aus seinem weiteren theologischen Werk zu begreifen (was ja auch für andere bestimmende christliche Denker wie Augustinus und Thomas gilt). Zu nennen wären seine Arbeiten zur Existentialethik und zu ethischen Grundbegriffen wie Freiheit, Macht, Schuld, seine Aufsätze zu den Grundlagen der Theologie (Geheimnis, Symbol, Dogma), über das Verhältnis von Philosophie und Theologie, über den Pluralismus menschlicher Erkenntnis. Eine breitere Ausführung der im Frühwerk ansatzhaft entwickelten metaphysischen Anthropologie findet sich in dem zusammenfassenden *Grundkurs des Glaubens. Einführung in den Begriff des Christentums* (1976), der auf Münchener und Münsteraner Vorlesungen zurückgeht. In diesem Werk wird vielleicht am deutlichsten, wie R. die klassischen Themen der Theologie im Rahmen einer solchen Anthropologie zu vermitteln sucht. Die dahinterstehende theologiegeschichtliche und exegetische Arbeit sowie die spirituellen Grundlagen zeigen sich freilich eher in den 16 Bänden *Schriften zur Theologie* (1954–84) einerseits und seinem geistlichen Schrifttum andererseits. Weiterentwicklungen seiner philosophischen Position, die etwa durch Begegnung und Auseinandersetzung mit Existentialismus, Personalismus, Neomarxismus oder mit innertheologischen Richtungen wie der »politischen Theologie« mit ihrem »Idealismusvorwurf« angestoßen sind, lassen sich nur aus den Sachthemen gewinnen. Das umfangreiche literarische Werk R.s ist daraufhin noch zu wenig erforscht. Leichter ist schon jetzt zu sehen, daß die mit R.s Namen verbundene Rezeption der transzendentalen Methode in der katholischen Philosophie und Theologie das Ende der Neuscholastik im historischen Sinn des Wortes herbeigeführt und einer von Maurice Blondel, Maréchal u. a. vorbereiteten Begegnung von Katholizismus und neuzeitlichem Denken den Weg geebnet hat.

König, Franz u. a.: Karl Rahner in Erinnerung. Düsseldorf 1995. – Klinger, Elmar (Hg.): Glaube im Prozeß. Freiburg i.Br. 1984. – Eicher, Peter: Die anthropologische Wende. Freiburg i.Br. 1970.

Albert Raffelt

Rawls, John
Geb. 21. 2. 1921 in Baltimore/Maryland

R. kann heute als einer der bedeutendsten politischen Philosophen dieses Jahrhunderts bezeichnet werden. Sein philosophisches Interesse gilt fast ausschließlich der normativen praktischen Philosophie, insbesondere der Ausarbeitung einer philosophischen Theorie der Gerechtigkeit. R. begann sein Studium 1939 an der Princeton University, wo er 1943 mit dem Bachelor of Arts (BA) abschloß. Von 1943 bis 1946 wurde er als Soldat im Pazifischen Raum eingesetzt. Danach nahm er als Graduate Student der Philosophie erneut das Studium an der Princeton University auf. Zwischendurch verbrachte er das Jahr 1947/48 als Stipendiat an der Cornell University. Den Abschluß erwarb R. 1950 mit einer (wie in den USA üblich) unveröffentlichten Dissertation über das Wesen von Charakterbeurteilungen. Seine erste Veröffentlichung (*Outline of a Decision Procedure in Ethics*, 1951; *Ein Entscheidungsverfahren für die normative Ethik*) faßt Teile dieser Arbeit zusammen, die Vorüberlegungen für seine spätere Idee des »Überlegungsgleichgewichts« darstellen. Von 1950 bis 1952 unterrichtete R. als Instructor am Philosophischen Seminar in Princeton. Als Fulbright-Stipendiat verbrachte er das akademische Jahr 1952/53 am Christchurch College in Oxford. 1953 wurde er Assistant Professor an der Cornell University, dort erhielt er 1956 eine Dauerstelle als Associate Professor. Durch die Aufsätze *Two Concepts of Rules* (1955; *Zwei Regelbegriffe*) und *Justice as Fairness* (1958; *Gerechtigkeit als Fairneß*), die systematische Vorarbeiten für sein späteres Hauptwerk darstellen, wurde R. bekannt. 1959 wurde R. gebeten, eine Gastprofessur an der Harvard Universität zu übernehmen, und 1960 erhielt er einen Ruf auf eine Professur am Massachusetts Institute of Technology (MIT). Seit 1962 bis zu seiner Emeritierung 1991 hatte R. eine Professur an der Harvard University inne. Während dieser Zeit verbrachte R. Gastaufenthalte am Centre for Advanced Studies der Stanford University 1969/70, in Michigan 1974/75 und in Oxford 1986.

Nach einer Reihe von Vorarbeiten, neben den oben genannten vor allem *Distributive Justice* (1967), erscheint 1971 sein wirkungsmächtiges Hauptwerk *A Theory of Justice* (1971; *Eine Theorie der Gerechtigkeit*). Die enorme Wirkung dieser bahnbrechenden Arbeit liegt mindestens in drei Faktoren begründet. Erstens führt R.' Theorie zu einer Wiederbelebung bzw. Rehabilitierung einer normativen, politischen Moralphilosophie. Zweitens gelingt es R., den bis dahin in den angelsächsischen Ländern vorherrschenden Utilitarismus als Moraltheorie abzulösen. Dem Utilitarismus zufolge ist diejenige Handlung moralisch am besten, die das größte durchschnittliche Glück aller befördert, gleichgültig wie es sich verteilt – und das verletzt R. zu folge unser Gerechtigkeitsempfinden. Drittens sieht R. (im Gegensatz zu klassischen Theorien von Hobbes, Locke, Kant u. a.) als zentrale Aufgabe einer heutigen Gerechtigkeitstheorie nicht nur mehr Koexistenzsicherung und Freiheitsregelung, sondern vielmehr auch die Verteilung ökonomischer Güter und sozialer Chancen.

Gegenstand von R.' Theorie ist die Regelung von Interessenskonflikten in einer Gesellschaft sozialer Kooperation, in dem relative Güterknappheit herrscht, weshalb die Kooperationslasten und -gewinne verteilt werden müssen. Im Gegensatz zur Ethik, die sich mit der moralischen Bewertung von Handlungen und deren Folgen beschäftigt, hat eine Gerechtigkeitslehre nach R. die »Grundordnung« einer Gesellschaft, d. h. deren wesentliche Institutionen (vor allem die Verfassung und die wichtigsten wirtschaftlichen und sozialen Verhältnisse) zu entwickeln.

R.' Begründungsprogramm ist absichtlich anspruchslos. Er glaubt von vornherein nur von Überzeugungen ausgehen zu können, die in der gemeinsamen politischen Kultur wenigstens implizit enthalten sind. Die eigentliche Aufgabe politischer Philosophie innerhalb der öffentlichen Kultur einer demokratischen Gesellschaft besteht darin, die tieferen Grundlagen einer möglichen Übereinstimmung, von denen R. hofft, daß sie im Common sense eingebettet sind, aufzudecken, zu formulieren und mit seiner Gerechtigkeitskonzeption sozusagen auf den Begriff zu bringen. Dafür schlägt R. eine spezielle Methode vor: Es sollen die für das Thema Gerechtigkeit relevanten, konkreten intuitiven Überzeugungen, grundlegenden Ideen, akzeptierten Verfahren und allgemeinen Prinzipien ausfindig gemacht werden, die eine Person nach reiflicher Überlegung für überzeugend hält. Sodann sollen diese in einem Reflexionsprozeß einander solange angepaßt werden, bis sich eine wohlerwogene und kohärente Gerechtigkeitskonzeption ergibt, die sich in einem »Überlegungsgleichgewicht« befindet. Als zentrale Aspekte des gegenwärtig in modernen Demokratien geteilten Moralbewußtseins sieht R. vor allem, daß sich die Personen wechselseitig als freie und gleiche Bürger ansehen. R. konzipiert sie entsprechend als »moralische Personen« mit den beiden »moralischen Fähigkeiten«, eine Konzeption des Guten (d. h. einer Vorstellung von ihrem Wohl im Leben) und einen Gerechtigkeitssinn auszubilden. Die Personen haben die »höherrangigen Interessen« diese beiden moralischen Fähigkeiten zu entwickeln und in der Verfolgung ihrer je spezifischen Konzeption des Guten möglichst Erfolg zu haben.

Die Aufgabe von *A Theory of Justice* ist daher spezifischer, die Prinzipien sozialer Kooperation (über Generationen hinweg) für sich wechselseitig so verstehende Personen zu formulieren und zu begründen. Die Rechtfertigung an dieser Stelle besteht darin, zu zeigen, daß die Wahl einer bestimmten Grundordnung die Bedürfnisse und Interessen eines jeden Gesellschaftsmitglieds angemessen berücksichtigt. Das ist die Position der Unparteilichkeit. Um dieses Kriterium operationalisierbar machen zu können, schlägt R. das Gedankenexperiment einer fiktiven einmütigen Prinzipienwahl im »Urzustand« (»original position«) vor. Damit nimmt R. das vertragstheoretische Begründungsprogramm der Neuzeit (Hobbes, Locke, Rousseau, Kant) in allerdings stark modifizierter Form auf. Gerechtfertigt sind danach Prinzipien der Gerechtigkeit, auf die sich freie, gleiche und zweckrationale, d. h. nur ihrem eigenen Interesse folgende Menschen einigen würden, wenn sie in einen ursprünglichen Zustand der Gleichheit und Fairneß versetzt wären und die Aufgabe hätten, die Grundstruktur ihrer Gesellschaft zu wählen. Die Situation der Menschen im Urzustand ist also selbst schon moralisch entsprechend den wohlüberlegten geteilten Urteilen der Bürgerinnen und Bürger geregelt. Aus diesem Gedanken ergibt sich die Formel der R.schen Konzeption: »Gerechtigkeit als Fairneß«. Gerecht ist diejenige Grundordnung, auf die sich ihre Mitglieder selbst unter fairen Bedingungen geeinigt hätten. So begründet sich auch das Hauptmerkmal des R.schen Urzustands, der »Schleier des Nichtwissens«: Bei der Wahl der besten Grundordnung für ihre Gesellschaft dürfen die Individuen aus Fairneßgründen nicht wissen, welche Position sie später in der Gesellschaft einnehmen werden, welche Interessen, Anlagen, Fähigkeiten sie haben werden und welches die näheren Umstände der betreffenden Gesellschaft sein werden. Die Subjekte werden durch den Schleier des Nichtwissens so entindividualisiert, daß sie notwendig eine einmütige Entscheidung treffen, die sich allein aus ihrem Interesse an einem möglichst großen Anteil an sozialen Gütern ergibt. Im Interesse eines übersichtlichen und anwendbaren Gerechtigkeitskriteriums beschränkt sich R. auf die folgende Liste von »Grundgütern«: 1. Gewisse Grundrechte und Grundfreiheiten, 2. Freizügigkeit und Berufswahl, 3. mit beruflichen Stellungen verbundene Befugnisse und Vorrechte, 4. Einkommen und Besitz, 5. die sozialen Grundlagen der Selbstachtung. R. behauptet, es sei für die Parteien im Urzustand generell rational, sich bei ihrer Wahl der Gerechtigkeitsprinzipien von der »Maximinregel« leiten zu lassen (kurz: »Entscheide Dich so, daß die schlechteste denkbare Konsequenz Deiner Entscheidung möglichst gut für Dich ist!«). Daraus ergibt sich die moralische Kernaussage der R.schen Gerechtigkeitskonzeption: Eine Gesellschaft soll so organisiert sein, daß die in ihr am schlechtesten Gestellten möglichst gut gestellt sind.

R. begründet ausführlich, daß man sich im Urzustand auf zwei Prinzipien der Gerechtigkeit einigen wird. Sie lauten in der neuesten Version: Erstes Prinzip: »Jede Person hat einen gleichen Anspruch auf ein völlig adäquates Paket gleicher Grundrechte und Grundfreiheiten, das mit demselben Paket für alle vereinbar ist; und in diesem Paket ist den gleichen politischen Freiheiten, und nur ihnen, ihr fairer Wert zu sichern.« Letzteres ist so zu verstehen, daß gleich begabte und motivierte Bürgerinnen und Bürger ungefähr gleiche Chancen haben müssen, politische Ämter zu erlangen und an politischen Entscheidungen mitzuwirken – unabhängig von ihrer ökonomischen oder sozialen Klasse. Zweites Prinzip: »Soziale und ökonomische Ungleichheiten müssen zwei Bedingungen erfüllen: Sie müssen an Ämter und Positionen gebunden sein, die allen unter Bedingungen fairer Chancengleichheit offenstehen, und sie müssen zum größten Vorteil der am wenigsten begünstigten Gesellschaftsmitglieder sein.« Letzteres ist das sog. »Differenzprinzip«. Das erste Prinzip hat absoluten Vorrang vor dem zweiten, d. h. eine Einschränkung der Bürgerrechte zugunsten wirtschaftlicher Vorteile soll ausgeschlossen sein. Das Differenzprinzip hat sozialstaatliche Konsequenzen, weil danach die Resultate einer freien Markwirtschaft durch Umverteilung korrigiert werden sollen. Andererseits wird nach R. im Urzustand ein staatssozialistisches Wirtschaftsmodell nicht gewählt, weil es durch mangelnde Effizienz und fehlenden Leistungsanreiz die Interessen der am schlechtest Gestellten schlechter als in einer sozialen Marktwirtschaft berücksichtigen würde. Außerdem darf die Kontrolle wirtschaftlicher Ressourcen nicht nur in den Händen weniger liegen.

Sofort nach Erscheinen von *A Theory of Justice* setzte eine bis heute anhaltende Auseinandersetzung mit R. ein, in der neben Zustimmung auch kritische Einwände von verschiedenen philosophischen und politischen Seiten vorgebracht wurde. Drei Gruppen von Einwänden seien erwähnt. Da sind zum einen die politisch motivierten Angriffe des sog. Libertarianismus gegen R.' Rechtfertigung des Sozialstaates; statt dessen befürworten Robert Nozick u. a. eine Laissez-faire-Marktwirtschaft. Zum zweiten wird die Begründungsstruktur von *A Theory of Justice* kritisiert: die Methode des Überlegungsgleichgewichts sei bloß »kohärentistisch« und zu solipsistisch, das Maximin-Prinzip nicht das einzig rationale Entscheidungsverfahren. Zum dritten hat sich an R. eine zum Teil antiliberalistische, antiuniversalistische Gegenbewegung entzündet, die als Kommunitarismus bezeichnet wird. Kommunitaristen wie Alasdair MacIntyre, Michael Sandel, Michael Walzer oder Charles Taylor richten sich gegen den vermeintlich unsozialen Individualismus einer liberalen Theorie, wie sie R. paradigmatisch vertrete, und halten statt dessen eine inhaltsreichere gemeinsame Vorstellung des Gemeinwohls als Grundlage des Zusammenlebens für erforderlich.

R. hat auf diese Debatten mit zahlreichen Aufsätzen reagiert, von denen einige auf deutsch in der Aufsatzsammlung *Die Idee des politischen Liberalismus* (1992) herausgegeben wurden. Ein Jahr später hat R. selbst diese und neuere Aufsätze zu einer homogenen Monographie mit dem Titel *Political Liberalism* (1993) umgearbeitet. Diese Arbeiten sollen ausdrücklich dem Geist und Inhalt von *A Theory of Justice* treu bleiben, enthalten jedoch wesentliche Weiterentwicklungen und Akzentverschiebungen: Heutzutage bedarf es nach R. einer rein »politischen« Gerechtigkeitskonzeption, der es wesentlich um eine allgemein akzeptierbare, stabile Einigung über eine wohlgeordnete gerechte Gesellschaft geht. Sie darf deshalb nicht (wie noch in *A Theory of Justice*) eine »umfassende« Moralkonzeption sein, d. h. sie darf weder in metaphysischen Werten wurzeln noch eine bestimmte Anschauung über das, was das Leben wertvoll macht, vertreten. Eine weitreichendere Einigung wäre angesichts des in modernen demokratischen Gesellschaften überall entfalteten Wertepluralismus (das »Faktum des Pluralismus«) allenfalls nur noch mit staatlicher Repression durchzusetzen. Wegen der »Bürden der Urteilskraft«, die bei der Begründung von und Entscheidung zwischen Werten auftreten, ist eine solche Einigung vernünftigerweise nicht zu erwarten. Für R. ist es die wichtigste soziale Erfahrung der Neuzeit, daß ein geregeltes Zusammenleben auf moralischer Grundlage auch ohne eine gemeinsame, ethische, religiöse oder philosophische Weltanschauung möglich ist. Deshalb schlägt R. eine »Methode der Vermeidung« vor: Vernünftige Meinungsverschiedenheiten, die bei besonderen Konzeptionen des Guten unvermeidlich sind, müssen deshalb bei der Begründung einer politischen Gerechtigkeitskonzeption möglichst ausgeschlossen werden. Nur eine Gerechtigkeitskonzeption, die mit einem breiten Spektrum von Weltanschauungen und Konzeptionen des guten Lebens vereinbar ist, kann gerechtfertigt und stabil sein, d.h. hinreichende moralische Loyalität der Gesellschaftsmitglieder erhalten. Eine solche aus Vernunftgründen anzustrebende politische Gerechtigkeitskonzeption konzipiert R. als die Schnittmenge eines »übergreifenden Konsensus«: Die verschiedenen, in einer freiheitlichen Grundordnung vertretenen moralischen, religiösen und philosophischen Positionen sollen sich in einer politischen Gerechtigkeitskonzeption für die gesellschaftliche Grundordnung überschneiden, d.h. jede Person kann diese Konzeption vor dem Hintergrund ihrer umfassenden Weltanschauung zwar nicht als wahr, aber als »vernünftig« anerkennen. Was R. anstrebt, ist daher eine Gesellschaft, deren Bürger sich aus Gerechtigkeitsgründen weigern, einander Institutionen oder Gesetze aufzuzwingen, die nicht öffentlich nachvollziehbar begründet werden können. Dies ist nur möglich, wenn jeder seiner »Pflicht zur Kulanz unter Bürgern« nachkommt. R.' Idee des »öffentlichen Vernunftgebrauchs« verlangt, daß die Bürger ihr politisches Handeln, d.h. ihr Argumentieren, Entscheiden, Abstimmen usw., in der Öffentlichkeit nur an gemeinsam geteilten Kriterien, Richtlinien und Informationen orientieren sollen. Man darf sich also in Gerechtigkeitsfragen nicht allein von seiner umfassenden Weltanschauung leiten lassen. Aus den so gemeinsam geteilten Gründen bestimmt sich der Bereich des moralisch Richtigen, der als individuelle Rechte gefaßt wird. Deren Befolgung hat kategorische Priorität vor der allen ansonsten im liberalen Sinn freigestellten Verfolgung ihrer spezifischen Konzeption des Guten.

In den »Amnesty Lectures on Human Rights« in Oxford 1993 mit dem Titel *The Law of Peoples* hat R. seine Theorie auf das Problem internationaler Gerechtigkeit ausgeweitet. Gegenwärtig arbeitet R. an einer neuen Buchfassung seiner Theorie, die weitere Einwände aufnimmt. R.' Theorie wird somit weiterhin im Zentrum der Debatten um Gerechtigkeit stehen.

Forst, Rainer: Kontexte der Gerechtigkeit. Frankfurt am Main 1994. – Pogge, Thomas W.: John Rawls. München 1994. – Kersting, Wolfgang: Rawls zur Einführung. Hamburg 1993. – Daniels, Norman (ed.): Reading Rawls. Neuaufl. Stanford 1989.

Stefan Gosepath

Ricœur, Paul
Geb. 27. 2. 1913 in Valence

Unter den französischen Philosophen der Gegenwart ist R. einer der unprätentiösesten – und einer der am wenigsten umstrittenen. Weder teilt er die Hektik, mit der die »Neuen Philosophen« der jeweils letzten politischen Konjunktur folgen, noch die »fanatische Esoterik« der sich bekämpfenden psychoanalytischen Schulen. Zwischen den verschiedensten Teildisziplinen der Philosophie, Psychologie, Theologie und Linguistik vermittelnd, bleibt sein Werk einer Ethik der Verantwortung verpflichtet, die ihn auch über Rückschläge hinweg an das Subjekt glauben läßt. »Trust« nennt er in der Tradition des angloamerikanischen Pragmatismus dieses Urvertrauen, das es ihm erst erlaubt, den Grenzen des Rationalen nachzuspüren, ohne – wie etwa Jacques Lacan oder Jacques Derrida – den Abschied des Subjekts aus der Geschichte zu verkünden. Nicht zufällig stehen R.s Beiträge zur Interpretation inzwischen im Zentrum der nordamerikanischen Debatte um eine Hermeneutik nach dem Poststrukturalismus. Seit Beginn der 80er Jahre erwuchsen zahlreiche Werke R.s aus Lehrveranstaltungen an Universitäten in Kanada und den USA.

Eine gelassene Nüchternheit prägt auch R.s persönliches und politisches Engagement: 1966 erklärte er sich nach zehnjähriger Lehrtätigkeit an der Sorbonne dazu bereit, eine Professur an der Reformuniversität Nanterre anzutreten; er war einer der wenigen, die versuchten, die seit langem überfällige Hochschulreform ohne einseitige Politisierung durchzusetzen. Als Rektor von Nanterre 1970 heftig von den revoltierenden Studenten angegriffen und zum Rücktritt veranlaßt, vermag er dennoch auch 1987 noch die kritischen Impulse der Studentenbewegung anzuerkennen und ihr allmähliches Versanden gerade unter der sozialistischen Regierung zu kritisieren; als ehemaliges Mitglied der Volksfront und der linken Gewerkschaftsbewegung hält er gegen alle politischen Niederlagen die Utopie einer auf humanistische Traditionen gegründeten solidarischen Gesellschaft aufrecht und kritisiert heftig den Auszug der enttäuschten Intellektuellen aus der Politik; als Philosoph schließlich nimmt er mit großer Gelassenheit den Prestigeverlust seiner Disziplin im akademischen Leben hin und öffnet sich dem Dialog mit Historikern, Semiotikern und Theologen ebenso, wie er sich zu Fragen des Geschichtsunterrichts in den Schulen, der Gewaltlosigkeit in der Politik oder einer philosophisch begründeten Ethik der Sexualität äußert.

Die Öffnung der Philosophie zur gesellschaftlichen Praxis gelingt R., weil er sich als Denker stets an den Grenzen der Rationalität bewegt; sein besonderes Interesse gilt gerade den Themen, die der abstrakten Reflexion nicht zugänglich sind: dem Bösen, dem Begehren, der Transzendenz. Ihrem symbolischen Ausdruck in Kunst, Moral und Religion spürt er nach, und dabei spielt die Sprache als Ausdrucksform und Vermittlerin des Symbolischen eine entscheidende Rolle. Der Prozeß des Erzählens, dessen Mythen und Metaphern stehen zunehmend im Zentrum von R.s Denken, das sich immer mehr als ein hermeneutisches erweist.

Den Extremen des französischen Existentialismus, wie sie sich in Jean-Paul Sartres radikaler »Verurteilung des Menschen zur Freiheit« oder Maurice Merleau-Pontys Reduktion des Subjekts auf Wahrnehmungsphänomene niedergeschlagen haben, entgeht R., indem er sich immer wieder durch die seinem Denken zugrundeliegende Wirklichkeit provozieren läßt. Die intensive Beschäftigung mit der Psychoanalyse etwa geht auf sein ursprünglich als systematische Auseinandersetzung mit dem freien Willen und der Schuld geplantes dreibändiges Werk *Philosophie de la volonté (Die Fehlbarkeit des Menschen. Phänomenologie der Schuld I* und *Symbolik des Bösen. Phänomenologie der Schuld II)* von 1950/60 zurück. Die Analyse der menschlichen Verantwortlichkeit und des Bösen ließ jedoch eine Schwerpunktverlagerung von der Philosophie des Willens auf die Psychoanalyse notwendig erscheinen, die im Freud-Buch *De l'interprétation* (1965; *Die Interpretation*) und dem Sammelwerk *Le conflit des interprétations* (1969; *Hermeneutik und Strukturalismus. Der Konflikt der Interpretationen I* und *Hermeneutik und Psychoanalyse. Der Konflikt der Interpretationen II*) dokumentiert ist. Das letzte umfangreiche Werk dagegen, *Temps et récit* (1983/85; *Zeit und Erzählung*), beschäftigt sich vor allem mit der Konstitution des Zeit- und Geschichtsbewußtseins durch die Erzählung.

Gerade durch das Überschreiten der wissenschaftlichen Paradigmen in den Einzeldisziplinen hat R. auf viele Bereiche Einfluß genommen. Religionswissenschaftliche Bedeutung erlangt seine Sprachhermeneutik dort, wo sie die biblischen Texte wie überhaupt alle Mythen als Erzählungen betrachtet, die sich mehr an die Einbildungskraft des Lesers wenden als an seinen Gehorsam oder an seine Furcht und ihm die Rede vom Reich Gottes praktisch erfahrbar machen. Auch Gott selbst wird so zu einer symbolischen Gestalt, die sich in der Erzählung der biblischen Ereignisse in ihrer vielfältigen Wirksamkeit offenbart und als transzendente Dimension der Wirklichkeit zu deuten ist. Dem rationalistischen Atheismus setzt R. die religiöse Erfahrung entgegen, die sich auf Gott zubewegt, indem sie den in ihm beschlossenen Sinnhorizont immer mehr erweitert. Nur durch die in die Lebenswirklichkeit hineingeholte Aktualisierung der biblischen Geschichten als »Geschichte des Leidens in der Welt« lassen sich Glauben und philosophisches Verstehen vermitteln. Dementsprechend kann es nach R., der seit 1947 als Direktionsmitglied der protestantischen Philosophiezeitschrift *Esprit* wesentlichen Einfluß auf die internationale theologische Diskussion ausübt, auch keine einheitliche christliche Philosophie geben, sondern nur einzelne christliche Philosophen.

Auch die Freudsche Psychoanalyse, zusammenfassend behandelt in dem Band *De l'interprétation*, der auf Vorlesungen in Yale zurückgeht, interessiert R. weniger als Schule oder Ideologie denn als »Denkmal unserer Kultur, als Text, in welchem diese Kultur zum Ausdruck kommt und sich begreift«. Wiederum ist die Fragestellung auf die Sprache bezogen: In dem Maße, in dem sich hinter dem Sprechen der Trieb verbirgt, das »Ich nicht Herr im eignen Haus« ist, wird die Einheitlichkeit der menschlichen Sprache zum Problem, erhalten Symbole als Indizien der verdeckten Triebdynamik Bedeutung. Gegenüber der kulturpessimistischen Annahme eines nur den Trieben unterworfenen Menschen insistiert R. jedoch auf dem Sinn, der sich im Wort ausspricht oder verstellt vorhanden ist: »Wie kommt das Wort zum Wunsch? Wie bringt der Wunsch das Wort zum Scheitern und scheitert selbst am Sprechen?« Gerade angesichts der Verdrängungen und Entstellungen des Wunsches im Sprechen ist es wiederum die Interpretation, die – über mechanische Parallelen von Traumsymbol und realer Bedeutung hinaus – das »Mehr an Sinn« enthüllt, das dem Symbol innewohnt: »Dort, wo ein Mensch träumt, prophezeit oder dichtet, erhebt sich ein anderer, um zu interpretieren; die Interpretation gehört organisch zum symbolischen Denken und seinem Doppelsinn.« Marx, Nietzsche und Freud, diese »Meister des Zweifels«, haben nach R. bei aller Verschiedenheit ihrer Intentionen den Horizont für diesen systematischen Zweifel am eindeutigen, eindimensionalen Bewußtsein freigelegt, doch enden alle drei bei der Einsicht in die Notwendigkeit. Der Herrschaft des Realitätsprinzips, nenne es sich nun materielles Sein oder Triebversagung, stellt R. aber gerade die »Gnade der Imagination« gegenüber: das Individuum kann zu sich selbst kommen, wenn es die in der Welt verstreuten Zeichen zu fassen und zu interpretieren vermag, und so muß schließlich jede Reflexion Interpretation werden. In der Abwehr einer starren, mechanistischen Interpretation der Triebe sieht sich R. durch den Gang der Freudschen Untersuchung selbst bestätigt, die von ihren naturwissenschaftlichen Anfängen zu einer »Art mythologischer Philosophie« führte, deren Sinnbilder die Gestalten Eros, Thanatos und Ananke sind. Nicht umsonst benutzt Freud zunehmend Begriffe wie Abwehr, Widerstand oder Verdrängung, die auf die Deutungsarbeit verweisen und so R.s eigenen hermeneutischen Ansatz bestätigen.

R. hat sich allerdings mit dieser philosophischen Freud-Interpretation dem Vorwurf des Eklektizismus, der Vernachlässigung des tatsächlichen Geschehens zwischen Patient und Analytiker und insbesondere der Vermischung von Hermeneutik und Reflexionsphilosophie ausgesetzt. Auf diese Einwände antwortete R. in *Hermeneutik und Psychoanalyse*. Hier hob er nochmals den »gemischten Diskurs« der Psychoanalyse hervor, der im Zusammentreffen von Triebdynamik und symbolischen Ausdrucksformen den Akt der Interpretation geradezu fordert. Psychoanalyse werde so zu einer »Archäologie des Subjekts«, das aus dem »zermürbenden Kampf um den Sinn« allerdings immer nur als »gekränktes Cogito« hervorgehen könne – ein fundamentaler Angriff auf die französische existentialistische Philosophie und damit auf Husserl, der neben Heidegger und Hegel zu deren großen Vorbildern gehörte.

Das erste Buch von Husserls *Ideen zu einer reinen Phänomenologie und phänomenologischen Philosophie* hatte R. zwischen 1940 und 1945 in deutscher Kriegsgefangenschaft übersetzt und kommentiert; doch teilte er mit Husserl mehr die phänomenologische Methode der Beschreibung des Konkreten als die dogmatische Setzung des Ich. R.s Auseinandersetzung mit Husserl ist dokumentiert in den beiden Aufsatzsammlungen *À l'école de la phénoménologie* von 1986 und *Soi-même comme un autre* von 1990. R. sieht sich in der Ich-Philosophie – wie auch sein zweiter Lehrer, der christliche Existenzialist Gabriel Marcel – eher in der Nachfolge einer nicht-rationalistischen Descartes-Rezeption, die gegenüber der Verabsolutierung des »Ich denke« auf der »Dichte« des »Ich bin« besteht. Gerade diese Dichte erschließt sich in der Interpretation von Erzählung und Symbol.

»Le symbole donne à penser« – »Das Symbol stellt die Aufgabe des Nachdenkens« – dieser Satz erweist sich als Motto von R.s ständiger Vermittlungsarbeit zwischen Philosophie und Erfahrung, die in der Untersuchung *La métaphore vive* (1975; *Die lebendige Metapher*) eine Vertiefung und Verschiebung zum Literaturwissenschaftlichen hin erfährt. Die Vermittlung von Ich und Erfahrung findet ihre letzte Ausprägung in dem dreibändigen Werk *Temps et récit*. Hier untersucht R., zum Teil auf der Basis der literaturwissenschaftlichen Erzählforschung und der neueren französischen Geschichtswissenschaft, wie die Erzählung Zeit strukturiert und so erst dem Subjekt die Möglichkeit gibt, sich selbst historisch wahrzunehmen. Damit verbindet sich ein Plädoyer für die Erzählung als Darstellungsform geschichtswissenschaftlicher Ergebnisse: die rein lineare Zeit der Abfolge von Einzelereignissen gewinnt erst Sinn und Profil, wenn sie durch die Erzählung als Erfahrung von Subjekten erkennbar wird. R. wendet sich hier vor allem gegen den Objektivitätsanspruch der einflußreichen Historikerschule der *Annales*, die in der Erfassung wirtschaftlicher und sozialer Strukturen das Subjekt fast aus der Geschichte verbannt hatte. Dagegen fordert R., auch aus christlichem Engagement, die Rehabilitierung der politischen Geschichte als Geschichte des Leidens in der Welt. R.s Bedeutung für die gegenwärtige Philosophie wurde 1985 mit der Verleihung des von der Stadt Stuttgart gestifteten Hegelpreises gewürdigt. Nach Jürgen Habermas und Hans-Georg Gadamer wurde allerdings ein Denker geehrt, der gerade nicht wie Hegel im Zu-Sich-Selbst-Kommen des absoluten Geistes Ziel und Endpunkt der Geschichte sieht. R. hat eine viel bescheidenere – und deswegen vielleicht praktisch wirksamere – Einschätzung der Philosophie: »Ich glaube nicht, daß Philosophie alles im Leben ist. Man muß auch lieben können.«

Evans, Jeanne: Paul Ricœur's Hermeneutics. The imagination as creative Element of Religious Literacy. New York u. a. 1994. – Valdés, Mario J. (ed.): A Ricœur Reader. Reflection and Imagination. New York u. a. 1991. – Studien zur neueren französischen Phänomenologie. Ricœur, Foucault, Derrida. Freiburg i. Br. 1986. – Vansina, Frans D.: Paul Ricœur. Bibliographie systématique de ses écrits et des publications consacrées à sa pensée (1935–1984). Leuven/Louvain 1985.

Claudia Albert

Rorty, Richard
Geb. 4. 10. 1931 in New York

R. ist Amerikaner. Das wäre nur eine beiläufige biographische Erwähnung, würde R. nicht auch als Philosoph selber immer wieder auf dieses kontingente Faktum hinweisen. Es macht einen Teil seiner skandalträchtigen Wirkung aus. Er versteht sich als Mitglied einer kulturellen Gemeinschaft, die ihr Selbstverständnis im wesentlichen aus der Erfahrung der Eroberung und Besiedlung einer unbekannten Welt und aus den in der Unabhängigkeitserklärung festgelegten Menschenrechten bezieht. Insofern kann er übergreifend auch von Werten reden, die »wir Europäer« teilen. R. bekennt sich zum Eurozentrismus, zieht daraus aber die Konsequenz einer universalen Toleranz. Daß er den Begriff der Kontingenz mit in das Zentrum seines Denkens stellt, besagt unter anderem, daß wir in eine Kultur hineinsozialisiert werden und nicht die Möglichkeit haben, einen vermeintlich objektiven Standpunkt einzunehmen, der eine Entscheidung darüber erlauben würde, welche Kultur die bessere sei. Eine These wie diese gehört zum festen Bestandteil des sogenannten Postmodernismus und des Kommunitarismus. Einen originellen Akzent erhält sie bei R. erst durch den Begründungszusammenhang, in den sie einbezogen ist.

R. wächst in einer Journalistenfamilie auf, die sich in den 30er Jahren zur antistalinistischen Linken rechnet. Er beginnt sein Studium an der Universität Chicago, wo unter anderem auch Rudolf Carnap zu seinen Lehrern gehört. An der Universität Yale, an der auch Carl Hempel lehrt, promoviert er. Nach dreijähriger Tätigkeit als Assistant Professor am Wellesley College in der Nähe von New York wechselt er 1962 nach Princeton, wo er sich allmählich als Kenner der analytischen Philosophie einen Namen macht. Ende der 60er Jahre zerbricht seine Ehe mit der Philosophin Amelie Oksenberg-Rorty und er durchlebt, nach eigener Aussage, »ein Jahr klinischer Depression«. Seine Kollegen in Princeton distanzieren sich seit Beginn der 70er Jahre mehr und mehr von der neuen Richtung, die seine Arbeit nun nimmt. 1982 zieht er die akademische Konsequenz aus seiner zunehmenden Kritik an der sprachanalytischen Philosophie, verläßt Princeton und wird ein Jahr darauf Professor of Humanities an der University of Virginia in Charlottesville. Aufgrund seiner kritischen Haltung zur akademischen Philosophie, lehnt er seitdem jede Berufung auf einen philosophischen Lehrstuhl ab.

Bekannt wird R. als Herausgeber des Bandes *The Linguistic Turn* (1967). Mit dem Erscheinen dieses Buches hält der Begriff »linguistische« oder »sprachphilosophische Wende« Einzug in die philosophische Diskussion. R.s einleitender Text zeigt aber bereits deutliche Zeichen einer kritischen Haltung gegenüber der Philosophie insgesamt. Die Geschichte der Philosophie besteht ihm zufolge aus einer Abfolge von Revolten, die allesamt gescheitert sind, und zwar aus dem gleichen Grund. Jede neu ansetzende Philosophie möchte voraussetzungslos beginnen, setzt aber stets wieder die Wahrheit einiger Thesen voraus. Das gilt auch für die sprachanalytische Philosophie in ihrem doppelten Ansatz, als Versuch, eine »Idealsprache« zu konstruieren, und als »ordinary language philosophy«. Auch ihr gelingt keine überzeugende Begründung dafür, entweder eine Idealsprache oder die Alltagssprache zum verbindlichen Maßstab der Philosophie zu erklären. Schon in diesem frühen Text stellt R. sich daher die Frage, welche Zukunft die Philosophie haben könne, spezifischer: ob es eine »postphilosophische Kultur« geben könne, eine Frage, die er in seinen späteren Schriften dahingehend beantwortet, daß eine Philosophie mit Fundierungs- und Wissenschaftsansprüchen keine Zukunft haben werde; »postphilosophisch« nennt er eine Kultur, in der die Philosophie sich nicht mehr auf ein höheres Podest stellt als die Wissenschaft, die Kunst oder die Religion, sondern Teil ist eines allgemeinen Gesprächszusammenhangs.

Diesen Gedanken stellt R. zum ersten Mal in jenem Buch vor, das ihn schnell berühmt macht: *Philosophy and the Mirror of Nature* (1979; *Der Spiegel der Natur. Eine Kritik der Philosophie*). Es ist sein bisher umfangreichstes und wohl auch wichtigstes Buch, die Grundlage für das, was folgen wird, ein Werk, an dem er zehn Jahre gearbeitet hat. Der Untertitel der deutschen Übersetzung trifft bestens R.s Absicht. Die Kritik an der Philosophie tritt nun offen hervor. Gemeint ist die durch Descartes eingeleitete, durch Locke und Kant fortgeführte, von den Neukantianern als Erkenntnistheorie etablierte und im 20. Jahrhundert selbst sprachanalytisch noch fortwirkende Philosophie, die das Fundament der Erkenntnis erkennen will und dabei auf das Mentale, das Nicht-Körperliche, den Geist im (Gefühle, Träume, Schmerzen etc.) umfassenden Sinne stößt. Seine Kritik dieser einflußreichen philosophischen Tradition trägt R. zunächst in der ihm vertrauten Argumentationsweise der sprachanalytischen Philosophie im weitesten Sinn vor. In der Philosophie des Mentalen stützt er sich auf John Jamieson C. Smart, in der Sprachphilosophie auf Donald Davidson, in der Erkenntnistheorie auf Wilfrid Sellars und in der Wissenschaftstheorie auf Thomas Kuhn. Den Hintergrund aber bilden die »drei bedeutendsten Philosophen unseres Jahrhunderts« – Ludwig Wittgenstein, Martin Heidegger und John Dewey. Sie leiten ihn dazu an, auch über die sprachanalytische Philosophie hinauszugehen. Bei diesen im einzelnen so unterschiedlichen Denkern sieht R. seine zentrale philosophiekritische Absicht realisiert. Während alle drei in ihren früheren Jahren den Versuch machen, Fundamentalphilosophie zu treiben, ein unerschütterliches Fundament des Denkens auszuformulieren, erkennen sie in der Folgezeit, daß sie einer Selbsttäuschung erlegen sind. In ihrem Sinne vertritt R. noch einmal Argumente dafür, daß Philosophie als (fundierende) Erkenntnistheorie und als entsprechende Metaphysik, als Wissen vom Zeitlos-Wesentlichen, aufgegeben werden muß. Erkenntnis ist keine akkurate, durch besondere mentale Vorgänge ermöglichte Darstellung (Repräsentation). Diese Vorstellung von Erkenntnis konnte nur entstehen, weil die Philosophie vom Bild, von der Metapher des Bewußtseins als eines Spiegels gefangengehalten wurde, der mittels nichtempirischer Methoden erforscht werden könne. Es ist die Leistung des späten Wittgenstein, obsessive Bilder »dekonstruiert« zu haben, die Leistung Heideggers, historisch zu denken und die Anfänge der cartesianischen Metaphorik bei den Griechen samt ihrer Metamorphosen durch die Jahrhunderte hindurch gezeigt zu haben, und schließlich die Leistung Deweys, eine soziale Perspektive hinzugefügt zu haben. Die drei genannten Philosophen prägen unverkennbar auch R.s Argumentationsweise. Er wechselt beständig und kaum merklich zwischen einer »Widerlegung« und einer »Verabschiedung« der kritisierten Position, zwischen einem argumentativen und einem »therapeutischen« (Wittgenstein) oder »bildenden« (Hans-Georg Gadamer, Jean-Paul Sartre) Verfahren. Im einen Fall geht es darum, falsche oder schlechte Argumente ausfindig zu machen, im anderen darum, an das historische Zustandekommen von Irrtümern zu erinnern und dadurch möglicherweise zu ihrem Verschwinden beizutragen. Im einen Fall ist Kritik eine Sache allein der Theorie, im anderen ist sie vor allem die Sache einer möglichen alternativen Lebenspraxis, für die eine bestimmte philosophische Sprache einfach als inhaltsleer, als nicht mehr aktuell erscheint. Die Philosophie ist dann nicht mehr, aber auch nicht weniger als eine Stimme im »Gespräch der Menschheit«.

In der Folgezeit tritt R. als Essayist hervor. Der Band *Consequences of Pragmatism* (1982) dokumentiert die Auseinandersetzungen der 70er Jahre, die *Philosophical Papers* (1991, zwei Bände) versammeln die wichtigsten Aufsätze aus den 80er Jahren. R. erläutert darin seine Position und entwickelt sie weiter. Einen zweiten Höhepunkt seines Schaffens bildet dann das Buch *Contingency, Irony, and Solidarity* (1989; *Kontingenz, Ironie und Solidarität*), das zeitgleich in der englischen und deutschen Ausgabe erscheint. Die Ansätze zur Literarisierung und Ästhetisierung der Philosophie, die sich bei R. erst zaghaft, aber doch schon früh zeigen, treten nun selbstsicher ins Rampenlicht. Es ist freilich eine Ästhetisierung der Philosophie im liberalistischen Rahmen. Denn es ist die generelle Absicht von R. in *Contingency, Irony, and Solidarity*, alle Versuche, die die Bereiche des Privaten und des Öffentlichen, der privaten Vervollkommnung und der gemeinschaftlichen Solidarität, der »Selbstschaffung« und der Gerechtigkeit verschmelzen möchten, im bewährten liberalistischen Geist zurückzuweisen und für eine Trennung der Bereiche zu plädieren. R.s Pointe besteht allerdings darin, daß er eine Umverteilung innerhalb der liberalistischen Sphärentrennung vornimmt. Während man gewöhnlich Theorie mit sozialer Hoffnung und Literatur mit privater Perfektionierung verbindet, ist es für R. genau umgekehrt. Erst dadurch wird der Liberalismus »ironistisch«. Er vollzieht mit der Umkehrung der Zuordnung der beiden gesellschaftlichen und kulturellen Sphären zugleich eine Umgewichtung, eine Aufwertung des Privaten, für das nunmehr die Theorie zuständig ist, und des Literarisch-Ästhetischen, das nun mehr für das Öffentliche zuständig ist. Wird die Theorie als eine Sache privater Selbstschaffung angesehen, verlieren herausfordernde Autoren wie Nietzsche, Heidegger und Jacques Derrida ihre politische Anrüchigkeit. Umgekehrt verhelfen Literatur und Kunst zur Ausbreitung von Solidarität, weil man lernen kann, wie Menschen verschiedenster Herkunft sich selbst beschreiben; eine gesteigerte Sensibilität für das Leiden dieser Menschen ist die Folge. Allerdings setzt das erstens voraus, daß man selber bereits moralisch sein will, und zweitens, daß die Theorie, die Philosophie, zur allgemeingültigen Begründung von Moralität in unserer Zeit nichts mehr beitragen kann. R. spricht diesen Begründungsbemühungen ein historisches Recht zu, hält sie für die Anfänge der liberalen Demokratie für entscheidend, sieht heute in ihnen aber eher ein Hindernis für die Erhaltung und Verbesserung der Demokratie, denn sie erheben den Anspruch einer absoluten Geltung, eines quasi-göttlichen Standpunktes außerhalb aller historischen und kulturellen Bedingtheiten. In diesem Sinn spricht R. vom »Vorrang der Demokratie vor der Philosophie«; die Philosophie kann und darf nach der Epoche des Aufklärungsrationalismus der Demokratie keine Grundlagen mehr liefern. »Wahr« ist nicht das, was – nach der Metaphorik vom Spiegel der Natur – die Wirklichkeit genau darstellt, sondern das, was – in den Worten des Pragmatisten William James, an denen R. unumstößlich festhält – »zu glauben für uns besser ist«. Wahrheit ist keine Sache der Objektivität, sondern der Solidarität, keine Sache der Erkenntnistheorie, sondern der Ethik. »Kontingenz« ist der antimetaphysische Grundbegriff, den R., ähnlich wie in Deutschland Odo Marquard, für diesen Zusammenhang einführt, Ironie die Grundtugend, die er einfordert. »Ironikerin« – R. bevorzugt das Femininum, wohl um den Kontrast zur althergebrachten männlichen Denkweise zu verstärken – nennt er eine Person, die sich der Tatsache bewußt ist, daß auch ihre zentralen Überzeugungen kontingent, raum-zeitlich geprägt sind.

In seinen Arbeiten aus den späten 80er Jahren zeigt R. sich in zunehmender Souveränität und literarischer Brillanz. In ruhigem und (selbst-)ironischem Duktus greift er in die philosophischen Gegenwartsdiskussionen ein. Seinem Selbstverständnis entsprechend grenzt er keine Position aus. Lokalisiert man seine Originalität im philosophiegeschichtlichen Rahmen, so liegt sie in der Verbindung von sprachanalytischer Philosophie, Hermeneutik und Pragmatismus, einer ganz und gar spezifischen Verbindung allerdings, wie man nicht nur daran erkennt, welche Vertreter der drei philosophischen Schulen er im einzelnen auswählt (aus dem Pragmatismus etwa Dewey und James, nicht aber George Herbert Mead und Charles S. Peirce), sondern selbstredend auch daran, wie er sie kombiniert, wie er, in seinen eigenen Worten, aus ihren »Interferenzen« ein »neues Vokabular« erwachsen läßt.

Kögler, Hans-Herbert: Die Macht des Dialogs. Kritische Hermeneutik nach Gadamer, Foucault und Rorty. Stuttgart 1992. – Horster, Detlef: Richard Rorty zur Einführung. Hamburg 1991. – Reese-Schäfer, Walter: Richard Rorty. Frankfurt am Main/New York 1991.

Josef Früchtl

Rosenzweig, Franz
Geb. 25. 12. 1886 in Kassel; gest. 10. 12. 1929 in Frankfurt am Main

»Wenn Heidegger je einen Zeitgenossen gehabt hat, der diese Bezeichnung nicht nur im chronologischen Sinne verdient, dann war es dieser deutsche Jude, dessen Hauptwerk sechs Jahre vor *Sein und Zeit* erschien«, schreibt der Heidegger-Schüler Karl Löwith 1941 im japanischen Exil. Er fährt fort: »Der zeitgeschichtliche Zusammenhang des ›neuen Denkens‹ von Heidegger mit dem von R. ist nicht zur allgemeinen Kenntnis gekommen, wohl aber R. selber aufgefallen. Kritisch war ihre Zugehörigkeit dadurch gekennzeichnet, daß sich das Denken des einen wie des anderen von der Bewußtseinsmetaphysik des deutschen Idealismus abwandte, ohne dem Positivismus zu verfallen, und positiv durch ihren gemeinsamen Ausgang von der ›Faktizität‹ des menschlichen Daseins. Aus demselben Geiste der Zeit sind die ersten Schriften von E. Rosenstock, M. Buber, H. und R. Ehrenberg, V. von Weizsäcker und F. Ebner hervorgegangen. Auch die Anfänge der ›dialektischen Theologie‹ gehören in diesen geschichtlichen Bereich der Jahre nach dem ersten Weltkrieg: der vorerst letzten Epoche der deutschen Philosophie, in welcher sie produktiv war und ein bestimmtes Gesicht hatte, das nicht nur der Kopf von monologisierenden Einzelgängern war.«

Die in Löwiths Aufsatz vermerkte Bedeutung des *Sterns der Erlösung* (1921), aber darüberhinaus die des gesamten Werkes R.s und der Ausstrahlung seines Lebens, wurde in der deutschsprachigen Philosophie über Jahrzehnte so gut wie nicht wahrgenommen – von jenen Denkern einmal abgesehen, die R. noch unmittelbar gekannt hatten. Dem stand erst in zweiter Linie die Originalität seiner Gedanken im Wege, in erster Linie die Herrschaft des Nationalsozialismus, die er nicht mehr erlebte, und ihre Folgen weit über 1945 hinaus. In den USA, Israel, Frankreich und den Niederlanden hat sein Werk wesentlich größeren Einfluß ausgeübt – oder jedenfalls größeres Verständnis gefunden – als lange Zeit in Deutschland, obwohl es doch von der deutschen Sprache, der deutschen Geschichte und Geistesgeschichte nicht weniger geprägt war, wie R. selber hervorhob, als von der Rückkehr zu seinen jüdischen Quellen, – einer Rückkehr, die R.s immer bestimmtere und bestimmendere Aufgabe wurde.

Aus einer großbürgerlichen Kasseler Familie hervorgegangen, aufgewachsen in einem weitgehend assimilierten Judentum, stand R. 1913 nach heftigen Diskussionen mit seinen zum Christentum konvertierten Vettern H. und R. Ehrenberg und seinem Freund E. Rosenstock vor der Entscheidung, sich ebenfalls taufen zu lassen. Er hat sich gegen diese Konversion entschieden: »Ich bleibe also Jude«. In einem teilweise an den Fronten des Ersten Weltkrieges geschriebenen Briefwechsel in den Monaten Juni bis Dezember des Jahres 1916 gaben sich Rosenstock und R. Rechenschaft über ihre »Standpunkte«, die in beiden Fällen Lebensentscheidungen waren. Der schriftliche Dialog zwischen den beiden Freunden wurde an existentiellem Einsatz, intellektueller Schärfe und gedanklichem Reichtum von den jüdisch-christlichen Dialogversuchen der folgenden Jahrzehnte nie mehr erreicht.

R. hatte zunächst Medizin studiert, nach dem Physikum Geschichte und Philosophie in Freiburg und Berlin mit einem Abstecher nach Leipzig, wo er juristische Vorlesungen hörte. Seine Dissertation (1912) war ein Teil seines erst 1920 veröffentlichten, seinem Lehrer Friedrich Meinecke gewidmeten Werkes *Hegel und der Staat*. Im Zusammenhang der Arbeiten an diesem Buch hatte R. einen kurzen, bald zu Berühmtheit gelangten Text in Hegels Handschrift entdeckt, den er 1917 unter dem Titel *Das älteste Systemprogramm des deutschen Idealismus* veröffentlichte und in einem Kommentar, als auf Schelling zurückgehend identifizierte. (Bis heute ist die Frage, ob der Text ursprünglich von Schelling, Hegel oder von Hölderlin stammt, allerdings umstritten.) Teilweise in die Zeit seines Studiums – aber bis ans Ende seines Lebens gehend – reicht R.s Annäherung und Aneignung des Judentums: sein jüdisches Lernen. Hermann Cohen und – in ganz anderer Weise – der Rabbiner N. A. Nobel wurden darin seine Lehrer.

Ab März 1916 war R. als Kriegsfreiwilliger an der Balkanfront, von wo aus er auf Feldpostkarten die grundlegenden Gedanken seines Hauptwerkes, des *Sterns der Erlösung*, an sich selbst adressiert nach Kassel schickte. Zwischen August 1918 und Februar 1919 hat er das Buch niedergeschrieben, von dem er bei seinem Abschluß (und wohl schon vorher) wußte, daß er nie mehr ein Wort an ihm ändern würde, und nach dem er vorhatte, überhaupt kein Buch mehr zu verfassen. Der *Stern der Erlösung* – von R. mit 30 Jahren entworfen und mit 32 vollendet – »verwahrt« nach dem zugleich weitsichtigen und nüchternen Urteil Rosenstocks »unser Sparguthaben für einige Jahrhunderte«.

Das Buch gliedert sich in drei Teile, die in der ersten Auflage als drei separate Bände erschienen, und deren Verhältnis zueinander ein äußerst komplexes ist: die verhandelten Themen kehren in jedem der Teile an veränderter Stelle und unter neuer Perspektive wieder, wobei der eigentliche Gegenstand des Buches mindestens ebenso der Wechsel dieser Perspektive oder genauer der Methode des Denkens ist, wie die zur Darstellung gebrachten Inhalte. Von diesen kann man als *Themen* überhaupt nur noch unter Vorbehalt reden. Die drei Teile sind überschrieben: I. Teil: »Die Elemente oder die immerwährende Vorwelt«, II. Teil: »Die Bahn oder die allzeiterneuerte Welt«, III. Teil: »Die Gestalt oder die ewige Überwelt«. Das Buch handelt von Gott, Welt und Mensch, wie es alle Philosophie auf ihre Weise getan hat; aber es beansprucht, dies auf eine Weise zu tun, wie es bisher nie getan wurde. Die klassische Philosophie in ihrer Geschichte »von Ionien bis Jena« hat nach R. die beharrliche Tendenz, zwei dieser drei Größen auf eine – die jeweils dritte – zurückzuführen und von dieser wieder abzuleiten in einem Akt gedanklicher Operation, die eine Beziehung zwischen ihnen herstellt, die immer nachträglich ist im Verhältnis zu ihrem *tatsächlichen* In-Beziehung-zueinander-Treten oder -Stehen, das keine Reduktion zugibt – so sehr das logische Denken auf diese auch immer hinaus will.

Gott *und* Welt, Gott *und* Mensch, Mensch *und* Welt – in der Erfahrung dieses unhintergehbaren »Und« – sind darum der wirkliche Gegenstand dieser Philosophie, aber als solche schon wieder kein *Gegenstand*, sondern recht eigentlich das *Leben*, das sich zwischen ihnen vollzieht, die *Zeit*, als die sich diese jeweiligen Beziehungen *ereignen,* und die der Philosophie zu denken geben.

Von diesem Ereignis der Zeit, diesen Ereignissen der Zeit »handelt« im besonderen der zweite – mittlere – Teil. Wenn es aber wirklich um die sich ereignende Zeit in ihm geht, dann kann seine philosophische Methode nicht die eines Erfassens zeitloser Wahrheiten mit Hilfe einer zeitlosen Logik, noch auch die eines (wieder zeitlosen) Konstatierens der Zeitlichkeit und Zeitbedingtheit aller Wahrheiten, sondern nur die einer Form des Darstellens und Denkens sein, die selber zeitlich ist: die des ›Erzählens‹, wie R. sein Vorgehen in Rückbezug auf Schellings *Weltalter* in diesem zweiten Teil charakterisiert. – Des Erzählens, das sich selber zeitlich vollzieht, das Zeit beansprucht und Zeit widergibt. Der tatsächlichen lebendigen ›Erfahrung‹ philosophisch Raum zu geben, sie in der Philosophie und als Philosophie zu Wort kommen zu lassen, als die Gewärtigung des drei-fältigen Und, ist das philosophische Vorhaben des *Sterns der Erlösung*. Ihm dient im Widerspruch gegen die im deutschen Idealismus gipfelnde Tradition der Methaphysik im I. Teil die Zerschlagung der vereinheitlichenden und erfahrungs*vergessenen* Beziehung von Gott, Welt und Mensch – bis Gott, Welt, Mensch als die »Elemente«, als die bloßen »Voraussetzungen« sich zeigen, die in der *wirklichen* Erfahrung immer nur als Gott *und* Welt, Gott *und* Mensch, Mensch *und* Welt da sind und sich *offenbaren*: als Schöpfung – und immerwährende Vergangenheit –, die nichts anderes ist als das Und zwischen Gott und Welt; als Offenbarung – und allzeiterneuerte Gegenwart –, die nichts anderes ist als das Und zwischen Gott und Mensch; als Erlösung – und ewige Zukunft des Reichs – die nichts anderes ist als das Und zwischen Mensch und Welt.

Diese neue »wirkliche« Weise der Beziehung und die ihr entsprechende »Methode« des Denkens wird erst im zweiten Teil des Buches deutlich, in dem sich eben »offenbart«, was im ersten Teil zwar angelegt, aber doch nur vorbereitet war, und was im dritten Teil dann ausgeführt, d. h. erst in der ihm eigenen Sprache noch kommen wird. Das Buch, das von der Offenbarung spricht – das zweite des zweiten Teils – wird so zum zentralen des ganzen Werks. In ihm sind wie in einem Brennpunkt die Themen präsent, die in den andern Teilen unter den diesen eigenen und entsprechenden Perspektiven erscheinen.

Der dritte Teil »Die Gestalt oder die ewige Überwelt« aber »handelt« von den Gestalten, die die Offenbarung in der Welt und Menschheitsgeschichte angenommen hat. Nicht mehr nur das *Ereignis* der Offenbarung, sondern ihre *Gestaltwerdung* in der Zeit: das Judentum und das Christentum treten ins Blickfeld, die je auf ihre Weise die Ewigkeit (das ewige Kommen des Reiches) in der Zeit re-flektieren, »der Zeit ihre Ewigkeit abringen«, wie R. sagt. Judentum und Christentum werden hier zum ersten Mal in ihrer Geschichte (jenseits aller Polemik und Apologie) als zwei gleichberechtigte und in der »Ökonomie des Seins« (Emmanuel Lévinas) unverzichtbare Gestalten der Bewährung der einen göttlichen Wahrheit verstanden. Sie werden zu philosophischen und philosophisch unverzichtbaren Kategorien.

Wollte man die gedankliche Vielfalt und das systematische Anliegen des *Sterns der Erlösung*, der auf seine Weise alle großen Gegenstände der Philosophie thematisiert, der eine Logik, eine Ethik, eine Ästhetik enthält, auf einige wenige Stichworte bringen, so müßte man hervorheben: das der Sprache und das der Zeit. Aber Zeit und Sprache sind nicht Gegenstände dieses Buches und dieses Denkens, sie sind seine Methode, seine »Atmosphäre« (die Luft, in der es atmet), sein Leben; sie sind sein Denken selbst. R. hat dies Denken, das er als »neues Denken« begriff, als »Sprachdenken« verstanden, ein Denken, das nicht *über* die Sprache philosophiert, sondern, das Philosophie als auf Sprache angewiesen vollzieht und dies – und im Grunde nur dies – »thematisiert«. Desgleichen hat R. sein Denken als ein Denken begriffen, das »zeitgebunden ist, zeitgenährt«, und zwar eben weil es nichts anderes als Sprechen ist (Zu-einem-anderen-Sprechen, von einem anderen herkommendes Sprechen). So ist es auf Zeit angewiesen, der Zeit (wie des anderen) bedürfend und Zeit sich ereignen lassend: der Zeit entsprechend, *in* der sich nicht nur Schöpfung, Offenbarung und Erlösung ereignen, sondern *als* die sich Schöpfung, Offenbarung, Erlösung ereignen. Dieser Zusammenhang der Zeitlichkeit mit der Sprachlichkeit des Denkens, ohne den menschliches Denken nicht menschliches Denken wäre, ist der entscheidende Grund für den Wandel der Perspektive im Gang des *Sterns der Erlösung*, für den Wandel der Methode der Darstellung und des sprachlichen und gedanklichen Vollzugs zwischen Teil I und Teil III. Die dem I. Teil entsprechende »Methode« ist die der zeitlosen mathematischen Symbole, die dem II. Teil entsprechende die des Zeit brauchenden, Zeit vollziehenden Erzählens (im »Herzbuch« des ganzen *Sterns der Erlösung* sogar die des Dialogs, in dem der andere mitspricht, fragt und antwortet), und die dem III. Teil entprechende ist die der die Zukunft herbeiholenden, vorwegnehmenden hymnischen Sprache. Die erste monologisch – der traditionellen Philosophie, die sie behandelt, gemäß; die zweite dialogisch – der sich jetzt ereignenden Offenbarung antwortend; die dritte chorisch – um die immer erst bevorstehende zu-kommende Zukunft betend.

Wer das Buch liest, wird sich wundern über die Präsenz theologischer »Begriffe« inmitten eines philosophischen Systems (denn um ein solches handelt es sich – im strengsten Sinn des Wortes – im *Stern der Erlösung*). In der Tat paßt dies Buch nicht hinein in die herkömmliche Aufteilung der Disziplinen von Philosophie und Theologie; man hat es darum verlegenheitshalber immer wieder als Religionsphilosophie verstanden, aber es ist dies mitnichten. Es ist, wie Martin Buber gesagt hat, »das System einer Begegnung von Theologie und Philosophie«: in ihm gewinnen theologische Begriffe nicht nur periphere, beiläufige, sondern *fundamentale* Bedeutung. Schöpfung, Offenbarung, Erlösung werden zu philosophischen *Grund*-begriffen, zu Begriffen, von denen die Philosophie anhebt zu denken, auf die sie angewiesen ist, auf die sie als gegebene, überlieferte Bezug nimmt, aber die sie doch in ihrer philosophischen und theologischen Bedeutung erkennt, erkennt, indem sie sie sprechen läßt.

Nach Abschluß des *Sterns der Erlösung* wollte R. nur noch mündlich lehren; er gründete 1920 das »Freie Jüdische Lehrhaus«, dessen Leiter er war bis eine amyotrophe Lateralsklerose ihn zunehmend lähmte und ihm das Sprechen zunächst erschwerte und dann unmöglich machte. Er konnte nach einiger Zeit nur noch einen einzigen Finger bewegen, mit dessen Hilfe er seiner Frau Buchstaben andeutete, die sie zu Worten und Sätzen zusammenfügte. So hat er über Jahre hin eine weitverzweigte Korrespondenz geführt (der bisher nur sehr partiell veröffentlichte Briefwechsel R.s gehört zum wichtigsten und bewegendsten, was wir von ihm haben), zahlreiche Aufsätze geschrieben zu Fragen der Erziehung und Bildung, des Judentums und schließlich vor allem zum Problem der Übersetzung und der Interpretation der Bibel.

In der letzten Phase seines Lebens, seit Dezember 1922 widmete R. sich immer mehr, über lange Phasen geradezu ausschließlich, der Arbeit des Übersetzens, zunächst von Hymnen und Gedichten des mittelalterlichen jüdischen Dichters Jehuda Halevi, und seit Mai 1924 gemeinsam mit Buber der Übertragung der hebräischen Bibel. In – von R.s Seite her notwendig schriftlich geführter – Auseinandersetzung um philologische, theologische und philosophische Fragen des Übersetzens entstand das mehr als drei Jahrzehnte nach R.s Tod schließlich von Buber allein vollendete Werk der *Verdeutschung der Schrift*. Eine Übersetzung, die in ihrem Anspruch, ihrer Gewagtheit und ihrer – letztlich gerade darin bestehenden – übersetzerischen Treue, aber nicht weniger in ihrem »methodischen« Problembewußtsein in die Reihe der großen Übersetzungen der Literaturgeschichte gehört. Buber und R. versuchten das theoretisch Unmögliche (und von ihnen auch als theoretisch unmöglich Verstandene) einer Annäherung zweier Sprachen aneinander zu unternehmen, bis das in der einen Gesagte wirklich und restlos in der anderen gesagt sei. Im Versuch, dies zu realisieren und nicht nur zu reflektieren, sondern methodisch und systematisch darin das Geheimnis, das Wunder der Sprache zu erahnen, gewissermaßen zu berühren, ist diese Übersetzung sowohl philologisch, als auch theologisch und philosophisch, aber auch geschichtlich in einem über den alltäglichen hinausgehenden Sinn von höchster Bedeutung.

Am 10. Dezember 1929, nach jüdischer Zeitrechnung am 8. Kislew 5690, starb Franz Rosenzweig.

Askani, Hans-Christoph: Das Problem der Übersetzung – dargestellt an Franz Rosenzweig. Tübingen 1995. – Lévinas, Emmanuel: Ein modernes jüdisches Denken. In: Ders.: Außer sich. Meditationen über Religion und Philosophie. München 1991, S. 99–122. – Mosès, Stéphane: System und Offenbarung. Die Philosophie Franz Rosenzweigs. Mit einem Vorwort von E. Lévinas. München 1985. – Glatzer, Nahum N.: Franz Rosenzweig. His Life and Thought. New York [2]1961. – Freund, Else: Die Existenzphilosophie Franz Rosenzweigs. Ein Beitrag zur Analyse seines Werkes »Der Stern der Erlösung«. Hamburg [2]1959. – Karl Löwith: Martin Heidegger und Franz Rosenzweig. Ein Nachtrag zu »Sein und Zeit« (1942/43). In: Sämtliche Schriften, Bd. 8. Stuttgart 1984, S. 72–101.

Hans-Christoph Askani

Russell, Bertrand
Geb. 18. 5. 1872 in Chepstow (Südwales); gest. 2. 2. 1970 in Penrhyndendraeth (Wales)

Kaum ein anderer Philosoph des 20. Jahrhunderts erlangte solchen Weltruhm und war doch so umstritten wie R., der Enkel des liberalen Reformpolitikers Lord John Russell. Während er in der Wissenschaftswelt durch seine bahnbrechenden Arbeiten über die logische Grundlegung der Mathematik zeitweilig ins Zentrum des Interesses rückte, wurde er der Weltöffentlichkeit vor allem aufgrund seiner unerschrockenen pazifistischen Haltung, seiner Forderung nach größerer sexueller Freiheit und nach antiautoritärer Erziehung, seines Bekenntnisses zum Agnostizismus, Hedonismus und unorthodoxen Sozialismus bekannt. Die Tatsache, daß ihm der Nobelpreis verliehen und viele andere hohe Auszeichnungen zuteil wurden, kann nicht darüber hinwegtäuschen, daß die Zahl seiner Gegner parallel zu seinem politischen Engagement stieg. Wenn auch R. seine weltanschaulichen Überzeugungen deutlich von seinen ›philosophischen Wahrheiten‹ trennte, da seiner Meinung nach Gesellschaftstheorien im Unterschied zur strengen Philosophie wesentlich auf Werturteilen beruhen, so war doch bei ihm der »Drang nach Erkenntnis« aufs engste gekoppelt mit dem leidenschaftlichen Bemühen, an der Schaffung einer humaneren, friedlicheren Welt mitzuarbeiten.

Bertrand Arthur William R. wurde 1872 in Südwales als zweiter Sohn einer traditionsreichen englischen Adelsfamilie geboren. Nach dem Tod seiner Eltern kam der knapp Vierjährige in die Obhut seiner Großeltern, die ihn in einem liberalen, zugleich aber auch streng puritanischen Geist erziehen ließen. 1890 ging R. an das Trinity College in Cambridge, wo er vier Jahre lang Mathematik und Philosophie studierte. Zu den wichtigsten Bekannten aus dieser Zeit gehörte neben seinem Kommilitonen George E. Moore, dem späteren Begründer des Neurealismus, sein Lehrer Alfred North Whitehead, mit dem er zunehmend enger zusammenarbeitete und der schließlich auch der Mit-Autor seines Hauptwerks *Principia mathematica* (1910–1913) wurde. Nach einem kurzen Intermezzo als Attaché der britischen Botschaft in Paris schloß R. 1894 seinen ersten Ehebund – drei weitere sollten im Laufe seines langen Lebens folgen. Obwohl er sich bis Anfang der 20er Jahre in erster Linie mit philosophisch-mathematischen Problemen befaßte, schrieb er in dieser Zeit auch zahlreiche Abhandlungen über politisch-soziale Themen, wie z. B. über deutsche Sozialdemokratie, Anarchismus, Bolschewismus und die allgemeinen *Principles of Social Reconstruction* (1916; *Grundlagen einer sozialen Umgestaltung*); ja, er fand sogar die Zeit, mehrfach für das Parlament – wenn auch erfolglos – zu kandidieren. Sein öffentliches Bekenntnis für die sofortige Beendigung des Ersten Weltkriegs und seine uneingeschränkte Unterstützung der englischen Kriegsdienstverweigerer brachten ihm nicht nur den Haß der Patrioten, sondern auch den Verlust seiner

Dozentur in Cambridge und 1918 sogar eine sechsmonatige Gefängnisstrafe ein. In den folgenden Jahrzehnten wandte sich R. mehr und mehr populärphilosophischen und gesellschaftspolitischen Fragestellungen zu; so entstanden unter anderem Werke wie *The Analysis of Mind* (1921; *Die Analyse des Geistes*), *The Analysis of Matter* (1927; *Philosophie der Materie*), *ABC of Relativity* (1928; *ABC der Relativitätstheorie*), *Marriage and Morals* (1929; *Ehe und Moral*), *The Conquest of Happiness* (1930; *Eroberung des Glücks*), *Education and the Social Order* (1932), *Freedom and Organisation* (1934; *Freiheit und Organisation*). Bezeichnenderweise erhielt R. 1950 nicht für sein mathematisch-philosophisches Grundlagenwerk, sondern für sein Buch *Marriage and Morals* den Nobelpreis für Literatur. In den beiden letzten Jahrzehnten seines Lebens widmete er sich fast ausschließlich dem Kampf für Frieden und weltweite Abrüstung: er organisierte Massenproteste, verfaßte Manifeste und gründete Friedens-Komitees, so z.B. die berühmt gewordene »Pugwash-Bewegung«. In diesem Zusammenhang ist auch das 1966 in Stockholm von R. initiierte »Vietnam-Tribunal« zu sehen, das die Kriegsführung der Amerikaner in Vietnam durchleuchtete und schärfstens verurteilte. Sein Leben sah der Philosoph im Rückblick als von »drei einfachen, doch übermächtigen Leidenschaften« bestimmt: »Das Verlangen nach Liebe, der Drang nach Erkenntnis und ein unerträgliches Mitgefühl für die Leiden der Menschheit.«

R.s Philosophie, die er selbst als »logischen Atomismus« charakterisierte, basiert auf der Annahme, daß nur Naturwissenschaften und Mathematik die Grundlage für sichere Erkenntnis bzw. unbezweifelbare Wahrheiten bieten können. So bestimmte er auch »das Geschäft der Philosophie« als »wesentlich logische Analysis, gefolgt von logischer Synthesis«. Seine intensiven mathematischen Studien in Cambridge ließen ihn zu der Überzeugung gelangen, daß es möglich sein müsse, die Mathematik vollständig aus der formalen Logik abzuleiten. Obwohl man heute allgemein seinen Versuch als mißlungen ansieht, fand sein dreibändiges, zusammen mit Whitehead verfaßtes Hauptwerk *Principia mathematica*, in dem er seine Überlegungen zur Logistik ausführlich darlegte, weltweite Anerkennung. Um ihren ehrgeizigen Plan durchführen zu können, sahen sich die beiden Philosophen gezwungen, eine Kunst- bzw. Symbolsprache zu konstruieren, die die Mehrdeutigkeiten der Alltagssprache nicht enthalten würde. Dabei konnten sie sich vor allem auf Arbeiten der deutschen Philosophen Gottfried W. Leibniz und Gottlob Frege sowie des italienischen Mathematikers Guiseppe Peano stützen. Neben der Konstruktion einer Symbolsprache war für die Realisierung des »logizistischen Programms« die Vermeidung logischer Widersprüche von größter Bedeutung. R. selbst hatte – was in Fachkreisen großes Aufsehen erregte – nachgewiesen, daß Frege sich trotz gegenteiliger Annahme in eine Antinomie verstrickte: Die Menge aller Mengen, die sich nicht selbst als Element enthalten, enthält sowohl sich selbst als auch sich selbst nicht. Um diese nach ihm benannte Antinomie zu vermeiden, entwickelte R. die »verzweigte Typentheorie«, die Aussagen, Aussageverknüpfungen und Aussage-Funktionen in eine bestimmte Stufenfolge stellt und darüber hinaus die Aussageverknüpfungen nochmals nach »Typen« unterscheidet.

Auf diese Weise können Aussagen, die zu Antinomien führen würden, als »sinnlos« ausgeschlossen werden. R., der als einer der wichtigsten Wegbereiter der analytischen Philosophie bezeichnet werden muß, zeigte sich – wie anfänglich auch sein Freund Ludwig Wittgenstein – davon überzeugt, daß die Wirklichkeit bis in ihre kleinsten Elemente erkannt und benannt werden kann. Eine logische Idealsprache, so seine Überlegung, müßte in der Lage sein, ein mehr oder weniger genaues Abbild der Welt zu geben. Nach dieser Theorie entsprächen den Einzeldingen in der Welt, die sich zu »atomaren Tatsachen« zusammensetzen, genau zwei »atomare Aussagesätze«, nämlich ein wahrer und ein falscher. Prinzipiell erschien ihm Erkenntnis auf zwei Weisen möglich: entweder durch unmittelbare Bekanntschaft, dazu gehören die »Sinnesdaten«, wie Geräusche, Farben und Gerüche, oder – mittelbar – durch Beschreibung, darunter faßt R. zum Beispiel die Kenntnis der uns umgebenden Gegenstände und Menschen. Die Wirklichkeit aber offenbart sich uns nur dann, ja, wird uns nur dann verständlich, wenn wir die Kenntnis durch Beschreibung auf die elementare Kenntnis der Bekanntschaft zurückführen. Es ist ein Charakteristikum seiner Philosophie und insbesondere der Erkenntnistheorie, daß sie im Laufe der Zeit immer wieder von ihrem Verfasser variiert, ergänzt und – in Teilen – verworfen wurde.

Würtz, Dieter: Das Verhältnis von Beobachtungs- und theoretischer Sprache bei Bertrand Russell. Frankfurt am Main 1980. – Clark, Ronald W.: Bertrand Russell. Philosoph-Pazifist-Politiker. München 1975. – Ayer, Alfred J.: Bertrand Russell. München 1973.

Norbert J. Schürgers

Ryle, Gilbert
Geb. 19. 8. 1900 in Brighton; gest. 6. 10. 1976 in Whitby

R. s. Hauptanliegen war die Erkundung der »logischen Geographie« unseres Begriffssystems. Die Aufgabe der Philosophie definierte er als die Beseitigung von Begriffsverwirrungen. Anders als Rudolf Carnap und ähnlich wie Ludwig Wittgenstein und John L. Austin war R. der Auffassung, daß nicht erst eine ideale Sprache konstruiert werden muß, die dem Ausräumen von Begriffsverwirrungen dient, sondern daß der Rekurs auf die normale Sprache dem Philosophen ausreichende Mittel zur Verfügung stellt, seine Aufgabe zu bewältigen.

R. wurde als Sohn eines philosophisch interessierten Arztes geboren; 1919 begann er das Studium der Altphilologie, Philosophie, Geschichte, Staatswissenschaft und Nationalökonomie am Queens College in Oxford. Nach Abschluß des Studiums erhielt R. 1924 eine Dozentur am Christ Church College. In einer autobiographischen Schrift charakterisiert er die provinzielle Atmosphäre der Oxforder Philosophie während der 20er Jahre, die dazu führte, daß man kontinentale Autoren überhaupt nicht wahrnahm. R. selbst aber verfaßte Rezensionen zu Heideggers *Sein und Zeit* und einer Schrift des polnischen Phänomenologen Roman Ingarden. Eine Veranstaltung R.s. über Bernard Bolzano, Franz Brentano, Edmund Husserl und Alexius Meinong führte in Oxford zu dem Scherz, R. halte eine Vorlesung über drei österreichische Bahnstationen und ein chinesisches Brettspiel. R.s. frühe Nähe zur Phänomenologie zeigt sich in seinen späteren Werken vor allem in seiner Vorliebe für detaillierte Einzelanalysen; seine anticartesianisch motivierte Destruktion des Dualismus von Geist und Körper auf der Grundlage einer Analyse der menschlichen Praxis steht in unmittelbarer Nähe zu zentralen Anliegen von Heideggers *Sein und Zeit*. Nach dem Krieg wurde R. Fellow am Magdalen College und Waynflete Professor für Metaphysik in Oxford. Von 1948 bis 1971 gab er als Nachfolger von George E. Moore die philosophische Zeitschrift *Mind* heraus. 1953 hielt er die Tarner Lectures in Cambridge, die unter dem Titel *Dilemmas* (1970; *Begriffskonflikte*) als Buchveröffentlichung erschienen. Sein Hauptwerk *The Concept of Mind* (*Der Begriff des Geistes*) publizierte R. 1949. Seine weitreichenden philosophiehistorischen Kenntnisse stellte er mit seinen Arbeiten zu Platon (u.a. *Platos Progress*, 1966) unter Beweis.

In seiner Schrift *The Concept of Mind* destruiert R. eine der wohl einflußreichsten Theorien über den menschlichen Geist, die davon ausgeht, daß der Mensch einen Körper und einen Geist in der gleichen Weise hat, wobei der Körper von allen wahrgenommen werden kann und den Gesetzen der Physik unterliegt, während der Geist privat ist und nur von sich selbst beobachtet werden kann. Das Verfahren der Introspektion sichert den privilegierten Zugang zu ihm. Die Vorgänge im Geist gelten als die verborgenen Ursachen des beobachtbaren körperlichen Verhaltens der Menschen. R. nennt diese Theorie »Dogma vom Gespenst in der Maschine«, »paramechanische Hypothese« oder auch »cartesianischen Mythos«. Mit einer Fülle von Einzelanalysen weist er auf die Inkonsistenz dieses Mythos hin, verdinglichungskritisch richtet er sich gegen eine durch verhaltensbeschreibende Redeweisen nahegelegte Hypostasierung mentaler Entitäten, die als im Kopf des Menschen anzusiedelnde Ursachen seines Verhaltens gelten. Unter dem Vorzeichen eines »methodischen Behaviorismus« rekonstruiert R. diese Redeweisen als »dispositionelle Prädikate«. Was beispielsweise heißt es, von einer menschlichen Handlung zu sagen, sie sei intelligent? Ein Vertreter der »intellektualistischen Legende«, die auf dem »Dogma vom Gespenst in der Maschine« basiert, würde sagen, eine intelligente Handlung zeichne sich dadurch aus, daß der Mensch, der sie durchführe, vorher denke und plane, daß er um die Regeln wisse, nach denen die Handlung auszuführen sei. Eine Definition intelligenten Verhaltens durch Wissen stellt aber keine Kriterien zur Verfügung, die es erlauben, eine intelligente Handlung von einer weniger intelligenten Handlung zu unterscheiden. Statt dessen nimmt eine derartige Definition Zuflucht zu nichtbeobachtbaren Vorgängen im Geist des Menschen. Jemand kann eine Rechenaufgabe lösen, ohne sich einer besonderen Denkanstrengung zu unterziehen; er kann z.B. die Lösung und die zu ihr führenden Schritte auswendig gelernt haben; ein anderer löst die gleiche Aufgabe, indem er seine intellektuellen Fähigkeiten ins Spiel bringt. Beobachten wir den eher schlichten und den meisterhaften Rechner bei ihrer in beiden Fällen bemerkenswert eleganten Vorführung der Lösung, so erlaubt uns die Beobachtung nicht, nur eine der beiden Rechnungen als intelligent zu bezeichnen. R. wendet sich gegen die »intellektualistische Legende« und formuliert folgende Gegenargumente: auch dann, wenn wir intelligent handeln, müssen wir oftmals viel zu schnell handeln, als daß wir vorher einen Plan fassen könnten; an einen vor dem Handeln gefaßten Plan können wir uns bei vielen Handlungen nicht erinnern; so kann man kochen oder sprechen, auch ohne alle Regeln dieses Handelns genau explizieren zu können; der schwerwiegendste Fehler des Intellektualisten liegt in der Rückführung der Intelligenz auf das Wissen; jemand kann alle Regeln und Kunstregeln des Fußballs kennen, ohne jemals von der Ersatzbank eines Kreisligavereins herunterzukommen. R. fragt nach den Kriterien für die Anwendung des Wortes »intelligent«. Ein Kriterium für intelligentes Verhalten ist das Können (R. unterscheidet in seinem Hauptwerk »knowing how« (können) und »knowing that« (wissen)). Die Regeln einer Handlung kennen, heißt zumeist, diese Handlung ausführen können, wobei hier die Praxis des Handelns der Theorie des Regelexplizierens vorausgeht und zugrunde liegt.

Der Intellektualist verwechselt Wörter, die Dispositionen bezeichnen, mit Wörtern, die Vorgänge bezeichnen. Dispositionsaussagen erlauben zwar auf eine ähnliche Weise Prognosen wie naturwissenschaftliche Sätze über Kausalitätsverhältnisse, eine Verwechslung dieser aber mit jenen führt zu einer Verdinglichung des Geistes. Die Dominanz des »cartesianischen Mythos«, die Genese von Begriffsverwirrungen (z.B. die Verwechslung eines Dispositionswortes mit einem Vorgangswort) erklärt sich R. durch das Vorliegen von Kategorienfehlern. Wenn ich etwa jemandem Frankfurt zeige, die Gebäude der Banken, die Karl-Marx-Buchhandlung, das philosophische Institut der Universität, die Corneliusstraße, den Hauptbahnhof und die vielen Vergnügungsstätten und Bordelle im Bahnhofsviertel und er mich anschließend fragt, wo denn aber nun Frankfurt sei, so werde ich ihm erklären müssen, daß es außer den Gebäuden, Straßen und Plätzen, die ich ihm gezeigt habe, kein Frankfurt gibt. Er hat mit seiner Frage einen Kategorienfehler begangen. Einen ähnlichen Fehler begeht auch der Dualist, der die Handlungen und Aktivitäten der Menschen erklären will und dabei nach den Vorgängen im Geiste fragt. In einer Rezension zu Carnaps Bedeutungstheorie verwirft R. dessen Semantik als eine »Fido«-Fido-Theorie der Bedeutung. Die Bedeutung eines Wortes werde hier aufgefaßt als dasjenige, wofür das Wort stehe, ähnlich wie der Name »Fido« für den Hund Fido stehe. Eine derartige Konzeption ist der Auffassung R.s zufolge viel zu eng und der Vielfalt der möglichen Wortgebräuche und Verwendungsweisen unangemessen. In allen seinen Analysen rekurriert R. immer wieder auf die vortheoretische Praxis der Menschen; Alltagswelt und gesunder Menschenverstand sind ihm verläßliche Richter bei dem Urteil über die Lösung eines philosophischen Problems. Seine Schriften weisen auf eine mögliche Synthese von phänomenologischer Lebensweltphilosophie und der »Philosophie der normalen Sprache« als einem dominierenden Zweig der analytischen Philosophie.

Rentsch, Thomas: Sprachanalytische Verdinglichungskritik. Gilbert Ryles Phänomenologie des Geistes. In: Ders.: Heidegger und Wittgenstein. Existenzial und Sprachanalysen zu den Grundlagen philosophischer Anthropologie. Stuttgart 1985. – Kemmerling, Andreas: Gilbert Ryle: Können und Wissen. In: Grundprobleme der großen Philosophen. Hg. von Josef Speck. Göttingen 1975. – Savigny, Eike von: Die Philosophie der normalen Sprache. Eine kritische Einführung in die »ordinary language philosophy«. Frankfurt am Main 1969.

Christoph Demmerling

Sartre, Jean-Paul
Geb. 21. 6. 1905 in Paris; gest. 15. 4. 1980 in Paris

19. April 1980: Spontan begleiten 50000 Menschen S.s Sarg zum Friedhof Montparnasse. Wochenlang beschäftigen sich Presse, Rundfunk und Fernsehen in Frankreich mit seinem Leben und Werk. Man nimmt Abschied von einer Epoche, die durch S.s Denken und Engagement geprägt war. »Schon jetzt fehlt uns seine Wachsamkeit«, schreibt eine Zeitung. Der entscheidende Impuls für S. und seine Generation, deren Kindheit vom Ersten Weltkrieg bestimmt war, ist das Unbehagen am herrschenden Neukantianismus, den S. als »Verdauungsphilosophie« bezeichnet: Die konkrete historische Welt wird von dieser Philosophie geschluckt und als abstrakter Begriff wieder ausgespuckt. Dagegen sucht diese Generation nach einem Denken, das weder die Sinnlichkeit und Tragik menschlicher Existenz noch das erdrückende Gewicht historischer Ereignisse und gesellschaftlicher Zustände in seiner Begrifflichkeit eskamotiert. Erste Anstöße zu einer Neuorientierung geben Kierkegaard, Husserl und später Hegel. 1929 beendet S. sein Philosophiestudium an der École Normale Supérieure und unterrichtet, mit Unterbrechungen, von 1931 bis 1944 an verschiedenen Gymnasien. Im Jahr seines Abschlußexamens macht er die Bekanntschaft Simone de Beauvoirs, mit der er eine lebenslange unkonventionelle Partnerschaft eingeht, die für viele zum Vorbild wird. Die Suche nach einer konkreten Darstellung der Welt läßt ihn zwischen Literatur und Philosophie schwanken. In seinem ersten Roman, *La nausée* (1938; *Der Ekel*), versucht er beide miteinander zu verbinden: Roquentin, der Ich-Erzähler, beginnt ein Tagebuch, um sich über den merkwürdigen Ekel klarzuwerden, der ihn plötzlich gepackt hat: Es ist der Ekel vor der Kontingenz und Sinnleere der bloßen Existenz. Das pure Vorhandensein der Dinge und Lebewesen, der Menschen und ihrer Körper – auch des eigenen Körpers –, der Stadt mit ihren gesellschaftlichen Konventionen wirkt rein zufällig und überflüssig, obwohl sie alle mit ihrer materiellen Anwesenheit den ganzen Raum einnehmen und uns ihren Widerstand entgegensetzen. Zwar läßt sich diese

erdrückende Anwesenheit erklären und mit Wörtern benennen, doch wird damit ihre Kontingenz und Sinnleere nicht aufgehoben. Der Eindruck, daß die Sprache – namentlich die vorgeblich Wissen vermittelnde Sprache – menschliches Dasein nicht zu erfassen vermag, führt schließlich dazu, daß Roquentin seine historischen Studien über das abenteuerliche Leben eines Marquis des 18. Jahrhunderts abbricht. Roquentin hat ein einziges Erlebnis, das nicht vom Ekel begleitet wird, weil sich bei ihm jedes Element sinnvoll auf alle anderen bezieht und damit die Zufälligkeit des Existierenden nicht in Erscheinung tritt: das wiederholte Anhören einer Jazz-Platte. So bricht Roquentin auf mit dem Entschluß, etwas Ähnliches zu schaffen. Um den Entschluß, der Kontingenz konkreter Situationen durch Handlungsentscheidungen einen Sinn zu geben, deren Folgen gleichwohl unvorhersehbar sind, geht es in S.s Erzählungsband *Le mur* (1939; *Die Mauer*, später: *Die Kindheit eines Chefs*). So sehr diese Erzählungen, ebenso wie die Theaterstücke und Romane, von seiner Philosophie geprägt sind, so sind es doch niemals Thesenstücke, weil es ihm in suggestiver Weise gelingt, das Gewicht und die Unvorhersehbarkeit der Situationen, in die seine Personen geworfen sind, spürbar zu machen. Nach diesen Erzählungen schreibt er sein erstes philosophisches Werk: *L'imaginaire* (1940; *Das Imaginäre*): »In diesem Buch versuchte ich zu zeigen, daß Vorstellungen keine neuerweckten oder vom Verstand bearbeiteten Empfindungen und auch keine vom Wissen veränderten und verminderten früheren Wahrnehmungen sind, sondern etwas ganz anderes: eine abwesende Realität, die sich gerade eben in ihrer Abwesenheit in dem kundtut, was ich ein Analogon genannt habe, das heißt in einem Objekt, das als Analogieträger dient und von einer Intention durchdrungen wird.«

Im September 1939 wird S. eingezogen und gerät am 21. Juni 1940 in deutsche Kriegsgefangenschaft. Die Erfahrung des Krieges und die davon geprägte Lektüre von Heideggers *Sein und Zeit* sollten sein weiteres Leben und Denken nachhaltig beeinflussen. So bildet er nach Heideggers Begriff »Sein zum Tode« den Begriff »Sein zum Kriege.« Schon diese Neubildung zeigt, daß S. den zeitlosen Heideggerschen Begriffen eine moralisch-politische Bedeutung gibt. Während sich Heidegger dem Nationalsozialismus verschrieben hatte, engagierte sich S. seit seiner Rückkehr aus der Gefangenschaft für die radikale Linke. Aus S.s *Lettres au Castor* (1983; *Briefe an Simone de Beauvoir)* und den *Carnets de la drôle de guerre* (1983; *Tagebücher*) geht hervor, daß er in dieser Zeit, neben der Arbeit am Roman *L'âge de raison* (1945; *Zeit der Reife*), mit der Niederschrift seines philosophischen Hauptwerks *L'être et le néant* (1943; *Das Sein und das Nichts*) beginnt. Im März 1941 gelingt es ihm, mit gefälschten Papieren das Gefangenenlager in Trier zu verlassen und seinen Lehrerberuf in Paris wiederaufzunehmen. Noch unter deutscher Besatzung erscheint *L'être et le néant*, das ihn nach dem Krieg weltberühmt machen sollte. Der Kerngedanke dieses Werks ist die Aufspaltung des Seins in zwei verschiedene Seinsweisen: Alles nichtmenschliche Sein existiert im Modus des An-sich-seins, das heißt eines Seins, das einfach nur das ist, was es ist, also mit sich identisch ist. Dagegen existiert alles menschliche Sein im Modus des Für-sich-seins, weil es durch die bloße

Tatsache seines Bewußtseins (von) sich nicht mit sich selbst identisch ist, sondern »das ist, was es nicht ist, und nicht das, was es ist«. Die Einklammerung des »von« soll verdeutlichen, daß es sich hier nicht um ein Bewußtsein handelt, das sein »sich« zum Gegenstand hat, sondern daß Bewußtsein und »sich« identisch sind, also Sich-Bewußtsein. Doch nicht-identisch ist dieses Bewußtsein (von) sich oder Sich-Bewußtsein mit seinem Sein, weil es ja durch sein Fürsich-sein für sich selbst in Frage steht, weil ihm mit seiner bloßen Existenz nicht das mit sich selbst identische Wesen des An-sich-seins der nichtmenschlichen Dinge und Lebewesen gegeben ist. Genau das will die gängige existentialistische Formel sagen: »Die Existenz geht dem Wesen voraus.« Das nicht mit sich identische Für-sich-sein schafft also eine Lücke im sonst lückenlosen mit sich identischen Sein des An-sich. Durch diese Lücke im Sein kommt Nichts oder, anders übersetzt, Nicht-sein (»néant«) ins Sein, und das faßt der Titel *Das Sein und das Nichts* zusammen, den man auch mit »Das An-sich und das Für-sich« wiedergeben könnte. Diese Lücke im Sein, oder dieses Nicht-sein des Für-sich, ist jedoch ein »Ruf nach Sein«, d. h., sie will sich mit Sein ausfüllen. Weniger terminologisch ausgedrückt: Da der Mensch als einziges Sein sich seiner Existenz bewußt ist und diese für ihn daher in Frage steht, ist er gezwungen, sich das Wesen, das er dieser Existenz verleihen will, durch sein Leben je erst zu schaffen. Doch so sehr auch dieser »Ruf nach Sein« anhält, solange er lebt, so wenig kann es ihm je gelingen, zur mit sich selbst identischen Seinsweise des An-sich zu gelangen, weil ja sein Bewußtsein (von) sich erst mit dem Tod endet. Deshalb bleibt er für immer dazu verurteilt, sich in die Welt des An-sich hinein zu »entwerfen«, sich zu »wählen«, ohne daß sein »Entwurf«, seine »Wahl« je etwas Abgeschlossenes, Endgültiges, eben Mit-sich-selbst-Identisches erlangen können. Er bleibt »zur Freiheit verurteilt«, aber seine Freiheit wird immer nur die Bewegung des Entwurfs, der Wahl auf sie hin sein. Diese Ungewißheit seiner Existenz ist Ursache für das grundlegende Gefühl der »Verlassenheit«, der »Angst«. Und diese Angst verleitet den Menschen oft dazu, daß er sein im Sein »nichtendes« Für-sich-sein vor sich selbst verleugnet und sich vormacht, nach der Seinsweise des An-sich zu existieren. Sein Für-sich spielt dann die Rolle eines An-sich und befindet sich damit im Zustand der »Unaufrichtigkeit« (»mauvaise foi«). Erst wenn er sich darauf besinnt, daß er sein Wesen unablässig selbst zu wählen und dafür Verantwortung zu tragen hat, ohne daß die Aussicht besteht, diese Wahl könne ihn je zur Seinsweise des An-sich gelangen lassen, befindet er sich im Zustand der »Authentizität«.

Ihren dramatischen, ja in beide Richtungen bedrohlichen und gefährlichen Charakter erhält die Seinsweise des Für-sich jedoch – und darin unterscheidet sich S.s Philosophie grundlegend von der Heideggers – durch die Existenz anderer Menschen, anderer Für-sich: Wenn sich mehrere Für-sich begegnen, dann können sie aufgrund ihrer Seinsweise einander nur negieren, weil sie ja nur im Sein nichten können. Also versucht jeder jeden als ein zu nichtendes An-sich wahrzunehmen. Das geschieht durch den Blick des anderen: Dadurch, daß der andere mich, der ich mich selbst nicht sehen kann, anblickt, versteinert er mich zu einem An-sich, das ich nicht sein kann, so wie auch ich ihn durch meinen Blick zu einem An-sich versteinere, das er nicht sein kann. Demnach ist die primäre Beziehung der Menschen untereinander die agonistische Beziehung von einander versteinernden Medusenblicken. Diesen Zustand illustriert S. 1944 in seinem Theaterstück *Huis clos (Geschlossene Gesellschaft)*, in dem die Protagonisten zu der Erkenntnis gelangen: »Die Hölle, das sind die anderen.« Die versteinernde Fähigkeit erhält der Blick des anderen durch das An-sich-sein meines Körpers, der zur Kontingenz meiner Existenz gehört, da ich ihn mir ja nicht habe wählen können. Durch diese kontingente Körperlichkeit erfahren die zwischenmenschlichen Beziehungen in der Sexualität eine weitere Dramatisierung: Denn gerade in seinem Körper will ich mir den anderen aneignen, um den Skandal eines mich nichtenden Für-sich aus der Welt zu schaffen. Zerstöre ich jedoch das Für-sich des anderen, dann eigne ich mir einen toten Körper an, lasse ich mir vom anderen mein eigenes Für-sich zerstören, dann eignet er sich einen toten Körper an. Daher sind sexuelle Beziehungen von einem Wechsel zwischen sadistischen und masochistischen Verhaltensweisen geprägt. Erst durch ein gemeinsames Streben nach Authentizität, bei dem jedes Für-sich dem anderen Für-sich teilweise und zeitweise Raum gibt, wird ein freies Miteinander der Menschen möglich.

Aus alldem ergibt sich, daß die von der Erfahrung des Krieges geprägte Illusionslosigkeit des S.schen Denkens zu strengen moralischen Konsequenzen führt, die dem Menschen absolute Verantwortlichkeit aufbürden, ihn aber dadurch auch zu unablässiger Kreativität anstiften. So schließt S. sein Werk mit »moralischen Perspektiven«: »Die wesentliche Konsequenz unserer vorangehenden Ausführungen ist, daß der Mensch, dazu verurteilt, frei zu sein, das Gewicht der gesamten Welt auf seinen Schultern trägt: er ist für die Welt und für sich selbst als Seinsweise verantwortlich. Wir nehmen das Wort ›Verantwortlichkeit‹ in seinem banalen Sinn von ›Bewußtsein (davon), der unbestreitbare Urheber eines Ereignisses oder eines Gegenstands zu sein‹ . . ., denn die schlimmsten Übel oder die schlimmsten Gefahren, die meine Person zu treffen drohen, haben nur durch meinen Entwurf einen Sinn; und sie erscheinen auf dem Grund des Engagements, das ich bin . . . Diese absolute Verantwortlichkeit ist übrigens keine Hinnahme: sie ist das bloße logische Übernehmen der Konsequenzen unserer Freiheit.« Das heißt jedoch nicht, daß S. das erdrückende Gewicht unserer Determiniertheit durch die Faktizität unserer Geburt, die Kontingenz unseres Körpers, unserer Sozialisation, der sozio-ökonomischen Umstände und historischen Ereignisse übersieht oder verharmlost. Ganz im Gegenteil: Der moralische Appell, der sein ganzes Werk durchzieht, ergibt sich gerade daraus, daß er uns die unerträgliche Übermacht dieser Determiniertheit vor Augen führt. Aber aufgrund seiner philosophischen Überzeugungen hält er daran fest, daß erst durch den »Entwurf« diese Determiniertheit als unerträgliche Bedrohung der grundlegenden Freiheit wahrgenommen werden kann: »Bin ich es nicht, der ich, indem ich mich über mich entscheide, über den Widrigkeitskoeffizienten der Dinge entscheide bis hin zu ihrer Unvorhersehbarkeit?« So ist es letztlich dieser aus einem absoluten Pessimismus hervorgehende Optimismus, der die weltweite Wirkung von S.s Denken erklärt und sein eigenes linksradikales Engagement überall zu einem Vorbild macht. Am Schluß von *L'être et le néant* kündigt S. folgerichtig eine »Moral« als Fortsetzung an. Daran hat er sein Leben lang gearbeitet, und diese Arbeit ist in seine anderen Werke eingegangen. Doch er hat sie nie abgeschlossen; erst posthum sind unter dem Titel *Cahiers pour une morale* (1983) Aufzeichnungen dazu erschienen.

Im Jahr 1943 illustriert S. seine Lehre von der Freiheit durch ein erstes Theaterstück *Les mouches (Die Fliegen)*. Gleich nach dem Krieg veröffentlicht er die ersten beiden Bände des Romanzyklus *Les chemins de la liberté: L'âge de raison* und *Le sursis* (1945; *Die Wege der Freiheit: Zeit der Reife* und *Der Aufschub*), in denen er – mit autobiographischen Reminiszenzen – zeigt, wie Menschen aus der scheinbaren Geschichtslosigkeit der Vorkriegsjahre in die Geschichtlichkeit des Zweiten Weltkrieges geworfen werden. Im selben Jahr schafft er sich mit der Gründung der Zeitschrift *Les Temps Modernes* ein Forum für seine Ideen. S.s schlagartige Berühmtheit, die ihn zugleich zu einem Skandalautor macht, führt zur existentialistischen Mode der Nachkriegsjugend, die seine Philosophie als Appell zu einer sich am Augenblick berauschenden exzentrischen Lebensweise mißversteht. Um diesem Mißverständnis und Angriffen von rechts und links entgegenzutreten, hält er am 29. Oktober 1945 vor großem Publikum einen popularisierenden Vortrag, dessen Veröffentlichung die verbreitetste Zusammenfassung seiner Philosophie werden sollte: *L'existentialisme est un humanisme* (1946; *Ist der Existentialismus ein Humanismus?*).

Daß die trügerische Flucht des Für-sich in die Seinsweise des An-sich, wenn sie als kollektives Phänomen auftritt, zu Völkermord führen kann, legt S. in den *Réflexions sur la question juive* (1946; *Betrachtungen zur Judenfrage*) dar: Der Antisemit schreibt dem Juden die Seinsweise eines ihn bedrohenden An-sich zu, weil er auch sich selbst die Seinsweise eines An-sich zuschreibt, denn würde er den Juden als ein Für-sich erkennen, könnte er sich seine eigene Seinsweise eines Für-sich nicht verhehlen. So wird der Antisemitismus zu einer tödlichen Gefahr nicht nur für den Juden: Kein Franzose »wird in Sicherheit sein, solange noch ein Jude ... in der ganzen Welt um sein Leben wird fürchten müssen«. Mit dem Theaterstück *Morts sans sépulture* (1946; *Tote ohne Begräbnis*) brandmarkt S. eine andere tödliche Form der Flucht des Für-sich in das An-sich: die Folter. Indem der Folterer dem Gefolterten jede Möglichkeit der freien Entscheidung nimmt, verwandelt er diesen ebenso in Abschaum wie sich selbst. S.s Erfahrungen aus seinen Reisen in die USA schlagen sich, außer in seinen brillanten Reportagen, in dem Stück *La putain respectueuse* (1946; *Die respektvolle Dirne*) nieder, in dem er die Rassenpolitik der Südstaaten geißelt.

Mit S.s Schrift *Qu'est-ce que la littérature?* (1947; *Was ist Literatur?*) kommt das Schlagwort »engagierte Literatur« in Umlauf, das oft als Aufruf zu politischer Tendenzliteratur mißverstanden wurde. Der Begriff »Engagement« als literarisches Kriterium bedeutet vielmehr, daß Literatur fiktive Weltmodelle konstruiert, in denen dem Leser seine freie Verantwortlichkeit vorgeführt wird, weil sich aufgrund der literarischen Struktur solcher Modelle hinter jedem scheinbaren Zufall die vom Autor geschaffene Kausalität eines Sinns verbirgt. So ist jede Literatur ein Appell des Autors an die Freiheit des Lesers, der für die Zeit der Lektüre vom Druck der Kontigenz seiner Determiniertheit befreit ist. Aus diesem Grund kann es keine reaktionäre Literatur geben. Um die grundsätzliche Problematik des Verhältnisses von Zweck und Mittel innerhalb revolutionärer, um Befreiung kämpfender Bewegungen geht es in den Theaterstücken *Les mains sales* (1948; *Die schmutzigen Hände*) und *Le diable et le bon Dieu* (1951; *Der Teufel und der liebe Gott*). Der Legitimierung einer Gegen-Moral ist S.s Werk über den von der Strafjustiz verfolgten Skandalautor Jean Genet gewidmet, dessen gesammelte Werke er durch seine umfangreiche Einleitung in die offizielle Literatur einführt: *Saint Genet, comédien et martyr* (1952; *Saint Genet, Komödiant und Märtyrer)*: Wenn sich die Moral des »Guten« als das Repressionssystem einer vor dem Für-sich fliehenden Kollektivität erweist, bleibt dem Für-sich nur die Revolte einer Gegen-Moral des »Bösen«, nach der man das Böse, das die Gesellschaft der Guten einem als Wesen zuschreibt, bewußt tut. Das Genie Genets besteht jedoch in der Erkenntnis, daß das Böse um des Bösen willen tun nicht so subversiv ist, wie das Lob des Bösen in die Literatur einzuschmuggeln, so daß der verführte Leser das Böse schließlich in sich selbst entdeckt und an seiner Moral des Guten irre wird.

Das politische Engagement S.s hat verschiedene Stadien durchschritten: 1941 versuchte er, eine Widerstandsgruppe gegen die deutsche Besatzung aufzubauen, von 1948 bis 1949 ist er Gründungs- und Vorstandsmitglied des kurzlebigen »Rassemblement Démocratique Révolutionnaire«, das einen neutralistischen Sozialismus durchzusetzen versucht. Auf dem Höhepunkt des kalten Krieges nimmt er 1952 in kritischer Solidarität Partei für die kommunistische Partei Frankreichs, die Weltfriedensbewegung und die Sowjetunion, was zum Bruch mit Maurice Merleau-Ponty und Albert Camus führt. Doch mit seiner Verurteilung der sowjetischen Intervention gegen den Ungarnaufstand (1956) kündigt er diese kritische Solidarität wieder auf. Die Jahre von 1958 bis 1962 sind vom Engagement gegen den Algerienkrieg geprägt, das mit S.s offener Unterstützung der illegalen Hilfsorganisation für französische Deserteure und algerische Freiheitskämpfer seinen Höhepunkt erreicht. 1961 und 1962 verübt die OAS Bombenanschläge auf seine Wohnung. Mit dem Stück *Les séquestrés d'Altona* (1959; *Die Eingeschlossenen von Altona*) überträgt S. das Problem der Beteiligung am Terror gegen die algerische Bevölkerung auf einen deutschen Kriegsverbrecher des Zweiten Weltkriegs. Und in seinem Vorwort zu Frantz Fanons Manifest der antikolonialistischen Befreiungsbewegungen, *Les damnés de la terre* (1961; *Die Verdammten dieser Erde*), begrüßt er die Gegengewalt der Kolonisierten.

S. veröffentlicht 1960 sein zweites philosophisches Hauptwerk *Critique de la raison dialectique (Kritik der dialektischen Vernunft)*, in dem er die Summe aus seinen politischen Erfahrungen zieht. Dabei versucht er, seiner Philosophie eine marxistische Grundlegung zu geben. Die Stelle des An-sich-seins nimmt jetzt die erstarrte Praxis der handelnden Individuen ein, die dieser ebenso gegenüberstehen wie das Für-sich dem An-sich: Vom Bedürfnis getrieben, macht der Mensch einen freien Plan zur Veränderung seiner Umwelt. Sein gesamtes praktisches Feld wird der Verwirklichung dieses Plans unterworfen, es wird totalisiert. Mit der Objektivierung dieser Praxis wird die Totalisierung jedoch angehalten, weil sich die Praxis in ihrem Resultat mit der Trägheit der Materie hat affizieren müssen – wie das Für-sich mit dem An-sich. Gegenüber der Totalität des Plans ist das Ergebnis also partikulär. Doch nur scheinbar, denn gerade die Trägheit der Materie überträgt die Veränderungen der Praxis auf die nicht totalisierten Bereiche des praktischen Feldes, d. h. sie ruft nicht geplante und nicht voraussehbare Veränderungen hervor. So wirkt diese mit Praxis affizierte Trägheit, oder das Praktisch-Inerte, als Gegen-Finalität auf die geplante Praxis zurück. Dadurch werden neue Pläne hervorgerufen, die diese Gegen-Finalität in das erweiterte praktische Feld integrieren, damit die angehaltene Totalisierung wieder in Gang bringen und weiter treiben. Die Objektivierung, die partikulär erschien, erweist sich somit als total, und der Plan zur Veränderung der Umwelt, der total sein sollte, erweist sich als partikulär. Doch nur dadurch, daß sich der partikuläre Plan als total setzt, kann das totale Ergebnis als partikuläres auf ihn zurückwirken. Diese Entfremdung der Praxis nimmt jedoch erst durch den Mangel die Form an, die uns zu Menschen dieses Planeten macht: Die Gegen-Finalität des Praktisch-Inerten wird vermittelt und verstärkt durch die Praxis des anderen, der unser Todfeind ist, weil er uns durch die Befriedigung seiner Bedürfnisse die Möglichkeit nimmt, unsere eigenen Bedürfnisse zu befriedigen. Dieser Kampf auf Leben und Tod manifestiert sich in der Tatsache, daß nach einer Jahrtausende währenden Menschheitsgeschichte die Mehrheit immer noch ›überzählig‹ ist, deshalb verhungert, getötet wird oder eine Minderheit ernähren muß‹. Diese Überzähligen erleben ihr Leben als Unmöglichkeit des Lebens. Da aber diese Unmöglichkeit unmöglich ist, werden sie immer wieder dazu getrieben, freie Pläne zur Veränderung ihrer Umwelt zu machen. Das ist jedoch erst in der »Gruppe« möglich, denn nur wenn sie ihre potentielle Freiheit mit der Freiheit der ebenso Bedrohten multiplizieren, können sie den Kollektiven entkommen, in denen sie als austauschbare Serienmitglieder Gegenstand der Praxis anderer sind. So wie die Praxis ganz allgemein die Trägheit ihrer Instrumente benutzt, um auf die Trägheit der Umwelt einzuwirken, so benutzt die Gruppe die Zahl ihrer Mitglieder als Instrument, um sich von der Herrschaft der Zahl des Kollektivs als bloßer Austauschbarkeit zu befreien. Aus austauschbaren Anderen werden Gleiche. Aber die Furcht, daß die Gruppe zerfallen und damit die gerade errungene Freiheit verlieren könnte, führt dazu, daß sie sich selbst mit Trägheit affiziert: Treueid, Terror-Brüderlichkeit, Arbeitsteilung, Funktion, Institution, Hierarchie sind die Stufen dieser Selbsterhaltung der Gruppe, die ihre Freiheit schließlich auf ein einzelnes Individuum überträgt. Der Versuch jedoch, die Gruppe zu einem individuellen Organismus zu machen, scheitert an der Unüberschreitbarkeit der individuellen Praxis und läßt sie in den Status der Serie zurückfallen. Ebenso wie auf der psychischen Ebene von *L'être et le néant* muß auch auf der sozio-historischen Ebene die Freiheit immer wieder ihrer Entfremdung abgerungen werden. Wie dort ist sie nur in der Bewegung auf sie hin zu erreichen: die globale permanente Revolution.

In ganz anderer Form schlägt sich S.s politische Erfahrung in seinen Kindheitserinnerungen nieder, die er 1963 unter dem Titel *Les mots (Die Wörter)* veröffentlicht. Er schildert hier sein bisheriges Schriftstellerdasein als eine Neurose, in der reale Dinge mit Wörtern verwechselt werden. S. lehnt 1964 die Annahme des Nobelpreises für Literatur als Vereinnahmungsmanöver ab; 1967 übernimmt er den Vorsitz des Russell-Tribunals gegen die Kriegsverbrechen der USA im Vietnamkrieg; von 1968 an beteiligt er sich aktiv an der linksradikalen Protestbewegung und übernimmt die Herausgabe strafrechtlich verfolgter linksradikaler Zeitschriften wie *La cause du peuple*, die er selbst auf der Straße verteilt. 1973 gründet er die Zeitung *Libération*.

Sein letztes und umfangreichstes Werk erscheint 1971/72: *L'idiot de la famille. Gustave Flaubert 1821 à 1857 (Der Idiot der Familie. Gustave Flaubert 1821–1857)*. Am Ende von *L'être et le néant* hatte S. eine existentielle Psychoanalyse entworfen, die an konkreten Beispielen die Dialektik von Determiniertheit und Wahl darlegt; sie soll aufzeigen, wie ein Individuum seine Determiniertheit überwindet, indem es sie annimmt und sich dadurch zu dem macht, was es ist. S. hatte das später an den Beispielen *Baudelaire* (1947), *Mallarmé* (1986; *Mallarmés Engagement)*, Genet und Tintoretto vorgeführt, bevor er sich an seine monumentale Studie über Flaubert machte, der ihn sein Leben lang beschäftigt hatte.

Dieses Werk ist eine angewandte Summe seiner Philosophie: S. selbst betrachtet es sowohl als Fortsetzung von *L'imaginaire* wie der *Critique de la raison dialectique*. Er versucht hier die Entsprechung von individuellem und kollektivem Entwurf einer ganzen Epoche nachzuweisen, die Entsprechung von dem, was er subjektive und objektive Neurose nennt. Die subjektive Neurose Flauberts besteht darin, daß er in seinem Leben und Werk wie entweichendes Gas ins Imaginäre hinausstrebt, daß Flaubert die verhaßte Realität nur benutzt, um deren Nichtigkeit aufzudecken. Der Erfolg seiner Bücher liegt darin begründet, daß auch die Leser vor der Realität ins Imaginäre fliehen, indem sie die gesellschaftliche Lüge des Zweiten Kaiserreichs leben. Doch gerade in solcher Flucht ins Imaginäre ist das ganze Gewicht der Realität mit ihrem unverwechselbaren Geschmack gewissermaßen in Hohlform vorhanden. Dieses letzte Werk S.s ist sicher eine der größten Herausforderungen für den Strukturalismus, der mit seinem radikalen Paradigmawechsel den Existentialismus in den 60er Jahren ablöst und als Irrweg angreift: Es bleibt zu fragen, ob das Denken von S. die Positionen des Strukturalismus nicht implizit als Untersuchung des Praktisch-Inerten integriert, als Stadium der analytischen Vernunft in seiner Dialektik überschreitet und im Hegelschen Doppelsinn »aufhebt«.

König, Traugott (Hg.): Sartre. Eine Konferenz. Reinbek bei Hamburg 1988. – Cohen-Solal, Annie: Sartre. Reinbek bei Hamburg 1988. – Hayman, Ronald: Jean-Paul Sartre. München 1988. – Danto, Arthur C.: Jean-Paul Sartre. Göttingen 1986. – Hartmann, Klaus: Die Philosophie Jean-Paul Sartres. Berlin 1983. – Seel, Gerhard: Sartres Dialektik. Bonn 1971.

Traugott König †

Scheler, Max
Geb. 22. 8. 1874 in München; gest. 19. 5. 1928 in Frankfurt am Main

Goethes Wort: »Nur wer sich wandelt, ist mit mir verwandt«, hat Sch. oft zitiert, um sich kritischen Rückfragen nach der inneren Einheit seiner Lehre zu entziehen. Mindestens zwei Standpunktwechsel lassen sich unterscheiden: vom Neukantianismus zur Phänomenologie und von dieser zu einem evolutionären Pantheismus. – Mit dem Neukantianismus wurde Sch. während seines Studiums der Philosophie vertraut, das er 1897 mit einer Dissertation über *Beiträge zur Feststellung der Beziehungen zwischen den logischen und ethischen Prinzipien* bei Rudolf Eucken in Jena abschloß. Zwei Jahre später habilitierte er sich in Jena mit einer Schrift über *Die transzendentale und die psychologische Methode*. Ethik und Erkenntnistheorie, beide im Geiste des Neukantianismus aufgefaßt, sind die bevorzugten Gebiete seiner ersten Lehrveranstaltungen. Das Studium von Edmund Husserls *Logischen Untersuchungen* (1900/01) führte Sch. jedoch zu einer allmählichen Revision seiner Anschauungen. Weil er sich aufgrund eines öffentlichen Skandals, den seine krankhaft eifersüchtige Frau, Amélie von Dewitz-Krebs, hervorgerufen hatte, in Jena nicht mehr halten konnte, habilitierte er sich 1906 an der Universität München, wo er sich dem Phänomenologenkreis anschloß, der sich aus Schülern von Theodor Lipps gebildet hatte. Ein Skandalprozeß über »die Würde des Hochschullehrers«, in den ihn seine Frau verwickelt hatte, führte 1910 zum Verlust seiner Dozentur. Nach der Scheidung heiratete Sch. 1912 Märit Furtwängler, Tochter des Archäologen A. Furtwängler. Den Lebensunterhalt verdiente er sich durch ausgedehnte Vortragsreisen und publizistische Tätigkeiten. Eine erste Sammlung phänomenologisch fundierter Untersuchungen erschien 1915 in den zwei Bänden *Abhandlungen und Aufsätze* (2. Aufl. 1919 unter dem Titel: *Vom Umsturz der Werte*). Vor allem in dem von Nietzsche beeinflußten Aufsatz *Das Ressentiment im Aufbau der Moralen* erweist sich Sch. als ebenso kritischer wie scharfsinniger Analytiker der Formen des emotionalen Lebens in der modernen Gesellschaft. Sein philosophisches Hauptwerk, die aus sechs Abhandlungen bestehende Schrift *Der Formalismus in der Ethik und die materiale Wertethik*, erschien in zwei Teilen 1913/16 in dem Husserlschen, von Sch. und anderen mitherausgegebenen Schulorgan der Phänomenologen, dem *Jahrbuch für Philosophie und phänomenologische Forschung*. Gegen Kants formalistische Ethik entwirft Sch. eine materiale Wertethik, deren objektive Geltung er auf apriori gegebene, evident einsehbare Gehalte zurückführte, die der Mensch durch intentionales Fühlen erfasse. Die Werte stehen in einem objektiven, hierarchisch aufgebauten System, das von den sinnlichen Werten (angenehm-unangenehm) über die vitalen (edel-gemein) und geistigen (recht-unrecht, schön-häßlich, wahr-falsch) bis zu den Werten des Heiligen und Profanen reicht. Nachdem Sch. 1899 vom jüdischen zum katholischen Glauben übergetreten war, dem er sich schon in seiner Schulzeit angenähert hatte, setzte er sich in seiner phänomenologischen Phase, vor allem seit den Kriegsjahren, engagiert für einen im Geist der platonisch-augustinischen Liebesidee interpretierten Katholizismus ein, wodurch er unter den Gebildeten Deutschlands zu einem der einflußreichsten Denker eines weltoffenen katholischen Glaubens wurde. Sein religionsphilosophisches Hauptwerk *Probleme der Religion. Zur religiösen Erneuerung* erschien 1921 in einer weiteren Sammlung von Aufsätzen *(Vom Ewigen im Menschen)*. In auffallendem Kontrast zu diesen Schriften steht das 1915 erschienene Buch *Der Genius des Kriegs und der Deutsche Krieg*, in dem Sch. den Weltkrieg als schicksalhaften Aufruf zu einer geistigen Wiedergeburt der Menschheit aus den Zerfallserscheinungen des Kapitalismus feiert. 1919 wurde Sch. als Direktor an das Kölner Forschungsinstitut für Sozialwissenschaften, kurz darauf zugleich als Professor für Philosophie und Soziologie an die neueröffnete Kölner Universität berufen. 1922/23 distanzierte er sich öffentlich vom katholischen Glauben. Weil er sich in der gleichen Zeit erneut scheiden ließ, um eine Ehe mit Maria Scheu einzugehen (1924), geriet er vor allem bei engagierten Katholiken in den Ruf eines zwischen Triebhaftigkeit und Geist gespaltenen labilen Charakters. In der sich Anfang der 20er Jahre durchsetzenden dritten Phase seines Philosophierens wandte sich Sch. vor allem anthropologischen, soziologischen und metaphysischen Fragestellungen zu. In der Abhandlung *Die Stellung des Menschen im Kosmos* (1928), einem Abriß seiner unvollendet gebliebenen Anthropologie, unterscheidet Sch. in der menschlichen Psyche vier Schichten, die dem Stufenbau der organischen Natur entsprechen: Gefühlsdrang, Instinkt, assoziatives Gedächtnis und praktische Intelligenz, denen er als gänzlich andersartiges Prinzip den Geist entgegensetzt, durch den der Mensch dem Naturzusammenhang vollkommen enthoben sei. So wesensverschieden auch Leben und Geist sind, so sind sie doch aufeinander angewiesen: der Geist durchdringe das Leben mit Ideen, ohne die es keine Bedeutung hätte, wohingegen das Leben dem Geist allererst ermögliche, tätig zu sein und seine Ideen im Leben zu verwirklichen.

In der Soziologie hat sich Sch. insbesondere mit Fragen der Wissenssoziologie beschäftigt, in der er die Wesenszusammenhänge zwischen den wichtigsten Arten des Wissens und den Ethosformen sozialer Gruppen untersuchte. Er unterschied drei oberste Wissensformen: das Leistungs- oder Herrschaftswissen der positiven Wissenschaften, das Bildungswissen der Philosophie und das Erlösungs- oder Heilswissen der Religionen. Jede dieser drei Wissensformen weist spezifische Arten der Motivation, Erkenntnisakte, Erkenntnisziele, vorbildhaften Persönlichkeitstypen, der sozialen Gruppen des Wissenserwerbs und der Wissensverbreitung sowie der geschichtlichen Bewegungsformen auf. Die gesamte Soziologie Sch.s ist beherrscht von dem anthropologischen Gegensatz zwischen Leben und Geist: Der Geist selber ist ohnmächtig, seine Ideen zu realisieren, wie umgekehrt die Lebensmächte ohne den Geist blind und orientierungslos sind; beide müssen zusammenwirken, aber der Geist vermag nur dasjenige zu realisieren, was durch die herrschenden sozialen Interessenperspektiven ausgewählt wird. Die Mannigfaltigkeit der Interessenperspektiven und »Realfaktoren« führt Sch., ähnlich stark typologisierend wie in der Geistphilosophie, auf die drei Urtriebe des Menschen zurück: den Sexual- bzw. Fortpflanzungstrieb, den Macht- und den Nahrungstrieb. Die jeweiligen geschichtlichen Zuordnungen von Ideal- und Realfaktoren verbleiben im Rahmen konstanter, gesetzlich bestimmter Grundverhältnisse. Die Grundlinien der Wissenssoziologie und eine entsprechende Untersuchung der positiven Wissenschaften hat Sch. in *Die Wissensformen und die Gesellschaft* (1926) veröffentlicht. Die anthropologischen wie die soziologischen Untersuchungen konvergieren schließlich in dem metaphysischen Grundproblem, wie sich der Dualismus von Geist und Leben überwinden lasse. Sch. orientiert sich dabei im wesentlichen an Spinoza: Geist und Leben bzw. Drang faßt er als die beiden wesentlichen Attribute des »Urgrunds des Seins« auf. Die gesamte Weltgeschichte sei darauf angelegt, daß sich diese beiden Attribute gegenseitig durchdringen, damit sich der Wesensgehalt des Absoluten vollständig verwirkliche. In dem Vortrag *Der Mensch im Weltalter des Ausgleichs* (1926) bezeichnet Sch. Gott und Mensch als »Genossen ihres Schicksals, leidend und überwindend – einst vielleicht siegend«. Die Möglichkeit der Überwindung der Gegensätze zwischen Kapitalismus und Sozialismus, zwischen östlichem und westlichem Denken, zwischen Religionen und Wissenschaften, Geist und Natur, körperlicher und geistiger Arbeit und nicht zuletzt zwischen Mann und Frau hänge letztlich von dem Prozeß der Weltgeschichte ab, in dem Gott und Mensch schicksalhaft aufeinander angewiesen sind.

Orth, Ernst Wolfgang/Pfafferott, Gerhard (Hg.): Studien zur Philosophie von Max Scheler. Freiburg/München 1994. – Mader, Wilhelm: Max Scheler. Reinbek bei Hamburg 1980. 2., durchges. Aufl. 1995. – Frings, Manfred S.: Max Scheler. A concise introduction into the world of a great thinker. Pittsburgh 1965.

Wolfhart Henckmann

Schlick, Moritz
Geb. 14. 4. 1882 in Berlin; gest. 22. 6. 1936 in Wien

Wenn die Philosophie des »Wiener Kreises«, der logische Empirismus, heute als eine der Hauptströmungen der Philosophie des 20. Jahrhunderts gilt, so ist dies vor allem das Verdienst Sch. s, ihres Begründers. Sch. beginnt seine akademische Ausbildung mit dem Studium der Physik und promoviert 1904 in Berlin bei Max Planck über ein Problem der Lichtreflexion. Seine Veröffentlichungen nach der Promotion und während der Lehrtätigkeit in Rostock (von 1911 bis 1921) und Kiel (von 1921 bis 1922) als Professor für Naturphilosophie und Ethik zeigen, daß seine Interessen weit über einzelwissenschaftliche Fragen der Physik hinausgehen. Er schreibt über Ethik, Ästhetik, Logik sowie über Grundlagenfragen der Mathematik und der Naturwissenschaft. Seine Beschäftigung mit neueren Entwicklungen der

Mathematik und mit der Einsteinschen Relativitätstheorie veranlaßt ihn, im Anschluß an die Arbeiten von Henri Poincaré und Hermann von Helmholtz, zu einer Kritik der Auffassung Kants, der die Sätze der Mathematik und die Grundsätze der Newtonschen Physik als synthetisch a priori bestimmt. Ist ein Satz a priori, d. h. von der Erfahrung unabhängig, so ist er immer zugleich analytisch, d. h. ohne einen unsere Erkenntnis erweiternden Wirklichkeitsgehalt. Dies gilt nach Auffassung des logischen Empiristen Sch. für sämtliche Sätze der Mathematik und der Logik, während die Sätze der Naturwissenschaften synthetisch, d. h. erkenntniserweiternd sind, und damit notwendigerweise empirisch oder a posteriori, weil durch Erfahrung jederzeit widerlegbar.

In seinem Hauptwerk *Allgemeine Erkenntnislehre* (1918) gibt Sch. eine systematische Darstellung seines in der Nachfolge David Humes stehenden Empirismus und seines erkenntnistheoretischen Realismus. Sch.s Bestimmung des Erkenntnisbegriffs ist in metaphysikkritischer Absicht an der Praxis des Erkennens im Alltag und in den empirischen Wissenschaften orientiert. Der Begriff des Erkennens wird scharf abgegrenzt vom Begriff des Erlebens. Im Zustand des Erlebens steht ein Subjekt in Beziehung zu nur *einem* erlebten Objekt. Im Prozeß des Erkennens dagegen setzt das Subjekt den zu erkennenden Gegenstand in Beziehung zu anderen Gegenständen, durch die er erkannt wird, indem er einem Begriff untergeordnet wird, den er mit diesen gemeinsam hat. Nicht auf den Erlebnisgehalt eines Gegenstandes kommt es beim Erkennen an, sondern auf seine eindeutige begriffliche Bestimmung. Entsprechend ist ein Erkenntnisurteil wahr genau dann, wenn die durch es ausgedrückte Beziehung zwischen den Gegenständen eindeutig einer Tatsache der erkenntnisunabhängigen Wirklichkeit zugeordnet werden kann. Wirklich sind alle Gegenstände, die sich eindeutig in ein räumliches und/oder zeitliches Bezugsschema einordnen lassen. Sie sind nach Sch.s realistischer Auffassung identisch mit den Kantischen Dingen an sich. Kants Behauptung, die Dinge an sich seien im Gegensatz zu ihren Erscheinungen unerkennbar, beruht nach Sch.s Meinung auf einer Nichtbeachtung des Unterschieds zwischen Erleben und Erkennen. Daß etwas, wie eben die Dinge an sich, nicht erlebt werden kann, muß nicht notwendigerweise heißen, daß es auch nicht erkennbar ist. Die Verwechslung dieser beiden Begriffe hat auch über Kant hinaus vielfach zu metaphysischen Irrtümern und Scheinproblemen geführt. So z. B. in der Phänomenologie Husserls, der die intuitive Erfassung des Wesens der Gegenstände, die »Wesensschau«, als eine der wissenschaftlichen übergeordnete Form der Erkenntnis betrachtet. Nach Sch. liegt hier kein Erkennen, sondern bloßes Erleben vor.

Im Jahr 1922 folgt Sch. einem Ruf der Universität Wien und übernimmt dort in der Nachfolge von Ernst Mach und Ludwig Boltzmann den Lehrstuhl für Philosophie der induktiven Wissenschaften. Auf Sch.s Initiative hin finden bald regelmäßige Diskussionen über philosophische Probleme statt, an denen neben Philosophen hauptsächlich Mathematiker und Naturwissenschaftler, darunter Rudolf Carnap und der Logiker und Mathematiker Kurt Gödel, beteiligt sind. Die Diskussionsteilnehmer gründen 1928 unter dem Vorsitz von Sch. den »Verein Ernst Mach« der als »Wiener Kreis« in die Philosophiegeschichte eingegangen ist. Die Philosophen des Wiener Kreises unterziehen die Sätze der Metaphysik einer logischen Analyse und lehnen sie als sinnlos ab. Sinnvoll sind nur empirische Sätze sowie Sätze der Logik und Mathematik. Das Ziel ihrer Bemühungen sehen sie in der Erarbeitung einer wissenschaftlichen Weltauffassung, dargestellt in einer an den Methoden der Physik orientierten Einheitswissenschaft. Hauptsächlich durch den Einfluß Carnaps und Wittgensteins, dessen *Tractatus logico-philosophicus* (1921) die Philosophie des Wiener Kreises wesentlich beeinflußte, änderte Sch. einige seiner früheren Ansichten. An die Stelle der Untersuchung von Voraussetzungen des Erkennens tritt die sprachkritische Klärung des Sinns von Sätzen der Wissenschaft. Der Sinn eines Satzes ist die Methode seiner Verifikation, d. h. ein Satz ist sinnvoll genau dann, wenn sich die Bedingungen angeben lassen, unter denen er wahr ist. Die Verifikation eines Satzes, die Entscheidung, ob er wahr oder falsch ist, obliegt nicht der Philosophie, sondern ist Angelegenheit der Wissenschaft, die diesen Satz aufgestellt hat, und geschieht durch einen Vergleich des Satzes mit dem durch ihn formulierten wirklichen Sachverhalt. Diese Art der Verifikation führt zu Schwierigkeiten beim Nachweis der Gültigkeit allgemeiner Sätze, über deren Wahrheit eben wegen ihrer Allgemeinheit nicht durch direkten Vergleich mit der Wirklichkeit entschieden werden kann. Sie müssen deshalb auf einfache, unmittelbar verifizierbare Aussagen, auf sog. Konstatierungen der Form: »Ich nehme hier und jetzt dieses oder jenes wahr«, reduziert werden. Die Unmöglichkeit einer endgültigen und vollständigen Verifizierung allgemeiner Sätze – jede wahre Konstatierung ist nur eine weitere, aber nicht hinreichende Bestätigung des Satzes – gab Karl Popper Anlaß zur Aufstellung seiner Falsifikationstheorie.

Sch. gehört zu den wenigen Mitgliedern des Wiener Kreises, die sich ausführlich zu ethischen Problemen geäußert haben, u. a. in *Fragen der Ethik* (1930). Er erkennt keine absoluten ethischen Werte an. Welche Handlungen als »gut« bezeichnet werden, ist abhängig von den in einer Gesellschaft aufgestellten Normen, deren Untersuchung Gegenstand der Soziologie und Psychologie ist. Sch. vertritt einen eudaimonistischen Standpunkt. Der Mensch soll danach streben, seine Glückseligkeit zu vermehren, die sich dann einstellt, wenn er frei vom Diktat des zweckgebundenen Handelns einer Tätigkeit um ihrer selbst willen nachgeht, wenn sein Handeln dem Spielen eines Kindes gleicht. Am 22. Juni 1936 wird Sch. auf dem Weg zu einer Vorlesung von einem geistesgestörten Studenten erschossen. Die Hintergründe des Mordes wurden nie ganz geklärt. Mit dem Tode Sch.s enden die Treffen des Wiener Kreises. Das Erstarken des Austrofaschismus zwingt viele seiner Mitglieder zur Emigration.

MacGuinness, Brian (Hg.): Zurück zu Schlick. Wien 1985. – Schleichert, Hubert (Hg.): Logischer Empirismus. Der Wiener Kreis. München 1975.

Martin Drechsler

Schmitt, Carl
Geb. 11. 7. 1888 in Plettenberg; gest. 7. 4. 1985 in Plettenberg

Sch. war kein Philosoph und wollte dies nicht sein. Er war Jurist, Professor für Öffentliches Recht seit 1921 in Greifswald, Bonn, Berlin, Köln, von 1933 bis zur dauernden Amtsenthebung 1945 wieder in Berlin. Seinem Selbstverständnis zufolge war er jedoch zugleich »politischer Theologe«; er reflektierte die rechtliche Verfassung im Horizont einer »Politischen Theologie«. Der Auslegung Heinrich Meiers zufolge meint dies »eine politische Theorie, politische Doktrin oder politische Positionsbestimmung, für die nach dem Selbstverständnis der politischen Theologen die göttliche Offenbarung die höchste Autorität und die letzte Grundlage ist«. Unter diesem Anspruch verstand Sch. seine juristische Arbeit als Auftrag und Antwort, als Parteinahme für die Sache des eigenen Glaubens. Sowohl Sch.s Bekenntnis, die Christlichkeit, Konfessionalität und theologische Kohärenz seines Werkes, als auch seine politisch-praktischen Folgerungen sind umstritten. Unbestritten dürfte jedoch sein, daß Sch. nach herkömmlichen Kategorien nicht ohne weiteres Philosoph zu nennen ist. Zweifellos war er aber ein Theoretiker, der bedeutende Beiträge zur Staats- und Verfassungstheorie, zur Rechtstheorie und zur politischen Theorie geleistet hat.

Sch. hinterließ ein labyrinthisches Werk. Zwischen 1910 und 1978 verfaßte er eine nahezu unübersehbare Anzahl von Artikeln und Aufsätzen, Broschüren und Monographien, die wirkungsbewußt »in die Waagschale der Zeit geworfen« (*Verfassungsrechtliche Aufsätze*, 1958) wurden. Im sauerländischen Plettenberg geboren und katholischer, provinziell-kleinbürgerlicher Herkunft, fallen Sch.s akademische Anfänge ins expressionistische Kriegsjahrzehnt. 1910 *Über Schuld und Schuldarten* promoviert, publiziert Sch. während seines Referendariats methodologische und rechtsphilosophische Monographien (*Gesetz und Urteil*, 1912; *Der Wert des Staates und die Bedeutung des einzelnen*, 1914). Die hymnische Fürsprache für den befreundeten Dichter Däubler (*Theodor Däublers ›Nordlicht‹*, 1916) ist eine erste Bekenntnisschrift. Nach dem zweiten juristischen Staatsexamen dient Sch. von 1915 bis 1919 in München als Kriegsfreiwilliger in der Heeresverwaltung. 1916 in Straßburg habilitiert, formuliert er 1919 mit der *Politischen Romantik* seine Absage an den Typus des Bürgers und etabliert sich 1921 mit einem Buch über *Die Diktatur* als Staatsrechtler.

In der Bürgerkriegslage der jungen Weimarer Republik entwickelt Sch. seine politische Theorie am Problem der Diktatur. 1922 publiziert er angesichts einer durch den Gegensatz von »Autorität gegen Anarchie« bezeichneten politischen Spannung unter dem Titel *Politische Theologie* seine »dezisionistische« Definition und Lehre von der Souveränität (»Souverän ist, wer über den Ausnahmezustand entscheidet«; »Auctoritas, non veritas facit legem«). Sch. reiht sich dabei in die Tradition der Staatsphilosophie der Gegenrevolution ein und optiert – 1923 in

Römischer Katholizismus und politische Form mitreißend formuliert – für das katholische Formprinzip der »Repräsentation« als Urbild souveräner Autorität. Dieses Formprinzip sucht er 1928 in seinem verfassungsrechtlichen Lehrbuch und Hauptwerk *Verfassungslehre* sowie dann durch Befürwortung des Weimarer Präsidialsystems (*Der Hüter der Verfassung*, 1931) in die demokratische Verfassung hinüberzuretten. Dabei unterscheidet er radikal zwischen rechtsstaatlichen und politischen Bestandteilen der Verfassung, zwischen Liberalismus und Demokratie, und hält einen antiliberalen Modus demokratischer Willensbildung für legal, legitim und funktional. 1932 publiziert er die Broschüre *Der Begriff des Politischen*. Diese Summe seines Weimarer Verfassungsdenkens, Sch.s bekannteste Schrift, formuliert als systematisch bedeutendes, grundlegendes »Kriterium« des Politischen die »Unterscheidung von Freund und Feind«: Ein soziales Handeln ist genau dann politisch zu nennen, wenn es Freund und Feind identifiziert, assoziiert und dissoziiert. Im Zusammenhang mit der *Verfassungslehre* gelesen benennt dieses Kriterium die Voraussetzung der Unterscheidung politischer Zugehörigkeit (Homogenität) und Nichtzugehörigkeit für die positive Verfassungsentscheidung über »Art und Form« des Daseins einer »politischen Einheit«. Sch. publiziert seinen *Begriff des Politischen* dabei mit einem militant-nationalistischen Unterton auch als Aufruf zur »Selbstbehauptung« der politischen Einheit des deutschen Volkes im Kampf mit Weimar, Genf, Versailles, wie es im Titel der Aufsatzsammlung *Positionen und Begriffe* 1940 prägnant heißt.

Sch.s verfassungstheoretisch bedeutendste und wirkmächtigste Arbeiten entstanden also in der Weimarer Republik. Vom Beginn seiner staatsrechtlichen Wirksamkeit an stand Sch. dabei im Gespräch der Zeit und wurde von Freund und Feind als Vordenker einer neuen, antipositivistisch eingestellten, konservativ-revolutionären Staatswissenschaft identifiziert, die den abschätzig so genannten »bürgerlichen Rechtsstaat« Weimars um einer anderen Ordnung willen schneidend kritisierte. In rhetorisch glänzender, glühender diagnostischer Polemik (»Jeder politische Begriff ist ein polemischer Begriff«) gelangen Sch. dabei treffende Einsichten in die damalige Krise des Liberalismus (*Die geistesgeschichtliche Lage des heutigen Parlamentarismus*, 1923) und bestehende Funktionsprobleme und Pathologien des modernen Verfassungsstaates. Er konstatierte einen Niedergang der Überzeugungskraft liberaler Prinzipien und analysierte Inkonsequenzen und (Soll-)Bruchstellen im Verfassungsgefüge als dessen Folgen. Angesichts der Regierungskrisen des Weimarer Parlamentarismus setzte er beim Untergang der Republik in das Präsidialsystem auf eine Koallianz des Reichspräsidenten mit der nationalistischen Bewegung (*Legalität und Legitimität*, 1932). Er bestritt dem Weimarer »Gesetzgebungsstaat« das Monopol des Politischen (»Der Begriff des Staates setzt den Begriff des Politischen voraus«) und fragte nach verfassungsrechtlichen Alternativen. Der »totale« Führerstaat erschien ihm dabei 1933 als eine legale und »demokratisch« legitime Antwort (»legale Revolution«). Nach der Machtübernahme trat er der NSDAP bei und rechtfertigte die neue Herrschaft in mehreren Programmschriften (*Staat, Bewegung, Volk*, 1933; *Über die drei Arten des rechtswissenschaftlichen Denkens*, 1934) und ungezählten Artikeln. Etwa zeitgleich zu heftigsten antisemitischen Auslassungen, die –

worauf posthum unter dem Titel *Glossarium* 1991 veröffentlichte tagebuchartige Aufzeichnungen der Jahre 1947 bis 1951 hinweisen – wohl Sch.s persönlichstem Glauben entsprangen, kam es 1936 zu einem Karriereknick infolge interner Angriffe und Intrigen bei Verlust zahlreicher Ämter. Bis 1945 lehrte Sch. jedoch weiter in Berlin und rechtfertigte wirkmächtig noch den nationalsozialistischen Eroberungs- und Vernichtungskrieg als neue Völkerrechtsordnung für »Mitteleuropa« (*Völkerrechtliche Großraumordnung*, 1939/1942).

Mit der grundlegenden Unterscheidung des Begriffs des Politischen vom Staatsbegriff und den Verfassungsdiagnosen eines Übergangs des »bürgerlichen Rechtsstaats« in den allzuständig-»totalen« Staat der Industriegesellschaft des 20. Jahrhunderts hatte Sch. in der Weimarer Republik schon eine Gefährdung des Politikmonopols des modernen Staats gesehen und begrifflich nach neuen politischen Subjekten gesucht, die die Souveränität des politischen Entscheidungsmonopols in der Bürgerkriegslage des Ausnahmezustands wieder herzustellen vermögen. Die Option für das nationalsozialistische »Dritte Reich« resultiert insoweit der juristischen Suche nach neuen Ordnungsmächten. Den geschichtlichen Niedergang der politischen Form des Staates untersucht Sch. 1938 in einer Studie zu Hobbes (*Der Leviathan in der Staatslehre des Thomas Hobbes*) sowie am Wandel des Kriegsrechts (*Die Wendung zum diskriminierenden Kriegsbegriff*).

Das Spätwerk distanziert sich dann angesichts der sich abzeichnenden Kriegsniederlage von der politischen Form des »Reiches« als einer möglichen Alternative zum neuzeitlichen Staat (*Land und Meer*, 1942) und geht zur völkerrechtsgeschichtlichen Rückschau und zum Werkabschluß über (*Der Nomos der Erde*, 1950). Obwohl Sch.s Werk von Anfang an einen geschichtstheologisch spekulativen, apokalyptischen Beiton hat und darin auch ein Moment seines hohen ästhetischen Reizes liegt, verschärft sich nach 1945 die endgeschichtliche Sicht der Gegenwart als eine politisch erstarrte »Einheit der Welt«, in der sich nur noch einzelne »Partisanen des Weltgeistes« noch als alternative politische Subjekte behaupten (*Theorie des Partisanen*, 1963). Sch.s Werk endet mit einer Selbstinterpretation (*Politische Theologie II*, 1970), die der Ende der 50er Jahre verstärkt wieder einsetzenden und in den letzten Jahren außerordentlich angewachsenen Forschung Lesarten vorzuschreiben sucht. Eine offenkundige Distanzierung vom Nationalsozialismus findet sich nach 1945 in den Schriften nicht, wohl aber gibt es einige verdeckte Auseinandersetzungen (*Gespräch über die Macht*, 1954; *Hamlet oder Hekuba*, 1956).

Sch.s geschichtstheologische Spekulationen stellen eine Herausforderung an die Geschichtsphilosophie dar. Rechtsphilosophisch interessant ist die »dezisionistische« Rechtsgeltungslehre, welche die Geltung von Rechtsnormen in die politische Verfügung des Souveräns stellt (*Verfassungslehre*) und den Bestand dieser Normen der interpretativen Verfügung des einzelnen Auslegers entzieht (*Tyrannei der Werte*, 1959/1967). Moralphilosophische Probleme und Fragen wie die nach Selbstbestimmung und Selbstbehauptung erörtert Sch. mehr unter dem Titel des Politischen. Dabei behauptet er einen konstitutiven und ethisch verbindlichen Vorrang der Sittlichkeit (»absolute Verfassung« als »Daseinsweise«, als »Gesamtzustand politischer Einheit und sozialer Ordnung«) vor der Identität und Moralität des Einzelnen. Aus dieser Annahme folgt das nationalistisch erhitzte Pathos politischer Verpflichtung bis zur Forderung der »Todesbereitschaft und Tötungsbereitschaft« im »Ernstfall«, das allerdings hobbesianisch durch die Insistenz auf der kontraktualistischen »Relation von Schutz und Gehorsam« eingeschränkt ist. Mit dem Vorrang der politischen Gemeinschaft und Sittlichkeit vor der Moralität des Einzelnen erneuert Sch. eine klassischpolitische Herausforderung an die Ethik.

Hasso Hofmann hat Sch. anhand der im ganzen Denkweg konsequent festgehaltenen Grundfrage nach der »Legitimität« als einen »politischen Philosophen« identifiziert. Philosophisch ist demnach die Konsequenz, mit der Sch. die in der verfassungstheoretischen Legitimitätsperspektive verborgene rechtsphilosophische Grundfrage nach der Rechtsgeltung als geschichtliches Problem festhielt. Diese Sicht von Sch.s »politischer Philosophie« ist an einem existentialistischen Philosophiebegriff orientiert, den man nicht teilen muß. So orientiert sich Heinrich Meiers Rekonstruktion von Sch.s politisch-theologischem Selbstverständnis in der Absicht auf Unterscheidung der Politischen Philosophie am Philosophiebegriff Leo Strauss'; danach schließt ein Denken unter Offenbarungsanspruch, wie dasjenige Sch.s, ein wahrhaft philosophisches Fragen aus. Philosophisch sei es letztlich irrelevant.

Gleichwohl ist Sch.s »Politische Theologie« auch als akademisches Forschungsprogramm lesbar und rezipierbar. Sch. spricht von einer »Soziologie von Begriffen«, die die Struktur und Einheit einer geschichtlichen »Epoche« an deren begrifflicher Selbstbeschreibung abliest und »Metaphysik« als klarsten »Ausdruck einer Epoche« auffaßt: »Das metaphysische Bild, das sich ein bestimmtes Zeitalter von der Welt macht, hat dieselbe Struktur wie das, was ihr als Form ihrer politischen Organisation ohne weiteres einleuchtet« (*Politische Theologie*). »Metaphysik« ist demnach ein Schlüssel zur Erforschung der politischen Struktur und Gesellschaftsstruktur einer Epoche; sie artikuliert diese aber nicht nur, sondern beglaubigt sie auch. Will man den systematischen Impuls dieses Ansatzes, Verfassung im Horizont einer »Politischen Theologie« zu reflektieren und zu vertreten, verkürzt formulieren, so macht Sch. auf politische Bedingungen und Gründe von Verfassung aufmerksam und stellt darüber hinaus weitere Fragen nach den konstitutionellen, kulturellen und geschichtlichen Voraussetzungen dieser Bedingungen und Gründe. Philosophisch gelesen stellt er damit das Legitimitätsproblem politischer Herschaft sowie das Begründungsproblem normativer Verpflichtung für seine Zeit neu dar. Sch. lehrt nicht zuletzt die Geschichtlichkeit dieser Problemstellungen und fordert damit zu deren Reformulierung für die Gegenwart auf.

Hofmann, Hasso: Legitimität gegen Legalität. Der Weg der politischen Philosophie Carl Schmitts (1964). Berlin ²1992. – Mehring, Reinhard: Carl Schmitt zur Einführung. Hamburg 1992. – Kaufmann, Matthias: Recht ohne Regel? Die philosophischen Prinzipien in Carl Schmitts Staats- und Rechtslehre. Freiburg 1988.

Reinhard Mehring

Scholem, Gershom G. (= Gerhard)
Geb. 5. 12. 1897 in Berlin; gest. 21. 2. 1982 in Jerusalem

In einem Brief an die Mutter Betty aus dem Jahr 1919 heißt es: »*Was* wird Gerhard Scholem? Nu? Zuerst wird er: Gershom Scholem. Na? Dann wird er Dr. phil. (hoffentlich). Dann wird er jüdischer Philosoph. Dann wird er Engel im 7. Himmel.« Präziser läßt sich Sch.s Werdegang kaum zusammenfassen, als es hier vorausschauend bereits durch den Studenten geschah. Wenige Monate vorher hatte Sch. in einem Brief an die Eltern geschrieben: »Daß mein Geist so eingerichtet ist, daß ich zwar nicht für Experimentalwissenschaften, wohl aber für Philologie, Philosophie und Mathematik in ziemlichem Maße empfänglich bin, scheint mir sogar eine recht glückliche Mischung ... Ich bin gewiß, wenn es darauf ankommt, später stets so viel verdienen zu können wie ich brauche um bescheiden zu leben, auch wenn ich nicht gleich Professor in Jerusalem werde.«

Als Sohn eines Berliner Druckereibesitzers und einer – wie wir seit der Veröffentlichung ihres Briefwechsels mit dem Sohn (1989) wissen – »hinreißend weltklugen« Mutter wuchs Sch. im bürgerlichen Milieu einer Familie auf, die bereits »den Weg von der traditionellen jüdisch-orthodoxen Lebensweise der schlesischen und posenschen Juden, die die überwältigende Majorität der Berliner Judenschaft bildeten, bis zur weitgehenden Assimilation an die Lebensart der Umgebung zurückgelegt« hatte. Als Zeitpunkt seines »jüdischen Erwachens« in diesem assimilierten Milieu gab Sch. rückblickend den Sommer 1911 an. Die Lektüre der dreibändigen Volksausgabe der *Geschichte der Juden* von Heinrich Graetz weckte in ihm die »Leidenschaft für das Judentum in Vergangenheit und Gegenwart«. Die Briefe und Tagebücher des jungen Sch. (seit 1994 im Erscheinen begriffen) zeigen einen hochintellektuellen und außerordentlich selbstbewußt-kritischen Geist, der philosophische und mathematische Studien aller Art mit einer gelegentlich schon überspannt anmutenden Intensität trieb, in der zionistischen Jugendbewegung rasch zum Sprecher einer elitären Minderheit aufstieg und mit ersten Übersetzungen aus dem Hebräischen an die Öffentlichkeit trat.

Unmittelbar philosophisch wirksam wurde Sch. in seiner Freundschaft mit Walter Benjamin, die im Juli 1915 begann. Nur der Tatsache dieser Freundschaft verdankte der Kabbala-Forscher zunächst wohl auch die ungewöhnliche Beachtung, die ihm eine breitere Öffentlichkeit seit dem Ende der 50er Jahre widmete. In dem Buch *Walter Benjamin – die Geschichte einer Freundschaft* (1957) und der Publikation des durch glückliche Umstände erhaltenen Briefwechsels von 1933–1940 (erschienen 1980) hat Sch. den Ertrag dieser intellektuell spannungsvollen Beziehung für die Nachwelt festgehalten und seinem 1940 aus dem Leben geschiedenen Freund ein Denkmal gesetzt: »In Benjamin traf ich zum erstenmal einen Menschen von durchaus ursprünglicher Denkkraft, die mich unmittelbar ansprach und bewegte. So haben wir wahrscheinlich jeder zur Entwicklung des anderen das Seine beigetragen, und ich würde sagen, daß ich ihm mindestens ebenso viel verdanke wie, auf ganz anderer Ebene, er mir.« Zusammen und teilweise auch in Auseinandersetzung mit Theodor W. Adorno und Hannah Arendt hat Sch. wichtige Beiträge zur Interpretation des Benjaminschen Denkens geleistet. Dabei ging es ihm – auch in seiner Beteiligung an der Herausgabe der *Gesammelten Schriften* Benjamins – vor allem darum, das Werk des Freundes, den er gelegentlich als einen »ins Profane verschlagenen Theologen« bezeichnete, vor jeder marxistischen Einvernahme abzusichern.

Zur Philosophie in ihrer üblichen akademischen Ausprägung hatte schon der junge Sch. ein eigentümlich gebrochenes Verhältnis: »Immer wenn Philosophen etwas Wesentliches über den Begriff und erst recht die Grundlagen der Wissenschaft gesagt haben, haben sie es, auch wenn sie es nicht zugegeben haben, nicht als Philosophen, sondern als mit den Mitteln einer speziellen Wissenschaft Arbeitende gesagt«, wie er in seinem Tagebuch schreibt. Für Sch., der sich zunächst ausgiebig mit der Mathematik unter philosophischen Aspekten beschäftigt hatte, wird seit dem Ausbruch des Ersten Weltkrieges ein individualistisch-anarchisch akzentuierter Zionismus zum Ausgangs- und Angelpunkt seines gesamten Denkens: »Immer deutlicher steigt in mir die Idee auf, einmal den Versuch einer neuen, hohen zionistischen Ideologie zu machen, die sehr fehlt. Ein hohes Ideal.« Sch.s leidenschaftliches Engagement für den Zionismus und die jüdische Jugendbewegung (in der Berliner Gruppe »Jung-Juda«, deren kurzlebige Zeitschrift *Die blau-weiße Brille* von Sch. fast allein bestritten wurde) führten zu vielfältigen Kontakten und oft auch Auseinandersetzungen u. a. mit Chajim Nachman Bialik, Samuel Josef Agnon, Schneur Salman Rubaschow (= Schasar, 1963–1972 Staatspräsident Israels), Hermann Cohen, Martin Buber, Franz Rosenzweig, Achad Haam (= Ascher Ginzberg) und später Arendt, Leo Baeck und Adorno. Dabei entwickelte Sch. eine ganz eigenständige Form des Zionismus und der jüdischen Philosophie als einer »Philosophie aus den Quellen des Judentums«. Sch.s gesamtes Lebenswerk blieb diesem »Hinein- und Hinabsteigen in das Judentum« verpflichtet. Bereits mit seiner Dissertation über *Das Buch Bahir. Ein Schriftdenkmal aus der Frühzeit der Kabbala* (1923) begann der junge Gelehrte ein Gebiet zu bearbeiten, das in der Wissenschaft des Judentums bis dahin kaum beachtet worden war. Ausgerüstet mit einer stupenden Kenntnis des Hebräischen entdeckte und beschrieb Sch. in jahrzehntelangen Studien fortan Bezirke jüdischer Existenz und Denkens, insbesondere der Kabbala, die auch innerhalb des Judentums in Vergessenheit geraten waren, weil sie so wenig zu dem aufgeklärten Geist des 19. Jahrhunderts zu passen schienen.

Damit trug Sch. Entscheidendes zu einer zionistisch inspirierten Neubewertung der »Wissenschaft des Judentums« bei. Diese habe, so meinte er, in ihrer im 19. Jahrhundert entwickelten Form, die auf eine ständig wachsende Trennung von jüdischer Wissenschaft und jüdischer Gegenwart hinausgelaufen war, nur noch die Aufgabe gesehen, »die Überreste des Judentums ehrenvoll zu bestatten« (Moritz Steinschneider), und sei damit zum »Denkmal unserer geistigen Knechtschaft« (Achad Haam) geworden. 1964 hat Sch. diese Kritik in der großen Polemik *Wider den Mythos vom deutsch-jüdischen Gespräch* weitergeführt: »Die angeblich unzerstörbare geistige Gemeinsamkeit des deutschen Wesens mit dem jüdischen Wesen hat, solange diese beiden Wesen realiter miteinander gewohnt haben, immer nur vom Chorus der jüdischen Stimmen her bestanden und war, auf der Ebene historischer Realität, niemals etwas anderes als eine Fiktion, eine Fiktion, von der Sie mir erlauben werden zu sagen, daß sie zu hoch bezahlt worden ist.«

1923 ließ Sch. seinen zionistischen Traum wahr werden, siedelte nach Jerusalem über und vertauschte den deutschen Vornamen Gerhard mit dem hebräischen Gershom (= »Fremder von dort«). Als Bibliothekar an der Universitäts- und Nationalbibliothek (bis 1927) und als Lektor an der Universität (ab 1925) erwarb er sich ein solches wissenschaftliches Ansehen, daß er 1933 auf den neugegründeten Lehrstuhl für jüdische Mystik und Kabbala an der Hebräischen Universität berufen wurde. Dieser Lehrstuhl, den Sch. bis zu seiner Emeritierung 1965 inne hatte, signalisierte innerhalb der Judaistik einen Perspektivenwechsel von epochaler Bedeutung. In Israel wurde Sch.s wissenschaftliches Werk durch die Verleihung des Israel Prize for Jewish Studies (1958) und die Wahl zum Präsidenten der Israel Academy of Sciences and Humanities (1968) geehrt. In Europa erfuhren Sch.s Forschungen erst wieder stärkere Beachtung, seitdem er ab 1957 regelmäßig an den Eranos-Tagungen in Ascona teilnahm. Zahlreiche wissenschaftliche Akademien und Vereinigungen des Auslandes ernannten Sch., dessen Veröffentlichungsliste schon 1967 mehr als 500 Titel aufweist, zu ihrem Mitglied.

Aufbauend auf zahlreichen Einzeluntersuchungen, in denen sich genaueste Analyse, oft unkonventionelle philosophische Einsichten und ein immenses historisches Wissen verbanden, konnte Sch. den Ertrag seiner Forschungen erstmals 1941 in der großen Überblicksdarstellung *Major Trends in Jewish Mysticism* zusammenfassen, die erst 1957 in deutscher Übersetzung (*Die jüdische Mystik in ihren Hauptströmungen*) erschien und »dem Andenken an Walter Benjamin« gewidmet ist. Dieses Buch, das zu den bedeutendsten Leistungen der Judaistik unseres Jahrhunderts gezählt werden muß und in der Fülle seiner historischen Einzelbeobachtungen, philologischen Erörterungen und innerjüdischen Positionsbestimmungen kaum angemessen zu referieren ist, steuert auf eine – allerdings sehr zurückhaltende – Weise auch einen bemerkenswerten Beitrag zur Relativierung der jüdischen Philosophie bei: »Mystiker und Philosophen sind beide, wenn man so will, Aristokraten des Denkens. Und dennoch ist es gerade der Kabbala gelungen, eine Verbindung mit gewissen elementaren Impulsen des Volksglaubens herzustellen. Sie hat die primitiven Schichten des menschlichen Lebens nicht verachtet, jene entscheidenden Schichten der Lebensangst und Todesangst des einfachen Menschen, auf die die rationale Philosophie nichts Kluges zu erwidern gewußt hat. Sie hat jene Ängste, aus denen Mythen geschaffen werden, nicht zum Problem gemacht, und so hat die jüdische Philosophie für diese Vornehmheit, mit der sie sich von den primitiven Schichten des menschlichen Lebens abgewandt hat, einen hohen Preis bezahlt.« Hannah Arendt, die später an der Bearbeitung der zweiten Auflage der *Major*

Trends in Jewish Mysticism beteiligt war, und Benjamin lernten das Manuskript von Sch.s Buch im Winter 1939/40 kennen und diskutierten »viele Stunden lang« darüber. Benjamins Thesen *Über den Begriff der Geschichte* mit ihrer Deutung der »Jetztzeit, die als Modell der messianischen in einer ungeheueren Abbreviatur die Geschichte der ganzen Menscheit zusammenfaßt«, sind ohne die Lektüre von Sch.s Untersuchung der jüdischen Mystik nicht zu erklären. Ihre Rezeption hat später für den Diskurs innerhalb der Frankfurter Schule eine wichtige Rolle gespielt.

Als großer geschichtsphilosophischer Entwurf erwies sich Sch.s monumentale Biographie über *Sabbatai Zwi. Der mystische Messias*, die 1957 hebräisch, 1973 englisch und endlich 1992 auch deutsch erschien. Die Geschichte des »mystischen Messias«, die Sch. in akribisch-detektivischer Kleinarbeit rekonstruierte, stellt eine große historiographische Leistung dar. Erst durch Sch.s Biographie gewannen Sabbatai Zwi (1626–1676) und die von ihm ausgelöste Bewegung des Sabbatianismus wieder schärfere Konturen. Hinter dem biographischen Bemühen aber steht die viel grundsätzlichere Frage nach den Wesensmerkmalen des Judentums. Ältere Ideen aufnehmend, die schon in den frühen Gesprächen mit Benjamin eine Rolle gespielt hatten, entwickelte Sch. die Theorie, nach der die »messianische Idee im Judentum« dieses zu einem Leben »im Aufschub der Existenz« geführt habe. Wer auf Gottes Handeln in der Zukunft hofft, lebt in einer ewigen Gegenwart und kann nicht in die Geschichte eintreten. Das Scheitern und Abtrünnigwerden des Sabbatai Zwi führte, so meinte Sch., eine Grundsatzkrise des Messianismus, ja dessen Überwindung, herbei und eröffnete damit dem Judentum überhaupt erst den Eintritt in die Geschichte. Diese Betrachtungsweise der jüdischen Geschichte von innen her versucht also einsichtig zu machen, wie der Messianismus des Sabbatai Zwi den Beginn der jüdischen Moderne einleitete, weil er die bis dahin tragende Hoffnung des Judentums vernichtete.

Sch.s Philosophie »aus den Quellen des Judentums«, die er in diffizilen Studien zumeist überhaupt erst wieder freilegte, führte ihn bis zu jenem Punkt, an dem das Scheitern der mystischen Sehnsüchte das jüdische »Leben im Aufschub« unmöglich machte und eine völlig neue Lösung erzwang. Sch. erkannte diese Lösung im Zionismus als der politischen Erlösung des Judentums. Schon 1929 hatte er jedoch notiert: »Die Erlösung des jüdischen Volkes, welche ich als Zionist ersehne, ist in keiner Weise identisch mit der religiösen Erlösung, welche ich mir für die Zukunft erhoffe. Das zionistische Ideal ist eine Sache, das messianische eine andere, und diese beiden Ideale berühren sich nicht ...« Den Weg der Assimilation des Judentums im Gefolge von Aufklärung und Emanzipation, wie ihn das deutsche Judentum seit dem Beginn des 19. Jahrhunderts eingeschlagen hatte, konnte Sch. lediglich als einen Irrweg begreifen: Nur da, wo Aufklärung zur Selbstbestimmung aus den eigenen Wurzeln heraus führt, wirkt sie erlösend. Vielleicht läßt es sich nur aus dieser Einsicht erklären, daß nach Sch.s Tod und Begräbnis in Jerusalem auf dem Grabstein, der an seine Eltern und Brüder auf dem Weißenseer Jüdischen Friedhof erinnert, sein Name in der Form GERHARD G. SCHOLEM hinzugefügt werden konnte.

So hat der Philosoph, dessen Weg ihn *Von Berlin nach Jerusalem* (so der Titel von Sch.s Jugenderinnerungen, 1977) geführt hatte, ganz folgerichtig auch zwei Gräber, eines in Jerusalem und eines in Berlin, hatte er doch auf sehr eigene Weise in beiden Städten seine geistige Heimstatt.

Mosés, Stéphanie: Der Engel der Geschichte. Franz Rosenzweig – Walter Benjamin – Gershom Scholem. Frankfurt am Main 1994. – Dan, Joseph/Schäfer, Peter (Hg.): Gershom Scholem's Major Trends in Jewish Mysticism 50 Years After. Proceedings of the Sixth International Conference on the History of Jewish Mysticism. Tübingen 1993. – Bibliography of the Writings of Gershom Scholem. Jerusalem 1977. – Studies in Mysticism and Religion Presented to Gershom G. Scholem on his Seventieth Birthday. Jerusalem 1967.

Peter Maser

Schrödinger, Erwin
Geb. 12. 8. 1887 in Wien; gest. 4. 1. 1961 in Wien

In physikalischen Veröffentlichungen ist es sein Name, der am häufigsten zitiert wird. Die heutige Physik und Chemie sind undenkbar ohne die Schrödinger-Gleichung und die Schrödingersche Wellenfunktion. Beide bilden das Kernstück der sogenannten Wellenmechanik, die 1926 in Form von vier Mitteilungen über die *Quantisierung als Eigenwertproblem* veröffentlicht wurde. Sch. versuchte mit seiner Theorie ein klassisches und anschauliches Bild der Atome zu skizzieren und die im Jahr zuvor von Werner Heisenberg konzipierte Atommechanik zu überwinden, von der er sich »abgeschreckt, um nicht zu sagen abgestoßen« fühlte. Sch. wollte sich nicht mit den Unstetigkeiten, jenen »Quantensprüngen« abfinden, zu denen Atome als Konsequenz der Planckschen Quantenhypothese gezwungen wurden. Als sich zur allgemeinen Überraschung noch 1926 herausstellte, daß die Theorien von Sch. und Heisenberg äquivalent waren, wurde der Weg frei für die philosophische Interpretation der Quantenmechanik, die vor allem auf Niels Bohr zurückgeht und durch den Begriff der Komplementarität charakterisiert werden kann. Sch. konnte die in diesem Rahmen erfolgte Aufhebung einer kausalen Determiniertheit im atomaren Geschehen nicht akzeptieren. Unter seinen Bemühungen, die erkenntnistheoretische Lektion der Atome zu lernen, ragt eine Diskussion über *Die gegenwärtige Situation in der Quantenmechanik* (1935) hervor. In diesen Aufsätzen bezeichnet er es als das eigentliche Charakteristikum atomarer Systeme, daß sie »verschränkt« sind. Unter Verschränkung versteht er dabei die Tatsache, daß atomare Objekte korreliert sein können, obwohl zwischen ihnen keine direkte Wechselwirkung besteht. Damit offenbart sich ein ganzheitlicher Zug der atomaren Wirklichkeit, der dem klassisch-physikalischen Denken fremd geblieben ist.

Als die Wellenmechanik entstand, war Sch. Professor für Theoretische Physik in Zürich. 1927 wurde er als Nachfolger Max Plancks nach Berlin berufen. Sch. verließ Deutschland 1933 und ging nach England. Im selben Jahr wurde ihm der Nobelpreis für Physik zuerkannt. 1936 kehrte er in seine Heimat zurück, aus der ihn die Nationalsozialisten zwei Jahre später vertrieben. Er konnte nach Dublin fliehen und blieb hier 17 Jahre lang, bevor er nach Österreich zurückkehrte. Sch. hat die theoretische Physik immer als Fortsetzung der Philosophie mit anderen Mitteln verstanden. Die ruhigen Jahre in Dublin gaben ihm Gelegenheit, über *Die Natur und die Griechen* (1954) nachzudenken. Die Philosophie der Griechen entfaltete sich nämlich noch »ohne die verhängnisvolle Spaltung, die uns jahrhundertelang gehemmt hat und heute unerträglich geworden ist«, die Spaltung nämlich von Naturwissenschaft und Philosophie bzw. Religion. Aus dieser Haltung heraus versteht man Sch.s Hoffnung, daß sich irgendwann auch im Bereich der Atome die Ordnung zeigen wird, die die klassische Physik gekannt hat. Die Ganzheit der Quantensysteme konnte nur eine Stufe auf dem Weg dorthin sein. 1944 erschienen seine Dubliner Vorlesungen zu der Frage *Was ist Leben?*. Dieses Buch übte einen großen Einfluß auf die Entwicklung der Biologie aus und beschleunigte ihre Umwandlung zur Molekularbiologie. In einem Anhang über »Determinismus und freier Wille« bekennt sich Sch. zu der Einsicht der indischen Philosophie, daß wir in Wirklichkeit alle nur Aspekte eines einzelnen Wesens sind.

Moore, Walter: Schrödinger. Life und Thought. Cambridge 1989. – Scott, William Taussig: Erwin Schrödinger. An Introduction to his Writings. Amherst (Mass.) 1967.

Ernst Peter Fischer

Schweitzer, Albert
Geb. 14. 1. 1875 in Kaysersberg/Oberelsaß; gest. 4. 9. 1965 in Lambarene/Gabun

Als er, mit einjähriger Verspätung, Anfang November 1954 den Friedensnobelpreis entgegennahm, mag neben ehrlicher Bewunderung bei vielen auch eine Art von wohliger Sentimentalität aufgekommen sein. Jedenfalls spiegelte die noch junge, dafür überschwengliche Popularität des greisen Urwalddoktors mit dem ungebändigten Haar, dem mächtigen Schnauzbart und dem altväterlichen Auftreten verbreitete Sehnsüchte der zwischen neuen Kriegsängsten und Lust am Konsum schwankenden Zeitgenossen nach einer Gegenwelt stiller, unversehrter Humanität. Eine gemütvoll verbrämte Ethik im Winkel ist die Sache des »nüchternen Idealisten« von Lambarene jedoch keineswegs. Sein philosophischer Ansatz läuft vielmehr auf nichts Geringeres als ein »Weltexperiment« hinaus. Er hat die unerbittliche Diagnose einer Zeit zur Voraussetzung, die »von einem Fortschrittswillen geleitet wird, der veräußerlicht ist.« Da er sich auf »materielle Leistungsfähigkeit« beschränkt, habe er die sinnvolle »Orientierung verloren«, die »ethischen Vernunftideen«, auf denen jede »wahre... Kultur beruht«. Im »unverlierbaren Kinderglauben..., daß der aus der Wahrheit kommende Geist stärker ist als die Macht der Verhältnisse«, unternimmt Sch. gegen alle aus der Erfahrung herrührenden Zweifel den Versuch, einen Weg aus dieser Krise aufzuzeigen. Dabei betont er, daß jede »Umgestaltung... der sozialen und politischen Gemeinschaft... in ganz ausschließlicher Weise« von den vielen Einzelnen ausgehen müsse, deren Selbstbesinnung und Mündigkeit in der modernen Industriegesellschaft vielfach bedroht sei. Gemäß der aufklärerischen Tradition, auf die er sich, in vollständigem Widerspruch zu einer Gegenwart beruft, »die alles, was sie irgendwie als rationalistisch und freisinnig empfindet, als lächerlich, minderwertig, veraltet und schon längst überwunden ansieht«, erscheint es ihm daher grundsätzlich notwendig, »das Vertrauen in das eigene Denken« zu stärken. Sch.s ethisches Paradox besteht also darin, daß er etwas »verlangt, was die Lebensverhältnisse, in die wir hineingestellt sind, verneinen«. Er mutet dem Individuum im Rahmen seiner jeweiligen Möglichkeiten die Einheit von Erkenntnis und Handeln zu und vertraut dem allmählichen »Einfluß... auf die Gesamtgesinnung«. Den eigenen Entschluß, sich »nie« direkt in kontroverse »politische Fragen... einzumischen«, wirft er erst in seinem letzten Lebensjahrzehnt »über den Haufen«.

Anlaß ist die atomare Hochrüstung der beiden Supermächte. In vier sorgfältig vorbereiteten Rundfunkansprachen, die weltweites Aufsehen erregen (*Appell an die Menschheit*, 1957; *Friede oder Atomkrieg*, 1958), tritt er mit betont sachlicher Information über die große Gefahr einer radioaktiven Verseuchung der Luft und der Erde der amtlichen »Beschwichtigungspropaganda« entgegen. Auch seine persönliche Botschaft an den Präsidenten der Vereinigten Staaten, John F. Kennedy, dringt, als ersten Schritt, auf die Beendigung der Testversuche sowie auf ein Abrüstungsabkommen unter wirksamer internationaler Kontrolle. Gemeinsam mit Freunden wie Albert Einstein und Bertrand Russell – »unbeugsamen Denkern«, die in dieser Weltlage vonnöten seien – bemüht er sich darum, »indem ich die Nächte mit Briefeschreiben zubringe«, eine »öffentliche Meinung der Völker für die Abschaffung der Atomwaffen« anzuregen. Offensichtlich hat Sch. jenen »unvorstellbaren Wahnsinn«, der erstmals »die Menschheit... in ihrer Existenz bedroht«, als totale Negation seiner Arbeit an jenem neuen Bewußtsein begriffen, das er programmatisch in der Formel »Ehrfurcht vor dem Leben« zusammenfaßt. Schon in zwei Straßburger Predigten nach dem Ersten Weltkrieg angesprochen, wird dieses Grundprinzip zunächst 1920 in Gastvorlesungen an der Universität Uppsala entfaltet, die den Grundstock zu seinem drei Jahre später erschienenen Hauptwerk bilden, der zweiteiligen *Kulturphilosophie*. (Zur Redaktion der geplanten Fortsetzung ist er nicht mehr gekommen. Zusammen mit anderen Texten aus dem umfangreichen Nachlaß, ist die Erstveröffentlichung der Entwürfe in der 1986 angekündigten, voraussichtlich sechs Bände umfassenden *Gesamtausgabe der Philosophischen Schriften* vorgesehen.) Mit der Wendung »Ehrfurcht vor dem Leben« glaubte Sch. eine für dessen dauerhafte Resonanz unerläßliche Begründung des ethischen Sollensanspruchs gefunden zu haben. In ihr treffen sich die rationale Analyse, eine dadurch vorbereitete Begegnung mit der Wirklichkeit, die er als »mystisches Erleben« bezeichnet, sowie »das große Gebot der Liebe Jesu«. Seine Argumentation, die sich ansonsten bewußt philosophischer Fachausdrücke enthält, versucht Arthur Schopenhauers absolute Skepsis in bezug auf eine sinnhafte Erklärbarkeit des Universums mit Friedrich Nietzsches Welt- und Lebensbejahung zu verbinden, ohne den beiden Anregern in ihren jeweiligen Konsequenzen zu folgen.

»Die fundamentale Tatsache des Bewußtseins des Menschen«, schreibt Sch., »lautet: ›Ich bin Leben, das leben will, inmitten von Leben, das leben will.‹ Der denkend gewordene Mensch erlebt die Nötigung, allem Willen zum Leben die gleiche Ehrfurcht ... entgegenzubringen, wie dem seinigen. Er erlebt das andere Leben in dem seinen.« Als den großen Fehler aller bisherigen Ethik – die »Zentralprovinz der Philosophie« – tadelt er, »daß sie es nur mit dem Verhalten des Menschen zum Menschen zu tun zu haben glaubte.« Im Unterschied dazu beinhaltet sein Konzept eine »ins Grenzenlose erweiterte Verantwortung gegen alles, was lebt«, eine ökologische oder, wie er es nennt, »kosmische« Ethik. Dabei stellt er in Rechnung, daß »wir alle dem rätselhaften und grausigen Schicksal unterworfen« sind, »in die Lage zu kommen, unser Leben nur auf Kosten anderen Lebens erhalten zu können« und dadurch »fort und fort schuldig zu werden«. Dem Menschen als ethischem Wesen, dem einzigen, das »wissend und barmherzig werden kann«, müsse es in seiner jeweils subjektiven Entscheidungsfreiheit aber darum gehen, »dieser Notwendigkeit, wo er nur immer kann, zu entrinnen, und ... die Selbstentzweiung des Willens zum Leben aufzuheben, soweit der Einfluß seines Daseins reicht«. »Urplötzlich«, heißt es in der autobiographischen Zwischenbilanz *Aus meinem Leben und Denken* (1931), habe sich die Inspiration zu dem »elementaren und universellen Begriff des Ethischen« ereignet: im September 1915 auf dem Ogowe, »als wir bei Sonnenuntergang gerade durch eine Herde Nilpferde hindurchfuhren«. Sch. wirkte damals bereits seit zweieinhalb Jahren unter schwierigsten Bedingungen als Arzt auf einer Missionsstation im damaligen Französisch-Äquatorialafrika.

Gefaßt hatte er diesen Entschluß während der Pfingstferien 1896 im elterlichen Pfarrhaus des elsäßischen Dörfchens Günsbach drei Jahre, nachdem er in Straßburg »kühn« das (später zeitweise in Paris und Berlin fortgesetzte) Studium der »Theologie, Philosophie und Musik miteinander« begonnen hatte. Der Gedanke, er dürfe das Glück seiner Lebensverhältnisse nicht als etwas Selbstverständliches hinnehmen, sondern müsse etwas dafür geben, und das in die Kindheit zurückreichende »Ergriffensein von dem Weh, das um uns herum und in der Welt herrscht«, wirkten zusammen. »In ruhigem Überlegen ... wurde ich ... mit mir selber dahin eins, daß ich mich bis zu meinem dreißigsten Lebensjahr für berechtigt halten wollte, der Wissenschaft und der Kunst zu leben, um mich von da an einem unmittelbaren menschlichen Dienen zu weihen«, das er als »Gehorsam gegen Jesus« verstand.

Wie in diesem Lebensplan vorgesehen, studierte der ohnehin an ausgiebige Nachtarbeit gewöhnte Straßburger Privatdozent und Vikar ab 1905 zusätzlich

Medizin. Hinter ihm lagen bereits eine philosophische Dissertation (*Die Religionsphilosophie Kants*, 1899) und seine theologische Habilitationsschrift (*Das Messianitäts- und Leidensgeheimnis*, 1901), die er, zuerst 1906, endgültig dann 1913, zu einer voluminösen *Geschichte der Leben-Jesu-Forschung* ausweitete, einer Bilanz der neutestamentlichen Textkritik von eineinhalb Jahrhunderten. Im Unterschied zur herrschenden Lehrmeinung wird Jesus hier konsequent aus der »eschatologisch-messianischen Vorstellungswelt des Spätjudentums« verstanden. Zugleich hatte Sch., seit 1893 Schüler von Charles Marie Widor in Paris, sich als Organist und Musikwissenschaftler einen internationalen Ruf erworben. 1905 legte er die Darstellung *J. S. Bach, le musicien-poète* vor, deren deutsche Bearbeitung ihm drei Jahre später zu einem neuen Buch fast doppelten Umfangs geriet. Die stattliche, bis heute als Standardwerk geltende Monographie werde ergänzt durch ein für den Erhalt alter Instrumente eintretendes *Internationales Regulativ für Orgelbau* (1909) sowie durch die kritische Ausgabe *Sämtlicher Orgelwerke* Bachs, deren ersten Band er 1912 vorlegte. Der achte und letzte, den er ebenfalls noch mitbetreut hatte, erschien zwei Jahre nach seinem Tod.

Am 21. März 1913, kurz nach seiner Promotion zum Dr.med., reiste er mit seiner Frau nach Afrika ab. Sein erster Aufenthalt, von dem er in *Zwischen Wasser und Urwald* (1920) berichtete – zugleich ein wichtiges Zeugnis seiner Entwicklungsgedanken im Hinblick auf die damaligen Kolonien –, endete viereinhalb Jahre später. Als Kriegsgefangener wurde Sch. nach Europa gebracht und in französischen Internierungslagern festgehalten. Bis Anfang 1924 hatte er, aus zahlreichen Konzert- und Vortragsreisen durch Europa, die Mittel zusammengebracht, um in Lambarene neu aufbauen zu können: zuerst noch einmal innerhalb der Missionsstation, dann jedoch, inzwischen unterstützt durch nachgekommene Ärzte und Pflegerinnen, ein notwendig gewordenes Spitaldorf, das 1927 bezugsfertig war, bevor er wieder für zwei Jahre zurückkreiste. In wechselnden Abständen pendelte er seither zwischen Afrika und Europa. Nach seinen wissenschaftlich-künstlerischen Tourneen brachte er jeweils »das Nötigste« an medizinischer Ausstattung mit. Zur Verleihung des Frankfurter Goethepreises von 1928 entstand die erste seiner insgesamt vier Reden über den verehrten Dichter (*Goethe*, 1950). Für wissenschaftliche Arbeit hatte er allerdings kaum noch Muße. »Auf dem Schiffe« verbrachte er gelegentlich »die Zeit mit dem Skizzieren einiger Kapitel«. Nach einer früheren Vorstudie (*Geschichte der paulinischen Forschung von der Reformation bis zur Gegenwart*, 1911) arbeitete er 1930 *Die Mystik des Apostels Paulus* aus. Fünf Jahre später erschien noch *Die Weltanschauung der indischen Denker*. Weitere Studien über *Kultur und Ethik in den Weltreligionen* konnte er hingegen nicht mehr zum Druck vorbereiten. Insgesamt brach Sch. zu vierzehn Aufenthalten nach Lambarene auf. Am längsten in Folge blieb er dort zwischen 1938 und 1948. Kurz vor seinem 85. Geburtstag verließ der vielfach Ausgezeichnete, an dem nun freilich auch medizinische und politische Kritik laut wurde, Europa zum letzten Mal.

Bentley, James: Albert Schweitzer. Zürich 1993. – Groos, Helmut: Albert Schweitzer. Größe und Grenzen. Eine kritische Würdigung des Forschers und Denkers. München/

Basel 1974. – Steffahn, Harald: Du aber folge mir nach. Albert Schweitzers Werk und Wirkung. Bern/Stuttgart 1974.

Hans-Rüdiger Schwab

Searle, John Rogers
Geb. 31. 7. 1932 in Denver/Col.

Eines steht fest: ein Duckmäuser ist S. gewiß nicht. Seine Art, mit pointierten Thesen direkt auszusprechen, was er für intellektuell unredlich, für theoretisch schlecht konzipiert oder gar für blanken Unsinn hält, hat noch jede Debatte, in die er sich eingemischt hat, in einen kontroversen, ja manchmal hitzigen Austausch verwandelt. Und es sind nicht unbedingt Randgebiete der Philosophie, die S. durch seine Arbeiten vorangebracht hat. Seit über 30 Jahren arbeitet S. an einer einheitlichen Theorie der Sprache und des Geistes. Seinen Ruhm begründete S. zunächst mit einer der Sprache gewidmeten Untersuchung, nämlich mit *Speech Acts. An Essay in the Philosophy of Language* (1969; *Sprechakte. Ein sprachphilosophischer Essay*). Mit dem in diesem Buch erreichten Forschungsstand wies sich S. als der wichtigste Vertreter der Sprechakttheorie aus. Diese Theorie war von dem an der Universität Oxford lehrenden John L. Austin zwischen 1952 und 1955 in einer Vortragsserie entwickelt worden, welche nach dem Tode Austins (1960) unter dem Titel *How to do things with words* (1962; *Zur Theorie der Sprechakte*) herausgegeben wurde. Austin war neben Peter F. Strawson der philosophische Lehrer von S., nachdem S. von der University of Wisconsin, wo er sein Studium begonnen hatte, nach Oxford gewechselt war. Nach dem B.A. in Oxford (1955) unterrichtete S. zwischen 1956 und 1959 am Christ's Church (Oxford) und schloß sein Studium mit einer Dissertation über Sinn und Referenz (1959) ab. Seit 1959 ist S. an der University of California in Berkeley tätig, zunächst als Assistent, dann als außerordentlicher Professor und seit 1967 schließlich als Professor für Philosophie. 1964 engagierte sich S. für die Studentenbewegung, wodurch die Nixon-Regierung 1971 bewogen wurde, S. als Berater hinsichtlich der studentischen Unruhen beizuziehen.

Ein Teil der Veröffentlichungen von S. vor 1969, u. a. auch die Dissertation, gingen in *Speech Acts* ein. Mit *Speech Acts* legt S. eine Strukturtheorie der Sprechakte vor, d. h., er arbeitet eine Struktur der Sprechakte heraus, die hinsichtlich bestimmter Parameter variieren kann, wobei dadurch die Merkmale der Sprechakte und deren Beziehung bestimmt ist. Wesentliche Parameter eines Sprechaktes sind der propositionale Gehalt und die illokutionäre Rolle, die dieser Gehalt der Sprecherintention nach haben soll. Diese Unterscheidung geht auf Austin zurück, der erkannte, daß mit sprachlichen Akten gleichbleibenden propositionalen Gehalts ganz verschiedene Handlungen ausgeführt werden können und umgekehrt. So läßt sich etwa der illokutionäre Akt des Behauptens (»Sam kommt morgen.«), des Fragens (»Sam kommt morgen?«) oder der Drohung (»(Warte nur,) Sam kommt morgen!«) mit demselben propositionalen Gehalt allein durch Intonation und Einbettung in einen bestimmten Kontext ausführen. Davon verschieden ist der perlokutionäre Akt, also dasjenige, was der Sprecher durch seinen Sprechakt bei dem Hörer bewirkt (es mag sein, daß der illokutionäre Akt einer Drohung als perlokutionärer Akt der Heiterkeitserzeugung beim Hörer mißlingt). Eine Sonderstellung nehmen die performativen Akte ein, in denen die Äußerung dasjenige explizit aussagt, was durch die Sprechhandlung vollzogen wird. Den performativen Akt des Versprechens (»Ich verspreche, daß . . .«) wählt S. als Ausgangspunkt seiner Untersuchungen und arbeitet an ihm neben den bereits genannten Parametern auch für die anderen Sprechakte gültige Bedingungen der Ein- und Ausgabe, Regeln des propositionalen Gehalts, Einleitungsregeln, Aufrichtigkeitsregeln heraus. Zentral sind die sog. »wesentlichen« Bedingungen, also solche, die die illokutionäre Rolle eines Sprechaktes bestimmen. Die wesentliche Regel der Aufforderung ist z. B., daß die Aufforderung als ein Versuch gilt, den Aufgeforderten zu einer bestimmten Handlung zu bewegen; die der Behauptung etwa, daß die Behauptung als Versicherung gilt, daß die geäußerte Proposition eine wirkliche Sachlage darstellt. S. geht bei seinen Analysen primär von den Sprecherintentionen aus, untersucht aber auch die Abhängigkeit der Sprechakte von sozialen Institutionen. *Speech Acts* hat seit dem Erscheinen umfassende Forschungsanstrengungen auf dem Gebiet der Sprachphilosophie und Linguistik angestoßen, was auch darin begründet liegt, daß das Werk über die genannten Themen hinaus die kontroversen Fragen nach der Referenz, der Prädikation und der Ableitbarkeit des Sollens aus dem Sein abhandelt.

Die mit *Speech Acts* angestoßene Forschung führt S. in einer Reihe von Aufsätzen fort, die gesammelt unter dem Titel *Expression and Meaning. Studies in the Theory of Speech Acts* (1979; *Ausdruck und Bedeutung. Untersuchungen zur Sprechakttheorie*) erschienen sind. Ein Teil der dort versammelten Aufsätze befaßt sich mit Sprachformen, die sich als besonders hartnäckige Probleme philosophischer oder linguistischer Analyse erwiesen haben. In *Indirect Speech Acts* (1975; *Indirekte Sprechakte*) untersucht S. Sprechakte, bei denen der Sprecher über das direkt Gesagte hinaus noch etwas Weiteres andeuten will. Mit den Aufsätzen *The Logical Status of Fictional Discourse* (1975; *Der logische Status fiktionalen Diskurses*) und *Metaphor* (1979; *Metapher*) geht S. Sprachformen an, die keine eigene Sprechaktklasse bilden, darin aber eigentümlich sind, daß wörtliche Satzbedeutung und vom Sprecher gemeinte Äußerungsbedeutung unaufhebbar verschieden sind. Der fiktionale Diskurs unterscheidet sich vom normalen Diskurs dadurch, daß es in ihm keine notwendige Beziehung zwischen Bedeutung und Wahrheit gibt. S. charakterisiert solche Diskursformen daher als »non-serious« (unernst). Hinsichtlich der Metaphern gibt S. zu, zwar gute Gründe gegen die bereits existierenden Metapherntheorien anführen zu können, von seiner eigenen Lösung aber auch nicht restlos überzeugt zu sein. Im Aufsatz *A Taxonomy of Illocutionary Acts* (1975; *Eine Taxonomie illokutionärer Akte*) teilt S. die illokutionären Akte in fünf Klassen ein, nämlich Assertive (wo wir gegenüber anderen aussagen, was der Fall ist), Direktive (wo wir andere dazu zu bewegen versuchen, etwas Bestimmtes zu tun), Kommissive (wo wir uns selbst auf eine bestimmte auszuführende Handlung festlegen), Expressive (wo wir unsere Gefühle und Einstellungen zum Ausdruck bringen) und Deklarationen (wo wir mit unseren Äußerungen Veränderungen in der Welt herbeiführen). Damit verbunden führt S. den wichtigen Begriff »direction of fit« (Ausrichtung) aus. Ein charakteristischer Unterschied zwischen Behauptungen und Befehlen ist etwa, daß Behauptungen eine »Wort-auf-Welt-Ausrichtung« haben, d. h., eine Behauptung mißlingt, wenn die Worte nicht zum Zustand der Welt passen. Dagegen mißlingt ein Befehl, wenn der als herzustellend befohlene Zustand der Welt nicht zu den Worten paßt, d. h., es liegt eine »Welt-auf-Wort-Ausrichtung« vor. Gegen die Annahme völlig kontextfreier Sätze zeigt S. in *Literal Meaning* (1978; *Wörtliche Bedeutung*), daß jeder Satz eines »Hintergrunds« bedarf, um verständlich zu sein. »Hintergrund« ist der Begriff für nichtintentionale basale Fertigkeiten und Fähigkeiten, die die Intentionalität des Sprechaktes allererst ermöglichen. In mehreren Rezensionen und Erwiderungen (1972, 1976) kritisiert S. den Großmeister der Linguistik, Noam Chomsky. 1977 tritt S. mit *Re-iterating the Differences: A Reply to Derrida* auch gegen Jacques Derrida und dessen Konzept des Poststrukturalismus an.

Das Forschungsinteresse von S. konzentriert sich in der Folge vornehmlich auf die Philosophie des Geistes, wenn auch die Bemühung um die Sprachphilosophie immer präsent bleibt, so etwa, wenn er zusammen mit Daniel Vanderveken eine formale Theorie illokutionärer Akte in *Foundations of Illocutionary Logic* (1985) entwirft. In intellektuellen Foren, wie dem *New York Review of Books*, vermag S., auch im Kreis von Forschern der »Künstlichen Intelligenz«, Neurowissenschaftlern und Psychologen, erregte Diskussionen durch sein Argument vom »Chinese-Room« (Chinesisch-Zimmer) zu entfachen, das er im Aufsatz *Minds, Brains, and Programs* (1980; *Geist, Gehirn, Programm*) entwickelt hatte. Dieses Argument versucht mit Hilfe eines Gedankenexperiments zu zeigen, daß die These von der Rückführbarkeit semantischer Gehalte auf syntaktische Strukturen unhaltbar ist, eine These, die gerade bei Computerwissenschaftlern und daran sich anschließenden Denkschulen in der Philosophie des Geistes sehr beliebt ist.

Den zweiten Meilenstein in der Theoriebildung nach *Speech Acts* setzt S. mit *Intentionality. An Essay in the Philosophy of Mind* (1983; *Intentionalität. Eine Abhandlung zur Philosophie des Geistes*). Hier entwirft S. eine allgemeine und umfassende Theorie der Sprache und des Geistes, indem er eine Strukturtheorie mentaler Zustände entwickelt. Die für die Sprache zentrale Intentionalität, die S. ja bereits mit *Speech Acts* hervorgehoben hatte, wird abgeleitet aus der intrinsischen Intentionalität bestimmter mentaler Zustände, deren Gesamtheit *Intentionality* zu erfassen trachtet. Intentionale Zustände haben eine bestimmte Struktur, nämlich F(p), wobei F den psychologischen Modus eines Zustands und p dessen propositionalen Gehalt bezeichnet. Begriffe wie »Erfüllungsbedingung«, »Ausrichtung«, »Hintergrund« werden von der Sprechakttheorie übernommen und modifiziert dem neuen Rahmen eingepaßt. Mit dem Begriff »Netzwerk«, das die Notwendigkeit der Einbettung eines einzelnen intentionalen Aktes in eine Gesamtheit von Intentionen faßt, schließt S. an holistische Konzeptionen an. Anders als die meisten Theoretiker, die Überzeugungen und Wünsche an die erste Stelle setzen, betrachtet S. die Wahrnehmung und die Handlung als die primären Formen der Intentionalität. Beide Formen sind durch Selbstbezüglichkeit gekennzeichnet. Etwa im Fall der Handlung reicht es nicht aus, daß die beabsichtigte Aktion irgendwie erfolgt, vielmehr ist es zusätzlich erforderlich, daß die Handlung ausgeführt wird, weil die entsprechende Handlungsintention vorhanden ist. Im Gegensatz zu Überzeugungen, die intrinsisch intentional sind, besitzen Äußerungen hinsichtlich ihrer Bedeutung abgeleitete Intentionalität, denn der Sprecher läßt dabei intentional bestimmte Erfüllungsbedingungen anderen Erfüllungsbedingungen aufruhen. Äußert ein Sprecher nämlich z. B. eine Behauptung, dann hat die Äußerung als Äußerung zunächst die Erfüllungsbedingung, daß sie als eine bestimmte Reihe von Worten verstanden wird, die dann als Behauptung die Erfüllungsbedingung haben, einem bestimmten Weltzustand zu entsprechen. *Intentionality* führt daneben wichtige Begriffe ein, wie etwa »prior intention« (vorausgehende Absicht, d. i. die Absicht, bevor eine Handlung ausgeführt wird), »intention in action« (Handlungsabsicht, d. i. die Absicht, die Teil einer Handlung ist) sowie intentionale Verursachung (eine durch Intentionen angestoßene Kausalität).

Die Fähigkeit von S., komplexe Zusammenhänge knapp und anregend auch für ein größeres Publikum vorzustellen, bewog 1984 die BBC, S. die Reith Lectures, eine sechsteilige, jeweils halbstündige Radiosendung der BBC halten zu lassen. Diese Gelegenheit erhielt damit nach Bertrand Russell im Jahre 1948 erstmals wieder ein Philosoph. S. skizziert in *Minds, Brain and Science. The 1984 Reith Lectures* (*Geist, Hirn und Wissenschaft*) seine Sicht des Zusammenhangs zwischen den Menschen als bewußten Wesen und dem von den Kausalgesetzen determinierten Kosmos. Neben Themen wie der Körper-Geist-Problematik, die unten zu schildern sind, und den aus dem Argument des Chinesisch-Zimmers bekannten kritischen Einwänden gegen eine Computertheorie des Geistes, kommt hier auch die Frage zur Sprache, ob die Sozialwissenschaften in ihrem Untersuchungsbereich naturgesetzhaft verfaßte Sachverhalte vorfinden. S. bestreitet dies mit dem Hinweis darauf, daß soziale Zusammenhänge wesentlich von den Einstellungen und Intentionen der darin einbezogenen Menschen abhängig seien. Etwas als Geld zu identifizieren ist z. B. nicht von der physikalischen Eigenschaft dieses Etwas abhängig, sondern davon, daß die jeweiligen Tauschpartner es als Geld betrachten und es dementsprechend verwenden. Die Erforschung sozialer Ereignisse, insbesondere der genaueren Ausleuchtung von irreduzibel gemeinschaftlichen Handlungen, wie etwa solchen, die die Kooperation mehrerer Personen erfordern, hat S. in dem Aufsatz *Collective Intentionality and Action* (1990) mit dem Entwurf von Gemeinschaftsintentionen voranzutreiben versucht.

Ein Argument, das *Intentionality* wie auch die *Reith Lectures* bereits entwickelt hatten, wendet S. mit gewohnter Direktheit in *The Rediscovery of the Mind* (1992;

Die Wiederentdeckung des Geistes) gegen materialistische und dualistische Theorien des Geistes, die ihm in allen auch noch so modern aufgeputzten Varianten unsinnig erscheinen. S. leugnet das dort einschlägige Körper-Geist-Problem, weil es ein Ausfluß der falschen Ontologie sei, die in der Philosophie des Geistes seit Descartes vorherrsche. Der Materialismus meint das Bewußtsein als irreduzible Größe leugnen zu müssen, weil er sich in seinem verkappt dualistischen Vorgehen auf einen Blickpunkt der dritten Person festlegt, die der Perspektivität der ersten Person Singular nicht gerecht wird, die konstitutiv für das Bewußtsein ist. Geistige Phänomene wie Bewußtsein oder Intentionalität sind nach S. direkt von der physikalisch-biologischen Struktur des Gehirns verursacht und werden von ihr realisiert, ohne jedoch auf sie reduzierbar zu sein, ebenso wie die Makroeigenschaft des Flüssigseins eines Stoffes von dessen Molekülbewegung und -struktur verursacht wird, ohne darauf reduzibel zu sein. Für S. besteht durch diese direkte Verursachung entgegen der vorherrschenden Meinung kein Anlaß, zwischen neurophysiologischen und intentionalen Zuständen vermittelnde Ebenen anzusetzen.

Lepore, Ernest/Gulick, Robert Van (Hg.): John Searle and his Critics. Oxford 1991. – Garnett, William: The Springs of Consciousness. The 1984 Reith Lectures of Professor Searle critically examined. Cornwall 1987. – Nolte, Reinhard B.: Einführung in die Sprechakttheorie John R. Searles. Freiburg/München 1978.

Ulrich Baltzer

Simmel, Georg
Geb. 1. 3. 1858 in Berlin; gest. 28. 9. 1918 in Straßburg

S. besaß eine Sammlung kostbaren Porzellans. Schüler berichten von einer Berliner Vorlesung vor einer großen, in die Hunderte gehenden Hörerschaft, in welcher er über eine chinesische Porzellanschale mit einer feinen Tuschzeichnung dozierte. Er verwies dabei auf die augenblickliche Lebensbewegung des Auftragens der Tusche auf den Gegenstand und die endgültige Fixierung dieses flüchtigen Moments im Akt des Brennens, dem Akt definitiver Gestaltwerdung. Er erläuterte an dem zerbrechlichen Objekt die gespannte Ambivalenz von Liquidität und Erstarrung, von fließender Dynamik des Lebens und statischer Verhärtung objektiver Gebilde, die sein gesamtes Denken ausmachte.

Überdies ist die Differenz von Form und Inhalt für S.s Philosophieren maßgebend, ebenso die Kategorie der Wechselwirkung, die, zuerst als soziologische Bestimmung eingeführt, schließlich in den Rang eines metaphysischen Prinzips aufrückt. Im Fragment *Anfang einer unvollendeten Selbstdarstellung* bemerkt er: »Von (der) soziologischen Bedeutung des Wechselwirkungsbegriffs aus aber wuchs er mir allmählich zu einem schlechthin umfassenden metaphysischen Prinzip auf. Die zeitgeschichtliche Auflösung alles Substantiellen, Absoluten, Ewigen in den Fluß der Dinge, in die historische Wandelbarkeit, in die nur psychologische Wirklichkeit scheint mir nur dann vor einem haltlosen Subjektivismus und Skeptizismus gesichert, wenn man an die Stelle jener substantiell festen Werte die lebendige Wechselwirksamkeit von Elementen setzt, welche letzteren wieder der gleichen Auflösung ins Unendliche hin unterliegen. Die Zentralbegriffe der Wahrheit, des Wertes, der Objektivität etc. ergaben sich mir als Wechselwirksamkeiten, als Inhalte eines Relativismus, der jetzt nicht mehr die skeptische Lockerung aller Festigkeiten, sondern gerade die Sicherung gegen diese vermittels eines neuen Festigkeitsbegriffs bedeutete.«

In gespannter Ambivalenz steht auch der Theoretiker S. in der Diskussion: Neben dem ästhetisierenden Philosophen eleganter Berliner Salons der Jahrhundertwende steht der Begründer der (formalen) Soziologie (neben Ferdinand Tönnies und Max Weber); neben dem darwinistischen Selektionstheoretiker der Metaphysiker der Lebensanschauung; neben dem Theoretiker des Geldes der subtile Interpret der Rembrandtschen Porträts – das unüberschaubare Schaffen gäbe noch Stoff für eine beliebig lange Fortsetzung solcher Scheinoppositionen her. In Wirklichkeit ist S. mit dieser systematischen und thematischen Komplexität als Philosoph und Soziologe Theoretiker der Moderne und gleichzeitig einer ihrer Klassiker geworden. Als solcher muß er mit unvermittelten und unversöhnten Gegensätzen leben und in ihnen denken. Drei dieser systematisch bestimmenden Spannungsgebiete der Reflexion unter den Bedingungen der Moderne lassen sich herausstellen: Die systematisch unaufgelöste Spannung zwischen Genesis und Geltung, Erfahrung und Apriori, Darwinscher Selektions- und Evolutionstheorie und Kants Transzendentalphilosophie; die durch die modernen Vergesellschaftungs- und Ausdifferenzierungsprozesse verschärfte Problematik der Einheit des individuellen Lebens, auf Disziplinen bezogen, die Frage nach dem Verhältnis der klassischen philosophischen Ethik zur nun entstehenden wissenschaftlichen Soziologie; die Frage nach einer möglichen Metaphysik des Lebens angesichts der Entwicklung der modernen Kultur.

Die Antworten S.s auf diese Grundfragen lassen sich kennzeichnen als die Entwicklung einer ausdifferenzierten Theorie transzendentaler Gegenstandskonstitution vermittels regionaler Apriritäten; als die Entwicklung einer *formalen* Soziologie als Theorie der Möglichkeitsbedingungen von Gesellschaft und die Entfaltung einer Ethik des »individuellen Gesetzes«; als die Entfaltung einer pessimistischen Lebensphilosophie und der Kategorie einer »Tragödie der Kultur«.

S. beginnt unter dem Einfluß des Pragmatismus und des Darwinismus damit, in seinen Schriften *Über sociale Differenzierung* (1890) und *Einleitung in die Moralwissenschaften* (1892/93) die gesellschaftlichen Phänomene und Prozesse als kausale Wechselwirkungen zwischen atomistisch gedachten Individuen zu denken. Der waltende Selektionsdruck erzwingt Verbesserungen der Erkenntnisfähigkeiten im pragmatistischen Sinne. Selbsterhaltung und Reproduktionserfordernisse der heterogenen Einzelelemente ergeben auch eine funktionale Einheit höherer Ordnung, in der Gruppe, in der Gesamtgesellschaft und auch durch die Entwicklung z.B. von Moralsystemen. Aber diese genetisch-funktionale Perspektive hindert S. nicht daran, zunehmend den Grundgedanken der kategorialen und apriorischen Formung sowohl auf der Ebene der Konstitution der Gesellschaft wie auch wissenschaftstheoretisch in seine Überlegungen einzubeziehen; die *Probleme der Geschichtsphilosophie* (1892) untersuchen, jetzt in Abgrenzung von der Methodologie der Naturwissenschaften und unter dem Einfluß des südwestdeutschen Neukantianismus Wilhelm Windelbands und der historischen Hermeneutik Wilhelm Diltheys, die spezifischen Leistungen historischer Gegenstandskonstitution. Ähnlich den kultur- und erkenntniskonstitutiven Wertbereichen im Neukantianismus und den späteren Regionalontologien der Phänomenologie Husserls stellen sich bei S. im Zusammenhang von Erkenntnisinteressen regionale Apriorität z.B. historischer, naturwissenschaftlicher, ästhetischer oder religiöser Art her. Sie sind auseinander nicht herleitbar und müssen in ihrer jeweiligen bereichsspezifischen Gesetzlichkeit erforscht werden. Es ergibt sich daraus der für die systematische Philosophie der Gegenwart einschlägige Gedanke einer »internen« transzendentalen Konstitutionslogik relativ zu bestimmten Bereichen menschlicher Orientierung.

Den Kern von S.s Soziologie bildet eine Theorie der sozialen Ausdifferenzierung und Wechselbeziehung, die die transzendentalphilosophische Grundfrage auf die Gesellschaft ausdehnt: Wie ist diese überhaupt möglich? Die formale Soziologie untersucht allgemeine Grundformen der Vergesellschaftung wie z.B. Über- und Unterordnung, Arbeitsteilung, Konkurrenz, Parteienbildung etc. Die lebenserhaltenden und stabilisierenden Funktionen der Gesellschaft können dabei nur durch andauernde dynamische Transformationen auf den verschiedenen Ebenen aufrechterhalten werden. Permanent schlagen Akte der Stabilisierung in Instabilität und Zwang zur Innovation um. In komplexen Einzelanalysen bildet sich in S.s Reflexion hier eine für ihn typische tragische Struktur heraus. Man kann in dieser das spätbürgerliche Pendant zur marxistischen Revolutionstheorie sehen, wie auch S.s *Philosophie des Geldes* von 1900 als bürgerliche Theorie der »Beziehung« ein Gegenentwurf zur Marxschen Kapitalanalyse ist. Die tragische Form des Lebens, der S. auf der Spur ist, läßt sich auf dem Hintergrund der Schopenhauerschen Willensmetaphysik verstehen. Gerade das Erreichen bestimmter Ziele verschafft den gesellschaftlich handelnden Individuen keine Ruhe und Befriedigung; gerade ihre Realisierung treibt eine »Melancholie der Erfüllung« hervor, die in die permanente Unruhe zurückführt. Eine anfängliche Freiheit in den authentischen Lebensverhältnissen muß zwangsläufig zu einer äußerlichen Objektivität von Institutionen oder Gegenständen werden, die den Individuen entgleitet und nicht selten als »unbarmherzige Tatsächlichkeit der Welt« wieder auf sie zurückschlägt. Aus dem tragischen Pessimismus des 19. Jahrhunderts gewinnt S. eine analytische Sensibilität für die extreme Fragilität und Instabilität sozialer Systeme, für die katastrophengefährdete Labilität gesellschaftlicher Organisationsformen.

Die Ethik S.s versucht auf diesem Hintergrund die singuläre Totalität des Lebens unter der Idee eines individuellen Gesetzes zu denken: Nicht die Allgemeinheit des Kantschen Sittengesetzes, sondern das Prinzip der kreativen

Einzigartigkeit der Individuation verbürgt hier das spezifisch Moralische. Die großen Untersuchungen zu *Goethe* (1913), zu *Kant* (1904) und zu *Kant und Goethe* (³1916) sind paradigmatische Studien, welche die Spannung der universalen Rationalität und der Fülle und Intensität des großen Individuums ausmessen. Der große Aufsatz *Das individuelle Gesetz* bringt S.s ethische Reflexion auf den Begriff; seine *Rembrandt-Studien* sowie seine Monographie *Rembrandt* vertiefen seine Philosophie des individuellen Lebens: die Porträtierten sind als Einzelne, weil als Sterbliche dargestellt. »Das Kostbarste ist das Sterbendste.« Der Tod ist für S. die Form des Lebens, weil er dieses begrenzt und dadurch gestaltet und bildet.

In seiner späten Lebensmetaphysik versucht S., den Gedanken einer Transzendenz des Lebens sowie die Tragödie seiner notwendigen Entfremdung und Verdinglichung in der kulturellen Welt weiter zu entwickeln. Zwei Grundsätze, »Leben will immer mehr Leben« und »Leben ist immer mehr als Leben«, dienen zur Entfaltung dieser *Lebensanschauung* (1918). Während viele gegenwärtige Interpreten diese spätere Lebensphilosophie ignorieren, läßt sie sich doch als Konzentrat der Grundgedanken S.s interpretieren. Für S. ist charakteristisch, daß er nicht nur die erwähnten Monographien vorgelegt, sondern in unzähligen Essays sich schreibend der Fülle der Dinge und Erscheinungen ausgesetzt hat. Diese Beiträge sind in vielen Zeitschriften verstreut und bis heute noch nicht zusammenhängend ediert worden. Eine Auswahl daraus ist die Sammlung *Brücke und Tür*, die Michael Landmann und Margarete Susman (1957) herausgegeben haben und die als Einführung in sein Denken geeignet ist.

S.s Philosophie stand stets quer zum akademischen Diskurs; und er bekam die Reaktionen seiner wissenschaftlichen Kollegen am eigenen Leib zu spüren: erst mit 56 Jahren wurde er ordentlicher Professor für Philosophie in Straßburg, vier Jahre vor seinem Tod, nachdem er immer wieder bei Berufungen übergangen worden war. S. hatte in Berlin Geschichte, Völkerpsychologie, Philosophie, Kunstgeschichte und Italienisch studiert. Nach der Promotion und der Habilitation wurde er dort Extraordinarius mit einem Lehrauftrag für Soziologie. Er stammte aus einer begüterten jüdischen Familie, war evangelisch getauft, und er teilte die nationalistische Begeisterung des deutschen Bürgertums im Ersten Weltkrieg, bis er 1917 seinen Irrtum einsah. Sein Patriotismus führte u. a. dazu, daß sich sein Schüler Ernst Bloch von ihm abwandte. S. war umfassend gebildet, und sein Haus wurde zu einem Treffpunkt der Intelligenz in Berlin. Vormittags und abends widmete er sich seinen Studien: den Nachmittag hielt er aber stets frei für Konversation mit Freunden und Gästen. Er schrieb seine Abhandlungen und Essays in einem Zug nieder, fast ohne jegliche Korrektur. Er brillierte auch durch seine Vorträge und Vorlesungen, die zu den kulturellen Ereignissen der Reichshauptstadt zählten. Sein urbanes Wesen, die Brillanz seiner Rhetorik, der Scharfsinn seiner Analysen sicherten ihm die Aufmerksamkeit eines großen Publikums. S. war ein Exponent des gelehrten jüdischen Bürgertums, der Begründer der modernen Soziologie und als Philosoph durch seinen Relationalismus der Gegner jeglichen ontologischen Substanzdenkens. Seine Wirkung als Soziologe und Theoretiker der Moderne ist international. Er selbst beurteilte seine Sache dagegen sehr resigniert: »Ich weiß, daß ich ohne geistige Erben sterben werde (und es ist gut so). Meine Hinterlassenschaft ist wie eine in barem Gelde, das an viele Erben verteilt wird, und jeder setzt sein Teil in irgendeinen Erwerb um, der *seiner* Natur entspricht: dem die Provenienz aus jener Hinterlassenschaft nicht anzusehen ist.«

Hein, Peter Ulrich (Hg.): Georg Simmel. Frankfurt am Main u. a. 1990. – Kitagawa, Sakiko: Die Geschichtsphilosophie Georg Simmels. Diss. Berlin 1982. – Weingartner, Rudolph H.: Experience and Culture. The Philosophy of Georg Simmel. Middletown/Conn. 1962. – Wolf, K. H. (ed.): Georg Simmel, 1858–1918. A Collection of Essays with Translation and a Bibliography. 1959.

Helmut Bachmaier / Thomas Rentsch

Spengler, Oswald
Geb. 29. 5. 1880 in Blankenburg/Harz; gest. 8. 5. 1936 in München

Sp. studierte in Halle, Berlin und München Naturwissenschaft und Mathematik, Geschichte, Philosophie und Kunst. Nach seiner Promotion war er von 1908 bis 1911 als Gymnasiallehrer in Hamburg und München tätig. Eine kleine Erbschaft ermöglichte ihm das Dasein eines Privatgelehrten. Nach dem Ersten Weltkrieg war seine materielle Existenz durch die hohen Verkaufszahlen seiner Schriften und die intensiven Beziehungen zu Kreisen der Großwirtschaft und der Aristokratie gesichert. Schon 1912 konzipierte er sein Hauptwerk *Der Untergang des Abendlandes*. Sp. beanspruchte damit nicht mehr und nicht weniger, als eine kopernikanische Wende in der Geschichtsphilosophie zu liefern. Seine Kernthese lautete, daß die Weltgeschichte nichts anderes sei als die Abfolge verschiedener Kulturen, die untereinander unverbunden und wesensfremd, allerdings durch ein und dieselbe Gesetzmäßigkeit determiniert seien: »Jede Kultur durchläuft die Altersstufen des einzelnen Menschen. Jede hat ihre Kindheit, ihre Jugend, ihre Männlichkeit und ihr Greisentum.« Die Kultur des Abendlands sei nun bereits in ihr Zerfallstadium, in das Stadium der »Zivilisation« eingetreten. Jetzt sei ein Zeitalter der Cäsaren, der Diktaturen und des Imperialismus zu erwarten. »Wir haben mit den harten und kalten Tatsachen eines *späten* Lebens zu rechnen, dessen Parallele nicht im perikleischen Athen, sondern im cäsarischen Rom liegt.« In diesem Zeitalter richtet sich die Energie nicht mehr nach innen, auf die Entfaltung der Kultur, sondern nach außen, auf die Machtentfaltung.

Sp. nahm hier den Begriff des Typus auf, wie er von Wilhelm Dilthey und Max Weber entwickelt worden war, und radikalisierte ihn zu der These von der totalen Andersartigkeit der verschiedenen Kulturen. Aus einem Hilfsmittel der Erkenntnis wurde bei Sp. ein Realgrund. Dabei waren ihm freilich Vorstellungen des Historismus behilflich, wie sie Leopold von Ranke – gegen Hegel – in dem Satz formuliert hatte, daß jede Epoche »unmittelbar zu Gott« sei. So konzipierte Sp. seine These von Geschichte als einem ewigen Kreislauf von Kulturen. Und schließlich nahm er die Grundmotive der Lebensphilosophie (Henri Louis Bergson, Dilthey) auf, die das Leben als das Dynamische und Schöpferische dem Verstand als dem Starren und Lebensfeindlichen gegenübergestellt hatte. So wird bei Sp. Gesellschaft als eine Art von Pflanze begriffen, Geschichte wird zur Biologie, Kausalität wird durch Analogie ersetzt. Die Analogie wird zur zentralen Kategorie seiner Geschichtsphilosophie. Für jede Erscheinung der Gegenwart findet er Analogien in anderen Kulturen. »Das Mittel, tote Formen zu begreifen, ist das mathematische Gesetz. Das Mittel, lebendige Formen zu verstehen, ist die Analogie.« Geschichte kann weder erklärt noch rational begriffen werden. »Das Leben ist das erste und letzte, und das Leben hat kein System, kein Programm, keine Vernunft.« »Der Verstand, der Begriff tötet, indem er ›erkennt‹. Der Künstler, der echte Historiker *schaut*, wie etwas wird.« Für die Gegenwart folgerte Sp.: »Wenn unter dem Eindruck dieses Buches sich Menschen der neuen Generation der Technik statt der Lyrik, der Marine statt der Malerei, der Politik statt der Erkenntniskritik zuwenden, so tun sie, was ich wünsche.« »Ich lehre hier den *Imperialismus*, als dessen Petrefakt Reiche wie das ägyptische, chinesische, römische, die indische Welt, die Welt des Islam noch Jahrhunderte und Jahrtausende stehenbleiben und aus einer Eroberfaust in die andere gehen können.«

In einer Reihe von kleineren Schriften (*Preußentum und Sozialismus*, 1919; *Neubau des Deutschen Reiches*, 1924; *Der Mensch und die Technik*, 1931; *Jahre der Entscheidung*, 1933) konkretisierte er seine geschichtsphilosophischen Thesen insbesondere unter dem Gesichtspunkt der Folgerungen für die Gegenwart. Hier kommt der Sozialdarwinismus als Basis der geistigen Strömungen, die seit dem Ende des 19. Jahrhunderts in den großen kapitalistischen Ländern vorherrschend geworden waren und von denen Sp. geprägt war, besonders klar heraus: das »Recht des Stärkeren, das der Schwächere zu befolgen hat«. Die koloniale Unterwerfung von Afrika und Asien und der Kampf um Weltmachtgeltung im Ersten Weltkrieg bildeten für ihn das unmittelbare Erfahrungsmaterial. Leben bedeutet Kampf, erklärt er, und zwar »ein Kampf aus dem Willen zur Macht, grausam unerbittlich, ein Kampf ohne Gnade«. Der Mensch sei seinem Wesen nach ein Raubtier, und »es gibt dem Typus Mensch einen hohen Rang, daß er ein Raubtier ist«, denn das »Raubtier ist die höchste Form des freibeweglichen Lebens«. Es »duldet in seinem Revier niemand seinesgleichen. Der königliche Begriff des *Eigentums* hat hier seine Wurzel«. »Eigentum ist der Bereich, in dem man uneingeschränkt Macht ausübt, erkämpfte, gegen seinesgleichen verteidigte, siegreich verteidigte Macht.« Aus diesen naturhaft gegebenen Tatsachen des Lebenskampfes und des Eigentums leitete Sp. seinen Staatsbegriff ab: Der Staat sei nichts anderes als »die innere Ordnung eines Volkes für den äußeren Zweck«, Politik sei nur »der vorübergehende Ersatz des Krieges durch den Kampf mit geistigen Waffen«. In seiner inneren Struktur sei ein solcher Staat, der das einheitliche Handeln nach außen zu gewährleisten habe, notwendig hierarchisch: Es gebe »einen natürlichen *Rangunterschied* zwischen Menschen, die zum Herrschen, und die zum Dienen geboren sind«. »Die Gruppe der Führernaturen bleibt klein. Es ist das Rudel der eigentlichen Raubtiere, das *Rudel der Begabten*, das über die wachsende *Herde* der anderen in irgendeiner Weise verfügt.« Deutschland komme in diesem Kampf – trotz des verlorenen Krieges – eine überragende Rolle zu, denn »es gibt Völker, deren starke Rasse den Raubtiercharakter bewahrt hat ..., Herrenvölker«. In seiner letzten Schrift *Jahre der Entscheidung* (1933) plädierte Sp. zwar für ein Zusammengehen der »weißen« Völker, um der Bedrohung durch die »nichtweißen« beggnen zu können, doch auch hier wies er Deutschland die Führungsrolle zu. Aus »Zucht« und »Züchtung« werde eine Elite hervorgehen, deren Vorbild das preußische Offizierscorps und die preußische Bürokratie seien, deren soziale Basis jetzt aber hauptsächlich das große Unternehmertum bilden müsse – im Bündnis mit der Aristokratie, die »ihre Abneigung gegenüber Welthorizonten, Welthandel und Weltindustrie« abstreifen müsse, um für »Deutschland wieder eine entscheidende Stellung in der Weltpolitik zu erobern«. Zunächst mußten allerdings die Folgen der Novemberrevolution beseitigt werden. Sp. griff den populären Begriff des Sozialismus auf, um ihn für sein Konzept zu reklamieren: »Altpreußischer Geist und sozialistische Gesinnung ... sind ein- und dasselbe.« »Organisation der Produktion, des Verkehrs durch den Staat; jeder ein Diener des Staates; also unliberale und autoritative Formen schroffster Art« – das sei der wahre, der preußische Sozialismus. Der Kampf aber sei nicht nur zu führen gegen den Marxismus, sondern auch gegen Liberalismus und Parlamentarismus, »gegen das innere England«. Einen Cäsar vom Range Benito Mussolinis, der auch in Deutschland die erforderliche Diktatur hätte aufrichten können, vermochte Sp. allerdings nicht zu erblicken. Weder der Chef der Reichswehr, General Hans von Seeckt, auf den er 1923 gesetzt hatte, noch Adolf Hitler schienen ihm geeignet.

Die Geschichtsphilosophie Sp.s ist durchaus nicht von Resignation geprägt, wie es der Titel des Hauptwerks *Der Untergang des Abendlandes* nahelegen könnte. Sp. selbst äußerte, daß »Vollendung des Abendlands« vielleicht ein besserer Titel gewesen wäre. Er lehrte, daß die Epoche der Zivilisation noch gewaltige Möglichkeiten an politischer Machtentfaltung enthalte, und, gegen die Befürchtung, es sei die Zeit sozialistischer Revolutionen angebrochen, konstatierte er, daß bisher alle Kulturen ihr natürliches Ende, ihren Tod »mit innerster Notwendigkeit« erreicht hätten. Sein Pessimismus ist nicht politischer, sondern philosophischer Art: Die Wissenschaft kapituliert vor der Aufgabe, die Wirklichkeit gedanklich zu erfassen und so der planenden Vernunft zugänglich zu machen. Vernunft selbst wird als lebensfeindlich denunziert. So errichtete Sp. aus dem Gedankenmaterial, das die imperialistische Ideologie seit dem Ende des 19. Jahrhunderts entwickelt hatte, ein umfassendes geschichtsphilosophisches Konzept, das auch dem Expansionsdrang und den Kriegen der Gegenwart und der Zukunft die Legitimation des Naturnotwendigen verlieh. Er zog aus Sozialdarwinismus und Lebensphilosophie äußerst radikale Konsequenzen, doch ist es offensichtlich, daß diese in Übereinstimmung waren mit jenen Kräften der deutschen Gesellschaft, die seit dem Beginn des Jahrhunderts den Kampf um Weltmachtgeltung geführt hatten, 1914 dafür einen großen Krieg riskiert und nach 1918 ihre Ziele keineswegs preisgegeben hatten.

Die Resonanz der Schriften Sp.s bei diesen Schichten war denn auch enorm. Nachdem 1918 der erste Band von *Der Untergang des Abendlandes* – der zweite Band erschien 1922 – und 1919 *Preußentum und Sozialismus* publiziert worden waren, stieg Sp. mit einem Schlag zum vermutlich bekanntesten bürgerlichen Philosophen in Deutschland auf. Wirtschaftsmagnaten und Offiziere, führende Politiker der Rechten und Adelskreise bis hinauf zum gestürzten Hohenzollern-Kaiser und seiner Familie luden ihn zu Vorträgen, lobten seine Schriften und begehrten seinen Rat in den Fragen aktueller Politik. Hier fanden die höheren Schichten nach dem Erlebnis des Weltkrieges, der Niederlage und der Revolution, die in Rußland und in ganz Europa die bürgerliche Eigentumsordnung erschüttert hatte, scheinbar einen Wegweiser. Und ein Sozialdemokrat wie Gustav Noske betonte: »Spenglers Ideen in ›Preußentum und Sozialismus‹ ... hatte ich gewissermaßen im Blute. Das haben viele Offiziere, mit denen ich in Berührung kam, erkannt und sich deshalb mir verbunden gefühlt.« Paul Reusch, der Generaldirektor der Gutehoffnungshütte in Oberhausen und einer der mächtigsten Männer der deutschen Schwerindustrie, wurde in der Folgezeit dann so der Mentor und Mäzen Sp.s, der auch Vorträge in industriellen Kreisen organisierte und Kontakte zu den höchsten Reichsbehörden vermittelte. 1923 beteiligte sich Sp. an den Diktaturplänen, die in Großwirtschaft und Militär geschmiedet wurden. Er galt als Anwärter auf den Posten eines Wirtschafts- und Kulturministers.

Den Aufstieg der NSDAP sah Sp. mit großen Hoffnungen. Am 25. Juli 1933 führte er ein Gespräch mit Hitler, über den er vermerkte: »Nicht bedeutend, aber er will was und tut was und läßt sich was sagen ... Ein hochanständiger Mensch«. Danach sandte er Hitler seine neue Schrift *Deutschland und die weltgeschichtliche Entwicklung* (den ersten Teil von *Jahre der Entscheidung*) mit dem Wunsch, »gelegentlich Ihr Urteil über diese Fragen mündlich entgegennehmen« zu können. Doch er erhielt keine Antwort und avancierte nicht zum Hofphilosophen und Hauptratgeber, wie er das erhofft hatte. Er machte allerdings auch aus seiner Skepsis über die »nationale Revolution« kein Geheimnis. Die plebejische faschistische Bewegung und der Führer Adolf Hitler hatten sich in seinen Augen zwar Verdienste durch die Zerschlagung der Demokratie erworben, aber sie repräsentierten nicht das, was er unter Eliteherrschaft verstand. Und die NS-Führer andererseits waren nicht bereit, ihn als höchste philosophische Autorität zu akzeptieren. So wandten sich auch seine bisherigen Freunde aus Großwirtschaft, Aristokratie und Militär, die nun ja mit dem Faschismus verbündet waren, allmählich von ihm ab. Insoweit blieb er, wie viele andere Konservative, ein »Unmoderner«, einer, der nicht begriffen hatte, daß unter den Bedingungen eines hochentwickelten Kapitalismus Diktatur und Krieg nur mit Hilfe von Massenmobilisierung realisierbar waren. Professuren in Leipzig und Marburg mußte er aus gesundheitlichen Gründen ablehnen. 1936 starb er fast völlig vereinsamt. Seine Werke wurden aber (mit Ausnahme des letzten) auch nach seinem Tod vom faschistischen Regime weiter verbreitet.

Struve, Walter: Elites against democracy. Leadership ideals in bourgeois political thought in Germany 1890–1933. Princeton/N.J. 1973. – Schroeter, Manfred: Metaphysik des Untergangs. Eine kulturkritische Studie über Oswald Spengler. München 1969.

Reinhard Kühnl

Strauss, Leo
Geb. 20. 9. 1899 in Kirchhain/Hessen; gest. 18. 10. 1973 in Annapolis/Maryland

Ein Jahr vor seinem Tode konzipierte St. eine Sammlung eigener Arbeiten, für die er den Titel *Studies in Platonic Political Philosophy* wählte. Der Titel ist geeignet, Verwunderung hervorzurufen. Denn nur 2 der 15 Beiträge, die der 1983 postum veröffentlichte Band enthält, sind Platonischen Dialogen gewidmet. Die übrigen Aufsätze befassen sich mit ganz anderen, auf den ersten Blick weit auseinanderliegenden Themen: mit Nietzsche und mit Xenophon, Thukydides und Machiavelli, mit dem unaufhebbaren Gegensatz von Jerusalem und Athen, mit Hobbes und Maimonides, mit Heidegger und dem Historismus. Allen Studien ist gemeinsam, daß sie die großen Themen des St.schen Lebenswerkes zum Gegenstand haben. In welchem Sinne läßt sich dieses Werk als *platonische* Politische Philosophie begreifen? Worauf verweist St., wenn er sich als Platoniker charakterisiert? Wie ist die Stellung seiner Politischen Philosophie zu der Platons zu bestimmen? Im historischen Gewand einer Interpretation der Platon-Interpretation des Philosophen Al-Farabi hat St. in der Mitte seines Lebens eine Antwort angedeutet: »Seine Haltung zum historischen Platon«, so kann man dem, was er darin über sich selbst mitteilt, Ausdruck verleihen, »ist vergleichbar mit der Haltung Platons selbst zum historischen Sokrates und mit der Haltung des Platonischen Sokrates selbst zu, sagen wir, dem historischen Ägypten: ›Mit welcher Leichtigkeit ersinnst du, o Strauss, Platonische Reden‹ (*Phaidros*, 275b 3–4). Durch eben diese Tatsache offenbart er sich als ein wahrer Platoniker. Denn Platoniker sind nicht mit der historischen (akzidentellen) Wahrheit befaßt, da sie sich ausschließlich für die philosophische (essentielle) Wahrheit interessieren. Nur weil die öffentliche Rede eine Mischung von Ernst und Spiel erfordert, kann ein wahrer Platoniker die ernste Lehre, die philosophische Lehre, in einem historischen und also spielerischen Gewand präsentieren« (*Fârâbî's Plato*, 1945).

Der Platoniker St. entschied sich dafür, seine Politische Philosophie und die sie leitende Frage nach dem rechten Leben beinahe durchweg in der Form historischer Interpretationen und Kommentare zur Entfaltung zu bringen. Wie im Falle des Platonikers Al-Farabi waren für diese Entscheidung zunächst historische Gründe ausschlaggebend, Erwägungen, die die besondere Lage der Philosophie im Auge hatten. War die konkrete Situation für den mittelalterlichen Philosophen maßgeblich vom Herrschaftsanspruch der Offenbarungsreligionen bestimmt, die den Zugang zum philosophischen Leben und die Erinnerung an die Philosophie in ihrer authentischen Gestalt abzuschneiden drohten, so begann und ging St. seinen philosophischen Weg in einer Zeit, in der der Historismus beanspruchte, die Philosophie zu ihrem Ende gebracht, wenn nicht zu einer Sache der Vergangenheit gemacht zu haben.

Nachdem St. Ostern 1917 am Gymnasium Philippinum in Marburg das Abitur abgelegt hatte, studierte er Philosophie, Mathematik und Naturwissenschaften an den Universitäten Marburg, Frankfurt a. M., Berlin und Hamburg, unterbrochen von eineinhalb Jahren Heeresdienst als deutscher Soldat im Ersten Weltkrieg. Ende 1921 wurde er von Ernst Cassirer mit einer Dissertation über *Das Erkenntnisproblem in der philosophischen Lehre Fr. H. Jacobis* promoviert. 1922 ging St. nach Freiburg i.Br., um seine Studien bei Edmund Husserl und Julius Ebbinghaus fortzusetzen. Dort begegnete er zum erstenmal Martin Heidegger. Den Eindruck, den Heidegger auf ihn machte, schildert St. fünf Jahrzehnte später so: »Ich besuchte von Zeit zu Zeit seine Vorlesung, ohne ein Wort zu verstehen, aber ich begriff, daß er von etwas von höchster Wichtigkeit für den Menschen als Menschen handelte. Einmal verstand ich etwas: als er den Beginn der *Metaphysik* interpretierte. Ich hatte niemals dergleichen gehört oder gesehen – solch eine gründliche und intensive Interpretation eines philosophischen Textes. Auf meinem Weg nach Hause besuchte ich Franz Rosenzweig und sagte ihm, daß verglichen mit Heidegger Max Weber, der von mir bis dahin als die Inkarnation des Geistes der Wissenschaft betrachtet wurde, ein Waisenknabe sei« (*A Giving of Accounts*, 1970). Von 1925 bis 1932 war St. Mitarbeiter der Akademie für die Wissenschaft des Judentums in Berlin, in deren Auftrag er die philosophischen Schriften der Moses Mendelssohn-Jubiläumsausgabe edierte und kommentierte. Als die Akademie ihre Tätigkeit 1932 einstellen mußte, verschlug ihn »ein in gewisser Weise gnädiges Schicksal« (*Hobbes' politische Wissenschaft*, 1965) im Gefolge intensiver Hobbes-Forschungen zunächst nach Paris, Anfang 1934 dann nach England. 1938 übersiedelte St. in die Vereinigten Staaten. Er lehrte zehn Jahre an der »New School for Social Research« in New York. 1949 wurde er an die University of Chicago berufen und 1959 zum »Robert M. Hutchins Distinguished Service Professor« ernannt. Nach der Emeritierung (1967) lehrte er bis zu seinem Tode als »Scott Buchanan Distinguished Scholar-in-Residence« am St. John's College, Annapolis, das sich unter dem bestimmenden Einfluß des Philosophen Jacob Klein, der dort von 1938 bis 1978 unterrichtete, zu einem philosophisch-pädagogischen Zentrum eigener Art entwickelt hatte. St. war Klein seit 1920, seit ihrem ersten Zusammentreffen an der Universität Marburg, in Freundschaft verbunden. Gleichfalls bis in das Marburg der 20er Jahre reichten seine Verbindungen zu Karl Löwith, Hans-Georg Gadamer und Gerhard Krüger zurück. In Paris kamen später Alexandre Kojève und Alexandre Koyré, in Oxford Ernest Barker und in New York Kurt Riezler hinzu.

Philosophie im ursprünglichen Verstande ist für St. der Versuch, Meinungen über alle Dinge und Wesen durch Wissen oder evidente Erkenntnis zu ersetzen.

Sie ist, mit dem Platonischen Gleichnis zu reden, das Bestreben, aus der Höhle der durch Traditionen, Gesetze und Konventionen geprägten historischen Existenz zum Licht zu gelangen. Eben die Möglichkeit einer solchen Befreiung und eines solchen Aufstiegs wurde vom Historismus geleugnet. Er bestritt die wesentlich unhistorische Sache der Philosophie, billigte ihr nicht mehr als die Beschreibung der Innenausstattung der vorgefundenen oder zugewiesenen Höhle zu und reduzierte sie so auf eine »Weltanschauung«, die von der jeweiligen Kultur oder Epoche, der sie entstammt und die sie beleuchtet, radikal abhängig bleiben muß. Die Philosophie, die den »Geist ihrer Zeit« ausdrücken sollte, wies nicht nur den Versuch, die Dinge sub specie aeternitatis zu betrachten, weit von sich. Sie zeigte sich auch außerstande, ihrer Zeit eine Orientierung zu geben. In Gestalt der modernen Kulturphilosophie erklärte sie sich selbst zu einem »Bereich« unter anderen, zu einer »Kulturprovinz« neben Kunst, Religion, Politik, Wirtschaft usw. Das Wissen darum, daß die Philosophie zuallererst eine *Lebensweise* ist, verblaßte im selben Maße, in dem die Frage nach dem Einen, was not tut, im Bereichs- oder Provinz-Denken »relativiert« wurde. Daß der Historismus der Politik und der Religion nichts entgegenzusetzen hatte, sobald aus diesen »Bereichen« eine Antwort mit dem Anspruch höchster Autorität auf die Frage gegeben wurde, die die Philosophie im Ernst nicht mehr stellte, geschweige denn zu beantworten vermochte, brauchte niemanden zu überraschen. Solche und ähnliche Überlegungen veranlaßten St., den Historismus selbst als Prüfstein für die Möglichkeit des Philosophierens im ursprünglichen Sinne zu nehmen und ihn zum Ausgangspunkt eines Unterfangens zu machen, das darauf hinzielte, den durch die Tradition wie die Polemik gegen die Tradition verstellten natürlichen Horizont der Politischen Philosophie zurückzugewinnen. Sollte der Aufstieg aus der Höhle gelingen, mußte er bei den mächtigsten Meinungen der Zeit ansetzen und deren stärkste Vorurteile in Frage stellen. Er mußte sich in der Befreiung vom Historismus bewähren. St. bahnte sich seinen Weg über historische Untersuchungen, die zum einen die causes célèbres der Philosophiegeschichte wiederaufnehmen, zum anderen die geschichtlichen Voraussetzungen des »historischen Bewußtseins« ans Licht heben sollten. In seinen beiden ersten Büchern hatte St. den Streit zwischen Aufklärung und Orthodoxie wieder in Gang gebracht (*Die Religionskritik Spinozas*, 1930; *Philosophie und Gesetz*, 1935). Seit Anfang der 30er Jahre begann er, parallel dazu, die »Querelle des Anciens et des Modernes«, die von seinen Zeitgenossen nahezu ausnahmslos als obsolet, da historisch entschieden betrachtet wurde, neu zu beleben. St. zeigte in eindringlichen Auseinandersetzungen mit den Gründervätern der modernen Philosophie (*Hobbes' Political Philosophy*, 1936; *Thoughts on Machiavelli*, 1958) ebenso wie in der direkten Konfrontation der Modernen mit den Antiken (*Natural Right and History*, 1953; *What Is Political Philosophy?*, 1959), daß in der Philosophie und für die Philosophie nichts entschieden ist, was »historisch entschieden« wurde, daß die fundamentalen Probleme evidenter sind als die verfügbaren Lösungen und daß alle Versuche, einen »Fortschritt« der Philosophie ins Werk zu setzen, indem man ihr Gebäude auf einer fraglos geltenden Grundlage errichtet, um den Preis des Absehens von der Fragwürdigkeit der Grundlage und um den noch weit höheren Preis des schließlichen Vergessens ihrer Frag-Würdigkeit erkauft sind. Gegen die Verengung des Frage-Horizontes und die Gefahr der Versteinerung der Philosophie im Traditionalismus, ob antiker oder moderner Provenienz, macht St. das Verständnis der Philosophie als *Skepsis* in der prägnanten, anfänglichen Bedeutung des Wortes geltend: Philosophie als Selbstdenken, Bewegung, individueller Vollzug, unverkürztes Fragen – als »die wirkliche Suche nach Wahrheit, die beseelt ist von der Überzeugung, daß diese Suche allein das Leben lebenswert macht, und die bestärkt wird durch das Mißtrauen gegen den natürlichen Hang des Menschen, sich mit zufriedenstellenden, obschon nichtevidenten und nicht-bewiesenen Überzeugungen zufriedenzugeben« *(Fârâbî's Plato)*. In einem der denkwürdigsten philosophischen Dialoge des Jahrhunderts, in dem Dialog, den St. und der Hegelianer Alexandre Kojève über Tyrannis und Weisheit, antikes und modernes Denken, das Ende der Geschichte und die Zukunft der Philosophie miteinander führten, umreißt St. seine sokratische Absage an allen Dogmatismus folgendermaßen: »Die Philosophie als solche ist nichts anderes als das echte Bewußtsein der Probleme, d. h. der fundamentalen und umfassenden Probleme. Es ist unmöglich, über diese Probleme nachzudenken, ohne einer Lösung, der einen oder der anderen der sehr wenigen typischen Lösungen zuzuneigen. Der Philosoph hört jedoch in dem Augenblick auf, ein Philosoph zu sein, in dem die ›subjektive Gewißheit‹ einer Lösung stärker wird als sein Bewußtsein des problematischen Charakters dieser Lösung. In diesem Augenblick ist der Sektierer geboren« *(De la tyrannie*, 1954).

Der natürliche Horizont der Politischen Philosophie ist der Horizont, in dem die Philosophie selbst als Problem sichtbar wird, in dem sie keine Selbstverständlichkeit ist, sondern ihr Recht begründen und behaupten muß. Er wird erschlossen im Hinsehen und Hinhören auf die vorphilosophische Welt der Bürger, ihrer Tugenden, ihrer Gesetze, ihrer religiösen und moralischen Verbindlichkeiten. Er wird abgesteckt durch die politische und die theologische Alternative, durch die menschliche und die übermenschliche Autorität, in deren Namen die Philosophie in Frage gestellt werden kann. Er wird gewonnen im Dialog mit den Meinungen über das rechte Leben, über das Gute und über das Gerechte. Nach St.' eigenem Zeugnis war »das theologisch-politische Problem *das* Thema« seiner Untersuchungen, und Jacob Klein sagte 1970 in Gegenwart des Freundes, dessen vorrangiges Interesse habe von Anfang an zwei Gegenständen gegolten: der Frage Gottes und der Frage der Politik. Mit der letzteren setzt sich St. vor allem in *On Tyranny* (1948), *Natural Right and History* und *The City and Man* (1964) auseinander; mit der Frage der Götter, der Offenbarung und des Glaubens vor allem in *Thoughts on Machiavelli, Socrates and Aristophanes* (1966), *Jerusalem and Athens* (1967), *Liberalism Ancient and Modern* (1968) und *The Argument and the Action of Plato's Laws* (1975). Stets ist es die Frage nach dem Einen, was not tut, die St. bestimmt, sich den Antworten wie den Ansprüchen von Theologie und Politik zu stellen: Ihren *Antworten,* weil die Politische Philosophie den Streit über das Richtige suchen muß und die Konfrontation mit den Alternativen nicht fliehen darf, wenn anders sie ihre eigene Kraft und

Stärke beim Versuch, die Frage nach der Ordnung der menschlichen Dinge zusammenhängend und umfassend zu beantworten, zur vollen Entfaltung bringen soll; ihren *Ansprüchen*, weil die Politische Philosophie immer auch politische Philosophie, politisches Handeln im Dienst der Philosophie, Schutz und Verteidigung des philosophischen Lebens war und sein muß.

Im engsten Zusammenhang mit seinen Studien zum theologisch-politischen Problem steht St.' Nachdenken über die *Kunst des sorgfältigen Schreibens*, deren Wiederentdeckung und Neubelebung in unserem Jahrhundert mit seinem Namen verbunden ist (*Persecution and the Art of Writing*, 1952). Der Versuch, Meinungen über das Ganze durch Erkenntnis zu ersetzen, und die Weigerung, sich bei nicht evidenten, nicht ausgewiesenen Überzeugungen zu beruhigen, lassen die Philosophie in ein Spannungsverhältnis zu den politischen Gemeinwesen geraten, in denen sie ihrer Sache nachgeht, weil sie eine Bedrohung für deren unabdingbares Lebenselement, für die Meinungen, den Glauben, die Überzeugungen der Bürger, darstellt. Die Kunst des sorgfältigen Schreibens soll dem subversiven Charakter der Philosophie und den Gefahren, die mit ihm für die Philosophie einerseits, für die Gesellschaft andererseits verbunden sind, Rechnung tragen. Indem sie unterschiedlichen Adressaten Unterschiedliches mitteilt, ungleichen Lesern Ungleiches zu bedenken gibt, soll sie die Philosophen vor Zensur und Verfolgung, die Nichtphilosophen aber vor der Philosophie schützen. Auf die rhetorischen Kunstgriffe und Stilmittel, deren sich die Philosophen bis etwa zum Ende des 18. Jahrhunderts bei der exoterisch-esoterischen Präsentation ihrer Philosophie bedienten, ist St. in zahlreichen Kommentaren eingegangen. Er hat sie bei Lessing und Spinoza, bei Platon und Maimonides, bei Rousseau und Lukrez untersucht. In subtilen Interpretationen hat er gezeigt, welche Bedeutung der *Kunst des sorgfältigen Lesens* für ein angemessenes Verständnis so unterschiedlicher exoterisch-esoterisch konzipierter Bücher wie Platons *Politeia*, Xenophons *Hieron*, Machiavellis *Discorsi* oder Rousseaus *Premier Discours* zukommt.

Jenseits aller politischen Erwägungen bedienen sich Philosophen der Kunst des sorgfältigen Schreibens, um Leser, die dazu fähig sind, zum Selbstdenken zu verleiten und zu erziehen. Wer einen exoterisch-esoterisch geschriebenen Text angemessen zu interpretieren versucht, kommt nicht umhin, sich nach Kräften auf die darin verhandelte *Sache* einzulassen. Wer alle Anstrengungen unternimmt, einen Philosophen so zu verstehen, wie dieser sich selbst verstanden hat, hat die größten Aussichten, sich von seinen Voreingenommenheiten zu befreien und in eine Denkbewegung zu gelangen, die ihn, je mehr er sich der Intention und dem Wahrheitsanspruch des Autors öffnet, zur eigenen Auseinandersetzung mit den fundamentalen Problemen hinführt. Im Umkreis »hermeneutischer« Reflexionen dieser Art ist die tiefste Begründung für die Entscheidung von St. zu suchen, seine Philosophie auf dem Wege historischer Interpretationen zu entfalten. Aus dem gleichen Grunde steht St.' lebenslange Auseinandersetzung mit Nietzsche und mit Heidegger unter dem verschwiegenen Motto *Sokrates verstehen*. Das Problem des Sokrates ist in fast allen Büchern von St. gegenwärtig. Aber St. hat nirgendwo so fern aller Konvention auf die beiden Denker der

Moderne geantwortet, die den stärksten Einfluß auf ihn ausgeübt haben, wie in seinem Spätwerk: *Socrates and Aristophanes, Xenophon's Socratic Discourse* (1970), *Xenophon's Socrates* (1972). Hier ist alles dazu getan, den historischen Abstand zwischen Kommentar und Text, zwischen der Interpretation und den Phänomenen zum Verschwinden zu bringen. Es mag hinzugefügt werden, was St. in seiner Interpretation Al-Farabis ausspricht: »damit, daß Strauss die kostbarste Erkenntnis nicht in ›systematischen‹ Werken, sondern in der Gestalt einer historischen Darstellung mitteilt, deutet er seine Sicht bezüglich der ›Originalität‹ und ›Individualität‹ in der Philosophie an: was als der ›originale‹ oder ›persönliche‹ ›Beitrag‹ eines Philosophen sichtbar wird, ist unendlich viel weniger bedeutsam als sein privates und wahrhaft originales und individuelles Verständnis der notwendigerweise anonymen Wahrheit«.

Meier, Heinrich: Die Denkbewegung von Leo Strauss. Die Geschichte der Philosophie und die Intention des Philosophen. Stuttgart/Weimar 1996. – Deutsch, Kenneth L./Nicgorski, Walter (eds.): Leo Strauss. Political Philosopher and Jewish Thinker. London 1994. – Udoff, Alan (ed.): Leo Strauss' Thought. Toward a Critical Engagement. London 1991. – Meier, Heinrich: Carl Schmitt, Leo Strauss und »Der Begriff des Politischen«. Zu einem Dialog unter Abwesenden. Erweiterte Neuausgabe Stuttgart 1998. – Tarcov, Nathan/ Pangle, Thomas L.: Epilogue – Leo Strauss and the History of Political Philosophy. In: Strauss, Leo/Cropsey, Joseph (eds.): History of Political Philosophy. Chicago/London ³1987, S. 907–938. – Bruell, Christopher: Strauss on Xenophon's Socrates. In: Political Science Reviewer, 14, 1984, S. 263–318. – Benardete, Seth: Leo Strauss' »The City and Man«. In: Political Science Reviewer, 8, 1978, S. 1–20. – Gourevitch, Victor: Philosophy and Politics. In: Review of Metaphysics, 22, 1968, S. 58–84 und 281–328.

Heinrich Meier

Teilhard de Chardin, Pierre
Geb. 1. 5. 1881 in Sarcenat (bei Clermont-Ferrand); gest. 10. 4. 1955 in New York

»T. war ein bemerkenswerter Pionier in dem großen Abenteuer des zeitgenössischen Denkens. Als moderner Mensch machte er den Versuch, Tatsachen und Ideen aus jedem Bereich menschlichen Wissens und menschlicher Aktivität zu integrieren, um eine neue und umfassendere Ansicht der menschlichen Bestimmung zu geben.« Gegen eine Würdigung wie diese durch den berühmten englischen Biologen Sir Julian Huxley fühlte sich die päpstliche Glaubenskongregation noch 1962 bemüßigt, einen deutlichen Kontrapunkt zu setzen. Im vatikanischen Hausblatt *Osservatore Romano* gab das »Heilige Offizium« bekannt: »Ohne die Leistung T.s auf dem Gebiet der positiven Wissenschaften beurteilen zu wollen, dürfte es klar sein, daß diese Werke in philosophischer und theologischer Hinsicht Doppelsinnigkeiten und auch schwerwiegende Irrtümer enthalten, welche die katholische Lehre verletzen.« Beide Urteile galten einem Mann, der die Existenz eines

Naturwissenschaftlers und eines katholischen Theologen, eines forschenden Tatsachenmenschen und eines spirituellen Gottsuchers in seiner Person und seinem Werk zu vereinigen suchte, gemäß der Devise: »Wissenschaft und Religion sind in meinen Augen immer nur eine Sache gewesen, die eine wie die andere sind für mich die Verfolgung des gleichen Gegenstandes.«

T. war Abkömmling einer wohlhabenden französischen Landadelsfamilie und wuchs in Schloß Sarcenat (Auvergne) auf. Nach eigenem Bekenntnis bildete sich bereits in der Kindheit die »Neigung für das Notwendige, für das Allgemeine, für das ›Natürliche‹ – im Gegensatz zu dem Zufälligen, dem Willkürlichen, Gekünstelten«. Das Milieu eines katholisch-konservativen Elternhauses stellte früh die Weichen, um solches Bestreben in die Priesterlaufbahn einmünden zu lassen. Nach dem Besuch des Jesuitenkollegs Mongré bei Lyon (von 1892 bis 1897) und jesuitischem Noviziat (von 1899 bis 1901) weilte T. bis 1905 zu philosophischen Studien auf der englischen Kanalinsel Jersey. Von 1905 an war er Physik- und Chemielehrer am Jesuitenkolleg in Kairo, von 1909 bis 1912 studierte er Theologie im südenglischen Hastings; 1911 wurde er zum Priester geweiht. Von 1912 bis 1914 widmete sich T. intensiv dem Studium der Geologie und Paläontologie am Naturhistorischen Museum in Paris. Nach Unterbrechung durch den Ersten Weltkrieg – den T. als Sanitäter miterlebte –, setzte er sein Geologie- und Paläontologiestudium an der Pariser Sorbonne fort (von 1919 bis 1922).

Durch seine naturwissenschaftlichen Studien überzeugte sich T. von der Richtigkeit des evolutionistischen Weltbildes, wie es sich seit Darwins Schriften in der Forschung herausgebildet hatte. Ihm wurde klar, daß im 20. Jahrhundert die Ergebnisse der modernen Naturwissenschaft hinsichtlich der Entwicklung der Materie, des Kosmos und des Menschen unbezweifelbar geworden und in eklatanten Widerspruch zur katholischen Dogmatik geraten waren. T., der sich selbst als »Priester-Forscher« definierte, suchte sein Leben lang nach Wegen einer Synthese von christlichem Weltbild und naturwissenschaftlicher Weltbetrachtung. Entscheidend angeregt von Henri Bergsons Versuch einer Zusammenschau des christlichen Schöpfungsgedankens und der naturwissenschaftlichen Entwicklungsvorstellung (in dessen *L'évolution créatrice*, 1907), mühte sich T. um die Darlegung der Wechselwirkung von Geist und Materie, um am Ende sagen zu können: »Materie und Geist: nicht mehr zwei Dinge – sondern zwei Zustände, zwei Gesichter des einen kosmischen Stoffes.«

Wegen seines unorthodoxen Umgangs mit den kanonisierten Glaubenswahrheiten und seinem kühn entworfenen integralen Weltbild verwehrten die Kirchenoberen dem Jesuiten T. (seit 1918 war er Vollmitglied der »Societas Jesu«) den so heiß begehrten Pariser Lehrstuhl. Da T. trotz schwerer Differenzen mit Kirche und Orden lebenslang sein Gehorsamsgelübde einhielt, folgte er stets, wenn auch nicht ohne Bitterkeit, den Weisungen seiner Oberen, die ihn ab 1923 zunächst nach Fernost und in den letzten Lebensjahren in die USA ins »Exil« schickten. Von 1923 bis 1939 war T. an ausgedehnten Forschungsreisen nach China und Südostasien, nach dem Zweiten Weltkrieg in Afrika beteiligt. Von 1929 bis 1935 sowie von 1939 bis 1946 hatte er seinen ständigen Wohnsitz in

Peking. T. erwarb sich in jenen Jahren den Ruf als einer der besten Kenner des ostasiatischen Raumes und seiner Fossiliengeschichte.

Während T. seine wissenschaftlichen Erkenntnisse in zahlreichen fachwissenschaftlichen Aufsätzen publizierte, verhinderte die Ordensleitung der Jesuiten zu Lebzeiten die Veröffentlichung seines umfangreichen theologisch-philosophischen Werks, das als häretisch eingestuft wurde. Zusammenfassung und Quintessenz von T.s Weltsicht und Lehre bietet sein 1938–1940 geschriebenes Hauptwerk *Le phénomène humain* (1959; *Der Mensch im Kosmos*). Entgegen einer rein materialistischen bzw. positivistischen naturwissenschaftlichen Betrachtungsweise suchte T. stets neben der materiellen »Außenseite« der Dinge auch ihre jeweilige geistige »Innenseite« mitzudenken und in sein integrales Evolutionsmodell einzubauen. Der Kosmos entwickelt sich aus einfachem Anfang (dem Punkt »Alpha«) zu einem immer komplexer werdenden System sich differenzierender Teile. Über die Etablierung des Organischen in Form von Pflanzen und Tieren (»Biosphäre«) schreitet die Evolution zur Entfaltung des Geistigen, das sich in Gestalt des menschlichen Bewußtseins global als »Noosphäre« ausbreitet. T. verwirft die kirchliche Vorstellung vom einmaligen Schöpfungsakt zugunsten der Ansicht, daß »Gott die Dinge weniger ›schafft‹, als daß er ›sie sich schaffen läßt‹«. Die Evolution des Kosmos, in deren Zenit die voll entwickelte Menschheit steht, strebt schließlich dem mystischen Punkt »Omega« zu, dem Endpunkt des Werdens, in dem sich die »Parusie«, die Wiederkunft Christi am Ende der Zeiten, vollzieht. Im kosmischen Christus verschmelzen die Individuen zu einem endgültigen »Ultra-Ego«, durch ihn wird die Evolution zu ihrer Vollendung geführt. In der Menschwerdung ereignet sich der Wendepunkt der Evolution. Die Entwicklung des Tier- und Pflanzenreichs bis zur Herausbildung des Menschen bedeutet einen fortschreitenden Differenzierungsprozeß und eine Divergenzbewegung der Individuen. Aufgabe der Menschheit ist es, in eine Konvergenzbewegung überzuleiten, in der die Atomisierung der Einzelwesen und der Kampf aller gegen alle durch die Ausbreitung des Bewußtseins stufenweise aufgehoben und auf den integrativen Punkt »Omega« hingeführt wird. Alle dabei hinderlichen Verhaltensweisen (Egoismus, Nationalismus, Rassenwahn, Krieg) fallen im Verlauf der Evolution einer wachsenden Vergesellschaftung und Vergeistigung zum Opfer. Das »Ende der Welt« ist für T. »ein Umsturz in der Gewichtsverteilung, der den endlich vollendeten Geist aus seiner materiellen Hülle löst, um ihn künftig mit seiner ganzen Schwere auf Gott-Omega ruhen zu lassen«.

Nach T.s Tod bildete sich ein internationales Komitee namhafter Wissenschaftler, Politiker und Persönlichkeiten des öffentlichen Lebens, um die kirchlich unterdrückten Werke des »Theologen der Evolution« herauszugeben und T. gewissermaßen das wissenschaftliche »Imprimatur« statt der verweigerten kirchlichen Druckerlaubnis zu verschaffen. Die Verbreitung der theologischen Schriften T.s löste in den 50er und 60er Jahren eine regelrechte »Teilhard-Welle« aus, deren Verlauf dem Verstorbenen viel Lob, aber auch manche Kritik eintrug. Auch die katholische Kirche sah sich veranlaßt, ihre strikt ablehnende Haltung zu modifizieren. Während des Zweiten Vatikanischen Konzils 1962 kam es zu einer teilweisen Rehabilitierung T. s. Und anläßlich des hundertsten Geburtstags T.s hielt der Kardinal-Staatssekretär Casaroli höchstpersönlich eine Lobrede auf T., in der von der einstigen Verfemung des unbotmäßigen Kirchensohnes nichts mehr zu spüren ist: »Eine machtvolle dichterische Intuition des tiefen Wertes der Natur, eine scharfsinnige Wahrnehmung der Dynamik der Schöpfung, eine umfassende Schau der Entstehung der Welt verbanden sich bei ihm mit einem unleugbaren religiösen Eifer.«

Löwith, Karl: Pierre Teilhard de Chardin (1962). In: Sämtliche Schriften 3. Wissen, Glaube und Skepsis. Stuttgart 1985. S. 305–330. – Schiwy, Günther: Teilhard de Chardin. Sein Leben und seine Zeit. 2. Bde. München 1981. – Cuénot, Claude: Pierre Teilhard de Chardin. Leben und Werk. Freiburg i.Br. 1966 (frz. 1958).

Walter Weber

Topitsch, Ernst
Geb. 20. 3. 1919 in Wien

In seinem Buch *Stalins Krieg. Die sowjetische Langzeitstrategie gegen den Westen als rationale Machtpolitik* (1985) spannt T. einen weiten lebensgeschichtlichen Bogen. Wie er in der Einleitung mitteilt, nahm er im Sommer 1941 als Soldat der deutschen Wehrmacht am Überfall auf die Sowjetunion teil. »Die Division, welcher der Verfasser angehört hatte, ist in Stalingrad zugrundegegangen, ihn selbst hat ein glücklicher Zufall vor diesem Schicksal bewahrt.« Dieses Erlebnis des Zweiten Weltkrieges, durch das er mitten in die weltgeschichtliche Dynamik der gegenwärtigen Epoche hineingerissen wurde, weckte in T. den Wunsch, »sich später mehr Klarheit über die Gründe und Hintergründe des Geschehens zu verschaffen, das er damals blind über sich ergehen lassen mußte«. Dieser Wunsch nach geistiger Klarheit blieb unerfüllt. Das Buch *Stalins Krieg*, das die »politische Tiefenstruktur« des Zweiten Weltkrieges bloßzulegen beansprucht, dokumentiert das Scheitern von T. als Philosoph. Statt unsere Zeit gedanklich zu durchdringen und auf den Begriff zu bringen, mystifiziert, verklärt, verfälscht er wesentliche historisch-politische Tatbestände und gesellschaftliche Triebkräfte. Wie bereits der Buchtitel anzeigen soll, habe nicht Hitler-Deutschland den Zweiten Weltkrieg entfesselt; T. behauptet, »daß der ganze Krieg in seinem politischen Kern ein Angriff der Sowjetunion gegen die westlichen Demokratien war, bei dem Deutschland und später auch Japan dem Kreml nur als militärische Werkzeuge dienten«. Mit seinem extrem antikommunistischen Geschichtsbild stellt T. Tatsachen auf den Kopf. Die Überfallenen werden zu Aggressoren, die Opfer zu Tätern. Beweiskräftige Dokumente werden ersetzt durch wahnhaft anmutende Konstruktionen, die dem »dämonischen Georgier« Stalin übermenschliche Fähigkeiten zuschreiben. Als Virtuose der »Psychostrategie« habe er eiskalt den faschistischen

Todfeind bis dicht vor Moskau eindringen lassen, um den von ihm selbst geschaffenen Mythos vom »heimtückischen und wortbrüchigen Überfall auf die arglose und friedliebende Sowjetunion« glaubwürdiger vor aller Welt verkünden und dahinter den eigenen Angriff »gegen den Westen« vertuschen zu können. In diesem Zusammenhang behauptet T., daß Europa – trotz aller von Hitler befohlener und zu verurteilender Verbrechen – »dem Opfergang des deutschen Soldaten auch einiges verdankt«. So schließt sich der Kreis autobiographischer Selbstrechtfertigung. Bar jeglichen Unrechtsbewußtseins blickt T. auf seine Teilnahme am Unternehmen »Barbarossa« zurück, das der von Lenin entworfenen Langzeitstrategie zur »Unterwerfung« des kapitalistischen Westens Widerstand geleistet habe. Solcher Widerstand sei auch heute notwendig, da der sowjetische Totalitarismus unverändert die Freiheit bedrohe.

Mit *Stalins Krieg* hat T.s Entwicklung zu einem Hauptrepräsentanten des deutschsprachigen Neokonservatismus, ja zu einem akademischen Vorkämpfer der Neuen Rechten einen Endpunkt erreicht. Bestimmte theoretische Ansätze, die sein Werk insgesamt prägen, werden darin besonders deutlich: die grandiose Überschätzung der Rolle der Persönlichkeit in der Geschichte; damit verbunden: die excessive Psychologisierung gesellschaftlicher Prozesse; die Verfemung der Dialektik als manipulativer »Wunderwaffe« und »Leerformel«. Gleichwohl darf von diesem Buch nicht voreilig auf das ganze Lebenswerk geschlossen werden. Nicht von Anfang an hat T. »Aufklärung als konservative Aufgabe« begriffen, wie er 1973 programmatisch einen Artikel in der *Frankfurter Allgemeinen Zeitung* überschrieb. Nicht von Anfang an hat er klotzigen Antimarxismus und grobschlächtigen Antikommunismus vorgetragen. Der Übergang von einer liberalen zur konservativen Phase wurde ausgelöst durch Konflikte des Ordinarius T. mit der antiautoritären Studentenrevolte von 1967/68. Aus dem unruhigen Heidelberg, wo er seit 1962 die Tradition Max Webers auf einem Lehrstuhl der Soziologie fortzusetzen suchte, wich er 1969 in das abgeschiedene Graz aus und übernahm dort eine Professur für Philosophie.

Abgesehen von den hochschulpolitischen Aspekten dieses Ortswechsels haben sich sein Bildungsweg und die akademische Karriere in unauffälligen Bahnen vollzogen. Der Sohn eines katholischen Lehrerehepaars begann 1937 mit dem Studium der Altphilologie, Geschichte und Philosophie. 1938 wurde er – nach der gewaltsamen Eingliederung Österreichs in das faschistische Deutsche Reich – zur Wehrmacht eingezogen und nahm aktiv am Zweiten Weltkrieg teil. Er promovierte 1946 über das Geschichtsverständnis des Thukydides. 1951 habilitierte er sich für das Fach Philosophie mit der Arbeit *Das Problem der Wertbegründung*, betreut von Victor Kraft, einem der wenigen in Österreich überlebenden Angehörigen des neopositivistischen Wiener Kreises. Seitdem lehrte er als Privatdozent, von 1956 an als außerplanmäßiger Professor in seiner Heimatstadt Philosophie, bis er 1962 nach Heidelberg berufen wurde.

T. will die Unvereinbarkeit »modernen wissenschaftlichen Denkens«, das er im entwickelten Positivismus ausgeprägt sieht, mit jeder Form von »Metaphysik«, »Weltanschauung«, »Ideologie« aufzeigen. Seine Philosophie, die ein weitgefächertes religions- und philosophiegeschichtliches Material verarbeitet, strebt nach »Entmythologisierung, Entideologisierung, Entfanatisierung«. »Wertfreie Wissenschaft« soll sich in einer »ideologiefreien Gesellschaft«, einer konfliktarmen Industriegesellschaft verwirklichen (*Vom Ursprung und Ende der Metaphysik. Eine Studie zur Weltanschauungskritik,* 1958; *Sozialphilosophie zwischen Ideologie und Wissenschaft,* 1961; *Mythos Philosophie Politik. Zur Naturgeschichte der Illusion,* 1969). Theoriegeschichtlich knüpft T. an Max Weber und betont an österreichische Denker wie Hans Kelsen, Sigmund Freud, Karl Raimund Popper an. Die Metaphysikkritik des Wiener Kreises verändert er dahingehend, Metaphysik sei nicht schlechterdings »sinnlos«, sondern »gegenstandslos«. Ihre »Scheinprobleme« verschwänden unter der ideologiekritischen Sonde konsequenter Aufklärung »von selbst«.

In der stickigen Atmosphäre christlich-abendländischer Restaurationsideologie der Nachkriegszeit trug seine Arbeit dazu bei, in aufgeschlossenen Intellektuellenkreisen Österreichs und der Bundesrepublik geistige Modernitätsrückstände aufzuholen. Die Kritik an Klerikalismus, christlichem Naturrecht und Existentialismus verlor jedoch ihre entkrampfende Funktion, als sich die politisch-historischen Rahmenbedingungen in Europa zu wandeln begannen. Nun rückte T. den Marxismus als gefährlichste Hauptform vorwissenschaftlichen Bewußtseins in den Mittelpunkt seiner Kritik. Er konstruierte eine »chronique scandaleuse der Dialektik« von Hegel zu Hitler und von Hegel über Marx zu Stalin (*Die Sozialphilosophie Hegels als Heilslehre und Herrschaftsideologie,* 1967). In sich steigernder Ausfälligkeit verteufelte er Marx als machtgierigen »Messias«, der seine destruktiven Gelüste hinter Phrasen von »Menschheitsbefreiung und Menschheitsbeglückung« versteckt habe (*Gottwerdung und Revolution. Beiträge zur Weltanschauungsanalyse und Ideologiekritik,* 1973). T. reihte sich ein in die ideologische Phalanx derer, die an der »Rekonstruktion des Konservatismus« (Gerd-Klaus Kaltenbrunner) arbeiteten. Die Arbeiten der letzten Jahre, etwa *Heil und Zeit. Ein Kapitel zur Weltanschauungsanalyse* (1990), variieren und vertiefen die bekannten theoretisch-ideologiekritischen Ansätze, ohne neue Einsichten hinzuzufügen oder Korrekturen anzubringen.

Lotter, Konrad: Einwände gegen Ernst Topitsch. In: Aufklärung und Kritik. Nürnberg 1994, 1. Jg., Nr.1, S. 14–27. – Salamun, Kurt (Hg.): Sozialphilosophie als Aufklärung. Festschrift für Ernst Topitsch. Tübingen 1979. – Kahl, Joachim: Positivismus als Konservatismus. Eine philosophische Studie zu Struktur und Funktion der positivistischen Denkweise am Beispiel Ernst Topitsch. Köln 1976. – Greiffenhagen, Martin (Hg.): Der neue Konservatismus der siebziger Jahre. Reinbek bei Hamburg 1974.

Joachim Kahl

Toynbee, Arnold Joseph
Geb. 14. 4. 1889 in London; gest. 22. 10. 1975 in York

T. ist mit seinem Hauptwerk *A Study of History (Der Gang der Weltgeschichte)*, entstanden in zwölf Bänden von 1934 bis 1961, als der Universalhistoriker par excellence des 20. Jahrhunderts ins Bewußtsein der Öffentlichkeit eingegangen. Die herausragende Leistung T.s besteht darin, daß er die Historiographie zur Kulturtheorie und Geschichtsphilosophie ausgeweitet hat. Seine akademische Karriere begann 1919, als er in London einen Lehrauftrag für Byzantinistik und neugriechische Sprache, Literatur und Geschichte erhielt; von 1925 bis 1956 hatte er dort eine Professur für internationale Geschichte inne und war gleichzeitig Direktor des »Royal Institute of International Affairs«. Einen Schwerpunkt seiner wissenschaftlichen Arbeit machte zeitlebens das antike Gesellschafts- und Geschichtsverständnis aus (*Greek Civilization and Character*, 1924; *Greek Historical Thought*, 1924; *Hellenism. The History of a Civilization*, 1959). Während der langen Entstehungszeit von *A Study of History* beschäftigte er sich auch in anderen Werken mit zivilisationsgeschichtlichen Problemen (u. a. *Christianity and Civilization*, 1946; *Civilization on Trial*, 1948 – *Die Kultur am Scheideweg*). T., der nach den beiden Weltkriegen zweimal (1919 und 1946) an Friedenskonferenzen teilnahm, um das britische Außenministerium zu beraten, war sich im höchsten Maß der zeitgenössischen, seiner Ansicht nach in den entscheidenden, d. h. für alle Menschen vitalen Bereichen, destruktiven Entwicklungen bewußt. Bis in die 70er Jahre beschrieb er warnend in einigen Büchern (u. a. *The World and the West*, 1953; *The Present-Day Experiment in Western Civilisation*, 1961 – *Die Zukunft des Westens; Surviving the Future*, 1971 – *Die Zukunft überleben*) die Diskrepanz zwischen dem rasanten technologisch-industriellen Fortschritt und dem moralischen Selbstverständnis der Menschheit, das sich auf die lebensbedrohlichen globalen Gefahren (Atomwaffen, neue Dimension der Kriegsführung) nicht angemessen einstellt. Der daraus notwendig entstehenden moralischen Rückentwicklung hält T. sein christlich-humanistisches Ethos entgegen, für ihn Handlungsgrundlage und Verpflichtung, die westliche Welt aus ihrer existentiellen Krise herauszuführen.

Sein geschichtsphilosophisches Verständnis menschlicher Zivilisation entfaltet sich in *A Study of History* überaus komplex. T.s Werk ist der Versuch, die Geschichte der Menschheit auf einen Nenner zu bringen, Geschichte als einen universalen Sinnzusammenhang zu interpretieren. Aufgrund umfassender geschichtlicher und praktisch politischer Kenntnisse und unter Berücksichtigung anthropologischer und ethnologischer Ergebnisse sucht T., die treibenden Kräfte der geschichtlichen Entwicklung der Menschheit aufzudecken. Durch das Studium aller jemals bestehenden Zivilisationen möchte er die Gesetze herausfinden, die ihren Aufstieg und Untergang bestimmen und auf diese Weise auch die Zukunftsaussichten der Zivilisation feststellen.

T. ist Anhänger der Lebensphilosophie Henri Bergsons. Für diesen wirkt eine geistige Kraft, ein »élan vital«, im Universum und erhält es nicht nur in seinem Zustand, sondern treibt seine Entwicklung voran. In der Methode ist T.s Werk ähnlich wie Oswald Spenglers *Untergang des Abendlandes* eine vergleichende Kulturmorphologie. Seiner Geschichtsanschauung liegen zwei Leitgedanken zugrunde. Das Gesetz von Herausforderung und Antwort (»challenge and response«) steuert die historischen Abläufe; die kleinste Einheit für das Begreifen der Geschichte ist nicht der Nationalstaat, sondern der Kulturkreis. T. ist wie Spengler der Überzeugung, daß die Träger der Geschichte nicht Völker, Nationen, Staaten sind, sondern die übergreifenden Kulturkreise. Aus dem gesamten Geschichtsstoff läßt sich eine Anzahl deutlich voneinander unterschiedener Kulturen herausdestillieren, deren Abläufe man miteinander vergleichen kann; so lassen sich Rückschlüsse allgemeiner Art auf die Ursachen von Enstehung, Wachstum, Niedergang und Auflösung der Kulturen gewinnen.

Seine Geschichtsbetrachtung entfaltet T. also wie Spengler als Kulturvergleich. Während aber Spengler den Ablauf der Kulturen sich zwangsläufig in einer Art biologischem Determinismus vollziehen sieht, läßt T. dagegen der menschlichen Gestaltungsfreiheit einen Spielraum. Sowohl der Zyklentheorie wie dem Evolutionsgedanken nimmt er den deterministischen Charakter, den sie bei Spengler und Herbert George Wells mit sich führen. Träger der Geschichte ist nicht ein überindividueller, sei es ein zyklischer oder linear-progressiver Vorgang, sondern immer und ausschließlich der Mensch selbst als freier, schöpferischer, sich entscheidender Wille. Daher gibt es für T. auch keine sicheren Zukunftsprognosen. Der englische Historiker erklärt mit Nachdruck, »daß man auf dem Gebiet unserer Untersuchungen nicht zwangsläufig annehmen könne, daß dieselben Ursachen auch dieselben Wirkungen erzeugen«.

Unter Kulturen im Sinne T.s sind »Hochkulturen« zu verstehen. Jede Hochkultur ist die gemeinsame Erfahrung einer Menschengruppe, ist der Versuch, das Leben auf eine höhere Ebene zu führen. Dies ist ein schöpferischer Akt, der eine qualitative Veränderung der betreffenden Gesellschaft herbeiführt. So erscheint im Zuge der Entwicklung neben dem primitiven Menschen der Kulturmensch. Diese umwälzende Veränderung kann man nur erklären durch das Gesetz von Herausforderung und Antwort. T. glaubt feststellen zu können, daß der für die Entstehung der ersten Kulturen wirksame Anreiz von einer natürlichen Umgebung ausging, die nicht besonders günstige Lebensbedingungen anbot, sondern im Gegenteil eher eine Herausforderung für den Menschen bedeutete. Alle Kulturen der zweiten und dritten Generation sind durch Adoption oder Abstammung entstanden. Hier ist es die menschliche Umgebung, die innere und äußere Spannung einer sich auflösenden Gesellschaft, von der die Impulse ausgehen, den Problemen mit neuen schöpferischen Lösungen beizukommen. Wachstum realisiert sich in einer Kette erfolgreicher Antworten auf Herausforderungen, Anrufen und Aufgaben, die sich in steigendem Maße die Gesellschaft selbst stellt, so daß sich das Aktionsfeld von der Umwelt in das Innere des Sozialkörpers verlegt. Im Falle der westlichen Kultur ist dieser schöpferische Akt die Entstehung der Kirche. Deutlich wird, daß T. seine

Begriffe aus der christlichen Anthropologie gewinnt. Der Mensch als Geforderter, für den es keine neutrale Situation gibt: Aus jeder Situation hört er den Anruf heraus, jede Situation birgt in sich die Möglichkeit des Versagens und der Bewährung.

Wenn Wachstum in einer Kette schöpferischer Antworten auf sich immer neu ergebende und zunehmend selbstgestellte Daseinsforderungen besteht, so ergibt sich der Niedergang aus einem Nachlassen dieser schöpferischen Potenz. T. weist alle deterministischen Erklärungsversuche zurück, die die Kulturen einem biologischen oder kosmischen Geschick unterworfen sehen; Kulturen gehen an ihrem eigenen Versagen zugrunde, nicht an Schicksalsschlägen oder Katastrophen, die über sie hereinbrechen.

Ging T. in den ersten Bänden seiner *Study of History* noch von einer philosophischen Gleichwertigkeit der Kulturen aus, so ändert er im fünften Band diese Annahme durch die Einführung eines qualitativen Prinzips, das sich in den höheren Religionen verkörpert. Als Vertreter einer höheren Art von Gesellschaften stehen diese Religionen in dem selben Verhältnis zu den Kulturen wie jene zu den primitiven Gesellschaften. T. gibt damit seine Vorstellung der zyklisch ablaufenden Geschichte auf und konstatiert stattdessen eine progressive Reihe von Weltstufen, die von den primitiven Gesellschaften über die primären und sekundären Kulturen zu den höheren Religionen aufsteigen, in denen die Geschichte ihr Endziel erreicht. Nach seinen eigenen Worten kommt das Studium der Geschichte zu »einem Punkt, wo die Zivilisation ihrerseits wie die Kleinstaaten der modernen abendländischen Welt zu Beginn unserer Untersuchung nicht sehr deutlich faßbare Studiengebiete für uns sind und ihre historische Bedeutung verloren haben, außer insofern sie dem Fortschritt der Religion dienen«. Beim Studium der Universalgeschichte ist der Religionsgeschichte der Vorrang einzuräumen: »Denn Religion ist schließlich die Aufgabe des Menschengeschlechts«, weil »Erlösung die wahre Bestimmung und der wahre Sinn des Erdenlebens ist«. Für T. erfüllt die Kultur eine dienende Funktion, indem sie dazu beiträgt, eine stets tiefere religiöse Einsicht zu wecken, mit dem Ziel, eine einzige, reife, höhere Religion hervorzubringen.

Die zyklischen Bewegungen, durch welche die Kulturen entstehen und untergehen, bilden nicht die gesamte Geschichte. Sie sind einem höheren Prinzip geistiger Universalität untergeordnet, das durch die Weltreligionen dargestellt wird. So erhält die Geschichte von neuem den Charakter eines Fortschrittes und Zweckes und wird ein geistiger Evolutionsprozeß, wie Hegel und die anderen idealistischen Geschichtsphilosophen des 19. Jahrhunderts sie aufgefaßt haben.

T.s Studie zur Weltgeschichte, seine Interpretation des kulturmorphologisch geordneten, universalhistorischen Materials, nimmt Kategorien zu Hilfe, die aus dem christlichen Verständnis der menschlichen Existenz gewonnen sind. Seine Leistung besteht darin, Wells und Spengler kombiniert zu haben, indem er beide in einem wichtigen Punkt, in ihren Aussagen über den Menschen, korrigierte. Beide hatten ihre Vorstellung des Menschen an der Natur orientiert, Wells am Gedanken der Evolution, Spengler am Gedanken eines starren zyklischen

Geschichtsablaufs. T. gewinnt für sein Geschichtsbild die Dimension des Metaphysischen zurück. In der Spannung zwischen Natur und Übernatur liegt die Welt der Freiheit, die Geschichte. Macht T. die christliche Anthropologie zur Prämisse seiner Geschichtsdeutung, so steht und fällt mit deren Annahme oder Ablehnung auch T.s Werk.

Hablützel, Peter: Bürgerliches Krisenbewußtsein und historische Perspektive. Zur Dialektik von Geschichtsbild und politischer Erfahrung bei Arnold Joseph Toynbee. Zürich 1980. – Henningsen, Manfred: Menschheit und Geschichte. Untersuchungen zu Arnold Joseph Toynbees A Study of History. München 1967.

Martina Lunau

Voegelin, Eric
Geb. 3. 1. 1901 in Köln; gest. 19. 1. 1985 in Stanford

In Folge des Umzuges seiner Eltern nach Wien verbrachte V. den größten Teil seiner Jugend in der österreichischen Hauptstadt und begann dort auch sein Studium, das er 1922 an der Juristischen Fakultät der Universität Wien mit einer Promotion zum Thema *Wechselwirkung und Gezweiung* abschloß. Von 1922 bis 1923 setzte V. seine Studien im Bereich der Politischen Wissenschaft und Soziologie an den Universitäten Oxford, Berlin und Heidelberg fort und wurde nach seiner Rückkehr nach Wien von 1923 bis 1924 Assistent am Lehrstuhl für Öffentliches Recht bei Hans Kelsen. Die Zeit zwischen 1924 und 1926 verbrachte V. als Stipendiat der Rockefeller Stiftung an verschiedenen amerikanischen Universitäten (Columbia, Harvard, Wisconsin und Yale) und befaßte sich hier mit amerikanischem Verfassungsrecht, Rechtstheorie, Sozialphilosophie und Wirtschaft. Diese Studien fanden ihren wichtigsten Niederschlag in dem Buch *Über die Form des amerikanischen Geistes* (1928). Im Anschluß an seinen USA-Aufenthalt arbeitete V. von 1926 bis 1927 in Paris an der Sorbonne und beschäftigte sich hier vor allem mit der Geschichte der französischen politischen Ideen. Nach seiner Rückkehr nach Wien wurde er erneut Assistent am Lehrstuhl für Öffentliches Recht, zunächst bei Hans Kelsen, später bei Adolf Merkl und Ludwig Adamovich. 1928 wurde V. zum Privatdozenten für Politische Wissenschaft und Soziologie ernannt und erhielt 1935 den Titel eines außerordentlichen Universitätsprofessors.

Nach seiner Studie *Über die Form des amerikanischen Geistes* hatte V. die Arbeiten an einem System der Staatslehre aufgenommen. Während die ersten beiden Teile zügig vorangingen, warf der abschließende dritte Teil, der den Bereich der politischen Ideen behandeln sollte, erhebliche Schwierigkeiten auf. Ausgehend von der Überlegung, daß eine systematische Staatslehre sich auf der Grundlage einer »Wesenslehre des Menschen«, d. h. aus einer philosophischen

Anthropologie entwickeln muß, traten deshalb nun – in der zweiten Phase von V.s intellektueller Biographie – die Arbeiten an einer philosophischen Anthropologie in den Mittelpunkt seiner Forschungen. Da dieser Bereich von der deutschen Staatslehre weitgehend vernachlässigt worden war, begann sich V. nun zunehmend mit den Werken von Max Scheler, Helmuth Plessner und Karl Jaspers zu befassen. Die ersten Ergebnisse seiner anthropologischen und ideengeschichtlichen Forschungen veröffentlichte V. 1933 in einer systematischen Studie mit dem Titel *Rasse und Staat* und einem historischen Essay *Die Rassenidee in der Geistesgeschichte von Ray bis Carus*. In den weiteren Umkreis dieser anthropologisch und ideengeschichtlich motivierten Studien gehören auch Teile des 1936 erschienenen Buches *Der Autoritäre Staat*, das u. a. die totalitären Elemente in den politischen Ideen Europas zurückgehend bis Rousseau analysiert.

Im Zusammenhang mit seinen anthropologischen Studien war V. auf eine Vielzahl neuer Monographien gestoßen, die sich mit den religiösen Implikationen politischer Ideen befaßten. Ein erstes Ergebnis war der 1938 publizierte Essay *Die Politischen Religionen*. Ausgehend von den schon in *Rasse und Staat* als Grundlage und systematischem Zentrum einer politischen Theorie identifizierten »Existenzialerlebnissen« legte V. in ihm nun die religiösen Inhalte politischer Begriffe frei und enthüllte damit gleichzeitig den religiösen Charakter der faschistischen Massenbewegungen seiner Zeit. Bald nach der ›Angliederung‹ Österreichs an Deutschland begannen sich die persönlichen Lebensumstände V.s zu komplizieren, denn durch seine Publikationen hatte sich V. das Mißtrauen des nationalsozialistischen Regimes zugezogen. Schon bald nach dem Einmarsch deutscher Truppen in Wien hatte er deshalb Vorbereitungen für eine Übersiedlung in die USA eingeleitet, die er im Herbst 1938 angesichts einer unmittelbar drohenden Verhaftung überstürzt vornehmen mußte. Nach Lehr- und Forschungstätigkeiten an mehreren amerikanischen Universitäten erhielt V. im August 1942 eine Professur für Regierungslehre an der Louisiana State University in Baton Rouge, wo er bis zu seiner Rückkehr nach Deutschland im Jahre 1958 lebte und lehrte.

Schon bald nach seiner Ankunft in den USA hatte V. den Auftrag zu einer »History of Political Ideas« übernommen, der ihm die Möglichkeit eröffnete, seine ideengeschichtlichen Studien und Vorarbeiten für die noch immer ausstehende »Theorie des Mythos« fortzusetzen. Was sich zunächst als ein vom Umfang und Zeitaufwand begrenztes Projekt präsentiert hatte, erwies sich schon bald als ein kolossales Unternehmen, da V. zum einen die zeitliche Limitierung der konventionellen Ideengeschichte auf die Zeit zwischen der griechischen Polis und der Gegenwart durchbrach. Zum anderen hatte V. den Begriff des Politischen inzwischen soweit ausgedehnt, daß er neben den Bereichen des Rechts und der Herrschaft auch die geistigen, religiösen und historischen Dimensionen, in die die gesellschaftliche Ordnung eingebunden ist, umfaßte. In diesem Zusammenhang war es – drittens – auch zur Auflösung der konventionellen Vorstellung gekommen, daß »Ideen« ein sinnvoller Gegenstand philosophischer Untersuchungen sind; an ihre Stelle waren als primärer Gegenstand der theoretischen Analyse die »Existenzialerfahrungen« getreten sowie das Bewußtsein des Menschen, als der Ort, an dem jene Erfahrungen auftreten und von dem sie als eine die soziale Realität sowohl interpretierende wie strukturierende Kraft ausgehen. Die neuen Einsichten waren von einschneidender Bedeutung für die inzwischen weit fortgeschrittene »History«. Denn nachdem sich das konventionelle Genre der »Ideengeschichte« als theoretisch »obsolet« erwiesen hatte, mußte konsequenterweise auch das eigene Projekt abgebrochen, beziehungsweise sachlich wie systematisch dem neuen Erkenntnisstand angepaßt werden, bis erste Teile der Studien 1956 unter dem Obertitel *Order and History* erscheinen konnten.

Danach begann die dritte Phase V.s Arbeit, in der er die 1930 abgebrochenen Arbeiten an einer »systematischen Theorie der Politik« wieder aufnahm, die ihn bis zum Ende seines Lebens beschäftigen sollten. Obwohl V. diese systematische Theorie der Politik angesichts der umfangreichen, im Rahmen der »History« durchgeführten Vorarbeiten in nur wenigen Jahren zu schreiben beabsichtigte, sollte ihn ihre Ausführung bis zum Ende seines Lebens beschäftigen. Die theoretische Grundlegung des Werkes, das als eine »Wiederherstellung der klassischen, daß heißt eine Theorie der Politik in platonisch-aristotelischer Reichweite« konzipiert war, sollten vier Theoriekomplexe bilden: 1. eine Theorie der menschlichen Natur; 2. eine Theorie der politischen Gesellschaft als des Feldes, in dem sich die Natur des Menschen aktualisiert; 3. eine Theorie der historischen Zyklen, die politische Institutionen durchlaufen sowie 4. eine Theorie der Ideen als einer der konstitutiven Faktoren politischer Realität. Auf dieser theoretischen Grundlage sollte eine Typologie der historisch aufeinander folgenden politischen Kulturen von der Prähistorie bis zur Gegenwart entwickelt werden. Der breite multizivilisatorische Ansatz, der das Konzept kennzeichnet und trägt, speist sich sowohl aus der frühen Rezeption der universalhistorischen Studien Max Webers und Eduard Meyers, wie auch aus der Beschäftigung mit den Geschichtsphilosophien von Arnold Toynbee und Karl Jaspers.

Die Intention einer systematischen Theorie der Politik zeigte sich deutlich im Titel und in der Anlage des ersten Buches, das V. seit der Emigration vorlegte: *The New Science of Politics* (1952; *Die Neue Wissenschaft der Politik*). V. selbst charakterisiert das Buch, das in den USA seinen Ruf als eines Theoretikers von Rang begründete, als eine »systematische Studie zur Grundlegung einer Staatswissenschaft im platonischen Sinne (die eine Geschichtsphilosophie einbezieht)«. Der Titel signalisierte jedoch nicht nur das neue systematische Interesse, sondern war auch als Kampfansage gemeint. Denn in Anlehnung an Giambattista Vico formuliert, der seine »Neue Wissenschaft« von der Politik und Geschichte in Opposition zu Galileis »Nuova Scienza« konzipiert hatte, verstand V. die *New Science* als einen Versuch, die »Politische Wissenschaft im klassischen Sinne wiederherzustellen, im Gegensatz zu den vorherrschenden Methoden des Positivismus.« Während in den USA in der Wissenschaftsszene noch immer dominant, sah V. den Positivismus jedoch theoretisch im Werke Max Webers als zum Abschluß gekommen und damit die Zeit reif für die Erneuerung der politischen Wissenschaft. Es ist insofern kein Zufall, daß im Zentrum der *New Science of Politics* die Frage nach dem »Wesen der Rationalität« steht, deren Entdeckung und allmähliche Entfaltung ebenso wie ihre Zerstörung der westlichen Moderne in einer weltgeschichtlichen tour d'horizon entfaltet wird. Als rationalitäts- und damit zugleich theoriekonstituierend arbeitet V. dabei jene »Existentialerfahrungen«, bzw. »realen Bewegungen der menschlichen Geistseele auf das als jenseitig erlebte göttliche Sein« heraus, in denen die Seinsordnung bis in die Tiefe ihres transzendenten Grundes – und damit die Stellung des Menschen in dieser Ordnung – transparent wird. Während Rationalität aus der Akzeptanz der in diesen Erfahrungen durchsichtig gewordenen Seinsverfassung, insbesondere in ihrer Fundierung in göttlichem Sein entsteht, führt ihre Leugnung nicht nur zu einem verzerrten Bild der Realität und der Stellung des Menschen in ihr, sondern auch zu einem Verlust an Rationalität. Hatte Max Weber den Prozeß der Immanentisierung der Realität als einen Prozeß der »Entzauberung« und damit zunehmender Rationalisierung interpretiert, so erscheint er aus der Perspektive V.s als ein Prozeß wachsender Irrationalität; als geistige Verschließung und Selbstvergottung.

In der *New Science* hatte V. eine erste Skizze jener Theorie menschlicher Existenz in Gesellschaft und Geschichte vorgelegt, die er in der auf sechs Bände konzipierten *Order and History* im einzelnen auszuführen beabsichtigte, wobei 1956/57 die ersten drei Bände erschienen (*Israel and Revelation*, *The World of the Polis* und *Plato and Aristotle*). Wenn die für 1958 angekündigte Publikation der drei Folgebände zunächst ausblieb, so lag das sowohl an neuen Aufgaben, die sich V. stellten wie an neugewonnenen Einsichten. Die ersteren hatten sich aus seiner Umsiedlung nach München im Jahre 1958 ergeben und aus dem arbeits- wie zeitaufwendigen Aufbau eines Instituts für Politische Wissenschaft an der Münchener Universität. Die letzteren waren das Resultat einer zunehmenden Beschäftigung mit jenen Problemkomplexen, die nach der Aufgabe der »Ideengeschichte« ins Zentrum seines Philosophierens gerückt und zur theoretischen Grundlage von *Order and History* geworden waren: die Erfahrungen von Ordnung, ihre symbolischen Ausdrücke, die sie fundierenden Institutionen und schließlich die Ordnung des Bewußtseins selbst. Statt der noch ausstehenden Bände von *Order und History* legte V. 1966 als eine Art Zwischenbilanz *Anamnesis. Zur Theorie der Geschichte und Politik* vor. Hier entwickelt V. nun systematisch die These, daß die Probleme menschlicher Ordnung in Gesellschaft und Geschichte der Ordnung des Bewußtseins entspringen und daß eine Philosophie des Bewußtseins daher das »Kernstück einer Philosophie der Politik« bildet. Mit dem vor allem Platon verpflichteten Entwurf einer Philosophie des Bewußtseins ist die vierte Phase im Philosophieren V.s erreicht; die Arbeiten daran beschäftigen V. nun die beiden letzten Jahrzehnte seines Lebens und beeinflussen in zunehmenden Maße das ursprünglich *Order and History* zugrunde liegende Konzept. 1969 war V. wieder in die USA zurückgekehrt und arbeitete nun als Senior Research Fellow an der Hoover Institution in Stanford/California.

Der Einfluß der bewußtseinsphilosophischen Wende zeigte sich 1974 deutlich in dem mit 15-jähriger Verspätung unter dem Titel *The Ecumenic Age* erschienenen vierten Band von *Order and History*. Obwohl sich das Buch, dessen Analysen den Zeitraum zwischen der Gründung des Perserreiches und dem Untergang des Römischen Reiches umfassen und den in dieser Epoche sich bildenden Typus »ökumenischer Menschlichkeit« herausarbeiten, noch vage an den chronologischen Vorgaben orientiert, weist es nicht mehr die innere Homogenität der vorangehenden Bände auf. Einer der Gründe dafür ist, daß das lineare Geschichtsverständnis, das den früheren Bänden zugrunde gelegen hatte, inzwischen der Vorstellung von einem komplexen Geflecht von Bedeutungslinien in der Geschichte Platz gemacht hat, die sich nicht mehr an Zeitlinien orientieren. Ein anderer Grund ist, daß das Interesse an der Philosophie des Bewußtseins und einer ihr kohärenten Philosophie der Geschichte Auswahl und Anordnung der Materialien immer stärker prägen. Noch deutlicher macht sich die Abwendung vom ursprünglichen Konzept im fünften und letzten Band bemerkbar, der 1987 posthum – und unvollendet – unter dem Titel *In Search of Order* erschien. Statt der ursprünglich geplanten Analyse des Ordnungsverständnisses der westlichen Moderne enthält er zwei Meditationen, die um Probleme der philosophischen Reflexion, ihr adäquater Symbolisierungen sowie der Suche des modernen Menschen nach seiner Humanität kreisen.

»In Search of Order« – es dürfte kaum eine andere Devise geben, die geeigneter wäre, das Leben und Philosophieren V.s zu charakterisieren. Dabei steht Suche nach Ordnung als Synonym für die Suche nach den Prinzipien einer in Wahrheit geführten Existenz. Obwohl sich diese Suche – Ende der 20er Jahre im Bemühen um eine anthropologische Fundierung des Systems der Staatslehre begonnen – im Laufe der folgenden Jahrzehnte zu einem zeit- und zivilisationsübergreifenden Unternehmen entwickelte, verlor sie sich doch nie in den Weiten des Materials, die zu durchwandern waren, sondern verfolgte ihr Ziel in asketischer Strenge in immer größere Tiefen. Daß sie dabei irgendwann die Grenzen der praktischen Philosophie zur Kosmologie und Theologie überschritt, lag in der inneren Logik des Unternehmens und kennzeichnet V. als einen Denker in der Tradition desjenigen Philosophen, dem er sich am engsten verbunden gefühlt hatte – Platon.

Voegelin, Eric: Autobiographische Reflexionen. Hg., eingeleitet und mit einer Gesamtbibliographie der Veröffentlichungen Voegelins von Peter J. Opitz. München 1993. – Sandoz, Ellis: Eric Voegelin's Significance for the Modern Mind. Baton Rouge 1991. – Cooper, B.: The Political Theory of Eric Voegelin. Lewiston/New York 1986. – Opitz, Peter J./Sebba, G. (Hg.): The Philosophy of Order. For Eric Voegelin on his Eightieth Birthday. Stuttgart 1981. – Webb, Eugene: Eric Voegelin. Philosopher of History. Seattle 1981.

Peter J. Opitz

Weber, Max
Geb. 21. 4. 1864 in Erfurt; gest. 14. 6. 1920 in München

W. war – seinen Studien, seinen akademischen Qualifikationen und Positionen, den Schwerpunkten seiner Forschung und seinem Selbstverständnis nach – Jurist, Historiker, Nationalökonom und Soziologe. Sehr bewußt beschränkte er sich mit seinen Forschungen auf das Gebiet der empirischen Sozial- und Kulturwissenschaften, die nach seiner Überzeugung auch in ihrer Gesamtheit weder philosophische Ansprüche zu erheben noch – wie etwa für Karl Marx oder Emile Durkheim – die Philosophie zu ersetzen oder »aufzuheben« imstande waren. Trotzdem sagt Karl Jaspers von ihm, daß er, und zwar »vielleicht als einziger in neuerer Zeit und in einem anderen Sinne, als irgendjemand sonst heute Philosoph sein kann«, als Philosoph gelten müsse; W. nämlich habe »der philosophischen Existenz gegenwärtigen Charakter verschafft«. Und auch Karl Löwith sieht eine wesentliche Vergleichbarkeit der beiden Gelehrten darin, daß sie in einem »ungewohnten und ungewöhnlichen Sinne« Philosophen gewesen seien.

Diese Äußerungen deuten an, daß sich die Philosophie W.s tatsächlich nicht in der Form einer neuartigen Lehre oder eines ganzen Denksystems darstellt, sondern aufs engste mit der Art und Weise verknüpft ist, in der er seine kultur- und sozialwissenschaftlichen Forschungen begründet und betrieben hat. In dieser Hinsicht wird man zunächst und vor allem an die Abhandlungen zur Wissenschaftslehre denken, auf die W. außergewöhnlich viel Energie verwandte, nachdem er in seiner ersten Schaffensphase mit bedeutenden rechts-, sozial- und wirtschaftsgeschichtlichen Arbeiten hervorgetreten war und eine sehr schwere, von 1897 bis 1903 andauernde psycho-physische Krise überwunden hatte. In diesen Erörterungen geht es keineswegs um i. e. S. methodische oder forschungstechnische Probleme der Kultur- und Sozialwissenschaften, sondern darum, die Möglichkeiten, die Eigentümlichkeiten und die Grenzen erfahrungswissenschaftlicher Erkenntnis auf diesem Gebiet in einer sehr grundsätzlichen Weise aufzuklären und zu bestimmen. Dabei stellt sich W. ausdrücklich in die Tradition »der auf Kant zurückgehenden modernen Erkenntnislehre«. Demgemäß sieht er seine Aufgabe nicht darin, die sozial- und kulturwissenschaftliche Erkenntnis allererst zu ermöglichen und auf die Bahn zu bringen. Vielmehr soll der Vollzug solcher Erkenntnis auf seine bewußten oder unbewußten Voraussetzungen und Zielsetzungen und damit auf seinen »Sinn« hin untersucht und geprüft werden. Im Unterschied zu Kant und auch zu Heinrich Rickert, mit dessen »neukantianischer« Wissenschaftslehre (*Die Grenzen der naturwissenschaftlichen Begriffsbildung*, 1902) er im übrigen weitgehend übereinzustimmen glaubte, gründet W. seine Kritik der kulturwissenschaftlichen Erkenntnis jedoch nicht in dem Sinne auf transzendentale Prinzipien, daß dadurch ihre Allgemeingültigkeit und Notwendigkeit (und ihre Objektivität) gesichert würde. Außer mit den –

durchaus gewichtigen – Problemen der (formalen und Forschungs-)Logik befaßt sich seine Kritik vielmehr in der Hauptsache mit dem Tatbestand, daß die »Auswahl und Formung« der Gegenstände kulturwissenschaftlicher Erkenntnis in spezifischer Weise von historisch wandelbaren »Wertbeziehungen«, also von einem geschichtlichen bzw. Geschichtlichkeit stiftenden Apriori abhängt: »Transzendentale Voraussetzung jeder Kultur*wissenschaft* ist ..., daß wir Kultur*menschen* sind, begabt mit der Fähigkeit und dem Willen, bewußt zur Welt Stellung zu nehmen und ihr einen Sinn zu verleihen.« Es ist diese »transzendentale Voraussetzung«, die die Sozial- und Kulturwissenschaften als »Wirklichkeitswissenschaften« charakterisiert, also als Wissenschaften, die – anders als die auf »nomologisches« Wissen abstellenden Wissenschaften – an die konkrete, lebensweltliche Erfahrung des Menschen zurückgebunden bleiben. Aus diesem Grunde geht es bei der logischen oder »methodologischen« Kritik kultur- und sozialwissenschaftlicher Erkenntnis auch nicht bloß um innerwissenschaftliche, gar forschungstechnische Probleme, sondern um die »Selbstbesinnung verantwortlich handelnder Menschen«. Die leitende Frage solcher Selbstbesinnung aber lautet: Was bedeutet es, wenn nun auch die geschichtlich-gesellschaftliche, also kulturelle Wirklichkeit zum Gegenstand erfahrungswissenschaftlicher Forschung gemacht wird? Angesichts der zu seiner Zeit unter Sozialwissenschaftlern und Philosophen verbreiteten Konfusionen und Selbstmißverständnisse vertritt und begründet W. vor allem die folgenden Leitgedanken: 1. Weder die Sinnhaftigkeit der Kulturwirklichkeit (und die daraus folgende Notwendigkeit eines verstehenden Zugangs) als solche, noch die – vermeintliche – Irrationalität des geschichtlichen Geschehens und auch nicht die – fälschlicherweise – als »irrational« qualifizierte Rolle menschlicher Freiheit stehen dem Streben nach kausalen Erklärungen und nach Objektivität prinzipiell entgegen. 2. Trotz der konstitutiven Rolle von »Wertbeziehungen« und des Tatbestandes, daß Werte, Wertewandel und wertorientiertes Handeln wichtige Gegenstände kulturwissenschaftlicher Forschungen darstellen, gilt auf der Ebene erfahrungswissenschaftlicher Argumentation aus logischen Gründen das Prinzip der »Wertfreiheit«: »Die kausale Analyse liefert absolut keine Werturteile, und ein Werturteil ist absolut keine kausale Erklärung.« Die Frage, ob mit den Mitteln der *Philosophie* Werturteile (insbesondere moralischer Art) nicht nur zu präzisieren und auf ihre letzten Prämissen zurückzuführen, sondern auch zu begründen sind, läßt W. offen. 3. Auch die Sozial- und Kulturwissenschaften sind, ebenso wie die Naturwissenschaften, grundsätzlich außerstande, umfassende, das Erkennen und das Handeln im ganzen orientierende, also quasi-religiöse oder metaphysische »Weltanschauungen« zu stiften. Daß dies dennoch immer wieder versucht wird, erklärt sich aus einem unzulänglichen Bewußtsein von den Grenzen erfahrungswissenschaftlicher Erkenntnis oder – im schlechteren Falle – aus einem ideologischen Interesse.

Insbesondere die beiden letzten Feststellungen hängen unmittelbar mit W.s Thesen von der »Entzauberung der Welt« durch die okzidentale, insbesondere die neuzeitliche Wissenschaft zusammen: »Das Schicksal einer Kulturepoche, die vom Baum der Erkenntnis gegessen hat, ist es, wissen zu müssen, daß wir den

Sinn des Weltgeschehens nicht aus dem noch so sehr vervollkommneten Ergebnis seiner Durchforschung ablesen können, sondern ihn selbst zu schaffen imstande sein müssen, daß ›Weltanschauungen‹ niemals Produkt fortschreitenden Erfahrungswissens sein können.« Damit ist auch gesagt, daß die »Entzauberung der Welt« *durch* die Wissenschaft sich am Ende zur Selbstentzauberung der Wissenschaft und damit zu einer sehr prinzipiellen Problematisierung des Sinns von Wissenschaft überhaupt radikalisiert. Diese Entwicklung ist insofern unausweichlich und irreversibel, als sie – dieser Gedanke verweist ebenso wie die Entzauberungsthese selbst vor allem auf Nietzsches Analysen zum »europäischen Nihilismus« – aus der unbedingten Selbstverpflichtung zur »intellektuellen Rechtschaffenheit« resultiert. Intellektuelle Rechtschaffenheit – der Entschluß, sich im Streben nach Erkenntnis selbst »treu bleiben« zu wollen – ist das der Entzauberung der Welt allein gemäße moralische Prinzip und das konstitutive Element jeder noch möglichen Idee von »Persönlichkeit«.

Der größere geschichtlich-gesellschaftliche und kulturelle Zusammenhang, in dem sich der Prozeß der Entzauberung der Welt vollzieht, ist die Entstehung und Durchsetzung des spezifisch okzidentalen Rationalismus; er bildet das bestimmende Thema der materialen historisch-sozialwissenschaftlichen Forschungen W.s, insbesondere seiner vergleichenden Untersuchungen zur Wirtschaftsethik der Weltreligion, deren erste und bekannteste die Abhandlung *Die protestantische Ethik und der Geist des Kapitalismus* (1904/05) ist. Der in philosophischer Hinsicht wichtigste Aspekt des okzidentalen Rationalisierungsprozesses besteht in der Auflösung der Einheit, Verbindlichkeit und Integrationskraft umfassender Weltdeutungen religiöser, metaphysischer oder ›weltanschaulicher‹ Art. Die Suche nach Wahrheit (in einem entsprechend restringierten Sinne) ist zur Domäne einer sich ihrerseits immer weiter ausdifferenzierenden und verfachlichenden Wissenschaft geworden. Die Religion, die Ethik und die Ästhetik, natürlich auch die Ökonomie, die Politik oder etwa die Erotik, haben sich zu mehr oder minder eigenständigen Wertsphären oder Subsystemen mit je eigenen Leitideen, Funktionen und Kommunikationsformen ausgebildet. Der immer deutlicher zutage tretende Pluralismus und Widerstreit letzter Sinngebungen (davon handelt W. vor allem in seiner für die *Gesammelten Aufsätze zur Religionssoziologie* (1920/21) verfaßten *Zwischenbetrachtung: Theorie der Stufen und Richtungen religiöser Weltablehnung*) läßt sich auf keine Weise, also auch nicht mit philosophischen Mitteln, überwinden oder in einer neuen Synthese ›aufheben‹. Der moderne Individualismus ist eine unvermeidliche Folge und Funktion dieses Differenzierungs- und Rationalisierungsprozesses; zugleich enthält er die einzige Möglichkeit, diesem Prozeß einen positiven, obzwar auf die Sphäre des Politischen und Moralischen sowie des Ästhetischen begrenzten Sinn abzugewinnen.

Allerdings gibt es bei W. keinen Versuch, die individuelle Freiheit und Verantwortlichkeit als Prinzip der Moral und Politik philosophisch, etwa in transzendental-philosophischer oder metaphysischer Weise, zu begründen, wie dies etwa bei Georg Simmel, und zwar bis zum Verlust des Interesses an der Soziologie, geschieht. W.s Argumentation ist vielmehr in der Hauptsache historischer Natur, indem er auf die prägende Bedeutung bestimmter geistiger und politischer Traditionen – etwa der jüdisch-christlichen, insbesondere protestantischen Theologie und Religiosität einerseits, der bürgerlichen Aufklärung und ihrer Idee der Menschenrechte, der »wir schließlich doch nicht viel weniger als Alles verdanken«, andererseits – für die moderne Kultur verweist. Eine derartige historische Selbstbestimmung kann zwar durchaus nicht zu einer Letztbegründung, wohl aber zu einer wesentlichen Stärkung der Überzeugungs- und Motivationskraft jenes Prinzips führen. Selbst wenn die ehemals bestimmenden inhaltlichen (etwa religiösen oder metaphysischen) Begründungen des Individualismus nicht mehr zu überzeugen vermögen, bleibt die Destruktion aller unvordenklichen und überindividuellen Geltungsansprüche sozio-politischer Ordnungen natürlich ein irreversibler, nur aus mangelnder intellektueller Radikalität oder Rechtschaffenheit zu leugnender historischer Tatbestand. Zumindest ex negativo – durch den Nachweis der Unmöglichkeit jedes überzeugenden Gegenarguments – läßt sich die Idee oder das Postulat des Individualismus also rechtfertigen.

In eben diesem gedanklichen Kontext ist nun auch der – keineswegs bloß methodologische – Individualismus der Soziologie fundiert, zu der W. in grundsätzlicher und systematischer Weise zuerst in der Abhandlung *Über einige Kategorien der verstehenden Soziologie* (1913) und dann in wesentlich erweiterter Form in dem unter dem Titel *Wirtschaft und Gesellschaft* posthum (1922) edierten und unvollendet gebliebenen Werk den Grund gelegt hat. Diese Soziologie besitzt, wie schon angedeutet, keineswegs deshalb einen philosophischen Charakter und Status, weil mit ihr der Anspruch verbunden würde, die Philosophie zu ersetzen, ›aufzuheben‹ oder zu vollenden. In diesem Punkt unterscheidet W. sich vielmehr prinzipiell von anderen Klassikern der Gesellschaftswissenschaft, so auch von Ernst Bloch und Georg Lukács, die – vor ihrer Hinwendung zum Marxismus – in Heidelberg von W. beeinflußt worden waren. Auf der anderen Seite liegt die philosophische Bedeutung der W.schen Grundlegung der Soziologie auch nicht nur darin, daß W. diese Wissenschaft nach eigenem Bekunden von Konfusionen, Unklarheiten und unbegründeten Anmaßungen befreien und in diesem Sinne eine Kritik sozialwissenschaftlicher Erkenntnis leisten wollte. Das philosophische, d.h. aufklärerische Motiv der W.schen Soziologie besteht vielmehr genau darin, diese Wissenschaft von den überindividuellen Gebilden und Prozessen aus der Perspektive eines durchaus auch normativen Individualismus, also im Blick auf das durch keine gesellschaftliche Ordnung zu überbietende oder aufzuhebende Recht der Individualität zu entwerfen. Es ist nur auf den ersten Blick paradox, daß dieser Grundzug seiner Soziologie gerade von philosophisch orientierten und ambitionierten Gesellschaftstheoretikern, und zwar nicht nur auf seiten des Marxismus oder des Organizismus (etwa bei Othmar Spann), heftig kritisiert worden ist.

Weiß, Johannes: Max Webers Grundlegung der Soziologie. München ²1992. – Whimster, Sam/Lash, Scott (Hg.): Max Weber. Rationality and Modernity. London 1987. – Käsler,

Dirk: Einführung in das Studium Max Webers. München 1979. – Henrich, Dieter: Die Einheit der Wissenschaftslehre Max Webers. Tübingen 1952.

Johannes Weiß

Weizsäcker, Carl Friedrich von
Geb. 28. 6. 1912 in Kiel

»Zu meinem 12. Geburtstag, im Juni 1924, wünschte ich mir eine drehbare, also auf Tag und Stunde einstellbare Sternkarte. Mit meiner Karte entwich ich von den Menschen in die warme, wunderbare Sternennacht, ganz allein. Das Erlebnis einer solchen Nacht kann man in Worten nicht wiedergeben, wohl aber den Gedanken, der mir aufstieg, als das Erlebnis abklang. In der unaussprechbaren Herrlichkeit des Sternhimmels war irgendwie Gott gegenwärtig. Zugleich aber wußte ich, daß die Sterne Gaskugeln sind, aus Atomen bestehend, die den Gesetzen der Physik genügen. Die Spannung zwischen diesen beiden Wahrheiten kann nicht unauflöslich sein. Wie aber kann man sie lösen? Wäre es möglich, auch in den Gesetzen der Physik einen Abglanz Gottes zu finden?« Diese Frage, mit der W. 51 Jahre später seine *Selbstdarstellung* beginnt, kennzeichnet die beiden Pole, um die sein Denken kreist: religiöse Erfahrung und naturwissenschaftliche Erkenntnis. W. entstammt einer schwäbischen Familie von Theologen, Gelehrten, Beamten und Offizieren. 1912 in Kiel als Sohn des späteren Staatssekretärs im Auswärtigen Amt unter Hitler Ernst v. W. geboren, übernahm er von seinem Vater den Glauben an die Möglichkeit einer vernunftbestimmten Politik. Eigenes zeigte sich früh: Mit 11 Jahren beginnt er, im Neuen Testament zu lesen und ist beunruhigt von der Wahrheit der Bergpredigt, die eine nie ganz verlorene Distanz zur Bürgerlichkeit seiner Umgebung zurückläßt. Mit 14 Jahren entscheidet eine erste Begegnung mit Werner Heisenberg seine intellektuelle und berufliche Zukunft: Die Ebene, in der er seine philosophischen Fragen behandelt, wird die der fundamentalen Physik sein, der durch Niels Bohr und Heisenberg entwickelten Quantentheorie. Nach Studium in Berlin, Göttingen und Leipzig promoviert W. 1933 bei Heisenberg in Leipzig und habilitiert sich drei Jahre später. Sein Hauptinteresse gilt einer philosophischen Deutung der Quantentheorie, auch wenn er die Arbeit daran zunächst zugunsten konkreter Fragestellungen der Kernphysik zurückstellte. Im Zweiten Weltkrieg arbeitete er mit Heisenberg und anderen am »Uran-Projekt«, das Adolf Hitler die Atombombe in die Hand geben sollte. Da die deutsche Rüstungsproduktion den Bau einer Atombombe nicht möglich machte, glaubten die Physiker, sich für offenen Widerstand nicht entscheiden zu müssen.

Als 1956 die Frage einer deutschen atomaren Bewaffnung erneut aktuell wurde, initiierte W. die »Göttinger Erklärung«, in der die deutschen Atomphysiker ihre Beteiligung an der Herstellung, Erprobung oder dem Einsatz von Atomwaffen verweigerten. Die politische Verantwortung der Wissenschaftler für die gesellschaftlichen Folgen ihrer Entdeckungen wurde neben ihrem philosophischen Verständnis für W. zu seinem wichtigsten Arbeitsgebiet. 1957 wandte er sich nach Professuren für theoretische Physik in Straßburg und Göttingen der Philosophie auch institutionell zu; bis 1969 war er Professor für Philosophie an der Universität Hamburg. Die Verpflichtung, Philosophie zu lehren, gab ihm Gelegenheit, zumindest zwei Philosophen gründlich kennenzulernen: Kant und Platon. An Platon faszinierte ihn die Behandlung des Einen, das das Gute ist und der Ursprung von Sein und Wahrheit. Obwohl das Eine, wie im *Parmenides*-Dialog dargelegt, nicht widerspruchsfrei sagbar ist, kann die Grenze, an der seine Beschreibung Halt machen muß, aus einer rationalen Analyse der Bedingungen der Möglichkeit von Rationalität entwickelt werden. Eine solche einheitliche Beschreibung der Welt, die auch die Kriterien für ihre Möglichkeit angeben kann, wollte W. geben; dies schien ihm der philosophische Ort einer fundamentalen Physik zu sein. Bei der Beschäftigung mit Kant entdeckte er, daß dessen Lösung für das erkenntnistheoretische Problem David Humes, wie aus Fakten der Vergangenheit logisch auf Notwendigkeiten der Zukunft geschlossen werden kann, die einzig mögliche sei. Wenn Erfahrung überhaupt möglich ist, so müssen die Naturgesetze notwendig gelten. Dies brachte W. auf den Gedanken, Erfahrung im Hinblick auf die Zeitstruktur zu definieren: Aus Fakten können Möglichkeiten abgeleitet werden. Sein Ziel einer einheitlichen Betrachtung der Welt ist für ihn nur möglich als fundamentale Physik. Fundamentale Physik kann nur die Quantenphysik sein, da nur ihr Axiome zugrunde gelegt werden können, die einzig Bedingungen der Möglichkeit von Erfahrung beschreiben.

Eine solche Rekonstruktion der Physik hat W. über einen Zeitraum von 40 Jahren entwickelt: vom *Weltbild der Physik* (1943) über *Die Einheit der Natur* (1971) bis zum *Aufbau der Physik* (1985); ein vieles abschließendes Buch *Zeit und Wissen* ist 1992 erschienen. Grundlegende Bedingung jeder Erfahrung ist die Struktur der Zeit: Vergangenheit ist faktisch, Zukunft nur möglich. Aussagen über zukünftige Ereignisse können nur in Form von Wahrscheinlichkeitsaussagen gemacht werden; das Ideal der klassischen Physik, Zukunftsaussagen in streng kausaler Form machen zu können, widerspricht quantenphysikalischen Erfahrungen. Die physikalische Formulierung dieses Unterschieds zwischen Vergangenheit und Zukunft ist der Zweite Hauptsatz der Thermodynamik. Die darin behauptete Nichtumkehrbarkeit der Zeit folgt gerade aus dieser Zeitstruktur, führt aber nicht zu einer Zunahme von Unordnung, wie in einer an kausalen Aussagen orientierten Interpretation, sondern zu einem Wachstum der Gestaltenfülle in Form von potentieller Information. Die Logik, die dieser Betrachtung angemessen ist, ist nicht die klassische aristotelische Logik; es ist eine Quantenlogik, die einer Aussage nicht die Wahrheitswerte wahr oder falsch zuordnet, sondern die Modalitäten notwendig, möglich oder unmöglich. Der dreidimensionale physikalische Raum und die in ihm enthaltenen Objekte entstehen in diesem Aufbau der Physik als die Struktur aller Quantenobjekte, die aus einfachen Alternativen (W. nennt sie Uralternativen) durch mehrfache Selbstanwendung der Quantenlogik entstehen. Die Rekonstruktion der Physik auf dieser Basis wiederholt und begründet eine Erkenntnis der Quantentheorie in ihrer »Kopenhagener Deutung« durch Bohr und Heisenberg: Objekte sind immer Objekte für Subjekte, der Beobachter ist nicht scharf vom Beobachteten zu trennen. Hier scheint eine Einheit auf, die den Physiker mit dem Christen W. und dem Freund platonischer und indischer Religiosität in Berührung bringt. Der Kern von W.s Denken ist eine Erfahrung von Einheit, die vor allen Phänomenen ist.

Die durch die weltweite atomare Aufrüstung nach dem letzten Weltkrieg dramatisch verschärfte Frage nach der Möglichkeit dauerhaften Friedens und die Schärfung seines Bewußtseins für gesellschaftliche Zusammenhänge in der Folge der Studentenbewegung führten W. dazu, von 1970 bis 1980 Direktor des »Max-Planck-Instituts zur Erforschung der Lebensbedingungen der wissenschaftlich-technischen Welt« zu werden. Die Zahl seiner Veröffentlichungen zeigt seine wachsende Besorgnis um die Bewahrung des Friedens: 1967 erschien *Der Weltfriede als Lebensbedingung des technischen Zeitalters*; 1969 *Der ungesicherte Friede*; 1975 *Fragen zur Weltpolitik*; 1976 *Wege in der Gefahr*; 1981 *Der bedrohte Friede*. Gemeinsam mit Jürgen Habermas gab er der deutschen und internationalen Friedensforschung wichtige Impulse. Als Ursache der bedrohlichen gegenwärtigen Weltsituation erkannte W. die geschichtliche Entwicklung der Hochkulturen seit 6000 Jahren. Die Tatsache, daß es sich um »große« Kulturen handelt, in denen Beziehungen unter ihren Mitgliedern nicht mehr auf der Basis persönlicher Bekanntschaft geregelt werden können, erfordert eine Abstraktion und Quantifizierung gegenseitiger Rechte und Pflichten in Form von Macht und Geld. Die Krisen der Geschichte seither erscheinen so als Stabilisierungskrisen der Hochkulturen, deren Analogie zur Entwicklung biologischer Spezies die Hoffnung begründet, daß sie geschichtlich überholbar sind. 1985 trat er an die christlichen Kirchen der Welt mit dem Vorschlag heran, ein allgemeines Konzil des Friedens abzuhalten, ungeachtet der gewaltigen ökumenischen Probleme, die die Kirchen miteinander haben. »Die Zeit drängt«, so der Titel seines Aufrufs. Aber nach seiner Überzeugung ist die Zeit auch reif. Neben Kants kategorischen Imperativ tritt der Indikativ der Seligpreisungen der Bergpredigt.

Meyer-Abich, Klaus M. (Hg.): Physik, Philosophie und Politik. Für Carl Friedrich von Weizsäcker zum 70. Geburtstag. München 1982. – Wisser, Richard: Verantwortung im Wandel der Zeit. Mainz 1967.

Alexander Hülle

Whitehead, Alfred North
Geb. 15. 2. 1861 in Ramsgate (England); gest. 30. 12. 1947 in Cambridge (Mass.)

W. wird zusammen mit Bertrand Russell durch die Veröffentlichung der *Principia Mathematica* (1910–1913) berühmt. Der junge Russell war W. aufgefallen, als er ihn wegen der Vergabe eines Stipendiums prüfen mußte. Russell erwies sich schnell als sein begabtester Schüler und wurde zum ebenbürtigen Mitarbeiter. W., Sohn eines anglikanischen Pastors, hatte in Cambridge Mathematik studiert und war seit 1884 Fellow des Trinity College. Seine weitgespannten Interessen richteten sich neben der Mathematik besonders auf die Physik und die Theologie, mit der er sich unter dem Einfluß von John Henry Newman intensiv auseinandersetzt. Seit 1914 auf dem Lehrstuhl für angewandte Physik in South Kensington, wechselt er 1924 nach Cambridge/Mass. über und lehrt in Harvard Philosophie. W.s abstraktes, durch die Mathematik geprägtes Denken und seine durch die Physik vermittelte empirische Kenntnis der Natur werden in seiner Philosophie auf charakteristische Weise fruchtbar. Für W. ist jede abstrahierende Begriffsbildung ein Versuch, in der ungeheuren Komplexität der Wirklichkeit konkrete Tatsachen auszumachen. Diese Fähigkeit, Tatsachen festzustellen, ist jedoch kein Privileg der Naturwissenschaften, wie ein realitätsblinder Positivismus vermeint: »Die Dogmen der Religion sind Ansätze, die in der religiösen Erfahrung der Menschheit enthüllten Wahrheiten präzise zu formulieren. Auf genau dieselbe Weise sind die Dogmen der Physik Versuche, die in der Sinneswahrnehmung der Menschheit freigelegten Wahrheiten präzise zu formulieren«, schreibt er 1926 in *Religion in the Making* (*Wie entsteht Religion?*). Ebensowenig wie den Positivismus kann W. die Philosophie Kants akzeptieren, insoweit sie die objektive Welt als bloßes Konstrukt aus subjektiver Erfahrung betrachtet. Kants Staunen angesichts der nächtlichen Sternenpracht kommentiert W. als »Triumph des Offensichtlichen über den philosophischen Standpunkt«. Die Wirklichkeit des menschlichen Erlebens, die entschieden mehr ist als dürre »Sinneswahrnehmung«, liegt der Vernunft voraus und gibt ihr ihre Aufgabe: »Die Funktion der Vernunft besteht darin, daß sie die Kunst zu leben fördert« (*The Function of Reason*, 1929; *Die Funktion der Vernunft*). Ungeachtet der von W. geforderten pragmatischen Ausrichtung der Philosophie und seinem Rückgriff auf das »Offensichtliche« gilt W.s Hauptwerk *Process and Reality. An Essay in Cosmology* (1929; *Prozeß und Realität. Entwurf einer Kosmologie*) sprachlich und inhaltlich als äußerst schwierig. Der Untertitel betont W.s umfassenden Anspruch. Er entwickelt ein Kategoriensystem, das es erlauben soll, die Einzelphänomene der Wirklichkeit im Gesamtzusammenhang der Natur zu interpretieren. Zentrale Kategorie seiner Kosmologie ist der Begriff »Prozeß«, der an die Stelle der »Substanz« in der herkömmlichen Philosophie tritt. W. denkt die Welt aus genau umgrenzten Einzelwirklichkeiten aufgebaut, die er »wirkliche Einzelwesen«

nennt. Anders als bei Leibniz' Monaden stehen diese »Einzelwesen« aber in den unterschiedlichsten, sich gegenseitig beeinflussenden Relationen zueinander und stellen im Prozeß der Realität immer neue und nicht vorhersehbare Beziehungen untereinander her. Gott hat nicht, wie bei Leibniz, die Aufgabe, eine vorgegebene Ordnung zu garantieren, sondern stiftet Unruhe im Universum. Um den Preis der Disharmonie stachelt er die Schöpfung zu höheren Formen der Selbstverwirklichung und damit zu neuartigen Konstellationen von Einzelwesen an. Dabei kommt abstrakten Mustern, Formen und Begriffen eine wichtige Rolle zu. W. versteht jede Idee als »eine Prophezeiung, die an ihrer eigenen Erfüllung arbeitet«. In den 1933 entstandenen *Adventures of Ideas* (*Abenteuer der Ideen*) zeigt er am Beispiel der europäischen Geschichte, die durch die Entwürfe Platons und Aristoteles' geprägt ist, die Wirksamkeit von Ideen. Weil »Begriffe« es ermöglichen, Zusammenhänge herzustellen und neue Wirklichkeiten zu denken, können sie zu Orientierungspunkten werden. Menschen handeln unter Bezug auf sie und verkörpern so neue Perspektiven im Prozeß der Geschichte.

W. ist sich in seinem komplexen philosophischen System jedoch immer der Unschärfe des Begrifflichen und der Prozeßhaftigkeit und Unabgeschlossenheit seiner eigenen Philosophie bewußt. Auch Begriffe sind in ihrer unterschiedlichen Zugriffsmacht auf die Wirklichkeit in Prozesse verwickelt und können Wirklichkeit niemals vollständig erfassen: »Lamm-fressender-Wolf als Universalie, die das Absolute qualifiziert – ist eine Verhöhnung des Offenkundigen. *Dieser* Wolf frißt *dieses* Lamm an *diesem* Ort und zu *dieser* Zeit: der Wolf wußte es, das Lamm wußte es; und die Aasgeier wußten es.« W.s Werk erweist sich, nicht zuletzt weil es sich der Trennung von Geistes- und Naturwissenschaften im Ansatz verweigert, immer mehr als anregender Bezugspunkt der unterschiedlichsten Disziplinen, von der Theologie über die Physik bis hin zur Biologie und Ökologie. Seit 1979 eine deutsche Übersetzung von *Process and Reality* erschienen ist, findet W.s Werk auch in Deutschland zunehmende Aufmerksamkeit. Es enthält im Überfluß das, was nach W. das menschliche Denken und Handeln weiterbringt: »Metaphern, die stumm auf ein Überspringen der Phantasie warten.«

Hauskeller, Michael: Alfred North Whitehead zur Einführung. Hamburg 1994. – Holzhey, Helmut u. a. (Hg.): Natur, Subjektivität, Gott. Zur Prozeßphilosophie Alfred N. Whiteheads. Frankfurt am Main 1990. – Wolf-Gazo, Ernest (Hg.): Whitehead. Einführung in seine Kosmologie. Freiburg/München 1980. – Cobb, John/Griffin, David R.: Prozeßtheologie. Eine einführende Darstellung. Göttingen 1979.

Matthias Wörther

Windelband, Wilhelm
Geb. 11. 5. 1848 in Potsdam; gest. 22. 10. 1915 in Heidelberg

Anfangs studierte W. an den Universitäten Jena, Berlin und Göttingen Medizin und Naturwissenschaft und später Geschichte und Philosophie. Philosophisch gleichermaßen durch Kuno Fischer und Hermann Lotze beeinflußt promovierte er bei letzterem 1870 mit einer Arbeit über *Die Lehren vom Zufall*. Nachdem er sich 1873 in Leipzig habilitiert hatte, erhielt er 1876 einen Lehrstuhl in Zürich, und folgte bereits ein Jahr später einem Ruf nach Freiburg im Breisgau. W.s erste größere Veröffentlichung ist die *Geschichte der neueren Philosophie im Zusammenhang mit der allgemeinen Kultur und den besonderen Wissenschaften*, deren erster Band 1878 erschien. Seine fruchtbarste Zeit waren seine Straßburger Jahre von 1882 bis 1903. Aus dieser Zeit stammen nicht nur die *Präludien* (1884), eine Sammlung philosophischer Essays, sondern auch das erstmals 1892 erschienene und später von Heinz Heimsoeth weitergeführte *Lehrbuch der Geschichte der Philosophie*.

1903 wurde W. als Nachfolger Kuno Fischers nach Heidelberg berufen und wirkte dort bis zu seinem Tod. Charakteristisch für seine Heidelberger Zeit sind einige stärker systematisch ausgerichtete Arbeiten wie die *Prinzipien der Logik* (1912) und vor allem seine *Einleitung in die Philosophie* (1914). Wenn W. seinen eigenen systematischen Ansatz im Gegensatz zu Heinrich Rickert auch lediglich skizziert hat, so war dieser gleichwohl prägend für die Theorieentwicklung des südwestdeutschen Neukantianismus, denn zentrale Bestandstücke des axiologischen Kritizismus sind bei ihm bereits vorhanden. So findet sich hier bereits die Unterscheidung zwischen theoretischen Problemen (Seinsfragen) und axiologischen Problemen (Wertfragen). Trotz der gleichen grammatischen Form besteht zwischen beiden für W. ein logischer Unterschied. Im Fall des theoretischen Urteils beziehen wir nämlich Prädikate auf ein Subjekt, und das Bewußtsein nimmt zu dem in dieser Weise aufeinander Bezogenen eine theoretische Haltung ein. Im Fall der Beurteilung haben wir es dagegen mit einer wertenden Stellungnahme zu tun, für die nicht nur kognitive, sondern auch emotionale und als solche gewollte Gesichtspunkte bedeutsam sind. Was den Wertbegriff angeht, verwirft W. einen reinen Wertobjektivismus, die Objektivität des Wertens ist ihm zufolge nur dadurch zu gewährleisten, daß man auf ein wertendes Normalbewußtsein rekurriert, das im Gegensatz zum empirischen Allgemeinbewußtsein eine transzendentale Größe des Kantischen ›Bewußtseins überhaupt‹ ist. Die traditionelle Disziplineneinteilung der Philosophie in Logik, Ethik und Ästhetik läßt sich nach W. werttheoretisch begründen. Denn diese Disziplinen orientieren sich an den Werten des Wahren, Guten und Schönen. Auch die Religionsphilosophie hat in diesem Philosophiekonzept ihren Ort. Das Heilige verkörpert zwar keine besondere Wertklasse wie das Wahre, Gute und Schöne, aber es verkörpert »alle diese Werte« in ihrer »Beziehung zu einer übersinnlichen Wirklichkeit«.

Wirkungsgeschichtlich von großer Bedeutung waren W.s Überlegungen zu einer wissenschaftstheoretischen Grundlegung der Geschichtswissenschaft, denn die Unterscheidungen, die er in diesem Zusammenhang entwickelte, haben »jahrzehntelang die Diskussion über Natur- und Geisteswissenschaften bestimmt« (Hans-Georg Gadamer). Die Naturwissenschaften operieren, wie W. deutlich macht, mit generellen, apodiktischen Urteilen. Sie haben das Allgemeine im Visier, und ihr Interesse gilt der gleichbleibenden Form des Wirklichen. Ihr Erkenntnisziel ist die Einsicht in Gesetzeszusammenhänge; sie verfahren also nomothetisch, wobei bei ihnen die Neigung zur Abstraktion überwiegt. Demgegenüber operieren die historischen Wissenschaften mit singulären, assertorischen Urteilen. Sie haben das Besondere im Visier, denn ihr Interesse gilt dem einmaligen, in sich bestimmten Inhalt des Wirklichen. Ihr Erkenntnisziel ist die Erfassung von Gestalten, wobei sie hier idiographisch verfahren, und die Neigung zur Anschaulichkeit überwiegt.

Wesentlich für W.s philosophiehistorische Arbeiten ist, daß bei ihm nicht philosophische Denkerpersönlichkeiten im Vordergrund stehen, obwohl deren Darstellung, wie er ausdrücklich betont, nicht ohne Reiz ist, sondern die Geschichte der Probleme und Begriffe; seine Vorgehensweise ist also eine problemgeschichtliche. Sowohl bei der Aufstellung der Probleme wie auch bei den Versuchen ihrer begrifflichen Lösung, können mehrere Faktoren eine Rolle spielen. Die Problembearbeitung kann sich aus sachlichen Notwendigkeiten ergeben, aber auch kulturgeschichtliche Prozesse wie die Entwicklung der Einzelwissenschaften können hierfür ausschlaggebend sein. Schließlich spielt in die Auswahl und Verknüpfung der Probleme immer auch die individuelle Denkerpersönlichkeit des jeweiligen Philosophen hinein. Demzufolge hat die philosophiegeschichtliche Forschung nach W. eine dreifache Aufgabe zu erfüllen. Sie hat »1. genau festzustellen, was sich über die Lebensumstände, die geistige Entwicklung und die Lehren der einzelnen Philosophen aus den Quellen erheben läßt, 2. aus diesen Tatbeständen den genetischen Prozeß in der Weise zu rekonstruieren, daß bei jedem Philosophen die Abhängigkeit seiner Lehren teils von denjenigen seiner Vorgänger, teils von den allgemeinen Zeitideen, teils von seiner eigenen Natur und seinem Bildungsgang begreiflich wird; 3. aus der Betrachtung des Ganzen heraus zu beurteilen, welchen Wert die die dort festgestellten und ihrem Ursprung nach erklärten Lehren in Rücksicht auf den Gesamtertrag der Philosophie haben.«

Orth, Ernst W./Holzhey, Helmut: Neukantianismus. Perspektiven und Probleme. Würzburg 1994. – Schnädelbach, Herbert: Philosophie in Deutschland 1831–1933. Frankfurt am Main 1983. – Rickert, Heinrich: Wilhelm Windelband. Tübingen 1915.

Hans-Ludwig Ollig

Wittgenstein, Ludwig
Geb. 24. 4. 1889 in Wien; gest. 29. 4. 1951 in Cambridge

Im September 1920 nahm im abgelegenen Trattenbach in Niederösterreich ein Sonderling seine Tätigkeit als Volksschullehrer auf. Die ihm eigentlich zugewiesene Stelle in einem Wallfahrtsort hatte er ausgeschlagen: »Hier gibt es einen Park und einen Springbrunnen, ich wünsche aber gänzlich ländliche Verhältnisse.« Offenbar dachte W. nach der Rückkehr aus italienischer Kriegsgefangenschaft an ein enthaltsames Leben – nicht nur bei der Berufswahl, sondern auch, als er ein Millionenvermögen verschenkte. Der Sohn eines der reichsten Industriellen der Monarchie verzichtete auf seinen Anteil am väterlichen Erbe. Die Neigung zu eigenartiger Askese zeigt sein Kriegstagebuch, das überwiegend Notizen zu logischen Problemen enthält. Aus diesen Notizen ging 1918 eine logisch-philosophische Abhandlung hervor, in der das Nachdenken über Sprache und Wirklichkeit geradezu als asketische Übung vollzogen wird: der *Tractatus Logico-Philosophicus* (1921), einer der einflußreichsten philosophischen Texte des 20. Jahrhunderts. Dieses schmale Buch handelt von der Unterscheidung zwischen Weltbeschreibung und Welterlebnis: zwischen der Welt, die wir wie ein Mosaik zerlegen und dann durch einfache oder komplexe Sätze abbilden, und dem Sinn der Welt, der sich uns zeigen muß, den wir aber nicht beschreiben und erst recht nicht herbeireden können. Wir können nur erfahren, wie die Lebensprobleme verschwinden. »Daß das Leben problematisch ist, heißt, daß Dein Leben nicht in die Form des Lebens paßt. Du mußt dann Dein Leben verändern, und paßt es in die Form, dann verschwindet das Problematische.« Eine solche Antwort auf die Sinnfrage darf nicht durch Sprache verdeckt werden – darauf zielt der vielzitierte Schlußsatz des *Tractatus*: »Wovon man nicht sprechen kann, darüber muß man schweigen.« So wird die Logik gleichsam zur Bußübung. Sie umreißt die Leistung sinnvoller Sprache als Weltbeschreibung und skizziert eine Idealsprache. Sinnvolle Sätze bilden die Wirklichkeit ab, werden gleichsam wie Maßstäbe an die Wirklichkeit angelegt. Versuchen nun die Philosophen, die Gemeinsamkeit von Sprache und Wirklichkeit zu beschreiben, so ist dies genaugenommen sinnlos, denn ein Bild kann nicht seine eigene Form der Darstellung abbilden – »es weist sie auf«. Bilden Sätze die Wirklichkeit ab, so kann man dies nicht sprachlich formulieren. Demnach ist die Logik eigentlich sinnlos, und doch kann sie dazu beitragen, daß der Sinn der Welt sich zeigt. Statt zu formulieren, was allen Sätzen gemeinsam ist, muß sie aufweisen, wie die Sätze ineinanderhängen, und dieser Aufweis muß vollständig sein. So unterscheidet W. die Elementarsätze, in denen nur einfache Zeichen – als Namen für die Gegenstände – verklammert sind, von komplexeren Sätzen, die in einfachere Sätze zerlegt werden können. Diese Zerlegung beruht auf den von W. eingeführten Wahrheitstabellen: Ob der Satz »Müller ist reich und verrückt« wahr oder falsch ist, hängt davon ab, ob die Sätze

»Müller ist reich« und »Müller ist verrückt« beide wahr sind oder nicht. Alle komplexen Sätze sind derart auf die Elementarsätze bezogen, daß sie für bestimmte Verteilungen von ›wahr‹ und ›falsch‹ auf die Elementarsätze selber wahr oder falsch werden. Die Welt ist demnach vollständig beschrieben, wenn alle Elementarsätze einschließlich der Verteilung von ›wahr‹ und ›falsch‹ angegeben werden – diese Aufgabe muß die Logik freilich den Naturwissenschaften überlassen. Sie kann selber nur die Grenze der Sprache zeigen, um uns durch eine richtige Sicht der Welt zur »Ruhe« kommen zu lassen. Der asketische Logiker »muß sozusagen die Leiter wegwerfen, nachdem er auf ihr hinaufgestiegen ist«.

W.s Weg zur Logik beleuchtet die für ihn charakteristische Konsequenz: Als Kind hatte er, abgesehen von seiner auffallenden Musikalität, vor allem technisches Interesse gezeigt. Die vielfältigen, insbesondere künstlerischen Eindrücke, die er im Elternhaus empfing, dürften nicht ohne Nachwirkungen geblieben sein. Im Wiener Palais des Stahlmagnaten Karl W. gingen neben Künstlern des Jugendstils auch Johannes Brahms und Gustav Mahler und die Wagner-Kritiker Eduard Hanslick und Max Kalbeck ein und aus. Daß W. bei allem Grübeln über den Sinn des Lebens immer dem Tiefsinn auswich, entspricht seiner Distanz zu Wagners mythologischem Gesamtkunstwerk. Die äußerlich unbelastete Jugend war überschattet vom Freitod des älteren Bruders Rudolf. Vielleicht wäre hier ein Anstoß zu suchen für die zwanghafte Suche nach dem vollkommenen Leben, das keiner Rechtfertigung bedarf. Nach einer eher glanzlosen Schulzeit nahm W. 1906 ein Ingenieurstudium auf, zuerst in Berlin, dann 1908 in England. Dort verlagerte sich sein Interesse zunehmend auf die Grundlagen der Wissenschaft, zunächst der Mathematik, dann der Logik, die gerade damals in England zur Grundlagendisziplin schlechthin avancierte. Bertrand Russell hatte das Problem einer Ableitung der Mathematik aus logischen Grundsätzen in Angriff genommen. Er wurde für den jungen W. zum wichtigsten Lehrer – und bald auch zum wichtigsten Gegner. Seine Logik erschien W. nicht hinreichend selbstverständlich, denn sie mußte – das ist verräterisch – auf stützende Hilfssätze zurückgreifen. Wie sollte man durch eine solche Logik zur angestrebten Ruhe kommen? Für diese mit der Logik verflochtene Sinnfrage fehlte umgekehrt Russell das Verständnis. Im *Tractatus* hatte W. die gesuchte Logik skizziert, die alle Probleme durch die Wahl der einen richtigen Zeichensprache zum Verschwinden bringt. Doch auch das einfache Leben des Volksschullehrers als praktische Kehrseite und Konsequenz dieser Philosophie befreite ihn nicht von der verzweifelten Suche nach dem sinnvollen Leben. War die im *Tractatus* erreichte Unterscheidung von Weltbeschreibung und Welterlebnis unangemessen einfach? Oder war der logische Umriß der Sprache nicht evident? Gottlob Frege jedenfalls, der Begründer der modernen Logik, konnte wenig damit anfangen. W. berichtete Russell, er habe Frege das Manuskript zugesandt. »Er hat mir vor einer Woche geschrieben und ich entnehme daraus, daß er von dem Ganzen kein Wort versteht. Meine einzige Hoffnung ist also, Dich bald zu sehen und Dir alles zu erklären, denn es ist schon *sehr* bedrückend, von keiner einzigen Seele verstanden zu werden!« Diese Hoffnung erfüllt sich nur teilweise.

Russell schreibt zwar die Einleitung zu einer – im Gegensatz zum Erstdruck von 1921 – sorgfältigen zweisprachigen Londoner Ausgabe des *Tractatus* (1922), doch ist W. mit seiner Interpretation nicht einverstanden. Seit 1924 interessiert sich Moritz Schlick für den wissenschaftstheoretischen Ertrag der Abhandlung. Auch er bleibt gleichgültig gegenüber der Frage nach dem Sinn der Welt in den Schlußpassagen des Werks. Doch gelingt es ihm, W. in Gespräche über die Grundlagen der Mathematik und Naturwissenschaft zu verwickeln und ihn zur Entfaltung seiner Gedanken anzuregen. Dabei zeigt sich, daß die Jahre in Niederösterreich nicht folgenlos geblieben sind: W. hatte seine Aufgabe als Lehrer bis 1926 mit einem Höchstmaß an Engagement und Experiment versehen. Zum Erstaunen und Ärger vieler Eltern führte er den Algebraunterricht ein. Andererseits lag ihm daran, den Kindern den Lehrstoff so konkret wie möglich nahezubringen, bis hin zu nächtlichen astronomischen Exkursionen, und sie zu eigener Mitarbeit anzuregen – nicht nur bei kleineren technischen Projekten, sondern auch im Deutschunterricht: Er korrigierte Fehler in Diktaten und Aufsätzen nicht, sondern markierte sie nur am Zeilenrand, so daß die Kinder ihre Fehler selbst entdecken mußten. Insbesondere erarbeitete er zusammen mit seinen Schülern ein *Wörterbuch für Volksschulen* – neben dem *Tractatus* das zweite und letzte zu seinen Lebzeiten gedruckte Werk. Er richtete seine Aufmerksamkeit darauf, wie Kinder lernen, wie sie vor allem die Sprache zu gebrauchen lernen. Hier liegen wohl die Keime zu seiner späteren Philosophie.

Nach der Vollendung des *Tractatus* war er davon überzeugt, alle Denkprobleme im wesentlichen gelöst zu haben. Gegen Ende der 20er Jahre wandte er sich erneut der Frage zu, wie Sprache und Wirklichkeit ineinandergreifen, und er gelangte zu Einsichten, die vom *Tractatus* erheblich abweichen. Auf den ersten Blick könnte man zweifeln, ob man sich mit demselben Philosophen befaßt: Im Mittelpunkt steht nicht mehr die Vision eines Satzgefüges, das nur von einer noch gar nicht gegebenen Einheit der Naturwissenschaften her zu gewinnen wäre, sondern die jedem verfügbare Alltagssprache. Dabei ist der Singular irreführend, denn es gibt keine schlechthin verbindliche und unveränderliche Sprache, sondern zahllose einander überlappende »Sprachspiele«, und in jedem dieser Sprachspiele greifen Sprache und Wirklichkeit eigentümlich, aber ganz selbstverständlich ineinander. Probleme entstehen erst, wenn ein Philosoph glaubt, hier gäbe es etwas zu erklären. Man muß statt dessen darauf achten, wie die Sprache gelernt wird. Für jedes Sprachspiel gibt es beispielhafte Situationen, die benannt werden. So lernt ein Kind den Satz »Ich habe Schmerzen« und gebraucht ihn nur dann, wenn die Gesprächspartner zustimmen können. Die Situation läßt sich nämlich prinzipiell wiedererkennen, auch wenn man sich im Einzelfall täuschen kann – andernfalls bräche das Sprachspiel bald zusammen, unserem gemeinsamen Umgang mit der Wirklichkeit wäre ein Ende gesetzt. Denn: Jedes Sprachspiel gehört zu einer bestimmten Lebensform. Und »wenn man quasi die Klassen der Sprachen beschreibt, die ihren Zweck erfüllen, dann hat man damit ihr Wesentliches gezeigt und damit die unmittelbare Erfahrung unmittelbar dargestellt«.

Solche Gedanken entwickelt W. seit 1929 in Cambridge – nachdem er in Wien für seine Schwester ein Haus entworfen und in dessen strengem, schmucklosem Stil gleichsam den *Tractatus* architektonisch anschaulich gemacht hat. Die Förderung durch seine englischen Freunde trägt ihm zunächst Forschungs- und Lehraufträge, schließlich im Jahre 1939 die Nachfolge auf den Lehrstuhl des Philosophen George Edward Moore ein. Allerdings fügt er sich kaum ins übliche Bild des Philosophieprofessors; 1947 legt er sein Amt vorzeitig nieder. Seine Lehrveranstaltungen verlangen von allen Beteiligten ein erhebliches Maß an Konzentration, und statt dicke Bücher zu veröffentlichen, füllt er Zettel und Notizbücher mit unzähligen Argumentationsstücken und -splittern.

Erst aus dem Nachlaß wird 1953 sein Hauptwerk *Philosophische Untersuchungen* herausgegeben. Bereits 1945 hat er zu dessen erstem Teil ein Vorwort entworfen, in dem es heißt: »Die philosophischen Bemerkungen dieses Buches sind gleichsam eine Menge von Landschaftsskizzen ... Die gleichen Punkte, oder beinahe die gleichen, wurden stets von neuem von verschiedenen Richtungen her berührt und immer neue Bilder entworfen ... So ist also dieses Buch eigentlich nur ein Album.« Immerhin sind nicht wenige Ansichten in W.s Album bestürzend. Fundamental ist seine Gedankenreihe über die Frage: Was bedeutet »einer Regel folgen«? Man bringt etwa einem Schüler das Addieren im Dezimalsystem bei. Wann kann man sagen, er habe die Regel verstanden? Nehmen wir an, er rechne im Zahlenraum bis 1000 zu unserer Zufriedenheit. »Wir lassen nun den Schüler einmal eine Reihe (etwa ›+ 2‹) über 1000 hinaus fortsetzen, – da schreibt er: 1000, 1004, 1008, 1012. Wir sagen ihm: ›Schau, was du machst!‹ – Er versteht uns nicht. Wir sagen: ›Du solltest doch *zwei* addieren; schau, wie du die Reihe begonnen hast!‹... nimm an, er sagte, auf die Reihe weisend: ›Ich bin doch auf die gleiche Weise fortgefahren!‹... Wie wird denn entschieden, welches an einem bestimmten Punkt der richtige Schritt ist?« Worauf will W. mit diesem bizarren Beispiel hinaus? Wir könnten doch sagen: Die Übergänge bei der Addition sind dadurch bestimmt, wie die Formel »gemeint« war. Haben wir aber bei der Aufgabenstellung schon an den Übergang von 1000 zu 1002 gedacht? Wohl kaum – warum sollten wir also nicht gemeint haben: addiere 2 bis 1000, 4 bis 2000, 8 bis 3004 usw.? Auch das wäre eine Zahlenreihe gewesen. Offenbar hat sich unser Geist nicht auf eine bestimmte Reihe konzentriert. Also ist mit dem Wort »meinen« überhaupt nichts erklärt – und zwar nicht nur beim Rechnen: Man bringt etwa einem Kind die Farbwörter bei, indem man auf Muster zeigt. Dann muß das Kind »rot« auf viele rote Gegenstände anwenden, bevor man sagen kann, es habe das Farbwort gelernt. Vielleicht stellt sich aber irgendwann heraus, daß es eine rote Glasscheibe nicht »rot« nennt, weil sie durchsichtig ist. So labil ist die Verknüpfung von Sprache und Wirklichkeit, und deshalb funktioniert sie nur als Sprachspiel – wir halten uns sozusagen gegenseitig in Schach und gewöhnen einander die bizarren Regeln ab. Natürlich kann man dann Sätze über geistige Vorgänge, oder über Schmerzen, nicht mehr auf »private« Erfahrungen zurückführen – vielmehr muß man typische Züge der Situationen aufsuchen, in denen Wörter wie »meinen«, »denken«, »fühlen«, »erwarten« vorkommen. Achtet man auf die »Grammatik« dieser Wörter, d. h.

auf die Bedingungen für ihren alltäglichen Gebrauch, so erledigen sich viele philosophische Probleme von selbst, wie etwa die Frage, »was« wir denn haben, wenn wir Schmerzen haben. »Das *Wesen* ist in der Grammatik ausgesprochen.« So versucht W. auch in seiner späten Philosophie – viel differenzierter als zuvor –, durch das Nachdenken über die Sprache zur Ruhe zu kommen: »Die Klarheit, die wir anstreben, ist allerdings eine *vollkommene.* Aber das heißt nur, daß die philosophischen Probleme *vollkommen* verschwinden sollen. Die eigentliche Entdeckung ist die, die mich fähig macht, das Philosophieren abzubrechen, wann ich will ... Es gibt nicht *eine* Methode der Philosophie, wohl aber gibt es Methoden, gleichsam verschiedene Therapien.«

Der therapeutische Effekt droht jedoch in der Nachfolge W.s zu verschwinden: Schon die im *Tractatus* entwickelten Ideen waren recht einseitig aufgenommen worden: die Wahrheitstabellen und der Gedanke einer Zerlegung der Welt in elementare Sachverhalte wurden später von Rudolf Carnap fruchtbar gemacht für eine »abstrakte Semantik«. Hier sollte möglichst genau beschrieben werden, wie eine formale Wissenschaftssprache auf die Wirklichkeit bezogen ist. Dabei trat W.s Bemühung um den unsagbaren Sinn der Welt ganz in den Hintergrund. Auch die Wirkung der Spätphilosophie blieb von solchen Einseitigkeiten nicht frei. Die Wendung zur Alltagssprache führte zu einer Flut von Analysen zum Sprachgebrauch. Immerhin wurde immer deutlicher, daß die Sprache nicht nur dazu dient, Behauptungen mitzuteilen – wir verfolgen vielmehr ganz unterschiedliche Ziele und bedienen uns dabei der Sprache auf vielfältige Weise. Sie ist nicht ein Werkzeug, sondern ein Werkzeugkasten! Damit hat W. der Sprachphilosophie einen entscheidenden Impuls gegeben: die Sprache als lebendigen Vollzug aufzufassen. Welche metaphysischen Konsequenzen sich in den *Philosophischen Untersuchungen* verbergen, haben zwei amerikanische Denker hervorgehoben. Hilary Putnam zeigte, daß die Beschreibung des Sprachgebrauchs durchsichtig ist für die Wahrheitsfrage – für die Frage nach der Übereinstimmung zwischen Sprache und Wirklichkeit. In W.s Idee einer Vielfalt einander überlappender Sprachspiele steckt dann ein überraschender Gedanke: »Wahrheit« kann nicht letztgültig präzisiert und definiert werden – und doch braucht man die Vorstellung einer Verklammerung von Sprache und Wirklichkeit nicht aufzugeben. Eine Übertragung der geheimnisvollen, niemals vollends bestimmbaren und doch funktionsfähigen Regeln des Sprachgebrauchs auf die Wissenschaftsphilosophie lieferte Thomas S. Kuhn im Rahmen seiner Untersuchungen zur Geschichte der Naturwissenschaften: Auch Naturwissenschaftler gehen, wenn sie eine Theorie aufstellen, von Musterbeispielen aus. Wer sich an der Suche nach weiteren Beispielen erfolgreich beteiligen will, befindet sich in etwa in der Lage des Kindes, das die Farbwörter lernt. Und wie die Regeln für den Sprachgebrauch nicht erschöpfend dargelegt werden können, so gibt es auch in der Wissenschaft verschiedene theoretische Gebilde, die einander überlappen, aber nicht miteinander verschmolzen werden können – ja sogar konkurrieren. Putnam und Kuhn haben eine epochale Einsicht von W. präzisiert: Wie es nicht »eine« Sprache gibt, so kann man nicht nach »dem« Wahrheitsbegriff oder nach »der« Wissenschaft fragen. Es gilt, diese Relativität zu akzeptieren, ohne in Willkür zu verfallen.

Buchheister, Kai/Steuer, Daniel: Ludwig Wittgenstein. Stuttgart 1991. – Malcolm, Norman: Erinnerungen an Wittgenstein. Mit einer biographischen Skizze von G. H. Wright und Wittgensteins Briefen an Norman Malcolm. Frankfurt am Main 1987. – Hacker, Peter Michael: Einsicht und Täuschung. Wittgenstein über Philosophie und die Metaphysik der Erfahrung. Frankfurt am Main 1978. – Kenny, Anthony: Wittgenstein. Frankfurt am Main 1974. – Fann, K. T.: Die Philosophie Ludwig Wittgensteins. München 1971. – Malcolm, Norman: Ludwig Wittgenstein. München 1961.

Ernstpeter Maurer

Weiterführende Bibliographie

Die nachstehenden Literaturangaben (Einführungen in die Philosophie, Philosophiegeschichten, Darstellungen im Überblick, Enzyklopädien, Lexika und andere Nachschlagewerke) sind geeignet, die in diesem Lexikon *Die großen Philosophen des 20. Jahrhunderts* angeschnittenen Fragestellungen und Probleme historisch und systematisch zu vertiefen. Die genannten Titel stellen eine Auswahl neuerer und neuester Literatur dar, die alle an der Philosophie der Gegenwart Interessierten weiterführen soll.

Eine umfassende, auch Einzelfragen der Philosophie, Zeitschriften und Jahrbücher, Bibliographien und Literaturdatenbanken, Institutionen, Studium und Beruf erschöpfende Bibliographie liegt leicht erreichbar vor mit:

Retlich, Norbert: Literatur für das Philosophiestudium. Sammlung Metzler 308. Stuttgart/Weimar 1998 (dort auch wichtige praktische Hinweise zu Philosophie im Internet).

Einführungen
Böhme, Gernot: Weltweisheit, Lebensform, Wissenschaft: eine Einführung in die Philosophie. Frankfurt am Main 1994.
Ferber, Rafael: Philosophische Grundbegriffe. Eine Einführung. 3., durchgesehene Auflage. München 1995.
Gadamer, Hans-Georg (Hg.): Philosophisches Lesebuch, 3 Bände. Frankfurt am Main 1989 u. ö.
Gniffke, Franz/Herold, Norbert (Hg.); Philosophie. Problemfelder und Disziplinen. Münster 1996.
Jaspers, Karl: Was ist Philosophie? Ein Lesebuch. München 1976 u. ö.
Martens, Ekkard/Schnädelbach, Herbert (Hg.): Philosophie. Ein Grundkurs. 2 Bände. Überarbeitete und erweiterte Neuausgabe. Reinbek 1991.
Pieper, Annemarie: Selber denken. Anstiftung zum Philosophieren. Leipzig 1997.
Sandvoss, Ernst R.: Philosophie, Selbstverständnis, Selbsterkenntnis, Selbstkritik. Darmstadt 1991.
Scherer, Georg: Einführung in die Philosophie. Düsseldorf/Bonn 1996.
Schulz, Walter: Philosophie in der veränderten Welt. Pfullingen 1972 u. ö.
Strawson, Peter F.: Analyse und Metaphysik. Eine Einführung in die Philosophie. München 1992.
Wokart, Norbert: Die Welt im Kopf. Ein Kursbuch des Denkens. Stuttgart/Weimar 1998. 60 Großstichwörter wie Sorge, Angst, Glück, Liebe, Hoffnung, Sterben, Tod in philosophie- und problemgeschichtlich orientierter, leicht verständlicher Darstellung.
Wuchterl, Kurt: Lehrbuch der Philosophie. Probleme – Grundbegriffe – Einsichten. 4., überarbeitete Auflage. Bern/Stuttgart 1992.

Philosophiegeschichten
Bubner, Rüdiger (Hg.): Die Philosophie in Text und Darstellung. 8 Bände. Stuttgart 1978 bis 1981 u.ö. – In Epochen der Philosophiegeschichte aufgeteilt (Antike bis Gegenwart), allgemeine Einführung, Textauszüge der wichtigen Philosophen, die deren Denkansätze charakterisieren. Bibliographie.
Gräfrath, Bernd: Ketzer, Dilettanten und Genies. Grenzgänger der Philosophie. Hamburg 1993.
Helferich, Christoph: Geschichte der Philosophie. Von den Anfängen bis zur Gegenwart und Östliches Denken. 2., überarbeitete und erweiterte Auflage mit 192 Abbildungen und einem Beitrag von Peter Christian Lang. Stuttgart 1992. – Sticht hervor durch die klare, plastische Darstellung, die breite Darstellung der Gegenwartsphilosophie und der von ihr aufgeworfenen Fragestellungen (Ethik, Postmoderne, Ästhetik) und die Erläuterung der wichtigsten Formen und Richtungen östlichen Denkens in Indien, China, Japan. Zahlreiche Abbildungen, Textauszüge, Sekundärliteratur, ausführliche Register.
Höffe, Otfried: Klassiker der Philosophie. 2 Bände. München 1994. – Die beiden Bände behandeln in über 40 Monographien die wichtigsten Philosophen von der Antike bis ins 20. Jahrhundert. Der biographischen Skizze folgt die Werkbeschreibung mit den zentralen Aspekten des jeweiligen Philosophen und ein wirkungsgeschichtlicher Abriß. Ausführliche Literaturverzeichnisse.
Hoerster, Norbert (Hg.): Klassiker des philosophischen Denkens. München 1982 u.ö. – Kurze Darstellung von Leben und Werk großer Philosophen.
Kenny, Anthony: Illustrierte Geschichte der westlichen Philosophie. Frankfurt am Main/New York 1995. – Gutes, anschauliches Bildmaterial zur Geschichte der Philosophie, eigenwillige Gliederung (Antike, Mittelalter, Rationalismus von Descartes bis Kant. Kontinentaleuropäische Philosophie von Fichte bis Sartre. Von Mill bis Wittgenstein, Politische Philosophie), Zeittafel, weiterführende Literatur.
Röd, Wolfgang (Hg.): Geschichte der Philosophie. Bisher 7 Bände erschienen, 12 Bände geplant. München 1978/1997.
Röd, Wolfgang: Der Weg der Philosophie. Von den Anfängen bis ins 20. Jahrhundert. 2 Bände. München 1994/1996. – Leicht faßliche Darstellung, entwicklungsgeschichtlicher Aufbau. Literaturangaben, Werkausgaben, Einführungs- und Übersichtsliteratur.
Sandvoss, Ernst: Geschichte der Philosophie. 2 Bände. München 1989. – Mit einer interessanten Darstellung des östlichen Denkens bis in die unmittelbare Gegenwart hinein.
Schütt, Rolf F.: Die Liebhaber der Sofie. Europäische Philosophiegeschichte, einmal ganz anders. Würzburg 1989.
Stegmüller, Wolfgang: Hauptströmungen der Gegenwartsphilosophie. 4 Bände. Stuttgart 1987/1989. – Erläuterung der wichtigsten Positionen der Phänomenologie, Erkenntnistheorie, Sprachphilosophie und Wissenschaftstheorie des

20. Jahrhunderts. Ausführliches Sachregister und umfangreiche bibliographische Angaben.
Störig, Hans Joachim: Kleine Weltgeschichte der Philosophie. 15., überarbeitete und erweiterte Auflage. Stuttgart 1990. – Wendet sich an Laien und Studienanfänger.
Wiedmann, Franz: Anstößige Denker. Die Wirklichkeit als Natur und Geschichte in der Sicht von Außenseitern. Würzburg 1988.

Enzyklopädien, Handbücher, Lexika
Böhmer, Otto A.: Sofies Lexikon. München 1999. – 130 Begriffe der Philosophie zur Schnellinformation.
Brugger, Walter (Hg.): Philosophisches Wörterbuch. Freiburg/Basel/Wien 1992. – Stark von der christlich-abendländischen Tradition geprägt, mit Schwerpunkt im Mittelalter und in der Gegenwart. Differenziertes Begriffsregister.
Lutz, Bernd (Hg.): Metzler Philosophen Lexikon. Von den Vorsokratikern bis zu den Neuen Philosophen. 2., aktualisierte und erweiterte Auflage. Stuttgart/Weimar 1995. – Über dreihundert Porträts herausragender Gestalten der Philosophiegeschichte, mit Literaturangaben. Leicht verständlich, aber eindringlich in der problemorientierten Darstellung von Biographie und Werk.
Meyer, Ursula I./Bennent-Vahle, Heidemarie (Hg.): Philosophinnen-Lexikon. Aachen 1994. Ergänzungsband 1997. – Angaben zu Leben und Werk, weiterführende Literatur.
Meyers kleines Lexikon Philosophie. Mit einer Einleitung von Kuno Lorenz. Mannheim 1987. – Leicht verständliche Erläuterung von Begriffen, Disziplinen und Richtungen.
Mittelstraß, Jürgen (Hg.): Enzyklopädie Philosophie und Wissenschaftstheorie. 4 Bände. Mannheim bzw. Stuttgart/Weimar 1980/1996. – Breit angelegte Enzyklopädie mit ca. 4000 Personen-, Sach- und Begriffsartikeln, die einen Brückenschlag zwischen Philosophie, Wissenschaftsgeschichte und Wissenschaftstheorie versuchen. Internationale Bibliographien, zahlreiche graphische Darstellungen.
Nida-Rümelin, Julian (Hg.): Philosophie der Gegenwart in Einzeldarstellungen. Von Adorno bis v. Wright. Stuttgart 1991. – 130 Philosophinnen und Philosophen, themenorientierte Darstellung, Literaturangaben.
Ritter, Joachim/Gründer, Karlfried (Hg.): Historisches Wörterbuch der Philosophie. Basel 1971 ff. (von den geplanten 12 Bänden sind bislang 9 erschienen). – International sehr bedeutendes Wörterbuchunternehmen mit z. T. sehr umfangreichen Artikeln und Literaturangaben. Begriffsgeschichtliche, terminologische und enzyklopädische Erläuterungen. Es werden alle wichtigen Begriffe und Termini, Disziplinen, Epochen und Strömungen berücksichtigt. Erstrangiges Nachschlagewerk.
Prechtl, Peter/Burkard, Franz-Peter (Hg.): Metzler Philosophie Lexikon. Begriffe und Definitionen. 2., erweiterte und aktualisierte Auflage. Stuttgart/Weimar 1999. – Umfangreiches Lexikon mit ca. 2500 Artikeln, westliche,

indische und chinesische Philosophie umfassend. Begriffs- und problemgeschichtlich orientiert, nennt Grundtexte und macht Literaturangaben, die auf dem neuesten Stand sind.

Sandkühler, Hans Jörg (Hg.): Europäische Enzyklopädie zu Philosophie und Wissenschaften. 3 Bände. Hamburg 1990. – Umfangreiche Artikel zu Grundbegriffen von Philosophie, Wissenschaften und Künsten, historisch-systematisch aufgebaut. Zahlreiche internationale Mitarbeiter.

Schischkoff, Georgi: Philosophisches Wörterbuch. Stuttgart 1991. – Knappe Personen-, Sach- und Begriffsartikel, Zeittafel.

Ulfig, Alexander: Lexikon der philosophischen Begriffe. Eltville a. Rh. 1993. – Kurze Definitionen, wenige begriffsgeschichtliche Erläuterungen.

Volpi, Franco/Nida-Rümelin, Julian (Hg.): Lexikon der philosophischen Werke. Stuttgart 1988. – Darstellung der Hauptwerke von über 500 Philosophen, ihrer Entstehungs- und Wirkungsgeschichte nach.

20. Jahrhundert

Hügli, Anton/Lübcke, Paul (Hg.): Philosophie im 20. Jahrhundert. 2 Bände. Reinbek 1992/93.

Stegmüller, Walter: Hauptströmungen der Gegenwartsphilosophie. 4 Bände. Stuttgart 1979/1989.

Wuchterl, Kurt: Bausteine zu einer Geschichte der Philosophie im 20. Jahrhundert. Von Husserl zu Heidegger: Eine Auswahl. Bern 1995.

Wuchterl, Kurt: Streitgespräche und Kontroversen in der Philosophie des 20. Jahrhunderts. Bern 1997.

Weier, Winfried: Brennpunkte der Gegenwartsphilosophie. Darmstadt 1991.

Keil, Geert/Schnädelbach, Herbert (Hg): Die Philosophie der Gegenwart/Die Gegenwart der Philosophie. Hamburg 1993.

Breuer, Ingeborg u. a. (Hg.): Welten im Kopf. Profile der Gegenwartsphilosophie. 3 Bände. Hamburg 1996.

Verzeichnis der Mitarbeiterinnen und Mitarbeiter

Albert, Claudia (Berlin): Ariès, Elias, Jonas, Ricœur
Arend, Elisabeth (Göttingen): Bourdieu
Askani, Hans-Christoph (Paris): Bultmann, Lévinas, Rosenzweig
Bachmaier, Helmut (Konstanz): Simmel
Baecker, Dirk (Bielefeld): Baudrillard
Baltzer, Ulrich (München): Searle
Berressem, Hanjo (Aachen): Guattari
Bormann, Claus von (Bielefeld): Lacan, Lévi-Strauss
Brede, Werner † (München): Plessner
Demmerling, Christoph (Berlin): Austinn Carnap, Chomsky, Feyerabend, Kuhn, Ryle
Dorowin, Hermann (Florenz): Ortega y Gasset
Drechsler, Martin (Kreuzlingen): Schlick
Fischer, Ernst Peter (Konstanz): Bohr, Heisenberg, Pauli, Piaget, Planck, Schrödinger
Früchtl, Josef (Frankfurt a.M.): Rorty
Fülberth, Georg (Marburg): Bernstein, Luxemburg
Fütterer, Günther (Neusorg): Fromm
Gillies, Steven (Konstanz): Morris, Needham
Gmünder, Ulrich (Isny): Marcuse
Gosepath, Stefan (Berlin): Rawls
Heckl, Wolfgang M. (München): Einstein
Heidrich, Christian (Oppenheim): Kolakowski
Helferich, Christoph (Florenz): Croce, Gramsci, Jung
Henckmann, Wolfhart (München): Scheler
Hogemann, Friedrich (Bochum): Merleau-Ponty
Holenstein, Elmar (Zürich): Jakobson
Holz, Hans Heinz (Groningen): Lenin
Horst, Thomas (Stuttgart): Benjamin
Horster, Detlef (Hannover): A. Adler, Bloch, Habermas, Luhmann
Hülle, Alexander (Stuttgart): von Weizsäcker
Jamme, Christoph (Jena): Cassirer
Janowski, Franca (Stuttgart): Gentile
Jung, Werner (Duisburg): Hartmann
Kahl, Joachim (Marburg): Topitsch
Keil, Geert (Berlin): Apel
Knopf, Jan (Karlsruhe): Korsch
Kocyba, Hermann (Frankfurt a. M.): Deleuze
König, Traugott † (Frankfurt a. M.): Barthes, Bataille, Kojève, Sartre
Krauß, Henning (Augsburg): Beauvoir
Krüger, Marlis (Bremen): Mannheim, Parsons
Kühnl, Reinhard (Marburg): Lukács, Spengler

Lang, Peter Christian (Frankfurt a. M.): Adorno, Gadamer, Horkheimer
Lohmann, Hans-Martin (Heidelberg): Anders, Freud, Kautsky
Lunau, Martina (Tübingen): M. Mead, Toynbee
Lutz, Bernd (Stuttgart): Jaspers, Löwith
Maas, Jörg F. (Hannover/Magdeburg): Goodman
Mai, Katharina (Stuttgart): Derrida
Maser, Peter (Telgte): Buber, Scholem
Maurer, Ernstpeter (Bonn): Quine, Wittgenstein
Mehring, Reinhard (Berlin): Kelsen, Schmitt
Meier, Heinrich (München): Strauss
Meyer, Thomas (Dortmund): Nelson
Ollig, Hans-Ludwig (Frankfurt a. M.): Natorp, Windelband
Opitz, Peter J. (München): Voegelin
Prechtl, Peter (Berlin/München): Dewey, G. H. Mead
Pries, Christine (Frankfurt a. M.): Lyotard
Prill, Ulrich (Chemnitz/Berlin): Bachelard, Klossowski
Raffelt, Albert (Freiburg): Blondel, Rahner
Rentsch, Thomas (Dresden): Husserl, Lask, Simmel
Roughley, Neil (Konstanz): Gehlen
Schäfer, Thomas (Berlin): Althusser, Foucault
Schmitz, Matthias (Hamburg): Arendt
Schorpp, Maria (Konstanz): Popper
Schürgers, Norbert J. (Nürnberg): M. Adler, Russell
Schwab, Hans-Rüdiger (München): Schweitzer
Semler, Christian (Berlin): Heller
Soeffner, Hans-Georg (Konstanz): Goffman
Stoecker, Ralf (Bielefeld): Davidson
Tenigl, Franz (Wien): Klages
Thaidigsmann, Edgar (Ravensburg): Barth
Thunecke, Inka (Tübingen): Camus
Vietta, Silvio (Hildesheim): Heidegger
Villwock, Jörg (Niederhausen/Ts.): Blumenberg
Weber, Walter (Bremen): Teilhard de Chardin
Weinmann, Martin (Wiesbaden): Bergson
Weiß, Johannes (Kassel): Weber
Welsch, Wolfgang (Magdeburg): Lyotard
Werner, Reinold (Paris): Marcel
Willaschek, Marcus (Münster): Putnam
Wörther, Matthias (München): Whitehead
Wolf, Frieder O. (Berlin): Lefebvre
Wüstehube, Axel (Münster): Moore

Bildquellen

Leider konnten nicht in allen Fällen die Rechtsinhaber geschützter Fotographien ermittelt werden. Selbstverständlich wird der Verlag berechtigte Ansprüche auch nach Erscheinen des Buches erfüllen.

Archiv für Kunst und Geschichte. Berlin   7, 37, 60, 80, 94, 101, 126, 132, 149, 175, 182, 208, 227, 291, 329, 332, 335, 353, 385, 398, 433, 439, 447, 454, 456, 458
Bildarchiv Preußischer Kulturbesitz, Berlin   129, 304, 346, 420
Donald Davidson, Berkeley   110
Deutsche Presseagentur, Stuttgart   12, 26, 39, 90, 152, 199, 222, 364, 390
Carl Hanser Verlag, München   31
Interfoto, München   49, 97, 300, 308
Internationales Archiv für Sozialgeschichte, Amsterdam   269, 387, 400
Manfred Kettner, Bielefeld   285
Renate von Mangoldt, Berlin   200
Matthes & Seitz Verlag GmbH, München   46
Digo Miller-Marcowicz (Kolakonski)   245
Museum für Neue Kunst, Freiburg   424
Österreichische Nationalbibliothek, Wien   9
Österreichische Staatsdruckerei, Wien   232
Peter J. Opitz, München   442
Monika Plessner, Göttingen   349
Andreas Pohlmann, Frankfurt/M.   22
Hilary Putnam, Cambridge/Massachusetts   357
Rowohlt Verlag, Reinbek bei Hamburg   250
Sächsische Landesbibliothek – Staats- und Universitätsbibliothek Dresden, Dezernat Deutsche Fotothek/Fritz Eschen   412
Schiller Nationalmuseum, Marbach/N.   57, 67, 85, 144, 185, 236, 380, 411
J.R. Searle, Berkeley   416
Suhrkamp Verlag, Frankfurt/M.   82 (Foto: Marie-Claire Bourdieu), 216, 264, 314, 376, 407
Ullstein Bilderdienst, Berlin   17, 21, 43, 54, 104, 218, 248, 276, 298, 309, 317, 323, 344, 372, 403, 451
Universität Pittsburgh, Pittsburgh/Pennsylvania   325
Verlag Österreich-Juristische Literatur, Wien   232
Anna Weise, Berlin   136

40 Antike

Sonne		Idee des Guten
natürliche Dinge		Ideen
Schatten natürlicher Dinge		mathematische Gegenstände $a^2 + b^2 = c^2$
Feuer		Sonne
künstliche Gegenstände		Lebewesen und Gegenstände
Schatten künstlicher Gegenstände		Bilder
Gleichnisebene		Sonnen- und Liniengleichnis

A »Höhlengleichnis«

B Aufbau eines platonischen Dialogs am Beispiel ›Kriton‹

dtv-Atlas Philosophie

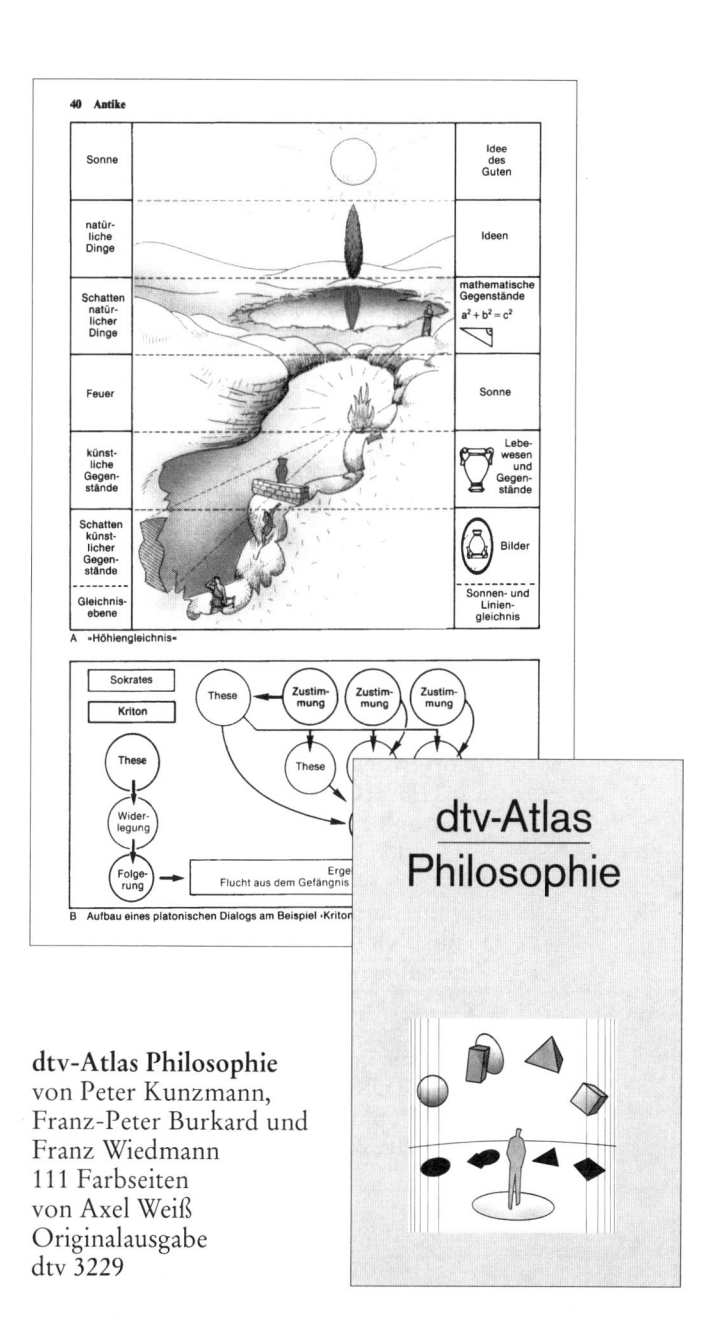

dtv-Atlas Philosophie
von Peter Kunzmann,
Franz-Peter Burkard und
Franz Wiedmann
111 Farbseiten
von Axel Weiß
Originalausgabe
dtv 3229

Lust auf Philosophie

Jostein Gaarder
Sofies Welt
dtv 12555

Christoph Helferich
Geschichte der Philosophie
Von den Anfängen bis zur Gegenwart
und Östliches Denken
dtv 30706

Frieder Lauxmann
Der philosophische Garten
dtv 20176

Michael Macrone
Heureka!
Das archimedische Prinzip und 80 weitere Versuche,
die Welt zu erklären
dtv 30673

Martin Morgenstern, Robert Zimmer
HinterGründe
Die Philosophie und ihre Fragen
dtv 30709

Frédéric Pagès
Frühstück bei Sokrates
Philosophen ganz privat
dtv 20040

Kostis Papajorgis
Der Rausch
Ein philosophischer Aperitif
dtv 30665

dtv

Philosophie jetzt!

Herausgegeben von Peter Sloterdijk
Ein Wegweiser zu den Texten der großen Philosophen,
sachkundig ausgewählt und kommentiert

Platon
Ausgewählt und vorgestellt von Rafael Ferber
dtv 30680

Aristoteles
Ausgewählt und vorgestellt von Annemarie Pieper
dtv 30682

Kant
Ausgewählt und vorgestellt von Günter Schulte
dtv 30683

Fichte
Ausgewählt und vorgestellt von Günter Schulte
dtv 30687

Hegel
Ausgewählt und vorgestellt von Günter Schulte
dtv 30685

Schopenhauer
Ausgewählt und vorgestellt von Peter Sloterdijk
dtv 30686

Marx
Ausgewählt und vorgestellt von Oskar Negt
dtv 30684

Sartre
Ausgewählt und vorgestellt von Thomas H. Macho
dtv 30681

dtv

Christoph Helferich
Geschichte der Philosophie
Von den Anfängen bis zur Gegenwart
und Östliches Denken
Mit einem Beitrag von Peter Christian Lang
dtv 30706

Diese umfassende, anschauliche und für Laien verständlich geschriebene Philosophiegeschichte mit ihren zahlreichen Illustrationen und ausführlichen Textbeispielen führt bis in die jüngste Zeit. Sie bietet allen an Philosophie Interessierten gründliche Information über die großen Denker und Denkerinnen, über die wichtigsten philosophischen Fragen und Theorien sowie über die dadurch ausgelösten Debatten und Kontroversen. Die faszinierende Welt der Philosophie – des Westens und des Ostens – in einem Band!

»Wer heute auf eine vergleichsweise kurzgefaßte Geschichte der Philosophie im Weltmaßstab nicht von vornherein verzichten will, könnte zwar jederzeit eine andere Philosophiegeschichte schreiben, schwerlich aber eine ›bessere‹.«
Allgemeine Zeitschrift für Philosophie

»Helferich hat jene vom philosophischen Laien so gefürchtete esoterische Sprache, die die Philosophie immer wieder in Mißkredit gebracht hat, durchgängig vermieden. Alle speziellen Fachbegriffe werden entwickelt und erklärt. Sein Buch ist deshalb als Einführung in die Philosophie und damit zugleich in die geschichtlich entwickelten Formen unseres Fragens und Denkens geeignet.«
Frankfurter Allgemeine Zeitung

dtv

Philosophie für Anfänger
im dtv

Hilfreiche Wegbegleiter für den Einstieg in eine faszinierende, aber nicht leicht zugängliche Lektüre. Originalausgaben

**Platon für Anfänger
Der Staat**
Eine Lese-Einführung
von Karlheinz Hülser
dtv 30707

**Kant für Anfänger
Die Kritik der reinen Vernunft**
Eine Lese-Einführung
von Ralf Ludwig
dtv 30135

**Kant für Anfänger
Der kategorische Imperativ**
Eine Lese-Einführung
von Ralf Ludwig
dtv 4663

**Nietzsche für Anfänger
Also sprach Zarathustra**
Eine Lese-Einführung
von Rüdiger Schmidt
und Cord Spreckelsen
dtv 30124

**Hegel für Anfänger
Phänomenologie des Geistes**
Eine Lese-Einführung
von Ralf Ludwig
dtv 30125

**Kierkegaard für Anfänger
Entweder - Oder**
Eine Lese-Einführung von
Asa A. Schillinger-Kind
dtv 30656

**Schopenhauer für Anfänger
Die Welt als Wille und Vorstellung**
Eine Lese-Einführung
von Susanne Möbuß
dtv 30672

**Adam Smith für Anfänger
Der Wohlstand der Nationen**
Eine Lese-Einführung
von Helen Winter und
Thomas Rommel
dtv 30708 (i.Vb.)

dtv

Friedrich Nietzsche
Kritische Studienausgabe in 15 Einzelbänden
Herausgegeben von Giorgio Colli und
Mazzino Montinari

Die Geburt der Tragödie
Unzeitgemäße
Betrachtungen I-IV
Nachgelassene Schriften
1870–1873
dtv 2221

Menschliches, Allzumenschliches I und II
dtv 2222

Mörgenröte
Idyllen aus Messina
Die fröhliche
Wissenschaft
dtv 2223

Also sprach Zarathustra
I-IV
dtv 2224

Jenseits von Gut und Böse
Zur Genealogie der Moral
dtv 2225

Der Fall Wagner
Götzen-Dämmerung
Der Antichrist · Ece homo
Dionysos-Dithyramben
Nietzsche contra Wagner
dtv 2226

Nachgelassene Fragmente
1869–1874
dtv 2227

Nachgelassene Fragmente
1875–1879
dtv 2228

Nachgelassene Fragmente
1880–1882
dtv 2229

Nachgelassene Fragmente
1882–1884
dtv 2230

Nachgelassene Fragmente
1884–1885
dtv 2231

Nachgelassene Fragmente
1885–1887
dtv 2232

Nachgelassene Fragmente
1887–1889
dtv 2233

Einführung in die KSA
Werk- und Siglenverzeichnis
Kommentar zu den Bänden 1-13 · dtv 2234

Chronik zu Nietzsches
Leben · Konkordanz ·
Verzeichnis sämtlicher
Gedichte
Gesamtregister
dtv 2235

Der Kleine Pauly
Lexikon der Antike

Das klassische
Nachschlagewerk
in fünf Bänden

dtv 5963

Dieses vielseitige Lexikon reicht von der Vor- und Frühgeschichte bis zum Weiterleben der Antike, von Mythen und Sagen bis zu den Kirchenvätern. Artikel zur Rechtswissenschaft, zur Tier- und Pflanzenkunde, zur vergleichenden Sprachforschung, zur Musik und zur Mathematik runden das Standardwerk ab.

Auf der Grundlage von ›Pauly's Realencyclopädie der classischen Altertumswissenschaft‹ bearbeitet und herausgegeben von Konrat Ziegler, Walther Sontheimer und Hans Gärtner.

5 Bände mit Abbildungen und Karten, 12700 Stichwörtern und zahlreichen Literaturangaben.

»Niemals wird der Benutzer mit trockenen Zusammenstellungen oder Literaturhinweisen abgespeist: jeder Beitrag ist ein lebendig geschriebener Forschungsbericht.«
Die Welt